［錢基博集］

經學論稿

JINGXUE LUNGAO

傅宏星／主編　傅宏星／校訂

華中師範大學出版社

新出圖證(鄂)字 10 號

圖書在版編目(CIP)數據

經學論稿/錢基博著. 傅宏星校訂. —武漢:華中師範大學出版社,2011.5
(錢基博集)
ISBN 978-7-5622-4849-1

Ⅰ.①經… Ⅱ.①錢…②傅… Ⅲ.①經學—研究 Ⅳ.①Z126.27
中國版本圖書館 CIP 數據核字(2010)第 045425 號

經學論稿

錢基博著

傅宏星主編　傅宏星校訂

責任編輯:沈繼成　**責任校對**:郭志剛　**封面設計**:甘　英
出版發行:華中師範大學出版社
社址:湖北省武漢市珞喻路 152 號　**郵編**:430079
電話:027—67863426(發行部)　027—67861321(郵購)
傳真:027—67863291
網址:http://www.ccnupress.com　**電子信箱**:hscbs@public.wh.hb.cn
印刷:湖北恒泰印務有限公司　**督印**:章光瓊
字數:515 千字　**印張**:32.25　**插頁**:4
開本:787mm×980mm　1/16
版次:2011 年 5 月第 1 版　**印次**:2011 年 5 月第 1 次印刷
印數:1—2500　**定價**:56.00 圓

歡迎上網查詢、購書

1925年攝於北京清華園

1940年與長子錢鍾書合影於光明山麓

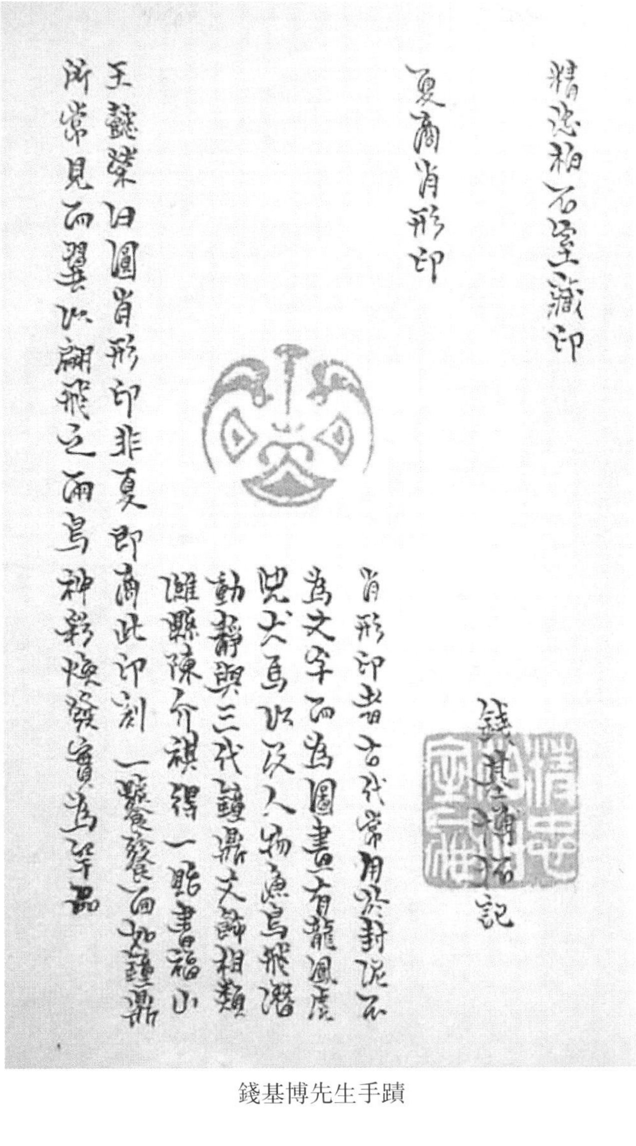
精忠柏石室藏印
夏商肖形印
錢基博記
肖形印皆古代常用於封泥上
爲文字而爲圖畫有龍鳳虎
兕犬馬以及人物魚鳥飛潛
動靜與三代鐘鼎文飾相類
王懿榮曰圖肖形印非夏即商此印刻一饕餮而加鐘鼎
所常見而翼以翩飛之兩鳥神彩煥發實爲罕品

錢基博先生手蹟

錢基博先生武昌故居

出版説明

錢基博先生(一八八七——一九五七),字子泉,號潛廬、老泉,江蘇無錫人。現代著名學者、文史專家和教育家。他一生勤奮讀書,博涉古今中西,治學領域極其廣泛,曾自述:"基博論學,務爲浩博無涯涘,詁經譚史,旁涉百家,抉摘利病,發其闔奥。自謂集部之學,海内罕對。子部鈎稽,亦多匡發。而爲文初年學《戰國策》,喜縱横不拘繩墨。既而讀曾文正書,乃澤之以揚馬,字矜句鍊;又久而以爲典重少姿致,叙事學陳壽,議論學蘇軾,務爲抑揚爽朗。所作論説、序跋、碑傳、書牘,頗爲世所誦稱;碑傳雜記,於三十年來民情國故,頗多徵見,足備異日監戒。論説書牘,明融事理,而益以典雅古遒之辭出之,跌宕昭彰。序跋則以生平讀書無一字滑過,故於學術文章得失利病,多抉心發奥之論。"誠爲先生終生治學生涯的實録。可是對於當今一般學人而言,恐怕衹會注意錢老先生"文在桐城陽湖之外,别闢一塗"和"集部之學,海内罕對"兩個方面,殊不知他在史學、經學、子學等方面亦造詣宏深,不僅著作數量多,而且門類齊全,幾乎無人能及。而錢先生生前,雖未能對自己的所有著作進行彙編出版,但從目前僅存的八册綫裝本《潛廬集》钞稿中,仍可以看出他對於出版文集是有所考慮和規劃的。據説,上世紀五十年代初,江蘇古籍出版社就擬議出版《錢基博全集》,可惜由於歷史的原因未能實現。一九六一年,先生之弟錢基厚亦曾爲之編訂《潛廬家藏遺文集》,可惜現在下落不明。最可歎者,"文化大革命"運動中,先生遺留的五百餘册、綿歷數十寒暑的《日記》,遭到查抄、批判,並被付之一炬。因此,二十多年前,吴忠匡、周振甫、石聲淮等前輩學人就曾呼籲社會和有關學術團體、出版單位趕緊整理出版錢先生遺著,使其人其學不至湮没無聞。

一九八六年,臨近"錢基博先生誕辰百周年"的紀念日子,華中師範大學在章開沅先生的支持下,由錢先生弟子彭祖年、石聲淮、吴忠匡等人牽頭,做了大量富有成效的工作,如一九八七年底,華中師範大學以學報特刊的形式,首次將部分遺著結集面世，爲我們瞭解錢基博提供了極大的方便。同時，湖南嶽麓書社又重新出版了錢先生的《現代中國文學史》、《近百年湖南學風》等著作。十年之後，我校曹毓英先生以此次整理工作爲基礎，精心策劃，於一九九七年十二月編輯出版了《錢基博學術論著選》，此書對推動國内錢基博研究的深入開展可謂功不可没。此後又是一個十年期，我們委托傅宏星先生陸續對錢基博遺著在全國各大圖書館的保藏情況進行了一番細緻的普查，一份相對完善詳備的著作編年目録也隨之形成了。

綜觀錢先生一生，出版各類學術專著二十六部，編撰各類教材十二部，雜著十二部，稿本、油印本等未公開發行的著作二十一部，約計七十一部，目前均分藏於全國各大圖書館、大学和民間私人手中；而他的大量學術論文、碑傳雜記、書信則散見於解放前出版的地方報紙、學術刊物、鄉賢著述、譜牒家乘和私人手中，無人問津，漸致散佚。雖然先生逝世至今，大陸方面，他的一些代表性著作多次再版，甚至影印出版，如《經學通志》、《版本通義》、《〈周易〉解題及其讀法》、《〈四書〉解題及其讀法》、《現代中國文學史》、《(增訂新戰史例)孫子章句訓義》、《近百年湖南學風》等。港臺方面，臺灣商務印書館等出版機構亦有多部錢著多次重印出版。但這些重版的著作還不到錢先生公開出版物總數的五分之一。

華中師範大學是中國真正具有百年以上歷史的少數知名大學之一。在其一百多年的發展過程中，有一批又一批篳路藍縷、披荆斬棘的先驅者，他們嘔心瀝血，殫精竭慮，爲華中師大的奠基與成長作出了無可磨滅的貢獻。

隨着我們對大學學脈與傳承精神的感悟日深，出版社已將把挖掘百年老校豐富的學術資源作爲未來工作的重心之一。整理出版一代國學大師錢基博先生的文集，華中師範大學出版社責無旁貸。可以這麽説，正是在幾代學者的共同關心和努力下，經過二十年的醞釀和籌劃，二〇〇六年六月，我們才正式將《錢基博集》列爲我社在"十一五"期間的重點出版選題，計劃分輯推出。同時，精心組織，合理安排，從資料蒐集、點校、專審和圖書設計四個方面加大資金和人員的投入，努力打造好此項精品工程。

華中師範大學出版社

二〇一〇年十二月

凡　例

一、《錢基博集》以公開出版著作爲基礎，增補了目前已發現的未公開發表的手稿本、油印本等，還包括大量散落在《新無錫》、《無錫新報》、《錫報》、《通海新報》、《南通報》、《力行日報》、《江蘇民報》、《武漢日報》等報紙，以及《婦女雜誌》、《小説月報》、《教育雜誌》、《新教育》、《東方雜誌》、《無錫縣教育年刊》、《約翰聲》、《甲寅週刊》、《國學叢刊》、《清華學報》、《清華週刊》、《光華大學半月刊》、《青鶴》、《國立師範學院季刊》、《國立師範學院旬刊》等雜誌上的散文、小説、方志、序跋、書牘、碑傳等佚文。當然還包括目前我們能夠見到的地方教育雜誌、譜牒家乘、鄉賢著述中的序跋文函、碑傳雜記等，亦予以收録。

二、關於底本的選擇和確定。專著方面，有修訂本、增訂本的，以修訂本、增訂本爲底本；如果没有修訂本、增訂本，則需要比較初版、再版，取其較優者爲底本。當然，港臺的重印本、盜印本也在此遴選範圍之内。散篇方面，某一篇文章可能會在多處發表，文字或不盡相同，則酌情取捨，若影響到對句意的理解，則用脚注説明，以利讀者判斷。部分油印本還有復本，則取其較優者爲底本。各卷所據底本，一般無標點或僅用舊式圓點者，均重新標點；底本未分段者，一般不予分段。

三、各册散篇在前，專著在後。卷内各篇（專著和散篇），一般均按成文（成書）時間先後編次。凡有年月可考而日無可考者，列於各月之末；凡有年可考而月、日無可考者，列於各年之末；年份不詳者，列入各卷之末。爲節省篇幅，避免重複，凡已經被收入專著中的篇目，又没有必要單獨歸類或按單篇發表時間分列的，則只收録一次。有改動處，酌加注釋。凡輯入《錢基博集》者，一般仍採用原有標題，個别的酌加改動。新收録的論著亦遵此例，但未經發表的書信短箋則由編者根據内容或收信人另加標題。

四、各册部分專著，注明出版机构名稱、版期。凡輯於報刊之散篇者，注明所據報刊雜誌之名稱、版期。所標時間一律採用西曆。

五、凡收入本文集的作品，均不做删改；作者的原用字、原譯名，習見的异體字、通假字，原則上保持原貌；標點符號用法，多依從作者習慣，未予改動。

六、《錢基博集》除署名主編之外，校訂者不一，亦同署名。各册由校訂者標點、校勘。底本原注用小字或（　）標明；錯别字、脱字、衍字等則用脚注予以説明；缺字用□標出。

目録

論文

專著

論　文 LUNWE

我之讀經教學之旨趣及學程

（甲）導言

今年元旦，見張東蓀君有《讀經問題與國文教授》一文，載《時事新報》；其言蓋爲南開學生投稿《晨報》，詆誹讀經而發也。顧基博自民國六年入三師以後，即以本一國文教員兼讀經。其時高級同學請加入旁聽者十六人。以聽者之醰醰有味，而基博因亦娓娓不倦；初未嘗如魏文之聽古樂，則惟恐卧也。然基博之讀經教學，固不廑如張君所許“國文教授之容納古典”而已。五六年來，我之讀經學程，亦既幾經修整；自信尚不致蹈張君“隨便亂讀”之誚。而基博不揣駑薄，奮其筆削。庶幾爲吾國國故學者如張君所稱太炎、任公諸君子者稍分涓滴之勞焉。

（乙）“讀經”二字之詁釋

按吾三師之有“讀經”，實依據元年部令第三十四號《五年修正師範學校規程》第二十八條，規定預科及本科第一部各學科目；第四十一條規定本科第二部各學科目；皆有讀經一科，次於修身科之後。漢劉熙《釋名·釋典藝》云：“經，徑也；常典也；如徑路無所不通，可常用也。”是“經”之本訓“徑路”；而聖賢相傳之法言，與吾人以共由者，遂謂之“經”；

《易》、《書》、《詩》、《禮》、《春秋》、《論語》、《孟子》，是也。《荀子·勸學篇》曰："學惡乎始？曰：始於誦經。"《廣韻》："讀，誦也。"是"誦經"即"讀經"也。《説文》言部："讀，籀書也。"又竹部："籀，讀書也。"《毛詩傳》："讀，抽也。"《方言》："抽，讀也。"抽即籀，籀、讀二字互訓。"讀"之云者，謂籀繹推演而發揮其義。太史公讀秦楚之際，讀秦紀：諸讀字，皆謂籀繹其義以作表也。是則所謂"讀經"云者：意原不在章句記誦之末，而在籀繹大義也。朱子云："書只貴讀……讀便是學。夫子説：'學而不思則罔，思而不學則殆。'學便是讀；讀了又思，思了又讀。蓋書，先須熟讀，使其言皆若出於吾之口；繼以精思，使其言皆若出於我之心；然後可以有得爾。"其説善矣！然基博則謂讀而不思，只是未讀；蓋讀者，籀書之義也；焉有不思而可以籀書之義者耶？

"讀經"二字之詁釋既明，則請進而申論師範學校讀經之旨趣。

（丙）師範學校讀經之旨趣

師範學校之讀經，其旨趣與大學文科之治經不同。蓋大學文科治經之所以，在講學，在董理國故。而師範學校之讀經，則重經世，重修養人格；觀於元年部令《五年修正規程》第九條而可知也。其言曰："講經要旨，在講明吾國古先聖哲相傳人倫道德之要；尤宜注意於家庭、社會、國家之關係；以期本經常之道，應時勢之需。"

本條涵義可分三層解釋之：

（A）講明吾國古先聖哲相傳人倫道德之要

此一語，所以定師範學校讀經之範圍。蓋經，有《易》，有《書》，有《禮》，有《春秋》，有《四書》；而《禮》，有《周禮》，有《儀禮》，有《禮記》；《春秋》，有《左氏》，有《公羊》，有《穀梁》；昔人所謂"廿年傳經，皓首莫竟"者；固非一端可盡；而可大别之爲三類：其一言天人相與之際；所謂性與天道；宋明諸儒竭智盡能之所鑽仰者也。以近世通行語指之，可謂爲屬於哲學之範圍。其二言治國平天下之大法。非惟博論其原理而已；更推演爲無數之節文禮儀制度。以近日通行語指之，可謂爲屬於政治學、社會學之範圍。其三言各人立身處世之道；教人以所以爲人者，與所以待人者，以近世通行語指之，可謂爲屬於倫理學、道德學之範圍。其第一種，中國古代之哲學，誠有其精深博大之系統，然此當以付之專門哲學家之研究；萬不能以喻諸人人。《易經》屬之。其第二種，則所言治國平天下之道，爲百世後從政家所當遵守者殊多。至節文禮儀制度，原爲當時人説法；而不必盡適時宜。此惟當留以供考古者之講求。至其言治國平天下之理之精粹者，亦僅從政者所宜服膺；不必盡人而學。《尚書》、《周禮》、《儀禮》、《春秋》胥屬焉。故竊以爲今日讀經以蘄從事國民教育者，宜將此兩大部分畫出，暫置爲後圖；而最切於民生日用，先務之急，爲人人所宜服膺勿失者；則此所謂"古先聖哲相傳人倫道德之要"，而言"各人立身處世之道"者是已。《四書》、《禮記》之類屬焉。

(B) 尤宜注意於家庭、社會、國家之關係

此一語，所以爲"人倫道德"下之詁釋；"尤宜"二字須着眼。蓋言人倫道德而不注意於家庭、社會、國家之關係，則"道德"爲不"人倫"。《禮記》之《曲禮》、《樂記》注，皆云："倫，猶類也。"人倫道德者，全人類之道德也；非祇我之道德也。粤我先民，常以爲我者，天下國家組織之分子。我，非自有之我；乃天下國家所有之我；故己不可不修。孔子曰："修己以安人。"修己者，非爲己而修；乃爲安人而修。《大學》言："修身而后家齊，家齊而后國治，國治而后天下平。欲平天下，必先治國；欲治國，必先齊家；欲齊家，必先修身。自天子以至於庶人，壹是皆以修身爲本。"《皐陶謨》曰："慎厥身，修思永。惇叙九族，庶民勵翼，邇可遠，在兹。"兹，即指慎厥身、修思永而言。曰慎厥身，有謹小慎微之意；曰修思永，有長圖大念之意。言慎厥身，而必申之曰修思永者；蓋戒修己者之見小欲速，局於小我也。修己者，所以安人；匪祇以自修。齊家家庭關係、治國、平天下社會國家關係；皆安人也。惇叙九族家庭關係，勵翼庶民社會國家關係，皆安人也。安，有勝殘去殺之意。若以西方生存競争，優勝劣敗之説證之，則修己者，所以謀自存之具，而競勝於世焉耳。同一修己也，有仁暴之分焉。竊嘗爲西洋人之自我觀，大抵以我爲主，以人爲從；而二十世紀之社會主義，其反響也。至吾國古先聖哲相傳人倫道德之自我觀，則以全人類爲主，以我爲從。仁者人也，修己安人之説，厥爲吾國古先聖哲相傳人倫道德之中樞焉。

(C) 以期本經常之道適應時世之需

此爲本條之結穴語；不可不注意。所謂本經常之道，適應時世之需者；蓋蘄古經之時代化，以適於經世致用。其有不適應時世者，如孔子之削則削

可也。武進劉逢禄《論語述何篇》，曰："'温故而知新'之故，古也。六經，皆述古昔稱先王者也。'知新'，謂通其大義以斟酌後世之制；漢初經師是也。"何休注《公羊》，率舉漢律；鄭君注"三禮"，亦舉律説。此以知漢儒窮經，無不"本經常之道，應時世之需"者。老子曰："執古之道以御今之有。"此言最可體味。古者，今之積也；無今，安所事於古？執古之道，所以御今之有也；使非以御今之有則亦奚所事於執古之道者？自新文化盛唱以來，而國粹保存之呼聲，亦相應日高。庸知有不誤認師範學校之讀經，以爲國粹之廛保持者。其實國之粹與不粹，尚視今人之奮發自力；匪可藉古人以撐門面。苟今人不自振奮，而徒誦習孔子、孟子之言；曰："我保存國粹也。"是則老子所謂"子所言者，其人與骨皆已朽矣！"何國粹之有焉！

師範學校讀經之旨趣既明，則可進而説明我之讀經學程。

（丁）我之讀經學程

本校遵依《師範學校規程》第九條第二項之規定，就《論語》、《孟子》、《禮記》、《春秋左氏傳》四書撮要講解。惟蘇東坡謂"讀書須數過以盡其意，每次作一意求"；即是教人分類讀之意。曾文正公云："一種學問，即有一種分類之法。"近儒武進沈友卿先生亦曰："讀《論》、《孟》，須分類講解，觀其異同。如'問孝'爲一類，而答各不同；更引他處言孝者比類參觀之。知其所以異，即知其所以同。"然則經不可不分類講解；以蘄讀者每次作一意求也。

(a) 預科

(一)《論語》就全書分爲三類講解：

(1) 正名篇

名學者，學人之公器；非一家之私有；不論道、儒、名、法諸家，皆必精於名學而後能立能破。《春秋繁露·深察名號篇》："孔子曰：'名不正，則言不順。'《春秋》辨物之理以正其名；名物如其真，不失秋毫之末。故名霣石則後其五，言退鷁則先其六。聖人之謹於正名如此。"毛奇齡《稽求篇》："《漢書·藝文志》謂：'名家者流，蓋出於禮官。古者名位不同，禮亦異數。'孔子曰：'必也正名乎？'凡辨名所在，不可苟爲鈲析。且從來有名家如鄧析、尹文子、公孫龍、毛公諸篇；俱以堅白、同異辨名義爲辭。"此則名家之説之所由著也。若漢後儒者猶尚名，曰名物；曰名義；曰名象；

而寖尋失真。至晉時魯勝注《墨辨》一書，深論名理；謂："名者，所以列同異，明是非，道義之門，政化之準繩也。孔子曰：'必也正名'云云。墨子著《辨經》以立名本；而荀卿、莊周輩皆非之。然終不能易其論也。"其序尚存《晉史》，約四五百言；極言隱顯、虛實、同異、真似之辨，毫釐纖悉，皆有分部。其論甚著。故今以"衛君待子爲政"章冠全書，而附以剖析名義諸論；凡十二目：曰通論；曰論知；曰論仁；曰論恕；曰論孝；曰論剛；曰論直；曰論明；曰論達；曰論文；曰論狂狷；曰論政政者正也。

（2）君子篇

凡孔子之論君子者胥隸焉。近儒梁任公先生曰："讀者若稍治當代教育史，當能知英國之教育，常以養成人格爲其主要精神；而英之所以能久霸於大地，則以此故也。英人之理想的人格，常以 Gentleman 一字代表之。昔俾士麥嘗讚歎'此字在德文中，苦不得確譯。豈惟德文？無論何國，殆斷不能得恰適切之語以譯之。'斯言誠然。然求諸吾國語，則易易耳！'君子'一語，即其確譯。此無他故。蓋我國與英國，其古昔傳來之教育精神同，皆以養成人格爲其職志；故不期而各皆有一語以表示人格之觀念；而爲他國人所不易襲取，且不易領會。今試執一英人而叩之曰：'何謂 Gentleman?'其人必沈吟良久而不能對。更叩之曰：'如何斯可以謂之 Gentleman?'則必曰：'如何温良恭儉讓。如何博愛濟衆。如何重然諾，守信義。如何動容貌，出辭氣。'乃至'如何如何'，列舉數十剌剌不休。試觀彼字典之釋義可知也；求一簡該之釋，殆不可得。雖然，所謂 Gentleman 者：自有一種無形之模範深嵌於人人之意識中，一見即能知其是非真僞。苟其人言論行誼，一旦悖戾此模範；則立見擯於 Gentleman 之林而爲羣 Gentleman 所不齒。養成人格之教育，其收效有如此者。我國亦然。突然問曰：'何謂君子?'人人莫知所對也。更扣曰：'如何斯可謂之君子?'則其條目可以枚舉至於無算，若不得其簡該之義。而人人意識中，固若有一種無形之模範，以示別於君子非君子。其與英人異者：英人此種意識，見之甚瞭；操之甚熟；律之甚嚴；行之甚安；推之甚溥。我國不然。此種意識本已在朦朧茫漠之中；而其力又甚單微，不足以斷制社會。故人人不必求勉爲君子；即躬行君子者，久之亦且自疑沮，或反棄其所守以求同於流俗。此則教育致力與不致力使然也。吾非謂英人所謂 Gentleman，與吾國所謂'君子'，其模範恰同出一型，吾殊不必引彼義以自重。吾深信吾國所謂‘君子’，其模範永足爲國人所踐履；真踐履焉，則足使吾國人能自立自達以見重於天下。而孔子養人格之旨；其最終之鵠，所謂：‘使人人有士君子之行。’”而此之三十餘章所云云，即詁釋君子之所以爲君子也。吾儕試悉心紬繹體驗之，則能知孔子所欲養成之人格。“君子人”者其不可缺之條件有幾；其條件之類别系統何若；其踐履之途徑先後次第何若；既以自勵；而更思以種種方法，牖導民衆而訓練之，以使之成教於國，此豈非社會教育之盛德大業；而吾儕從事師範教育者之所有事耶!

(3) 教學篇

凡孔子之論“教”與“學”者胥隸焉。孔子之論學重自動；而教在啓發；曰:“不憤，不啓；不悱，不發；舉一隅，不以三隅反，則不復也。”

(二)《孟子》就全書分爲六類講解:

(1) 原性篇

凡孟子之論性者胥隸焉。孟子道性善，世人之所知也。而孟子之所以道性善者，則或世人之所未知。其一孟子論性之方法：孟子論性之方法有二：一以故言性。孟子曰:“天下之言性也，則故而已矣。”朱注:“性者，人物所得以生之理也。故者，其已然之迹；若所謂‘天下之故’者也。言事物之理，雖若無形而難知；然其發見之已然，則必有迹而易見。故天下之言性者，但言其故而理自明，猶所謂‘善言天者，必有驗於人’也。”此孟子“以故言性”之説也。與法蘭西學者古悍（Causin 一七九二——一八六七）之論心理學同恉。古氏之言曰:“哲學必自事實始。此事實，乃供給哲學者以入思辨之境涯之機會者也。心理學不過爲入形而上學之橋梁。形而上學，乃最優之科學也；科學之科學也；科學之對象爲實體，乃常不變化永久之實在也；而其研究之方法，則依觀察。無觀察之工夫，則不能有何等之科學。故可謂吾人乃觀察精神之事實而窮究其所以蕲到達絶對之原理。心理學之方法，乃充此職役者也。易言以明之：即以後天之方法，得認先天之原理者也。”此孟子“以故言性”之説也。敬兄敬鄉人，孺子入井，皆孔子之所謂“故”也。二以情證性。孟子好以“惻隱”、“羞惡”、“辭讓”、“是非”四端言性；皆情也。蓋生之謂性；而情衹是性之發。性不可見而情可見也。

其二孟子性善之界説：孟子道性善，衹限於人；而物非所論。其《杞柳桮棬》一章，論人性之不同於植物。《生之謂性》一章，論人性之不同於動物。而《性猶湍水》一章，則論人性之不同於無生物。故嘗見意於《人之所以異於禽獸》一章曰："明於庶物，察於人倫。"蓋人之性善，而物之性不必皆善。人之性可率，而物之性不必可率。此孟子之所爲"明"所爲"察"也。

（2）存心篇

《易》曰："繼之者善也，存之者性也。君子閑邪存其誠。"凡孟子之言存心者胥隸焉。

（3）養氣篇

凡孟子之論養氣者胥隸焉。雖然，孟子之所謂氣者，何也？曰："情感性之衝動，是也。"德之哲家康德曰："世界無制限純粹之善。惟其善意志而已。何謂善意志？曰'爲理性之故而從理性之意志，是已。爲義務之故而行義務之意志，是已。'此乃不從感情之指揮而求與理性之命令一致之意志也；非可由感情欲望而決定者也。譬如人生憐憫之情而爲慈善；是既爲感情之所左右矣。不得爲道德之行爲也。必絶情袪欲，始有道德之價值。"則是感性與理性不相容也。自孟子言之，則曰："其爲氣也，以直養而無害，則塞乎天地之間。"則是理性可以養感性也。"其爲氣也，配義與道，無是餒也。"則是感性可以配理性也。是理性與感性非不相容也。孟子謂情非不善；而康德則認情爲不善。不知道德之行爲，乃自取舍統馭種種之感情欲望而成立。孔子曰："禮，所以治人七情；然禮必以人情爲本。"非必悉去感情慾望而道德始成立也。離感情慾望，則不能有行爲。若如康德所言，絶情袪慾，則道德之行爲亦全消滅。清儒戴震著《孟子字義疏證》一書曰："君子之治天下也，使人人各得其情，各遂其欲而天下治。君子之自治也，情與欲使一於道義。"孟子"集義"之功，"情與欲使一於道義"而已。戴氏又與某書曰："後儒不知情之至於纖悉無憾，是謂理。"康德之謂矣！

（4）教學篇

凡孟子之論"教"與"學"者胥隸焉。按孟子之論"教"、"學"在"自得"曰："君子深造之以道，欲其自得之也。""君子"，指教者說；"深造之以道"之"之"字，代名詞，指學者。謂君子深造之以道，期於學者之自得，而非儘量輸入。"造"作造就解；讀在早切。此亦自動教育之說也。

(5) 辨諸子篇

此可以證見孟子與諸子不同之所在。凡五目：曰辨墨家；曰辨農家；曰辨兵家；曰辨游説家；曰辨治生家。

(6) 政治篇

凡孟子之論政治法制者胥隸焉。按“儒家雖著爲一總名，而其中支分流别。戰國之際，疑别有一種儒家法學派。此法學又不同管、商、申、韓諸家之言。惟就儒家而論：大都但説仁義，重束脩，敦倫理；而此派則特自研有治國之方法；各種政法制度，亦復具體可以立案晝策。且古今之制度，皆經考證，言之可稽。如《孟子》一書，其明舉王制所宜；孔子《論語》二十篇中，尚無此種文字。蓋孔子之實體法制説，皆分見於六經。而《論語》所記，則但言王而未言制。”近人劉少少説。

(b) 本科一年級

(一)《禮記》《禮記》四十九篇，據鄭玄《目録》，考之於劉向《别録》。其篇次本以類相從。而唐魏徵又作《類禮》二十篇；太宗美其書，詔曰：“以類相從，别有篇第；併更注解；文義粲然。”朱子惜不之見。迨元吴澄撰有《禮記纂言》三十六卷。其篇第亦以類相從。是《禮記》舊本，本多分類者。兹據經文，酌時宜，分爲六類，凡十五篇。

(1) 有言古代之家庭教育者——(子)《内則》；(丑)《曲禮》。

凡桐城姚鼐所謂古《曲禮》正篇，有韻可誦之五十九句，俾童子誦者；以及《曲禮》所載事長、敬老、接賓、執贄、納女之説，皆選焉。

(2) 有言學校教育者——(子)《中庸》；(丑)《大學》；(寅)《學記》。

戊戌政變以前，中國無所謂教育焉。馬端臨曰：“所謂學者，姑視爲粉飾太平之一事耳!”然而古之教者，家有塾，黨有庠，術有序，國有學，所謂學校至不一也。其教育在自動。其教育之旨趣及方法，具見於《中庸》、《大學》、《學記》三篇。

《學記》論教授法，《大學》、《中庸》論教育原理。而《學記》與《大學》、《中庸》三篇之間，有最扼要之一語爲之樞機；即《學記》所謂“教也者長善而救其失”者也。此一言所以示教育之效能。蓋以爲教育者，非真能有移風易俗之力也。所謂“長善”云者，不過善者長之以蕲止於至善焉耳。其效能絶對有限量而非無限量；不似近今吾人信教育有改造社會，化惡爲善之力；何也？以其植基於“性善”之説也。人性本善，何須改造！亦何可改造！惟性善，故自動。惟性善而不無末流之説，故自動不能廢教育。惡者，其末流之失已耳。教育者，匪創造人生本無之善；而救其末流之失已耳。故曰“教者長善而救其失。”《中庸》之“率性”、“修道”；《大學》之“明明德”、“新民”、“止至善”；皆依據斯言以定教育之原則焉。《中庸》之開宗明義曰：“天命之謂性，率性之謂道，修道之謂教。”何謂“性”？本能是也。何謂“率性”？“發揮本能”是也。朱子注：“率性之率，不是用力字；只是順其自然之意。道，猶路也。人物各循其性之自然；則其日用事物之間，莫不各有當行之路；是則所謂道也。修，品節之也。性道雖同而氣稟或異；故不能無過不及之差。聖人因人物之所當行者而品節之以爲法於天下；則謂之教。”故曰：“教者長善而救其失。”迨善之長也；“能盡其性，則能盡人之性；能盡人之性，則能盡物之性；能盡物之性，則可以贊天地之化育。”“盡性”云者，謂本能之發展，推而致乎其極云耳。此《大學》之“明明德”，所以必推極其效於“新民”、“止至善”也。蓋明德，即性也；以其德之於天而昭明不昧；故謂之明德。德本明也，昏於氣而蔽於物，則失之矣！學者所以明之而已；此“救”之説也。民亦同有明德；而舊染污俗，故又當推吾之明德以新之也。性之體純粹至善，而其用見於人倫事物之間；故修己治人，皆必止於至善；然後有以盡其性。故曰：“教者長善而救其失”者也。《學記》之論教也，重在教學生學；不重在教學生。《記》曰：“今之教者，呻其佔畢，多其訊，言及於數。”教亦勤苦矣！然而“其施之也悖；其求之也佛；夫然故隱其學而疾其師；苦其難而不知其益也；雖終其業，其去之必遠。”徒勞而無功者，何也？則以未能濬發其活潑及創作之自動能力、研究之精神；而覺爲學之可樂，藏焉修焉，息焉遊焉，則自“安其學而親其師”矣。故曰：“君子之教喻也，道而弗牽，强而弗抑，開而弗達；道而弗牽則和，强而弗抑則易，開而弗達則思；和易以思，可謂善喻矣。”此其所以養成學者活潑及創作之自動能力、研究之精神者爲何如乎！基博嘗謂學生者，學而能自畢焉；教師者，匪教而能事畢焉。《記》曰：“記問之學，不足以爲人師。”何也？以其衹知教也。《大學》論“止於至善”，必曰“知其所止”。《中庸》之論“誠身”，必曰“明善”；曰“擇善”。誰則知之？曰：“止至善者自知之”也。誰則明之擇之？曰：“誠身者自明之，自擇之”也。何以知？何以明？何以擇？曰：博學、審問、慎思、明辨；確知其爲“善”、“至善”；然後固執而篤行焉。嗚呼！此《學記》之所以先“辨志”；而蘄至於“知類通達，强立不反”；然後“謂之大成”也。始焉善之不擇；終之不知所止。而國人今日遂不忠於所學，以講學爲投機。今日國粹，明日歐化，其實不過揣迎時好，弋獵聲譽，作一種投機事業而已；非真有所主張，有所研究云爾也。卒之隨波逐流，而思想陷於破産；轉徙流離，倀倀乎何之。孟子曰：“人有雞犬放則知求之；有放心而不知求。”此則今日學者之大患也！嗚呼！仲尼不云乎：“人皆曰余知；擇乎中庸而不能期月守也！”然則如何而可？曰：“誠之者，擇善而固執之者也。”所謂“擇善”者，非漫然而善之也。“博學之，審問之，慎思之，明辨之，篤行之。有弗學，學之弗能；弗措也。有弗問，問之弗知；弗措也。有弗思，思之弗得；弗措也。有弗辨，辨之弗明；弗措也。有弗行，行之弗篤；弗措也。”得一善，則拳拳服膺而弗失之矣！此則硜硜之愚，以爲忠於所學，忠於其主義者當如是也！今日學之大患，一言以蔽之：曰不誠而已矣！“誠者物之終始，不誠無物。”伯爾同志，尚體斯意。

(3) 有言社會教育者——（子）《鄉飲酒義》；（丑）《射義》。

今之學校，厥爲教師學生之學校。而古之學校，則爲社會之學校。所謂社會之學校者，其意味有二：（一）學校，爲社會之學校；而非學校之學校。（二）學校之教育，爲社會之教育，而不限於學校。要之學校與社會融合爲一而已。試論其略：

（子）三代之隆也，學校爲社會之學校，校長即爲社會領袖之人物。五家爲鄰，五鄰爲閭；閭有塾二十五家同住一巷，巷首有門，門側有塾。四閭爲族，五族爲黨；黨有庠。五黨爲州；州有序。五州爲鄉；鄉，二千五百户也。鄉之中，鄉大夫各掌其鄰爲邦教；受於司徒司徒猶今之教育總長；頒於鄉吏；六禮以節民性；七教以興民德；八政以防民淫。州長，即一州之師也。黨政，即一党之師也。下之爲閭胥，爲比長即鄰長，皆鄉吏也；亦皆學校之教職也。古者農可爲士；而吏即爲師。馬端臨《文獻通考序》曰：“國學有司樂、司成，專主教士；而州閭鄉黨之學，則未聞有司職教之任者。及考《周禮·地官》：黨正，各掌其黨之政令教治；州長，各掌其州之政令教治。然後知黨正即一黨之師也，州長即一州之師也。以至下之爲比長閭胥，上之爲鄉遂大夫，莫不皆然。蓋古之爲吏者，其德行道藝俱足爲人之師表。”於是學校領袖即社會之領袖；而學校教育，自不致有與社會隔膜之虞矣。

（丑）古之人，自家至於天子之國，皆有學，自幼至於長，未嘗去於學之中。春令民畢在野；閭胥平旦坐於右塾；鄰長坐於左塾師古注：“督促幼之知其早宴，防怠惰也。”按塾在里門之側；畢出然後歸。夕亦如之。入者必持薪樵；輕重相分。斑白不提挈，所以優老人也。歲之蜡月十二月，黨正，則以禮屬民而飲於序州序。州長，春秋以禮會民而射於州序。鄉大夫，行鄉飲酒之禮於學，以勵其德行；以觀其賢能；迨三年而以鄉射之禮五物詢衆庶：一曰和；二曰客；三曰主皮；四曰和容；五曰興舞。此謂使民興賢，出使長之；使民興能，入使治之；胥無不於學焉。諸侯之學曰泮宮；天子曰辟廱；班朝布令，享帝右祖，則以爲明堂。同律候氣，治曆考詳，則以爲靈臺。而養老必於學；大射必於學；出征、受成、鄭康成注：“定軍謀也。”訊馘必於學；大師旅，則將士會焉；大獄訟，則吏民期焉；大祭祀，則天祖饗焉。蓋其制皆於國之勝地，築宮環水；國有大事，則以禮屬百官羣吏下民而講行之；無事則國之耆老子弟游焉，以論鼓鐘而修孝弟。蓋學校爲社會之學校；故社會所有事，無不於學校行之。而學校教育，亦不限於詩書六藝；又有祭祀、鄉射、養老之禮；以習其恭讓；司律、治曆、論獄、出兵、授捷之法以習其從事；而其大要，則務使人人盡其性；不獨防其邪僻放肆也。其在黌舍之內，而社會之文爲制度，無不習熟聞見，究其所以，以及出而任社會之事，方物出謀發慮，則隨所施爲無不可者。何也？學校與社會溝通爲一，而其教育不徒以讀死書爲能事也。

（寅）學校爲社會之學校，社會有輔相學校之義。《王制》：“司徒命鄉簡不率教者以告。耆老皆朝於庠。元旦，習射，上功。習鄉上齒，大司徒率國之俊士與執事焉。”耆老，謂其鄉之老成有德者，而俊士，則年少英俊之士；皆所謂模範人物也。蓋欲使不帥教之人，得於觀感改過以從善；《學記》所謂相觀而善摩之謂也。習射，謂行射禮；使知心平體正之德，而盡所以修身。習鄉，謂行鄉飲酒禮；使知長幼尊卑之禮，而盡所以事焉。此所以待不肖也。三年大比，興賢者有德行能者有材藝；鄉老及鄉大夫率其吏與其衆，以禮賓之；使俊士賓焉以爲榮；不肖者慕之而知奮焉。

（卯）學校爲社會之學校而學校遂爲社會教育之機關。一九一九年美國全國教育會會長潑力士登夫人以“公衆集會法”爲最重要之社會教育。先是夫人村居，深知鄉村生活，須有一種有秩序、有組織社會交際之法，國風化人之道，而長日勞動之徒，亦應有休養暢樂之法，農莊中若快樂不與勞苦同等，斷不能保傳兒女。然農家揮汗鋤雲，何得有此。夫人知其然，遂提倡一公衆集會法。其言曰：“公衆集會所行之事，無論其爲音樂會、辯論會，抑他種遊戲，甚至細如蜂之鬥衙者，亦能加生機於鄉村之生活，使人民和諧之風從此發生；使公民日趨於良美，而成國家完善之公民。”見《新教育》第四卷第二期基博則以爲鄉飲酒、鄉射，三代之公衆集會法也；當日最要之社會教育。而學校，則其鄉飲酒、鄉射之地也。《鄉飲酒義》曰：“主人拜迎賓於庠門之外，入，三揖而後至階，三讓而後升；所以致尊讓也。盥洗、揚觶，所以致絜也。拜至、拜洗、拜受、拜送、拜既；所以致敬也。尊讓絜敬也者，君子之所以相接也。君子尊讓則不争，絜敬則不慢，不慢不争，則遠於鬥辨矣！不鬥辨，則無暴亂之禍矣！斯君子之所以免於人禍也！”又曰：“祭薦、祭酒；敬禮也。嚌肺；嘗禮也。啐酒；成禮也。於席末言是席之正，非專爲飲食也；爲行禮也。此所以貴禮而賤財也。卒觶致實於西階上，言是席之上，非專爲飲食也；此先禮而後財之義也。先禮而後財，則民作敬讓而不争矣。”此其所以養成“人民諧和之風”者。爲何如乎！吕祖謙曰：“鄉飲酒者，鄉人以時會聚飲酒之禮也；因飲酒而射，則謂之鄉射。”《射義》曰：“射者，仁之道也；射求正諸己，己正而後發；發而不中，則不怨勝己者；反求諸己而已矣。”孔子曰：“君子無所争，必也射乎！揖讓而升；下而飲；其争也君子！”於角射較勝之時，不失雍容揖讓之度；其争也，乃所以彰其爲君子也！故曰“可以觀德”。此其刑仁講讓，示民有常；而限制民之競争者又何如乎！豈非所謂“一種有秩序、有組織社會交際之法”；而爲“國風化人之道”者耶！夫黨正以禮屬民而飲州序，必於歲之蜡月者；此正以農家揮汗鋤雲，終歲勤動；而“休養暢樂之法”，遂不得不行於歲之蜡月，農隙之時焉。夫農村爲國富之策源地；此歐美經濟學者之公言。使如潑力士登夫人所云，“快樂不與勞苦同等”；俾其人憔悴鬱結，意不得發舒；而精神體力；日即於委靡；則社會將隱受其害；寧祗一鄉一邑之榮悴已耶！

要之三代之世，掌學校者，不視學校爲獨立社會以外之團體；而視學校爲社會之一部。其教授之所取資；一以實際之社會爲衡；不似今日之學校教育，與社會隔膜；而不問社會之現狀如何也。

（4）有言社會組織者——（子）《王制》。

（5）有言社會組織之原則者——（子）《禮運》；（丑）《樂記》。

樂者爲同，禮者爲異。《中庸》曰："忠恕，違道不遠；施諸己而不願，亦勿施於人。""樂者爲同"之旨也。西諺有名言曰："自由，以不侵人之自由爲界。""禮者爲異"之旨也。"樂者爲同"，所以協人情之好惡；"禮者爲異"，所以别羣己之權界。故曰："樂至則無怨；禮至則不争；揖讓而治天下者，禮樂之謂也!"

（6）有古代社會之風俗制度沿襲至今其遺意猶可考見者——（子）《昏義》；（丑）《檀弓》；（寅）《問喪》；（卯）《三年問》；（辰）《祭義》。

（二）《春秋左氏傳》

（1）齊桓公召陵之師。

春秋時之國際形勢，分爲南北兩國際團體：南方國際團體以楚爲首領國；而北方則以晉爲首領國。鄭介兩大國之間；猶歐戰之際，比利時之介於德、法二國間也。當是之時；楚國時嚮北方爲侵掠戰争；可比歐戰之同盟國首領德意志。而北方之首領晉國則糾合北方諸侯爲防衛戰争；猶歐戰中之協約首領英國。晉之先有齊，楚之衰有吴。此其大略也。

（2）宋襄公泓之戰。

（3）晉文公城濮之戰。

（4）楚莊王邲之戰。

（5）吴入州來。

爲後來吴入郢張本。晉通吴以掎楚；猶英聯法以制德也，楚於是乎始衰矣。

（6）晉鄢陵之戰。

（7）宋之盟。

春秋弭兵之會，自宋之盟始。自此以前，爲晉楚武力競争時代。而此後則爲外交競争時期矣。春秋世運一大樞機也。

（8）虢之會。

（9）申之會。

（10）平丘之盟。

(11) 召陵之會。

晉於是乎失諸侯!

(12) 吴人郢。

楚衰而吴代興，晉楚争伯之局一變而爲晉吴争伯。

(13) 夾谷之會。

(14) 黄池之會。

晉吴争先。

是編之主旨，在以春秋列國之會盟征伐，援古衡今，説明國際之道德，不同於個人；以唤起國民性之自覺。而時賢著述之可供參考者:（子）丁韙良博士之《支那古代萬國公法》，載丙午社《平時國際公法》一七——二四頁。（丑）日本《東方時論》之《舊戰國與新戰國》，譯載《東方雜誌》十五卷十號五六——六三頁。（寅）梁任公之《國際同盟與中國》，載《東方雜誌》十六卷二號一六一——一六三頁。皆引《春秋》之國際事實以衡論當世者也。吾國自嬴秦混一六王以迄於今，國民習於數千年之閉關，不復知國際爲何事；其始遇外人也，壹以夷狄待之；虚驕之心理，訑訑拒人之聲音笑貌可以怒敵而召釁者，亦既無在無之；一經敗衄，則又嗒焉若喪；卑怯之習日以長；以爲中國事事不如人；甘心居人後；自侮而人亦侮之！於是國際上之地位，遂以一落千丈彊！顧衡諸春秋諸國何如者？不論晉、楚、齊、秦，泱泱大國之風；必不以彊埸勝負之一彼一此，自損其榮譽。即以小事大之蕞爾鄭，亦能壹遵當日國際之慣例，不亢不卑，保持其國際上之地位。豈有俯仰隨人，習於媚外；而可以立國者哉！嗚呼！國家之積弱，國民之志氣不振實爲之。儻非吾鄰教育者之責歟?

（戊）讀經科與他科之關係

(a) 公民科 吾國古先聖哲相傳人倫道德之要。

(b) 教育科 吾國古先聖哲相傳之教學法，及學制之記載討論。

(c) 國文科《論語》之文簡盡；而《孟子》之文則雄峭；《禮記》之文藴藉；而《左氏》之文則恢詭。皆自古文事之至精能者。韓退之曰:“沈浸濃郁，含英咀華。”其於斯文必有得矣!

(d) 歷史科《春秋左氏傳》無論已。《禮記》之載典禮，《孟子》之論政制，皆絶好上古政治史料也。《禮記》之載冠、昏、喪、祭，《春秋》之記聘、享、賦、詩，皆絶好上古風俗史料也。

基博任本校讀經科五年於兹。國内參觀諸君，見課程表有讀經一科，往往以教學之旨趣及方法垂詢。言國粹者，則見譽曰：“是存古也！是正人心，息邪説也！”言歐化者，則又曰：“是守舊也！是錮蔽青年之耳目聰明也！”其實世間青年無絶對可讀之書，亦無絶對不可讀之書；要視教之讀者何如耳。孔子曰：“温故而知新。”新即自故中温出。今之學者，不事温故，衹求知新；未能繼承，已思創作。袪理知而言直覺，超現實而騖玄想；浮談無根，等於説夢；此大蔽也！至以讀經爲存古，則又拘虚之見，而未能遊於方之外者。爰草此篇以就正於有道焉。

（原刊於 1923 年 1 月 16 日—5 月 16 日《無錫新報·思潮月刊》）

漢儒顯真理惑論

讓清乾嘉以還，言漢學者衆，大率誦説師法，紛紜今古，循其末流，昧其本真；誦覽所及，頗有然疑；最括鄙旨，條以三事：一曰：“漢學經師多出荀子，而漢學垂絶之微言，有不與荀子同者。”二曰：“師法之云，出於末師，匪其本然。”三曰：“今古學之分，起於東漢，先漢有今古文而無今古學。”辨章學術，古不可誣；三者若明，斯足以顯漢儒之真，而稍解學者之惑矣。試更端而竟吾説：

一曰：“漢學經師多出荀子，而漢學垂絶之微言，有不與荀子同者。”昔汪中作《荀卿子通論》，歷舉諸家經師以爲出荀卿子之傳，固也。獨《左氏春秋》及《毛詩》，舍劉向《别録》、陸璣《毛詩草木蟲魚疏》不引，而引陸德明《經典釋文》，未爲知所先務。《穀梁》不引楊士勛疏，疏證尚欠分明，大、小戴《禮》亦不如謝墉《荀子箋釋序》所言之典核，荀子兼通《易》，置而不論，亦爲未盡也。余考劉向所校讎中《孫卿書録》稱：“孫卿善爲《詩》、《禮》、《易》、《春秋》。獨《易》之傳業無聞。荀卿之書，語聖人必曰孔子、子弓，子弓之事業不傳，獨《史記·仲尼弟子列傳》叙“孔子傳《易》於商瞿，瞿傳楚人馯臂子弘”。《正義》引顏師古云：“《漢書》及《荀卿子》皆云字‘子弓’，此作‘弘’誤。”漢儒言《易》者本之田何，而田何爲子弓弟子，則是子弓《易》家之始師矣。疑荀卿易學之所自出也。獨傳業誰何，無考者。至《漢書·楚元王傳》云：“少時嘗與魯穆生、白生、申公同受《詩》於浮丘伯；伯者孫卿門人。”而《魯詩》傳自申公，則是《魯詩》出荀子也。陸璣《毛詩草木蟲魚疏》云：“孔子删詩授卜商，商爲之序以授魯人曾申。申授魏人李克。克授魯人孟仲子。孟仲子授根牟子。根牟子授趙人孫卿。卿授魯國毛亨。亨作《詁訓傳》以授趙國毛萇。時人謂亨爲‘大毛公’，萇爲‘小毛公’。”則是《毛詩》出荀子也。《左傳正義》引劉向《别録》云：“左丘明授曾申。申授吴起。起授其子期。期授楚鐸椒。椒作《鈔撮》八卷，授虞卿，卿作《鈔撮》九卷，授孫卿，卿授張蒼。”則是《左氏春秋》出荀子也。《漢書·儒林傳》云：“瑕丘江公受《穀梁春秋》及《詩》於魯申公。”而魯申公之《穀梁春秋》亦自孫卿傳之。楊士勛《穀梁疏》云：“穀梁子受經於子夏，爲經作傳，傳孫卿，卿傳魯人申公，申公傳博士江翁。”則是《穀梁春秋》出荀子也，此皆傳授分明，鑿鑿可據者。亦有不言卿傳，而籀誦記説，知於荀子有淵源者，則《韓詩》、《大、小戴禮》，是也。《韓詩》今存《外傳》，其中引荀子以説詩者凡四十四事。而《禮·小戴記》之《三年問》，全出荀子書《禮論篇》；《樂記》、《鄉飲酒義》所引，俱出《樂論篇》；而《聘義》子貢問貴玉賤珉，亦與《德行篇》大同，《大戴記·三本篇》亦出《禮論篇》。《勸學篇》即荀子書首篇，而以《宥坐篇》末“見大水”一則附之，哀公問五義，出《哀公篇》之首。謝墉《荀子箋釋序》考之綦詳。則是《韓詩》、《大、小戴禮》亦未必不出荀子也。荀子之學，“始於誦經，終於讀禮”，“誦數以貫之，思索以通之”；綦重章句之學，與漢儒同。然而漢儒垂絶之微言，有不與荀子同者。蓋荀子纂《天論篇》以明天人之分；而漢儒則明陰陽災變以觀天人相與之際；故不同也。按《漢書·儒林傳》稱“《易》爲筮卜之書”，本與陰陽災變爲近；《儒林傳》云：“孟喜好自稱譽，得《易》家候陰陽災變書，詐言‘師田生且死時，枕喜膝①，獨傳喜。’諸儒以此耀之。”《京房傳》云：“京房治《易》，事梁人焦延壽，延

① 原文“膝”後衍一“上”字，今删去。

壽，字贛，常曰：‘得我道以亡身者，京生也。’其説長於災變，分六十卦，更直日用事，以風雨寒温爲候，各有占驗；房用之尤精。”此先漢易家之明陰陽災變者。下降漢季，鄭玄闡爻辰，虞翻推消息，仍衍其緒，其遺説可考見者，則有京氏《積算易傳》三卷，蓋後世卜士所用世應、飛伏、遊魂、歸魂、納甲之法，胥本於此。世所傳《火珠林》，即其遺法。此外惠棟《易漢學》中有孟長卿《易》上下二卷，虞仲翔《易》一卷，京君《明易》上下二卷，鄭氏《周易爻辰圖》一卷；張惠言有《周易虞氏消息》二卷、《虞氏易候》一卷；莊存與有《卦氣解》一卷；胡翔麟有《虞氏易消息圖説》一卷；皆清儒輯佚釋解之書。此易家書之言陰陽災變者也。《董仲舒傳》：“武帝即位，舉賢良文學之士，前後百數。而仲舒以賢良對策曰：‘臣謹案《春秋》之中，視前世已行之事，以觀天人相與之際，甚可畏也。國家將有失道之敗，而天乃先出災害以譴告之；不知自省，又出怪異以警懼之；尚不知變而傷敗乃至；以此見天心之仁愛人君，而欲止其亂也。自非大無道之世者，天盡欲扶持而安全之。’又曰：‘天人之徵，古今之道也。孔子作《春秋》，上揆之天道，下質諸人情，參之於古，考之於今，故《春秋》之所譏，災害之所加也；《春秋》之所惡，怪異之所施也。書邦家之過，兼災異之變，以此見人之所爲，其美惡之極，乃與天地流通而往來相應；此亦言天之一端也。’”所謂“天人相與之際”，其説實自仲舒首明之，然自荀子書而言，所以明天人之分，詳闡於《天論》者；其大指以爲“天行有常，不爲堯存，不爲桀亡，應之以治則吉，應之以亂則凶。故明於天人之分，則可謂至人矣。不爲而成，不求而得，夫是之謂天職。如是者，雖深，其人不加慮焉；雖大，不加能焉；雖精，不加察焉；夫是之謂不與天争職。星墜木鳴，國人皆恐。曰：是何也，是天地之變，陰陽之化。日月之有蝕，風雨之不時，怪星之黨見，是無世而不常有之。上明而政平，則是雖並世起，無傷也。上闇而政險，則是雖無一至者，無益也”。則是天人之不相與也。安有如仲舒所謂“天人相與之際”者哉？《仲舒傳》又云：“仲舒治國，以《春秋》災異之變，推陰陽所以措行，故求雨，閉諸陽，縱諸陰；其止雨，反是；行之一國，未嘗不得所欲。中廢爲中大夫。先是遼東高廟、長陵高園殿災。仲舒居家推説其意，草藁未下，主父偃候仲舒私見嫉之，竊其書而奏焉。上召視諸儒。仲舒弟子吕步舒不知其師書，以爲大愚；於是下仲舒吏，當死。詔赦之，仲舒遂不敢復言災異。”《儒林傳》云：“董生爲江都相。弟子遂之者，惟嬴公守學，不失師法，授魯眭孟。”《眭弘傳》云：“孝昭元鳳三年正月，泰山萊蕪山南，有大石自立。是時昌邑有枯社木卧復生；又上林苑中大柳樹斷枯卧地，亦自立生；有蟲食樹葉成文字，曰‘公孫病已立’。孟推《春秋》之意，以爲石柳皆陰類，下民之象，泰山者，岱宗之岳，王者易姓告代之處；今大石自立，僵柳復起，非人力所爲；此當有從匹夫爲天子者，枯社木復生，故廢之家公孫氏當復興者也。孟意亦不知其所在，即説曰‘先師董仲舒有言’云云。廷尉奏：‘孟妄設妖言惑衆，大逆不道’，伏誅。後五年，孝宣帝興於民間即位。”此春秋家之言陰陽災變者也。《夏侯始昌傳》曰：“夏侯始昌通五經，以《齊詩》、《尚書》教授。自董仲舒、韓嬰死後，武帝得始昌，甚重之。始昌明於陰陽，先言柏梁臺災日；至期日，果災。”《夏侯勝傳》曰：“勝從始昌受《尚書》及《洪範五行傳》説災異，征爲博士光禄大夫。會昭帝崩，昌邑王嗣立，數出，勝當乘輿前，諫曰：‘天久陰而不雨，臣下有謀上者；陛下出，欲何之?’王怒，謂勝爲妖言，縛以屬吏。吏白大將軍霍光，光不舉法。是時光與車騎將軍張安世謀，欲廢昌邑王；光讓安世以爲洩語，安世實不語，乃召問勝。勝對言：‘在《洪範傳》曰：皇之不極，厥罰常陰，時則下人有伐上者。惡察察言，故云臣下有謀。’光、安世大驚。”《李尋傳》云：“李尋治《尚書》，獨好《洪範》災異；見漢家有中衰阸會之象，其意以爲且有洪水爲災。是時哀帝初立，不從尋言，然采其語。每有非常，輒問尋，尋對屢中。”《劉向傳》云：“向見《尚書・洪範》箕子爲武王陳五行陰陽休咎之應；向乃集合上古以來，歷春秋六國至秦漢符瑞災異之記，推迹行事，連傳禍福，著其占驗，比類相從，各有條目，凡十一篇，號曰《洪範五行傳論》。”即《藝文志》著録《劉向五行傳記》十一卷是也；疑以稱“記”者爲近是；今佚；其遺説具《五行志》。《五行志叙》曰：“漢興，承秦滅學之後；景武之世，董仲舒治《公羊春秋》，始推陰陽，爲儒者宗。宣元之後，劉向治《穀梁春秋》，數其禍福，傳以《洪範》，與仲舒錯。至向子歆，治《左氏傳》，其《春秋》意亦已乖矣；言《五行傳》又頗不同，是以攬仲舒别向、歆。傳載眭孟、夏侯勝、京房、谷永、李尋之徒，所陳行事訖於王莽，舉十二世以傳《春秋》，著於篇。”篇中先引“經曰”，《洪範》本文也，次引“傳曰”，説者以爲劉向《五行傳》之所以記也。惟夏侯勝諫昌邑王數出，引“《洪範傳》曰”以對張安世；是勝已習《洪範傳》，疑不自劉向始也。考漢儒以《尚書》教授，明於陰陽，在勝前者，惟夏侯始昌，爲勝學之所自出，《勝本傳》載“勝從始昌受《尚書》及《洪範五行傳》説災異”；而《尚書》始傳自伏生，未言《洪範五行傳》説災異；其弟子作《尚書大傳》，亦無五行之説。然則勝所引《洪範傳》，當即始昌所傳也。其後劉向又推演之，乃集合上古以來歷春秋、六國至秦漢符瑞災異之記，推迹行事，連傳禍福，著其占驗，故名之曰《五行傳記》耳。蓋爲之傳者始昌；而傳記以事者則向也，此尚書家説之明陰陽災變者也。《翼奉傳》叙翼奉治《齊詩》，好律曆陰陽之占；奏對事曰：“易有陰陽，詩有五際，春秋有災異，皆列終始，推得失，考天心以言王道之安危。”所謂“四始五際之學”，即詩家之所以明陰陽災變者也。其後清儒輯佚拾遺而爲之疏證者，則有迮鶴壽之《齊詩翼氏學》四卷，陳喬樅之《齊詩翼氏學疏證》二卷。此詩家之明陰陽災變者也。禮家有“月令明堂陰陽”之説。《後漢書·蔡邕傳》曰：“時頗有雷霆疾風傷樹拔木地震隕雹蝗蟲之害。六年七月，制書引咎，誥羣臣各陳政要所當施行。邕上對事曰：‘一事：《明堂月令》：天子以四立及季夏之節；迎五帝於郊’云云。”其遺書可信者，則有戴德之《夏小正傳》二卷，《小戴記》中有《月令》一篇；而清儒之蒐輯佚文，究極其義者，則有惠棟之《明堂大道録》八卷，馬瑞辰輯注之蔡邕《月令章句》二卷。此禮家説之明陰陽災變者也。班固論刺之曰：“察其所言，仿佛一端，假經設誼，依託象類，或不免乎億則屢中。”語見《眭、兩夏侯、京、翼、李傳贊》。當談天朋興之日，察“假經設誼”之非，可謂閎識高懷，不囿風氣者矣！然推厥所由，儒者以爲人主至尊無所畏憚；借天象以示儆，庶使其君有失德者，猶知恐懼修省；此本《春秋》“以元統天，以天統君”之旨，何嘗無補於治道！而其末流之蔽，乃至牽於禁忌，泥於小數，舍人事而任讖緯！王莽以圖讖篡漢。緯候之書，僞起哀平。王莽既衰，而蘇竟致書劉龔，稱：“孔丘祕經，爲漢赤制。”光武以赤伏符受命，深信讖緯五經之義，多以決定嫌疑。有詔會議靈臺所處，謂桓譚“吾欲讖決”；譚對“臣不讀讖”，怒其“非聖無法”，將下斬之。問鄭興郊祀，曰“以讖斷”；興對“臣不爲讖”，即遭譴怒。事雖得解，並以不任。具見《後漢書》本傳。其後賈逵以此興《左氏》，曹褒以此定漢禮，鄭玄以此注《周官》。於是郎顗引《易稽覽圖》爲《内傳》；而五經爲外學，七緯爲内學，遂成一代風氣。其遺書僅存者，則有《易緯·乾坤鑿度》二卷，《乾鑿度》二卷，《稽覽圖》二卷，《辨終備》一卷，《通卦驗》二卷，《乾元序制記》一卷，《是類謀》一卷，《坤靈圖》一卷。清儒丁傑輯補《乾鑿度鄭注》二卷。張海鵬輯校《尚書中候鄭注》五卷。而宣究其義者，則有張惠言《易緯略義》三卷。然“緯”之與“讖”，又略不同。“讖”者，詭爲隱語，預決吉凶；《史記·趙世家》云“秦讖於是出”；《秦（始皇）本紀》云“亡秦者胡也”、“今年祖龍死”皆讖文也。“緯”者，經之支流，衍及旁義。《史記·自序》引《易》“失之毫釐，差以千里”；《漢書·蓋寬饒傳》引《易》“五帝官天下，三王家天下”，注者均以爲易緯之文，是也。然則讖起嬴秦而緯盛炎漢。讖出方士之所傳，而緯則本於儒者之明陰陽災變，以讖文附合經義，流轉增益，寖失本真。然“聖人作經，賢者緯之”，自古有稱；其中多漢儒説經之文，未可與讖連類而併薄之，不可不察也。

二曰：“師法之云，出於末師，匪其本然。”考漢儒傳經，首重師法。《漢書·張禹傳》：“諸儒薦禹。有詔太子太傅蕭望之問。禹對《易》及《論語》大義。望之善焉，奏‘禹經學精習，有師法，可試事’。”《後漢書·吴良傳》：“東平王蒼上疏薦良‘治《尚書》，學通師法’。”其他類此者夥。《後漢書·魯丕傳》載丕上疏，所謂“説經者傳先師之言，非從己出；法異者各令自説師法，博觀其義”是也。儻有背師法者，則同門可不認，弟子可不受。《漢書·儒林傳》載孟喜“得易家候陰陽災變書，詐言‘師田生且死，枕喜膝，獨傳喜’。同門梁丘賀疏通證明之，曰：‘田生絶於施讎手中；時喜歸東海，安得此事！’博士缺，衆人薦喜。上聞喜改師法，遂不用喜。喜授同郡白光、翟牧，皆爲博士。”“京房受易梁人焦延壽。延壽云：‘嘗從孟喜問易。’會喜死，房以爲‘延壽易即孟氏學。’翟牧、白生不肯，皆曰非也。”此同門可不認也。《後漢書·儒林傳》：“張玄少習《顔氏春秋》，兼通數家法，會顔氏博士缺，玄試第一，拜爲博士。居數月，諸生上言：‘玄兼説嚴氏、宣氏，不宜專爲顔氏博士。’光武且令還署。”以其非顔氏家法也，此弟子可不受也。“師法”一稱“家法”。《漢書·儒林傳》：“丁寬，《易》家之始師。”《後漢書·儒林傳》：“光武中興，立五經博士，各以家法教授。《易》有施、孟、梁丘、京氏；《尚書》歐陽、大小夏侯；《詩》齊、魯、韓；《禮》大、小戴；《春秋》嚴、顔；凡十四博士。”《徐防傳》：“防上疏云：‘伏見太學試博士弟子，皆以意説，不修家法，以遵師爲非義。’”所謂“以遵師爲非義”者，所以説明家法之如何不修也。自弟子言之，曰“師法”；自師言之，曰“家法”；其實一也。惟“師法”之云，疑出末師，而非本然。何以言之？考《漢書·儒林傳》：《易》施讎、孟喜、梁丘賀同師田王孫。《書》大小夏侯，同從歐陽氏問，張生與歐陽生同師伏生。夏侯建又師夏侯勝。《禮》慶普、戴德、戴聖同師后蒼。《春秋公羊》嚴彭祖、顔安樂俱事眭孟，皆以同師共學而各自名家，説教不同。同出一師，何容兩歧？其中必有改師法自樹義者。《易》孟喜之改師法，《漢書·儒林傳》明著之。《夏侯勝傳》：“勝從父子建，字長卿，自師事勝及歐陽高，左右采獲，又從五經諸師問與《尚書》相出入者，牽引以次章句，具文飾説。勝非之曰：‘建所謂章句小儒，破碎大道。’建亦非勝爲學疏略，難以應敵。”則是小夏侯改師説矣；然不害顓門名經。則是先師多自名經而不守師法也。劉歆《移讓太常博士書》稱：“先師皆起於建元之間”；而斥博士“是末師而非往古”，“黨同門，妒道真”。故曰：“師法之云，出於末師，而非本然”也。寧祇先漢！降而東京：馬融，鄭玄師也；然而鄭玄之説《尚書》，有不同於馬者；王鳴盛《尚書後案》、孫星衍《尚書馬鄭注》諸書具在，可覆按也；此又鄭氏學之所爲不同於馬也！然則謹師法云者，特曲儒拘虚之辭爾！

三曰：“今古學之分，起於東漢。先漢有今古文而無今古學。”世儒談理，好言今古，張皇眇説，托於先漢。不知經學之分今古，先漢無是也。而今古所以分，其先由於文字之異。今文者，即所謂隸書；宋洪適《隸釋》著録漢靈帝熹平四年蔡邕書刻太學門外石經一千九百餘殘字及孔廟等處漢碑，是也。古文者，蓋倉頡之古文，史籀之大篆；世所傳三代鼎彝，歧陽石鼓及許慎《説文》所載古文，籀文是也。隸書，漢世通俗宜民之書，故謂之今文，而頡文籀篆，蓋三代之書；而漢代之所不行，斯謂之古文矣。惟六藝之今文書，《漢書·藝文志·六藝略》例不明著；以世人之所誦識，其爲今文，不待言也。至古文書，則以其殊異今文，故特表而出之；如《易》之有《古文易經》；《書》之有《古文經》四十六卷，爲五十七篇；《禮》之有《禮古經》五十六卷；《春秋》之有《春秋古經》十二篇；《論語》之有《論語古》二十一篇；《孝經》之有《孝經古孔氏》一篇，具著於篇。而《詩》不言“古文”之有無焉。然有《藝文志》著其篇，不言古文，而叙他經連類及其古文者：如《禮》之有《記》百三十一篇，《周官經》六篇，不言“古文”；而叙古文《尚書》，稱：“魯恭王壞孔子宅，得《禮記》與古文《尚書》、《論語》、《孝經》，皆古字。”則是《禮記》有古文也。又《景十三王傳叙》：“河間獻王所得書，皆古文，先秦舊籍《周官》、《尚書》、《禮》、《禮記》、《孟子》、《老子》之屬。”則是《周官》、《禮記》有古文也。然《周官》、《禮記》自魯恭王、河間獻王所得古文之外，當亦别有今文。《藝文志》著録《記》百三十一篇，《周官經》六篇，不言“古文”者，即今文。鄭玄注《周禮》，屢云：“某故書作某”，蓋即據古文《周官》以校今文。使無今文，何稱“故書”？此亦《周官》有今文之一反證也。《藝文志》：《春秋》有《左氏傳》三十卷，次於《經》十一卷（原注《公羊》、《穀梁》二家）之後，不言“古文”與《禮》之記百三十一篇，次於《經》十七篇（原注後氏、戴氏）之後，不言“古文”者同。而《劉歆傳》稱“歆校祕書，見古文《春秋左氏傳》”。移書太常博士曰：“《春秋左氏》，丘明所修，皆古文舊書，多者二十餘通，臧於祕府。”是則《春秋左氏傳》亦有今文、古文兩本。蓋《藝文志》著録之《左氏傳》三十卷，向所見者，今文；而歆校祕書，見“古文《春秋左氏傳》”“藏於祕府”者，古文也。又《歆傳》稱：“歆親近欲建立《左氏春秋》及《毛詩》、《逸禮》、古文《尚書》，皆列於學官。”《儒林傳贊》亦曰：“平帝時，又立《左氏春秋》、《毛詩》、《逸禮》、《古文尚書》。”不曰“古文《尚書》、《左氏春秋》及《毛詩》、《逸禮》”，而别出《左氏》及《毛詩》、《逸禮》以冠於“古文《尚書》”之前者；所以明《左氏春秋》及《毛詩》、《逸禮》之不如《古文尚書》，但爲古文而建立；亦《左氏春秋》有今文之一證也。然則漢世《春秋左氏傳》之有今古文兩本，亦如《禮》之“《經》十七篇”，“《周官經》六篇”，惟鄭玄注《禮》、《周禮》一以今文爲主，而與古文有違異者，則明著曰“‘某’故書作‘某’”者，從今文也；其曰“今文‘某’爲‘某’”者，從古文也；後世尚可藉以考見今古文之異同。獨注《左氏》未成，而杜預《春秋左傳集解》，則不詳今古誰從，遂令無所發見，滋可惋耳！“然則漢世之今文《春秋左氏傳》，異於古文，亦有徵信乎？”曰：有！《劉歆傳》曰：“歆校祕書，見古文《春秋左氏傳》，歆大好之。初《左氏》多古字古言。”上下文語氣乖違；既曰古文《春秋左氏傳》，則《左氏傳》之有“古字古言”，何待説？顧繼之曰“《左氏傳》多古字古言”，又若雜出今文而不盡“古字古言”者；蓋古文《春秋左氏傳》者，臧於祕府，歆校祕書之所見也。曰“《左氏傳》多古字古言”者，謂民間傳誦之《左氏》，特多古字古言耳；自與歆校祕書所見“古文《春秋左氏傳》”之爲純古文者有殊，此其文字之異一也。又歆《移書太常博士》曰：“魯恭王壞孔子宅，而得古文；《逸禮》有三十九篇，《書》十六篇。天漢之後，孔安國獻之，遭巫蠱未及施行；及《春秋左氏》，丘明所修，皆古文舊書，臧於祕府。孝成皇帝閔學殘文缺，乃陳發祕臧，校理舊文，得此三事，以考學官所傳，經或脱簡，傳或間編。”按所謂“校理舊文，得此三事”者；蓋承上文而言，謂“《逸禮》三十九篇，《書》十六篇”，與“《春秋左氏》，丘明所修”而爲三也。曰“以考學官所傳，經或脱簡，傳或間編”者；蓋以古文《逸禮》及《書》考學官所傳《書》今文經二十九卷，《禮》今文經十七篇則脱簡，如《藝文志》稱：“劉向以中古文校《尚書》歐陽、大小夏侯三家經文，《酒誥》脱簡一，《召誥》脱簡二。”故曰“經或脱簡”；而所謂“傳或間編”者，則指《春秋左氏傳》而言；蓋以古文《春秋左氏傳》考之“學官所傳”，則又間編也。此其編次之違二也。或曰：《春秋左氏》，丘明所修，既學官所傳，何歆尚欲建立《左氏春秋》，列於學官乎？曰：歆之欲建立《左氏春秋》，列於學官者，謂建立《左氏春秋》之博士；而學官所傳者，傳《左氏春秋》之書也。然《左氏春秋》，其初本出古文。許慎《説文解字叙》稱：“左丘明述《春秋傳》以古文。”又以“北平侯張蒼獻《春秋左氏傳》”，與古文之“孔子壁中書”連類並舉；此其證也。然亦有晚出，《藝文志》無古文之目，而後世以爲古文者，如《藝文志》叙《易》但稱“費氏經與古文同”。不言“費氏經以古文”。《儒林傳》叙“費直治易，長於卦筮，亡章句，徒以《彖》、《象》、《系辭》十篇文言解説上下經”，亦不言爲古文；而卒之曰：“琅邪王璜平中能傳之，璜又傳古文《尚書》。”明言璜所傳之古文，特古文《尚書》耳；不涉於費氏《易》也。乃《後漢書·儒林傳》則言“東萊費直傳《易》授琅邪王璜，爲費氏學，本以古字，號古文《易》”。意者後人因《漢書》“璜又傳古文《尚書》”一語，綴《費直傳》之末，而誤會費直《易》之傳古文耶？或以劉向校費氏經與古文同，遂傳致以成古文《易》之説耶？均未可知。此費氏《易》之不爲古文也。《藝文志》“《毛詩》二十九卷”，不言其爲古文。叙古文《尚書》出孔氏壁中，因列舉魯恭王壞孔子宅，得古文《尚書》及《禮記》、《論語》、《孝經》，無《毛詩》。而《景十三王傳》歷舉河間獻王所得古文舊籍《周官》、《尚書》、《禮》、《禮記》、《孟子》、《荀子》之屬，亦不及《毛詩》。《儒林傳》叙毛公治《詩》，爲河間獻王博士，亦不言爲“古文”。此《毛詩》之不爲古文也。然亦有其書實出古文，而後人不以爲古文者；如《孟子》一書，宋人以配《論語》，列十三經；而《漢書·藝文志·諸子略》有“孟子十一篇”，《後漢書·趙岐傳》云：“歧多所述作，著《孟子章句》。”皆無“古文”之目；趙岐作《孟子題辭》，亦不言其爲“古文”；然考厥所自，寔河間獻王所得先秦古文舊籍之一；是也。然亦有《藝文志》著其篇，不言“古文”；後世以爲今文，而它書證見其有古文者，孟氏《易》是也。許慎《説文解字叙》云：“其稱《易》孟氏，《書》孔氏，《詩》毛氏，《春秋》左氏，《論語》、《孝經》，皆古文也。”則是《易》孟氏，《詩》毛氏，亦今古文兩本並行也。蓋班《志》之所著者，今文本；而許書之所據者，古文本也。然則六藝之有古文，不限於《周官》、《毛詩》、《春秋左氏》、古文《尚書》；而《周官》、《毛詩》、《春秋左氏》、《尚書》之在先漢，亦有今文行世，明也。所謂“今古文”者，特文字之殊古今耳，無與於學派也。考漢儒治經，有讀古文以今文字者：《漢書·儒林傳叙》“孔氏有古文《尚書》，孔安國以今文字讀之，因以起其家”，是也。有校今文經以中古文者：《藝文志叙》“劉向以中古文《易》經校施、孟、梁丘經，或脱去‘無咎’、‘悔亡’”。又“以中古文校出《尚書》歐陽、大小夏侯三家經文脱簡，率簡二十五字，脱亦二十五字；簡二十二字，脱亦二十二字，文字異者七百有餘，脱字數十”。其子歆移太常博士所云：“校理舊文，以考學官所傳，經或脱簡”者也，此劉向以中古文《易經》、《尚書》校學官所傳今文，可考見者也。然向本傳稱：“向受《穀梁春秋》，大明習。及歆見古文《春秋左氏傳》，大好之，數以難向。向不能非間也。然猶自持其《穀梁》義。”説者謂父子異學，向今文而歆古文也；然向校經不廢古文。《藝文志》又云：“《禮古經》者出於魯淹中及孔氏，與十七篇相似，多三十九篇。”又云：“《孝經》，漢興，長孫氏，博士江翁，少府后蒼，諫大夫翼奉，安昌侯張禹傳之，各自名家。經文皆同；惟孔氏壁中古今文爲異。‘父母生之，續莫大焉，故親生之膝下’，諸家説不安處，古文字讀皆異。”則嘗以壁中古文校《禮》十七篇而知文之相似；校《孝經》而知文之爲異矣。惟未著向、歆父子誰校，意者歆之爲也。後漢鄭玄本習《小戴禮》。後以古經校之，取其義長者，故曰鄭氏學，語見《後漢書·儒林傳》。而其注《周官》，則曰“某故書作某”。注《論語》，則就《魯論》篇章，考之《齊》、《古》。此鄭玄以《禮》古經、《周官》故書、《古論》校《小戴禮》、《周官》今書及《魯論》也。惟古文之經，先漢已有；而古文之學，後漢乃名。班固作《漢書》，特著“古文經”、“古經”於《藝文志》，如所稱“《尚書》古文經”、“《禮》古經”者以見六經之有古文；而不於《儒林傳》叙古文學，如《後漢書·儒林傳》稱：“費直傳《易》本以古字，號古文《易》”，“孔安國傳古文《尚書》爲《尚書》古文學”者，所以明經有古文之不涉於學。蓋學之名家，自有樹義；而不在古文不古文。如樹義有違，則《易》施、孟、梁丘三家，《書》歐陽、大小夏侯三家，同用今文而不嫌各自名家。儻篇簡可信，則孔安國以今文字讀古文《尚書》而無嫌；劉向受《穀梁》今文，而以中古文《易經》校施、孟、梁丘經，以中古文校《尚書》歐陽、大小夏侯三家經文，亦無所違害。劉歆與五經博士講論，建立《左氏春秋》及古文《尚書》，諸博士以《尚書》爲備，謂左氏爲不傳《春秋》，亦不聞以古文而排難之也。《儒林傳》叙《易》費氏於施、孟、梁丘、京之後，《詩》毛公於齊、魯、韓之後，《春秋左氏》於《公羊》、《穀梁》之後，皆晚出，不因古文。至曰：“孔氏有古文《尚書》；孔安國以今文字讀之，因以起其家；逸書得十餘篇，蓋《尚書》茲多於是矣。”特言乎文字之古，篇簡之多耳；寧如歐陽、大小夏侯例而特筆著之曰“由是《尚書》有孔氏古文之學”？蓋古文《尚書》所以題號其書，而匪學派之名。乃《後漢書·儒林傳》則曰：“孔安國傳古文《尚書》，爲《尚書》古文學；”而《尚書》古文學之名始立。又曰：“衛宏與河南鄭興俱好古學。初，九江謝曼卿善《毛詩》；宏從曼卿受學，因作《毛詩序》，善得風雅之旨，於今傳於世。”由是《毛詩》名古學矣。又《鄭興傳》曰：“興好古學，尤明《左氏》、《周官》”；由是《左氏》、《周官》名古學矣。許慎撰《五經異義》，有《古尚書説》、《今尚書夏侯歐陽説》、《古毛詩説》、《今詩韓魯説》、《古周禮説》、《今禮戴説》、《古春秋左氏説》、《今春秋公羊説》、《古孝經説》、《今孝經説》，皆分别“古”、“今”言之。然《今尚書》夏侯歐陽之於《古尚書》，《今詩》韓魯之於古《毛詩》，《今禮》戴之於古《周禮》，雖不並立而未聞排難。獨《左氏》、《公羊》相攻如仇；

而今古説之争，寔惟二家爲烈；極盛東京而肇端先漢。《漢書·儒林傳》稱："房鳳明經通達，擢光禄勳，遷五官中郎將，時光禄勛王龔以外屬内卿，與奉車都尉劉歆共校書。三人皆待中。歆白《左氏春秋》可立。哀帝納之；以問諸儒，皆不對。歆於是數見丞相孔光，爲言《左氏》以求助，光卒不肯。惟鳳、龔許歆，遂共移書責讓太常博士。大司空師丹奏歆非毁先帝所立。上於是出龔等補吏。"是爲《左氏》肇衅之始。《後漢書·范升傳》云："時尚書令韓歆上疏欲爲費氏《易》、《左氏春秋》立博士，詔下其議，四年正月，朝公卿大夫博士見於靈臺，帝曰：'范博士可前平説。'升起對，謹奏《左氏》之失凡十四事，時難者多以《太史公》多引《左氏》，升又上《太史公》違戾五經，謬孔子言及《左氏春秋》不可録三十一事。"《陳元傳》："時議欲立《左氏傳》；博士范升奏以《左氏》淺末不宜立。元聞之，乃詣闕上疏曰：'按升等所言，前後相違，皆斷截小文，媟黷微辭，以年數小差，掇爲巨謬；遺脱纖微，指爲大尤；抉瑕摘釁，掩其弘美，所謂小辯破言，小言破道者也。'書奏，下其議，范升復與元相辨難，凡十餘上。帝卒立《左氏》學。"《賈逵傳》云："肅宗立，降意儒術，特好古文《尚書》、《左氏傳》。建初元年，詔逵入講北宫白虎觀、南宫雲臺。帝善逵説，使出《左氏傳》大義長於二傳者。逵於是具條奏之曰：'臣謹摘出《左氏》三十事尤著明者，斯皆君臣之正義，父子之綱紀；其餘同《公羊》者什有七八，或文簡小異，無害大體，至如蔡仲、紀季、伍子胥、叔術之屬，《左氏》義深於君父；《公羊》多任於權變；其相殊絶，固已甚遠；而冤抑積久，莫肯分明。'書奏，帝嘉之，令逵自選《公羊》嚴顔諸生高才者二十人，教以《左氏》，與簡紙經傳各一通。"《儒林傳》曰："李育頗涉獵古學，嘗讀《左氏傳》，雖樂文采，然謂不得聖人深意；以爲前世陳元、范升之徒，更相非折，而多引圖讖，不據理體；於是作難左氏義四十一事。建初四年，詔與儒論五經於白虎觀，育以《公羊》義難賈逵，往返皆有理證，最爲通儒。"又稱："何休以《春秋》駁漢事六百餘條，妙得《公羊》本意。""服虔又以《左氏》駁何休之所駁漢事六十條"，"休與其師博士羊弼追述李育意以難二傳，作《公羊墨守》、《左氏膏肓》、《穀梁廢疾》"。《鄭玄傳》云："玄乃發《墨守》、箴《膏肓》、起《廢疾》。休見而歎曰：'康成入吾室，操吾矛以伐我乎！'初，中興之後，范升、陳元、李育、賈逵之徒争論古今學；後馬融答北地太守劉瓌及玄答何休，義據通深；由是古學遂明。”然則古學之明，其樞機在《左氏》；其障礙在《公羊》。按《鄭玄傳》載“玄師事京兆第五元，先始通京氏《易》、《公羊春秋》；又從東郡張恭祖受《周官》、《禮記》、《左氏春秋》、《韓詩》、古文《尚書》；以山東無足問者，乃西入關，事扶風馬融”；兼通今古，無所適莫；注《魯論》，考之《齊》、《古》；而箋《毛詩》，則兼用齊、魯、韓三家，其中有用三家申毛者，有用三家改毛者，見陳奐《鄭氏箋考徵》，義據鑿然。至徧注《周官》、《小戴禮》、《小戴禮記》，通爲三禮，則尤囊據綱羅，意在宏通，蓋《周官》，古文學也，《小戴記》，今文學也，至《小戴禮記》四十九篇，非一手所成，或同今文，或同古文。《王制》多同《公羊》、《穀梁》；《冠義》、《昏義》、《鄉飲酒義》、《射義》、《燕義》、《聘義》、《喪服四制》、《問喪》、《祭義》、《祭統》諸篇，皆《小戴禮》十七篇之傳；爲今文説。而《玉藻》爲古《周禮》説；《曲禮》、《檀弓》、《雜記》爲古《春秋左氏》説；《祭法》爲古《國語》説；皆古文説。則今古學糅者也。杜子春、鄭興衆父子、賈逵解《周官》，皆不引博士説，以博士祇立今文也。鄭衆注《大司徒》五等封地，皆即本經立説，不牽涉《王制》。《後漢書·盧植傳》載植上書曰：“臣少從通儒故南郡太守馬融受古學，頗知今之《禮記》特多回冗。臣前以《周禮》諸經，發起粃謬；敢率愚淺爲之解詁。”蓋據《周官》以發難四十九篇之非古文説也。惟鄭玄和同今古文兩家説，疏通證明；其駁許慎《五經異義》，力破今古之樊；匪若許君之敦崇古學，視爲不祧也。獨箴《左氏》之膏肓，發《公羊》之墨守，義無所反顧，亦以古學之明，其樞機在《左氏》，其障礙在《公羊》也。然則玄明古學之功，於是爲大；宜《後漢書》本傳特筆著之！然玄能通古今學，好研精而不守章句；未若何休之《公羊墨守》。獨余讀何休《春秋公羊解故》，其中亦有引《禮》古經之逸篇所謂“逸禮”者，如莊三十一年《傳》注：“禮，天子外屏，諸侯內屏，大夫帷，士簾。禮，天子有靈臺以候天地，諸侯有時臺以候四時。”疏云：“皆是《禮》説也。”昭二十五年《傳》注：“禮，天子諸侯臺門。天子外闕兩觀。諸侯內闕一觀。”疏云：“《禮》説文。”然按之《禮》十七篇，《記》四十九篇，皆不見，蓋《禮》古經之逸篇，所稱“逸禮”者也。且有用《左傳》説者，如襄十一年“秦人伐晉”，注“爲楚救鄭”，疏云：“爲楚救鄭之義，出《左氏傳》矣。”定八年“盜竊寶玉大弓”，注“此皆魯始封之錫”；疏云：“《左傳》定四年，具有其說也。”則亦兼采古說而不純墨守矣。余讀《前漢書》著今古之文；而當日今古文之書，可以相校互讀，孔安國、劉向之事可證已。《後漢書》今古之學，而當世今古學之說，匪無互采兼蒐，鄭玄、何休之書具焉，或者謂今文之學在微言大義，古文之學在名物訓詁。名物訓詁，不免瑣碎。微言大義，足持綱要。此又不然。余讀《漢書·藝文志》，《書》有大、小夏侯《解故》，《詩》有《魯故》、《齊后氏故》、《齊孫氏故》，今文先師，何嘗不重故訓？而劉歆移讓太常博士之書，以“分文析字，繁言碎辭”爲譏。《漢書·藝文志·六藝略》論學者之大患曰：“後世經傳既已乖離，博學者又不思多聞闕疑之義，而務碎義逃難，便辭巧說，破壞形體，說五字之文，至於二三萬言。”注引桓譚《新論》云：“秦近君能說《堯典》，篇目兩字之說至十餘萬言，但說‘曰若稽古’三萬言。”而《儒林傳》信都秦恭延君，則傳今《尚書》小夏侯之說者。小夏侯以“章句小儒，破碎大道”，見譏於夏侯勝，然則今文之末流，固未免譏於細碎也。《漢書·儒林傳》稱：“費直治《易》，亡章句，徒以《彖》、《象》、《系辭》十篇文言解說上下經。”斯實足以矯“碎義逃難，便辭巧說”之患，斬斷一切葛藤，何嘗不持綱要？而鄭玄注《儀禮》發凡數十事；如《士冠禮》注云：“凡奠爵將舉者於右，不舉者於左”，“凡醴士質者用糟，文者用清”；“凡薦出自東房；凡牲皆用左胖”；其餘諸篇注皆有之，而《聘禮》注最多；籀明大例，尤爲後儒所稱，是則古學之大師，固不能持其綱要也。要之“好學深思，心知其意”；所貴於善讀書者固無間於古今也，或者以《公羊》多非常異義可怪之論；托改制以言變法；張三世以說進化；近儒康有爲、梁啓超之倫，是也。然晚清之季，章炳麟專攻《左氏》而無害於言革命；謂賈逵言“《左氏》義深君父”，此與《公羊》反對之辭耳。若夫“稱國弑君，明其無道”則不以“義深君父”爲解，杜預於此最爲閎通；而近世焦循、沈彤輩多謂預借此以助司馬昭之弑高貴鄉公，則所謂“焦明已翔乎廖廓，弋者尤視乎藪澤也”！則據《左氏》以譚革命矣！寧祇《左氏》！《周官》亦號古學，而孫詒讓撰《周禮政要》一書，據《周官》以言歐制，其大指謂：“中國開化四千年，而文明之盛，莫尚於周；故《周禮》一經，政法之精詳，與今泰東西諸國所以致富强者，若合符契。今泰西之强國，其爲治非嘗稽核於周公成王之法典也；而其所爲政教者務博議而廣學，以暨通道路，嚴追胥，化土物丱之屬，咸與此經冥符而遥契。蓋政教修明，則以四海之大，無不受職之民，無不造學之士；不學而無職者，則有罷民之刑。賢秀挾其才能，愚賤貢其忱悃，咸得以自通於上，於以致純太平之治，若操券；固寰宇之通理，放諸四海而皆准者；此又古政教必可行於今者之明效大驗也。”抑不厪此！且均田分民，可以明蘇俄之共産；寓兵於農，可以言瑞士之民兵；莊存與《周官記》足備參證。以言經世，其中亦多非常異義可怪之論；寧袛今“春秋公羊説”哉！夫然，義有相徵，匪傅會而云也。惟經生拘虚，今古紛紜，未能免俗，聊且爾爾；就所睹記，析離言之：

甲、世所傳十三經之古今文説：説者以《春秋公羊》、《穀梁》、《儀禮》爲今文；以《毛詩》、《周禮》、《春秋左氏》爲古文；雖然，言之之不可以若是其幾也。以吾所論：

1. 今文：

A. 有漢有今文而亡古文者：

《春秋公羊傳》：

《春秋穀梁傳》：考《漢書·儒林傳》，自尹更始、尹咸及翟方進、胡常皆以《穀梁》名家，而亦兼通《左氏》；非《公羊》絶不相通者比。

B. 漢有今文，有古文，其書以今文爲底本，而參校以古文者：

《儀禮》：《後漢書·儒林傳》：“鄭玄本習《小戴禮》，後以古經校之，取其義長者，故爲鄭氏學”；即今之《儀禮》本。

《論語》：《漢書·藝文志》：“《論語》古二十一篇，出孔子壁中，兩《子張》”，“《齊》二十二篇，多《問王》、《知道》”，“《魯》二十篇”。今《論語》二十篇中，《子張篇》有一無二，亦無《問王》、《知道》，故知其本《魯論》。何晏《論語集解序》曰：“鄭玄就《魯論》篇章，考之《齊》、《古》，爲之注。”即今本之所出也，迨清儒劉逢禄《論語述何》、宋翔鳳《論語説義》、劉恭冕《何休注訓論語述》，皆據今《春秋》“公羊説”以發《論語》之指。

C. 漢有今文，有古文，而今傳今文者：

《孝經》：《漢書·藝文志》：“《孝經》古孔氏一篇，二十二章。”師古曰：“劉向云：‘古文字也’。《庶人》章分爲二也。《曾子敢問》章爲三，又多一章，凡二十二章。”“《孝經》一篇，十八章。”今《孝經》乃傳十八章本。

2. 古文：

A. 有《漢書》著有“古文“之書，而後世以爲古文學者：

《周禮》：河間獻王所得先秦古文舊籍，有《周官》，見《景十三王傳》，説見前。

《春秋左氏傳》：古文《春秋左氏傳》，見《劉歆傳》，説見前。

B. 有《漢書》不著爲“古文”之書，而後世以爲古文學者：

《周易》：王弼注本，説者以爲出費直。費直《易》今不可見；然荀爽《易》，即費氏學。《後漢書·儒林傳》曰：“陳元、鄭衆皆傳費氏《易》。其後馬融亦爲其傳。融授鄭玄，玄作《易注》。荀爽又作《易傳》，自是費氏興。”此荀爽《易》即費氏學之證也。唐李鼎祚《周易集解》，尚頗載爽遺説；大抵究爻位之上下，辨卦德之剛柔，與王弼注略近，而弼書之析傳附經，亦費氏家法也。蓋自鄭玄傳費直之學，以《彖》、《象》、《系辭》十篇文言解説上下經，析附六十四卦之下，《三國志·高貴鄉公傳》載博士淳于俊稱：“鄭玄合《彖》、《象》於經，欲使學者尋省易了。”按弼書析傳附經，蓋仍鄭玄“合《彖》、《象》於經”之例焉；所謂“費氏學”也，然《漢書·藝文志》、《儒林傳》俱不言費氏《易》古文；説見前。

《毛詩》：《漢書·藝文志》、《儒林傳》不言《毛詩》古文。説見前，與費氏《易》同。

C. 有《漢書》不著爲“古文”之書，而訓詁爲古學所本者：

《爾雅》：《毛詩》詁訓多用《爾雅》。

D. 有《漢書》著有“古文”之書，而糅雜今古兩家説者：

《禮記》：孔子壁中古文有《禮記》，見《漢書·藝文志》。河間獻王所得先秦古文舊籍，有《禮記》，見《景十三王傳》。而四十九篇説或同今文，或同古文，具見前。

E、有《漢書》著爲“古文”之書，而其説足證今學者：

《孟子》：本河間獻王所得先秦古文舊籍之一，見《景十三王傳》；而説《春秋》多同《公羊》，晚清皮錫瑞作《春秋通論》，每引《孟子》以爲《公羊》張目。

F、有《漢書》著有“古文”之書，而後世傳其僞本者：

《古文尚書》：晉梅賾僞造，托於孔安國傳；以《漢書·藝文志》、《儒林傳》載孔氏有古文《尚書》也。

乙、其他今古學之書：世傳兩漢今古學書要籍之僅存而未收於十三經者，併存其目：

1、通論：

《白虎通義》四卷：題班固撰；按《後漢書》固《本傳》稱："肅宗雅好文章，固愈得幸，天子會諸儒講論五經，作《白虎通德論》，令固撰集其事。"采古文説絶少。《儒林傳》載"建初四年，詔與諸儒論五經於白虎觀，李育以《公羊》義難賈逵，往返皆有理證"；蓋今學勝而古學絀也，有陳立《疏證》最佳。

許慎《五經異義》並鄭玄《駁義》：輯佚有數家，中以陳壽祺《疏證》三卷本最佳，井研廖平本之以作《今古學考》。

2、分經：

京氏《積算易傳》三卷：此書多言占候，故《四庫》列入"術數"類；惟漢學家多與相涉。《四部叢刊》中收之。

伏生《尚書大傳》八卷：陳壽祺《校注》最佳。

《韓詩外傳》十卷：有陳瑑《疏證》，未見。

《大戴禮記》十三卷：注有數家；以孔廣森《補注》，王聘珍《解故》爲佳。

董仲舒《春秋繁露》十七卷：何休《春秋公羊解詁》之所謂"三科九旨"，"非常異義可怪之論"；"其説多本《春秋繁露》"。淩曙《注》佳。

其他如今文《易》之孟、京遺説，見惠棟《易漢學》及張惠言《易義別録》；《書》之歐陽、夏侯遺説，見陳喬樅《尚書歐陽夏侯遺説考》。《詩》之齊、魯、韓遺説，見馮登府《三家詩遺文疏證》、陳壽祺《三家詩遺説考》及陳喬樅《四家詩異文考》。《禮》大戴之喪服變除，小戴之《石渠禮論》，遺説見杜佑《通典》；馬國翰輯入《玉函山房叢書》。古學《易》之馬、鄭、荀遺説，見張惠言《易義別録》、《周易鄭氏義》及《周易荀氏九家義》。《書》之馬、鄭，見王鳴盛《尚書後案》、孫星衍《尚書馬鄭注》。《春秋左氏》之賈、服，見李貽德《左傳賈服注輯述》。如此輯佚之類，更難仆終，而皆出於清儒。蓋清儒稽古，漢學是尚；古學先盛於皖南，江永、戴震爲之先師。今學重振於常州，莊存與、劉申受導其前路。於是今古之争，不聞於唐宋，而極嘩於晚清。餘勢未已，流及季末。寶應有劉台拱，寶楠、恭冕，儀徵有劉文淇、毓崧、壽曾、師培，並稱“揚州二劉”；父子祖孫，家學相禪，而儀徵劉氏世以《左氏春秋》名其家，德清有俞樾，定海有黄以周，瑞安有孫詒讓，余杭有章炳麟，並通經學古，而炳麟師俞樾，亦問業以周、詒讓，明習《周禮》，善聲音訓詁之學，亦喜言《左氏春秋》，卓然當代古學大師矣！由是浙江稱古學之淵藪；而江南之揚州駢稱焉。湘潭王闓運治今文經學，有盛名於同光間；而善化皮錫瑞晚出，亦治今文學；而今學昌於湖南！既，王闓運主講蜀中；其弟子有井研廖平，能大其學，迄今日風流未沫，而今學衍於四川！南海康有爲能敷說“公羊改制”以言變法；禪其弟子新會梁啓超，益推而大之至於無垠；康有爲號今學大師，而今學盛於粤東！由是湘蜀以迤嶺南，萃今學之秀傑；而常州之聲光熸焉。其大較然矣。

博於六籍，髫年服誦；稍長，循省唐疏，未有所獲，後得《皇清經解》讀之，積以歲月，衡其得失，而後知發漢學之微，箴唐疏之闕，清儒治經之功爲劬！風氣所鼓，晚乃有翹漢學以爲名高者！師心鑿空，相爲矜炫，而漢學之焰彌高，漢學之真彌隱！茲本班書之所紀，緯以漢儒之緒言，發論三事，信以傳信，溯厥原於《荀子》，竟其委於清儒；而條辨今古，益詳以悉；何者？蓋睹今古之詬紛，而猶嘵嘵於今日也！小辨匪所敢矜；立言蘄於有據；儻以明一代學術之流變，而足備史家論世之資歟？

（原刊於1926年6月《清華學報》第3卷第1號）

讀孔穎達《五經正義》題記

考《舊唐書·孔穎達傳》云："與顏師古、司馬才章、王恭、王琰等諸儒受詔撰定《五經義訓》，凡一百八十卷，名曰《五經正義》。太宗下詔曰：'卿等博綜古今，義理該洽，考前儒之異説，符聖人之幽旨，實爲不朽！'付國子監施行。賜穎達物三百段。"所謂五經者，《易》、《書》、《詩》、《禮記》、《左氏春秋》五經也。箴孔氏之失者：曰"彼此互異"，曰"曲狥注文"，曰"雜引讖緯"，如同一七廟也，《書》"咸有一德之七世之廟"，則申孔而難鄭，以爲"天子立七廟，王者常禮，非獨周人始有"；而《禮記·王制》之"天子七廟"，則又申鄭之意，謂"天子立七廟，唯謂周也，玄説爲長"。"祭感生帝之爲禘"，鄭説也；《禮疏》是鄭而非王；(肅)《春秋疏》又是王而非鄭，主"人帝爲始祖所自出之帝"，兩説參錯，將安適從？它如毛、鄭注《詩》，互有同異，孔氏既不能申毛以折鄭，又不能據鄭以評毛；此之爲"義"果孰爲"正"？其顯然攻鄭，若"東方未明"疏之辨晝漏六十刻，夜漏四十刻，斥鄭減晝五刻以裨夜爲妄説，不可强爲之辭者，百無一二。至於注文乖違，曲相牽就，其蔽也黨！緯書詭妄，好爲傳引？其失也誣！斯皆孔氏之所百喙不能自解者！特是書題孔氏，撰非一人：《易》有馬嘉運、趙乾葉等對共參議，詳其可否。《書》有王德韶、李子雲等謹共銓叙。《詩》有王德韶、齊威等對共討論，辨詳得失。《禮記》則有朱子奢、李善信、賈公彦、柳士宣、范義頵、張權等對共量定。《左氏春秋》則有谷那律、楊士勛、朱長才等對共參定。其姓名具見孔氏《五經正義序》，所謂"獨見膚淺，不敢自專"。雖開卷署"孔穎達奉敕撰"，其實非出一手：獨以孔氏稱者，徒以總纂，專其名耳！按《新唐書·儒學·孔穎達傳》，明言"習服氏《春秋傳》、鄭氏《尚書》"；（《舊唐書·孔穎達傳》云："明《左氏傳》、鄭氏《尚書》。"）而《正義》用《書》孔氏、《春秋》杜氏，即此可知不出獨裁，而與穎達素所肄習者不同。厥後馬嘉運以共事之人而有異議。《新唐書·儒學本傳》又云："初穎達與顔師古、司馬才章、王恭、王琰受詔撰《五經義訓》凡百餘篇，號義贊。詔改爲《正義》云。雖包貫異家爲詳博；然其中不能無謬冗。博士馬嘉運駁正其失，至相譏詆。有詔更令裁定。功未就。永徽二年，詔中書門下與國子三館博士弘文館學士考正之。於是尚書左僕射于志寧、右僕射張行成、侍中高季輔就加增損。書始布下。"蓋再經更修，益非孔氏之舊矣！《朱子語録》謂："孔氏五疏：《詩》、《禮》爲上。《春秋》次之。《書》、《易》爲下。"試爲條析論之：

（一）《周易正義》按《隋書·經籍志》叙《易》云："梁陳，鄭玄、王弼二注列於國學。齊代唯傳鄭義。至隋，王注盛行。鄭學寖微！"《舊唐書》、《新唐書》孔穎達傳俱稱"明王氏《易》"，蓋囿於風氣使然。其《正義》以爲"王輔嗣之注，獨冠古今"，裁量諸家，壹衷於王。如坤《文言》："天玄而地黄"；則曰："莊氏云：'上六之爻，兼有天地雜氣，所以上六被傷，其血玄黄也。天色玄，地色黄，故有天地之色。'今輔嗣注云：'猶與陽戰而相傷'，是言陰陽俱傷也。恐莊氏之言，非王本意，今所不取。"《説卦傳》"分陰分陽"。韓康伯注："二四爲陰，三五爲陽。"則曰："輔嗣以爲'初上無陰陽定位'，此注用王之説。"如此之類，悉數難終。然亦間有推明鄭義者："訟九二其邑，人三百户"；則引鄭注《禮記》"小國下大夫之制"，鄭注《周禮》"一成之地"兩説，以闡明王注"邑過三百非爲竄也"之所以然。《復·彖》"七日來復"；則引"六日七分之義"；曰："輔嗣云：'剥盡至來復時凡七日。'觀注之意，同鄭康成，但於文省略不復具言。"蓋取與王注相發也。至鄭義之與王注有違者，則無不辭而闢之。且有專闢鄭義，而並不細按王注者。《乾》卦大人，本指九五。惟九二“居中不偏，雖非君位，君之德也”；此真弼據《文言》以解經；故云：“利見大人，惟二五焉。”疏乃謂“訟蹇之大人，俱不指九五”；而斥鄭説“九二利見九五之大人”爲非，則失易之卦位矣，《蠱》“先甲後甲”。馬融云：“甲在東方，艮在東北，故曰先甲。巽在東南，故曰後甲。”此納甲之義，弼所不取。至鄭玄説“先三日爲辛，義取更新，後三日爲丁，義取丁寧”；正合弼注“因事申令”之義。而疏斥爲“妄作異端”，則不解矣！其間引莊氏、張氏、籍氏、何氏、周氏諸家之説，皆折衷王注以爲從違。蓋疏家之體，本主於詮解注文；不欲有所出入。故皇侃《禮疏》，或乖鄭義，穎達至斥爲“狐不首丘，葉不歸根”！劉炫疏杜義而規杜氏，穎達則比之“蠹生於木而還食其木”，謂非其理！其墨守師門，固通例然也，然而揆之《孔疏》他經，則亦有不盡然者！

(二)《尚書正義》按《隋書·經籍志》叙《書》云：“晉世祕府所存，有《古文尚書》經文，今無有傳者。及永嘉之亂，歐陽、大小夏侯並亡。至東晉，豫章内史梅賾始得安國之傳，奏之。時又闕《舜典》一篇；齊建武中吴姚興方于大桁市得其書；奏上比馬、鄭所注多二十八字；于是始列國學。梁、陳所講有孔、鄭二家。齊代惟傳鄭義。至隋孔、鄭並行，而鄭氏甚微。”孔穎達本習鄭氏《尚書》，而《正義》用孔傳：疏《虞書》直謂“鄭玄不見古文”，而以鄭氏之書爲僞書。又云：“張霸之徒，僞造二十四篇以足鄭注三十四篇”，是直以百兩篇爲足鄭注且謂張霸在鄭氏之後矣！不特舛於譏評，亦且乖其世次。而疏説多本劉炫、劉焯，序明言之。第《堯典》之語“欽明文思”，旁引顧氏。《五子之歌》“關石和鈞”，兼引費氏。如《洪範》“農用八政”。傳云：“農，厚也。”疏曰：“鄭玄云：‘農讀爲醲。’故爲厚也。”《金縢》“植璧秉圭”。傳云：“植；置也。”疏曰：“鄭云：‘植古置字。’故爲置也。”則引“鄭云”，以闡孔傳矣。其它稱説鄭玄以申補傳指者，更未易以僕終。且亦有直斷孔傳之失者；《立政》“二亳”文王時官吕刑。“九黎”，非蚩尤。至傳以“圮于相遷于耿”解“祖乙圮于耿”，則直斥之曰“必不可通”。疏體尊注若經；此獨變文起例，未嘗曲爲回護也。豈以孔傳後出難信；而奉敕修纘，艱於申難；故不惜微文以見意歟？

(三)《毛詩正義》按《舊唐書·孔穎達傳》云：明“《毛詩》”；而《新唐書》則稱明“鄭氏《詩》”；其《正義》用毛傳鄭箋，發揮所學；而本之劉焯

《毛詩義疏》、劉炫《毛詩述義》；故能融貫羣言，包羅古義。終唐之世，人無異詞！間有可指摘者：《大雅・皇矣》“度其鮮原”，本屬商周間之邑；《逸周書・和寤篇》曰：“王乃出圖商，至於鮮原”，是也；疏以爲文王作程之事。“詁者古也，古今異言，通知使人知也”；“訓者道也，道物之貌以告人也”。“詁篇首訓傳”下疏自不易；而烝民“古訓是式”，則又以爲“古訓者，故舊之道，先王之遺典”。至《大雅疏》稱“鄭未見《古文尚書》”；則又於尊鄭之中，略申鄭氏《尚書》不可信之微指；儻匪所謂“蠹生於木，還食其木”者耶！己則尤人，躬自蹈矣！

（四）《禮記正義》按《新唐書・孔穎達傳》云：“明鄭氏《禮記》”；其《禮記正義》用鄭玄，亦是發揮所學；而又兼采南北學，以皇侃疏爲本，而以熊安生補其未備；蓋皇侃者，南學之禮宗；而熊氏則北學之後勁也。其它如古左氏說、公羊說、周禮說、五經異羣及鄭氏、張逸、□商答問，皆一一旁証而疏通之。有因《禮記》一二語而作疏至數千言者；如《王制》“制三公一命卷”云云疏四千餘字；“比年一小聘三年一大聘，五年一朝”疏二千餘字；《月令》、《郊特牲》篇題疏皆三千餘字；如此之類，原原本本，殫見洽聞。譬聞論說於通儒，能令聽者必怡神會！至於疏《緇衣》而引《孝經序》疑非鄭氏之作，足證《釋文》不同五經之說。疏《樂記》而以《樂記》之入《禮記》，在劉向之前；足見馬融增益三篇之訛。取義既諦，敷詞必切，五經之中，此爲翹楚！

（五）《春秋左傳正義》按《隋書・經籍志》叙《春秋》云：“晉時左氏、服虔、杜預注，俱立國學；而左氏惟傳服義。至隋，杜氏甚行，服義寖微。”然《新唐書・儒學・孔穎達傳》云：“明服氏《春秋》。”可謂昌明絶學！而《正義》乃用杜預，意者迫於時論所致。其爲義疏者，先有沈文阿、蘇寬、劉炫。然孔氏《正義序》稱“沈氏於義例差可，於經傳極疏。蘇氏則全不體本文”。極致不滿之辭。然《隱元年傳》“惠公元妃孟子”一條，引沈氏；《隱五年經》“考仲子之宮”，《桓六年經》“天王使仍叔之子來聘”兩條，引蘇氏；則亦擇善而從，而非一筆抹倒也。《桓七年傳》“穀伯、鄧侯來朝”，全述衛冀隆、秦道静之說。《桓九年傳》“賓之以上卿”，並著膏肓鄭箴之義。其它考證之言，多憑賈、服；旁采之說，亦取劉規，參伍諸家，大旨可采。惟劉炫規杜，孔每相抑；其實劉規亦有勝於杜者：《桓三年經》書曰“三年春正月”。

杜注："經之首時必書王；其或廢法違常，失不頒曆，故不書王。"劉氏以爲"無王是闕文。"《僖十五年傳》："涉河侯車敗。"杜注："晉侯車敗。"劉以"侯者五等總名"，以"侯車敗"爲"秦伯車敗"。義實明顯。孔氏概取而訾之，過矣。至其稱："《僖三十三年經》'晉人敗狄於箕。'杜注：'郤缺稱人者，未爲卿。'劉炫規云：'晉侯稱人，與殽戰同。'"按殽戰在葬晉文公之前，可得云背喪用兵，以賤者告。箕戰在葬晉文公之後，非是背喪用兵，何得云"與殽戰同？"此則一年之經，數行而已；曾不勘省上下，妄規得失！又《襄二十一年傳》："邾庶其以漆閭丘來奔，以公姑姊妻之。"杜注："蓋寡者二人。"劉炫規云："是襄公之姑，成公之姊，只一人而已。"按成二年，"成公之子公衡爲質，及宋逃歸"。公衡已能逃歸，則十六七矣。公衡之年如此，則於時成公三十三四矣。計至襄二十一年，成公七十餘矣；何得有姊而妻庶其？此等皆其事歷然，以斥炫妄；炫固無所逃咎者也！至《桓二年傳》："千畝之戰"，有《史記·晉世家》穆十年"伐千畝有功"可證；而疏引《周本紀》宣王三十九年王戰姜戎之事，則以周事爲晉事矣！《襄十二年傳》："同族於禰廟。"杜注："同族謂高祖以下"；正與《禮·喪服小記》説族之義曰"親親以三爲五，以五爲九"；《書·堯典》"以親九族"，孔氏傳"九族上自高祖，下至玄孫"之説相合。而《桓六年傳》"親其九族"，則杜注又謂："九族兼外親外祖父，外祖母，從母子及妻父，妻母姑之子，姊妹之子，女子之子"；而不限於同族高祖以下；直自相矛盾矣！《定四年傳》："五叔無官。"杜注以毛叔聃充五叔之數。然傳既云"聃季授土"，"季爲司空"矣；謂之"無官"，可乎？杜之可議，無逾於此；而《正義》亦不之正也！斯又篤信專門之過，不能不謂之一失！

若其繼孔氏而有作者；按孔氏《五經正義》序禮稱記之對共量定者，有賈公彦，《左傳》之對共參定者，有楊士勛。而後來賈公彦撰《周禮》、《儀禮》二疏，楊士勛撰《穀梁》疏以纘孔氏之業。孔氏博通諸經而藉成衆力，賈、楊顓門名家而獨自成書，度長挈短，後起爲勞！然賈氏疏《禮》，詳博有條，足與《禮記》孔疏頡頏！而《穀梁》楊疏，僅可與徐彦之疏《公羊》稱魯衛耳！較之《左氏》孔疏之賅洽，殆難爲役也！併附論焉。

（原刊於《清華周刊》十五周年紀念增刊，1926 年）

周易學志

夫周者周流六虚之義；而易則變動不居之名。此本《繫辭傳》曰："易之爲書也不可遠，爲道也屢遷，變動不居，周流六虚，上下無常，剛柔相易，不可爲典要，惟變所適。"即"周易"之釋名也。蓋天地開闢，陰陽運行，孚萌庶物，亭毒羣品，新新不停，生生相續，莫匪資變易更化之力。而變易更化，則有藉六虚之周流，泰之受以否也，剥之復无妄也。損而不已必益，升而不已必困。日往則月來，月往則日來，日月相推而明生焉，寒往則暑來，暑往則寒來，寒暑相推而歲成焉。天運循環，無往不復；此變之所爲必資於周，而周之所由大造於變也，然變化運行，造端於陰陽二氣，故聖人初畫八卦，設剛柔兩畫，象二氣也，布以三位，象三才也，伏羲德合上下，天應以鳥獸文章，地應以河圖洛書。伏羲則而象之，乃作乾☰、坤☷、震☳、巽☴、坎☵、離☲、艮☶、兑☱八卦。迨周文王之囚羑里，蓋因伏羲之八卦而重之爲六十四卦。立天之道，曰陰與陽；立地之道，曰柔與剛；立人之道，曰仁與義；兼三才而兩之，故易六畫而成卦，分陰分陽，迭用柔剛，故易六位而成章也。伏羲制卦，文王乃因而重之而有六爻焉。卦者掛也，言懸掛物象以示於人，故謂之卦。爻者言乎變者也，效天下之動者也。孔子晚而喜《易》、讀《易》，韋編三絶。曰："假我數年，若是我於易則彬彬矣!"於是有《序》、《彖》、《繫》、《象》、《説卦》、《文言》之作。序者文王既益《易》之八卦爲六十四卦，而先後之次，其理不見；故孔子序其相次之義，謂之《序卦》也。彖者，斷也；或説卦德，或説卦義，或説卦名，斷定一卦之義，故曰《彖》也。萬物之體，各有形象；聖人設卦以寫萬物之象，故言"《象》曰"以比擬之。《象》在《彖》後者，《彖》詳而《象》略也。謂之《繫》者，論字取繫屬之義，孔子繫屬此辭於爻卦之下，故曰"繫辭焉以斷其吉凶"，又曰"繫辭焉以盡其言"。蓋孔子繫辭爻卦以發其指；而世所稱之《繫辭傳》者，則弟子傳孔子之所説，條貫義理，而通論一經之大體凡例；故别自爲卷而繫以傳，稱"子曰"也。《説卦》者，陳説八卦之德業變化及法象所爲；而乾坤者，易之門户，其餘諸卦及爻皆從乾坤而出，義理深奥，故特係《文言》以開釋之；文謂文飾，以乾坤德大，故特文飾以文言也。故曰："易道深矣！人更三聖，世歷三古!"伏羲畫卦；文王重卦；孔子繫辭；其大指在明天之道，察民之故，八卦定吉凶而生大業；蓍龜定吉凶而成亹亹；觀陰陽之法象，策人事之演進；開物成務，所以崇德而廣業者也！商瞿，魯人，字子木；少孔子二十九歲。孔子傳《易》於瞿。瞿傳魯人橋庇子庸。子庸傳江東馯臂子弓，子弓傳燕周醜子家。子家傳東武孫虞子乘。子乘傳齊田何子裝。此本《漢書・儒林傳》。據《史記・仲尼弟子列傳》云："瞿傳楚人馯臂子弘，弘傳江東人矯子庸疵，疵傳燕人周子家豎，豎傳淳于人光子乘羽，羽傳齊人田子莊何。"與《漢書・儒林傳》不同。及秦禁學，《易》爲筮卜之書，獨不禁；故傳受者不絶也。漢興，田何以齊田徙杜陵，號杜田生；傳東武王同子中、洛陽周王孫、丁寬、齊服生，皆著《易傳》。而王氏、周氏、服氏各二篇；獨丁氏八篇；見《漢書・藝文志》。要言《易》者本之丁寬，寬字子襄，梁人也。初梁項生從田何受易；時寬爲項生從者；讀《易》精敏，材過項生；遂事何；學成，何謝寬。寬東歸。何謂門人曰："《易》以東矣!"寬至洛陽，復從周王孫受古義，號《周氏傳》。景帝時，爲梁孝王將軍，距吴楚，號丁將軍，作《易説》三萬言；訓故舉大義而已；不言陰陽災變也。寬傳同郡碭田王孫。王孫傳施讎、孟喜、梁邱賀。由是《易》有施、孟、梁邱之學焉。施讎，字長卿，沛人也。與孟喜、梁邱賀從田王孫受易，謙讓常稱學廢不教授。及梁邱賀貴仕，事多；迺遣子臨分將門人河内張禹子文等從讎問。讎自匿不肯見。賀固請。不得已，乃授臨等。於是賀薦讎結髮事師數十年，賀不能及。詔拜博士，與《五經》諸儒雜論同異於石渠閣。讎傳張禹及琅琊魯伯；禹傳淮陽彭宣子佩、沛戴崇子平；魯伯傳太山毛莫如少路、琅琊邴丹曼容；而禹官丞相，宣官大司空，皆至大官，其知名者也。由是施家有張、彭之學。梁邱賀，字長翁，琅邪諸人也，從大中大夫京房受易。房者，淄川楊何叔元弟子也。何者，嘗受《易》東武王同子中，有《易傳》二篇，見《漢書·藝文志》；蓋《易》家之初立博士者；太史公司馬談及京房咸從受《易》焉。房出爲齊郡太守。賀更事田王孫。宣帝時，聞京房爲《易明》，求其門人，得賀，以爲郎；以筮有應，近幸；累官少府；傳子臨。臨又學於施讎，而專行京房法；以郎奉使問諸儒於石渠。琅邪王吉通《五經》，聞臨説，善之；乃使其子郎中駿上疏從臨受《易》。臨傳五鹿充宗君孟。充宗官少府，貴幸，爲梁邱《易》。自宣帝時，善梁邱賀説；元帝好之，欲考其異同，令充宗與諸易家論。充宗乘貴辨口，諸儒莫能與抗，皆稱疾不敢！獨魯朱雲游從博士白子友受《易》，攝齊登堂，抗首而請，音動左右；既論難，連拄五鹿君；故諸儒爲之語曰："五鹿嶽嶽，朱雲折其角！"然不詳誰家？而五鹿充宗《略説》三篇，見《漢書·藝文志》；充宗傳光禄大夫平陵士孫張仲方、真定太守沛鄧彭祖子夏、王莽講學大夫齊衡咸張賓。由是梁邱有士孫鄧衡之學。孟喜，字長卿，東海蘭陵人也；從田王孫受《易》。傳《易》家候陰陽災變書，言"師田生且死時，枕喜膝，獨傳喜"；蓋十二月卦之學所自出焉。諸儒以此耀之！同門梁邱賀疏通證明之曰："田生絶於施讎手中，時喜歸東海，安得此事？"於是傳者以爲喜誕詐也！又蜀人趙賓好小數書，後爲《易》；飾《易》文，以爲："箕子明夷，陰陽氣亡箕子；箕子者，萬物方荄茲也。"賓持論巧慧；易家不能難，皆曰"非古法也"；云受孟喜。喜爲名之。後賓死，莫能持其説；喜因不肯仞；以此不見信。博士缺，衆人薦喜。上聞喜改師法，遂不用喜。喜傳同郡白光少子，沛翟牧子兄，皆爲博士。由是孟喜有翟、白之學。孟喜之學，雖與施、梁邱不同；然要爲田王孫之所自出；獨京房之《易》爲别出！京房，子君明，東郡頓邱人也；累官魏郡太守，蓋匪傳梁邱賀《易》之齊郡太守京房；治《易》，事梁人焦延壽贛。延壽云："嘗從孟喜問《易》。"會喜死，房以爲延壽《易》即孟氏學。翟牧、白光不肯，皆曰："非也！"至成帝時，光禄大夫劉向校經、傳、諸子，考《易》説，以爲"諸家《易》説皆祖田何；楊叔丁將軍，大誼略同，惟京氏爲異。倘焦延壽獨得隱士之説，托之孟氏，故不與相同”。然考孟喜學田王孫，言師田生且死，傳喜之《易》家候陰陽災變書，或者即延壽之所本也？延壽著《易林》十六卷。大抵即《易》家候陰陽災變之書；以一卦演六十四卦，總四千九十六卦，各繫以繇詞，文句古奥，與《左氏傳》載“鳳皇于飛，和鳴鏘鏘”；《漢書》載“大横庚庚；予爲天王”之語絶相類。惟延壽生當昭、宣之世，其時《左氏》未立學官；今《易林》引《左氏》語甚多；又往往《漢書》中事，至云“劉季發怒，命滅子嬰”，又曰“大蛇當路，使季畏懼”，寧漢人所宜言者耶？疑是東漢以後人撰，而托之延壽者。然漢《易》之流爲術數，自延壽始也！顧延壽常曰：“得我道以亡身者，京生也！”其説長於災變；分六十四卦，更直日用事，以風雨寒温爲候，各有占驗。房傳延壽之學，故言術數者稱焦、京。而房之推衍災祥，更精於延壽；卒以誅死！其著書見於《漢書·藝文志》、《隋書·经籍志》者，有《孟氏京房》十一篇、《災異孟氏京房》六十六篇、《京氏段嘉》十二篇、《章句》十卷、《占候十種》七十三卷，唐以後多佚不傳；今傳者曰《京氏積算易傳》三卷。其書兆乾坤之二，觀象成八卦，卦凡八變六十有四；於其往來升降之際，以消息盈虚於天地之元，而酬酢乎萬物之表者，炳然在目也！大抵辨三易，運五行，正四時，謹二十四氣，悉七十二候，而位五星，降二十八宿；其進退以幾而爲一卦之主者，謂之世；奇耦相與，據一以超二，而爲主之相者，謂之應；世之所謂位，而陰陽之肆者，謂之飛；陰陽肇乎所配乾與坤，震與巽，坎與離，艮與兑，而終不脱乎本以飛某卦之位，乃伏某宫之位，以隱賾佐神明者，謂之伏；起乎世而周乎内外，參乎本數以紀月者，謂之建終；終始極乎數，而不可窮以紀日者，謂之積含。於中而以四爲用，一卦備四卦者，謂之互。乾建甲子於初，坤建甲午於上，八卦之上，乃生一世之初。初一世之五位，乃分而爲五世之位；其五世之上，乃爲遊魂之世；五世之初，乃爲歸魂之世；而歸魂之初，乃生後卦之初。其建，剛日則節氣，柔日則中氣。其數，虚則二十有八，盈則三十有六。蓋後世術士所用世應、飛伏、游魂、歸魂、納甲之説，皆出京房。房傳東海殷嘉、河東姚平、河南乘弘，皆爲郎博士。由是《易》有京氏之學。京氏《易》於元帝之世與施、孟、梁邱氏並列學官；而民間有費、高二家之説。費、高者，費直、高相也。費直，字長翁，東萊人；治《易》，長於卦筮；亡章句，徒以《彖》、《象》、《繫辭》十篇文言解説上下經。然劉向以中古文《易經》校施、孟、梁邱《易》，或脱去“无咎”、“悔亡”；唯費直《易》與古文同。自是費直《易》號古文之學，與施、孟、梁丘之稱今文者不同。高相沛人也；治《易》與費直同時，專説陰陽災異，自言出於丁將軍；其學亦無章句。而施、孟、梁邱氏各有《章句》二篇，見《漢書·藝文志》。既，炎漢祚絶，世祖重光，好愛經術，儒彦雲從；於是立五經博士。《易》有施、孟、梁邱、京氏，各以家法教授；而京氏之易極盛焉；蓋東漢之世，治施氏《易》有聞者，僅陳留劉昆父子而已！昆，字桓公；平帝時，受施氏《易》於沛人戴賓①；王莽世，教授弟子，恒五百餘人；世祖興，累官光禄勳，授皇太子及諸王、小侯五十餘人；傳子軼，字君文，能世其學，門徒亦盛；然知名之士無聞焉！此治施氏《易》者也。治梁邱《易》者，曰代郡范升辨卿與博士梁恭、山陽太守吕羌俱修梁邱《易》，世祖徵拜議郎，遷博士；自以學不如梁恭、吕羌，願推博士以避二人。世祖不許，然由是重之。尚書令韓歆疏請爲費氏《易》、左氏《春秋》立博士；詔范博士可前平説；遂與歆等駁難，日中乃罷。升退而奏曰：“近有司請置京氏《易》博士，羣下執事，莫能據正。京氏既立，費氏怨望，京、費已行，次復高氏，並復求立，各有所執。今費氏學，無有本師，而多反異。先帝前世有疑於此，故京氏雖立，輒復見廢，疑道不可由！疑事不可行!”費氏《易》以此不得立博士！而升駁難左氏《春秋》之議，爲陳元所屈；語詳《春秋》篇。弟子知名者，曰京兆楊政子行，少從升受梁邱《易》，善説經書。京師爲之語曰：“説經鏗鏗楊子行。”教授數百人，累官左中郎將。又有潁川張興君上者，習梁邱《易》以教授。世祖興，舉孝廉，爲郎，累拜太子少傳。顯宗數訪問經術。既而聲稱著聞，弟子自遠至者，著録且萬人。爲梁邱家宗。時則中興之初，而三君之外，終東漢，治梁邱《易》者無聞！治孟氏《易》者，曰南陽洼丹子玉，世傳孟氏易。王莽時，常避世教授，專志不仕，徒衆數百人。世祖興，爲博士，稍遷爲大鴻臚。作《易通論》七篇，世號《洼君通》。安定梁竦叔敬、中山觟陽鴻孟孫，亦以孟氏《易》教授有名稱。汝南袁安邵公者，祖父良，習孟氏《易》，安傳其學；肅宗之世，累拜司徒，以直節著聞於朝。子京，字仲譽，敬，字叔平，傳習父業。而京作《難

① “賓”下原衍“能”字，今删去。

記》三十萬言，其尤知名者也！東漢之末，有廣漢任安定祖者；少遊太學，受孟氏易，兼通數經，又從同郡楊厚學圖讖，究極其術。時人稱曰："居今行古任定祖!"初仕州郡，後大尉再辟，除博士，公車徵，皆不就。益州牧劉焉表薦之；然王塗阻塞，詔命竟不至焉！治京氏《易》者最多；大抵世祖之世，曰汝南戴憑次仲、沛獻縣王輔。顯宗之世，曰南陽魏滿叔牙；恭宗之世，曰涿郡崔瑗子玉，廣漢折像伯式，北海郎宗仲綏，南陽樊英季齊、李昌子然，豫章唐檀子産；順帝之世，曰北海郎顗雅光，汝南許峻季山；桓帝之世，曰弘農劉寬文饒，濟陰孫期仲彧，皆有名；而樊英著《易章句》，世稱樊氏學。唐檀著書二十八篇，名爲《唐子》。許峻卜占，多有顯驗；時人方之前世京房；所著《易林》行於世，或者即焦氏《易林》之所譌也？世之言占候者，率治京氏焉。夷考光武之世，劉昆之傳施氏，范升之明梁邱，洼丹之通孟氏，戴憑之説京氏，皆譚易之宗，時主所重！獨蒼梧陳元長孫，河南鄭衆仲師，皆傳費氏易。其後扶風馬融季長，亦爲其傳，融授北海鄭玄康成。玄初從第五元先受《京》氏《易》，又從融受費氏《易》，故其學出入於兩家，然要其大旨，費義居多；而謂"乾坤六爻，上繫二十八宿，依氣而應，謂之爻辰"；則費氏《易》之所無也。然玄又喜言十二消息卦，則其説出於孔門。《繫辭傳》云："往者屈，來者信。""原始反終，通乎晝夜之道。"蓋言消息者之所本也。同時潁川荀爽慈明以碩儒作《易傳》，亦宗費氏而言消息。自是費氏興而京氏遂衰！馬融有《周易注》一卷，鄭玄有《周易注》九卷，荀爽有《周易注》十一卷，見《隋書·經籍志》。蓋漢之言《易》學者，楊何最先立博士，然最早衰！至東漢之興；京氏易後來居上，而施、孟、梁邱三家先後衰！費氏興而京氏亦衰！其大較然也。東漢之末，荆州牧山陽劉表景升亦有《周易章句》五卷，見《隋書·經籍志》；而表之學，實受於同郡王暢叔茂。暢之孫曰粲者，遭漢亂，與族兄凱俱避地荆州。劉表欲以女妻粲，而嫌其形陋用率；以凱有風貌，乃以妻凱。凱生業，即劉表外孫也，有子曰弼，字輔嗣，幼而察惠，蓋以注《易》著聞魏朝；凡《易注》六卷、《易略例》一卷。自鄭玄傳費直之學，始析《易傳》以附《經》。至弼又更定之。玄本大約如今之《乾卦》，其《坤卦》以下，又弼所割裂。然鄭玄《易注》，至北宋尚存一卷；《崇文總目》稱存者爲《文言》、《説卦》、《序卦》、《雜卦》四篇；則玄本尚以《文言》自爲一卷①；所割以附經者，不過《彖傳》、《象

① "卷"原作"傳"，今改正。

傳》；今本《乾》、《坤》二卦各附《文言》，知全經皆弼所更定，非鄭玄之舊也。弼之説《易》，稱出費直；直《易》今不可見；然荀爽易，即費氏學；唐李鼎祚《周易集解》尚頗載其遺説，大抵究爻位之上下，辨卦德之剛柔，已與弼《注》略近；但弼全廢象數，又變本加厲！平心而論：《易》本卜筮之書，故末派寖流於讖緯；王弼乘其極敝而攻之，遂能排擊漢儒，自標新學；然闡明義理，使《易》不雜於術數者，弼實不爲無功；而祖尚虛無，使易竟入於老莊者，弼亦不能無過；瑕瑜不掩，斯爲定評！然以老明易，實爲未當！蓋自何晏善談《易》、《老》，見稱《魏氏春秋》；自是談者每以《老》、《易》對舉。而王弼注易，亦雜老氏之旨。不知老子知常，《周易》觀變。《老子》守歸根之静，《周易》見天下之動。《老子》闡旨重玄，而歸于明天之道。《周易》假象陰陽，而要以察民之故。一無對，一有對。論旨之不同如此！而譚者皮傅枝辭。此孫盛所謂譏弼以附會之辭，而欲籠統玄旨，造陰陽，則妙賾無間者也！魏朝之明《易》者，王弼外，而司徒東海王朗景興嘗著《易傳》。子肅子雍因撰定，成《周易注》十卷，《隋書·經籍志》所著録是也。然肅善馬融之學而不好鄭玄。時樂安孫炎叔然則受學鄭玄之門人，稱東州大儒；作《周易例》。肅作《聖證論》以譏短玄。炎駁而釋正焉。然馬鄭不同；要其言《易》本之費氏。獨平原管輅公明善筮卦風角之占，或者本之京氏？據管辰叙稱“每觀輅書傳，惟有易林風角……昔京房雖善卜及風律之占……世人多以輅疇之京房。”見裴松之《三國志》本傳注引《輅别傳》。南陽何晏平叔請共論易；曰：“君論陰陽，此世無雙。”時鄧颺玄茂在晏許，言：“君見謂善易，而語初不及《易》中辭義；何故也?”輅尋聲答曰：“夫善易者，不論易也。”晏含笑而讚之，曰：“可謂要言不煩也!”魏之《易》博士曰淳于俊；魏帝、高貴鄉公常就問《易》焉。凡問三事。其一事曰：“孔子作《彖》、《象》，鄭玄作注，雖聖賢不同，其所釋經義一也。今《彖》、《象》不與經文相連，而注連之；何也?”俊對曰：“鄭玄合《彖》、《象》於經，欲使學者尋省易了也。”帝曰：“若鄭玄合之，於義誠便；則孔子曷爲不合以了學者乎?”俊對曰：“孔子恐其與文王相亂，是以不合；此聖人以不合爲謙。”帝曰：“若聖人以不合爲謙。則鄭玄可獨不謙耶?”俊不能對。蓋魏博士之治《易》善鄭氏學者也。蜀博士之治《易》善鄭氏學者；曰南陽許慈仁篤。子勛傳其業。然僑士也。蜀士之《易》學，蓋始於廣漢任安之習孟氏弟子知名者：曰梓潼杜微國輔，曰蜀郡杜瓊伯瑜。然瓊好圖讖而不言易，巴西譙周允南傳其學焉。吴士之善《易》者：曰會稽虞翻仲翔，曰吴郡陸績公紀。翻有《周易注》九卷，績有《周易注》十五卷，具見《隋書·經籍志》。然翻之先世，本治孟氏易，而績之解，則采諸京氏《易傳》者爲多。績年輩差晚，而翻舊齒名盛；説《易》專取旁通與之卦。旁通者，乾與坤，坎與離，艮與兑，震與巽，交相變也；之卦則以兩爻交易而得一卦；消息六爻，發揮旁通；與魯國孔融文舉書，示以所著《易注》。融答書曰："自商瞿以來，舛錯多矣；去聖彌遠，衆説騁辭。曩聞延陵之理樂，今覩吾子之治易，乃知東南之美者，非徒會稽之竹箭！"然翻自稱傳孟氏《易》：而説"七日來復"，不言六日七分；則亦不盡用孟氏《易》也。廣陵張弦子綱名輩不後虞翻，而治京氏《易》則同陸績。又汝南程秉德樞者，逮事鄭玄，吴大帝聞其名儒，徵拜太子太傅，著《周易摘商》，蓋費氏之支流餘裔矣！大抵三國之世，北士傳馬鄭而習《費易》，而吴蜀則守孟京而薄馬鄭。虞翻初立《易注》，奏稱："潁川荀諝號爲知易。臣得其注，有……反逆……可怪笑！馬融……復不及諝。……鄭玄……立注……未得其門。"荀諝，荀爽之别名也。此可以覘三國南北學之殊風焉！然南北學亦何常之有！費《易》大興而孟京不能不廢。梁邱、施氏亡于西晉。孟氏、京氏雖有其書；而明京氏《易》者，西晉惟弘農董景道文博，東晉惟新蔡干寶令升而已。寶有《周易注》十卷，見《隋書·經籍志》。孟氏之《易》無聞。而費氏之學，又分鄭玄、王弼兩家。元帝中興，江左議爲王弼《易》置博士。獨太常潁川荀崧景猷以爲不可，請爲鄭玄《易》置博士。自是《易》有鄭玄、王弼二博士。然有晉始自中朝迄於江左，莫不崇飾老莊，祖述虚玄，擯闕里之典經，習正始之餘論。王弼生當正始，辭才逸辯，老學實爲宗師，而明《易》亦造玄論，風流所仰，學者宗焉！惟弼注者僅上下經。而補《繫辭》、《説卦》、《雜卦》、《序卦》注者，其門人韓康伯也。自是王注行而鄭學亦衰！河南及青齊之間，儒生多講王注，師訓蓋寡！奚論江左！自魏（跖拔魏）末大儒華陰徐遵明子判門下講鄭玄所注《周易》，遵明以傳范陽盧景裕仲孺。景裕傳權會郭茂。權會早入鄴都，郭茂恆在門下教授。其後河朔言《易》者多出郭茂之門。大抵南北所爲章句；河洛《周易》則鄭玄，江左則王弼，好尚互有不同。獨晉揚州刺史晉陵顧悦之君叔有《周易難王輔嗣義》一卷四十餘條，齊國子博士吴郡陸澄彦深與尚書令琅邪王儉仲寶書，陳“王弼注易，玄學所宗。今若弘儒，鄭不可廢”。儉答：“《易》體微遠，實貫羣籍；豈據小王，便爲該備！依舊存鄭，高同來説。”可謂矯矯南士之不羣者也！然梁陳之世，鄭玄仍得與王弼《注》並列學官。南齊惟傳鄭義。至隋平江南，王《注》乃盛河朔；然鄭義不廢。既，隋氏道消，唐代應運。詔孔穎達等撰定《周易正義》，然后專崇王《注》而衆説皆廢。序稱：“漢儒傳易者：西都則有丁、孟、京、田，東都則有荀、劉、馬、鄭，大體更相祖述，非有絶倫。惟魏世王輔嗣注，獨冠古今！所以江左諸儒並傳其學，河北學者罕能及之。其江南義疏十有餘家，皆辭尚虚玄，義多浮誕。原夫《易》理難窮，雖復玄之又玄；至于垂範作則，便是有而教有。若論住内住外之空，就能就所之説；斯乃義涉於釋氏，非爲教於孔門也。”所以抨江南諸家者斯亦允矣！雖然，吾觀孔穎達者，徒知釋氏之義不涉易；而不知王《注》之辭亦尚玄。徒知江南義疏諸家之辭尚虚玄，義多浮誕；而不知王《注》之爲玄學之宗，江南諸家之所自出也！顧謂“義理可詮，先以輔嗣爲本”。寧必爲達識乎！雖然，唐之《易》家，有期詮義理而用王弼者，孔穎達之《周易正義》是也。有旁通象數而採虞翻者，李鼎祚之《周易集解》是也。一爲三國之魏學，一爲三國之吴學。一開宋儒胡程之先，一植清學惠張之基。蓋李鼎祚《周易集解》凡十七卷，仍用王弼本；惟以《序卦傳》散綴六十四卦之首，蓋用《毛詩》分冠小序之例。所采凡子夏、孟喜、焦贑、京房、馬融、荀爽、鄭玄、劉表、何晏、宋衷、虞翻、陸績、干寶、王肅、王弼、姚信、王廙、張璠、向秀①、王凱沖、侯果、蜀才、翟玄、韓康伯、何妥、崔憬、沈驎士、盧氏、崔覲、伏曼容、孔穎達、姚規、朱仰之、蔡景君等三十五家之説。而采虞翻尤多；其所自爲説則純似翻；將欲以刊輔嗣之野文，補康成之逸象，而不採玄爻辰之説。自序謂：“王鄭相沿，頗行于代。鄭則多參天象，王乃全釋人事，且易之爲道，豈偏滯於天人哉？”則是于鄭王皆有不足；而博採諸家以爲折衷也。其有拾遺補闕而搜孔李所未采者，則有史徵之《周易口訣義》，凡七卷，自序云：“但舉宏機，纂其樞要；先以王《注》爲宗，後約孔《疏》爲理。”然中如《乾·彖》引周氏

① 張璠、向秀，原作“張秀”，按：此處名氏多有脱誤，茲據《周易集解》改正。

説，《乾·大象》、《革·彖》引宋衷説，《屯·彖》引李氏説，《師·彖》、《漸》九五引陸績説，《師》六五、《坎·大象》引莊氏説，《謙》六五引張氏説，《賁·大象》引王廙説，《頤·大象》引荀爽説，《坎·上六》引虞氏説，《咸·大象》、《井·大象》、《鼎·彖》引何妥説，《萃·彖》、《困·大象》引周宏正説，《升·彖》、《漸·彖》引褚氏説，《震》九四、《兑·大象》引鄭衆説，《漸·大象》引侯果説；多出孔穎達《疏》及李鼎祚《集解》之外。蓋唐去六朝未遠，《隋書·經籍志》所載諸家之書，猶有存者，故徵得以旁蒐博引；雖其文義間涉拙滯，而唐以前解易之書，子夏《傳》既多屬僞撰；鄭玄、陸績《注》爲後儒輯佚，亦非完書；其實存於今者，京房、王弼、孔穎達、李鼎祚四家及史氏此書而五耳！固稽古者所宜珍也！惜李史二氏，新舊《唐書》并無傳，其人本末不詳耳！此唐代易學之要删也。然自唐代以王弼《注》定爲正義；於是學《易》者專言名理。惟李鼎祚《集解》不主弼義，博採諸家，以爲"刊輔嗣之野文，補康成之逸象"。而後來經生，不能盡從其學。宋儒若胡瑗、程子，言理精粹，自非晉唐諸儒可及。然於象亦闕焉不詳！獨金華鄭剛中亨仲著《周易窺餘》十五卷，兼收漢學，凡荀爽、虞翻、干寶、蜀才九家之説，皆參互考稽，不主一家；其解義間異先儒，而亦往往有當於理。雖其人附和秦檜，公論不予；然闡發經義，則自出新義，具有理解；要爲易家所不廢也！又《古易上下經》及《十翼本》十二篇；自費直、鄭玄以至王弼，遞有移掇。孔穎達因弼本而作正義，行於唐代。古易自此不復存！宋吕大防仲微始考驗舊文，作《周易古經》二卷。其後巨野晁説之以道作《古易》十二卷，永嘉薛季宣士龍作《古文周易》十二卷，餘姚程迥可久作《古周易考》一卷，丹陵李燾仁甫作《周易古經》八篇，岷山吴仁傑斗南作《古周易》十二卷，金華吕祖謙伯恭作《古周易》一卷，大致互相出入。獨祖謙書最晚出而較有据，凡分《上經》、《下經》、《彖上傳》、《彖下傳》、《象上傳》、《象下傳》、《繫辭上傳》、《繫辭下傳》、《文言傳》、《説卦傳》、《序卦傳》、《雜卦傳》爲十二篇。朱子嘗爲之跋。後作本義，即用祖謙而不用王弼焉。然唐代雖定王弼《注》爲《正義》，而《新唐書·藝文志》著録《玄注》十卷，是唐時王學盛行而鄭注未墮地也。至北宋尚存玄注《文言》、《序卦》、《説卦》、《雜卦》四篇一卷，見《崇文總目》；而淳熙以後諸儒罕所稱引，蓋亡於南宋之初也。慶元王應麟伯厚獨能於散佚之餘，旁摭諸書，輯《周易鄭康成注》

一卷，蒐羅放失，以存漢易之一綫；經文異字，亦皆並存；其無經文可存者，則總録於末簡；又以玄《注》多言互體；并取《左傳》、《禮記》、《周禮》“正義”中論互體者八條，以類附焉；可謂篤志遺經，研心古義者矣！此宋儒之整理《古易》則有然者！雖然，宋儒《易》學之所以獨成宋儒者不在此，蓋宋儒《易》學之自名一家者甚衆；然要其大别，不外象數義理二宗。而泰州胡瑗翼之開宋儒義理説《易》之先河，范陽邵雍堯夫爲宋儒象數説《易》之大宗。漢儒言《易》本多主象數，至宋儒言《易》而象數之中復歧出圖書一派。此派蓋大昌於邵雍，而造端於彭城劉牧長民者也，牧之學出於洛陽种放名逸，放出於亳州陳摶圖南；其淵源與邵雍同；而以九爲河圖，十爲洛書，則與雍異。著《易數鈎隱圖》三卷附《遺論九事》一卷，其學盛行於仁宗時，黄黎獻作《略例隱訣》，吴祕作《通神》，休寧程大昌泰之作《易原》，皆發明牧説，至建陽蔡元定西山則以爲與孔安國、劉歆所傳不合，而以十爲河圖，九爲洛書，朱子從之，著《易學啓蒙》，自是以後，言圖書者皆宗朱蔡，而牧之圖幾廢焉。然圖書之學，劉牧實爲别傳，而邵雍乃其正宗。雍之子曰伯温子文者，著《易學辨惑》一卷，中叙傳授本末，謂“雍《易》受於青社李之才挺之，之才師鄆州穆修伯長，修師陳摶”，則是陳摶者，宋儒圖書説《易》之祖師也。然宋儒之有陳摶、邵雍，猶漢學之有孟京；所謂《易》外别傳者也。顧或者謂“陳摶以《先天圖》傳种放，更三傳而至邵雍。放以《河圖》、《洛書》傳李溉更三傳而至劉牧。穆修以《太極圖》傳周敦頤，再傳至程顥、程頤。厥後雍得之以著《皇極經世》，牧得之以著《周易鈎隱圖》，周敦頤得之以著《太極圖説》、《通書》，頤得之以述《易》傳”据朱震《漢上易集傳》卦圖之説，其説頗爲後人所疑。而朱子亦謂“程子之學，源於周子”，然考之程子《易傳》，無一語及太極而於《觀》、《大畜》、《夬》、《漸》諸卦，云“予聞之胡翼之先生”、“予聞之胡先生曰”者，不一而足。則是程子之學源於胡瑗，而於周敦頤無徵也。倪天隱述其師胡瑗之説，有《周易口義》十二卷，其説《易》以義理爲宗，而程子不信邵雍之數，故邵子《皇極經世》以數言易；而程子著《易傳》四卷，則黜數而崇理，於胡瑗爲近。其書以《序卦》分置諸卦之首，依李鼎祚《集解》例；而用王弼《注》本；但解《上下經》及《彖》、《象》、《文言》，亦與王弼《注》同。朱子《周易本義》初亦用王弼本；後以吕祖謙《古周易》爲本，然大旨仍略同王弼而加詳焉。首例《九圖》，末著《揲法》，大略兼義理占象而言，附以《易學啓蒙》一卷，曰《本圖書》、《原卦畫》、《明蓍筮》、《考變占》凡四篇。殆折衷理數二家之説，而無所偏廢者乎！蒲江魏了翁鶴山，蓋問業於朱子之門人建昌李燔敬子、趙州輔廣漢卿者；嘗言："辭變象占，《易》之綱領。而繇彖象爻之辭，畫爻位虚之别，互反飛伏之説，乘承比應之例；一有不知，則義理闕焉。"其大旨主於以象數求義理，折衷於漢學宋學之間。輯《周易要義》十卷，雖主於王《注》、孔《疏》，而采摭謹嚴，别裁精審，可謂剪除支蔓，獨擷英華者矣！雖然，宋儒《易》學。亦有不言理，不言數，而但言事者；上虞李光泰發《讀易詳説》十卷，吉水楊萬里誠齋《易傳》二十卷，其最著也。光之書，於卦爻之詞，皆引證史事。蓋援古事以證爻象，始自鄭玄。若全經皆證以史，則光書其始也。萬里之書，大旨本程子《易傳》，而參引史事以證之，則同李光；初名《易外傳》，宋代書肆曾與《程傳》並刊，謂之《程楊易傳》。顧宋儒詆之者夥，以爲足以聳文士之觀瞻，而不足以服窮經士之心。然聖人作易，本以吉凶悔吝明人事，使天下萬世無不知所從違；非徒使上智者矜談妙悟，如佛家之傳心印，道家之援丹訣。自譚《易》者推闡性命，句稽奇偶，其言愈微妙，而於聖人立教牖民之旨，愈南轅而北轍。箕子之貞，鬼方之伐，帝乙之歸妹；孔子繫辭，何嘗不明證史事。依此而推，三百八十四爻可以例舉矣！舍人事而談天道，正後儒説《易》之病；未可以引史證經爲二家病。此一派也。又有不言理數，亦不言事，而言心性者；慈溪楊簡敬仲《易傳》二十卷，寧德王宗傳景孟《童溪易傳》三十卷其最著者也。簡之学出金溪陸九淵子静，故其解易，惟以人心爲主。蓋自漢以來，以玄空説易，始魏王弼；而以心性説易，始王宗傳及簡宗傳之論有"性本無説，聖人本無言"之語，與簡文旨相同。夫弼《易》祖尚玄虚，以闡發義理。漢學至是而始變。宋儒掃除古法，實以王《注》爲藍本！然胡瑗、程子祖其義理而歸諸人事，故似淺近而醇實。宗傳及簡祖其元虚而索諸性天，故似高深而幻窅。此又一派也。然論宋儒《易》學者，要以程子《易傳》、朱子《易本義》爲大宗。臨海董楷正叔者，朱子再傳弟子也；嘗輯《周易傳義》十四卷，合程子《傳》、朱子《本義》爲一書，而采二子之遺説，附録其下，意在理數兼通。惟程子《傳》用王弼本而朱子《本義》則用吕祖謙《古周易》本。楷以程子在前，遂割裂朱子之書散附程《傳》之後。而朱子所定之古文，仍復淆亂。迨明之成祖，命行在翰林學士胡廣等纂《周易大全》，即以楷書爲底本而列之學官。迄有清五百年間，士夫之爲學，朝廷之取士，胥以此焉。鄉塾之士，遂不復知有古經，則楷肇其端也！於是程《傳》朱《本義》之《大全》本行，而王《注》、孔《疏》亦廢擱矣！元明兩代，學者言易，大抵不脱宋儒窠臼。獨明古義，不囿風氣者，惟元天台陳應潤之撰《周易爻變義緼》，明海鹽姚士粦叔祥之輯《陸氏易解》耳！考陳應潤之書凡四卷，大旨謂“義理元妙之談，墮於老莊；先天諸圖，雜以《參同契》爐火之説；皆非《易》之本旨”。故其論八卦，惟據《説卦傳》“帝出乎震”一節，爲八卦之正位，而以“天地定位”一節，邵雍指爲先天方位者，定爲八卦相錯之用；謂“文王演易，必不顛倒伏羲之文，致相矛盾”。其論太極、兩儀、四象，以天地爲兩儀，以四方爲四象，謂“未分八卦，不應先有揲蓍之法，分陰陽太少，周子無極大極二氣五行之説，自是一家議論，不可説《易》”。蓋自宋以後，毅然破陳搏之學者，自應潤始。所注用王弼本，惟有《上下經》六十四卦據《春秋左氏傳》某卦之某卦例，如《乾》之《姤》曰“潛龍可勿用”，《乾》之《坤》曰“見羣龍無首，吉”之類；故名曰爻變。其稱一卦可變六十四卦，六爻可變三百八十四爻，即漢焦延壽《易林》之例，蓋亦因古占法而推原其變通之意；非臆説也。昔宋王應麟輯鄭玄《易注》，爲學者所重。而姚士粦抄撮京房《易傳注》、李鼎祚《集解》諸書所引之吴陸績《周易注》以成《陸氏易解》一卷，雖不及應麟搜討之勤博。然在陸《注》久佚之餘，而掇拾業殘，存什一於千百。於元明人易家之中，倘亦翹然獨秀者矣！若乃師心自悟，闇與古會，足以卓然名一家者，莫如梁山來知德矣鮮，隱萬縣之深山，精思《易》理，自隆慶庚午至萬曆戊戌，閱二十九年，而成《周易集注》十六卷。其立説專取《繫辭》中錯綜其數以論易象而以《雜卦》治之。錯者，陰陽對錯，如《先天圓圖》乾錯坤，坎錯離，八卦相錯，是也。綜者，一上一下，如屯、蒙之類，本是一卦，在下爲屯，在上爲蒙，載之文王《序卦》，是也。其論錯，有四正錯，有四隅錯，論綜，有四正綜，有四隅綜，有以正綜隅，有以隅綜正。其論象，有卦情之象，有卦畫之象，有大象之象，有中爻之象，有錯卦之象，有綜卦之象，有爻變之象，有占中之象。其注皆先釋象義、字義及錯綜義，然後訓本卦本爻正爻正意，皆由冥心力索，得其端倪，因而參互旁通，自成一説。當時推爲絶學！然《上下經》各十八卦，本之舊説。而所説中爻之象，亦即漢以來互體之法；特知德縱横推闡，專明斯義，較先儒爲詳盡耳。既，清儒崛起，務摧剥宋學，宏宣漢易，别成風氣。而首驅除夫難者，要推餘姚黄宗羲太沖、宗炎晦木兄弟，暨德清胡渭朏明三氏。初，陳摶推闡《易經》，衍爲諸圖；其圖本準《易》而生，故以卦爻反覆研求；無不符合。傳者務神其説，遂歸其圖於伏羲，謂《易》反由圖而作。又因《繫辭》、《河圖》、《洛書》之文，取大衍算數作五十五點之圖，以當《河圖》，取《乾鑿度》太乙行九宫法造四十五點之圖，以當《洛書》；其陰陽奇偶，亦一一與《易》相接應。傳者益神其説，又真以爲龍馬神龜之所負，謂伏羲由此而有先天之圖。實則唐以前書，絶無一字之徵驗，而突出於北宋之初。邵雍、朱子亦但取其數之巧合，而未暇究其太古以來從誰授受？於是宗羲病其末派之支離，糾本原之依托，著《易學象數論》六卷，自序云："世儒視象數爲絶學。今一一疏通，知於《易》本無干涉；而後反求程《傳》，亦廓清之一端。"又稱："王輔嗣注，簡當無浮義，而病朱子添入康節先天之學爲添一障。"可謂了當！而宗炎著《周易象辭》附《尋門餘論》、《圖書辨惑》二十四卷，大指謂"陳摶之圖書，乃道家養生之術"，與元陳應潤之説合。而論"四聖相傳，不應文王、周公、孔子之外，别有伏羲之《易》，爲不傳之祕。《周易》未經秦火，不應獨禁其圖，轉爲道家藏匿，二千年至陳摶而始出。"則尤篤論也！然皆各據所見，抵其罅隙，尚未能窮溯本末，一一挾所自來。獨胡渭著《易圖明①辨》十卷：辨河圖洛書，辨五行九宫，辨《周易參同》先天太極，辨《龍圖》、《易數鈎隱圖》，辨《啓蒙》圖書，辨先天古易，辨後天之學，辨卦變，辨象數流弊；大指謂"《詩》、《書》、《禮》、《春秋》皆不可無圖，獨《易》無所用圖。六十四卦二體六爻之畫，即其圖也。八卦之次序方位，則乾坤三索，出震齊巽，二章盡之矣"。引據舊文，互相參證以箝依托者之口。於是學者知圖書之説，雖言之有故，執之成理；乃修鍊、術數二家旁分易學之支流，而非作《易》之根柢。視黄氏兄弟所論，尤爲窮源竟委，其功不可没也！然此三君子者，於宋儒有摧陷廓清之功；而漢學之究宣未極宏！至吴縣惠士奇天牧撰《易説》六卷，以爲："今所傳《易》出費直《易》。費本古文，王弼盡改俗書，又創虚象之説，而漢《易》亡矣！易者象也。聖人觀象而繫辭，君子觀象而玩辭。六十四卦皆實象，安得虚哉！漢儒言易：

① "明"原誤作"易"，今改正。

孟喜以卦氣，京房以適變，荀爽以升降，鄭康成以炎辰，虞翻以納甲，其説不同，而指歸則一；皆不可廢。”然士奇博學無所成名，力矯王弼以來空言説經之弊，徵引賅備而失之雜。其子曰棟字定宇者，博通經史，尤邃於《易》。謂：“孔子作《十翼》，其微言大義，七十子之徒相傳，至漢猶有存者。自王弼興而漢學亡！幸存其略於李氏《集解》。”精研三十年，引伸觸類，始得貫通其旨；乃追考漢儒《易》學，掇拾緒論，成《易漢學》八卷，凡《孟長卿易》二卷，《虞仲翔易》一卷，《京君明易》二卷（《干寶易》附見），《鄭康成易》一卷，《荀慈明易》一卷；其末一卷，則棟發明漢《易》之理以辨正河圖洛書先天太極之學。又究漢儒之傳以闡明《易》之本例，凡九十類，成《易例》二卷，漢學之絶者千有五百餘年，至是而燦然復章！又自爲解釋，成《周易述》二十三卷，專宗虞翻而參以鄭玄、荀爽、宋咸、干寶諸家之説，融會其義，自爲注而自疏之。持論尤精警者：孔穎達《正義》據馬融、陸績説，以爻辭爲周公作，與鄭學異。其所執者：《明夷》六五云“箕子”，《升》六四云“王用享岐山”，皆文王後事。論者不能奪也！獨棟引《春秋傳》、《禹貢》、《爾雅》以證“王用享岐山”之爲夏后氏而非文王。而箕子明夷，則用漢趙賓之説，疏通證明，以爲：“箕子”，當從古文作其子；其，古音亥，亦作箕。劉向云：“今《易》箕子作荄兹”。荀爽據以爲説，讀“箕子”爲“荄兹”。其與亥，子與兹，文異而音義同。《三統術》云：“該閡於亥，孳萌於子。”該、荄亦同物也。五本坤也，坤終於亥，乾出於子，用晦而明，明不可息；故曰“其子之明夷”。馬融俗儒，不識七十子傳《易》之大義，讀其爲箕；蓋涉《彖傳》而譌。五爲天位，箕子，臣也，而當君位，乖於《易》例甚矣！謬種流傳，兆於西漢博士施讎讀其爲箕。蜀人趙賓述孟氏之學，以爲“其子明夷，陰陽氣無箕子。箕子者，萬物方荄兹也”。賓據古義以難諸儒。諸儒皆屈。於是施讎、梁邱賀皆嫉之。孟喜與讎、賀同事田王孫。喜未貴而學獨高。喜所傳《易》家候陰陽災變書，得自王孫。而賀惡之，謂無此事。語聞於上。宣帝遂以喜爲改師法。中梁邱之譖也！讎、賀嫉喜而并及賓。班固作《喜傳》，亦用讎、賀之單詞，皆非實録。劉向《別録》猶循孟學，故馬融俗説，荀爽獨知其非；復用賓古義。雖敢爲異論，而不盡合事實；然自是清儒論《易》家，多信孟喜真傳田王孫學者，其説實自棟發之。然按《漢書·儒林傳》云：“趙賓以爲箕子明夷，陰陽氣無箕子；箕子者，萬物方荄滋也；云受孟喜。喜爲名之。”此趙賓謂“箕子”二字爲“荄滋”之誤也。然則趙賓所見之《易經》，本是“箕子”二字矣。虞翻云：“箕子，紂諸父。五，乾天位，今化爲坤，箕子之象。”虞翻世傳孟氏《易》，而不從“荄滋”之説，可見孟氏《易》不作“荄滋”矣！惠棟言《易》尊虞翻，何以於此獨不從虞翻乎？此不可解也！惟漢人之《易》，孟、費諸家，各有師承，勢不能合；而棟之學宗禰虞翻，有未通，補以鄭、荀諸儒。學者以無家法少之！未若武進張惠言皋文治虞翻《易》之爲專家絶學也！惠言之論，大指以爲“翻之《易》學，自其高祖父故零陵太守光治孟氏《易》，世傳其業，至翻五世；又具見馬、鄭、荀、宋氏書，考其是否；故其言《易》以陽陰消息六爻，發揮旁通，升降上下，歸於乾元用九而天下治。依物取類，貫穿以附，始若瑣碎，及其沈深解剥，離根散葉，暢茂條理，遂於大道。後儒罕能通之！自魏王弼以虚空之言解《易》，唐立之學官，而漢世諸儒之説微！惟鄭、荀、虞三家略有梗概可指説；而虞又較備。然則求七十子之微言，田何、楊叔、丁將軍之所傳者，舍虞氏《注》奚從也！”故求其條貫，明其統例，釋其疑滯，信其亡闕，爲《周易虞氏義》九卷。表其大指，爲《周易虞氏消息》二卷。又撰《虞氏易禮》、《易事》、《易候》、《易言》及《虞氏當例》，務以探賾索隱，存一家之學焉。惟惠、張二家，咸以《漢易》之亡，歸獄王弼。獨甘泉焦理堂循明其不然！其大指以爲東漢末以易學名家者，稱荀劉馬鄭。劉謂劉景升表。表之學受於王暢。王弼者，劉表之外曾孫，而暢之嗣元孫也。弼之學蓋淵源於劉而實根本於暢。兄宏字正宗，亦撰《易義》；兄弟皆以《易》名，可知其所受者遠矣！故弼之《易》，雖參以己見；而解箕子爲荄茲，正用趙賓解。又如讀彭爲旁，借雍爲甕，通孚爲浮而訓爲務躁，解斯爲廝而釋爲賤役之屬；皆以六書通借解經之法，尚未遠於馬鄭諸儒。特貌爲高簡，故疏者概視爲空論耳。因作《周易王氏注補疏》一卷。可謂持平之論也！考循之《易》本出家學。嘗疑一“號咷”也；何以既見於《旅》，又見於《同人》？一“拯馬壯”也；何以既見於《涣》①，又見於《明夷》？密雲不雨之象，何以《小畜》與《小過》同辭？甲庚三日之占，何以《蠱·象》與《巽·象》同例？乃徧讀説《易》之書。既悟洞淵九容之術，實通於《易》；乃以數之比例，求《易》之比例；以《易》解《易》；觸類求通，成《易通釋》二十卷。自謂“學《易》所悟得者

① “涣”原誤作“復”，今改正。

有三：一曰旁通。二曰相錯。三曰時行。旁通者，在本卦，初與四易，二與五易，三與上易；本卦無可易，則旁通於他卦；亦初通於四，二通於五，三通於上。先二五，後初四三上爲當位。不俟二五，而初四三上先行，爲失道。易之道惟在變通；二五先行而上下應之，此變通不窮也。或初四先行，三上先行，則上下不能應；然能變而通之，仍大中而上下應。如《乾》四之《坤》，而成《小畜》、《復》，失道矣！變通之；《小畜》二之《豫》五，《姤》二之《復》五；《復》初不能應，《姤》初則能應；《小畜》四不能應，《豫》四則能應。《坎》三之《離》上而成《井》、《豐》，失道矣。變通之，《井》二之《噬嗑》五，《豐》五之《涣》二；《豐》上不能應，《涣》上則能應。《井》三不能應，《噬嗑》三則能應。此所謂時行也。比例之義，出於相錯。如《睽》二之五爲《無妄》，《井》二之《噬嗑》五亦爲《無妄》，故《睽》之噬膚，即《噬嗑》之噬膚。《坎》三之《離》上成《豐》，《噬嗑》上之三亦成《豐》，故《豐》之日昃，即《離》之日昃；《豐》之日中，即《噬嗑》之日中。《漸》上之《歸妹》三；《歸妹》成《大壯》；《漸》成《蹇》；《蹇》、《大壯》相錯成《需》；故《歸妹》以須之，即《需》也。《歸妹》四之《漸》初；《漸》成《家人》。《歸妹》成《臨》；《臨》通《遯》相錯爲《謙》。《履》故眇能視，跛能履；《臨》二之五，即《履》二之《謙》五之比例也"。《易通釋》既成，復提其要爲《易圖略》八卷；凡圖五篇，原八篇，發明旁通相錯時行之義；論十篇，破舊説之非。復成《易章句》十二卷。總稱"雕菰樓易學三書"共四十卷；蓋其爲學不拘漢魏各師法，惟以卦爻經文比例爲主。號咷密雲，蹤跡甚顯。蒺藜樽酒，假借可據；如郭守敬之以實測得天行也。可謂冥心孤往，獨闢蹊徑者矣！尤豈惠張諸家墨守漢易，姝姝一先生之言者所可及耶！晚清善化皮錫瑞鹿門撰《易學通論》，以張惠言爲專門，焦循爲通學。而謂"學者當先觀二家之書"，可謂知言之士！然錫瑞論易，崇義理而黜象數，實主王《注》、程《傳》。据《漢書·儒林傳》以證明孟喜《陰陽災變書》之不出田王孫，京房納甲之托孟喜，而深慨清儒惠棟以來重理孟、京之緒之爲大惑！曰："經學有正傳，有别傳。以《易》而論；别傳非獨京氏而已。如孟氏之卦氣，鄭氏之爻辰，皆别傳也。又非獨《易》而已；如《伏傳》五行、《齊詩》五際、《禮·月令·明堂》陰陽説、《春秋公羊》，多言災異，皆别傳也。子貢謂'夫子性與天道，不可得聞'。則孔子删定六經以垂世立教必不以陰陽五行爲宗旨。孔子說《易》見於《論語》者二條；一勉無過，一戒無恆，皆切人事。戰國諸子及漢初諸儒言《易》，亦皆切人事而不主陰陽災變。至孟京出而漢儒稱讖緯。宋人斥讖緯而稱圖書。其實焦京之易，出陰陽家之占驗，雖應在事後，非學《易》之大義。陳邵之易，出道家之修煉，雖數近巧合，非作《易》之本旨。故雖自成一家之學，而於聖人之易，實是別傳而非正傳。近儒於陳邵之圖，闢之不遺餘力，而又重理焦京之說，是去一障又生一障，惟焦循說易，獨闢町畦，以虞氏之旁通，兼荀氏之升降，意在采漢儒之長而去其短；而於孟氏之卦氣，京氏之納甲，鄭氏之爻辰，皆駁正之以示後學；曰：'納甲卦氣，皆《易》之外道。'趙宋儒者闢卦氣而用先天；近人知先天之非矣，而復理納甲卦氣之說，不亦唯之與阿哉?”斯又侃侃敷陳，清儒之箴砭也！他如衡陽王夫之而農之《周易稗疏》，蕭山毛奇齡大可之《仲氏易》、《推易始末》、《春秋占筮書》三書，旌德姚配中仲虞之《周易姚氏學》，甘泉江鄭堂藩之《周易述補》，震澤陳壽熊獻青之《讀易漢學私記》，寶應成蓉鏡芙卿之《周易釋爻例》之屬；皆清儒《易》學之有根據，有條理者；雖立說或有未純；要其創通新解，補苴前賢，亦有可取者。然《易》道淵深，包羅衆義；隨得一隙，皆能宛轉關通，有所闡發。近儒侯官嚴復又陵序其所譯英儒赫胥黎著《天演論》，則又據《易》理以闡歐學；其大指以爲：“歐學之最爲切實，而執其理可以御蕃變者，名數質力四者之學是已。而吾《易》則名數以爲經，質力以爲緯，而合而名之曰易。大宇之内，質力相推；非質無以見力；非力無以呈質；凡力皆乾也；凡質皆坤也。奈端動之例三：其一曰：'静者不自動。動者不自止。動路必直，速率必均。'此所謂曠古之虚；自其例出，而后天學明，人事利者也！而《易》則曰'乾其静也專，其動也直。'後二百年，有斯賓塞爾者，以天演自然言化，著書造論，貫天地人而一理之，此亦輓近之絶作也！其爲天演界説曰：'翕以合質，闢以出力，始簡易而終雜糅。'而《易》則曰：'坤其静也翕，其動也闢。'至於'全力不增減'之説，則有自彊不息爲之先；'凡動必復'之説，則有消息之義居其始。而'易不可見，乾坤或幾乎息'之旨，尤與'熱力平均，天地乃毁'之言相發明。”可謂有味乎其言之也！然嚴復尚非易家也！不過爲闡易道以歐學者之大輅椎輪而已！至海寧杭辛齋出，精研《易》義，博及諸家傳注；而蒐藏言《易》之書六百二十餘種，並世之言《易》藏者莫備焉！著有《易楔》六卷，《學易筆談》初集、二集各四卷，《易數偶得》二卷，《愚一録易説訂》二卷，《讀易雜識》一卷，《改正揲蓍法》一卷。其平日持論以爲：“《易》如大明鏡，無論以何物映之，莫不適如其本來之象。如君主立憲，義取親民，爲同人象。民主立憲，主權在民，爲大有象。社會政治，無君民上下之分，爲隨象。乃至日光七色，見象於白賁。微生蟲變化物質，見象於蠱。又如《繫辭傳》言：‘坤其静也翕，其動也闢。’而所謂‘闢’者，即物理學之所謂離心力也。‘翕’者，即物理學所謂向心力也。凡物之運動，能循其常軌而不息者，皆賴此離心向心二力之作用。地球之繞日，即此作用之公例也。凡近世所矜爲創獲者，而易皆備其象，明其理于數千年之前。蓋理本一原，數無二致。時無古今，地無中外，有偏重而無偏廢。中土文明理重於數；而西國則數勝于理。重理或流於空談而鮮實際，泥數或偏於物質而遺精神。惟易則理數兼賅，形上道而形下器，乃足以調劑中西末流之偏，以會其通而宏其指。”此則推而大之，以至于無垠；而異軍突起，足爲易學闢一新塗者焉！故以終於篇。

（原刊於1927年6月30日《光華大學期刊》第1期）

讀《禮運》卷頭解題記

按《禮運》爲《禮記》四十九篇之第九篇。蓋言偃之所問禮於孔子，而門人記之；然不如《曾子問第七》之以《言偃問》爲篇目者，以曾子所問事類既煩雜，不可以一理目篇；言偃所問，唯論禮之運轉之事，故以“禮運”爲標目耳。言偃吴人，字子游，少孔子四十五歲，特習於禮，以文學著名。

所以爲之《禮運》者：禮時爲大；四時之運，周行而不殆。“運”之爲言周轉也。“禮運”之言變而從時也。“禮”所以治人之情。“運”所以協時之宜。義者，宜也，協諸宜而協，則禮雖先王未之有，可以義起也。此《禮運》之指，而七十子之微言，抉經心，執聖權，皋牢萬物，進退百王，有通於《易》、《春秋》者，有旁涉老氏者，有可發孟、荀書者，其書可覆按也。《易·繫辭》不云乎：“在天成象，在地成形，變化見矣。是故剛柔相摩，八卦相盪，鼓之以雷霆，潤之以風雨，日月運行，一寒一暑。”“天地變化，聖人效之”；“通其變，使民不倦；神而化之，使民宜之”。易窮則變，是故“法家①莫大乎天地，變通莫大乎四時”。禮運隨時，是故“轉而爲陰陽，變而爲四時”。《禮運》之説，通於《易》焉。夫《易》之爲書也，明於天之

① “家”爲“象”之誤字。

道，而察於民之故者也。而《禮運》之明禮也，經天緯地，本之則太一之初；原始要終，體之乃人情之欲。其官於天也曰命，而其居人也曰養。所以講信修睦，而固人肌膚之會，筋骸之束者也，所以達天順，順人情之大竇也。故唯聖人爲知禮之不可以已也，故壞國喪家亡人，必先去其禮。禮起於何也？荀子不云乎？“人生而有欲，欲而不得，則不能無求；求而無度量分界，則不能不争；争則亂，亂則窮！先王惡其亂也，故制禮義以分之，以養人之欲，給人之求，使欲必不窮乎物，物必不屈於欲，兩者相持而長，是禮之所起也。”“故禮者養也。芻豢稻粱，五味調香，所以養口也。椒蘭芬苾，所以養鼻也。雕琢刻鏤，黼黻文章，所以養目也。鐘鼓管磬，琴瑟竽笙，所以養耳也。疏房檖貌，越席床笫几筵，所以養體也。孰知夫禮義文理之所以養情。”此荀子之著論於《禮論篇》，而《禮運》之所云“協於分藝”、“以治人情”者也。夫“分”之爲言“所得之限”也，“藝”之爲言“程功之能”也。“協於分”，斯各取所需而不相陵奪。“協於藝”，斯各盡所能而不事遊惰。生之能勤，取之有節，夫而後“欲乃不窮乎物”、“物必不屈於欲”，而有以“養人之欲，給人之求”，夫而後講信修睦，而人之情乃得所養也；是禮之所起也。夫“情”者制禮之大本，而“運”乃行禮之妙用。矯而拂情，則扞格而不勝。運而隨時，期周行而不殆。此《禮運》之指也。鄭玄《目録》云：“禮運者，以其紀五帝三王相變易及陰陽轉旋之道。”孔穎達《疏》曰：“自‘大道之行’至‘是謂大同’，論五帝之善。自‘大道既隱’至‘是謂小康’，論三王之後。”陳澔《集説》引石梁王氏曰：“以五帝之世爲大同，以禹、湯、文、武、成王、周公爲小康，有老氏意。”蓋五帝之治，無爲無迹，民無能名焉，故稱之以大道。三王之後，代廢代興，世降彌文焉，故數之以三代。言三代之爲英，見五帝之爲質，儻老子所謂“太上不知有之，其次親而譽之”者耶？此其有老氏意者一也。老子曰：“失道而後德，失德而後仁，失仁而後義，失義而後禮。”則是禮者道之失也。而《禮運》此篇，亦言禮起大道之既隱。此其有老氏意者二也。然老子言“禮者忠信之薄”，而推此篇之意，則以爲禮者所以救忠信之薄；爲言同，而所以爲言者不同。此則似同而實異者也。吕祖謙《與朱子書》曰：“胡文定《春秋傳》多拈出《禮運》‘天下爲公’意思，蜡賓之歎，自昔前輩共疑之；以爲非孔子語。蓋不獨親其親，子其子，而以堯、舜、禹、湯爲小康，是老聃、墨氏之論。

胡氏乃屢言《春秋》有意於‘天下爲公’之世。”意蓋不以爲然！不知此近儒康有爲《春秋》三世、《禮運》大同之説所由本也。按何休《春秋公羊經傳解詁》曰：“於所傳聞之世，見治起於衰亂之中，用心尚麄觕，故内其國而外諸夏，先詳内而後治外。於所聞之世，見治升平，内諸夏而外夷狄。至所見之世，著治太平，夷狄進至於爵，天下遠近，小大若一。所見者，謂昭、定、哀，已與父時事也。所聞者，謂文、宣、成、襄，王父時事也。所傳聞者，謂隱、桓、莊、閔、僖，高祖曾祖時事也。”（隱元年傳）此《春秋》公羊家“張三世”之説，而康有爲據之以説《禮運》曰：“孔子之道，有三世，有五德之運。仁智義信，各應時而行運。仁運者，大同之道。禮運者，小康之道。孔子生據亂世，而志則常在太平世。其曰：‘大道之行’者，天下爲公，太平世大同之道也。‘三代之英’升平世小康之道也。禮運之世乃當升平未能至大同之道；不過視據亂世較爲文明而已。其文明之法，皆在隆禮；由禮而謹修之，故於五德之運，未能至仁運智運，而僅當禮之運而已。不獨未能至仁運智運也，即義運信運亦未之至，但以禮爲經而著其義，考其信而已。”自以爲發千聖不傳之祕；而覈其實，不過推本胡安國《春秋傳》之指而引申之耳。此其通於《春秋》者也。魏了翁《師友雅言》曰：“嘗疑‘不獨親其親，子其子’，近乎兼愛。朱文公亦以爲然。及見横渠説，惟‘不獨親其親，子其子’，故知能親親而子子；與孟子老幼及人同意，不費詞而義足。”此其通於《孟子》者也。文微事著，大而能博矣。

欲正章句，當辨錯簡。《禮記》文多錯簡，而《禮運》爲甚。今籀讀本文，參證諸注；有他篇錯入者，有本篇倒錯者，有後錯前者，有前錯後者。如康有爲《禮運注》曰：舊本“舍魯何適矣”之下，有“魯之郊禘非禮也，周公其衰矣。杞之郊也，禹也；宋之郊也，契也；是天子之事守也。故天子祭天地，諸侯祭社稷，祝嘏莫敢易其常，是謂大假。祝嘏辭説，藏於宗廟祝巫史，非禮也；是謂幽國。醆斝及尸君，非禮也；是謂僭君。冕弁兵革，藏於私家，非禮也；是謂脅君。大夫具官，祭器不假，聲樂皆具，非禮也；是謂亂國。故仕於公曰臣，仕於家曰僕。三年之喪與新有昏者期不使。以衰裳入朝，與家僕雜居齊齒，非禮也；是謂君與臣同國。故天子有田以處其子孫，諸侯有國以處其子孫，大夫有采以處其子孫，是謂制度。故天子適諸侯，必舍其祖廟；而不以禮籍入，是謂天子壞法亂紀。諸侯非問疾弔喪，而入諸臣之家，是爲君臣爲謔。是故禮者君之大柄也，所以別嫌明微，儐鬼神，考制度，别仁義，所以治政安居也。故政不正，則君位危；君位危，則大臣倍，小臣竊。刑肅而俗敝，則法無常；法無常而禮無列；禮無列，則士不事也；刑肅而俗敝，則民弗歸也；是謂疵國。故政者君之所以藏身也。是故夫政必本於天，殽以降命；命降於社之謂殺地，降於祖廟之謂仁義，降於山川之謂興作，降於五祀之謂制度，此聖人所以藏身之固也。故聖人參於天地，並於鬼神，以治政也；處其所存，禮之序也；玩其所樂，民之治也；故天生時而地生財；人其父生而師教之；四者君以正用之，故君者立於無過之地也。故君者所明也，非明人者也；君者所養也，非養人者也；君者所事也，非事人者也；故君明人則有過；養人則不足；事人則失位。故百姓則君以自治也，養君以自安也，事君以自顯也。故禮達而分定，故人皆愛其死而患其生。故用人之知去其詐，用人之勇去其怒，用人之仁去其貪。故國有患，君死社稷謂之義，大夫死宗廟謂之變”，一段十四節，當爲《郊特牲》文。按《郊特牲》：“朝覲，大夫之私覿，非禮也；大夫執圭而使，所以申信也；不敢私覿，所以致敬也；而庭實私覿，何爲乎諸侯之庭？爲人臣者無外交，不敢貳君也；大夫而饗君，非禮也。大夫强而君殺之，義也，由三桓始也。天子無客禮，莫敢爲主焉。君適其臣，升自阼階，不敢有其室也。覲禮，天子不下堂而見諸侯；下堂而見諸侯，天子之失禮也；由夷王以下。諸侯之宫縣而祭，以白牡，擊玉磬，朱干設錫，冕而舞《大武》，乘大輅，諸侯之僭禮也。臺門而旅，樹反坫，秀黼丹朱中衣，大夫之僭禮也。故天子微，諸侯僭；大夫强，諸侯脅；於此相貴以等，相覿以貨，相賂以利，而天下之禮亂矣！諸侯不敢祖天子，大夫不敢祖諸侯，而公廟之設於私家，非禮也；由三桓始也。天子存二代之後，獨尊賢也；尊賢不過二代。”與此十四節同一正名分之義，行文亦同。“魯郊禘非禮”，“杞宋可郊”，當在“尊賢不過二代”之下，與上文“諸侯不敢祖天子”、“天子存二代之後”文義相接。至“明君死社稷，大夫死社稷”與下文“諸侯不臣寓公”、“君之南鄉”、“臣之北面”亦同例相接。按《郊特牲》爲《禮器》下篇；此皆言禮器，亦至明也。此他篇錯入者也。又一篇之中，有前錯後者，有後錯前者。如“今大道既隱，天下爲家，各親其親，各子其子，貨力爲己，大人世及以爲禮，城郭溝池以爲固，禮義以爲紀，以正君臣，以篤父子，以睦兄弟，以和夫婦，以設制度，以立田里，以賢勇知，以功爲己，故謀用是作而兵由此起，禹、湯、文、武、成王、周公由此其選也；此六君子者，未有不謹於禮者也”一段。孔穎達《疏》曰：“奸詐之謀，用是‘貨力爲己’而興作。戰争之兵，由此‘貨力爲己’而發起。”則“故謀用是作而兵由此起”十字當在“貨力爲己”下；據孔《疏》“謀作兵起”，緊承“貨力爲己”解，文義甚明。今文錯簡，似“禮義爲紀”，乃所以兆謀致兵者，則六君子如何又必謹於禮，文義並難通矣。又舊本“是謂小康”下接“言偃復問曰，如此乎禮之急”一節；而康有爲《禮運注》以上文未言禮急，文義不屬，應移於後，接“故壞國喪家亡人，必先去其禮”之下。蓋子游聞去禮之至於壞國喪家也，驚而致問曰：“何禮之急也?”孔子以禮爲“承天道”、“治人情”之要道，乃謂非止國家之成壞得喪而已，實人之生死繫焉，言愈急而意愈切，自以移後爲是，而以“言偃復問曰，夫子之極言禮”，接“是謂小康”之下。蓋子游以孔子言禮起大道之既隱，爲非常異義，故欲孔子極言之。而孔子以未當太平時，未能行大同之道，雖蓄於心者，不能忍於一歎，而其詳則不欲言矣。故下衹就“三代之英，丘未之逮”，喟歎一番；而接以孔子曰：“我欲觀夏道，是故之杞而不足徵也，吾得夏時焉。我欲觀殷道，是故之宋而不足徵也，吾得乾坤焉。乾坤之義，夏時之等，吾以是觀之。”孔子曰：“嗚呼哀哉！我觀周道，幽厲傷之。吾舍魯何適!”“嗚呼哀哉”歎詞也。孔子以大同之道不行，乃至夏、殷、周三代之道，皆無徵而可傷，小康亦不可得，生民不被其澤，久積於心，乃觸緒大發而生哀也。“孔子曰‘嗚呼哀哉’”一節，舊本在“此禮之大成也”下，今依康有爲移前接“坤乾之義，夏時之等，吾以是觀之”下，則“三代之英，丘未之逮”，皆有著落矣！不然，則“杞不足徵”，“丘未之逮”者，衹有夏、殷兩代，尚遺周一代也。又“故宗祝在廟，三公在朝，三老在學；王前巫而後史，卜筮鼓侑，皆在左右，王中，心無爲也，以守至正”一節，舊本在“五祀所以本事也”之下。而康有爲以其文義隔亂，移前承“故國有禮，官有御，事有職，禮有序”而言之。其辭爲：“故國有禮，官有御，事有職，禮有序。故宗祝在廟；三公在朝；三老在學；王前巫而後史，卜筮鼓侑，皆在左右。王中，心無爲也，以守至正。故先王患禮之不達於下也，故祭帝於郊，所以定天位也；祀社於國，所以列地利也；祖廟，所以本仁也；山川，所以儐鬼神也；五祀，所以本事也。故禮行於郊，而百神受職焉。禮行於社，而百貨可極焉。禮行於祖廟，而孝慈服焉。禮行於五祀，而正法則焉。故自郊社、祖廟、山川、五祀，義之修而禮之藏也。”蓋“故宗祝在廟”至“以守至正”一節，言禮行於上，而明“官有御，事有職”也。“故先王患禮之不達於下”至“禮之藏也”一節，言禮達於下，以明“禮有序”也。而以“故國有禮”爲提綱；文從字順，脈絡貫通矣。此本篇倒錯者也。錯簡既正，然後章句乃可得而定。

《禮運》舊分四段：從“昔者仲尼”以下，至“是謂小康”，爲第一段，明孔子爲禮不行而致發歎。發歎所以最初者，凡說事必須因漸，故先發歎，後使弟子因而怪問，則因問以答也。又自“言偃復問曰，如此乎禮之急”至“天下國家可得而正也”，爲第二段，明須禮之急，前所歎之意，正在禮急；故以禮急次之也。又自“言偃復問曰，夫子之極言禮也”，至“此禮之大成也”，爲第三段，明禮之所起，前既言禮急，急則宜知所起之義也。又自“孔子曰‘嗚呼哀哉’”訖篇末，爲第四段，更正明孔子歎意。以前始發未得自言歎意而言偃有問，即隨問而答；答事既畢，故更備述所懷也。此孔穎達疏引皇侃說；而不知中之有錯簡也。今重爲更定：自“昔者仲尼”至“吾舍魯何適矣”，爲第一段；明孔子爲禮起大道之隱，不過以補偏救弊，而又不得行；生民之禍日烈，乃不禁觸緒大發而生哀也。“夫禮之初”至“此禮之大成也”，爲第二段；明禮之所由起也。自“故聖人耐以天下爲一家”至“故壞國喪家亡人，必先去其禮”，爲第三段；明禮之大用，在達天道，順人情。而自“言偃復問曰，如此乎禮之急”訖篇末，乃承上文而言，特申禮之以治人情而歸之於大順，以極贊之；此第四段也。然而有可疑者，第三段以“故”爲發端而語不承上是也。按“故”有承上結前文者，如“故惟聖人爲知禮之不可以已也，故壞國喪家亡人，必先去其禮”，“故天下國家可得而正”，是也。亦有以“故”字更端起下文者。近儒章炳麟《新方言釋詞》曰：“《禮運》‘故聖人參於天地’，‘故人者其天地之德’，‘故禮義也者人之大端也’，正義皆別標爲一節；則‘故’非申事之辭，當訓爲此。今人謂此爲‘故’，亦多發端言之，爲下語作凡目。又《易・繫辭傳》多言‘是故’，愚者怪其與前文不屬。不悟‘是故’皆訓爲‘此’；古人語不避復也。以‘是故’發端，亦猶今言‘者個’爲下語作凡目也。”明乎此，則無異乎第三段之以“故”爲發端矣。

《禮運》辭趣宏深，近儒康有爲推本胡安國《春秋傳》指，參以歐儒之所發明，而籀索所謂“大同”者；大指謂：“佛法出家，求脱苦也；不如使其無家可出。謂私有財産爲争亂之源；無家族，則誰復樂有財産。若夫國家，則又隨家族而消滅者也。夫有國有家有己，則各有其界而自私之；其害公理而阻進化，甚矣！惟天爲生人之本，人人皆天所生而直隸焉。凡隸天之下者皆公之；故不獨不得立國界以至强弱相争；並不得有家界以至親愛不廣；且不得有身界以至貨力自爲；故祇有天下爲公，一切皆本公理而已。公者人人如一之謂；無貴賤之分，無貧富之等，無人種之殊，無男女之異。分等殊異，此狹隘之小道也。平等公同，此廣大之道也。無所謂君，無所謂國，人人皆教養於公産，而不恃私産。人人即多私産，亦當分之於公産焉：則人無所用其私，何必爲權術詐謀以害信義？更何肯爲盜竊亂賊以損身名？非徒無此人，亦復無此思。内外爲一，無所防虞，故外户不閉，不知兵革。此大同之道，太平之世行之。惟人人皆公，人人皆平，故能與人大同也。以今語釋之，則民主主義存焉，國際聯合主義存焉，兒童公育主義存焉，老病保險存焉，共産主義存焉，勞作神聖主義存焉。”行其條理，爲《大同書》數十萬言，洋洋乎大哉！發育萬物，峻極於天！粗述睹記，以當要删。

（原刊於1935年10月25日《光華大學半月刊》第4卷第2期）

介紹駝齋推命

張君駝齋，好學深思，不騖時俗，介然自守。今之奇士也！洞達諸子百家言，故明於哲理，涉及五行、星命諸書，遂精於推斷，示以往測未來，有言必中。自問世後，社會人士争索平章命理，深得趨避之效。近復招集同志，結社實習，闡精發微，成績卓著，匪僅揣摩研討而已，且能努力提倡之。甲戌之秋，所著《定命録》發行後，聲譽益起。余等閲人多矣，以斯道問世者，未有若張君研究之專，斷事之驗也，故樂爲之介紹焉。

（寓上海新重慶路咸益里命學社）

錢基博、蔣維喬、吕思勉、楊蔭溥 啓

（原刊於《光華年刊》，1936年10月）

《周易》爲憂患之學

今日中國兵敗地蹙，寇深國危，我們驚心吊膽，無日不在憂患中掙扎！然而古人説“多難興邦”、“殷憂啓聖”。古人以憂患鍛煉人生，不以憂患摧毁人生；中間儘有講究，所以憂患有憂患之學，講到中國憂患之學有兩種：一種易學；一種佛經。易學是中國從古有的；佛經是後世從外國來的，易學是覷定一切現實，從憂患中謀生存。佛經是超出一切現實，從憂患中求解脱。現實未能超出，憂患何從解脱？還是覷定一切現實，從憂患中謀生存，比較有把握；所以學佛不如講易。

《易經》也名《周易》。易者，變易。周者，周轉，所以謂之“周易”者，聖人觀於天象，日往則月來，月往則日來，寒往則暑來，暑往則①寒來；這個大自然，以循環的方式來變化，圓轉如環，周行不殆；因而看到人事乘除，泰極則否，剥極攸復，亦以循環的方式來變化，西洋人説進化，《易經》只説變化，而曰：“變化者，進退之象”，因爲變不必就是進化，也許是退化，《序卦傳》曰：“《泰》者通也，物不可以終通，故受之以

① “則”原作“即”。

《否》。”又如：“物不可以終壯，故受之以《晉》；《晉》者進也，進必有所傷，故受之以《明夷》；夷者傷也，傷於外者必反其家，故受之以《家人》，家道窮必乖，故受之以《睽①》；睽者乖也，乖必有難，故受之以《蹇》。”又如：“萃者聚也，聚而上者謂之升；升而不已必困，故受之以《困》。”“豐者大也，窮大者必失其居，故受之以《旅》。”皆明世道之變，必出於周，泰否剥復，如環無端，周行而不殆，繪如下圖。

一部《周易》六十四卦，一卦六爻，而聖人繫辭，不出“吉凶悔吝”四字。宋儒謂吉凶悔吝，亦如環之無端，表如下圖。

大抵人生當得意的時候，不免志滿意得，這便是吝。天道忌盈，驕吝無不成凶，及遘凶禍，悔心自萌，一切審慎，自然逢凶化吉，轉禍爲福。然而吉了，又不免驕吝漸生，無平不陂，有往斯復，正如天象之寒暑往來，日月代謝；此易之所以爲周！個人如此；國家社會，何嘗不如此！當生民康樂之日，聖人必出之以儆戒，謂世無長泰，毋淫侈，毋佚樂，持盈保泰，何能保無終否之時！及國家喪亂之世，聖人則出之以振厲，謂道不終剥，毋灰心，毋短氣，立懦廉頑，孰則阻其復興之機！這是《周易》六十四卦徹始徹終的一部大義如此。《繫辭傳》曰：“作易者其有憂患乎！”這句話有兩層意：一是安不忘危，我們不可忘憂患，雖在太平康樂之世，患生不測，何可不知戒慎；《繫辭傳》所謂“危者，安其位者也；亡者，保其存者也；亂者，有其治者也。”一是剥必有復。我們不要怕憂患，雖在困苦艱難之時，理無終凶，衹求能自振奮；《序卦傳》所謂：“物不可以終盡，故受之以《復》”；“物不可以終遯，故受之以《大壯》”；“物不可以終難，故受之以《解》”。即如現在戰勝攻取之日本，似乎天下莫强；然而從易道觀之，則正所謂“物不可以終壯，故

① “睽”原誤作“暌”，今改正。

受之以《晉》；晉者進也，進必有所傷，故受之以《明夷》；夷者傷也，傷於外者必反其家，故受之以《家人》；家道窮必乖，故受之以《睽》；睽者乖也，乖必有難，故受之以《蹇》”；所謂“升而不已必困，故受之以《困》”；所謂“豐者大也，窮大者必失其居，故受之以《旅》”。使此義無驗，拿破崙何以囚死孤島？威廉二世何以遜遁荷蘭？拿破崙、威廉二世之雄，尚不免窮大失居；日本何能逃此公例！觀於日本窮兵黷武，不恤糜爛其民而戰之，已由《晉》而臻於《明夷》；傷於外者必反其家之日不在遠！又如我們兵敗國蹙之中國，似乎前途無望；然而從易道觀之，則正所謂“剥者剥也，物不可以終盡，剥窮上反下，故受之以《復》；復則不妄矣，故受之以《无妄》；有无妄然後可畜，故受之以《大畜》；物畜然後可養，故受之以《頤》”；所謂“蹇者難也，物不可以終難，故受之以《解》；解者緩也，緩必有所失，故受之以《損》；損而不已必益，故受之以《益》；益而不已必決，故受之以《夬》；夬者決也，決必有所遇，故受之以《姤》；姤者遇也，物相遇而後聚，故受之以《萃》。”事在人爲，衹看我們之自力更生何如！孟子説得好：“動心忍性，無敵國外患者國恒亡！然後知生於憂患，而死於安樂也。”發奮爲雄，何憂何懼！現在中日兩國的前途，作易者在數千年前，早已指示得明明白白！日本現在情勢，已由《晉》而臻於《明夷》，將由《升》而入於《困》。中國此後局勢，將由《遯》而變爲《大壯》，必由《剥》而反成《復》，孰得孰失，我不暇爲中國憂，我且爲日本懼！

易道之所以變化，在剛柔相推。《繫辭傳》曰：“剛柔相推而生變化。”又曰：“剛柔相推，變在其中矣。”剛者陽也，表之以⚊，柔者陰也，表之以⚋，六十四卦，乾坤開端。乾爲陽之純，坤爲陰之純。《繫辭傳》曰：“乾坤其易之藴耶！乾坤成列，而易立乎其中矣！乾坤毁，則無以見易；易不可見，則乾坤或幾乎息矣！乾，陽物也；坤，陰物也；陰陽合德而剛柔有體。乾，天下之至健也。坤，天下之至順也。”就是表示宇宙有兩種力，一正一負，相反相成，如代數之有正負二數，乘除相生，剛柔相摩以生八卦，八卦相盪以成六十四卦，無一卦不剛柔相易，即無一卦不乾坤迭用。乾，健也。坤，順也。乾以表自我意志創造之力。坤以示社會秩序遵守之誼。使有乾健而無坤順；則人自爲制，争民施奪，社會之紀綱不立，而羣以壞散；歐洲大革命後之法國，辛亥革命後之中國，是也。使有坤順而無乾健；

則一黨專政，趨炎附勢，意志之自由胥泯，而羣以腐化；辛亥革命前之清代，中日抗戰前之民國，是也。所以剛柔相易，不可爲典要；如地球之有離心嚮心二力，相劑爲用以繞行太陽；使地球有嚮心力而無離心力，則將爲太陽所翕而不得運行；反之有離心力，而無嚮心力，則將出軌道之外而失其運行。“易不可見，則乾坤或幾乎息”，即是此意。宇宙之自然律如此；人羣亦何莫不如此！

六十四卦，終於《既濟》、《未濟》。易道以變而克臻於《既濟》，亦以變而不終於《既濟》。《繫辭傳》：“易，窮則變，變則通，通則久，是以自天祐之吉無不利。”其爲《既濟》無疑。而終之以《未濟》者，亦有二義：一天行不息，地道無疆；進而益上，今日之《既濟》，豈必即爲後來之《既濟》；此策進化之一義。一世無久泰，物不終壯；安不忘危，此日之豐大，安知不兆異時之失居；此防退化之又一義也。《繫辭傳》所謂“懼以終始，其要无咎，此之謂《易》之道也”；是故其辭危，故曰：“作《易》者其有憂患乎！”

易學爲社會學；不過西洋人講社會學，以社會事實爲根據，綜合分析，籀爲大例；而《易》則明天之道，察民之故，以宇宙之自然律爲根據，六十四卦之中，有一卦以明社會之一事者，如《蒙》之爲教育，《需》之爲飲食，《訟》之爲獄訟，《師》之爲兵衆之類。有一卦以綜合各種事實之關係，而觀其會通者，如《乾》、《坤》，《泰》、《否》，《剥》、《復》，《既濟》、《未濟》之類，讀《易》者須先讀《説卦傳》、《繫辭傳》，明其發凡起例，而後據以籀繹上下經、六十四卦。多看注，徒亂人意，不如就白文自家理會，即得。

將離孤島之日，有大學及江浙同鄉會來招演講，並拈此題，聽者頗爲動容。覆視一過。覺此日之所以策勵共學，履險如夷者，蓋無逾於易也！

（原刊於《國立師範學院季刊》第2期，1939年3月25日）

《尚書》中之政治思想

——在國立師範學院國文學會講演詞

欲治國學，不可不讀“四書五經”。四書五經者，中國文化之結晶也。然文化以人爲中心，而人之所以爲學，不外三端：

第一，欲明人與宇宙之關係，則不可不讀《中庸》與《周易》。《中庸》闡人性以見天性，而《周易》則推本宇宙之自然律以範疇人生；所謂“明於天之道，而推於民之故”，“窮理盡性以至於命”者也。

第二，欲明人與政治之關係，則不可不讀《大學》、《尚書》、《周禮》及《春秋左氏傳》。《大學》闡明政治原理以開宗明義；而《尚書》、《周禮》，則其治譜也。《尚書》據史實以明政治道德；而《周禮》則明措施以定政治制度。至《春秋左氏傳》，則可謂之亂譜，《尚書》據史實以闡政治常態；而左氏則據史實以見政治變態！孔子則欲撥亂而反之正以作《春秋》。

第三，欲明人與社會之關係，則不可不讀《論語》、《儀禮》、《禮記》及《詩經》。《論語》者，孔子就人生日用，隨事酬答，與父言慈，與子言孝，因機設教；而《禮》則詔人以行己處世之節文；《詩》則《國風》好色而不淫，《小雅》怨悱而不亂，所謂發乎情而止乎禮義者也！至於孟軻受業子思之門人，序《詩》、《書》，述仲尼之意，而作《孟子》七篇；觀之上古，驗之當世，參以人事，而爲問題之討論義涉多途。如《告子》、《盡性》兩篇，推本性善，知性知天，窮理盡性以至於命；此《中庸》與《易》之旨也。《梁惠王》、《公孫丑》、《滕文公》、《萬章》四篇所論，貴王賤霸，乃述唐虞三代之德；此《尚書》、《春秋》之義也。至於交以道，接以禮，辭受取予進退之際，一衡以義而時措之宜；此《論語》、《禮記》之意也。可以筦四書五經之樞，而窮人情世故之變。

《孟子》七篇，論治者不一，而要歸於人民之不能治而以奉君；人君之非獨貴而以厲民。故班爵之制，天子與公、侯、伯、子、男，等次不同，而同爲一位。班禄之意，君、卿、大夫、士與庶人在官，豐殺不同，而同以代耕，是故知"天子一位"之義，則不敢肆於民上以自尊，知"禄以代耕"之義；則不敢厚取於民以自奉。獨曰未已，急言竭論，而申"天子不得以天下與人"之義，則天下非天子之所得私！而"朕即國家"之説不敢侈。聲"一夫紂"之誅，則天子亦臣民之所得誅，而廢與存亡之權不自操！故曰："民爲貴，社稷次之，君爲輕；是故得乎丘民而爲天子；得乎天子爲諸侯；得乎諸侯爲大夫。"此民本之説也。顧又論："無君子，莫治野人；無野人，莫養君子。""然則治天下獨可耕且爲歟？有大人之事，有小人之事；或勞心，或勞力；勞心者治人，勞力者治於人；治於人者食人，治人者食於人。"則是民本而非民治也。孟子又曰："桀紂之失天下也，失其民也；失其民者，失其心也。得天下有道，得其民斯得天下矣！得其民有道，得其心，斯得民矣！得其心有道，所欲與之聚之，所惡勿施爾也。"則是君治而順民欲也。順民欲，謂之"仁"；不順民欲，謂之"不仁"。故曰："三代之得天下者以仁；其失天下也以不仁。"然而又曰："不以仁政，不能平治天下。今有仁心仁聞而民不被其澤，不可法於後世者，不行先王之道也。故曰從善不足以爲政，從法不足以自行。""以德行仁者王"，而必曰"明其政刑"；又譏子産聽鄭國之政，惠而不知爲政，以謂："爲政者每人而悦之，日亦不足矣！"則是德化而兼法治也。含弘光大，其義多本《尚書》。

言《尚書》者，無不疑古文之僞；其端發自宋儒朱熹。熹讀《尚書》，以今文詰屈難誦，而古文明暢易曉；因疑今文自伏生口授，何以偏遺其易曉，而能記其難誦？然余讀古文固較易誦，而謂今文不盡難曉；所難曉者，不在虞、夏《書》，而在商、周《書》；其中《盤庚》、《微子》、《大誥》、《康誥》、《多士》、《多方》諸誥爲尤詰屈。而謨訓之文，則今文之《皐陶謨》、《益稷》、《洪範》、《無逸》、《立政》，以視古文之《大禹謨》、《五子之歌》、《伊訓》、《太甲》、《畢命》、《君牙》、《冏命》，何嘗不同其曉暢？大抵誥之爲作，用告有衆，義取通俗，中雜古語而難誦；謨、訓之文，以施朝廷，辭尚爾雅，力剪俚俗而易曉；固不以難易而强判真僞也。縱以曰僞，而亦不能以書之僞而没理之真。清學之治今文者，必推武進莊存與爲開山；而著《尚書既見》，力闡古文。龔自珍則以《春秋》私淑存與；而爲誌墓，曲爲斡旋，以爲敷陳治道，不廢古文，别有用心，匪以淆真；則固不以書之匪真，而並没其理之真也！夫書戒亂真，而理貴求是。倘以《尚書》爲史家唐虞三代之實録，其中傳疑傳信，不無有真有僞；而以比孔子之作《春秋》，孟子之稱堯舜，託古改制以敷治道而垂訓後世，則固有以 徵我先民理想政治之崇高，而不疑其稗販釋氏，皮傅歐化之疑似而大亂真。故以爲唐虞三代之書，或僞，而以徵我中華民族之政治理想，則何僞之有！世儒誇談柏拉圖《理想國》以誦説希臘之政治理想；而恥言《古文尚書》以滅没我先民之理想政治，數典忘祖，以輕家丘，亦多見其不知類也。縱以爲非事實，將不同於柏拉圖之理想國乎！

讀《尚書》，不可不先讀《堯典》、《舜典》、《禹貢》、《洪範》四篇，開宗明義以仰闚我中華民族聖祖神宗，創業垂統，德量之淵，規模之宏！讀《堯典》、《舜典》，允恭克讓，不以天下自私；克明俊德，以親九族，九族既睦，平章百姓；百姓昭明，協合萬邦；黎民於變時雍；何其德量之淵也！讀《禹貢》，任土作貢，不以方隅自限；東迄朝鮮，西被于流沙，南暨交趾，北盡朔方，四海會同，六府孔修；何其幅員之廣也！至於《洪範》建用皇極，而以五福公庶民；曰：予攸好德，則錫之福；無偏無頗，遵王之義；無有作好，遵王之道；無有作惡，遵王之路；無偏無黨，王道蕩蕩；無黨無偏，王道平平；何其規模之宏也！吾人居今稽古，睪然高望，遥想皇古交通之阻難，纚以其時民族之複雜，而聲教四迄，九州攸同，以奠民國今日之基於四千年之前，此不得不謂爲世界歷史之奇蹟；而不徒以力征經營所能有功！顧曲學小生，不見古人之大而疑堯舜之無其人，詭大禹之爲神蛇，莫闚高深，私智肊測；此誠淺之乎爲丈夫，而不能以開拓萬古之心胸者也！《記》不云乎！

“疏通知遠，《書》教也！”大論是宏，而豈委瑣齷齪者所能知乎？籀其爲政而得四義：

其一，民本而非民治。天聰明，自我民聰明。天明畏，自我民明威。《皐陶謨》天視自我民視，天聽自我民聽。《泰誓中》民惟邦本，本固邦寧！《五子之歌》嗚呼！古我前后，罔不惟民之承！《盤庚中》惟天生民有欲，無主乃亂！惟天生聰明時乂。《仲虺之誥》益曰：“吁！戒哉！儆戒無虞，罔失法度。罔違道以干百姓之譽，罔弗百姓以從己之欲。無怠無荒，四夷來王。”禹曰：“於！帝念哉！德惟善政，政在養民！水、火、金、木、土、穀，惟修。正德，利用，厚生，惟和。九功惟叙，九叙惟歌。戒之用休，董之用威，勸之以九歌，俾勿壞！”《大禹謨》箕子乃言曰：“凡厥庶民，無有淫朋，人無有比德，惟皇作極。曰皇極之敷言，是彝是訓，于帝其訓。”《洪範》豈非民本而非民治乎！

其次，君治而順民欲。天矜於民，民之所欲，天必從之。《泰誓上》惟天惠民，惟辟奉天。《泰誓中》伊尹申誥於王曰：“嗚呼！惟天無親，克敬惟親，民罔常懷，懷於有仁。”《太甲上下》豈非君治而順民欲乎？

其三，德化而兼法治。帝舜之命皐陶曰：“汝作士，明於五刑，以弼五教。期于予治，刑期于無刑；民協於中，時乃功，懋哉！”《大禹謨》成王之命君陳，曰：“爾惟弘周公丕訓，無依勢作威，無倚法以削。寬而有制，從容以和。殷民在辟，予曰辟，爾惟勿辟；予曰宥，爾惟勿宥，惟厥中。有弗若於汝政，弗化於汝訓，辟以止辟，乃辟。狃於奸宄，敗常亂俗，三細不宥。爾無忿疾於頑，無求備於一夫。必有忍，其乃有濟；有容①，德乃大。簡厥修，亦簡其或不修。進厥良以率其或不良。惟民生厚，因物有遷。違上所命，從厥攸好。爾克敬典在德，時乃罔不變，允升於大猷。”《君陳》豈非德化而兼法治乎？

其四，和衷而非獨裁。可愛非君，可畏非民！衆非元后，何戴！后非衆，罔與守邦！曰若稽古大禹，曰文命，敷於四海，祗承於帝曰：“后克艱厥后，臣克艱厥臣，政乃乂！黎民敏德！”帝曰：“俞！允若茲！嘉言罔攸伏，野無遺賢，萬邦咸寧！稽於衆，舍己從人。不虐無告，不廢困窮，惟

① “容”原誤作“究”，今改正。

帝時克!"《大禹謨》湯放桀於南巢，仲虺乃作誥曰："用人惟己，改過不吝。德日新，萬邦惟懷！志自滿，九族乃離！王懋昭大德，建中於民，以義制事，以禮制心，垂裕後昆！予聞曰：能自得師者王！謂人莫己若者亡！好問則裕，自用則小！"《仲虺之誥》成湯既歿，太甲元年，伊尹作《伊訓》曰："嗚呼！先王肇修人紀，從諫弗咈！先民時若！居上克明，爲下克忠，與人不求備，檢身若不及，以至於有萬邦！"《伊訓》箕子乃言曰："汝則有大疑，謀及乃心，謀及卿士，謀及庶人，謀及卜筮；汝則從，龜從，筮從，卿士從，庶民從，是之謂大同，身其康彊，子孫其逢吉！"《洪範》而成王之命君陳曰："圖厥政，罔或不艱，有廢有興，出入自爾師虞，庶言同，則繹！爾有嘉謀嘉猷，則入告爾后於内；爾乃順之於外，曰斯謀斯猷，惟我后之德！"《君陳》豈非和衷而非獨裁乎？

大抵受治者民，而主治者君，輔治者臣。英日憲政置君主於無責任；而稽之《書》，則君主有責任。湯既黜夏命，誕告萬方曰："其爾萬方有罪，在予一人！予一人有罪，無以爾萬方！"《湯誥》盤庚遷於殷，民不適有居，率籲衆慼，出矢言曰："邦之臧，惟汝衆！邦之不臧，惟予一人有佚罰！"《盤庚上》是也。德日憲政崇君主以威民人；而稽之《書》，則君主畏民人。五子述大禹之戒以作歌曰："皇祖有訓，民可近，不可下！民惟邦本，本固邦寧！予視天下愚夫愚婦，一能勝予！"《五子之歌》成王以殷餘民封康叔，作《康誥》曰："嗚呼！小子封，痌瘝乃身，敬哉！天畏棐忱，民情大可見，小人難保！往盡乃心，無康好逸豫，乃其乂民！我聞曰：怨不在大，亦不在小！"《康誥》是也。古人有言曰："人無於水監，當於民監！"《酒誥》"后非民罔使，民非后罔事！無自廣以狹人！匹夫匹婦，不獲自盡，民主罔與成厥功！"《咸有一德》豈其使一人肆民上！惟説命總百官，乃進於王曰："嗚呼！明王奉若天道，建邦設都，樹后王君公，承以大夫師長，不惟逸豫，惟以亂民！惟天下聰明！惟聖時憲！罔民從乂！"《説命中》堯舜之禪讓，父不以天下私其子！湯武之征誅，臣不以天下私其君！孟子不云乎："欲爲君，盡君道。欲爲臣，盡臣道。二者，皆法堯舜而已矣！不以舜之所以事堯事君，不敬其君者也！不以堯之所以治民治民，賊其民者也！"然則如何而可？曰稽之《書》而知君道之所當致謹者三：

（一）以一人勤勞天下，而不以天下娛逸一人。《大禹謨》、《五子之歌》、《太甲》上中下、《旅獒》、《康誥》、《梓材》、《無逸》、《多方》十篇，皆明此義。

（二）與賢材共其官職，而不與官史共其逸樂。《伊訓》、《咸有一德》、《立政》、《周官》、《泰誓》五篇，皆明此義。

（三）與人民共其治安，而不與人民共其惰逸。《盤庚》上中下、《高宗肜日》、《微子》、《酒誥》、《畢命》七篇，皆明此義。

欲爲君，盡君道，如是而已！至欲爲臣，盡臣道，則輔一人以治天下，而不奉一人以毒天下；迪君以德，而不從君以欲。質言之曰：臣者，君之輔相，而非君之奴僕；蓋以治民而事君，而非奉君以治民也！《臯陶謨》、《益稷》、《湯誓》、《仲虺之誥》、《説命》上中下、《泰誓》上中下、《君牙》、《冏命》十二篇，皆明此義。

究其所以敷政施治，蓋民本而君主，君主而臣輔。然勢不虞於扞格，政惟善其運用，而皇建其有極以咸有一德者，曰："開誠心布公道，集衆思廣衆益。"蓋人心不同，各知其面。開誠心，布公道；斯人不疑於我之有私！集衆思，廣衆益；則我不虞於衆之爲閡！諸葛亮之所以治蜀如此；而唐虞三代之所以善治，亦不外此！克寬克仁，彰信兆民，而以心理建設爲大本；以知人善任而入手。舜之命禹曰："人心惟危，道心惟微，惟精惟一，允執厥中！"《大禹謨》仲虺之誥湯曰："王懋昭大德，建中於民，以義制事，以禮制心。"《仲虺之誥》康王之册畢公曰："罔曰弗克，惟既厥心！"《畢命》穆王之命君牙曰："民心罔中，惟爾之中！"《君牙》此以心理建設爲大本也。臯陶之謨舜曰："知人則哲，能官人！俊乂在官，百僚師師，撫於五辰，庶績其凝！無曠庶官，天工，人其代之！"《臯陶謨》禹之俞舜曰："萬邦黎獻，共惟帝臣！惟帝時舉，敷納以言，明庶以功，車服以庸，誰敢不讓！敢不敬應，帝不時敷同日奏罔功！"《益稷》傅説之進武丁曰："惟法亂在庶官！官不及私昵，惟其能！爵罔及惡德，惟其賢！慮善以動，動惟厥時。"《説命中》穆王之命伯冏曰："爾毋昵於憸人，充耳目之官；迪上以非先王之典，非人其吉，惟貨其吉；若時瘝厥官！"此以知人善任爲入手也。此唐虞三代之隆治，而《尚書》之所載也。顧或者謂中國今日，擅號民國，當以歐美民主爲況，而不宜以唐虞三代爲例！不知人民之不能爲治，而政柄不能不有所委寄；國家不能無元首；元首不能無輔佐；不以革君臣之名，而並革君臣之實。特古之號曰帝，曰王，曰三公，曰孤，曰六卿，曰四岳，曰百官；而今則曰大總統，曰首相，曰閣僚各部，曰州長。古之善治者曰聖君，曰賢相，而今則曰政治家，曰政客。而元首秉民意以統治，發號施令，不論爲美之大總統，爲英之首相，其爲君道，一也！其僚屬輔元首以敷政，奉令承教，不論古之爲公孤，爲六卿，爲四岳，爲百官，今之爲閣僚各部，爲州長，其爲臣道，一也。苟能民本而君主，君主而臣輔，以舜之所以事堯事君，以堯之所以治民治民，咸有一德，以惟皇建極，唐虞三代之所謂隆治，而今歐美民主，何必不爲善國；大者如英，如美，小者如瑞士，如瑞典，如丹麥、諾威，何莫由此道也！嗚呼！惟天生民有欲，無主乃亂，惟天聰明，時乂！今何必異於古所云乎？如談者必拘文牽義以執民主之論；吾將循名覆實以課民主之實；則吾覩美之所謂民主者，資本階級强奸民意以爲之主；英之所謂民主者，地主貴族强奸民意以爲之主；法之所謂民主者，政客流氓强奸民意以爲之主；虎質羊皮，民主云乎哉！其尤甚者，變本加厲，强奸民意，而脅民不敢不同意；統治輿論，而箝民不得不有異議；其極慘礉少恩，如墨索里尼之治義，希特勒之治德，東條諸人之治日，偶語者誅，腹誹有刑，道路以目，爲所欲爲；昔爲警察政治；今則特務政治！警察政治者，視民如盜也！特務政治者，罔民於罪也！民何敢有意，民幾見能治！吾恐縱横九萬里，走遍地球；上下五千年，翻盡史册；而不覩所謂民治者也！古之所無，今亦幾見。然民不能爲治，而民不能無意！縱民不敢有意，而民何可無生！生之所需，衣食住行。意之所在，曰治曰安。“民罔當懷，懷於有仁。”“無康好逸豫，乃其乂民！”此民之意也。果能重念民意而以體恤民生，天下歸往之謂王，羣衆所推謂之君矣！敢告有政，尚其監之！

（原刊於《國力月刊》第4卷第2期，1944年2月20日）

光明山齋筮話

二十七年八月，余避寇上海，寓法租界辣斐德路六百零九號。廖茂如先生以奉命籌辦國立師範學院於湖南而見過，欲招兒子鍾書主任外國語文系；而亦約余任國文系，惟以余多病艱步履，不敢以强！親友亦以烽火遍地，關山難越力阻！惟余以當日賓朋過從，不明政府之退却戰略，於抗戰已失信心，多主妥協！余眎以所譯德人克老山維茲《兵法精義》，而爲申論攻擊之隨前進而力弱，日人頓兵挫鋭之無以善後；則以爲書生談兵！趙厚生先生言："君理論自佳耳；盍一就當前事實檢討之?"既而武漢淪陷，訛言朋興，乃有言："故鄉自有好湖山！湖南山國四塞，君去何爲！"而茂如先生赴重慶，音訊亦絶；阻余之行，亦益有辭！余因筮《易》得遯乾艮之旅離艮，曰："天下有山，《遯》，君子以遠小人，不惡而嚴，命之矣！湖南山國四塞，天下有山，遯之地也！《遯》九五，嘉遯，貞吉！象曰：'嘉遯貞吉，以正志也！'遯九五動而之旅六五射雉，一矢亡，終以譽命！旅，上離下艮，而六五爲離之主；雉文彩煊赫以象於離；離，爲火爲日；吾國之抗日，射雉之兆也；雖不無亡矢之費，而終有譽命，吉莫大焉！吾以嘉遯而爲旅，吾行決矣！"及抵藍田，而晤茂如，相告院址所在，爲光明山；乃益恍然於

《旅》之取象，上離下艮；艮爲山，而離爲火爲日，光明之象也！山上有火旅，豈非光明山乎！不得不歎知幾其神矣！昔羅羅山先生以儒者爲名將，中間累遭挫敗，而志不撓，往往解説《周易》以自遣。《詩》不云乎："高山仰止，景行行止！"雖不能至，心嚮往之！述《光明山齋筮話》。

易大道而筮小數，筮，豈足以盡易；然以卜筮者尚其占，則固學者之所有事也！凡占，灼龜爲卜，揲蓍爲筮。昔朱子據《繫辭傳》而作《筮儀》，自是筮之正法；時以手續之繁，而未能用志不紛以凝於神！今世錢卜之法，出漢人京房《易傳》；唐之孔穎達撰《儀禮正義》，亦詳著之，由來已久！其法：用三錢，置課筒或合兩掌中摇之，以六次爲度，而象一卦之有六爻。每摇一次，視其錢之字與背，而辨爻之陰與陽；蓋有字之面爲字，無字之面爲背；而三錢之中，一背兩字爲陽，兩背一字爲陰，三錢皆背爲老陽，三錢皆字爲老陰；老陽老陰，皆示動爻；占之吉凶，則以動爻之辭爲斷。如動爻不止一爻，則以卦辭爲斷。卦辭者，冠於全卦之辭也。爻辭者，繫於一爻之辭也。陽奇而陰偶，爻辭之曰六，曰九，以示爻之陰陽。爻辭之初、二、三、四、五、上，以示爻之上下。六爻之書，自下而上，以爻之初、二、三、四、五、上，六位，乃自下而之上也。如筮易得遯乾艮之旅離艮，則以錢筮者，初摇，得兩背；再摇，亦兩背；三摇，得一背；四摇，亦一背；而五摇，得三背，爲老陽，則動爻，而筮之吉凶繫焉；六摇，亦一背；自下而之上書之，則爲乾艮。其中第五爻爲老陽，陽極而成陰，則爲遯乾艮之旅離艮；"之"之爲言至也，謂卦之由遯而之旅也。

之卦之説，始於《春秋左氏傳》，其可考見者：《莊公二十二年傳》，叙陳厲公生敬仲，筮之，遇觀巽坤之否乾坤，曰："是謂觀國之光，利用賓於王！"則觀之第四爻，陰動而陽，六四變而九四以之否也；曰"觀國之光，利用賓於王"者則觀六四之爻辭也；此專以本卦本爻爲占者也。亦有合所之卦以爲占者：閔公元年傳，叙畢萬筮仕於晉，遇屯坎震之比坎坤，曰："吉！屯固比入，吉孰大焉！其必蕃昌！震爲土，車從馬，足居之！兄長之，母覆之，衆歸之！"則屯之初九爻動而之比初六也；屯，上坎下震；比，上坎下坤；屯之初九動而之比初六，則震爲坤；震，陽氣萌動，得土而百物蕃昌，故曰"其必蕃昌！震爲土。"於物，則震象車，坤爲馬；而坤居下載物，如足居下載身，故曰："車從馬，足居之。"於人，則震象長男，坤爲母；而比之以九五攝上下五陰，爲衆歸之象，故曰“兄長之，母覆之，衆歸之”也。閔公二年傳，敘成季之生，桓公筮之，遇大有離乾之乾乾乾，曰：“同復於父，敬如君所!”則大有之六五爻動而之乾九五也；乾爲父，五爲君位，故曰“同復於父，敬如君所”。此合所之之卦以爲占者也。僖公二十五年傳，敘晉文公將勤王，筮之，遇大有離乾之睽離兑，曰：“吉！遇公用享於天子之卦；戰克而王饗，吉孰大焉！且是卦也，天爲澤以當日；天子降心以逆公，不亦可乎!”則大有之九三動而之睽六三也；“公用享於天子”，則大有九三之爻辭也；九三動而爲六三，則乾爲澤，而上承爲火，爲日之離，故曰“天爲澤以當日”。亦合所之之卦以爲占也。然龜從筮從，吉凶各繫其人；有凶人筮吉卦而不必吉者！《昭公十二年傳》，敘南蒯將叛，筮之，遇坤坤坤之比坎坤，曰“黄裳元吉”，以爲大吉也！示子服惠伯曰：“即欲有事，何如?”惠伯曰：“吾嘗學此矣！忠信之事則可；不然必敗！將何事也!”已而果敗！則凶人筮吉而不驗矣！

二十四史載，筮易有驗之事，不可勝舉；而用之卦以觀象玩辭，與《左傳》同。然亦有依類取象而自以意斷者，《三國志·虞翻傳》，載孫權取荆州，而關羽未獲，因使翻筮羽，得節坎兑之臨坤兑，曰：“不二日，必斷羽首!”已而果然！則節之九五爻動而之臨六五也。《節》九五，甘節吉，往有尚！動而之臨六五，知《臨》，大君之宜，吉！絶非凶辭，而翻以爲斷首之占，百思不得其解！然翻片言立斷而未明所以；思之思之，鬼神通之，乃悟五之爲爻，居以下四，三，二，初，四爻之上，而上承上之一爻，於人身爲頸之象；今九五動而之六五，則陽變爲陰，一斷爲一斯則刎頸斷首之象矣！

史之記筮，往往其應如神，論者多疑事後取驗，出史家緣飾！然就余經歷，問焉而以言，遂知來物，真有受命如嚮者焉！

二十一年九月十八日，遼瀋告陷；全國學生紛起請願抗戰，而蔣委員長老成謀國，頗不爲羣情所諒！余筮易得既濟坎離之需坎乾，則既濟之六二爻動而之需之九二也。《既濟》六二，婦喪其茀，勿逐，七日得！按“茀”者，婦車之蔽；猶之遼瀋接壤於日本，而爲中國之蔽也；遼瀋告陷，則如婦之喪其茀，而失所蔽矣！“勿逐”者，勿亟於追所喪也。“七日得”者，緩以圖之也。象曰：“七日得，以中道也。”六二，履中居正，暗合委員長之名；而“七日得，以中道”者，必以委員長之道而得所喪也！動而之《需》九二，需於沙，小有言，終吉！象曰：“需於沙，衍在中也！雖小有言，以終吉也！”按九二，以陽居陰，以剛居下，而不躁進，故曰：“需於沙，衍在中。”“沙”之爲言軟也，“衍”之爲言寬也，亦緩以圖之之意也。“小有言”者，指當前之羣情紛紜；而“以終吉”者，必以中之衍而得吉，猶是七“日得”意爾！余以告人，而人疑曰：“豈遼瀋收復之有待其人耶！”迄於今日，而筮以不日驗矣！

二十六年七月七日，盧溝橋之變起，至八月十三日而上海開戰；余筮易得坤坤坤之頤艮震，而坤之卦辭曰：“坤元亨！利牝馬之貞。君子有攸往，先迷，後得主，利！西南得朋，東北喪朋，安貞吉。”余以語於所知而爲之釋曰：“安貞之吉，應地無疆；以中國幅員之廣，而應地之無疆，何慮君子之不有攸往！所當持以不搖，安我堅貞；貞之爲言固也，安貞之吉，斯應地無疆矣！日本在中國東北，而以狡焉啓疆，故曰，‘東北喪朋’。而我國府經營西南以備不虞，‘西南得朋’，爲兆大吉！孔子更爲之彖曰：‘先迷失道，後順得常！西南得朋，乃與類行。東北喪朋，乃終有慶。’則是先敗後勝，西南有氣類之應，東北有區復之日，意尤明顯！惟初上兩爻動；初六，履霜堅冰至；上六，龍戰於野，其血玄黄；意者世界大戰，將以盧溝橋爲履霜之漸乎！猶憶民國初元，清江寧提督學使勞乃宣，自以清室逋臣而避青島；德人尉律氏禮而館之，請講易；而以籌辦青島圖書館開幕，屬筮日。乃宣筮之，得坤坤坤之剥艮坤，《坤》上六龍戰於野，動而爲《剥》上九，碩果不食。不明所以！既而歐洲大戰起，圖書館未及開幕，而德軍以爲司令部矣；於圖書館爲碩果不食，於歐洲爲龍戰於野，而占乃驗；傳者以爲神！以此爲例，然則戰禍方始耳！”

既而首都淪陷，知交過從，莫不有其亡之歎！余又筮，得蹇坎艮之解震坎，乃歎曰：“知幾其神乎！《蹇》，利西南，不利東北！《解》，利西南，無所往；其來復吉！有攸往，夙吉！《彖》曰：‘《蹇》利西南，往得中也！不利東北，其道窮也！《解》，險以動；動而免乎險，《解》！解利西南，往得衆也。其來復吉，乃得中也。有攸往，夙吉，往有功也！’不但西南東北，指點清楚；而抗戰領袖之名，抑亦字裏行間，隱躍半現！曰‘其來復吉’者，謂不終於西南，以西南雖利，其勢窮而無所往；必有事於反攻以匡復我河山，乃吉也！故曰：‘其來復吉！有攸往，夙吉。’蓋復，則有攸往；不復，則無所往也！”一友亦以憂心悄悄而筮，得大過兑巽之咸兑艮，其辭曰：“枯楊生梯，老夫得其女妻無不利！”走相告。余應之曰：“大吉！中國爲數千年老大國，而積弱不振，久矣！於木爲枯楊；於人則老夫也！‘枯楊生梯’則故國更生之兆矣！中國爲老大國，美國爲新進國，而中國得美以爲援，如老夫之得女以爲妻也；新機以茁，生趣盎然，何不利之有！”友亦爲之莞爾！

方首都之淪陷也，余隨浙江大學轉徙以抵江西之泰和；至二十七年七月而余同上海，欲與予季孫卿檢討時局，而審所以自處！及抵上海，而上海人士盛傳各國公使會漢口以爲日本居間而媾和於我，報紙亦載日本媾和條件。孫卿問：“和亦有望乎？國策何如？”余應之曰：“國策非所知，然而和無望；非日本不許，而委員長不許！余讀德人克老山維茲兵法，而知委員長之今日，實按其書之第六篇《論防禦》，而爲部署，爲退却，欲保全我兵力，而誘之深入，俟其不繼以薄之於再衰三竭之餘，豈肯許和！克氏論兵，力主攻勢；日人師之以欲逞志於我者也；獨蘇聯共産大師列寧，亦有會於其書之第六篇，而不恤言退却！方其與左翼共産主義者争論之際，而涉及國土之防禦，謂：‘欲防禦國土，則必嚴密測定澈底之準備與力量之相互關係；若力量不足，而善防禦，莫如深向國内之退却，讀克氏書所爰之史例，而知其事不偶然也！然左翼共産主義者之間，尚未理解力量相互之關係！’吾國人紛紛藉藉以不慊於政府亦未理解力量相互之關係耳！”孫卿曰：“盍筮之？”筮之，得大壯震乾之歸妹震兑。余言：“大壯，上震下乾，健以動，大戰方始；而三爻動，其辭曰：‘小人用壯；君子用罔，貞厲！羝羊觸藩，羸其角！’今日人之推鋒直入，小人之用壯也！我軍之誘敵不戰，君子用罔也；然寇深則國危，地蹙則民散，人情疑嗟，貞而得厲！惟敵深入不繼，亦以頓兵挫鋭，則如羝羊觸藩，羸其角矣！”既而和議不成，武漢亦陷！

及武漢之陷而政府徙重慶，江南父老，内嚮而望，莫不曰：“盍爲遺我！”孫卿曰：“吾人果有望於抗戰耶？盍再筮之！”筮之，得需坎乾之夬兑乾，爲釋之曰：“《需》六四，需於血，出自穴！蓋需，上坎下乾，乾健進而坎險陷；惟六四，以柔居陰，需而不進者也；然交坎體，入乎險矣，故爲‘需於血’之象；然柔得其正，雖陷於險而得出也！日兵强而我勢弱，日侵略我自衛，柔得其正矣！動而之夬九四，臀無膚，其行次且，牽羊，悔亡！膚以衛骨肉；而武漢爲重慶之衛，武漢失，則臀無膚！然九而居四，志欲進而勢不固，上下無常，進退無恒，故曰‘其行次且’；亦如武漢爲我反攻之所必守，而勢未能以必守；日人進攻之所已得，而力未能以遽進；此‘其行次且’之象也！譬之牽羊，當其前，則不進；縱之使前而隨其後，則可以行而悔亡矣！我今縱日人之推鋒以前；而我軍則轉進敵後而以追隨，此牽羊之戰術也；何悔之有！”孫卿不禁大笑！

孫卿以儒生服勞地方，且二十年，頗以强毅得信賴；至是遯遁上海，而地方無告以走控愬，力挽之歸。孫卿謝曰：“地方未陷，吾倡邑人以抗戰，義無反顧！”然孫卿惘地方之殘破，意亦不能動，屬余爲筮，得明夷坤離之既濟坎離。余告之曰：“明夷，上坤下離；離爲火爲日，日爲地掩而明夷，夷者傷也。日落餘光，勢不久明！此爲日本言之也！今五爻動，其辭曰：‘箕子之明夷，利貞！’内難而能正其志，箕子以之，此爲吾弟言之也！”孫卿憬然曰：“命之矣！”余曰：“然！命之矣！未有枉己而能直人者也！”

余以二十七年十一月十一日抵藍田，而十三日長沙大火之報至，楊家灘之國立工學院亟遷！於時，師範學院草創伊始，雖招考揭榜，而學生未到一人！教部亦來電令遷，而茂如堅持，以謂“寇深國危，何處樂土，吾今一援足，而學生之投奔無所，學院之成立何日！”余爲筮得震震震，無動爻，告茂如曰“大吉！震亨！震來虩虩，笑言啞啞！震驚百里，不喪匕鬯！驚不過虚驚，事大有大爲！”人或不信！既而長沙屢危，藍田安堵，而院之規模漸備；然後知“震驚百里，不喪匕鬯”之爲有應也！

茂如以二十八年八月囘上海，而教務主任汪伯明代理院長職務；至九月而日人大舉以犯長沙，藍田亦一日數警；而伯明持以鎮定，亦時以敵情就檢討。同仁亦有議遷；余筮，得履乾兑，無動爻，告伯明曰：“無害！履虎尾，不咥人，亨！藍田逼近前綫，履虎尾之象也！然履，上乾下兑；而乾健以持乎外，則長沙必不陷；兑悦以處乎内，則藍田可以安；此履虎尾之所以不咥人亨也。”已而果然！

然觀象玩辭，鈍根難曉，往往當時不明所以，而事後乃知奇驗！三十三年元旦，余爲師範學院筮，得比坎坤之坤坤坤。比九五，顯比！王用三驅，失前禽，邑人不誡，吉！動而之坤六五，黄裳，元吉！告茂如以爲大吉！不意長沙不誡，而院亦播遷！新化之令長協助，漵浦之父老歡迎，或推或挽，顯比之象也。由藍田以遷新化，由新化以轉漵浦，遷不一遷，王用三驅之象；而同仁後者尚以隨院，前驅者或逕他就，則失前禽之象也！然而藍田安堵以度歲，則邑人不誡之吉也！不得不歎其中有數存焉！特比九五，動而之坤六五，爲黄裳元吉；黄，中之色也；裳，下之飾也。觀於茂如折中羣議以定一是，同仁承命戮力以濟艱難，教澤長流，其斯以爲黄裳元吉乎！

其他私人細故，不暇瑣瑣！或問："筮果能以前知乎？"曰："非筮之知，而人之知，人之潛在意識，實有先知之本能；特依於直覺，而不依於知識！《中庸》曰：'至誠之道，可以前知！'莊子言：'用志不紛，乃凝於神！'知識，則用志於紛；直覺，斯爲物不貳；爲物不貳，誠之至也；故至誠如神！特人類之知識愈發達，則先知之本能漸萎縮！故原始民族，多能先知；而孩提無知，往往有不期之預言，意外之應驗；及其年長而此種本能漸失；老至耄耋，知識迷惘，而此種本能亦暗復；往往垂死之人，亦有應驗之預言也！非童非耄而能先知，則其人必病神經，多白癡，則以直覺與知覺不兩容，不期而入於生活迷惘；在旁觀怪其靈異，而其人實爲痛苦，故哭笑無常，喜怒不測，見之載籍，往往如此也！吾儕從事問學，不能無知；惟筮則無從用知，而直覺用事以行所無事焉！特患不能行所無事以預設成心，則亦不無影響於筮以成占而不能應事以得驗矣！是故爲人筮易驗，而自筮則不驗！爲貧賤人筮易驗，而爲富貴人筮不易驗；以爲富貴人筮，不免有容悦之心也！爲不相識筮易驗，而爲至親好友筮不易驗；以爲至親好友筮不免有希覬之意也！是故非刳心去知，不可以用筮！"

欲用筮，不可不明六十四卦，三百八十四爻之例。讀《説卦傳》以明卦例。讀《繫辭傳》以明爻例。

（原刊於《湖南日報》，1945年5月17、18、22、24日）

古書今讀之《禮記·昏義》

余讀《禮記·昏義》，論男之娶女，則曰“敬慎重正而后親之”。於女之適人，則曰“成婦禮，明婦順而後於夫”。雖或乖乎時宜，抑自有其用心。古書今讀，意別有會，而抒所見，以付《伉儷月刊》，而質諸現代之新青年男女；或者不怪其老悖乎！

（一）男女何以須昏

謂之曰昏者，娶妻之禮，以昏爲期，因名焉；日入後半刻爲昏。男曰昏，女曰姻，謂壻以昏時來，女則因之而去也。所以合二姓之好，將以善後世之繼；記者特開宗明義以發之曰：“昏禮者，將合二姓之好，上以事宗廟，而下以繼後世也。”世論或以爲迂闊而遠於事情！然天地生物之初，牡相感之性，蓋以愛蕃種姓，非以慾恣淫慝！英國哲家圖蘭門德氏嘗著《人類向上論》，闡明此義，其説以謂：“人羣之進化，乃愛之進化，而非由於競争；此人類所以異於普通生物也！大抵生物爲生存而努力者有二：一爲維持己之生存；一爲維持他之生存；而生存之網，乃以一經一緯之所組。爲己之生命而努力，乃有競争；而其爲他之生命以努力，則倫理學之所謂愛也。夫生物之所以異於無生物者有二；即能營養，能生殖而已。營養者，自外部吸取物質以儲於體内，而同化之以發育自體，是爲己之生命而努力也。生殖者，割體内之一部而養育之，俾分離於體外，别成一生活體，是爲他之生命而努力。而下等原生細胞之個體分裂，即犧牲自體之生活以成多數之生活體；即愛之原始作用。至高等植物，則生殖器官與營養器官同其具體。吾人若觀花菓實及種子之一切機能，則知其爲他之生命而努力者，其進步已著；進而至於動物，則生殖之端倪益宏，而受情之端倪顯露。至人類而保抱提攜，鞠育教誨，親子之愛，篤實輝光。推之而家庭也，國家也，社會也，皆愛之所創造也。同情也，協助也，皆愛之所發生也。愛之意義，即犧牲自己以利他人之生存之謂也。不僅父母之對子女；而子女者，祇愛之精神最顯著之發表機關而已！夫父母之生育子女，其初爲生理之活動；其繼爲倫理之活動。方其生也，生理作用也；然生理作用畢其事，而倫理作用代之起。倫理之愛，所以續生理之愛而竟其全功者也。而人類之生存，不能不依此倫理之愛而活動；此則所謂愛之進化也。夫以生理未能竟其全功之愛，繼繼繩繩，而以入倫理之範疇，其愛乃底於完成。”則是牝牡之相感，以爲種姓之蕃殖；本以“繼後世”，而非爲歡暱也！故曰：“天地絪緼，萬物化醇。男女搆精，萬物化生。”然有男女搆精而以化生爲大患者！法國爲世界自由之祖國，而女子濃歡密憐以恣所愛；顧女子不樂産子者多，有胎則墮之；以故人口日少！説者謂仍此不變，法國人漸耗而澌滅以盡，終亦必亡；不待德國人滅之也！豈特人道或幾乎息，抑亦生機從此而絶；則以徒爲歡暱，而昧於爲人羣“繼後世”以階之厲也！男女之愛，其始不過動物之生理本能；而昏之有禮，則人之所以異於禽獸！蓋以倫理之愛完成生理之愛；又以生理之愛充實倫理之愛也！

（二）男如何娶女

自男之於女言，則曰“敬慎重正而后親之”；豈徒曰“親之”而已！蓋未親之先，固有其前提焉；“敬慎重正”，則“親之”之前提也。男之於女而曰“親之”，不離生物之本能；“敬慎重正而后新之”，獨以見人道之尊嚴！納采、問名、納吉，慎之於成昏之初。納徵、請期、親迎，敬之於成昏之際。六禮既備，而後共牢而食，合巹而酳，以示同尊卑，合體之親焉。親之則有愛；禮之則有敬；愛敬，禮之大體；而先敬後愛者，自男女異姓而合之，所以貴乎别也。故曰：“所以成男女之别，而立夫婦之義。”“男婦有别而后夫婦有義”，此理中外不易！蓋男女無别，斯泛愛以何親，而夫婦之道苦；惟男女有别，則愛專而情親，而夫婦之義立！“夫婦有義而后父子有親”，此以倫理之愛，完成生理之愛；其義一也。

（三）女如何適人

從女之適人言，所以成“婦順”也。“婦順者，順於舅姑，和於室人，而后當於夫，以成絲麻布帛之事，以審守委積蓋藏；是故婦順備而后内和理；内和理而後家可長久也。”則以有家爲有夫之完成；而以有夫爲有家之楷梯。古人之昏，所以異於現代者；現代之昏，以男女戀愛爲中心，而以成室成家；此個人主義之表著，而不脱生物自私之本能也。古人之昏，以室家相宜爲中心，而以有室有家；此家族主義之完成，而以奠人倫道德之基礎也。孰爲文野，不辨而喻！共牢合巹，亦既同體以親；親於夫，則不敢不親於夫之父母，而“順於舅姑”焉！親於夫，則何得不親於夫之兄弟姊妹，而“和於室人”焉！故曰：“婦順備而后内和理，内和理而后家可長久。”焉有不“順於舅姑”，不“和於室人”，而夫婦得以好合者乎！然所以“順於舅姑”，而“和於室人”者，則不外推愛夫之心以爲愛！此以生理之愛，而充實倫理之愛；其義又一也。

禮從俗，時從宜，今何必囿於古！然推古人制禮之初，亦幾經憂患，而出以熟慮；不可不察也！吾聞蘇聯革命未成功之日，恣青年男女之戀愛自由，離婚幾無限制，任所欲爲；及其既也，無父無母之野孩，至數十萬，隨地流蕩，物以類聚而成社會之威脅；此皆苟圖歡暱以取快一時，而不知“繼後世”之有其大任，鞠育教誨之責無旁貸；恩斯勤斯，育子之閔斯；無忝我生，即以無負社會！所以男女戀愛自由，可也；戀愛自由而不善“繼後世”；斯則社會之罪人已！吾爲此懼！

（原刊於《伉儷月刊》第2卷第7期，1947年12月）

專　著 ZHUANZ

禮記約纂

叙　例

國於天地，必有與立；而立國之道，尤有其本，斷非剽取他邦文物所能爲功。舉國數千年積成之風習，與其足以支配國民之心理者，有最深之關係。道在探索原本，發明而光大之，用以範圍人心而示之鵠，此尤教育所有事。而學校講經讀經之用以漸摩聖訓，浹洽人心者，遂盛爲時賢所唱道焉。顧經有五：《易》著天地陰陽四時五行，故長於變；然天道遠，人道邇，其敝也迂怪而不切人事。《書》記先王之事，大率成陳迹。《詩》記山川、谿谷、禽獸、草木、牝牡、雌雄，托興於深微，惜非淺人所能索解。《春秋》辨是非，及其末也，苛察繳繞，壹務於屬辭比事，嚴別白而失人情，不可不察也。夫正人心，輔國本，蓋莫近於《禮》。何者？《禮》之爲言履也。經天緯地，本之則大一之初，原始要終，體之乃人情之欲。綱紀萬事，彫琢六情，三百三千，於斯爲盛！故曰：人之所生禮爲大也。我先哲王實以此樹道德之權威焉。暨乎道喪兩楹，義乖四術，上自游夏之初，下終秦漢之際，其間歧塗詭説，雖紛然競起，而餘風曩烈，亦時或獨存。於是博物通人，知今温古，考前代之憲章，參當時之得失，俱以所見，各記舊聞。數典則商輅、夏時，古制網羅；議禮則甚深微妙，精義紛綸。錯綜鳩聚，以類相附，《禮記》之自於是乎在，非惟《禮》家之别子，實亦羣經之總義也。鄞縣萬斯大博通五經，謂非通羣經，不能通一經。吾則謂通羣經以通一經，此其樞鑰矣。

《禮記》四十九篇，據鄭玄《目録》，考之於劉向《别録》，以類相從。屬制度者六，《曲禮》上下、《王制》、《禮器》、《少儀》、《深衣》是也；屬通論者十六，《檀弓》上下、《禮運》、《玉藻》、《大傳》、《學記》、《經解》、《哀公問》、《仲尼燕居》、《孔子閒居》、《坊記》、《中庸》、《表記》、《緇衣》、《儒行》、《大學》是也；屬明堂陰陽者二，《月令》、《明堂位》是也；屬喪服者十一，《曾子問》、《喪服小記》、《雜記》上下、《喪大記》、《奔喪》、《問喪》、《服問》、《閒傳》、《三年問》、《喪服四制》是也；屬世子法者一，《文王世子》是也；屬子法者一，《内則》是也；屬祭祀者四，《郊特牲》、《祭法》、《祭義》、《祭統》是也。屬樂者一，《樂記》是也；屬吉事者六，《投壺》、《冠義》、《昏義》、《鄉飲酒義》、《燕義》、《聘義》是也。蓋其目次之大凡如是，而《唐書·魏徵傳》，則曰："嘗以《小戴禮》綜彙不倫，更作《類禮》二十篇，數年而成。太宗美其書，録置内府。"諫録載詔曰："以類相從，别爲篇第，併更注解，文義粲然。"朱子惜不之見。迨元吴澄撰有《禮記纂言》三十六卷，其書每一卷爲一篇，大旨以《戴記》經文龐雜，疑多錯簡，故每一篇中，其文皆以類相從，俾上下意義聯屬貫通，而識其章句於左。其三十六篇次第，亦以類相從：曰通禮者九，《曲禮》、《内則》、《少儀》、《玉藻》通記大小儀文，而《深衣》附焉；《月令》、《王制》專記國家制度，而《文王世子》、《明堂位》附焉。曰喪禮者十有一，《喪大記》、《雜記》、《喪服小記》、《服問》、《檀弓》、《曾子問》六篇，記喪；而《大傳》、《閒傳》、《問喪》、《三年問》、《喪服四制》五篇，則喪之義也。曰祭禮者四，《祭法》一篇記祭；而《郊特牲》、《祭義》、《祭統》三篇，則祭之義也。曰通論者十有二，《禮運》、《禮器》、《經解》一類；《哀公問》、《仲尼燕居》、《孔子閒居》一類；《坊記》、《表記》、《緇衣》一類；《儒行》自爲一類；《學記》、《樂記》，其文雅馴，非諸篇比，則以是爲書之終，皆非小戴之舊；他如《大學》、《中庸》，依程、朱别爲一書；《投壺》、《奔喪》歸於《儀禮》；《冠儀》等六篇，别輯爲《儀禮傳》，亦並與古不同。虞集稱其始終先後，最爲精密。先王之遺制，聖賢之格言，其僅存可考者，既表而存之，各有所附，而其糾紛固泥於專門名家之手者。一旦各有條理，無復餘蘊，其推重甚至。惟其篇次之類從，或與劉向有出入。竊不自揣，権量劉、吴二家目次，芟繁鈎要而約取之，名曰《禮記約纂》，得所謂通論者三，曰《禮運》、《禮器》、《中庸》；論學者二，曰《學記》、《大學》；原樂者一，曰《樂記》；記制度者三，曰《曲禮》、《内則》、《王制》；記賓嘉禮者四①，曰《婚義》、《鄉飲酒義》、《射義》；記喪禮者三②，曰《檀弓》、《問喪》、《三年問》；記祭禮者三，曰《祭法》、《祭義》，都十七篇，而以其雜出漢儒所記，一篇之中，錯雜不倫，不得不節取爲教，非敢上擬尼父之删訂以蹈戾於僭聖也。惟考《漢書·藝文志》，《禮記》本一百三十一篇，戴德删爲八十五篇，戴聖删爲四十九，與《易》、《書》、《詩》、《春秋》經聖人手訂者固殊，而其顛倒糾紛，朱子嘗欲爲之是正而未及竟，豈無望於後之人乎？

“古之知道者，未有不明於文字者也。能文而不能知道者或有矣，烏有知道而不明文者乎？古聖觀天地之文，獸迮鳥迹，而作書契，於是乎有文。文與文相生而爲字，字與字相續而成句，句與句相續而成篇。口所不能達者，文字能曲傳之。故文字者，所以代口而傳之千百世者也。伏羲既深知經緯三才之道，而畫卦以著之。文王、周公恐人不能明也，於是立文字以彰之。孔子又作十翼，定諸經以闡顯之。而道之散列於萬事萬物者，亦略盡於文字中矣。所貴乎聖人者，謂其立行與萬事萬物相交錯，而曲當乎道，其文字可以教後世也。吾儒所賴以學聖賢者，亦藉此文字以考古聖之行，以究其用心之所在。然則此句與句續，字與字續，古聖之精神語笑，胥寓於此。差若毫釐，謬以千里。詞氣之緩急，韻味之厚薄，屬文者一不慎，則規模立變；讀書者一不慎，則鹵莽無知。故竊謂今日欲明聖人之道，不得不以精研究文字爲要務，而六經尤文字之至焉者。”此湘鄉曾國藩之説也。“雖然，文

① 此云四，然其目祇有三。

② 此云三，然其目實有二。核其目“都十七篇”却一致。這是由《漢書·藝文志》云：“漢初高堂生傳禮十七篇。”孔穎達《禮記正義序》亦云：“今行於世者唯十七篇而已。”故錢先生依此十七篇進行撰述。

字必本六經，固也。諸經之中，《易》道陰陽，卦彖爻象自爲一體。《書》絶質奥，《詩》專詠言，皆非可學，獨《左氏傳》、《禮記》於修詞宜耳。然人徒知左氏爲文章鼻祖，不知左氏文多叙事，大篇累幅不易讀，其詞多列國聘享、會盟、專對之所施。否則戰陣禦侮、取威定霸之謀，事關軍國，延及數年，斷章節取，始末不具，無以知端委。不如《禮記》書各爲篇，篇各爲體。微之在仁義性命，質之在服食器用；擴之在天地民物，近之在倫紀綱常；博之在三代之典章，遠之在百世之治亂。其旨遠，其辭文；其聲和以平，其氣淳以固；其言禮樂喪祭也。使人孝弟之性油然而生，哀樂之感，浡然而不能自已，則文詞之精也。學者沈浸於是，苟得其一端，則抒而爲文，必無枝多游屈之弊。蓋《禮記》多孔子及七十子之遺言，故粹美如是。某嘗勸人熟讀《禮記》而翫索其意味以此。”此閩縣陳壽祺之又一説也。博文質無底，然治此書，於文字不敢不致齗齗，其大端有三：一曰選字造句之妙；二曰關鍵筋節之法；三曰謀篇命意之要。而圈點則取裁桐城姚鼐本者爲多，以其於字文精微有深契處也，其亦猶曾、陳二子之意也夫。民國六年八月七日，無錫錢基博叙於江蘇省立第三師範學校。

目　録

記祭禮

祭法　祭義

通論

《禮運》第一

禮運者，以其記五帝三王相變易陰陽轉運之道，子游作。篇中極多精論，思太古而悲後世，其主意微近老子。然老子之説，以禮爲忠信之薄而亂之首。若子游之所聞於孔子者，則以天下風俗之既薄，必曲爲禮而後可存其忠信而爲治，則禮者所以捄忠信之薄也。此原禮之所由起，而於老子之旨遠矣。

昔者孔①子與於蜡賓，事畢，出游於觀之上，喟然而歎。破空而來。〇一篇大文章如此發端，神味絶腴。仲尼之嘆，蓋嘆魯也。"歎魯"二字，一篇眼目。〇跟點一筆緊醒。言偃在側曰："君子何嘆?"緊接"何歎"一問，好！〇嘆魯一點，是言偃記此篇時，理會得夫子意後事；何嘆一問是言偃追記，未理會得時神理，先交代過嘆魯一筆，方纔醒出問意，真有"手揮五絃，目送飛鴻"之妙。孔子曰："大道之行也，與三代之英，丘未之逮也，而有志焉。"大道之行"兩句雙揭起下兩小段文字，有志未逮，正是醒出夫子喟然神理，須細意涵泳。大道之行也，接筆，鬭筍緊。天下爲公。一句領起。選賢與能，講信修睦。故人不獨親其親，不獨子其子。使老有所終，壯有所用，幼有所長，矜寡孤獨廢疾者，皆有所養。男有分，女有歸。貨惡其棄於地也，不必藏於己；力惡其不出於身也，不必爲己。是故謀閉而不興，盗竊亂賊而不作，故外户而不閉，是謂大同。此舉"大道之行"而言，"天下爲公"四字是此段骨子；"選賢"兩句是"天下爲公"之施諸用；"不獨親"兩句是天下爲公之見諸效；"使老有所終"至"女有歸"又是"不獨親"兩句之推；"貨力"兩句又是一事，總是"天下爲公"所致；末句通繳上文。今大道既隱，緊頂上一段，一氣轉下，便可見古人文字鬭筍，不肯一些鬆懈處。天下爲家。針對上段"天下爲公"四字。各親其親，各子其子，

---

①　此據康有爲本，而《十三經注疏》本（以下簡稱《注疏》本），即錢先生稱的普通本，另有黄侃《手批白文十三經》本（以下簡稱《手批》本），都直言"仲尼"。

貨力爲己，故謀用是作，而兵由此起。“故謀”十字，通行本在下文“以功爲己”下。大人世及以爲禮，城郭溝池以爲固。禮義以爲紀，以正君臣，以篤父子，以睦兄弟，以和夫婦，以設制度，以立田里，以賢勇知，以功爲己。禹、湯、文、武、成王、周公，由此其選也。此六君子者，未有不謹於禮者也。以著其義，以考其信，著有過，刑仁講讓，示民有常。如有不由此者，在埶者去，衆以爲殃，是謂小康。”此指三代之英而言，重“禮義以爲紀”句。“兵由此起”以上言世道之變，以下言三代之謹禮也。“如有不由此”三句反言以見必謹禮之意。末句總繳。〇以上第一段孔子答子游之問，以溯帝王之治而原禮之所起。〔附考〕通行本此段有錯簡，據《孔疏》“故謀用是作，而兵由此起。故姦詐之謀用，是貨力爲己而興作。而戰争之兵，由此貨力爲己而發起”，則孔疏本“謀作兵起”緊承“貨力爲己”，文義甚明。今本錯似禮義爲紀，乃所以兆謀致兵者，則六君子如何又必謹於禮？文義難通矣。通行本此下又有“言偃復問曰如此乎禮之急”一節，上文未言禮急，文義似不屬。即依南海康有爲本移於後。

言偃復問曰：“夫子之極言禮也，可得而問①歟?”言偃以孔子言大同之道隱，而禮以起衰救敝爲非常異義，故欲孔子極言之。而孔子則以大道之隱雖蓄於心者，不能忍於一歎，而其詳則不欲言矣。故下衹就三代之英言之。〇以下俱依南海康有爲本删定。孔子曰：“我欲觀夏道，是故之杞，而不足徵也，吾得《夏時》焉。我欲觀殷道，是故之宋，而不足徵也，吾得《坤乾》焉。《坤乾》之義，《夏時》之等，吾以是觀之。”禹、湯、文、武、周公，皆小康之道。然欲考夏殷之道，杞宋爲王者後之文獻，已不足徵。於杞僅得言《時》之《夏小正》；於宋僅得言《易》之《坤乾》，故陳三正而歷可用夏道陰陽而易出於殷。此二書之義，可以觀夏殷之道焉。夫禮以時爲大，易以變爲宜，陰陽旋轉，時運穆穆，百王因時運而變大，禮亦因時運而遷，可以是推之。孔子曰：“嗚呼哀哉！我觀周道，幽厲傷之，吾舍魯何適矣！嗚呼哀哉，歎詞也。孔子以大同之道不行，乃至夏殷之道杞宋而無可徵，已是可傷，而周道又傷於幽厲，乃觸緒大發而生哀也。〇以上第二段更端發明，提筆一振，上承觀夏殷落到歎魯，精光四射，是一篇精神團聚處。自此以下，發明制作之禮，不過爲起衰救弊。夫禮之初，始諸飲食，其燔黍捭豚，汙尊而抔飲，蕢桴而土鼓，猶若可以致其敬於鬼神。敬字著眼。惟敬致，雖簡陋，可以交於神明。“猶若”二字可玩味。及其死也，升屋而號，告曰：‘皐！某復.’然後飯腥而苴

① “問”，《禮記》通行本爲“聞”。

熟。故天望而地藏也，體魄則降，知氣在上，故死者北首，生者南鄉，天仰之高，故言望；地載之厚，故言藏。體魄有滅而無存，故不言下；知氣感動而常在，故言在上。死者仆，故言首；生者興，故言鄉。觀此可見古人用字之精當。皆從其初。此原禮起於質。昔者先王未有宫室，冬則居營窟，夏則居橧巢。住。未有火化，食草木之實，鳥獸之肉，飲其血，茹其毛。食。未有麻絲，衣其羽皮。衣。後聖有作，然後修火之利，提筆一振，承上起下。范金合土，以爲臺榭、宫室、牖户，住。以炮以燔，以烹以炙，以爲醴酪，食。治其麻絲、以爲布帛，衣。以養生送死，以事鬼神上帝，皆從其朔。三句結。〇此原古始以明聖人制作之功。"皆從其朔"句與"皆從其初"句相映，蓋開端之始謂之初，繼終有始謂之朔。故玄酒在室，醴醆在户，粢醍在堂，澄酒在下。陳其犧牲，備其鼎俎，列其琴瑟、管磬、鐘鼓，脩其祝嘏，以降上神與其先祖，以正君臣，以篤父子，以睦兄弟，以齊上下。夫婦有所，是謂承天之祜。此言今禮。陳設饌具，所因於古，及其事義而祭，則必受福也。然當是泛言祭禮，而不專指廟祭說，以有"降上神"與"承天之祜"也。"祝嘏"以上，祭備儀物也；"君臣"五句，祭肅倫紀也；"承天之祜"句，總承。作其祝號，玄酒以祭，薦其血毛，腥其俎，孰其殽，與其越席，疏布以冪，衣其澣帛，醴醆以獻，薦其燔炙，君與夫人交獻，以嘉魂魄，是謂合莫。然後退而合亨，體其犬豕牛羊，實其簠簋籩豆鉶羹。祝以孝告，嘏以慈告，是謂大祥，此禮之大成也。"此舉廟祭之全禮，合三古而大成也。首句提起在未祭之先，"玄酒"三句法上古之禮，"孰其殽"至"交獻"法中古之禮，"以嘉魂魄"兩句承上古中古言，"然後退而合亨"至"嘏以慈告"見當世之禮。"大祥"句承當世言；兩"是謂"相對；"此禮之大成"句，總承。〇以上第三段言禮之得者，以申謹禮之意、禮莫重於祭，故特言之。

故聖人耐以天下爲一家，以中國爲一人者，非意之也。必知其情，知情重看，見得十分透徹。辟於其義，明於其利，達於其患，然後能爲之。何謂人情？喜怒哀懼愛惡欲，愛與欲微有別：愛因物生，欲自我出；愛泛悦之，欲則求必得之也。七者弗學而能。何謂人義？父慈，子孝，兄良，弟弟，夫義，婦德，長惠，幼順，君仁，臣忠，十者謂之人義。義者，宜也。十義從親者始，以漸至疏，故長幼在後，君臣處末。講信修睦，謂之人利；争奪相殺，謂之人患。故聖人①所以治人七情，修十義，講信修睦，七情是天生，故云治；十義

① 脱"之"字。

是人爲，故云修。信是深隱，故須講；睦恐乖離，故云修。下字極有斟酌。尚辭讓，去争奪，舍禮何以治之？歸束到禮字。〇自聖人去治情説，曰辟，曰明，曰達。自百姓因聖而自治其情説，曰修，曰講，曰尚，曰去。飲食男女，人之大欲存焉。死亡貧苦，人之大惡存焉。故欲惡者，心之大端也。人情雖有七者，而大要不外二端：向背之間，欲、惡而已。喜、樂與愛，皆欲之屬，怒、懼、哀，皆惡之屬，故扼住欲、惡二字，曰心之大端。人藏其心，不可測度也，上言情，此言心。心者，情之所由生也。知情必先知心，直究到底。美惡皆在其心，不見其色也，欲一以窮之，舍禮何以哉？仍舊歸結到禮字，一唱再嘆，語不離宗，神味絶腴。〇以上第四段言制禮者窮人情之大本，以情始，以心終，而一歸之於禮。

故人者，其天地之德，陰陽之交，鬼神之會，五行之秀氣也。“故人者”三字用重筆振起，顯見得天地之性人爲貴。蓋天地之理，渾藏於二氣之中，所謂無極之真也。語其氣之本然曰陰陽，語其氣之成能曰鬼神，語其氣之成質曰五行，所謂二五之精也。德以賦畀言，交以變合言，會以凝聚言，秀以純全言，所謂妙合而凝也。於此可悟古人字法。故天秉陽，垂日星；地秉陰，竅於山川。播五行於四時，和而后月生也。是以三五而盈，三五而闕。五行之動，迭相竭也。五行四時十二月，還相爲本也。五聲六律十二管，還相爲宫①也。五味六和十二食，還相爲質也。《家語》下“相爲質”作“相爲主”，今按此，“質”當作“主”。五色六章十二衣，還相爲質也。故人者，天地之心也，五行之端也，食味别聲被色而生者也。此以上，言人稟天地陰陽鬼神五行而生，乃述明天地之德，五行之氣，而别出言之。故聖人作則，必以天地爲本，以陰陽爲端，以四時爲柄，以日星爲紀；月以爲量，鬼神以爲徒，五行以爲質，禮義以爲器，人情以爲田，四靈以爲畜。以天地爲本，故物可舉也。以陰陽爲端，故情可睹也。以四時爲柄，故事可勸也。以日星爲紀，故事可列也。月以爲量，故功有藝也。鬼神以爲徒，故事可②守也。五行以爲質，故事可復也。禮義以爲器，故事行有考也。人情以爲田，故人以爲奥也。四靈以爲畜，故飲食有由也。此承上言人以天地陰陽五行而生，故聖人制禮以治人，亦取法於天地陰陽五行也。何謂四靈？麟鳳龜龍，謂之四靈。故龍以爲畜，故魚鮪不淰。鳳

① “宫”原作“官”，今改正。

② 《注疏》本和《手批》本均作“有”字。

以爲畜，故鳥不獝。麟以爲畜，故獸不狘。淰，羣隊驚散之貌；獝，驚飛；狘，驚走也。魚曰淰，鳥曰獝，獸曰狘，選字須玩。龜以爲畜，故人情不失。此承上解四靈之事，上三物皆因飲食有由，而言龜獨不言介蟲之類，應者以其爲決疑之寶，非可以飲食之物例之也，故以人情不失别言之。故先王秉蓍龜，承上脱卸。列祭祀，瘞繒，宣祝嘏辭説，設制度，故國有禮，官有御，事有職，禮有序。此以禮莫大祭祀，承上"鬼神爲徒"而申言之也。"設制度"以上四項平看，"國有禮"頂制度來，末句總承。故宗祝在廟，三公在朝，三老在學。王前巫而後史，卜筮瞽侑皆在左右，王中心無爲也，以守至正。此承上"官有御，事有職"，而歸重於王以見禮行於上。故先王患禮之不達於下也，故祭帝於郊，所以定天位也；祀社於國，所以列地利也；祖廟，所以本仁也；山川，所以儐鬼神也；五祀，所以本事也。故禮行於郊而百神受職焉；禮行於社而百貨可極焉；禮行於祖廟而孝慈服焉；禮行於五祀而正法則焉。故自郊、社、祖廟、山川、五祀，義之脩而禮之藏也。以上第五段，原人之所由生而作，則以制禮。禮莫重祭祀，故於祭祀特詳焉。

是故夫禮，必本於大一，分而爲天地，轉而爲陰陽，變而爲四時，列而爲鬼神。其降曰命，其官於天也。一筆掉轉，綰合聖人作則以天地爲本，如神龍掉尾，筆力絶大。〇窮所自出曰本，上下異位曰分，動静相生曰轉，消息不常曰變，屈伸不一曰列，字法細玩。夫禮必本於天，動而之地，列而之事，變而從時，協於分藝，文字中權，一落平境，便不動人看。即如此處，疊用兩"夫禮"挺接，作提筆挈起，全神爲綰，上遞下，機捩筆勢，何等聳拔，便如夏雲奇峰，錯綜矗起，此可悟化夷爲險、化正爲奇之法。其居人也曰養，上言官於天，以見禮之體；此言居人，以見禮之用。其行之以貨力、辭讓、飲食、冠昏、喪祭、射御、朝聘。故禮義也者，人之大端也，所以講信修睦而固人之肌膚之會，筋骸之束也；所以養生送死，事鬼神之大端也；所以達天道順人情之大竇也。故惟聖人爲知禮之不可以已也。故壞國、喪家、亡人，必先去其禮。此言禮之不可以已。故禮之於人也，猶酒之有蘖也，皦足一筆。君子以厚，小人以薄。此言禮之不可以已，以其官天而居人。言偃復問曰："如此乎禮之急也？"孔子曰："夫禮，先王以承天之道，以治人之情，故失之者死，得之者生。《詩》曰：'相鼠有體，人而無禮，人而無禮，胡不遄死！'是故夫禮，必本於天，殽於地，列於鬼神，達於喪祭、射御、冠婚、朝聘，故聖人以禮示之，故天下國家可得而正也。"此言偃聞去禮之至於壞國喪家也驚，致問曰何禮之急也。孔子以禮爲承天治人之要，乃謂非止國家之成壞得喪而已，實人之生死繫焉，其言愈急而意愈切矣。又於禮之本天地列鬼神，達於喪祭、射御、冠婚、朝聘，重言以申明之。不自覺其詞費，以明禮之重大切要也。○以上第六段言禮之本，此下但發治之因於人情。而禮之本於義順，人情爲田，道不離人，以見聖人制禮似嚴而實本乎人情而不能已也。

故聖王修義之柄、禮之序，以治人情。三句串説"修"字，該下句禮義雖平祇一理，蓋禮因義制，而義又權禮之宜。此二句是提掇語，所以修治處在下文。故人情者，聖王之田也。繳足一句。修禮以耕之，陳義以種之，講學以耨之，本仁以聚之，播樂以安之。"耕種耨聚安"五字跟"田"字、下字法。故禮者①義之實也。協諸義而協，則禮雖先王未之有，可以義起也。此四句醒出禮義之相關，理精詞足，最須著眼。義者，藝之分，仁之節也。協於藝，講於仁，得之者强。仁者，義之本也，順之體也，得之者尊。故治國不以禮，反接。猶無耜而耕也。爲禮不本於義，猶耕而弗種也。爲義而不講之以②學，猶種而弗耨也。講之以學而不合之以仁，猶耨而弗穫也。合之以仁，而不安之以樂，猶穫而弗食也。迴抱上文，用筆如率然。安之以樂而不達於順，猶食而弗肥也。前祇言播樂以安之而止，此又益以"不達於順，猶食而弗肥"，一氣滚下。四體既正，膚革充盈，人之肥也。父子篤，兄弟睦，夫婦和，家之肥也。大臣法，小臣廉，官職相序，君臣相正，國之肥也。天子以德爲車，以樂爲御。諸侯以禮相與，大夫以法相序，士以信相考，百姓以睦相守，天下之肥也，是謂大順！大順者，所以養生送死事鬼神之常也。故事大積焉而不苑，並行而不謬③，細行而不失，深而通，茂而有間，連而不相及也，動而不相害也，此順之至也。以上言天下之大順，至此而臻極至；下以保泰之機儆人君也。故明於順，然後能守危也。故禮之不同也，不豐也，不殺也，所以持情而合危也。故聖王所以順，山者不使居川，不使渚者居中原，而弗敝也。用水火、金木、飲食必時，合男女、頒爵位，必當年德，用民必順。以上第七段承上治人之情，而申論之以歸之於大順。故無水旱昆蟲之災，民無凶饑妖孽之疾。故天不愛其道，地不愛其寶，人不愛其情。故天降膏露，地出醴泉，山出器車，河

① 按《注疏》本和《手批》本此處脱"也"字。
② 以，上述兩本均爲"於"字。
③ "謬"上述兩本爲"繆"。

出馬圖，鳳凰麒麟，皆在郊棷，龜龍在宮沼，其餘鳥獸之卵胎，皆可俯而窺也。則是無故，先王能脩禮以達義，體信以達順故，此順之實也。以頌結。

《禮器》第二

禮器者，以其記禮使人成器之義。

禮器，是故大備。大備，盛德也。禮，釋回，增美質，措則正，施則行。其在人也，如竹箭之有筠也，如松柏之有心也。二者居天下之大端矣，故貫四時而不改柯易葉。故君子有禮，則外諧而内無怨，故物無不懷仁，鬼神饗德。此言致禮治躬之功效，見人不可斯須去禮也。“禮器”兩句籠統冒起，大備從禮器來，盛德從大備見出，釋美增回以善内言，措正施行以善外言，總見禮之能事如此。“在人”句下方言人之用禮也，“竹箭”句頂措正施行，“松柏”句頂釋回增美，竹箭、松柏喻人，筠、心喻禮。“故君子”以下更端説以明其效，諧與無怨是協親疏，懷仁饗德是感幽明，其效如此，故大備而爲盛德，比上段更進一步。

禮，時爲大，順次之，體次之，宜次之，稱次之。此言聖人制禮所先後也。“時爲大”作頭，四“次”字遞説，以下逐項分疏。堯授舜，舜授禹。湯放桀，武王伐紂，時也。《詩》云：“匪革其猶，聿追來孝。”天地之祭，宗廟之事，父子之道，君臣之義，倫也。倫之言順也。社稷山川之事，鬼神之祭，體也。喪祭之用，賓客之交，義也。義之言宜也。羔豚而祭，百官皆足；大牢而祭，不必有餘，此之謂稱也。羔豚舉其小，大牢舉其大，即祭之用牲以明各有所稱也。下又推廣言之，以明禮之無往非稱也。諸侯以龜爲寶，以圭爲瑞，家不寶龜，不藏圭，不臺門，言有稱也。禮有以多爲貴者：天子七廟，諸侯五，大夫三，士一。天子之豆二十有六，諸公十有六，諸侯十有二，上大夫八，下大夫六。諸侯七介、七牢，大夫五介、五牢。天子之席五重，諸侯之席三重，大夫再重。天子崩，七月而葬，五重，八翣；諸侯五月而葬，三重，六翣；大夫三月而葬，再重，四翣。此以多爲貴也。此言以多爲貴，先之以廟，而繼之豆介牢席者，先神後人之序也。由豆介牢席而繼之以葬者，養生送死之序也。有以少爲貴者：天子無介，祭天特牲。天子適諸侯，諸侯膳以犢。諸侯相朝，灌用鬱鬯，無籩豆之薦。大夫聘禮以脯醢。天子一食，諸侯再，大夫士三，食力無數。貴誠不貴豐，故諸侯有膳犢之義；飽德不飽味，故天子有一食之文。大路繁纓一就，次路繁纓七就。圭璋特，琥璜爵，鬼神之祭單席。諸侯視朝，大夫特，士旅之。此以少爲貴也。

有以大爲貴者：宮室之量，器皿之度，棺椁之厚，丘封之大。此以大爲貴也。有以小爲貴者：宗廟之祭，貴者獻以爵，賤者獻以散，尊者舉觶，卑者舉角。五献之尊，門外缶，門内壺，君尊瓦甒。此以小爲貴也。有以高爲貴者：天子之堂九尺，諸侯七尺，大夫五尺，士三尺。天子諸侯臺門，此以高爲貴也。有以下爲貴者：至敬不壇，掃地而祭。天子諸侯之尊，廢禁；大夫士，棜禁。此以下爲貴也。禮有以文爲貴者。天子龍衮，諸侯黼，大夫黻，士玄衣纁裳。天子之冕，朱緑藻十有二旒，諸侯九，上大夫七，下大夫五，士三。此以文爲貴也。有以素爲貴者：至敬無文，父黨無容，大圭不琢，大羹不和；大路素而越席，犧尊疏布鼏，樿杓。此以素爲貴也。多少者，禮之數；大小高下者，禮之度；文素者，禮之容。字法。

孔子曰："禮，不可不省也！禮不同，不豐不殺。"此之謂也，蓋言稱也。一句束上起下。禮之以多爲貴者，言貴多，則曰大曰高曰文在其中。以其外心者也。德發揚，詡萬物，大理物博，如此，則得不以多爲貴乎？故君子樂其發也。禮之以少爲貴者，言貴少，則曰小曰下曰素在其中。以其内心者也。德産之致也精微。觀天下之物，無可以稱其德者，如此則得不以少爲貴乎？是故君子慎其獨也。古之聖人，内之爲尊外之爲樂，少之爲貴，多之爲美。是故先王之制禮也，不可多也，不可寡也，惟其稱也。此承上禮之稱，而詳言之。蓋能稱則歸於順，合於體，協於宜。雖未及時之化，而亦不背於時矣。下更舉不稱者，以反證行禮者之不可不慎。

是故君子大牢而祭謂之禮，匹士大牢而祭謂之攘。管仲鏤簋朱紘，山節藻棁，君子以爲濫矣。晏平仲祀其先人，豚肩不揜豆。浣衣濯冠以朝，君子以爲隘矣。是故君子之行禮也，不可不慎也。衆之紀也，紀散而衆亂。君子樂其發而分未嘗不嚴，故多不濫；君子慎其獨而禮未嘗不盡，故少不隘。若管仲之濫，不免於攘；即平仲之隘，亦未合禮。夫禮之多少、大小、高下、文質者，皆以示民有常，上失其義理，則禮無文而不行矣。何以使外諧而内無怨哉！故曰"紀散而衆亂"，正與前篇言壞國、喪家、亡人必先去禮互發明。

君子之於禮也，有所竭情盡慎，致其敬而誠若，有美而文而誠若。此言行禮之盡誠，見君子用心雖有内外之殊，而其盡誠則一。

君子之於禮也，有直而行也，有曲而殺也，有經而等也，有順而討也，有順而摭也，討，去；摭，取也。順而去，謂自上而下每等減去，以去爲順，此以多爲貴者也；順而取，謂自上而下每等取加，以加爲順，此以少爲貴者也。○通行本“順而摭”句在“放而不致”句下，疑是錯簡。有撕而播也，有推而進也，有放而文也，有放而不致也。此廣明禮意，凡九條，皆以反對爲文，獨經而等無反對者。

君子曰：禮之近人情者，非其至者也。起劈頭撇去一解，如開門見山。○禮字泛言，不止於祭。郊血，大饗腥，三献爓，一獻熟。以祭祀證之。是故君子之於禮也，非作而致其情也。用反折筆繳足，然後激醒下句，如此纔不愧曲而有直體。此有由始也，是故七介以相見也，不然則已慤。三辭三讓而至，不然則已蹙。以賓禮證之。故魯人將有事於上帝，必先有事於頖宫。晉人將有事於河，必先有事於惡池。齊人將有事於泰山，必先有事於配林。三月繫，七日戒，三日宿，慎之至也。慎則不敢直致其情。故禮有擯詔，樂有相步，温之至也。温則不欲逕遂其情。

禮也者，反本修古，不忘其初者也。首四句作冒領起，以下反本、修古兩項分疏。故凶事不詔，朝事以樂；以上反本。醴酒之用，玄酒之尚；割刀之用，鸞刀之貴；莞簟之安，而藁鞂之設。以上脩古。是故先王之制禮也，必有主也，故可述而多學也。

君子曰：“甘受和，白受采①。喻起。忠信之人，可以學禮。正承。苟無忠信之人，轉。○反過來説。則禮不虚道。先提一句作案。是以得其人之爲貴也。”結醒主旨。○此言禮得人而行，下引子路以證之。

子路爲季氏宰。季氏祭，逮闇而祭，日不足，繼之以燭。雖有强力之容，肅敬之心，皆倦怠矣。跌宕生姿。有司跛倚以臨祭，其爲不敬大矣。頓挫好。他日祭，轉。子路與，遥接。室事交乎户，堂事交乎階，質明而始行事，晏朝而退。孔子聞之曰：“誰謂由也而不知禮乎?”以讚嘆收，神味腴。○子路，忠信人也，故以此結之。通篇以“大備盛德”起，以“子路忠信之人而不知禮?”終，見所貴乎。禮者，以義理。禮之文足以釋去回邪，而增益其忠信之美質耳。非以繁文喪其忠信之質，更以僭濫入於回邪也。用意深遠。

《中庸》第三

中庸者，孔子之實録也，行述也。鄭康成謂《中庸》爲子思昭

① “采”原作“米”，今改正。

明聖祖之德而作。蓋子思親承家訓，實見夫孔子之道，可以建天地，質鬼神，考三王，俟百世，然無一不本於中庸。故其書反覆申言中庸之道，以明孔子之全體大用，胥在此二字。程子稱其始言一理，中散爲萬事，末復合爲一理。放之則彌六合，卷之則退藏於密。其味無窮，皆實學者也。旨哉斯言！

《中庸》章句之分合，鄭朱有異同。然何者爲孔子語，何者爲子思語，古今傳注，概未分明。致使子思所謂至誠至聖，專指孔子言者，反以爲憑空虛擬之辭，而孔子之真轉晦不見。故讀《中庸》者宜先明章句，章句明而後子思表章聖德之大旨，昭然若揭矣。近人新城王樹枏嘗與武昌張裕釗、桐城吴汝綸辨古人字真僞，因及《中庸》，以爲孔子之言簡，子思之言繁，讀者一見而知。蓋時代爲之，不第文章之體裁應爾。此言實有理。今觀其書，有先述孔子之言而引申其義者，有先倡明其義後引孔子之言以證之者。

天命之謂性，率性之謂道，自天所賦予謂之命，以人所稟受謂之性，“率性”之“率”不是用力字，衹是順其自然之意。修道之謂教。起三句揭明全篇主意，筆力斬絶。道也者，不可須臾離也，緊接。節節相銜，一氣趕説下去，是之謂緊醒。可離非道也。是故君子戒慎乎其所不睹，恐懼乎其所不聞。不睹之戒，不聞之懼，正形容“須臾”二字。莫見乎隱，莫顯乎微，此兩句逆接，以申明不睹不聞之何以戒懼。故君子慎其獨也。結醒本意。喜怒哀樂之未發，謂之中；喜怒哀樂未發，即莫見之隱，莫顯之微。發而皆中節，謂之和；和以率性。中也者，天下之大本也；和也者，天下之達道也。性者，仁義禮知而已。率之則爲道，無非理也。惟其麗於喜怒哀樂以行，則理與氣雜矣。惟方其未發也，氣未用事而一理渾然，不偏不倚，則謂之中。及其發也，以理爲主而不動於氣，則謂之和。中乃性之存而道所從出，故曰大本；和乃率性之用而人所共由，故曰達道。君子所爲慎獨者，欲其存之厚而發之當也。致中和，致，推而及之也，所以脩道。天地位焉，萬物育焉。自“天命之謂性”至此一段，爲子思開宗明義，包舉全書大旨，以明孔子之道。原於天，著於人，其功始於不睹不聞，其效極於天地位萬物育，蓋無往而非中庸之道，故下文引仲尼“君子中庸”之言以證之。中和即中庸，《廣雅》云：“庸，和也。”朱注引游氏云：“以性情言之則曰中和，以德行言之則曰中庸。”仲尼曰：“君子中庸，小人反中庸。”中庸者，不偏不倚，無過不及，乃天命所當然而精微之極致也。此兩句乃孔子之言，而下文四句則爲子思申明之辭。君子之中庸也，君子而時中；小人之反中庸也，小人而無忌憚也。子曰：“中庸其至矣乎！先極口贊中庸一筆。民鮮能久矣！”一句領下。子曰：“道之不行也，我知之矣：知者過之，愚者不及也。道之不明也，我知之矣：賢者過之，不肖者不及也。道者，天理之當然，中庸而已矣。知愚賢不肖之過不及，則生稟之異而失其中庸也。知且賢者，既以中庸之道，視若尋常爲不足知，不足行；而愚者不及知，又不知所以行；不肖者不及行，又不求所以知。此道之所以不行不明也。人莫不飲食也，鮮能知味也。”繳應“鮮能”二字。子曰：“道其不行矣夫！”承上作嘅歎，以起下之大知。子曰：“舜其大知也歟！舜好問而好察邇言，隱惡而揚善，執其兩端，用其中於民，其斯以爲舜乎！”舜之所以爲大知者，以其不自用而取諸人也。邇言者，淺近之言，猶必察焉，其無遺善可知。然於其言之未善者，則隱而不宣；其善者，則播而不匿，其廣大光明又如此，則人孰不樂告以善哉。兩端謂衆論不同之極致，蓋凡物皆有兩端，如小大厚薄之類。於善之中，又執其兩端而量度以取中，然後用之，則其擇之審而行之至矣。此知之所以無過不及，而道之所以行也。子曰：“人皆曰予知，驅而納諸罟擭陷阱之中，而莫之知辟也。人皆曰予知，擇乎中庸而不能期月守也。”反承上大知而舉不明之端，以起下回真知能守。子曰：“回之爲人也，擇乎中庸，得一善，則拳拳服膺而弗失之矣。”子曰：“天下國家可均也，均，平治也。爵禄可辭也，白刃可蹈也，疊下三“可”，跌頓出下“不可”，能以醒出鮮能意，而見回之拳拳服膺爲不可及。中庸不可能也。”

子路問强。子曰：“南方之强歟？北方之强歟？抑而强歟？而，汝也。寬柔以教，謂含容巽順，以誨人之不及。不報無道，謂横逆之來，直受之而不報。南方之强也，南方風氣柔弱，故以含忍之力勝人爲强。君子居之。衽金革，衽，席也。死而不厭，北方之强也，北方風氣剛勁，故以果敢之力勝人爲强。而强者居之。故君子和而不流，强哉矯！矯，强貌。中立而不倚，强哉矯！國有道，不變塞焉，塞，未達也。謂不變，未達之所守。强哉矯！國無道，至死不變，强哉矯！”自“中庸其至矣乎”至此，皆引孔子之言，反復以言中庸之不可能。而下索隱行怪，孔子自道弗爲弗已，而子思即申明之曰：“君子依乎中庸以見中庸之道，唯孔子能之耳。”子曰：“素隱行怪，素，當作索。索隱行怪，謂深求隱僻之理，而過爲詭異之行。後世有述焉，此賢知之過。吾弗爲之矣。君子遵道而行，半塗而廢，吾弗能已矣。此愚不肖之不及。君子依乎中庸，遯世不見知而不悔，唯聖者能之。“君子依乎中庸”三句，子思之言。聖者指孔子，不爲索隱行怪，則依乎中庸而已。不能半塗而廢，是以遯世不見知而不悔也。君子之道、費而隱。費，用之廣也；隱，體之微也。夫婦之愚，可以與知焉；及其至也，雖聖人亦有所不知焉。夫婦之不肖，可以能行焉；及其至也，雖聖人亦有所不能焉。天地之大也，人猶有所憾。故君子語大，天下莫能載焉；語小，天下莫能破焉。《詩》云：“鳶飛戾天，魚躍於淵。”言其上下察也。察，著也。君子之道，造端乎夫婦；及其至也，察乎天地。此子思之言，君子之道即中庸之道，其道至費至隱，至大至小，遠則察乎天地上下，而近不外乎夫婦。知能之事，以見君子之必依乎中庸而索隱之非也，故引孔之言以證之曰“道不遠人”。

子曰：“道不遠人，人之爲道而遠人，不可以爲道。《詩》云：‘伐柯伐柯，其則不遠。’執柯以伐柯，睨而視之，猶以爲遠。故君子以人治人，改而止。柯，斧柄。則，法也。睨，邪視也。言人執柯伐木以爲柯者，彼柯長短之法，在此柯耳，然猶有彼此之别，故伐者視之猶以爲遠也。若以人治人，則所以爲人之道，各在當人之身，初無彼此之别。故君子之治人也，即以其人之道還治其人之身，其人能改即止不治，蓋責之以其所能知能行，非欲其遠人以爲道也。張子所謂以衆人望人，則易從是也。故子思引《詩》以申明道不遠人之意。忠恕違道不遠，施諸己而不願，亦勿施於人。盡己之心爲忠，推己及人爲恕。以己之心度人之心未嘗不同，則道之不遠於人者可見。故己之所不欲，則勿以施於人。此子思承上文而推論之也。君子之道四，丘未能一焉。所求乎子，以事父，未能也；所求乎臣，以事君，未能也；所求乎弟，以事兄，未能也；所求乎朋友，先施之，未能也。高遠之事，皆自卑；邇基之欲，求治人必先正己。故引孔子之言以證君子之道，不外乎君臣父子兄弟朋友之間。庸德之行，庸言之謹；有所不足，不敢不勉，有餘不敢盡；言顧行，行顧言，君子胡不慥慥爾！”慥慥，篤實貌。君子素其位而行，素，猶見在也。不願乎其外。願，志也。素富貴，行乎富貴；素貧賤，行乎貧賤；素夷狄，行乎夷狄；素患難，行乎患難。君子無入而不自得焉。此言素其位而行也。在上位，不陵下；在下位，不援上。正己而不求於人，則無怨。上不怨天，下不尤人。此言不願乎其外也。故君子居易以俟命，小人行險以徼幸。自“庸德之行”至此，則子思申明孔子之道爲庸德庸言，推而至於事事，皆歸本於正己返身之學。故下又引孔子之言，射以證反身之義。子曰：“射有似乎君子，失諸正鵠，反求諸其身。”君子之道，辟如行遠，必自邇；辟如登高，必自卑。《詩》曰：“妻子好合，如鼓瑟琴。

兄弟既翕，和樂且耽。宜爾室家，樂爾妻帑。”子曰：“父母其順矣乎！”自“君子之道，辟如行遠”至此，乃子思反復申言庸德庸行之事。王化之原，起於閨閫；宜家教國，次第分明。故引《詩》而證，以孔子之言，以終“行遠自邇，登高自卑”之意。

子曰：“鬼神之爲德，德，言性情功效。其盛矣乎！視之而弗見，聽之而弗聞，體物而不可遺，使天下之人齊明盛服，齊，側皆反。以承祭祀。洋洋乎如在其上，如在其左右。《詩》曰：‘神之格思，不可度思！矧可射思！’格，來。矧，況。射，厭也。思，語辭。○以上孔子之言。夫微之顯，誠之不可揜如此夫。”兩句則子思申明之語。○此段仍是證明君子正己返身之學，上文之所謂慎獨也。

子曰：“舜其大孝也歟！德爲聖人，尊爲天子，富有四海之内。宗廟饗之，子孫保之。”六句孔子之言。故大德，必得其位，必得其禄，必得其名，必得其壽，故天之生物，必因其材而篤焉。故栽者培之，傾者覆之。四句即物競天擇之意，精當不磨。《詩》曰：“嘉禄君子，憲憲令德。宜民宜人，受禄於天，保佑命之，自天申之。”故大德者必受命。自“故大德”至此，皆子思申明之語。

子曰：“無憂者，其惟文王乎！以王季爲父，以武王爲子，父作之，子述之。”五句孔子之言。武王纘太王、王季、文王之緒，一戎衣而有天下。身不失天下之顯名，尊爲天子，富有四海之内。宗廟饗之，子孫保之。武王末受命，周公成文、武之德，追王太王、王季，上祀先公以天子之禮。斯禮也，達乎諸侯、大夫，及士、庶人。父爲大夫，子爲士，葬以大夫，祭以士。父爲士，子爲大夫，葬以士，祭以大夫。期之喪，達乎大夫。喪服自期以下，諸侯絶，大夫降。三年之喪，達乎天子。三年之喪，指父母及適子並妻，達乎天子者，言天子皆服之，不云父母而云三年者，包適子也。天子爲后服，期以三年，包之者以后卒，必待三年，然後娶，所以達子之志，故通在三年中。《春秋左氏·昭十五年傳》：穆后崩，太子壽卒，叔向曰：“王一歲而有三年之喪二焉。”是包后爲三年也。父母之喪，無貴賤一也。自“武王纘太王”至此，爲子思申明之語。

子曰：“武王、周公，其達孝矣乎！達，通也。言武王、周公之孝，乃天下之人通謂之孝。夫孝者，善繼人之志，善述人之事者也。”武王纘太王、王季、文王之緒以有天下，而周公成文武之德以追崇其先祖，此繼志述事之大者。三句爲孔子之言也。春秋修其祖廟，陳其宗器，設其裳衣，薦其時食。宗廟之禮，所以序昭穆也。宗廟之次，左爲昭，右爲穆，而子孫亦以爲序。有事於太廟，則子姓兄弟羣昭羣穆咸在，而不失其倫焉。序爵，所以辨貴賤也。序事，所以辨賢也。旅酬，下爲上，所以逮賤也。旅，衆也。酬，導飲也。旅酬之禮賓，弟子兄弟之子，各舉觶於其長，而衆相酬。蓋宗廟之中以有事者，故逮及賤者，使亦得以申其敬也。燕毛，所以序齒也。燕毛，祭畢而燕，則以毛髮之色別長幼，爲坐次也。踐其位，行其禮，奏其樂，敬其所尊，愛其所親，事死如事生，事亡如事存，始死謂之死，既葬則曰反而亡焉。孝之至也。郊社之禮，所以事上帝也。宗廟之禮，所以祀乎其先也。明乎郊社之禮，禘嘗之義，郊祭天，社祭地。禘，天子宗廟之大祭，追祭太祖之所自出於太廟，而以太祖配之也。嘗，秋祭也。治國其如示諸掌乎！"自"春秋"至此，爲子思申明之語。而引"子曰舜其大孝"至此，專言孝道，仍是發明庸言庸行之旨。卑邇之中，自有高遠之效，故曰"明乎郊社"、"禘嘗"、"治國如示諸掌"。蓋自此以上，皆言聖人成己之道；自此以下，始言成己所以成物。內外雖屬一原，而進修則有終始先後之序。故欲成物者，不可以不先正己。成己之道在乎修身，修身之道在乎誠。故自"哀公問政"至"純亦不已"，子思反復發明至誠之道，以示孔子教人修身之要。《中庸》爲一篇文字，次第分明，不可以章節分之。

哀公問政。子曰："文武之政，布在方策。方，版；策，簡也。其人存，則其政舉；其人亡，則其政息。人道敏政，地道敏樹。夫政①者，蒲盧也。敏，速也。蒲盧，沈括以爲蒲葦是也。以人立政，猶以地種樹，其成速矣。而蒲盧又易生之物，其成又速也。言人存政，舉其易如此。故爲政在人，取人以身，修身以道，修道以仁。仁者人也，親親爲大；義者宜也，尊賢爲大。親親之殺，尊賢之等，禮所生也。故君子不可以不修身，思修身不可以不事親，思事親不可以不知人，思知人不可以不知天。天下之達道五，所以行之者三。曰君臣也，父子也，夫婦也，昆弟也，朋友之交也，五者天下之達道也。知、仁、勇三者，天下之達德也，所以行之者一也。一則誠而已矣。或生而知之，或學而知之，或困而知之，及其知之一也。或安而行之，或利而行之，或勉强而行之，及其成功一也。"自"故爲政在人"至此，皆子思之言。

子曰："好學近乎知，力行近乎仁，知恥近乎勇。三句孔子之言，而此下

① 核《注疏》本和《手批》本，此處脱"也"字。

皆子思之言。子思以五達道，即中庸之道，三達德，即行中庸之道，知行並進，以修其身而治人，及治天下、國家，胥是道也。故下文專就天下國家言之。知斯三者，則知所以修身；知所以修身，則知所以治人；知所以治人，則知所以治天下國家矣。六句束上開下。凡爲天下國家有九經，曰：修身也，尊賢也，親親也，敬大臣也，體羣臣也，子庶民也，體，謂設身處其地而察其心也。子，謂如父母之愛其子也。來百工也，柔遠人也，懷諸侯也。修身，則道立；尊賢，則不惑；親親，則諸父昆弟不怨；敬大臣，則不眩；不眩與不惑異。不惑，謂不疑於理；不眩，謂不迷於事。體羣臣，則士之報禮重；子庶民，則百姓勸；來百工，則財用足；柔遠人，則四方歸之；懷諸侯，則天下畏之。齊側皆反。明盛服，非禮不動，所以修身也；去讒遠色，賤貨而貴德，所以勸賢也；尊其位，重其禄，同其好惡，所以勸親親也；官盛任使，所以勸大臣也；忠信重禄，所以勸士也；時使薄斂，所以勸百姓也；日省月試，既稟稱事，所以勸百工也；既，讀曰餼。稟，彼錦力錦二反。餼稟，稍食也。稱事，如《周禮》稾人職曰“考其弓弩，以上下其食”是也。送往迎來，嘉善而矜不能，所以柔遠人也；繼絶世，舉廢國，治亂持危。朝聘以時，厚往而薄來，謂燕賜厚而納貢薄。所以懷諸侯也。凡爲天下國家有九經，所以行之者一也。一者，誠也。一有不誠，則是九者皆爲虚文矣。此九經之實也，故下又反復以明誠身之道。誠者，物之終始，成己成物，外内同原，推而至於參天地贊化育，皆不外一誠之事，故曰誠之爲貴，其言至誠者。皆指孔子而言。凡事豫則立，不豫則廢。言前定則不跲，其劫反。事前定則不困，行前定則不疚，道前定則不窮。在下位，不獲乎上，民不可得而治矣。獲乎上有道，不信乎朋友，不獲乎上矣！信乎朋友有道，不順乎親，不信乎朋友矣！順乎親有道，反諸身不誠，不順乎親矣！誠身有道，不明乎善，不誠乎身矣！誠者，天之道也；誠之者，人之道也。誠者不勉而中，不思而得，從容中道，聖人也。誠之者，擇善而固執之者也。誠者，真實無妄之謂，天理之本然也。誠之者未能真實無妄，而欲其真實無妄之謂，人事之當然也。聖人之德，渾然天理，真實無妄，不待思勉而從容中道，則亦天之道也。未至於聖，則不能無人欲之私，而其爲德不能皆實。故未能不思而得，則必擇善然後可以明善；未能不勉而中，則必固執，然後可以誠身。此則所謂人之道也。不思而得，生知也；不勉而中，安行也。擇善學知以下之事，固執利行以下之事也。博學之，審問之，慎思之，明辨之，篤行之。此誠之之目也。學問思辨所以擇善而爲，知學而知也；篤行所以固執而爲，善利而行也。有弗學，學之弗能，弗措也；有弗問，問之弗知，弗措也；有弗思，思之弗得，弗措也；有弗辨，辨之弗明，弗措也；有弗行，行之弗篤，弗措也。人一能之，己百之；人十能之，己千之。君子之學，不爲則已，爲則必要其成。故常百倍其功，此困而知勉。而行者也，勇之事也。果能此道矣。雖愚必明，雖柔必强。”明者擇善之功，强者固執之效。

自誠明謂之性，自明誠謂之教。誠則明矣，明則誠矣。惟天下至誠爲能盡其性；能盡其性，則能盡人之性；能盡人之性，則能盡物之性；能盡物之性，則可以贊天地之化育；能盡之者，謂知之無不明，而處之無不當也。贊，猶助也。可以贊天地之化育，則可以與天地參矣。天下至誠，謂聖人之德之實，天下莫能加也。其次致曲。致，推致。曲，一偏也。曲能有誠，誠則形，形則著，形者，積中而發外，著則又加顯矣。著則明，明則又有光明發越之盛。明則動，動則變，變則化。動者誠能動物，變者物從而變，化則有不知其所以然者。惟天下至誠爲能化。其次通大賢以下，凡誠有未至者言也。蓋人之性無不同，而氣則有異，故惟聖人能舉其性之全體而盡之；其次則必自其善端發見之偏，而悉推致之，以各造其極也。曲無不致，則德無不實，而形著動變之功，自不能已，積而至於能化，則其至誠之妙，亦不異於聖人矣。至誠之道，可以前知。國家將興，必有禎祥；國家將亡，必有妖孽。見乎蓍龜，動乎四體，禍福將至。善，必先知之；不善，必先知之。故至誠如神。誠者自成也，而道自道也。誠者物之終始，不誠無物，是故君子誠之爲貴。誠者非自成己而已也，所以成物也。成己仁也；成物知也。性之德也，合外内之道也，故時措之宜也。

故至誠無息，不息則久，久則徵；久常於中，徵見於外。徵則悠遠，悠遠則博厚，博厚則高明。博厚所以載物也；高明所以覆物也；悠久所以成物也。博厚配地，高明配天，悠久無疆。此言聖人與天地參。如此者，不見而章，不動而變，無爲而成。天地之道，可一言而盡也。其爲物不貳，則其生物不測。天地之道，博也，厚也，高也，明也，悠也，久也。今夫天，斯昭昭之多，及其無窮也，日月星辰繫焉，萬物覆焉。今夫地，一撮土之多，及其廣厚，載華嶽而不重，振河海而不洩，萬物載焉。今夫山，一卷石之多，及其廣大，草木生之，禽獸居之，寶藏興焉。今夫水，一勺之多，及其不測，黿、鼉、蛟、龍、魚、鼈生焉，貨財殖焉。此四條，皆以發明由其不貳不息以致盛大而能生物之意。如層巒叠嶂，奇峰疊起，文極興會。《詩》曰：“惟天之命，於穆不已！”於，歎辭。穆，深遠也。蓋曰：天之所以爲天也。“於乎不顯，不顯，猶言豈不顯也。文王之德之純！”蓋曰：文王之所以爲文也，純亦不已。

大哉聖人之道！洋洋乎發育萬物，峻極於天。優優大哉！禮儀三百，威儀三千。待其人而後行。故曰：“苟不至德，至道不凝焉。”故君子尊德性而道問學，致廣大而盡精微，極高明而道中庸，温故而知新，敦厚以崇禮。德性者，吾所受於天之正理。尊者，恭敬奉持之意。尊德性，所以存心而極乎道體之大也，道由也。道問學，所以致知而盡乎道體之細也，二者修德凝道之大端也，不以一毫私意自蔽，不以一毫私欲自累。涵泳乎其所已知，敦篤乎其所已能，此者存心之屬也。析理則不使有毫釐之差，處事則不使有過不及之謬。理義則日知其所未知，節文則日謹其所未謹。此皆致知之屬也。蓋非存心無以致知，而存心者又不可以不致知。故此五句大小相資，首尾相應，聖賢所示入德之方，莫詳於此，學者宜盡心焉。是故居上不驕，爲下不倍。國有道，其言足以興；國無道，其默足以容。《詩》曰：“既明且哲，以保其身。”其此之謂歟！

子曰：“愚而好自用，賤而好自專，生乎今之世，反古之道，反，復也。如此者，烖及其身者也。非天子，不議禮，不制度，不考文。”此以下，子思之言。今天下，車同軌，書同文，行同倫。雖有其位，苟無其德，不敢作禮樂焉；雖有其德，苟無其位，亦不敢作禮樂焉。子曰：“吾説夏禮，杞不足徵也。吾學殷禮，有宋存焉。吾學周禮，今用之，吾從周。”此又引孔子之言。王天下有三重焉，三重，謂議禮、制度、考文。其寡過矣乎！上焉者，雖善無徵，無徵不信，不信，民弗從；下焉者，雖善不尊，不尊不信，不信，民弗從。故君子之道，本諸身，徵諸庶民，考諸三王而不繆，建諸天地而不悖，質諸鬼神而無疑，百世以俟聖人而不惑。質諸鬼神而無疑，知天也；百世以俟聖人而不惑，知人也。是故君子動而世爲天下道，行而世爲天下法，言而世爲天下則。遠之則有望，近之則不厭。《詩》曰：“在彼無惡，在此無射。音妒。庶幾夙夜，以永終譽！”君子未有不如此，而蚤有譽於天下者也。自“大哉聖人之道”至此，乃子思昭明祖德之辭，而又歎孔子之有其德而無其位，議禮、制度、考文諸事不得實行，故兩引孔子之言，以明不尊不信之故。然其道本諸身，徵諸庶民，考諸三王，建諸天地，質諸鬼神，俟諸百世，實可以爲天下法則，傳之世世，不在位與無位也。

仲尼祖述堯舜，憲章文武，上律天時，下襲水土。祖述者，遠宗其道；憲章者，近守其法；律天時者，法其自然之運；襲水土者，因其一定之理也。辟同譬如天地之無不持載，無不覆幬，徒報反。辟同譬如四時之錯行，如日月之代明。萬物並育而不相害，道並行而不相背①。小德川流，大德敦化，此天地之所以爲大也。惟天下至聖，爲能聰明睿知，足以有臨也；臨，謂居上臨下。寬裕温柔，足以有容也；發强剛毅，足以有執也；齊側皆反。莊中正，足以有敬也；文理密察，文，文章；理，條理；密，詳細；察，明辨也。足以有别也。溥博淵泉，而時出之。溥博，周徧而廣闊；淵泉，静深而有本也。溥博如天，淵泉如淵。見音現而民莫不敬，言而民莫不信，行而民莫不説音悦。是以聲名洋溢乎中國，施及蠻貊。舟車所至，人力所通，天之所覆，地之所載，日月所照，霜露所隊音墜。凡有血氣者，莫不尊親，故曰配天。惟天下至誠，爲能經綸天下之大經，立天下之大本，知天地之化育。夫焉有所倚？肫肫其仁！淵淵其淵！浩浩其天！苟不固聰明聖知達天德者，其孰能知之？

《詩》曰："衣錦尚絅。"惡其文之著也。故君子之道，闇然而日章；小人之道，的然而日亡。君子之道，淡而不厭，簡而文，温而理，知遠之近，知風之自，知微之顯，可與入德矣。《詩》云："潛雖伏矣，亦孔之昭！"故君子内省不疚，無惡於志。君子之所不可及者，其惟人之所不見乎！《詩》云："相在爾室，尚不愧於屋漏。"故君子不動而敬，不言而信。《詩》曰："奏假同格無言，時靡有争。"是故君子不賞而民勸，不怒而民威於鈇鉞。《詩》曰："不顯惟德！百辟其刑之。"是故君子篤恭而天下平。《詩》云："予懷明德，不大聲以色。"子曰："聲色之於以化民，末也。"《詩》曰："德輶如毛。"毛猶有倫，上天之載，無聲無臭，至矣！自"仲尼祖述"至此一段，爲通篇結穴。特提"仲尼"二字鄭重言之，以明中庸之道非他人所能。子思深知聖祖之德，包帝王，配天地，洋溢中國，施及蠻貊；其敬信之效，極於不動不言；其神化之效，至於無聲無臭。一則曰至聖，再則曰至誠，皆極贊孔子之辭而究其所不可及者，皆惟人之所不見。蓋盛德大業，皆自不睹不聞中出也，此真善言孔子者也。《論語》之末篇《堯曰》一章，柳子厚謂孔子覆生人之器，上焉堯舜之不遭而禪不及己，下之無湯武之勢而已不得爲天吏。《論語》之大莫大於是，與此結法，大意正同。蓋亦深歎其有堯舜文武之德，而不得位以施之爲大憾耳。《孟子》七篇，終之以堯舜；《莊子》三十三篇，終之以天下，皆同一結法。

① 《注疏》本和《手批》本均爲"悖"字。

《中庸》一書，説理極精而無不包。新會盧可封，近今催眠學家也，嘗引《中庸》以論催眠學，曰："預期作用説，催眠之應用心理學者也。《中庸》曰：'誠則明矣，明則誠矣。'此最正大之預期作用説也。受術者惟誠心而來，斯樂於聽受而能明。既明之後，疑慮祛而信仰起，而後能誠心受術。故吾之催眠，其應用學理則'誠明'二字。其法則言語而已，所用言語亦簡單直截，曰静，曰誠，曰勿起妄念，專心一志而已。其他巧説悉屏不用，吾非好爲立異也。催眠者在使人無念無想，感應暗示而已。言語愈多，方法愈繁，徒足爲起念起想之地。何益哉！故吾謂今之催眠術猶未至道者。以其爲術也，勉强行之，未能純任自然。其爲效也，只能用之治病改癖，其他或曠日而無功，或可暫而不可久。夫豈能充至道之量者哉！至道奈何，見道也真；即《中庸》所謂博學、審問、慎思、明辨也。信道也篤，行道也毅，守道也久。即《中庸》所謂擇善而固執之也。如是以達於自己催眠之極致，故曰：'誠者，自成也，而道自道也。'又曰：'至誠無息，不息則久，久則徵，徵則悠遠，悠遠則博厚，博厚則高明。'故曰：'至誠之道，可以前知。'又曰：'至誠如神'，此其修養之至，一觸即發，隨時皆可以得催眠之效，而不必如催眠之以術致也。故其見之於事功也，一日克己復禮而天下歸仁焉，端拱南面而天下歸化焉。不言而信，無爲而成，誠動天地，而歲無水旱，民無夭札。化及異類，而百獸率舞，鳳凰來儀。夫如是可謂充其量也矣。聞者疑吾言乎？其端緒有今之催眠實例可徵也。"其極致皆古人之所稱道也，此其言之深博，姑不具論，惟《中庸》盡人讀之無用，而盧君用之於催眠，乃别有會心，此可以見書之不可不善讀耳。

論學

《學記》第四

學記者，記古者學校教人傳道授受之序，與其得失興廢之由，兼大小學言之。

發慮憲，言發計慮，當擬度於法式也。句法細玩。求善良，足以謏聞，不足以動衆。先撇去一層。就賢，體遠，足以動衆，未足以化民。就賢進於求善，體遠進於發慮。再撇去一層。〇層層撇去，如剥繭抽絲。君子如欲化民成俗，其必由學乎！拈出本旨，圖窮而匕首見。○以上言化民成俗之必由學，領起全文。

玉不琢，不成器；横空插入喻語，領起下二句，頂接上文，“由學”二字而申説之，如雙峰矗峙，筆情最酣恣。人不學，不知道。是故古之王者建國君民，教學爲先。教以法言，學以地言。《兑命》曰：“念終始典於學。”其此之謂乎！以上言建國君民者，教學爲先。

雖有嘉肴，弗食，不知其旨也；雖有至道，弗學，不知其善也。連用喻，横空挺接，酣恣極矣。是故學然後知不足，教然後知困。知不足，然後能自反也；知困，然後能自强也。故曰：教學相長也。《兑命》曰：“學學半。”其此之謂乎！以上跟接上段“教學爲先”句，側重教。一邊説見教亦所以爲學，“弗學”二字含下學與教二意在内。“知不足”、“知困”主心説；“自反”“自强”主用功説；“相長”猶言都有益也，非互相長益之謂，俱就已説。

古之教者，此句頂上“教”字，冒下文，總領起。家有塾，古者二十五家爲閭，同在一巷，巷首有門，門側有塾。民在家者，朝夕受教於塾也。黨有庠，五百家爲黨，黨庠即教閭塾所升之人。術有序，術當爲州，萬二千五百家爲州，州序即教黨庠所升之人。國有學。天子所都及諸侯國中之學，謂之國學。以教元子與卿大夫士之子，及所升俊選之士。比年入學，比年，每歲也。中年考校。中年，間一年也。每間一年而考校其藝之進否。○此句領下。一年視離經、辨志，視，即考校之意。以下幾句都是上半截説學以知言，下半截説所得處以行言。如離經便是學，辨志是所得處。離經等致知始事，至於知類通達，始爲致知之極功；辨志等力行始事，至於强立不反，始爲力行之極功也。三年視敬業、樂羣；五年視博習、親師；七年視論學、取友，謂之小成；九年知類通達，强立而不反，謂之大成。七年以上皆小學之事。九年則十五入大學之次年，自始入小學之年而通數之爲九年也。夫然後足以化民易俗，繳應起段“化民成俗”句，“然後”二字正與“如欲”二字呌應，繳見化民之難，以明學之爲要。○前言成俗，成其美俗也；此言易俗，易其汙俗也。近者説服，而遠者懷之，此大學之道也。即大學明德新民之道，參觀下篇。《記》曰：“蛾子時術之。”其此之謂乎！以上記古學制。

大學始教，“始”字重。皮弁祭菜，示敬道也；宵雅肄三，官其始也；教士必以禮樂、皮弁、祭菜而示之，使敬教以禮也。宵雅、肄三而誘之，時勸教以樂也。○舊説以宵爲小。大抵經書字不當改。古人采詩夜誦，使夜間肄習三章之《雅》，非廑如舊説所謂限於《鹿鳴》、《四牡》、《皇皇者華》三章也，但取《雅》之三章諷誦吟詠，此心遂有所據，所謂“官其始也”。入學鼓篋，孫其業也；鼓篋，擊鼓警衆，乃發篋出所治經業也。鼓聲讙，能消人亢厲之心；孫有巽，以入之之意。夏楚二物，夏，榎也。楚，荆也。榎刑圓，楚刑方。收其威也。未卜禘，不視學，游其志也。時觀而弗語，存其心也。游者，使之時日深久，所造以漸而精熟也。存者，使所得之理涵養心中，爲默識之心得也。字法須著眼。幼者聽而弗問，學不躐等也。學有疑滯未曉，必推長者咨問。幼者但聽長者解説，不推長者而輒問，則與長者抗行而長幼之等躐矣。此七者，自“皮弁祭菜”至“聽而不問”，凡七事。教之大倫也。《記》曰：“凡學，官先事，士先志。”其此之謂乎！以上歷數大學之教法而明其義。

大學之教也，時教必有正業，退息必有居學。“時教”兩句，語平意串，側重居學，領起下“不學”六句，見居學所係之重。〇依孔穎達《禮記正義》，“大學之教也時”句絶，“退息必有居”句絶。今讀“時”字連下句，“學”字連上句，謂四時之教，各有正業。如春、秋教以《禮》、《樂》，冬、夏教以《詩》、《書》，春誦夏弦之類是也。退而燕息，必有燕居之學，如退而省其私，亦足以發是也。下文之絃也，詩也，禮也，此時教之正業也；操縵，博依，雜服，此退息之居學也。不學操縵，不能安絃；操縵，操弄琴瑟之絃也。初學者手與絃未相得，故雖退息時，亦必操弄之不廢，乃能心手相得而安習絃也。不學博依，不能安詩；詩人比興之辭，多依托於物理，而物理至博也。故學詩者但講之於學校，而不能於退息之際，廣求物理之所依附者，則無以驗其實；而於詩之辭，必有疑殆而不安者矣。不學雜服，服，事也。雜服，洒掃應對，投壺沃盥，細碎之事。不能安禮；不興其藝，不能樂學。藝，即“操縵”、“博依”、“雜服”三者。興者，意趣鼓舞於此而不自已也。兩句總上六句而申言之。故君子之於學也，藏焉，修焉，息焉，遊焉。四句語平意串，側重息、遊邊。修有省察克治漸造純全意，遊有玩物適情從容厭飫意。學者退息時多，故重居學一邊。夫然，故安其學而親其師，樂其友而信其道。夫然，緊承上“藏修息遊”來。“安其學”四項，語平意串，側重安其學。親、樂、信，總是“安其學”之效。安，即前安絃、安詩、安禮也。是以雖離師輔而不反也。《兑命》曰：“敬遜務時敏，厥修乃來。”“敬遜”句證藏、修、息、遊，“厥修”句證安、親、樂、信也。其此之謂乎！

今之教者，折到今之教者，與上作一反映。呻其佔畢，多其訊，言及於數，進而不顧其安，正與上安弦、安詩、安禮相反。使人不由其誠，教人不盡其材；誠在我，材在人，由其誠，所謂誨人不倦，無行不與也。盡其材，因人而施，或成德，或達材也。〇張横渠作簡與人，言其子日來誦書不熟，且教他熟誦以盡其誠與材。他解此兩句衹作一意解，言人之材足以有爲，但以爲不由於誠，則不盡其材。亦是一説。其施之也悖，其求之也佛。夫然，故隱其學隱即不安之意，正與上“夫然”作一反映。而疾其師，苦其難而不知其益也。雖終其業，其去之必速，教之不刑。刑，儀刑也。其此之由乎！以上言教，貴使人得其安，而今之教者不然。

大學之法，禁於未發之謂豫，當其可之謂時，不陵節而施之謂孫，相觀而善之謂摩。此四者，教之所由興也。發然後禁，翻過來説。則扞格而不勝；格，讀如凍洛之洛。時過然後學，則勤苦而難成；雜施而不孫，則壞亂而不脩；獨學而無友，則孤陋而寡聞；燕朋逆其師；燕辟廢其學。此六者，教之所由廢也。君子既知教之所由興，又知教之所由廢，總縮上兩項，作一束筆。然後可以爲人師也。故君子之教，喻也，“喻”字有不言自契意，須著重。道而弗牽，强而弗抑，開而弗達。道而弗牽則和，强而弗抑則易，開而弗達則思。和易以思，可謂善喻矣。繳應。〇此言君子知教之興廢，而後可以爲人師。

學者有四失，教者必知之。人之學也，或失則多，或失則寡，或失則易，或失則止。此四者，心之莫同也。“心”字重看。多寡以知言，易止以行言。多易是賢知之過，寡止是愚不肖之不及。知其心，“知”字緊承“教者必知之”句來。然後能救其失也。教也者，長善而救其失者也。重言以申明之，妙在步步迴顧，神回氣合。〇此言教者當知學之四失。善歌者，使人繼其聲；善教者，使人繼其志。繼志，謂能使學者之志與師無間。其言也約而達，微而臧，罕譬而喻，三句語平意串，“罕譬”句總上兩句而申言之。可謂繼志矣。以上論大學教人之法。

君子知至學之難易，而知其美惡，然後能博喻，緊頂上段“君子之教，喻也”句來，見喻之先尚有事。能博喻，然後能爲師；能爲師，然後能爲長；能爲長，然後能爲君。故師也者，所以學爲君也。繳足一筆。是故擇師不可不慎也。《記》曰：“三王四代，唯其師。”此之謂乎？凡學之道，嚴師爲難。師嚴然後道尊，道尊然後民知敬學。是故君之所不臣於其臣者二：當其爲尸，則弗臣也；當其爲師，則弗臣也。大學之禮，雖詔於天子，無北面，所以尊師也。繳足一筆。〇以上言師道所係之重，以申上第二段建國君民教學爲先之意。善學者，師逸而功倍，又從而庸之；不善學者，師勤而功半，又從而怨之。善問者如攻堅木，先其易者，後其節目，木理之剛者曰節，《説卦》所謂“堅多節”，是矣。木理之精者曰目，《弓人》所謂“斲目必荼”，是矣。及其久也，相説以解。不善問者反此。善待問者如撞鐘，叩之以小者則小鳴，叩之以大者則大鳴，待其從容，然後盡其聲。不善答問者反此。此皆進學之道也。善學在師逸上見，善問在先易上見，善待問在從容上見。末句總承，三項衹貼善一邊説。記問之學，不足以爲人師。必也其聽語乎？“記問”謂預誦雜難雜説，至講時爲學者論之，此或時師心不解，或學者所未能問也。“聽語”是憑他來問，正與“記問”相反。力不能問，然後語之；語之而不知，雖舍之可也。舍之須後之意。良冶之子，必學爲裘。良弓之子，必學爲箕。始駕馬者反之，車在馬前。君子察於此三者，可以有志於學矣。冶鑛難精，而裘軟易紉；弓勁難調，而箕曲易製；車重難駕，而馬反則易馴；皆自易而至於難。學者必先攻其所易，然後能成其所難。○以上言教學必以漸而期於心得，以申前小成大成之意。

《大學》第五

大學者，孔子之遺言，而曾子與其徒述之，言學之所以成己成物，分殊而理一，無不以至善爲歸也。

大學之道，在明明德，在親民，程子曰：“親當作新。”在止於至善。明德而曰明，民而曰新，至善而曰止，下字極有斟酌。蓋明德即性也，以其得之於天而昭明不昧，故謂之明德。德本明也，昏於氣而蔽於物，學者所以明之而已，民亦同有是德而舊染汙俗，故又當推吾之明德以新之也。性之體純粹至善，而其用見於人倫事物之間，故修己治人皆必止於至善，然後有以盡其性，此又明德新民之標準。三者，大學之綱領也。明明德是下文格、致、誠、正、修之綱領，新民是下文齊、治、平之綱領，止至善總明新言，又八者，逐條之綱領。劈頭提“大學之道”作領起，三“在”字蟬聯用，下揭出一篇綱領，如單刀直入，絶不容有游移兩可餘地，此之謂筆有斷制。初學作論道文字，筆下不能斬截，往往拖泥帶水，糾纏不清於此等處，最宜學步。知止而後有定，緊頂“止於至善”一句，而推其何以能止。蓋必先能知，“知”字須重看，纔知止，下面自相因而見五，而後是功效次第，不是工夫節目。讀者要曉得以下每句，上跟知止來，下趕能得去。蓋自古聖賢，言學未有不以立志存心爲之地者。蓋志立則心自存，心存則志益篤，然後以之窮理而思可精，反之於身而德可據也。定而后能静，定静以志心分貼。蓋定是志，一於志善，内而静，則心不摇於至善外。静而后能安，静安以心身分貼。蓋身之所處不一其地，心不爲外物所移，則無人而不自得矣。安而后能慮，慮而后能得。得，謂慮之得也。慮有得亦有失。其慮之得也，必以定、静、安而后能得之；則其慮之失，亦必以不定、不静、不安而失之。其所以不定、不静、不安者，由於不知其所止而止之焉故也。故大學之道，必先知止云。物有本末，事有終始。明德爲本，新民爲末；知止爲始，能得爲終。二“有”字，見物事中原有不容混之序，已含下“先後”意。知所先後，此“知”字，功夫較知止淺。一“所”字，兼無並營、無逆施兩意。則近道矣。繳應起句“道”字。○以上總言大學綱領，而推言得止之由，因以先後結之，以示八者之序。古之欲明明德於天下者，單頂“明明德”一句串説下去，足證扼重明明德。先治其國。欲治其國者，先齊其家。欲齊其家者，先修其身。欲修其身者，先正其心。欲正其心者，先誠其意。欲誠其意者，先致其知。致知在格物。承上“知所先後”，而言大學之條目也。六箇“欲”字、“先”字，謂欲如此必先如彼，是言工夫節次。若致知與格物衹是一事，格物即究釋何以致知之法，故變“先”言“在”也。物格而后知至，物格與格物不同，格物方逐一去理會，物格則理之散處，已無不明。知至與致知不同：致知理在物，而推吾之知以知之；知至則理在物，而吾心之知已得其極。知至而后意誠，意誠而后心正，心正而后身修，身修而后家齊，家齊而后國治，國治而后天下平。“物格”至此一段是承上，翻過來説以明所後也，句句扼重“而后”字，形出古人必先來，猶云古人之爲學如彼，因學之爲序如此也。數“而后”與“知止”節不同，知止節一氣趕下，纔知止自然到得止。此節而后，却逐箇各有工夫在。自天子以至於庶人，壹是皆以修身爲本。於條目中揭出一箇總要，正是闡發明德爲本的意思。首句舉兩頭以括中間，包諸侯、卿大夫、士在内。其本亂而末治者否矣。反繳一筆。其所厚者薄而其所薄者厚，未之有也。重言以申明之。此謂知本，此謂知之至也。繳應一筆。○上第一段，蓋總論大意，而歸重於格物之指。二段以後，則申釋以究誠身之義。蓋大學之道，誠身而已。而欲誠身者，必先明善。善者，性之實理，即所謂誠也。明之則知性，而可以反身而誠。誠則必動，而有以成己成物也。惟明誠之要，曰慮曰得，而必以知止，定静者先之，所以示人開端立本而有德有造之基，不可以不察也。

所謂誠其意者，格物致知之義上段盡之，故此段直揭誠意，以爲明德新民止至善之要也。毋自欺也。“毋”字有斬根截鐵力量，是誠意者自家禁止，不是箸者戒詞。如惡惡臭，如好好色，此之謂自謙。謙讀爲慊，慊之言厭也。此字是直落語，自慊以用功言，勿説成效驗，必如此方纔自慊，否則一念狥外，還是自欺。故君子必慎其獨也。獨是欺慊分限之地，其欺其慊，俱是自家知，所謂本心之明也。故慎其獨者，殆以本心之明察其欺，本心者而克治以成其慊耳。意者已所獨知，誠則慎之成效，故論誠意必推本慎獨。小人閒居爲不善，無所不至，見君子而後厭然，揜其不善，而著其善。一“揜”字，一“著”字，正是爲自欺作注脚。人之視己，不曰人之視彼，而曰人之視己，仍自小人自思自忖，惟恐人知。如此看，方與下文十目十手貼切。如見其肺肝然，則何益矣。此句口中歎息，意中唤醒，言下見得欺人不得，適成爲自欺。此謂誠於中形於外，“此謂”句不拘是成語，專主不善言。誠於中，承“爲不善，無所不至”來；形於外，承“揜”、“著”、“何益”來。故君子必慎其獨也。複一筆，喝起下文“曾子曰”，更端作提撕之辭。

曾子曰：“十目所視，十手所指，其嚴乎！”“視”言其顯明；“指”言其的確；“十目十手”形容其多意；“嚴”字即從兩“所”字看出。○以上極言自欺之不可。富潤屋，德潤身，心廣體胖，心廣跟德來，體胖跟潤身來。故君子必誠其意。繳應起筆。○以上形容自慊之效。《詩》云：“瞻彼淇澳，緑竹猗猗。有斐君子，“有斐”是和順積中，英華發外，從“心廣體胖”後想見如此。此句領起全節。如切如磋，如琢如磨。瑟兮僩兮，赫兮喧兮。有斐君子，重言以致詠歎。終不可諠兮！”“如切如磋”者，道學也。“如琢如磨”者，自修也。學以窮理，言骨角有脈理，可尋其始也。以無厚入有間，利用切是柔克也。磋以鑢鍚，亦柔以克柔之義。君子爲學，從人欲中分箇天理出來，似切又恐欲之微附，仔細研析，似磋修以去私。言玉石渾堅難破，須以力勝之，利用琢是剛克也；磨以沙石，亦剛以制剛之義。君子自修，省察克治，將此物累攻破似琢，又恐欲去而理未甚晶瑩，再加淬厲似磨。兩句總是講貫而益，講貫修飭而益。修飭意，形容君子之何以明德。“瑟兮僩兮”者，恂慄也；“赫兮喧兮”者，威儀也。恂慄，跟學修來，驗明德之得止於中也；威儀，跟恂慄來，驗明德之得止於外也。形容德之何以潤身。“有斐君子，終不可諠兮”者，道盛德至善，民之不能忘也。形容明德止至善之效，見於新民。○以上引《詩》證德潤身之明效大驗也。惟君子之身指示者衆，故其“誠於中，形於外”者，皆能詠歎而稱道之焉。《詩》云：“於戲，前王不忘！”不曰“不忘前王”，而曰“前王不忘”，分明前王本有不可忘者也，便含有新民之至善在。君子賢其賢而親其親，小人樂其樂而利其利，四“其”示指前王樂在太平之化，就風俗上見；利在衣食之資，就制産上見。此以没世不忘也。繳足一筆。○以上承前段“民之不能忘”句，而引《詩》詠歎之。《康誥》曰：“克明德。”“克明”二字連讀。《大甲①》曰：“顧諟天之明命。”自我得天言曰明德，自天與我言曰明命。《帝典②》曰：“克明峻德。”峻，大也；明，以體

① 《注疏》本和《手批》本《尚書》原文均作“太甲”。

② 《注疏》本和《手批》本均作“堯典”。

質言；峻，以分量言。皆自明也。結所引書曰皆是，總三書見其同歸一致。曰“自明”，便見責成在己，無容他諉。○以上承前“淇澳之詩”一節，而申明明德之義。湯之《盤銘》曰：銘盤示不忘，意欲其常接於目而警於心也。“苟日新，日日新，又日新。”明德之效見於新民，而新民之本在我，故從自新説起。三箇“新”字不同，第一箇“新”字對未新言，是汙者復潔；下兩箇“新”字承既新言，是潔者不復汙。《康誥》曰：“作新民。”鼓之舞之之謂作，“新民”二字連讀，言民有自新之機也，既得於賦予之初，復得乎觀感之後，全賴上人振頓起來。《詩》曰：“周雖舊邦，其命維新。”是故君子無所不用其極。束上起下，作一鎖筆。“極”字虚籠下文，言“自新”、“新民”，皆欲止於至善也。無所不用兼，不敢不止至善，不敢自以爲止至善二意。○以上言新民之必先自明。《詩》云：“邦畿千里，惟民所止。”引《詩》明至善之當止也，此以邦畿暗影至善。蓋天下皆王土，而惟邦畿爲王所歸宿，猶之善皆理，而惟至善爲理所歸宿也。《詩》云：“緡蠻黄鳥，止於丘隅。”引《詩》明止之不可不知也。丘隅訓岑蔚。岑者尖鋭之區，人所罕至；蔚者林木之茂，身可自藏。黄鳥止之已虚含知字。子曰：“於止，知其所止，於止“止”字承上，止于“止”字説知其所止，“止”字緊貼丘隅説，《詩》言鳥之止不一，如止於棘集于桑，未善也。惟丘隅爲岑蔚之處，畢羅之所不擾，彈射之所不警，故夫子歎其知止。“知”字須著眼。可以人而不如鳥乎?”《詩》云：“穆穆文王，於緝熙敬止!”“敬”字連“緝熙”看，以心言。“止”字另讀，領起下五“止”字，以事言。惟其心常明無不敬，是以發於事者安所止。爲人君，止於仁；爲人臣，止於敬；爲人子，止於孝；爲人父，止於慈；與國人交，止於信。以上承前盛德之善，而申止至善及知止之義。

子曰：“聽頌吾猶人也，必也使無頌乎!”無頌者，新民之一；使無頌者，明德之一。“聽頌”句輕遞，衹引起使無頌來。“使”字暗含我之明德既明在内。無情者不得盡其辭。“盡”字作“逞”字解，此句便是民志大畏了。下句乃推言其所以。大畏民志，“大畏”者，本於上之明德。既明耳，故不曰“民志大畏”；而曰“大畏民志”，正使人於所以大畏處，尋討出箇本來。此其引而不發之妙，須細心體會。此謂知本。繳應作結。○上第二段，按此章前無誠意在致其知之文後，無正心在誠其意之釋，段首又特揭誠意，而於前後無所牽引，故知此段釋體獨與衆條不同。蓋以誠意爲一篇之要也。其必致其知之意，則第於段末一句，發之大指明矣。所謂修身在正其心者，身“身”當作“心”。有所忿懥，須體會“有所”兩字，衹指一時一事，如云前此未必然，後此不復爾。當其時，則不能辨耳。則不得其正；不曰“不正”，而曰“不得其正”，可見此心本來未嘗不正，因不察而失其本來耳。有所恐懼，則不得其正；有所好樂，則不得其正；有所憂患，則不得其正。心不在焉，心奪於忿懥、恐懼、好樂、憂患，而不爲吾有，是心不在也。視而不見，聽而不聞，食而不知其味。此謂修身在正其心。繳應起句作結。〇上第三段，言身心之所以相因。

所謂齊其家在修其身者，人之其所親愛而辟焉，“人”字貫五下句。之其所賤惡而辟焉，之其所畏敬而辟焉，之其所哀矜而辟焉，之其所敖惰而辟焉。此以身之行於家者言之也，蓋五者之情，無處不用，然施始於親而情溺於近，則家之用情也，先而爲辟也。易此身不修之害，所以於家先驗之也。讀者須知修身以後，大槩説向接物待人去要之根本之理，則一但一節説闊一節去。故好而知其惡，惡而知其美者，天下鮮矣！辟便不知三句，即捲上文詠歎之非，謂辟由於不知也。“故”字直接可見好而知惡，“惡”字是美中之惡，亦要知他下句亦然。故諺有之曰：“人莫知其子之惡，莫知其苗之碩。”二“莫”字見人人如是，緊所以證實。“鮮”字“故”字，正承“鮮能知”來。此謂身不修，不可以齊其家。此承上文而反結之。〇上第四段，言身家之所以相因。

所謂治國必先齊其家者，其家不可教而能教人者無之。“不可”字屬我不屬家，人謂我之所以教家者不可也，而能教一國之人，決無此理。故君子不出家而成教於國。此句本段主旨，須著意理會。所謂“不出家而成教於國”者，有兩義焉：一則不出家而得其理也，一則不出家而行其化也。孝者，所以事君也；弟者，所以事長也；慈者，所以使衆也。《康誥》曰：“如保赤子。”心誠求之，心對迹言，誠對僞言。雖不中不遠矣。未有學養子而後嫁者也。此言不出家而得其理也，慈之道理比孝弟略細，上節慈字是説君子教家，此言母之養子，乃就人家中舉一瑣細事，指出誠之端倪來，乃上文“所以”字真命脈。保赤子是慈，如保赤子，是使衆釋書，雖祇言保赤，然赤子有不言之隱，彼民亦有難白之情，保赤既出於自然。慈於家，便能慈於國。“未有”句，即在心誠求上看出。蓋保赤之慈，因心而出，率性而行，非有所忽而不學，亦非有所羞而不學，自不消學慈如此，孝弟不待學可見。一家仁，一國興仁；一家讓，一國興讓；一人貪戾，一國作亂。其機如此。上六句要見觀感之速，影響之符。此句特提出一“機”字，總承上説，内含“迅而不停”、“肖而不爽”兩意。此謂一言僨事，一人定國。兩句束上起下。堯、舜帥天下以仁，而民從之。桀、紂帥天下以暴，而民從之。其所令反其所好，而民不從。是故君子有諸己而後求諸人，無諸己而後非諸人。

所藏乎身不恕而能喻諸人者，未之有也。此言不出家而行其化也。“恕”字通段結穴，分之爲三：曰孝弟慈，合之爲二，曰仁讓；再合爲一，曰仁；行仁之術，曰恕。漸次歸約到“恕”字，作一結穴。故治國在齊其家。繳應。《詩》云：“桃之夭夭，其葉蓁蓁。之子于歸，宜其家人。”宜其家人，而後可以教國人。《詩》云：“宜兄宜弟。”宜兄宜弟，而後可以教國人。此言理之推也。《詩》云：“其儀不忒，正是四國。”其爲父子兄弟足法，而後民法之也。此言化之行也。此謂治國在齊其家。總結上文而又三引《詩》以咏嘆之，如其味深長，最宜潛玩。〇上第五段，言家國之所以相因。

所謂平天下在治其國者，上老老而民興孝，上長長而民興弟，上恤孤而民不倍，“上老老”三項，即上章孝、弟、慈，此只借來引起人心之矩，以見必絜之而後天下可平。三“而”字見得“上行下效”、“捷於影響”意。是以君子有絜矩之道也。絜，度也；矩，所以爲方也。矩之爲器，俗呼曲尺，以一隅而得四方。君子以治國之一隅，得天下之全畫，亦猶是也。“是以”二字，緊承上文，言君子爲是之故，所以有絜矩之道。孝、弟、慈是矩，因其有孝、弟、慈之心而使之各得，是絜矩其間許多經畫區處，便是絜矩之道。所惡於上，毋以使下；所惡於下，毋以事上。所惡於前，毋以先後；所惡於後，毋以從前。所惡於右，毋以交於左；所惡於左，毋以交於右。此之謂絜矩之道。繳應。〇此將“絜矩”二字特地分疏，見必須如此均齊方正，纔算得絜。上視下曰使，下視上曰事；後視前曰從，前視後曰先；左右平等相視曰交。六所惡是矩，六毋以是絜。絜矩原兼好惡，獨言惡者，好者情順，惡者情逆，順則安受而相忘，逆則不堪而易覺。然能絜所惡，則所好可知，故下節就將好惡並舉。《詩》云：“樂只君子，民之父母。”民之所好好之，民之所惡惡之，此之謂民之父母。《詩》云：“節彼南山，維石巖巖。山高則石峻，興下位高則責重。巖巖，有自表其尊、自崇其勢之意。赫赫師尹，民具爾瞻。”有國者不可以不慎，玩“不可不”三字，有望愈重責愈深意。辟，則爲天下僇矣。《詩》云：“殷之未喪師，未喪師，未失人心也。是從既喪後追憶語。克配上帝。儀監於殷，峻命不易。”道得衆則得國，道，言也。貫下一句。失衆則失國。引《詩》以結上文之意。上文同好惡，已伏得衆；“民之父母”，已伏得國；“辟”，已伏失衆；“爲天下僇”，已伏失國。〇此言絜矩在同民之好惡。是故君子先慎乎德。承上起下。“是故”字頂上“得衆”、“得國”兩句。有德此有人，“有德”二字，一頓以下四項，相連而及，每句縮重上截。“此”字，見即此便有不待他求，亦惟此方有不容强致。有人此有土，有土此有財，有財此有用。德者本也，財者末也。外本内末，争民施奪。争而不已必奪，而實由上之内末致之，故曰施。施者言曰教，他如此。是故財聚則民散，財散則民聚。此言外本内末者之不能有其民也，“是故”二字頂上“争”、“奪”，進一步。是故言悖而出者，亦悖而入；貨悖而入者，亦悖而出。此言外本内末者之並不能有其財也，“是故”二字頂上“民散”，又進一步。《康誥》曰：“惟命不於常。”道善則德之，道言也，因上文引《詩》“殷未喪師”之意，而申言之。其丁寧反覆之意又覺深切焉矣。不善則失之矣。《楚書》曰：“楚國無以爲寶，惟善以爲寶。”舅犯曰：“亡人無以爲寶，仁親以爲寶。”引《楚書》及舅犯説兩“無以爲寶”，證不内末惟善爲寶；仁親爲寶，證不外本此以財用之聚散，明同民好惡之實也。《秦誓》曰：“若有一個臣，“若有”字，設爲冀望之詞。斷斷兮無他技，斷斷，誠一之貌；“無他技”，正形容其“斷斷”，是不露氣不矜能，正盛德若愚意。其心休休焉，其如有容焉。其心一轉，乃言骨子裏也。兩句虚領起下文，“人之有技”至“實能容之”一段，不曰“有容”而曰“如有容”，蓋即此休休氣度，空洞無外，令人想像不盡光景。“如”字最須玩味。人之有技，若己有之；人之彦聖，其心好之，不啻若自其口出。彦是純懿君子，聖是通哲士，“其心”、“其口”兩“其”字，俱屬一個臣心，即休休之心。其口亦本其心發，出心好之，口必揚之。曰“不啻”者，極言其心好之深，見口之揄揚有限而心之企慕無窮也。須知此亦是旁人慕擬語，否則“不啻若”三字，便説不去。實能容之，以能保我子孫黎民，“以能”句緊承“能容”來，蓋大臣自保有限，惟能容有技，彦聖則其保無疆。尚亦有利哉！人之有技，媢嫉以惡之；人之彦聖，而違之俾不通。媢嫉者，疾其所長而已，惡則並其人而憎之；違者不行其言而已；俾不通則並其事而敗之。實不能容，實不能容者，言其不容亦出於真誠也。以不能保我子孫黎民，亦曰殆哉!”

唯仁人放流之，迸諸四夷不與同中國。“唯”字針對下見賢不舉、見不善不退，及好人所惡、惡人所好兩等人説。放者安置一方，流者遠去不反；放、流是不使在朝廷。“迸諸四夷”二句，並不使在内地。此謂唯仁人、爲能愛人，能惡人。此好惡極其公而大能絜矩者也。“此謂”二字，承流迸，脱清，痛絶小人，方能保全君子。能愛即在能惡上見，蓋其汲引登庸，愛固行於惡之外，而其保全護惜，愛即寓於惡之中。兩“能”字，兼明斷兩意。見賢而不能舉，舉而不能先，命也；命當作慢。見不善而不能退，退而不能遠，過也。此好惡介於公私之間，而未能盡絜矩者也。每項上兩句各急遞説，歸重到不能先、不能遠上。好人之所惡，惡人之所好，是謂拂人之性，菑必逮夫身。此好惡極其私而大，不能絜矩者也。

是君子有大道，必忠信以得之，驕泰以失之。此又以用人之得失，明同民好惡之實也。忠信則賢人附，驕泰則士心離，而讒諂面諛之人至矣。生財有大道，前言不可聚財，然八政以食貨爲先，論政以足食爲首，財亦國家要緊，故申言生財有大道，非以私意小智巧爲聚斂之術也。生之者衆，食之者寡，爲之者疾，用之者舒，則財恒足矣。“足”字與“生”字應，惟能生，自能足。玩“則”字“矣”字，見即此便已恒足，何須外本内末，故下緊接“仁者”云云。仁者以財發身，不仁者以身發財。上句即前財散民聚意，下句即前財聚“民散”意。但前段反講重“民散”上，此段正講重“發身”上。未有上好仁而下不好義者也，“好”字見出於誠然意。未有下好義其事不終者也，未有府庫財非其財者也。連用三“未有”，折跌正究，言以財發身之效，而以身發財句自亦包藏裏許。蓋不好義不終事，非其財皆以身發財之驗，故此每句中實反正雙收，見得仁者在上，斷無受不仁之報。孟獻子曰：“畜馬乘，不察於雞豚。伐冰之家，不畜牛羊。百乘之家，不畜聚斂之臣。與其有聚斂之臣，寧有盜臣。”“與其”二字，非取盜臣，乃甚言聚斂者剥下媚上之毒害生靈，非止一身一家。此謂國不以利爲利，以義爲利也。此從上生財説下不畜聚斂之臣，只是以義爲利之注脚。長國家而務財用者，必自小人矣。彼爲善之，小人之使爲國家，菑害並至。雖有善者，亦無如之何矣！此謂國不以利爲利，以義爲利也。深明以利爲利之害，而重言以結之。其丁寧之意切矣。〇上第六段，此段之義務在與民同好惡，而不專其利，皆推廣絜矩之意也。能如是，則親賢樂利各得其所，而天下平矣。

原樂

《樂記》第六

《漢書·藝文志》云：“黄帝以下至三代，各有當代之樂名。”孔子曰：“移風易俗，莫善於樂也。”周衰禮壞，其樂尤微，以音律爲節，又爲鄭衛所亂，故無遺法矣。漢興，制氏以雅樂聲律，世爲樂官，頗能記其鏗鎗鼓舞而已，不能言其義理。武帝時，河間獻王好博古，諸生等共采《周官》及諸子言樂事者，做《樂記》二十三篇，記樂之義焉。迄乎戴聖，斷取《樂本》、《樂論》、《樂禮》、《樂施》、《樂言》、《樂象》、《樂情》、《魏文侯》、《賓牟賈》、《樂化》、《師乙》十一篇入《禮記》，餘有十二篇，其名猶在。以劉向《别録》攷之，十一篇下次《奏樂》第十二，《樂器》第十三，《樂作》第十四,《意始》第十五,《樂穆》第十六,《説律》第十七,《季札》第十八,《樂記》第十九,《樂義》第二十,《招本》第二十一,《招頌》第二十二,《竇公》第二十三云。

凡音之起，由人心生也。一篇柱意，當頭揭醒。人心之動，物使之然也。承。〇此下皆發明起“凡音”二句意，但“凡音”二句從外説入裏面，此下是從裏説嚮外去。感於物而動，故形於聲；聲相應，故生變；變成方，謂之音；比音而樂之，及《干戚》、《羽旄》，謂之樂。樂者，音之所由生也，其本在人心之感於物也。繳應一筆，束上起下。〇心感於物，是從外感人心來；下六感，是從心感出聲去。是故其哀心感者，其聲噍以殺；聲是言語，不是樂聲，迨生變成方後方播於樂也。噍則竭而無澤，殺則滅而不隆。其樂心感者，其聲嘽以緩；嘽則闡而無餘，緩則紓而不迫。其喜心感者，其聲發以散；發則生而不窮，散則施而無積。其怒心感者，其聲粗以厲；粗以厲者，高急而近於猛暴也。其敬心感者，其聲直以廉；直則無委曲，廉則有分際。其愛心感者，其聲和以柔。和則不乖，柔則致順。六者，非性也，先撇筆，後繳醒，取逆勢。好！感於物而後動，是故先王慎所以感之者。承上脱卸，惟“感”字與上感物而動“感”字不同，上是人心自感於物，此是先王以政感人，“所以”字有味，須體會得先王心裏許多詳審斟酌工夫。故禮以道其志，樂以和其聲，政以一其行，刑以防其姦。禮樂刑政，其極一也，一者何也？激出下句來。所以同民心而出治道也。點出一者何來。人人得情之正，即同民心在在；風移俗易，即出治道。“同民心”自慎感來，“出治道”自同民心來，串講所以感。凡音者，生人心者也。緊頂“同民心”。“心”字叫應起筆，而申説所以感之，不可不慎。情動於中，故形於聲。聲成文，謂之音。雜比曰音，單出曰聲。哀樂之情發見於言語之聲，於時雖言哀樂之事，未有宫商之調，惟是聲耳。至於作詩之時，則次序、清濁、節奏、高下，使五聲爲曲，似五色成文，即是爲音。此音被諸弦管乃名爲樂。是故治世之音安以樂，其政和。亂世之音怨以怒，其政乖。亡國之音哀以思，其民困。聲音之道，與政通矣。束上開下，一段結穴。宫爲君，商爲臣，角爲民，徵爲事，羽爲物，五者不亂，則無怗懘之音矣。宫亂則荒，其君驕。商亂則陂，其臣壞。角亂則憂，其民怨。徵亂則哀，其事勤。羽亂則危，其財匱。五者皆亂，迭相陵謂之慢。如此則國之滅亡無日矣。鄭、衛之音，亂世之音也，比於慢矣。此“慢”字承上文“謂之慢”而言。比，近也。蓋鄭、衛地濱大河，沙地土薄，故其人氣輕浮；其地平下，故其質柔弱；其地肥饒不費耕耨，故其人心怠惰。其情性如此，其聲音亦然，故聞其樂，使人如此懈慢也。桑間濮上之音，桑間濮上，衛地濮水之上，桑林之間。《史記》言：“衛靈公適晉，舍於濮上，夜聞琴聲，召師涓聽而寫之，至晉，命涓爲平公奏之。師曠曰：‘此師延靡靡之樂。武王伐紂，師延投濮水死，故聞此聲必於濮水之上也。’”亡國之音也。其政散，其民流，誣上行私而不可止也。凡音者，生於人心者也；樂者，通倫理者也。倫理，事物之倫類，各有其理也。是故知聲而不知音者，禽獸是也；知音而不知樂者，衆庶是也。四句一層逼進一層，逼出下文“惟君子”“惟”字。惟君子爲能知樂。此極言知樂之妙，因獨歸能於君子也。此句喫重下文，備治幾禮總是知樂之妙着，要尤在一“知”字，爲下文“審”字“幾”字的根源。是故審聲以知音，審音以知樂，審樂以知政，而治道備矣。治道備祇在知政中見出，非兩層。是故不知聲者，不可與言音；不知音者，不可與言樂。知樂則幾於禮矣。意即知樂則通於禮，不曰通而曰幾者，辨析精微之極也。禮樂皆得，謂之有德。總束一筆，順遞下去。德者得也。是故樂之隆，非極音也；食饗之禮，非致味也。撇筆。清廟之瑟，朱絃而疏越，疏，通也。越，瑟底之孔也。壹唱而三歎，有遺音者矣。大饗之禮，尚玄酒而俎腥魚，太羹不和，有遺味者矣。兩“有遺”字用得最妙，正見先王留不盡以示民，使知豔郁之無餘，澹素之無盡，斥其紛華之悦，還其質素之始。是故先王之制禮樂也，總承。非以極口腹耳目之欲也，縮上一筆。將以教民平好惡而反人道之正也。激醒。○以下緊跟“平好惡”句，而申言好惡不平人道何以不正，遂以窮好惡所自始與所由辟也。

人生而静，天之性也；感於物而動，性之欲也。物至知知，然後好惡形焉。此原好惡所自始。好惡無節於内，知誘於外，不能反躬，天理滅矣。夫物之感人無窮，而人之好惡無節，則是物至而人化物也。人化物也者，滅天理而窮人欲者也。此好惡所由辟而不能平。於是有悖逆詐僞之心，有淫佚作亂之事。是故强者脅弱，衆者暴寡，知者詐愚，勇者苦怯，疾病不養，老幼孤獨不得其所，此大亂之道也。此推好惡不平之患，而人道不反其正，竭力跌頓出下“是故先王之制禮樂”句來。是故先王之制禮樂，人爲之節，人爲之節，見人不能自爲節而先王爲之節意。下八句正先王所以爲之節處。衰麻哭泣，所以節喪紀也；鐘鼓干戚，所以和安樂也；昏姻冠笄，所以别男女也；射鄉食饗，所以正交接也。禮節民心，樂和民聲，政以行之，刑以防之。禮樂刑政，四達而不悖，自上之制言則爲四達，自下之從言則爲不悖。則王道備矣。

右《樂本》第一。〇名爲樂本者，樂以音聲爲本，音聲由人心而生，此章備論音聲生於人心，故名樂本。

樂者爲同，禮者爲異；同謂協好惡，異謂别貴賤。同則相親，異則相敬。樂勝則流，禮勝則離。禮勝則離，故禮之用和爲貴，先王之道斯爲美，小大由之。樂勝則流，故有所不行。知和而和不以禮節之，亦不可行也。合情飾貌者，禮樂之事也。同異者，禮樂之理；親敬者，禮樂之效；流離者，禮樂之偏；合情者，樂之和於内，所以救其離之失；飾貌者，禮之檢於外，所以救其流之失，此禮之義，樂之文，所以相資爲用者也。合則於相敬中恩義孚，飾則於相親中節文辨。禮義立，則貴賤等矣；樂文同，則上下和矣；自其隨事得宜曰義，自其成方比音曰文。貴賤以位言，故曰等；上下以情言，故曰和。好惡著，則賢不肖别矣。刑禁暴，上言不肖而不言暴者，蓋不肖雖爲可惡，然未至於可刑，必至於暴，然後有刑以禁之也。爵舉賢，則政均矣。仁以愛之，義以正之，如此則民治行矣。此言禮樂相資，爲治之實。樂由中出，禮自外作。樂由中出，故静；禮自外作，故文。大樂必易，大禮必簡。禮樂之本，不在聲音節目間，故曰大；自然曰易，不煩曰簡。樂至則無怨，禮至則不争。中出外作，禮樂之本也，静文禮樂之體也，易簡禮樂之妙，無怨不争禮樂之效也。樂至禮至，兩“至”字可味，須理會得聖人之用禮樂者，體静文之妙，會簡易之精，而時出之以和平，品節天下，則無怨不争自見。揖讓而治天下者，禮樂之謂也。此兩句總承“無怨”“不争”而言，禮樂之易爲治，開下兩段分疏文字。暴民不作，諸侯賓服，兵革不試，五刑不用，百姓無患，天子不怒，“天子”當作“天下”。如此，則樂達矣。以上無怨之實。合父子之親，明長幼之序，以敬四海之内。天子如此，則禮行矣。以上不争之實。〇達者徹於彼之謂，行者出於此之謂。樂欲達之於下，故於天下言樂禮；欲率之於上，故以天子言禮。此詳禮樂本體之妙，而功化之極也。大樂與天地同和，大禮與天地同節。和故百物不失，百物不失，言各遂其性也。節故祀天祭地；祀天祭地，有天地各安其位意。明則有禮樂，幽則有鬼神。禮以制節謹度，收斂而不散，鬼之歸也。樂以宣和導鬱，發達而不流，神之伸也。昭昭之際，進退盈縮，而經緯不窮者，無非禮樂之用；冥冥之中，屈伸往來，而闔辟不已者，無非鬼神之用。幽明各有管攝，其分不同，而理則一。曰有者，顯然見其理之可以相有，不可以相無也。如此，則四海之内，合敬同愛矣。禮者殊事，合敬者也；樂者異文，合愛者也。禮樂之情同，故明王以相沿也。故事與時並，謂因時制宜。《禮器》曰："堯授舜，舜授禹，湯放桀，武王伐紂，時也。"名與功偕。謂王者功成作樂，如堯《大章》、舜《大韶》、禹《大夏》、湯《大濩》、武王《大武》，樂名皆因所立之功而名之也。禮樂之情同，故明王以相沿；禮樂之迹異，故易世不相沿襲。〇此言樂與造化合一，着要在"禮樂之情"四字。故鐘鼓管磬，羽籥干戚，樂之器也。屈伸俯仰，綴兆舒疾，綴，舞者行位相連綴也；兆，位外之營兆也。樂之文也。簠簋俎豆，制度文章，禮之器也。升降上下，周還裼襲，裼，袒上衣而露；襲，掩上衣也。禮盛者尚質，故襲；不盛者尚文，故裼。禮之文也。故知禮樂之情者能作，緊頂上"禮樂之情"說來，而見作者之必待其人。是文字鬬筍處。識禮樂之文者能述。作者之謂聖，述者之謂明。明聖者，述作之謂也。此備舉禮樂之器文，而申上殊事異文、合敬同愛之意，見知禮樂之情之難也。樂者，天地之和也。禮者，天地之序也。和，故百物皆化；序，故羣物皆別。樂由天作，禮以地制。過制則亂，過作則暴。明於天地，然後能興禮樂也。此跟上知禮樂之情者能作，而究言禮樂之作必本於天地也。論倫無患，論者，雅頌之辭；倫者，律吕之音。樂之情也；欣喜愛歡，樂之官也；中正無邪，禮之質也；莊敬恭順，禮之制也。若夫禮樂之施於金石，越於聲音，用於宗廟社稷，事乎山川鬼神，則此所與民同也。此言禮樂義難知，而數易知也。蓋"論倫無患"至於"莊敬恭順"，禮樂之本，先王之所以與人異。及夫施於金石，越於聲音，用之宗廟社稷，事乎山川鬼神者，禮樂之用，先王之所以與人同。不以所異者與人，不以所同者處己。夫是之謂議道自己，置法以民。

右《樂論》第二。〇論樂而統以禮爲言者，凡行禮然後用樂，用樂以成禮，未有用樂而不爲行禮者也。

王者功成作樂，治定制禮。起。〇扼重功成治定。其功大者其樂備，其治辯者其禮具。承明。干戚之舞，非備樂也；孰亨而祀，非達禮也。干戚之舞，備樂也，而曰"非備樂"；孰亨而祀，達禮也，而曰"非達禮"，以著禮樂，在彼不在此也。雖有干戚之舞而功不備，雖孰亨而祀，而治不洽，愧於備樂達禮矣。反剔醒上文，側重功大治辯，而非徒禮樂備具以飾觀意。五帝殊時，不相沿樂；三王異世，不相襲禮。樂極則憂，禮粗則偏矣。兩句反襯出下文大聖來。及夫敦樂而無憂，禮備而不偏者，其惟大聖乎？王者以位言，大聖以德言，只是一人。

敦樂“敦”字，針對樂極“極”字，看敦樂即樂備意；禮備“備”字，針對禮粗“粗”字，看禮備即禮具意，見得大聖功成治定，乃能禮樂備具，而無憂偏之失耳。此言制禮樂必本治功也。天高地下，萬物散殊，而禮制行矣。三句即“禮，天地之序”意。流而不息，合同而化，而樂興焉。三句即“樂，天地之和”意。○朱子曰：“‘天高地下，萬物散殊’一段，意思極好，非孟子以下所能作其文，如《中庸》必子思之辭。”《左傳》云“爲六畜、五牲、三犧以奉五味”云云之類，都是做這箇去合那天，都無自然之理。如云“天高地下，萬物散殊，而禮制行矣”，“流而不息，合同而化，而樂興焉”，皆是自然合當。如此的氣象，便妙！春作夏長，仁也；秋斂冬藏，義也。仁近於樂，義近於禮。樂者敦和，率神而從天，禮者别宜，居鬼而從地。率，循也，有與神共爲鼓舞意。居，安居也，有與鬼共爲安息意。故聖人作樂以應天，制禮以配地。禮樂明備，明是和序之昭晰而不容掩，備是和序之全具而無或遺。天地官矣。天尊地卑，君臣定矣。卑高已陳，貴賤位矣。動静有常，小大殊矣。此“小大”如《論語》“小大由之”之義，謂小事大事也。方以類聚，物以羣分，方謂行蟲，物謂植生者。則性命不同矣。在天成象，在地成形，連用四“矣”字，兩“成”字，俱已然之辭，須體玩得現成的意思，方合道妙。如此則禮者天地之别也。即申言“天高地下，萬物散殊，而禮制行”意。地氣上齊，天氣下降，陰陽相摩，天地相蕩，鼓之以雷霆，奮之以風雨，動之以四時，煖之以日月，雷霆者，聲之所作，故曰鼓；風雨者，氣之所激，故曰奮；四時代謝，故曰動；日月代明，故曰煖。字法。而百化興焉。禮之别，終於成形者，主乎體故也；樂之和，終於百化者，主乎氣故也。如此則樂者天地之和也。即申言流而不息，合同而化，而樂興焉。○此跟上言大聖制作禮樂，而申言其效法天地也。化不時則不生，緊頂“百化”，反接。男女無辨則亂升，禮不盡於男女而獨言男女者，以人道之始也。蓋男女有别，而後父子親，父子親而後禮作，禮作然後萬物安。夫亂之所起，常起於衽席之上。升，猶言階之以爲亂也。天地之情也。及夫禮樂之極乎天而蟠乎地，行乎陰陽而通乎鬼神，極天蟠地，言其升降之無常；行乎陰陽，言其往來之不息；通乎鬼神，言其變化之無方。皆形容於無可形容處。窮高極遠而測深厚。樂著大始，而禮居成物。《易》：“乾知大始，坤作成物。”此用其語，喻言禮樂與造化同功耳。著不息者天也，著不動者地也。兩“著”字訓處。一動一静者，天地之間也。一動一静，就禮樂説，不言禮樂而言天地之間，禮樂與天地渾融無間也。故聖人曰禮樂云。此極形禮樂功用之盛，與天地並大也。

右《樂禮》第三。〇明王者爲治必制禮作樂。

昔者舜作五弦之琴以歌南風，其詩曰："南風之薰兮，可以解吾民之慍兮。南風之時兮，可以阜吾民之財兮。"蓋勤民也。夔始制樂以賞諸侯。夔欲天下同行舜道，故歌此《南風》以賞諸侯。故天子之爲樂也，以賞諸侯之有德者也。承上起下。德盛而教尊，五穀時熟，"德盛"冒下二項，教尊是教民之德盛，時熟是養民之德盛。然後賞之以樂。故其治民勞者，其舞行綴遠；其治民逸者，其舞行綴短。兩"行"字應讀"杭"。故觀其舞，知其德；聞其謚，知其行也。舞者德之發，德者舞之容，故觀舞可以知德。謚者行之賓，行者謚之本，故聞謚可以知行。其意主於舞而繼之以聞謚者，比擬之辭。陪筆也。《大章》，章之也。《咸池》，備矣。《韶》，繼也。《夏》，大也。殷周之樂盡矣。據《樂緯》，黄帝曰《咸池》，帝嚳曰《六英》，顓頊曰《五莖》，堯作《大章》，舜曰《簫韶》，禹曰《大夏》，商曰《大濩》，周曰《大武》，數也矣字，都是歎想神理，並非有所軒輊，此言樂以象德也。

天地之道，寒暑不時則疾，風雨不節則饑。教者，民之寒暑也，教不時則傷世；事者，民之風雨也，事不節則無功。然則先王之爲樂也，以法治也，善則行象德矣。此借寒暑、風雨喻樂施有節，而後能象德。夫豢豕爲酒，非以爲禍也，撇筆。醒！而獄訟益繁，則酒之流生禍也。是故先王因爲酒禮，壹獻之禮，賓主百拜，終日飲酒而不得醉焉，此先王①所以備酒禍也。此借酒喻樂施無節則禍生，而節之則必以禮，乃承上文而反言以申明之。故酒食者所以合歡也。

樂者所以象德也，禮者所以綴淫也。三句束上起下。是故先王有大事，大事，死喪之事也。必有禮以哀之。有大福，必有禮以樂之。哀樂之分，皆以禮終。此申禮以綴淫。樂也者，聖人之所樂也，而可以善民心，其感人深，其移風易俗，故先王著其教焉。此申樂以象德。

右《樂施》第四。〇施者用於天下，以此章中明樂施被之事也。

---

① 按《注疏》本和《手批》本及《史記·樂書》此處脱"之"字。

夫民有血氣心知之性，而無哀樂喜怒之常，應感起物而動，然後心術形焉。此申言篇首音之生本在人心之感於物也一條之義，惟上四句是因心作樂，下六項是因樂知心，中間以“然後心術形”一句束上起下，爲之機捩。是故志微噍殺之音作，而民思憂，志微謂人君志意微細，噍殺謂樂聲噍蹙而殺小也。一説“志”疑當作“急”。嘽諧、慢易、繁文、簡節之音作，而民康樂。嘽寬、諧和、慢緩、易平也。粗厲、猛起、奮末、廣賁之音作，而民剛毅。粗厲，粗疏嚴厲也。猛，威盛貌。奮，振迅貌。起，初；末，終也。猛起奮末者，猛盛於初起而奮振於終末也。廣，大；賁，憤也。廉直、勁正、莊誠之音作，而民肅敬。廉，有稜隅也。勁，堅强也。寬裕、肉好、順成、和同之音作，而民慈愛。按：好，璧孔也。肉，倍好曰璧好，倍肉曰瑗肉，好均曰環，如此則肉乃璧之肉地也。此言肉好則以璧，喻樂音之圓瑩通滑耳。流辟、邪散、狄成、滌濫之音作，而民淫亂。狄與逖同，遠也。成者，樂之一終。狄成，言其一終甚長，淫佚之意也。滌，洗；濫，侵僭也。言其音之泛濫侵僭，如以水洗物而浸漬侵濫無分際也。〇論樂之所始則起於心之所感，而後發於聲音。論樂之所成，則反以感人心者也。前哀心感者，其聲噍而殺，至愛心感者，其聲和以柔。言音起於心之所感，此言樂之所以感於人心也。是故先王本之情性，此承上文聲音之應感而言。本之情性，即民有血氣心知之性，喜怒哀樂之情也。此句着要。稽之度數，黄鍾之律長九寸，應鍾之律長四寸，此樂之度也。陽六爲律，陰六爲吕，此樂之數也。情性由乎内，故言本；度數存乎微，故言稽。制之禮義。合生氣之和，道五常之行，五常，仁義禮智信也。使之陽而不散，陰而不密，剛氣不怒，柔氣不懾，陰陽兼物言之，剛柔指人言之。四暢交於中而發作於外，皆安其位而不相奪也。然後立之學等，教不可陵節，學不可獵等。先王之於樂，非獨以善吾身，又將以教人也。故《周禮・大司樂》掌成均之法，以治建國之學政，而教國之子弟焉。凡有道有德者，使教焉。始之以中和、祇庸、孝友之樂德，中之以興道、諷誦、言語之樂語，終之以二帝、三王之樂舞。始之以十三舞勺，中之以成童舞象，終之以二十舞大夏。其立之樂等，用其才之差而使習之如此。廣其節奏，省其文采，以繩德厚。厚，如《書》“惟民生厚之”，厚以繩德，厚謂檢約，其固有之善而使之成德。律小大之稱，比終始之序，五音大不過乎宫，細不過乎羽，此小大之稱。大師之奏，始作翕如，從之純如皦如繹如，以成此終始之序也。律以法度整齊之也，比以次序聯合之也。以象事行。使親疏、貴賤、長幼、男女之理，皆形見於樂，故曰“樂觀其深矣”。此言先王本人情性，作樂以治之也。土敝則草木不長，土敝，地力竭也。水煩則魚鼈不大，水煩，謂澤梁之入無時。氣衰則生物不遂，三句襯下“世亂”句。世亂則禮慝而樂淫。是故其聲哀而不莊，樂而不安，慢易以犯節，流湎以忘本。廣則容姦，廣謂聲緩。狹則思欲。狹謂聲急。感條暢之氣，滅平和之德。平則條而有理，和則暢而能通。是以君子賤之也。此言樂淫則世亂也。

右《樂言》第五。

凡姦聲感人而逆氣應之，逆氣成象而淫樂興焉。映《樂言》“土敝則草木不長”一段。正聲感人而順氣應之，順氣成象而和樂興焉。映《樂言》“是故先王本之情性”一段。倡和有應，回邪曲直，各歸其分。而萬物之理，各以類相動也。此跟上《樂言》説來，以見君子當慎其所爲感也。是故君子反情以和其志，比類以成其行。重反情比類、和志成行，則反情比類之效耳。姦聲亂色，不留聰明，淫樂慝禮，不接心術，惰慢邪辟之氣，不設於身體。申反情比類。使耳目鼻口心知百體，皆由順正以行其義。申和志成行，“使”字着力，何以使之反情？比類使之也。總承上文來。〇此言君子先自修以爲慎所感之本也。然後發以聲音，發者，和志成行之所發也。承上啓下，此句重。而文以琴瑟，動以干戚，飾以羽旄，從以簫管。文動飾從四項跟聲音來。奮至德之光，志和行成之德，於聲容發越出來曰奮。動四氣之和，四氣之和，四時之和氣也。和順之氣流行四時者，於聲容鼓盪出來曰動。以著萬物之理。使親疏、貴賤、長幼、男女之理，皆形見於樂曰著。是故清明象天，廣大象地，終始象四時，周還象風雨。五色成文而不亂，八風從律而不姦，八風，八方之風；律，十二月之律。謂八風依時。百度得數而有常，小大相成，終始相生。小大終始，即上樂言小大之稱，終始之序也。倡和清濁，迭相爲經。即《禮運》還相爲宮之説。故樂行而倫清，耳目聰明，血氣和平，移風易俗，天下皆寧。倫者，理也。親疏、貴賤、長幼、男女之理，皆形見於樂，故樂行而倫清，倫清乃樂之感化也。“行”字有周流貫徹意，本之修身，達乎天下。“耳目”二句，一身，皆倫清之德也。“移風”二句，一世，皆倫清之德也。此言德成而樂作，因極其妙而著其化。故曰：“樂者樂也。”君子樂得其道，小人樂得其欲。兩句着要。君子樂得其道，見君子之反情和志以爲作樂之本；小人樂得其欲，見君子當廣樂教以備樂之法。以道制欲，則樂而不亂；以欲忘道，則惑而不樂。是故君子反情以和其志，映前“反情”一段。廣樂以成其教，映前“發之聲音”一段。

○前言“反情以和其志，比類以成其行”，此易言“廣樂以成其教者”，萬物之理各以其類相動，故必親比於善之類而後可以成我之行。至於德成而移風易俗，則廣樂以成其教，我又足以動物，所謂成己而成物也。樂行而民鄉方，可以觀德矣。德，即志和行成之德。○此段束上起下，一機捩也。德者性之端也，樂者德之華也。“德之華”句，着要首句起此句，“金石”句終此句。言樂有本有文也。○緊頂前段“德”字説來，是文章鬭筍處。金石絲竹，樂之器也。詩，言其志也；歌，咏其聲也；舞，動其容也。三者本於心，然後樂器①從之。是故情深而文明，“情深”頂“本於心”句，“文明”頂“樂器從”句。氣盛而化神。和順積中而英華發外，性之端，和順積中者也；德之華，英華發外者也。惟樂不可以僞爲。跌頓出此句，十分有力，若履危石而下落紙，遲重絕倫。

樂者心之動也，繳足一筆，精力彌滿。聲者樂之象也。文采節奏，聲之飾也。心動於自然，而樂動於使然，故曰：“心之動，樂之本。”則隱而其聲則見，故曰：“樂之象，聲之單出。”則質必待文采節奏爲之飾也。君子動其本，樂其象，然後治其飾，是故先鼓以警戒，樂之將作，必先擊鼓以聳動衆聽。三步以見方，舞之將作，必先三舉足、以示其舞之方法。再始以著往，再始，謂一節衆而再作也。往，進也。再始以著往者，再擊鼓以明進也。復亂以飭歸。亂，終也，如云關雎之亂。歸，舞畢而退就位也。復亂以飭歸者，復擊鐃以謹其退也。○兩句言舞者周旋進退之事。奮疾而不拔，極幽而不隱。獨樂其志，不厭其道；備舉其道，不私其欲。獨樂，道性情宣湮鬱也；不厭，有欲罷不能，意備舉立學等廣節奏也；不私，有“己欲立而立人，己欲達而達人”意。是故情見而義立，映前反情比類一段。樂終而德尊。即樂行而民鄉方意。君子以好善，小人以聽過。故曰：“生民之道，樂爲大焉。”此言樂本於德而因著其不可爲僞也。樂也者，施也。禮也者，報也。樂，樂其所自生；禮②，反其所自始。樂章德，和順積中，英華外發，便是章著其内之德。禮報本反始也。此言製作禮樂之意。

右《樂象》第六。

---

① 按《注疏》本和《手批》本當作“氣”字，才能與下文義合。

② 核《注疏》本和《手批》本“禮”前脱“而”字。

樂也者，情之不可變者也。禮也者，理之不可易者也。兩句以體言。樂統同，禮辨異，兩句以功用言。禮樂之説，管乎人情矣。總束一筆，見其殊途而同歸。窮本知變，樂之情也；著誠去僞，禮之經也。人情理同而氣異，同則本一，異則變多。樂以統同，故可使人窮其本之同，而知其變之異。人情理微而欲危，微則誠隱，危則僞生。著以辨異，故可使人去其欲之僞，而著其理之誠也。窮本知變者，感通之自然，故曰情；著誠去僞者，修爲之當然，故曰經。四句申禮樂之管人情，其下則又推其所以能管人情也。禮樂偩天地之情，偩，音負，依象也。天地之情，以和序言。偩者，依象其形似，即清明象天，廣大象地之意。達神明之德，神明之德，以仁義言，應感不測爲神，虚靈不昧爲明。達者，仁近樂，義近禮，禮樂作則其德達於外也。降興上下之神，而凝是精粗之體，領君臣父子之節。此句着要。“領”字，即上“管”字。父子君臣，人情之大者，故舉此而言。〇此言禮樂管人情。是故大人舉禮樂，則天地將爲昭焉。此句承上起下。天地訢合，陰陽相得，煦嫗覆育萬物，煦，吁句切；嫗，於句切；覆，去聲。然後草木茂，區萌達，區，音句，屈生曰句，謂句曲而生者也。“區萌達”對上“草木茂”而言，蓋一係屈生，一係直出。羽翼奮，角觡生，角之無鰓者曰觡，鰓謂角外皮之滑澤者。蟄蟲昭蘇，蟄藏之虫初出，如暗而得明，如死而更生，故曰“昭蘇”。下字極精當。羽者嫗伏，毛者孕鬻，嫗伏謂體伏生子，孕鬻言妊孕育子。胎生者不殰，殰，謂未及生而胎敗。而卵生者不殈，殈，裂也。〇天地訢合，至此盛言天地昭而未露出將爲意。則樂之道歸焉耳。一筆繳轉，點出天地爲昭意。〇此言聖人以禮樂贊化育。樂者非謂黄鍾大吕弦歌干揚也，樂之末節也，故童者舞之。鋪筵席，陳尊俎，列籩豆，以升降爲禮者，禮之末節也，故有司掌之。樂師辨乎聲詩，故北面而弦；宗祝辨乎宗廟之禮，故後尸；商祝辨乎喪禮，故後主人。樂師北面，則童子有司皆北面，而君之南面可知。後尸後主人，則尸與主人在先。可知是文字互見法。是故德成而上，藝成而下；行成而先，事成而後。是故先王有上有下，有先有後，然後可以有制於天下也。此言禮樂不在器數，而在德行。

右《樂情》第七。

魏文侯問於子夏曰：“吾端冕而聽古樂，則唯恐卧；聽鄭衛之音，則不知倦。敢問古樂之如彼，何也？新樂之如此，何也？”子夏對曰：“今夫古樂，提筆。進旅退旅，旅猶俱也，言其進退齊一。和正以廣，二句是言聲容不乖。弦匏笙簧，會守拊鼓，弦匏笙簧之器雖多，必會合相守，待擊拊鼓然後作也。兩句是言衆多有統。始奏以文，復亂以武，文謂鼓，武謂金鐃也。樂之始奏，先擊鼓而亂者；卒章之節，欲退之時，擊金鐃而終。兩句是言始終不紊。治亂以相，訊疾以雅。相以節樂，拊者以韋爲表，裝之以糠。糠，一名相，因以名焉。雅亦樂器名也，狀如漆桶而弇口，大二圍，長五尺六寸，以羊韋鞔之，有兩紐疏，畫中有椎。○兩句是言救敝有輔。君子於是語，於是道古，修身及家，平均天下。此古樂之發也。今夫新樂，提筆。進俯退俯，姦聲以濫，即前章所謂滌濫之音，謂姦邪之聲侵濫不正也。溺而不止，即前章所謂狄成之音，謂其聲沉淫之久也。及優侏儒，獶雜子女，不知父子。樂終，不可以語，不可以道古。此新樂之發也。此言古樂今樂之殊。今君之所問者樂也，所好者音也。夫樂者與音相近而不同。”四句雖是從上脱卸，卻是更端提掇，筆勢振拔，不同尋常蹊徑。文侯曰：“敢問何如？”子夏對曰：“夫古者，天地順而四時當，民有德而五穀昌，疾疢不作而無妖祥，此之謂大當。然後聖人作爲父子君臣，以爲紀綱。紀綱既正，天下大定。“大定”與“大當”映對。大當是宇宙自然之和，大定是聖人調變之和。○樂與音不同處，全在禮序上見，“大當”以前言造化已露樂端，“大定”以前言聖人制禮，而禮序乃作樂以導和。自此以下六句，則古樂之所由作。天下大定，然後正六律，和五聲，弦歌詩頌，謂以琴瑟之弦歌此詩頌。此之謂德音①。樂者，德之華，故德音之謂樂。《詩》云：‘莫其德音，莫，静也。其德克明。克明克類，類者，明之充。克明謂知此理，克類謂觸類而通，一理渾融，徹上徹下也。克長克君，教誨不倦曰長，慶賞刑威曰君。君者長之推，《學記》言：“能爲長，然後能爲君。”是也。王此大邦。克順克俾，順，慈和。俾，讀爲比，上下相親也。俾于文王，俾于即比于至于也。其德靡悔。既受帝祉，施于孫子。’引《詩》斷章取義，衹證“德音”二字。○施，音異。此之謂也。今君之所好者，其溺音乎？”跟定“德音”兜轉出“溺音”二字，接“所好者音”句。文字極斷續離合之妙。文侯曰：“敢問溺音何從出也？”子夏對曰：“鄭音好濫淫志，宋音燕女溺志，衛音趨數煩志，齊音敖辟喬志；此四者，皆淫於色而害於德，是以祭祀弗用也。《詩》云：‘肅雝和鳴，先祖

① 核《注疏》本、《手批》本和《史記·樂書》脱“德音之謂樂”句，所以其下纂述中才有“故德音之謂樂”。

是聽。’反承“祭祀弗用”。引《詩》轉到古樂之正，而推其可用於祭祀也。夫肅肅，敬也；雝雝，和也。夫敬以和，何事不行。爲人君者，謹其所好惡而已矣。君好之，則臣爲之。上行之，則民從之。《詩》云：‘誘民孔易。’此之謂也。然後聖人作爲鞉、鼓、椌、楬、壎、篪，鞉，如鼓而小，持柄搖之，旁耳自擊。椌楬，柷敔也。壎，六孔，燒土爲之。篪，大者長尺四寸，小者尺二寸，竹也。此六者，德音之音也。繳應“德音”一筆。看他脈絡貫通。然後鍾、磬、竽、瑟以和之，干、戚、旄、狄以舞之。干，楯也；戚，斧也。武舞所執。旄，旄牛尾也；狄，翟雉羽也。文舞所執。此所以祭先王之廟也，所以獻、酬、酳、酢也，所以官序貴賤各得其宜也，所以示後世有尊卑長幼之序也。四“所以”雖平跟廟祭，故用此字貫之。〇此辨樂與音之異。鐘聲鏗，鏗以立號，號以立横，横以立武。君子聽鐘聲，則思武臣。石聲磬，磬以立辨，辨以致死。君子聽磬聲，則思死封疆之臣。絲聲哀，哀以立廉，廉以立志。君子聽琴瑟之聲，則思志義之臣。竹聲濫，濫以立會，會以聚衆。君子聽竽笙簫管之聲，則思畜聚之臣。鼓鼙之聲讙，讙以立動，動以進衆。君子聽鼓鼙之聲，則思將帥之臣。君子之聽音，總束一筆。非聽其鏗鏘而已也，彼亦有所合之也。”此言君子聽音之不徒然。

右《魏文侯》第八。

賓牟賈侍坐於孔子，孔子與之言，及樂，曰：“夫武之備戒之已久，《大武》，武王樂也。謂《大武》之樂，先擊鼓，備戒已久，乃始作舞。何也?”對曰：“病不得其衆也。”此答非。考《竹書》，紂五十一年乃武王之十年，冬十一月，諸侯會師孟津，請伐紂。武王諭以紂不可伐而還。紂殺比干，囚箕子，微子出奔。武王曰：“紂不可不伐矣。”明年春，警諸侯師，秋伐殷師，次鮮原。蓋會師孟津，諸侯皆請伐紂而武王不許者，三仁猶在，庶其改之也。至比干死，微子亡，不得不伐矣。然春警師，師未起也，秋師起矣。猶次鮮原，未行也。蓋以箕子尚囚，紂若免而出之，則猶或改於萬一也。紂終不悛，且恃其如林之衆以相敵，不得已，十一月師渡孟津而紂亡矣。故始之備戒之已久，象春警師也。“咏歎之，淫液之，咏歎，長聲而歎。淫液，聲音之連延流液不絶之貌。何也?”對曰：“恐不逮事也。”咏歎淫液之，遲之又久，象師，次鮮原也。答亦非。“發揚蹈厲之已蚤，言初舞時，即手足發揚蹈地而猛厲。何也?”對曰：“及時事也。”發揚蹈厲，象師渡孟津，至於牧野，《詩》所謂“時維鷹揚”也。“武坐，致右憲左，謂右膝至地，左膝去地也。憲讀爲軒輊之軒。何也?”對曰：“非武坐也。”“聲淫及商，何也?”對曰：“非武音也。”子曰：“若非武音，則何音也?”對曰：“有司失其傳也。若非有司失其傳，則武王之志荒矣。”《國語》：“牧野之事，音皆尚宫。《周官》大祭祀之樂，無商。”而當時有淫而及商聲者，故知非武音。若武樂果有商音，則商音者，殺伐之音也，是武王有伐商之心而志荒矣。子曰：“唯！丘之聞諸長弘，亦若吾子之言是也。”賈所答皆非，而此答故是，故孔子亟許之。賓牟賈起，免席而請曰：“夫武之備戒之已久，則既聞命矣，敢聞遲之遲而又久，何也?”子曰：“居！吾語汝。夫樂者，象成者也。總領起下六句，片言扼要。總干而山立，武王之事也；干，所以自防；戚，所以致誅。總干山立，象武王之神武，不殺以正賈病，不得衆恐不逮事之。非所答。發揚蹈厲，太公之志也。是太公之志，非武王之事，以正賈及時事之。非所答。〇《詩·大明》：“維師尚父，時維鷹揚。”《帝王世紀》：“商容及殷民觀周軍之入，見太公至，民曰：‘是吾新君也。’容曰：‘非。視其爲人，虎據而鷹趾；當敵將衆，威怒自倍。見利即前，不顧其後。故君子臨衆，果於進退。’”俱可想象太公發揚蹈厲氣象。武亂皆坐，周召之治也。亂樂之卒章也。上篇言復亂，以武言武舞將終而坐，以象安民無事也。以正賈非武坐之答。〇上賓牟賈五答夫子，獨是其非武音之一言，恐賈認爲皆是，故未及答其遲久之問，而先正其前，此所答之失。且夫武，始而北出，孔子又言武之舞也。武王居鎬在河南，紂居朝歌在河北，故大武之樂，始舞之時，自南而北，象武王之觀兵而北出，是謂一成。成者，曲之一終。《書》云：“簫韶九成。”再成而滅商，三成而南，四成而南國是疆，五成而分周公左、召公右；六成復綴，謂反位止象，振旅還京。以崇天子。夾振之而駟伐，謂二人夾舞者，以鐸振之爲節，則舞者以戈矛四次擊刺，象東征西討，南征北伐之意也。駟讀爲四，伐如《泰誓》“四伐”、“五伐”之“伐”。蓋武舞戰象也，每奏四伐，一擊一刺爲一伐。盛威於中國也。分夾而進，事蚤濟也。久立於綴，以待諸侯之至也。武樂之始終，大槩不過蚤與久之兩節而已。蹈厲之已蚤，大將之鼓勇也。分夾而蚤濟，三軍之養勇也。戒備之已久，不敢輕大敵而易進，久立以有待，不敢迫諸侯而速進。敏以趨事機，而以蚤爲貴，則動如飄風之不可禦；緩以聽人心，而以久爲貴，則静如磐石之不可摇。一急一緩，俱不可偏，然六成之舞，其久之意常勝於蚤者。聖人無貪利之心，迫而後應，不得已而後動也。〇此言武舞之遲久。且女獨未聞牧野之語乎?提筆挺接，如異軍蒼頭突起。武王克殷反商。反讀爲及。未及下車而封黄帝之後於薊，封帝堯之後於祝，封帝舜之後於陳。下車而封夏后氏之後於杞，投殷之後於宋。殷後不曰封而曰投者，舉而徙置之辭云爾。封王子比干之墓，釋箕子之囚，使之行商容而復其位。庶民弛政，庶士倍禄。濟河而西，馬散之華山之陽，而弗復乘；牛散之桃林之野，而弗復服。車甲衅而藏之府庫，而弗復用。衅與釁同，以血塗之也。倒載干戈，凡載兵之法，皆刃向外，今倒載者，示弗用也。包之以虎皮。將帥之士，使爲諸侯，名之曰建櫜。名，命也。建，讀爲鍵，鎖也。櫜，韜兵器之具。然後天下知武王之不復用兵也。散軍而郊射，郊射，習射於郊，學之中也。左射《貍首》，右射《騶虞》，左東學，右西學，《貍首》、《騶虞》，兩詩所以歌爲節也。而貫革之射息也；裨冕搢笏，而虎賁之士説劍也；裨，衣衮之屬也。搢，插也。説，音脱。祀乎明堂，而民知孝；朝覲，然後諸侯知所以臣；耕藉，然後諸侯知所以敬。五者，天下之大教也。食三老五更於大學，三老五更，皆老人。更，知三德五事者。天子袒而割牲，執醬而饋，執爵而酳，冕而總干，所以教諸侯之弟也。若此，則周道四達，禮樂交通，則夫武之遲久，一筆兜轉，繳應"遲久"。不亦宜乎？"此就武王滅商後事説，而證其不得不遲久。

右《賓牟賈》第九。

君子曰：禮樂不可斯須去身。身兼内外，言總冒起。致樂以治心，則易直子諒之心油然生矣。子，讀爲慈。易直子諒之心生則樂，樂則安，安則久，久則天，天則神。天則不言而信，神則不怒而威。致樂以治心者也。致禮以治躬則莊敬，莊敬則嚴威。心中斯須不和不樂，而鄙詐之心入之矣。外貌斯須不莊不敬，而易慢之心入之矣。兩"斯須"正與首一"斯須"相應，"鄙詐之心"反映"子諒"，"易慢之心"反映"莊敬"。曰"入"，見是外誘使然，非其本心如此。○此言禮樂之切要於身心也。故樂也者，動於内者也；禮也者，動於外者也。頂上"治心"、"治躬"意説來。樂極和，禮極順。内和而外順，則民瞻其顔色而弗與争也，望其容貌而民不生易慢焉。樂言顔色，禮言容貌，俱就動處指點。故德輝動於内，而民莫不承聽，理發之外，而民莫不承順。德以輝言，乃英華發外之驗；理發諸外，是動容周旋之中禮。民之不争不慢不過，見君子之和順而皆起其敬；民之承聽承順，直是感君子之和順而皆治其身心。功效更深一層。故曰：致禮樂之道，舉而措之天下，無難矣。此推言禮樂之極效也。樂也者，動於内者也；禮也者，動於外者也。再頂上"治心"、"治躬"意，複一筆，見是禮樂之原。故禮主其減，樂主其盈。兩句以體言。禮之儀，動於外必謙卑退讓以自牧，故主於減殺；樂之德，動於中必和順充積而後形，故主於盈盛。禮減而進，以進爲文；樂盈而反，以反爲文。四句以用言，禮主其減，人所倦也，故勉而作之，而以進爲文；樂主其盈，人所懽也，故反而抑之，而以反爲文。故七介以相見，不然則已慤，三辭三讓而至；不然則已蹙，一獻之禮而賓主百拜。日暮人倦而齊莊正齊，此皆勉而進之者也。進旅退旅，以示其和弦；匏笙黃會，守拊鼓以示其統。治亂，則以相；訊疾，則以雅，作之以柷，止之以敔，此皆反而抑之者也。禮減而不進則銷，樂盈而不反則放。兩句反承，以申言體用之不可相無。故禮有報而樂有反。禮得其報，則樂；樂得其反，則安。禮之報，樂之反，其義一也。此言禮樂體用之異，而推其相濟之妙也。以上並論禮樂，以下專以樂言之。夫樂者樂也，人情之所不能免也。樂必發於聲音，形於動静，發於聲音，則嗟嘆咏歌是也；形於動静，則手舞足蹈是也。聲音生於氣，故曰發；動静見於容，故曰形。字法細玩。人之道也。聲音動静，性術之變盡於此矣。故人不耐無樂，耐，音能。樂不耐無形，形而不爲道，不耐無亂。道，謂宣其和樂之意。先王耻其亂，故制《雅》、《頌》之聲以道之，使其聲足樂而不流，使其文足論而不息，使其曲直、繁瘠、廉肉、節奏，足以感動人之善心而已矣。曲直，歌之曲折也。繁瘠廉肉，聲之鴻殺也。節奏，謂或作或止，作則奏之，止則節之。不使放心邪氣得接焉，是先王立樂之方也。是故樂在宗廟之中，君臣上下同聽之，則莫不和敬；在族長鄉里之中，長幼同聽之，則莫不和順；在閨門之内，父子兄弟同聽之，則莫不和親。跟上“足以感動人之善心”句來，疊用三“則莫不”，正十分寫足以。故樂者審一以定和，“審一”句，言作樂之始。“一”謂至静無感之時，“和”謂發而皆中節，即前發於聲音意。比物以飾節；物謂金石絲竹之器，節謂音律之節。節奏合以成文。所以合和父子君臣，附親萬民也，是先王立樂之方也。故聽其《雅》、《頌》之聲，志意得廣焉；執其干戚，習其俯仰詘伸，容貌得莊焉；行其綴兆，行，音杭。綴，表也，所以表行列。兆，域也，舞者進退所至也。要其節奏，猶要會也。行列得正焉，進退得齊焉。是“故聽其雅頌之聲”至此六句，寫人之善心何以能感動於樂。故樂者天地之命，中和之紀，人情之所不能免也。繳應起筆。〇此言先王立樂之方在感動人之善心。夫樂者，先王之所以飾喜也，軍旅鈇鉞者，先王之所以飾怒也。故先王之喜怒，皆得其儕焉。喜則天下和之，怒則暴亂者畏之。先王之道，禮樂可謂盛矣。此言先王以樂飾喜怒而成化也。

右《樂化》第十。

子貢見師乙而問焉，曰："賜聞聲歌各有宜也，"宜"字，一篇主腦。如賜者，宜何歌也？"師乙曰："乙，賤工也，何足以問所宜？請誦其所聞，而吾子自執焉。寬而静、柔而正者宜歌《頌》；廣大而静、疏達而信者宜歌《大雅》；恭儉而好禮者宜歌《小雅》；正直而静、廉而謙者宜歌《風》；肆直而慈愛①者宜歌《商》；温良而能斷者宜歌《齊》。肆，寬大而舒緩也。《商》音剛決，故性之柔緩者宜歌之，而變其柔爲剛斷。《齊》音柔緩，故性之剛決者宜歌之，而終至於柔遜。蓋各濟其所偏而融會之於平和之地也。夫歌者，直己而陳德也。總束上六"宜"字，作一鎖筆。動己而天地應焉，四時和焉，星辰理焉，萬物育焉。故《商》者，五帝之遺聲也，商人識之，故謂之《商》；《齊》者，三代之遺聲也，齊人識之，故謂之《齊》。六句單承上《商》、《齊》二詩而申言之。蓋《風》、《雅》、《頌》俱存，惟《商》、《齊》無徵，故特言以明宜歌之意。明乎《商》之音者，臨事而屢斷；明乎《齊》之音者，見利而讓。臨事而屢斷，勇也；見利而讓，義也。有勇有義，非歌孰能保此？此言歌之何宜。故歌者，上如抗，謂聲之發揚。下如隊；謂聲之重濁。曲如折，言其回轉而齊。止如槀木；言其闋後而定。槀木，枯木也。倨中矩，句中鉤，纍纍乎端如貫珠。上言歌《詩》之法，下言歌《詩》之義。故歌之爲言也，長言之也。説之，故言之；言之不足，故長言之；長言之不足，故嗟嘆之；嗟嘆之不足，故不知手之舞之，足之蹈之也。"子貢問樂。子貢問樂，是此一篇之名，古書名篇多在後。前十篇已删，此偶存耳。

右《師乙》第十一。

朱子曰："看《禮記》大段形容得樂之氣象。"當時許多名物度數，人人曉得，不須説出，故止説樂之理如此其妙。今許多名物度

① 自"寬而静"至"肆直而慈"原錯簡在"五帝之遺聲"後，錢先生發現後還原至此，于是上下文相銜接。此更正與《樂書》相同。《手批》本所標識的符號亦同。

數都没了，只有許多樂之意思是好，只是没頓放處。

記制度

《曲禮》第七

說者謂《曲禮》者，以其篇記吉、凶、賓、軍、嘉五禮之事。成周盛時，禮教洋溢。春秋以後，日就消亡。好禮君子，隨所聞見，得即録之，名曰《曲禮》，庶乎識小之義云爾。然桐城姚鼐則以爲《曲禮》之設，本俾童子誦焉，其所教皆幼少先習之事。頗亦有見。茲特遵依析出《曲禮》，古經冠篇首以當幼儀，而以今《曲禮》箸録吉、凶、賓、車、嘉五禮類附其後焉。

曲禮曰："毋不敬，"敬"字賅括全禮。"毋不"兩字着眼。儼若思，敬於貌。安定辭，敬於言。○"敬"字是徹上徹下兼身心内外言之，故曰"毋不"。首句本包得下二句，又必著下二句者。以入德言，則存養渾淪難於着手。且於貌言上用功，所謂"制於外所以養其中"也。以成德言，則至淵涵處無可形容。於貌言上流露處易見，所謂"有諸中自然形諸外"也。安民哉！推敬之效而極之於安民，即孔子答子路修己以敬，修己以安百姓意哉。字須咏味出嘆美的意思。①

將適舍，求毋固。不盡人之歡也，就館者誠不能無求於主人，然執平日之所欲而必求於人，則非爲客之義。

將上堂，聲必揚。不涉人之私也。

將入户，視必下。視下示不敢慢。毋踐屨，毋躇席，躇，音迹，猶躐也。摳衣趨隅。摳，苦侯切，提也。欲便於坐，故摳衣欲示其讓，故趨隅。必慎唯諾。唯所以應，諾所以許。

將即席，容毋怍。怍者，愧赧不安之貌。兩手摳衣去齊尺，齊，音咨，謂裳下緝也。兩手挈衣，使衣下之衣去地一尺，而後坐。衣毋撥，既坐，整疊前面衣衽，毋使撥開。足毋蹶。蹶，動也。

先生書策，琴瑟在前，坐而遷之，戒勿越。敬其人以及物也。

---

① 此后省去了十多章文字，此下幾章均爲節選。因爲《曲禮》原衹分上下篇，綜合論述幼儀、吉、凶、賓、軍、嘉各禮。錢先生爲了使讀者更清晰了解幼儀、吉、凶、賓、軍、嘉各禮，故打亂其原章節，重新依六禮之順序予以纂述。

虚坐盡後，虚坐，謂非飲食坐也。盡後，謙也。盡，子忍切。食坐盡前。食坐，飲食坐也。古者席地坐，俎豆在其前，盡後恐汙席也。坐必安，執爾顔。顔，肅敬如有執持。長者不及，毋儳言。儳，仕鑑切。

正爾容，聽必恭。毋勦説。勦，初交切，猶攣也，謂取他人之説以爲己説。毋雷同。雷之發聲，物無不同時應者，喻聞人之言而附和之也。〇勦説，則蹈襲之心勝而少獨得之見。雷同，則附和之意多而少折衷之辭。毋側聽，毋噭應，噭，音叫，應答之聲宜和平，高急者悖戾之所發也。毋淫視，注眄流動，邪視也。毋怠荒。怠荒，謂容止縱慢。

遊毋倨，遊，行。倨，傲慢也。立毋跛，立當兩足整齊，不可偏任一足。坐毋箕，箕謂兩展其足，狀如箕舌也。寢毋伏。伏，覆也。

斂髮毋髢。髢，音替，髮也。嫌其近於婦人也。

冠毋免，免，脱冠也。勞毋袒，袒，露臂也。暑毋褰裳。褰，揭也。〇先王以人不知服飾之爲禮也，爲之冠以旌其首，爲之屨以重其足，爲之衣以充其身。束則有帶，佩則有玉。深衣毋見膚，絺綌必有表。凡惡其無文而已。

共食不飽，共食而求飽，非讓道也。共飯不澤手。古人飯皆以手，與人共飯，摩手而有汗澤，人將惡之而難言。毋摶飯，摶，徒丸切，若取飯作摶，則易得多，是欲争飽也。毋放飯；謂食之放肆而無所節。毋流歠，謂飲之流行而不知止。毋咤食；咤，謂當食而叱咤。毋齧骨，毋反魚肉；反魚肉，謂已歷口，人所嫌也。毋投與狗骨，毋固獲；固獲，謂欲必得之也。毋揚飯，揚謂以手散其熱氣，嫌於食之急也。飯黍毋以箸；羹有菜者，可用箸，飯不可用箸。毋嚃羹；嚃，音塔。毋絮羹，絮，就器中調和也。毋刺齒，毋歠醢，醢，肉醬也。醬宜鹹，客若歠之，則是醬淡也。毋嘬炙。火灼曰炙，若食炙不一舉而併食。併食之曰嘬，是貪食也。

> 右《幼儀》第一。〇桐城姚鼐曰："右五十九句，有韻可誦，與《弟子職》同。疑此皆古曲。"《禮》正篇，所以教小學者，其文自孟子之母及孟子皆嘗引之，周世學者所嘗誦。其後或删取分析，雜以他書，爲今《曲禮》篇耳。

餕餘不祭。餕，音俊。凡食祭祀之餘肉曰餕。父不祭子，夫不祭妻。餕余之物，雖父不以祭子，夫不以祭妻，不敢以鬼神之餘復以祭也。

禮曰：“君子抱孫不抱子。”此言孫可以爲王父尸，古之祭祀必有尸。尸，神象也。然尸必以孫，以其昭穆之同也。子不可以爲父尸。爲君尸者，大夫士見之則下之。君知所以爲尸者、則自下之，尸必式。乘、必以几。齊者不樂不吊。古之有敬事者，必齊。齊者，致精明之德也。樂則散，哀則動，皆有害於齊也。不樂不吊者，全其齊之志也。

臨祭不惰。祭服敝則焚之，祭器敝則埋之；龜筴敝則埋之，牲死則埋之。臨祭須敬鬼神，饗德怠惰則神不歆，服是身著之物，故焚之。牲器之類並爲鬼神所用，雖敗不知鬼神用與不用，故埋之。埋之猶在，焚之則消，所以異也。若不焚埋，人或用之，是褻慢鬼神之物也。

凡卜筮日，旬之外曰遠某日；旬之内曰近某日。喪事先遠日；吉事先近日。喪事，孝子不忍，故先遠日。吉事，人情所樂，故先近日。先者，必先卜筮之，不吉而後更卜也。曰：爲日，假爾泰龜有常，假爾泰筮有常。泰者，尊上之辭。有常者，言其吉凶常可憑信也，此命筮龜之辭。卜筮不過三，卜筮不相襲。大事則卜，小事則筮，二者不相襲也。龜爲卜，灼龜以眂兆爲卜，天子龜一尺二寸，諸侯一尺，大夫八寸，士六寸。龜陰，故其數耦。筴爲筮。用筴以占象爲筮。筴，蓍也。天子蓍長九尺，諸侯七尺，大夫五尺，士三尺。蓍陽，故其數奇。卜筮者，先王之所以①信時日，敬鬼神，畏法令也；所以使民決嫌疑，定猶與也。嫌疑者，物有二而相似也；猶與者，事有二而不決也。《説文》：“猶，獸名。”與，亦獸名，二物皆進退多疑，人之多疑惑者似之，故謂之猶與。故曰，疑而筮之，則弗非也；日而行事，則必踐之。

無田禄者不設祭器，有田禄者先爲祭服。祭器可假，服不可假。君子雖貧，不粥祭器；雖寒，不衣祭服；爲宫室，不斬於丘木。丘，壟也。丘壟之木，所以庇宅兆，爲宫室斬之，是慢其先而濟吾私也。

天子祭天地，冬至日祭天，夏至日祭地。祭四方，四時各祭其方，以迎氣。祭山川，祭五祀，春祭户，夏祭竈，季夏祭中霤，秋祭門，冬祭行。歲徧；諸侯方祀，方祀，祭其所居之方，而已不在境内者不得祭。祭山川，祭五祀，歲徧；大夫祭五祀，歲徧；士祭其先。凡祭，有其廢之，莫敢舉也；有其舉之，莫敢廢也；非其所祭而祭之，名曰淫祀，淫祀無福。天子以犧牛，毛色純而不雜曰犧。諸侯以肥牛，大夫以索牛，求得而用之曰索。士以羊豕。支子不祭，祭

① 核《注疏》本和《手批》本，脱“使民”二字。

必告於宗子。

凡祭宗廟之禮，“凡”字兼天子、諸侯、大夫。牛曰一元大武，元，頭也。武，足迹也。牛肥則迹大也。豕曰剛鬣，豕肥則鬣剛。豚曰腯肥，腯者，充滿之貌，音突。羊曰柔毛，羊肥則毛細而柔弱。雞曰翰音，翰，長也。雞肥則鳴聲長。犬曰羹獻，犬肥則可爲羹以獻。凡煮肉皆謂之羹。雉曰疏趾，雉肥則兩足開張，故曰疏趾。兔曰明視，兔肥則目開而視明，故曰明視。脯曰尹祭，尹，正也。脯，欲剸割方正也。槀魚曰商祭，槀，乾也。商，度也。商度其燥濕之宜。鮮魚曰脡祭，脡，直也。魚之鮮者不餒敗，則挺然而直。水曰清滌，水，玄酒也。水可溉灌，故曰清滌。酒曰清酌，黍曰薌合，黍熟則黏聚不散，其氣又香，故曰薌合。粱曰薌萁，粱，穀之强者，其莖葉亦香，故曰薌萁。稷曰明粢，稷，粟也。明則足以交神，祭祀之飯謂之粢盛。稻曰嘉疏，韭曰豐本，韭以本之豐盛者爲美。鹽曰鹹鹺，大鹹曰鹺。玉曰嘉玉，無瑕之玉。幣曰量幣。曰量者，明其中廣狹、長短之度。

祭王父曰“皇祖考”，王母曰“皇祖妣”。妣之言媲也，媲於考也。父曰“皇考”，母曰“皇妣”，夫曰“皇辟”。辟，音璧，法也。妻所取法也。

大享不問卜，不饒富。冬至祀天，夏至祭地。日月素定，故不問卜，至敬不壇，掃地而祭。牲用犢，酌用陶匏，席用藁秸。視天下之物無以稱其德，以少爲貴焉，故不饒富。

右《吉禮》第二。〇孔穎達引鄭目録云：“祭祀之説，吉禮也。”是以經云禱祠、祭祀之説，當吉禮也。

爲人子者，父母存，冠衣不純素。純，音準。冠純，冠飾也。衣純，深衣領緣也。爲人子者，莫不以父母逮存爲幸。冠衣純素，嫌喪象也。孤子當室，冠衣不純采。孤子，謂年未三十者，蚤喪親，雖除喪，不忘哀也。三十壯有室，有代親之端，不爲孤也，當室嫡子也。

居喪之禮，毁瘠不形，視聽不衰。先王制禮，毁不滅性。毁瘠形，視聽衰，幾於滅性，送死之大事且將廢，莫之行，罪莫大焉。升降不由阼階，出入不當門隧。阼階，主人之階；門隧，中門之隧。不由不當，執人子之禮，而未忍廢也。

居喪之禮，頭有創則沐，身有瘍則浴，有疾則飲酒食肉，疾止復初。不勝喪，乃比於不慈不孝。不留身繼世，是不慈也。滅性是違親生時之意，是不孝也。然實非本心不慈不孝，故言比也。

五十不致毀，致，極也。六十不毀，七十唯衰麻在身，飲酒食肉居①於內。居於内，則不居門外之倚廬也。

生與來日，死與往日。凡喪禮三日而成服，爲生者之事，其數成服之日，從死之明日始。三日而殯斂，爲死者之事，其數殯斂之日，從死之日始。與，猶數也。知生者吊，知死者傷。吊者，禮之恤乎外；傷者，情之痛乎中。知生而不知死，吊而不傷。知死而不知生，傷而不吊。不知生而吊之，則其吊也近於諂；不知死而傷之，則其傷也近於僞。

吊喪弗能賻，賻，音附。不問其所費。問疾弗能遺，遺，去聲。不問其所欲。見人弗能館，不問其所舍。不問者，嫌口惠而實不至也。適墓不登壟，助葬必執紼。壟，墳堆也，登之爲不敬。紼，引棺索，執之致力也。

臨喪不笑②，望柩不歌，入臨不翔，臨，哭也；不翔，不爲容也。當食不歎。

鄰有喪，舂不相；五家爲鄰。相者，以音聲相勸。相，蓋舂人歌以助舂也。里有殯，不巷歌；二十五家爲里。巷歌，歌於巷也。適墓不歌，哭日不歌。

送喪不由徑，不苟取其速也。送葬不辟塗。塗，泥潦也。辟塗，嫌於憚勞也。

臨喪則必有哀色，執紼不笑，臨樂不歎，介胄則有不可犯之色。故君子戒慎，不失色於人。卒哭乃諱，葬而虞，虞而卒哭。凡卒哭之前，猶用事生之禮，故卒哭乃諱名。禮不諱嫌名，嫌名，音同者。二名不偏諱。死而不諱，則安忍而忘親。二名而均諱，則易犯而難避。聖人知其然，爲之諱名之禮，使之卒哭而諱，所以盡愛敬之心。二名不偏諱，所以適言語之便。逮事父母，則諱王父母。不逮事父母，則不諱王父母。父母早死，不聞父母之諱其祖，故亦不諱其祖。詩書不諱，詩書所以傳授後學，有所諱則將改易經文，故不諱。臨文不諱，臨事而有文字，以諭衆，有所諱則恐事理難明，故不諱。婦諱不出門。大功小功不諱。大功以下，恩輕服殺，故亦不諱。

君子已孤不更名。名者，始生三月之時父所命也。父没而改之，孝子所不忍也。居喪，未葬讀喪禮；既葬讀祭禮。讀是書，非肄業也。當是時，不知是事，

---

① 核《注疏》和《手批》二本，均爲“處”字。

② 校《注疏》本、《手批》本，此脱“揖人必違其位”一句。

不以禮事其親者也。喪復常，讀樂章。復常，除服之後也。居喪不言樂，祭事不言凶，吉凶不相干，哀樂之情不可以貳。公庭不言婦女。

大夫士去國，踰竟，爲壇位鄉國而哭。素衣、素裳、素冠、徹緣、鞮屨、鞮，音低。鞮屨，革屨也。素簚，簚，莫歷切。素簚，素白狗皮也。簚，車覆闌也。乘髦馬。髦馬，不剪剔馬之髦鬣以爲飾也。不蚤鬋。蚤，治手足爪也。鬋，剔治鬚髮也。不祭食，祭食，食盛饌則祭先代爲食之人也。不説人以無罪；婦人不當御。三月而復服。重去父母之邦也。古之去國者，其仁至於鄉國而哭，其義至於不説人以無罪，可謂仁之至義之盡也。

歲凶，年穀不登，君膳不祭肺，膳者，美食之名。肺爲氣主，周人所重，故食必先祭肺。不祭肺示不殺牲爲盛饌也。馬不食穀，馳道不除，祭事不縣。大夫不食粱，士飲酒不樂。

天子死曰崩，諸侯曰薨，大夫曰卒，士曰不禄，庶人曰死。在床曰尸，在棺曰柩。羽鳥曰降，羽鳥，飛翔之物，死則降落，故曰降。四足曰漬。四足，牛馬之屬。死寇曰兵。

右《凶禮》第三。〇孔穎達引鄭目録云："喪荒去國之説，凶禮也。"

凡與客入者，每門讓於客。客至於寢門，則主人請入爲席，然後出迎客。客固辭，主人肅客而入。主人入門而右，客入門而左；主人就東階，客就西階；客若降等，則就主人之階。主人固辭，然後客復就西階。主人與客讓登，主人先登，客從之，拾級，聚足連步以上。聚足，後足與前足相合也。上於東階，則先右足，上於西階，則先左足。

席南鄉北鄉，以西方爲上；東鄉西鄉，以南方爲上。若非飲食之客，非飲食之客，則是講説之客也。則布席，席閒函丈。函，猶容也。布席中間相去，使容一丈之地。《文王世子》云："侍坐於大司成，遠近間三席。"席之制，三尺三寸三分寸之一，二席是一丈也。太遠則不便問對，太近則又嫌猥褻，故席間函丈。主人跪，正席。客跪，撫席而辭。客徹重席，主人固辭。客踐席，乃坐。主人坐也。主人不問，客不先舉。

燭不見跋。跋，本也。古者未有蠟燭，以火炬照夜，將盡則藏其所餘之殘本，恐客見，以夜久欲辭退也。

尊客之前不叱狗。

讓食不唾。嫌若鄙主人之饌也。

凡進食之禮，左殽右胾；肉帶骨曰殽，純肉切曰胾。胾，側吏切。食居人之左，食，飯也。羹居人之右；膾炙處外，膾，牛羊魚肉聶而切之爲膾也。炙，燔肉也，音柘。處外，處殽胾之外也。此加饌非主也。醯醬處内；醯，醋也。葱渫處末，生葱曰葱。烝葱曰渫，音裔。酒漿處右。以脯脩置者，左朐，右末。脯，訓始，始作即成也。脩亦脯，脩訓治，治之乃成。薄析曰脯，捶而施薑桂曰腶脩。朐謂中屈也，音劬。左朐，朐置左也，其末在右便於食也。食脯脩者先末。客若降等，執食興辭，不敢當主人之進食也。主人興辭於客，然後客座。主人延客祭，古人不忘本，每食必每品少許置於豆間之地，以祭先代，始爲飲食之人。祭食，祭所先進。殽之序徧祭之。三飯，主人延客食胾，然後辯殽。辯，匝也。飲禮三爵而退，食禮三飯告飽者，不盡人之歡，非專爲飲食之義也，故三飯。主人延客食胾，然後辯①殽，蓋主人之加禮，義不可辭也。主人未辯，客不虚口。虚口，謂食竟而飲酒，蕩口使清潔及安食也。用漿曰漱，以清潔爲義，用酒曰酳，酳訓演，演養其氣也。客絮羹，主人辭不能亨。客歠醢，主人辭以窶。卒食，客自前跪，徹飯齊，以授相者。齊，牋西切，醬屬也。主人興辭於客，然後客坐。

水潦降，不獻魚鼈，水潦，魚鼈易得不足貴，故不獻。獻鳥者佛其首；捩轉其首，恐其喙之害人也。畜鳥者則勿佛也。獻車馬者執策綏，策是馬杖，綏是上車之繩。車馬不上於堂，但執策綏呈之，則知有車馬。獻甲者執胄，甲大胄小，小者易舉，執以呈之耳。獻杖者執末，杖末拄地不淨，故執以自向。② 獻粟③者執右契，獻人以粟者，書其數於契。契者，兩書一札，同而別之，右者先書爲尊，故藏左契而執右契以致之。獻米者操量鼓。量鼓，量器名。米云量則粟亦量，粟云契則米亦可書。但米可即食，爲急，故言量；粟可久儲，爲緩，故書契。獻孰食者操醬齊，齊，牋西切。獻田宅者操書致。書致，謂詳書其多寡之數，而致之於人也。〇“水潦降”已下十句，皆獻物之禮。首句隨天時，次兩句順物性，四句已下惟執末爲致潔，餘皆舉要，以見古人有一物必有一物之儀如此。凡

① “辯”原作“偏”，今改正。

② 校《注疏》本和《手批》本，脱“獻民虜者操右袂”一句。

③ “粟”原作“書”，今改正。

遺人弓者，此以下明授受之宜敵體故稱遺，非如上文之下於上曰獻也。遺，去聲。張弓尚筋，弛弓尚角。弓之體，角内而筋外。尚，使之在上也。右手執簫，簫，稍末也。左手承弣。弣①，音撫，中央把處也。尊卑垂帨。帨，音税，佩巾也。客主尊卑相等，則授受之際，皆稍磬折而見其帨之垂也。若主人拜，則客還辟音辟，辟音避拜。此時弓尚在客手，故不容答主人之拜，而少逡巡遷延以避之。主人自受，由客之左接下承弣，鄉與客並②。賓主異等，則授受異鄉，此賓主敵，故鄉與客並也。鄉，去聲。進劍者左首，進亦遺也。首，劍拊環也。客在右，主人承左，不以劍鋒末授，嫌若有推刃之象也。進戈者前其鐏、後其刃；戈，鉤、矛、戟也。刃當頭而利，鐏在尾而鈍。不以刃授，示不傷人，敬也。進矛戟者前其鐓，矛如鋌而三廉。戟，今之戟也。鐓爲矛戟柄尾，平底，音隊。進几杖者拂之；效馬效羊者右牽之，此亦是遺人而效，互文也。效犬者左牽之；以右手防其齧噬。執禽者左首，飾羔雁者以繢；繢，畫也。畫布爲雲氣，覆羔與雁，以飾爲相見贄也。受珠玉者以掬，珠玉③，重器，以兩手共承之，恐其墜也。受弓劍者以袂。謂以衣袂承接之，不露手也。④ 凡以弓劍苞苴簞笥問人者，操以受命，如使之容。苞者，包裹魚肉之屬。苴者，以草藉器而貯物也。簞圓笥方，皆竹器。問，遺之也。使者受命之時，即習其威儀，進退如將命之儀容，慎將命也。客車不入大門。

右《賓禮》第四。

兵車不式，武車綏旌，旌，車上旌旛也，疏散若垂緌然。德車結旌。前有水，則載青旌。青旌者，青雀也，是水鳥。前有塵埃，則載鳴鳶。前有車騎，則載飛鴻。鴻，雁也。雁飛有行列，與車騎相似。前有士師，則載虎皮。前有鷙獸，則載貔貅。貔貅，猛獸名。貔，一名豹，虎類也。

行，軍旅之出也。前朱鳥而後玄武，左青龍而右白虎。朱鳥、玄武、青龍、白虎，四方宿名也。以爲旗，章其旒數，皆放之龍旗則九旒，雀則七旒，虎則六

① “弣”原作“附”，今改正。
② 脱“然後受”三字。
③ “珠玉”原作“殊玉”，今改正。
④ 脱“飲玉爵者弗揮”一句。

旒，龜蛇則四旒也。招摇在上，招摇，北斗七星也，居四方宿之中，軍行法之作此舉之於上，以指正四方，使戎陳整肅也。急繕其怒。繕，言作而致其怒。“怒”字着眼。王師之出，本爲一怒，安民士卒以王者之怒爲怒，始能所嚮有功。故爲旗物，以作其怒。進退有度，左右有局，各司其局。局，部分也。軍之左右，各有部分，不相濫也。介者不拜，介，甲也。爲其拜而蓌拜。蓌，子卧切，猶言有所枝拄，不利屈伸也。

右《軍禮》第五。

謀於長者，必操几杖以從之。長者問，不辭讓而對，辭者，無所受於己；讓者，有所推於人。曾子之謝不敏，所謂辭也。子路之對率爾，非所謂讓也。非禮也。

凡爲人子之禮，冬温而夏凊，昏定而晨省，在醜夷不争。醜夷，皆等類之名。貴賤相臨則有畏憚，朋儕等輩喜争勝負，一朝之忿，忘其身則害及其親，故戒之以不争。見父之執，不謂之進不敢進，不謂之退不敢退，不問不敢對。此孝子之行也。

夫爲人子者，出必告，告，音梏。反必面，所遊必有常，所習必有業。恒言不稱老。

年長以倍，則父事之；十年以長，則兄事之；五年以長，則肩隨之。羣居五人，則長者必異席。古者地敷横席而容四人，長者居席端。若五人會，則長者一人異席也。

爲人子者，居不主奥，室西南隅爲奥。坐不中席，行不中道，立不中門。食饗不爲概，聽於無聲，視於無形。不登高，不臨深。不苟訾，不苟笑。孝子不服闇，不服闇者，不行事於暗中，一則爲卒有非常，二則生物嫌。不登危，懼辱親也。

父母存，不許友以死，不有私財。

童子不衣裘裳。立必正方，不傾聽。長者與之提攜，則兩手奉長者之手。負劍辟咡詔之，長者俯與童子語，狀若負劍。辟，偏也。咡，口旁。詔，告語也。則掩口而對。恐口沫汚長者。從於先生，先生齒長，而有德之稱。不越路而與人言。遭先生於道，趨而進，正立拱手。先生與之言則對，不與之言，則趨而退。從長者而上丘陵，則必鄉長者所視。

凡爲長者糞之禮，糞，除穢也。必加帚於箕上，以袂拘而退。其塵不及長者，以箕自鄉而扱音吸之。

侍坐於先生，先生問焉，終則對。請業則起，請益則起。父召無諾，先生召無諾，唯而起。

侍坐於所尊敬，毋餘席。謂已之席與長者之席相接，不使有空隙處，如是則應對審也。見同等不起。燭至起，食至起，上客起。

侍坐於君子，君子欠伸，氣乏則欠，體疲則伸。撰杖屨，視日蚤莫，侍坐者請出矣。侍坐於君子，君子問更端，則起而對。侍坐於君子，若有告者，曰："少閒音閑，願有復也。"復，白也。則左右屏而待。

女子許嫁纓。示有繫屬也。男女非有行媒，不相知名；非受幣，不交不親。《周官》凡嫁子取妻，入幣純帛無過五兩，於外則以行之，行禮於内則以之。將意行禮於外所以交之也，將意於内所以親之也。故日月以告君，媒氏書之以告於君。齊戒以告鬼神，爲酒食以召鄉黨僚友，以厚其別也。取妻不取同姓，故買妾不知其姓，則卜之。

名子者，不以國，不以日月，不以隱疾，不以山川。

女子許嫁，笄而字。

侍飲於長者，酒進則起，拜受於尊所；尊所，謂置尊之所。長者辭，少者反席而飲。長者舉，未釂，釂，子妙切，謂飲盡爵也。少者不敢飲。

長者賜，少者賤者不敢辭。御同於長者，雖貳不辭，御，侍也。貳，益物也。侍食者雖獲殽饌之重，而不辭其多者，以此饌本爲長者設耳。若辭之，則嫌當於長者也。偶坐不辭。偶坐，倍坐也。

侍於君子，不顧望而對，非禮也。顧望者，從容詳審，言不輕若。子路率爾而對，夫子則哂之。

凡摯，摯與贄同，執物以爲相見之禮。天子鬯，鬯，釀秬黍爲酒，曰秬鬯；和以鬱金之草，則曰鬱鬯；不以鬱和，則直謂之鬯。言其芬香條暢於上下也。天子無客禮而言摯者，用以禮見於神而已。諸侯圭，圭，命圭。公桓圭，侯信圭，伯躬圭，子穀璧，男蒲璧。此不言璧，略也。卿羔，羔，取其羣而不失類，且潔素也。大夫雁，雁，取其知時，且飛有行列也。士雉，雉，取其性之耿介，且文飾也。庶人之摯匹。匹，讀爲鶩，野鴨曰鳧，家鴨曰鶩，不能飛騰，如庶人之終守耕稼也。童子委摯而退。不敢與成人爲禮，或見師友而執摯，則奠委於地而自進避之也。野外軍中無摯，以纓、拾、矢，可也。纓，馬之繁纓，即馬鞍也。拾，射鞲也。矢，箭也。婦人之摯，椇、榛、脯、脩、棗、栗。椇，形似珊瑚，味甜美，一名石李。榛，似栗而小。脯，即今之脯也。脩，用肉煆治加薑桂乾之脯，形方正，脩形稍長。並棗、栗六物，婦初見舅姑以此爲摯也。

右《嘉禮》第六。〇唐孔穎達據鄭目録云："事長敬老執摯納女之説，嘉禮也。"

《内則》第八

内則者，以其記男女居室事父母舅姑之法，導主教家書言，故名内則。

后王命冢宰，降德於衆兆民。冢宰掌邦治，而治國者必先齊家。降德者，下其德教於民也。〇此句總冒全篇。子事父母，雞初鳴，咸盥洗手。漱，先奏切，滌口也。櫛、梳。縰、黑繒韜髮者。笄、總，總，亦繒爲之，以束髮之本而垂，餘於髮後以爲飾也。拂髦，冠拂髦，振去髮上之塵也。髦，用髮爲之，象幼時剪髮爲鬌之形。〇此所陳皆以先後之次，櫛訖，加縰，次加笄，加總，然後加髦着冠。緌、纓，冠之纓結於頷下以爲固，結之餘者下垂爲之緌。端、端，玄端服也。衣用緇布而裳不同，上士玄裳，中士黄裳，下士雜裳也。韠、韠，以革爲之。古者席地而坐，以臨俎豆，故設蔽膝以備濡漬，韠之言蔽也。在冕服謂之韍，他服則謂之韠。紳，大帶。搢笏，搢，插也，插笏於帶中。左右佩用，總一句，下分説。左佩紛帨，紛以拭器，帨以拭手，皆巾也。刀礪，礪，石也。小觿，觿，音兮，所以解結者，用象骨爲之，狀如錐。金燧，用取火日中。右佩玦、玦，射者着於右手大指，所以鉤弦而開弓體也。捍、捍，拾也。韜左臂而收拾衣袖以利弦也。管、筆彄，形制無考。遰、遰，音逝，刀室。大觿、木燧，鑽火之器。偪，偪，一名行縢，束其脛自足至膝。屨著綦。鞋口帶。〇此論子事父母。

婦事舅姑，如事父母。雞初鳴，咸盥、漱櫛、縰笄總，衣紳，左佩紛帨、刀礪、小觿、金燧，右佩箴管、箴在管中，納箴之管。線纊、施縏袠、縏，音盤。袠，音帙。皆囊屬。施縏袠者，爲貯箴線纊也。大觿、木燧、衿纓、衿結纓，香囊也。綦屨，以適父母舅姑之所。及所，下氣怡聲，問衣燠寒，疾痛苛癢，而敬抑搔之。苛，疥也。抑，按搔摩也。出入則或先或後而敬扶持之。進盥，少者奉盤，長者奉水，清沃盥，盥卒，授巾。問所欲而敬進之，柔色以温之，饘、厚粥。酏、薄粥。酒、醴、芼、羹、以菜雜肉爲羹。菽、麥、蕡、蕡，音焚，大麻子。稻、黍、粱、秫，唯所欲，棗、栗、飴、蜜以甘之，飴，餳也。堇、音謹荁、音丸枌、榆免音問薨，音考。〇堇菜名荁，似堇而葉大。榆之白者名枌。免，新鮮者；薨，乾陳者。言堇、荁、枌、榆四物，或用新鮮，或用舊也。滫思酒切。瀡音髓。以滑之，脂膏以膏之，父母舅姑必嘗之而後退。此論女事父母，婦事舅姑。

男女未冠笄者，雞初鳴，咸盥漱，櫛縰，拂髦總角，男角女羈，此止曰角，舉男以賅之也。衿纓，皆佩容臭，容臭，香物也。助爲形容之飾，故言容臭。昧爽而朝，問何食飲矣。若已食則退，若未食，則佐長者視具。此論未冠笄者事親之禮。

凡内外，雞初鳴，咸盥漱，衣服，斂枕簟，灑掃室堂、及庭、布席，各從其事。孺子蚤寢晏起，唯所欲，食無時。此總論子婦之外卑賤及僕隸之等。

由命士以上，父子皆異宫。昧爽而朝，慈以旨甘，慈，愛也，謂敬愛其親，故以旨甘之味致其愛。日出而退，各從其事；日入而夕，晚朝爲夕。慈以旨甘。此論命士以上事親，異於命士以下。

父母舅姑將坐，奉席請何鄉。將衽，謂更卧處。長者奉席請何趾。羣子婦不敢耑必讓於長者。長幼之分，禮宜然也。少者執牀與坐，御者舉几，斂席與簟，懸衾、篋枕，斂簟而襡之。襡，音獨，韜也。〇此事父母舅姑將坐卧之禮。

父母舅姑之衣衾簟席枕几不傳，傳，移也。杖屨、祗敬之，勿敢近。敦音對牟巵音支。匜音移。非餕，莫敢用。敦與牟皆盛黍稷之器。巵，酒器。匜，盛水漿之器。與恒食飲，與，及也。接上敦牟之文。非餕，莫之敢飲食。此論父母舅姑服御之物，子婦不得輒用。

父母在，朝夕恒食，子婦佐餕，既食恒餕，父没母存，冢子御食，羣子婦佐餕如初。旨甘柔滑，孺子餕。此論父母之食，子婦佐餕之禮。

在父母舅姑之所，有命之，應唯去聲。敬對。進退周旋慎齊，音齋。升降、出入、揖遊，不敢噦噫、嚏咳、欠伸、跛倚、睇視，不敢唾洟。噦，於月切，嘔逆之聲也。《莊子》"大塊噫氣"。《詩》"願言則嚏"，音帝。咳，嗽聲也。氣乏則欠，體疲則伸。偏任爲跛，依物爲倚。睇音第，睇視，傾視也。洟，音替，自鼻出者。寒不敢襲，癢不敢搔。不有敬事，不敢袒裼，不涉不撅，褻衣衾不見裏。此論在父母舅姑之所。父母唾洟不見，冠帶垢，和灰請漱；衣裳垢，和灰請澣；衣裳綻裂，紉箴以線貫箴曰紉。請補綴。五日則燂詳廉切，謂温也。湯請浴，三日具沐。其間面垢，燂潘音翻，謂淅米汁。請靧音悔；足垢，燂湯請洗。少事長，賤事貴，共帥時。此論侍父母盥洗。

子婦孝者敬者父母舅姑之命，勿逆勿怠。貫下三項。若飲食之，雖不耆音嗜，必嘗而待；加之衣服，雖不欲，必服而待；加之事，人代之，己雖弗欲，姑與之而姑使之，而後復之。此勉子婦之孝於舅姑。子婦有勤勞之事，雖甚愛之，姑縱之而寧數音朔休之。子婦未孝未敬，勿庸疾怨，姑教之；若不可教，而後怒之；不可怒，子放婦出，而不表禮焉。不表禮，謂不表明其失禮之罪。○此勉父母舅姑之慈於子婦。父母有過，下氣怡色柔聲以諫，諫若不入，起敬起孝，説則復諫，不説，與其得罪於鄉黨州閭，寧孰諫。父母怒不説，而撻之流血，不敢疾怨，起敬起孝。此論父母有過，子諫諍之禮。

父母有婢子若庶子庶孫，甚愛之，雖父母没，没身敬之不衰。婢子即婢，婢賤，而庶子孫貴，先賤後貴者，爲加愛敬，於是尤難也。子有二妾，父母愛一人焉，子愛一人焉，由衣服飲食，由執事，毋敢視父母所愛，雖父母没不衰。子甚宜其妻，父母不説，出。子不宜其妻，父母曰："是善事我。"子行夫婦之禮焉，没身不衰。父母雖没，將爲善，思貽父母令名，必果。將爲不善，思貽父母羞辱，必不果。此論人子事亡如存。

舅没，則姑老，冢婦所祭祀賓客，每事必請於姑，介衆也。婦請於冢婦。舅姑使冢婦，毋怠，不友無禮、於介婦。舅姑若使介婦，毋敢敵耦於冢婦，不敢並行，不敢並命，不敢並坐。此論冢婦介婦相與之節。凡婦不命適私室，不敢退。婦將有事，大小必請於舅姑。子婦無私貨，無私畜，無私器，不敢私假，不敢私與。婦或賜之飲食、衣服、布帛、佩帨、茝蘭，茝，昌切改，又音齒。則受而獻諸舅姑，舅姑受之則喜，如新受賜，若反賜之則辭，不得命，如更受賜，藏以待之。婦若有私親兄弟，將與之，則必復請其故，賜而後與之。此論婦不得私有物。

曾子曰："孝子之養老也，樂其心，不違其志，樂其耳目，安其寢處，以其飲食忠養之，孝子之身終。終身也者，非終父母之身，終其身也。是故父母之所愛亦愛之，父母之所敬亦敬之，至於犬馬盡然，而況於人乎！"孝爲德之本，故重引曾子之言以申明之。作結。

禮始於謹夫婦，一句冒起。爲宫室，辨内外。男子居外，女子居内，深宫固門，閽寺守之，男不入，女不出。非祭非喪，不相授器。其相授，則女受以篚，其無篚，則皆坐，奠之而後取之。外内不共井，不共湢浴，湢，浴室也。不通寢席，不通乞假。男女不通衣裳，不同椸枷。椸音移，枷音架，所以懸衣。不敢懸於夫之楎音輝椸，植者曰楎，横者曰椸。不敢藏於夫之篋笥。内言不出，外言不入。男子入内，不嘯不指，夜行以燭，無燭則止。女子出門，必擁蔽其面，夜行以燭，無燭則止。此論謹夫婦。○君子之道，造端乎夫婦，故先焉。

妻將生子，及月辰，居側室，夫使人日再問之。作謂動作將免。而自問之，妻不敢見，使姆衣服而對，至于子生，夫復使人①再問之。夫齊音齋，則不入側室之門。子生，男子設弧於門左，女子設帨佩巾於門右。三日，始負子，負，抱也。男射，女否。

三月之末，擇日剪髮爲鬌，男角女羈，鬌音朶，所存留不剪者也。夾囟兩旁當角之處，留髮不剪者謂之角，留頂上縱横各一，相交通達者謂之羈。否則男左女右。是日也，妻以子見於父，貴人則爲衣服，由命士以下，皆漱澣，男女夙②興，沐浴衣服，具視朔食，夫入門，入側室之門。升自阼階，立於阼，西鄉，妻抱子出自房，當楣中脊之架曰棟，次棟之架曰楣。立，東面。姆先相曰："母某，敢用時日祗見孺子。"夫對曰："欽有帥。"父執子之右手，咳小兒笑聲。而名之。妻對曰："記有成。"遂左還音旋。授師子，師辯音徧告諸婦諸母名，妻遂適寢。夫告宰名，宰辯音徧告諸男名，書曰：某年某月某日某生而藏之，宰告閭史，閭史書爲二，其一藏諸閭府，其一獻諸州史，州史獻諸州伯，州伯命藏諸州府。

凡名子，不以日月，不以國，不以隱疾。此論生子。○有夫婦而後有父子，故次焉。

子能食讀如字，食音嗣教以右手。能言，男唯上聲女俞。男鞶步干反，小囊盛帨巾者。革，女鞶絲。六年，教之數與方名。數，一百千萬；方名，東西南北也。七年，男女不同席，不共食。八年，出入門户及即席飲食必後長者，始教之讓。九年，教之數日。知朔望與六甲。十年，出就外傅，居宿於外，學書六書。計九數。衣不帛襦音儒。褲，禮帥初，朝夕學幼儀，請肄簡簡要。諒語言信實。十有三年，學樂，誦詩，舞勺，成童舞象，學射御。十五以上爲成

① 核《注疏》本、《手批》本脱“日”字。
② “夙”原作“朔”，今改正。

童。二十而冠，始學禮，可以衣裘帛，舞大夏，惇行孝弟，博學不教，内而不出。三十而有室，始理男事，博學無方，孫友視志。四十始仕，方物出謀發慮，道合則服從，不可則去。五十命爲大夫，服官政。七十致事。凡男拜尚左手。此論教子。女子十年不出，姆教婉娩音晚。聽從，執麻枲，治絲繭，織紝繒帛之屬。組紃，音巡，以絛古人，以置諸冠服縫中者。學女事以共衣服，觀於祭祀，納酒漿、籩豆、菹醢，禮相助奠。十有五年而笄，二十而嫁；有故，二十三年而嫁。凡女拜，尚右手。此論教女。

《王制》第九

王制者，以其記先王治國平天下之法，漢文帝令博士諸生作。

凡官民材，必先論之。“官”字包下使爵禄三項，一“必先”字與下三“然後”字相激映。論辨然後使之，任事然後爵之，位定然後禄之。三“然後”見慎重，如不得已之意。爵人於朝，與士共之。刑人於市，與衆棄之。四句結上起下，作一機捩。是故公家不畜刑人，大夫弗養，士遇之塗，弗與言也。屏之四方，唯其所之，不及以政，謂賦役不與。示弗故生也。此論爵人、刑人之事。

冢宰制國用，“制國用”三字總冒起下文。冢宰無所不統、而獨言制國用者，財用盈縮，國之治亂安危係焉。必於歲之杪，五穀皆入，然後制國用。用地小大，視年之豐耗。以三十年之通制國用，量入以爲出，祭用數之仂。仂，音勒，算一歲經用之數，而用其什一也。喪三年不祭，惟祭天地社稷，爲越紼而行事。越，音活，結草也。紼，絡車之索也。喪用三年之仂，喪祭，用不足曰暴，有餘曰浩。祭，豐年不奢，凶年不儉。國無九年之蓄曰不足，無六年之蓄曰急，無三年之蓄曰國非其國也。三年耕，必有一年之食；九年耕，必有三年之食。以三十年之通，雖凶旱水溢，民無菜色，然後天子食，日舉以樂。

古者公田，藉而不税。孟子曰“殷人七十而助”，助者，藉也。但借民力以助耕公田，而不取其私田之税。市廛而不税。廛市物邸舍税，其舍不税其物。關譏而不征。關之設，但主於譏察言異言服之人，而不征其往來貨物之税。林麓川澤，以時入而不禁。夫圭田無征。圭田者，禄外之田所以供祭祀。白圭者，潔白之義也。《周官》制度云圭田自卿至士皆五十畝。夫，音扶。用民之力，謂治城郭、塗巷、溝渠、宫廟之類。歲不過三日。《周禮》豐年三日，中年二日，無年則一日而已。田里不粥音育，墓地不請。田里不粥，則生者無相兼并而民無憾於養生；墓地不請，則死者有所安厝而民無憾於送死。藉也、廛也、時入也、圭田也、用民力也，義也；而不税不征不禁，無征不過三日，仁也；頒之田里墓地，仁也；禁之不粥不請，義也。〇此論賦役。

司空執度度謂規畫經界之大法。度待洛切地，居民兩句總冒起。山川沮澤，所以辨地宜。〇小而水所止曰沮，大而水所鍾曰澤。時四時，所以候天時。量地遠近，謂制井邑之處。興事任力。所以均民力。〇興①事，謂築邑廬宿市也。蓋山川沮澤勢有高卑，故氣有寒暖燥濕，而天時物候亦因有早晚之不同，必驗四時物候之異，以知陰陽嚮背之宜，而量遠近以居之，或宜爲居民，或宜爲都邑。民居既定，然後民事可興，而民之力可任，以上亦衹言個大概如此，而下詳説之。凡使民，先提清一筆。任老者之事，食音嗣壯者之食。此論使民寬其力而厚其養，即興事任力之謂也。凡居民材，材謂器性材藝。必因天地寒暖燥濕，因者，使其材藝堪地氣也。〇先提清主意，下皆言必因之故。廣谷大川異制。謂其形象。民生其間者異俗，謂其所好惡。剛柔、輕重、遲速、異齊，謂其性情緩急。齊，才細反。五味異和，謂香臭與鹹苦。器械異制，謂作務之用。衣服異宜。謂旃裘與絺綌。修其教，教謂禮義。不易其俗；齊其政，政謂刑禁。不易其宜。中國戎夷，五方之民，皆有性也，不可推移。三句承上起下，作一機捩。“不可推移”句虚斷一筆，正見俗宜之不可易，下詳申之。東方曰夷，被髮文身，有不火食者矣。南方曰蠻，雕題交趾，雕，刻也；題，額也。刻其額以丹青涅之。交趾，足拇指相嚮也。有不火食者矣。西方曰戎，被髮衣皮，有不粒食者矣。北方曰狄，衣羽毛穴②居，有不粒食者矣。中國、夷、蠻、戎、狄，皆有安居，和味宜服，利用備器，俗雖不同，亦皆隨地以資其生，無不足也。正以見五方民性之不可推移而亦不須推移耳。五方之民，言語不通，嗜欲不同。達其志，通其欲，東方曰寄，南方曰象，西方曰狄鞮，鞮，音低。北方曰譯。此論居民材。凡居民，量地以制邑，度地以居民。地、邑、民居，必參相得也。無曠國，無游民，食節事時，民咸安其居，樂事勸功，尊君親上，然後興學。此論居民之法。〇以上司空度地居民，末句順遞。開下言養得而後教，措施有先後，故次

① “興”原作“與”，今改正。
② “穴”原作“曰”，今改正。

司徒於司空之後也。

司徒修六禮以節民性；民之性，無非天也，故六禮曰修。修者，言有所因也。六禮冠、昏①、鄉，嘉禮也；喪，凶禮；祭，吉禮也；相見，賓禮也。《周官》宗伯掌禮之在上者則有軍禮，而冠、昏、鄉其禮同，故五禮。此言禮之在民者，則冠、昏、鄉，其事異而無軍禮，故有六禮。明七教以興民德，人之德，無非自得，故七教曰明。明者，言有所本也。父子教之有親，君臣教之有義，夫婦教之有别，長幼教之有序，朋友教之有信，故曰五教。分而言之，則父子兄弟其道同，而兄弟主於睦；朋友賓客其事同，而賓客主於禮，故有七教。齊八政以防淫，淫者，出於民之欲，故八政曰齊。齊者，所以制其過差也。八政，《周官》司徒辨其貴賤老幼而有飲食之禁令，則政之在飲食也。以本俗六安萬民而終於同衣服，則政之在衣服也。頒職事以登萬民，曰學藝，曰世事，則所謂事爲也。以土宜相民宅而知其利害，則所謂異别也。以度教節，則所謂度也。以儀辨等，則所謂制也。節必有量，等必有數。一道德以同俗；鄉師三歲察辭，大行人歲協辭。奇衺者有禁，造言者有刑，所以一道德也。養耆老以致孝；恤孤獨以逮不足。上賢以崇德，簡不肖以絀惡。兩句開下。命鄉簡不帥教者以告，緊頂“簡不帥”句説下。耆老皆朝於庠，元日，習射上功，習鄉上齒，鄉，幾内六鄉也。在遠郊之内，每鄉萬二千五百家，庠則鄉之學也。耆老，鄉中致仕之卿大夫也。元日，所擇之善日也。期日定，則耆老皆來會聚，於是行射禮與鄉飲酒之禮。射以中爲上，故曰上功；鄉飲則序年之高下，故曰上齒。大司徒帥國之俊士，與執事焉。大司徒，教官之長，帥其俊秀者與執禮事。蓋欲使不帥教之人得於觀感，而改過以從善也。不變。命國之右鄉，簡不帥教者移之左，命國之左鄉，簡不帥教者移之右，左右對移，以易其藏脩游息之所，新其師友講切之方，庶幾其變也。如初禮。謂仍習鄉社之禮，故云如初。此文字省略法。不變，移之郊，如初禮。不變，移之遂，如初禮。四郊去國百里，在鄉界之外，遂又在遠郊之外。蓋示之以漸遠之意也。不變，屏之遠方，終身不齒。此言簡不肖以絀惡。命鄉論秀士，苗之穎出曰秀。升之司徒，曰選士。選者，擇而用之。司徒論選士之秀者，而升之學，曰俊士。俊者，才過千人之名。升於司徒者，不征於鄉，不征，不給其徭役也。升於學者，不征於司徒，曰造士。造者，成也，言成就其才德也。〇此言上賢崇德。樂正，樂正掌國學之教，故以次於司徒，頂俊秀升學説下。崇四術，術者，道路之名。

---

① “昏”與“婚”同，下亦同。

立四教，四術、四教，皆言《詩》、《書》、《禮》、《樂》，惟自學者入德而言，曰術；自教者垂訓而言，曰教。字法細玩。順先王《詩》、《書》、《禮》、《樂》以造士。春秋教以《禮》、《樂》，冬夏教以《詩》、《書》。王大子；王子，羣后之大子，卿大夫元士之適子，適，音的。國之俊秀，皆造焉。皆造，皆來受教也。凡入學以齒。惟次長幼之序，不分貴賤之等。將出學，古之教者，九年而大成。出學，九年之期也。小胥、大胥、《周官》大胥掌學士之版，以待致諸子。春入學，舍采，合舞；秋頒學，合聲。小胥掌學士之徵令而比之，觵其不敬者。巡舞列而撻其怠慢者。小樂正簡不帥教者以告於大樂正。大樂正以告於王。王命三公九卿大夫元士皆入學。不變，王親視學。不變，王三日不舉，屏之遠方，西方曰棘，東方曰寄，終身不齒。（棘，急也，欲其遷善之速也。寄者，寓也，暫寓而終歸之意。蓋雖屏之，終身不齒，然猶爲此名以示不忍終棄之意。大樂正論造士之秀者，以告於王，而升諸司馬曰進士。此句束上起下，作一機捩，然提筆挺接，勢便振拔不平。

司馬辨論官材，論進士之賢者以告於王，而定其論。緊頂上，一直説下，鬬筍極緊。○學而後從政，故以司馬次樂正後。論定然後官之，任官然後爵之，位定然後禄之。古者鄉學教庶人，國學教國子及庶人之俊，而其仕進有二道。鄉學秀者之升曰選士，國學秀者之升曰進士。其選士者不過爲鄉遂之吏，而選用之權在司徒也。其進士則必命爲朝廷之官，而爵禄之定，其權皆在大司馬，此鄉學國學教選之異，所以爲世家編户之别。然庶人仕進亦是二道：可爲選士者，司徒試用之；此其一也。司徒升之國學，則論選之法與國子弟同矣；此其二也。大夫廢其事，終身不仕，死以士禮葬之。有發，則命大司徒教士以車甲。發，師旅之役也。此因上司徒升造士，而司馬官其材，因及司馬發車甲而司徒教其士之事，見先王設官分職，未嘗不辨，而亦未嘗不通也。凡執技論力，論者，亦司馬論之也，統下三項説。適四方，健行能覘遞者。臝股肱，能舉重者。臝，力果反。決射御。決射，如徹七札，決御如輦重如役。凡執技以事上者，祝史射御醫卜及百工。凡執技以事上者、不貳事，專其事，則所業彌精。不移官，恐他職非所長。出鄉不與士齒。① 以上司馬。

司寇正刑明辟以聽獄訟，正刑，正其輕重之罪；明辟，察其真僞之情。辟，婢亦切。○兩句總冒起。必三刺。有旨無簡，不聽。附從輕，赦從重。周禮以

---

① 核《注疏》本和《手批》本，脱“仕於家者出鄉不與士齒”一句。

三刺斷庶民獄訟之中，一曰訊羣臣，二曰訊羣吏，三曰訊萬民。刺，殺也。有罪當殺者，先問之羣臣，次問之羣吏，又問之庶民，然後決其輕重也。凡聽訟不重語言而重情事，語言有可呈驗而情事無可考覈，是謂有旨無簡，則不復聽斷或比附成例而入之務。從其輕者或眚災肆赦而出之務，從其重者，所謂與殺不辜寧失不經也。〇承明上兩句。凡制五刑，必即天論，郵罰麗於事。論同倫。天倫，天理也。郵與尤同。〇此言如何正刑明辟。凡聽五刑之訟，必原父子之親，立君臣之義以權之。父子君臣，人倫之大者，故特舉以言之，亦承上文天倫之意。意論輕重之序，慎測淺深之量以别之。悉其聰明，致其忠愛以盡之。疑獄氾與衆共之；衆疑，赦之。必察小大之比以成之。成獄辭，史以獄告成[1]於正，史掌文書者，正士師之屬。正聽之，正以獄成告於大司寇，大司寇聽之棘木之下。棘木，外朝之卿位也。大司寇以獄之成告於王，王命三公參聽之。三公以獄之成告於王，王三又，又當作宥，周禮一宥曰不識，再宥曰過失，三宥曰遺忘。謂行刑之時，天子猶欲以此三者免其罪。然後制刑。此言如何聽獄訟。凡作刑罰，輕無赦。當刑必刑，雖輕不赦。刑者侀也，侀是形體。侀者成也，一成而不可變，故君子盡心焉。析言破律，亂名改作，執左道以亂政，殺。析言則離於理，破律則壞於法，亂名則失其實，改作則反其常。若是者，皆執左道以亂政也。作淫聲、異服、奇技、奇器以疑衆，殺。行僞而堅，言僞而辯，學非而博，順非而澤以疑衆，殺。假於鬼神時日卜筮以疑衆，殺。此四誅者，不以聽。此言作刑。凡執禁以齊衆，不赦過。有圭璧金璋，不粥於市。命服命車，不粥於市。宗廟之器，不粥於市。犧牲不粥於市。四者，禁民之不敬。戎器不粥於市。防民賊亂。用器不中度，不粥於市。兵車不中度，不粥於市。布帛精粗不中數，幅廣狹不中量，不粥於市。姦色亂正色，不粥於市。四者，禁民之不法。錦文珠玉成器，不粥於市。衣服飲食，不粥於市。二者，禁民之不儉。五穀不時，果實未熟，不粥於市。木不中伐，不粥於市。禽獸魚鼈不中殺，不粥於市。三者，禁民之不仁。關執禁先列舉禁物，而後點出關執禁，是倒叙法。以譏，禁異服，識異言。此言關執禁。〇關執禁，故次於司寇作刑之後。

大史典禮，執簡記奉諱惡。天子齊戒受諫。奉謂所當行之禮儀，諱惡如廟諱忌日之類，諫猶教詔也。司會會，古外反。以歲之成，質於天子，質，平也。

① 核《注疏》本和《手批》本，“告成”二字爲倒文。

謂奏上文簿聽天子平量之也。冢宰齊戒受質。冢宰，貳王治事，故受之。大樂正，大司寇、市，三官以其成，從質於天子。大司徒、大司馬、大司空齊戒受質，百官各以其成質於三官。大司徒、大司馬、大司空以百官之成，質於天子，百官齊戒受質。謂天子正其所質以報可於百官，百官乃齊戒受之。然後休老勞農，成歲事，制國用。總叙百官質成結。

凡養老，養老之禮，其目有四：養三老五更，一也；子孫死於國事則養其父祖，二也；養致仕之老，三也；養庶人之老，四也。一歲之間凡七行之，飲養陽氣，則用春夏；食養陰氣，則用秋冬。四時各一也。凡大合樂必遂養老，謂春入學舍菜合舞，秋頒學合聲則通前爲六。又季春大合樂，天子視學亦養老，凡七也。○虛冒一句。有虞氏以燕禮，燕禮者，一獻之禮。既畢，皆坐而飲酒以至於醉，其牲用狗，其禮亦有二：一燕同姓，一燕異姓也。夏后氏以饗禮，饗禮者，體薦而不食，爵盈而不飲，立而不坐，依尊卑爲獻，數畢而止，然亦有四焉：諸侯來朝，一也；王親戚及諸侯之臣來聘，二也；戎狄之君使來，三也；享宿衛及耆老孤子，四也。惟宿衛及耆老孤子則以酒醉爲度酒正云。殷人以食禮，食禮者，有飯有殽，雖設酒而不飲。其禮以飯爲主，故曰食也，然亦有二焉。大行人云食禮九舉及公食大夫之類，謂之禮；食其臣下自與賓客旦夕共食，則謂之燕食也。饗食行於廟，燕食行於寢。周人脩而兼用之。一日之中，先行饗，次燕，次食。蓋養老既致，其敬又欲其安且樂，故始則饗而敬之，繼則燕而安之，食之而使有醉飽之樂。凡肅賓客，祀鬼神曰享，於老致敬如賓與神，故亦名其禮曰饗。居處安之爲燕，養老時不欲煩其拜跪之節，以逸其肢體，故亦名其禮曰燕飲。食以養其厭飫，故亦名其禮曰食也。五十養於鄉，六十養於國，七十養於學，達於諸侯。此論養老之禮。八十拜君命，一坐再至，謂足一跪，而首再至地。瞽亦如之。九十使人受。此論老者不以筋力爲禮。五十異粻，粻，糧也。六十宿肉，謂隔日備之。七十貳膳，八十常珍，九十飲食不離寢，膳飲從於遊可也。此論老人食隨年爲品。六十歲制，七十時制，八十月制，九十日脩。惟絞紟衾冒，死而後制。絞，所以收束衣服爲堅急者也。紟，單被也。絞與紟皆用十五升布爲之，凡衾皆五幅，士小斂，緇衾赬裏大斂，則二衾。冒，所以韜尸，制如直囊，上曰質，下曰殺。其用之先以殺韜足而上，次以質韜首而下，齊於手上。緇冒，赬殺象生時玄衣纁裳也。此四物須死乃制，以其易成故也。○此言漸老則漸近死期，當豫爲送終之備。五十始衰，六十非肉不飽，七十非帛不煖，八十非人不煖，九十雖得人不煖矣。五十杖於家，六十杖於鄉，七十杖於國，八十杖於朝，九十者，天子欲有問焉，則就其室，以珍從。七十不俟朝，不待朝事畢，即退。八十月告存，君每月使人致膳，告問存否。九十日有秩。秩，常也，日使人以常膳致之也。○三句所以優國老。五十不從力政，六十不與服戎，七十不與賓客之事，八十齊喪之事弗及也。力政、服戎，國事也；賓客、齊喪弗與不及，並家事亦謝矣。○四句所以優庶老。五十而爵，六十不親學，七十致政。惟衰麻爲喪。此論養老隨年而異其待遇。

有虞氏養國老①於上庠，養庶老於下庠。行養老之禮必於學，以其爲講明孝弟禮義之所也。國老，有爵有德之老；庶老，庶人及庶人死事者之祖父也。國老尊，故於大學；庶老卑，故於小學。上庠，大學，在西郊；下庠，小學，在國中王宫之東。夏后氏養國老於東序，大學在國中王宫之東。養庶老於西序。小學在西郊。殷人養國老於右學，大學在西郊。養庶老於左學。小學在國中王宫之東。周人養國老於東膠，大學在國中王宫之東。養庶老於虞庠，小學。虞庠在國之西郊。此言養老之地。有虞氏皇而祭，深衣而養老。皇，冕屬也，畫羽飾馬；深衣，白布衣也。夏后氏收而祭，燕衣而養老。收，斂髮之義。燕衣，黑衣也。殷人冔而祭，縞衣而養老。冔，火羽切，覆首之飾。縞衣，亦白布，深衣也。周人冕而祭，玄衣而養老。此言養老之服。凡三王養老皆引年。引者，引伸之義，謂由國之養而推之，引户校年當行復除也，老人衆多，非賢者不與於養。○此句束上起下。八十者，一子不從政，從政，謂給公家之力役也。九十者，其家不從政。廢疾非人不養者，一人不從政。此下言因養老而類及之。父母之喪，三年不從政。齊衰大功之喪，三月不從政。將徙於諸侯，三月不從政。自諸侯來徙家，期不從政。

少而無父者謂之孤，此亦因養老而類及之。老而無子者謂之獨，老而無妻者謂之矜，矜，音鰥。老而無夫者謂之寡。此四者，天民之窮而無告者也，皆有常餼。此論引年。瘖、聾、跛、躃、斷者、侏儒、百工，各以其器食之。瘖音音，不能言；聾者不能聽；跛者一足廢；躃音璧，兩足廢；斷者支節脱絶；侏儒身體短小。此等既非老，無告不可，特與常餼。然既有疾病，又不可不養，故各以器能供官役使廩餼食之，亦因養老而類及之也。

道路，兩字總冒下文。男子由右，婦人由左，車從中央。父之齒隨行，兄之齒雁行，雁行，謂並行稍後。朋友不相踰。輕任并，重任分，斑白者不提挈。君子耆老不徒行，行必以車。庶人耆老不徒食。食必以羞。○此論道

① “國老”原作“老國”，今改正。

路，而庶人耆老乃類及之。

記賓嘉禮

《昏義》第十

昏義者，以其記娶妻之義，內教之所由成也。日入後二刻半爲昏，壻曰昏，妻曰姻，謂壻以昏時來，妻則因之而去也。必以昏者，取陽往陰來之義。

昏禮者，將合二姓之好，上以事宗廟，而下以繼後世也，故君子重之。起原昏禮之重。○重字作骨。是以昏禮納采，謂納雁以爲采擇之禮也。必用雁者，取其隨時南北而不失節。又雁隨陽，妻從夫之義。問名，問女之名氏。納吉，謂既卜得吉與女氏。納徵，謂納聘財也。徵，成也。用束帛儷皮成昏事也。請期，請昏期于女氏。皆主人筵几於廟，而拜迎於門外，主人，女氏之主人。入，揖讓而升，聽命於廟，遣女必於廟者，重先人支體也。所以敬慎重正昏禮也。繳應“重”字。○此未昏以前。

父親醮子而命之迎，酌而無酬酢曰醮，子妙反。男先於女也。子承命以迎，主人筵几於廟，而拜迎於門外。壻執雁入，揖讓而升堂，再拜奠雁，蓋親受之於父母也。降出，御婦車，而壻授綏，御輪三周，先俟于門外，婦至，壻揖婦以入，共牢而食，謂共食一牲，不異牲也。合巹而酳，以一瓠分爲兩瓢，謂之巹，壻與婦合執一以酳。酳，演也。謂食畢飲酒演安其氣也。巹，音謹。酳，以刃切。所以合體同尊卑以親之也。此親迎成昏禮。

敬慎重正而后親之，頂上兩段，收筆作一總提，憑空發一段議論，不惟局勢團緊，文亦有興會。禮之大體，而所以成男女之别，而立夫婦之義也。男女有别，而後夫婦有義；夫婦有義，而後父子有親；父子有親，而後君臣有正。故曰：“昏禮者，禮之本也。”此本起昏禮之重，而推極言之。

夙興，婦沐浴以俟見。質明，贊相禮之人見婦於舅姑，婦執笲音煩棗、栗、段脩以見，笲，器也，以竹爲之衣，以青繒以盛。此棗栗段脩之贄，脩脯也，加薑桂治之曰段脩。贊醴婦，婦祭脯醢，祭醴，

成婦禮也。舅姑入室，婦以特豚饋，明婦順也。此昏禮之次日。厥明，舅姑共饗婦以一獻之禮，奠酬，舅姑先降自西階，婦降自阼階，主人之階。以著代也。此昏禮之又明日。成婦禮，明婦順，又申之以著代，頂上兩段，

收筆作總提，前後路配作一色章法。所以重責婦順焉也。頓筆。側重婦順，點清主意。婦順者，順於舅姑，和於室人，而後當於夫，以成絲麻布帛之事，以審守委積蓋藏。是故婦順備而後内和理，内和理而後家可長久也，故聖王重之。與起“故君子重之”句相映。

是以古者婦人先嫁三月，祖廟未毁，教於公宫，即祖廟。祖廟既毁，教於宗室，教以婦德、婦言、婦容、婦功。教成祭之，牲用魚，芼之以蘋藻，芼之爲羹也。所以成婦順也。繳足一筆。

《鄉飲酒》第十一

鄉飲酒者，鄉人以時會聚飲酒之禮也。所以行其三物，充乎五品，以勵其德行，以觀其賢能，以采其髦俊，以不盡性於中和爲愧爲恥。

鄉飲酒之義，主人鄉大夫爲之。拜迎賓於庠門之外，庠，鄉學也。入，三揖而後至階，三讓而①升，所以致尊讓也。盥洗、揚觶，音至。所以致絜也。拜至，賓主升堂，主人於阼階上，北面再拜。拜洗，主人拜，至訖洗爵而升，賓於西階上，北面再拜。拜受，賓於西階拜受爵。拜送，主於阼階拜送爵。拜既，既，盡也。賓飲酒既盡而拜。所以致敬也。尊讓絜敬也者，君子之所以相接也。主旨。君子尊讓則不争，絜敬則不慢，不慢不尊②，則遠於鬬辨矣。不鬬辨則無暴亂之禍矣，斯君子之所以免於人禍也，故聖人制之以道。

鄉人鄉大夫。士君子，尊於房户之間，賓主共之也。設酒尊於東房之西，室户之東。在賓主之間，酒雖主人之設，而賓亦以之酢主人，故云。尊有玄酒，貴其質也。羞出自東房，主人共音恭之也。洗當東榮，屋翼。主人之所以自絜，而以事賓也。

賓主象天地也，介僎，象陰陽也，介以輔賓，僎以輔主人。僎，音遵。三賓象三光也。讓之三也，象月之三日而成魄也。魄者，月之有體而無光處。四面之坐，象四時也。一句開出下述大文字來。天地嚴凝之氣，始於西南，而盛於西北，此天地之尊嚴氣也，此天地之義氣也。天地温厚之氣，始於

① 核《注疏》本和《手批》本脱“後”字。

② 核《注疏》本、《手批》本均爲“争”字。

東北，而盛於東南，此天地之盛德氣也，此天地之仁氣也。憑空插入八句，而點明在後，筆力横絶。主人者尊賓，故坐賓於西北，而坐介於西南以輔賓。賓者，接人以義者也，故坐於西北。主人者，接人以仁①，以德厚者也，故坐於東南。而坐僎於東北，以輔主人也。仁義，接賓主有事，俎豆有數曰聖，聖立而將之以敬曰禮，禮以體長幼曰德。德也者，得於身也。故曰：古之學術道者，將以得身也。是故聖人務焉。

祭薦謂主人獻賓，賓即席祭所薦脯醢。祭酒，敬禮也。嚌才又切。肺，嘗禮也。啐取内切。酒，謂飲主人酒而入口。成禮也。於席末，席西頭。言是席之正，非專爲飲食也，爲行禮也，此所以貴禮而賤財也。卒觶致實於西階上，言是席之上，非專爲飲食也，此先禮而後財之義也。先禮而後財，則民作敬讓而不争矣。應。孔子曰："吾觀於鄉，而知王道之易易也。"一句喚起下文。主人親速賓及介，而衆賓自從之。至於門外，主人拜賓及介，而衆賓自入。貴賤之義别矣。三揖，至於階，三讓，以賓升。拜至、獻酬、辭讓之節繁。及介，省矣。至于衆賓升受，坐祭，立飲，不酢而降。隆殺之義辨矣。工入，升歌三終，主人獻之。笙入三終，主人獻之。間歌三終，合樂三終，工告樂備，遂出。一人揚觶，乃立司正焉。知其能和樂而不流也。句法變。賓酬主人，主人酬介，介酬衆賓，少長以齒，終於沃洗者焉。知其能弟長而無遺矣。降，説音脱屨，升坐，脩爵無數。飲酒之節，朝不廢朝，莫音暮不廢夕。賓出，主人拜送，節文終遂焉。知其能安燕而不亂也。貴賤明，隆殺辨，和樂而不流，弟長而無遺，安燕而不亂，五句頂上，總束，然後推極言之，局勢便緊。此五行者，足以正身安國矣。彼國安而天下安。故曰："吾觀於鄉，而知王道之易易也。"複一筆收，讚歎欲絶。

《射義》第十二

射義者，以其記燕射大射之禮，觀德取士之義。

古者諸侯之射也，必先行燕禮；卿大夫之射也，必先行鄉飲酒之禮。故燕禮者，所以明君臣之義也；鄉飲酒之禮者，所以明長幼之序也。

---

① 核《注疏》本和《手批》本無"以仁"二字，疑爲衍文。

故射者，進退周還必中禮，内志正，外體直，然後持弓矢審固，持弓矢審固，然後可以言中，此可以觀德行矣。揭出主旨。

孔子射於矍相之圃，蓋觀者如堵牆。跟“觀德行”觀字來，鬬筍緊。射至於司馬，鄉飲之禮，將旅酬，使相者一人爲司正；至將射，則轉司正爲司馬。使子路執弓矢出延射，曰：“賁讀僨軍之將，無勇。亡國之大夫，不忠。與爲人後者忘親而貪利。不入，其餘皆入。”蓋去者半，入者半。又使公罔之裘序點揚觶而語。先總一筆。公罔之裘揚觶而語曰：“幼壯孝弟，耆耋好禮，不從流俗，修身以俟死者，句。不，音否。○句。在此位也。”蓋去者半，處者半。序點又揚觶而語曰：“好學不倦，好禮不變，旄期稱道不亂句。者不，音否。○句。在此位也。”蓋廑有存者。此引孔子來作證如何觀德行。

射之爲言者繹也。繹者，各繹己之志也。故男子生，桑弧蓬矢六、以射天地四方。天地四方者，男子之所有事也。故必先有志於其所有事，然後敢用穀也。飯食之謂也。此論射以繹志。

射者，仁之道也；① 求正諸己，己正而後發；發而不中，則不怨勝己者，反求諸己而已矣。此論射以正己。孔子曰：“君子無所争，必也射乎！跌頓出之。好！揖讓而升，下而飲，其争也君子。”此論射爲君子之争。

記喪禮

《檀弓》第十三

檀姓，弓名，魯人也。以其善言禮，故以名篇。

季武子成寢，杜氏之葬在西階之下，不曰寢在墓上，而曰葬在階下，回護得好。請合葬焉，許之。入宫而不敢哭。武子曰：“合葬，非古也，自周公以來，未之有改也。吾許其大而不許其細，何居？”以大細二字易葬哭二字，好！○祇是入宫而不敢哭，武子命之哭，却添出武子自商自量一段，無限煙景。命之哭。峭！

一事作兩層叙，一許合葬，一許哭，一請而許，一不請而許，

---

① 核《注疏》本、《手批》本脱“射”字。

祇將許其大而不許其細，一句關鎖住二段。

孔子既得合葬於防，曰：“吾聞之，古也墓而不墳。先翻騰一句。今丘也，東西南北之人也，祇是周行四方之人，卻下“東西南北”四字，便覺避熟就生。不可以弗識也。”弗識便是不墳，字法變換得好。於是封之，崇四尺。孔子先反，門人後。雨甚，至，孔子問焉，曰：“爾來何遲也?”曰：“防墓崩。”孔子不應。三，孔子泫然流涕曰：“吾聞之，古不修墓。”

文字分兩段，一封墓，一修墓。前段以“吾聞之，古也墓而不墳”作起句；後段以“吾聞之，古不修墓”作結句，又嚴整、又變化。○波瀾全在兩個“吾聞之古”上。叙封墓，以“古之不墳”反擊之；叙修墓，以“古之不修”倒影之。名曰援古，實則翻案。猛虎項下金鈴，自結自解，自解自結也。○關鍵在“先後”二字，先反然後雨甚，雨甚然後墓崩；墓崩然後門人修墓，門人修墓然後遲反；門人遲反然後孔子問，此中許多曲折，並不説明卻墓崩修墓等事。都包在“雨甚”、“來何遲”數字內。讀去又了了可曉，如聞花香，雖不見花，已知是花。

孔子哭子路於中庭。有人吊者，而夫子拜之。既哭，進使者而問故。使者曰：“醢之矣。”遂命覆醢。

一哭，一吊，一進使問，凡三段落。正哭，忽轉到吊；正吊，忽轉到進使問，杳無段落可尋。○妙在當頭不安頓使者來報一段，便覺“孔子哭”句亦是陡落，“進使問”句亦是陡落。

子思曰：“喪三日而殯，凡附於身者，五字包括幾多事。必誠必信，勿之有悔焉耳矣。嫩柳臨風，句婉而嚴。三月而葬，凡附於棺者，必誠必信，勿之有悔焉耳矣。喪三年以爲極，亡則弗之忘矣。嫩柳臨風句。故君子有終身之憂，收弗忘。而無一朝之患。收兩弗悔。故忌日不樂。”繳足弗忘意。

三日、三月、三年，斜布成章。君子二句，倒卷足上，有力。忌日句伶仃突出如雲外孤峯。〇短於運虛字者，非獨韻索，亦覺意淺，如勿之有悔焉耳矣。亡則弗之忘矣，何等讀之不盡。

孔子少孤，不知其墓，殯於五父之衢。人之見之者，皆以爲葬也。其慎也，蓋殯也。連下三“也”字，如緩步下重樓。問於郰曼父之母，然後得合葬於防。收，急下如鶻落。

此首多省文，言少孤，則不必言父墓，亦不必言殯母。言殯於衢，則包問在內。合葬得於郰母一問，便包問多少人在內；又包問多少人未得合葬在內；只言問，不著問答語，卻包問答在內。其吞吐頓挫簸弄煙波之趣，全在中間四句，從旁觀上閒閒寫出一番情景。

穆公之母卒，使人問於曾子曰：“如之何?”對曰：“申也聞[1]諸申之父，曰：哭泣之哀，齊斬之情，饘粥之食，自天子達。達字包許多人。布幕，衛也；縿音綃幕，魯也。”今人作文必曰衛用布幕，魯用縿幕，便拙；一倒轉，衛也魯也，便精神。

自天子達住，似不了語，衛也魯也住，又似不了語。如斷紋古鼎，愈斷愈古。〇末冷冷點二句，聽其自裁，無限含蓄。

晉獻公將殺其世子申生，公子重耳謂之曰：“子蓋音盍言子之志於君乎?”《左傳》：“或謂太子曰：‘子辭，君必辨焉。’”不如此一句文簡而健。世子曰：“不可！君安驪姬，是我傷公之心也。”《左傳》：“君非姬氏，居不安食不飽。我辭，姬必有罪。君老，吾又不樂。”七句不及此十一字，辭簡而包掃一切。曰：“然則蓋行乎?”世子曰：“不可，君謂我欲弑君也，天下豈有無父之國哉！跌宕。吾何行如之?”使人辭於狐突，曰：“申生有罪，不念伯氏之言也，以至於死，申生不敢愛其死。雖然，吾君老矣，子少，國家多難，伯氏不出而圖吾君，伯氏苟

① “聞”原作“問”，今改正。

出而圖吾君，申生受賜而死。”再拜稽首乃卒。是以爲恭世子也。褒中有議。

此篇語意斷續，最爲難曉。如“君安驪姬”下，正有説話，如何以“是我傷公”句接？伯氏不出而圖吾君下，正有説話，如何以“伯氏苟出”句接，伯氏苟出而圖吾君下，正有説話，如何以“申生受賜”句接？一似上有闕文，一似下有闕文，不接之接，其中包藏無限。是從骨裏作轉者。〇胸中一句，口中一句，卻似垂絶之音，上氣不接下氣。昔人論《離騷》云：“故亂其緒，使同聲者自尋，修郗者難摘。”此文亦云。

魯人有朝祥而暮歌者，子路笑之。不着子路何語，只説笑，便有含蓄，有光景。夫子曰：“由，爾責于人，終無已夫！三年之喪，亦已久矣夫！”子路出，夫子曰：“又多乎哉！踰月則其善也。”

一縱一奪，纔兩轉，已覺煙波迷人，筆意悠然。

曾子寢疾，病。樂正子春坐於牀下，曾元、曾申坐於足，童子隅坐而執燭。寫三樣坐法。須知不是寫三樣坐，正是寫曾子病急。千載傳神之手！童子曰：“華而睆，大夫之簀歟?”子春曰：“止!”頓挫。曾子聞之，瞿然曰：“呼!”音吁。曰：“華而睆，大夫之簀歟?”複筆妙。曾子曰：“然。斯季孫之賜也，我未之能易也，元，起易簀。”曾元曰：“夫子之病亟①矣，不可以變，頓挫。幸而至於旦，請敬易之。”曾子曰：“爾之愛我也不如彼。回顧童子一筆。妙！君子之愛人也以德，細人之愛人也以姑息。吾何求哉？吾得正而斃焉斯已矣。”語氣甚豪。舉扶而易之，反席未安而没。

叙易簀凡經幾許曲折，煙波迷人。其文情尤在一“止”字及“不可以變”句，作頓挫。

---

① 核《注疏》本、《手批》本同作“革”，作“急”解。

始死，充充如有窮；既殯，瞿瞿如有求而弗得；既葬，皇皇如有望而弗至。練而慨然，祥而廓然。

孟獻子禫，禫，祭名。禫者，澹澹然平安之意。大祥之後，間一月而禫。縣而不樂，比御而不入。夫子曰："獻子加於人一等矣！"孔子既祥，五日彈琴而不成聲，十日而成笙歌。有子蓋既祥而絲屨組纓。

一則過，一則不及，二子首尾敘，孔子安頓中間，意自躍然。〇落孔子，先安"夫子曰"三字作過文，落有子了無過文。卻有"既祥"二字相關，草蛇灰線，若有若無。

子路有姊之喪，可以除之矣，而弗除也。孔子曰："何弗除也？"子路曰："吾寡兄弟而弗忍也。"孔子曰："先王制禮，行道之人皆弗忍也。"子路聞之，遂除之。

伯魚之母死，期而猶哭，夫子聞之曰："誰與哭者？"倒句法。門人曰："鯉也。"夫子曰："嘻！其甚也。"不言不當哭，只一句歎其甚，含蓄得妙。伯魚聞之，遂除之。

舜葬於蒼梧之野，蓋三妃未之從也。季武子曰："周公蓋祔。"

文僅三句，起轉結，字字飛動。〇祇是合葬非古也，自周公以來未之有改也。又變出一様調法，而幽媚特甚，姿態在兩"蓋"字。

曾子曰："小功不爲位也者，是委巷之禮也。若云非禮也，便一枯拙語。是委巷之禮也，何婉而腴。子思之哭嫂也爲位，婦人倡踊。申祥之哭言思也亦然。"言思子游之子，申祥妻之昆弟也。

子思哭嫂是骨，以不爲位之失禮者倒影於前。寄斷制於反筆，末以申祥陪説作波，轉渡跌頓俱住。

曾子謂子思曰："伋！吾執親之喪也，水漿不入於口者七日。"子思曰："先王之制禮也，過之者俯而就之，不至焉者跂而及之。故君子之執親之喪也，水漿不入於口者三日，杖而後能起。"閒閒説，不切曾子身上，結斷妙於辭令。〇若質言之，則曰："先王制禮，水漿不入於口者三日。"此用先王君子布出兩層文法來。一層虛引，一層跌出，便有頓挫，有曲折。

伯高之喪，孔子之使者未至，冉子攝束帛乘馬而將之。孔子曰："異哉！徒使我不誠於伯高。"伯高死於衛，赴於孔子。孔子曰："吾惡乎哭諸？兄弟，吾哭諸廟；父之友，吾哭諸廟門之外；師，吾哭諸寢；朋友，吾哭諸寢門之外；所知，吾哭諸野。於野則已疏，於寢則已重。夫由賜也見我，"惡乎哭"一段，萬舟競奔，此句一葦而渡。接得好！吾哭諸賜氏。"遂命子貢爲之主，曰："爲爾哭也來者，舞腰句。拜之；知伯高而來者，遊魚曳尾句。勿拜也。"祇説一哭，而伯高之品與孔子、伯高兩人相與之情毫髮必見，而不一字正説鏡花水月。

> 伯高之喪，伯高死於衛，兩層逆叙。吾惡乎哭，商量一番，全是空中翔舞。爲爾哭也一轉，文外餘波。

子夏喪其子而喪其明。曾子吊之曰："吾聞之也，朋友喪明則哭之。"不哭喪子而哭喪明，如風起蘋末。言下已露不然意。曾子哭，子夏亦哭，曰："天乎！予之無罪也。"曾子怒曰："商，女何無罪也？吾與女事夫子於洙、泗之間，退而老於西河之上，使西河之民，疑女於夫子，疑字下得好。爾罪一也；喪爾親，使民未有聞焉，爾罪二也；本意祇將喪明覿面提喝，却借二事興起，再跌出，尤見得蓄怒已久。特因喪明而勃發，寫得精神滿紙淋漓。喪爾子，喪爾明，爾罪三也。而曰爾何無罪歟！"女何無罪也，語勢緊猛，使子夏無可逃避。爾何無罪歟，語勢優柔，使子夏有可尋繹。兩句僅易一字而精神懸殊若此。〇"爾罪三也"句，已歇住氣了，加"而曰"二字再唤起。子夏投其杖而拜之[①]曰："吾過矣！吾過矣！吾離羣而索居，亦已久矣。"放開本事，以空澹語結。

孔子之衛，遇舊館人之喪，入而哭之，哀。出，使子貢説音脱驂而賻之。子貢曰："於門人之喪，未有所説驂，説驂於舊館，無乃已重乎？"得此一翻，纔見波瀾。夫子曰："予鄉者入而哭之，遇於一哀而出涕。一哀是主人，出涕是夫子，一句兩事。予惡夫涕之無從也，小子行之。"

孔子在衛，有送葬者，而夫子觀之。曰："善哉！爲喪乎，足以爲法矣。

① 校《注疏》、《手批》兩本"之"爲衍文。

小子識之。”子貢曰：“夫子何善爾也?”曰：“其往也如暴①，其反也如疑。”子貢曰：“豈若速反而虞乎?”子曰：“小子識之，我未之能行也。”前“小子識之”在後，此“小子識之”在前。章法。

文字三層，首一層空贊，二層略加描寫，三層仍是空答。花光月影，想像無窮。

孔子與門人立，拱而尚右，二三子亦皆尚右。孔子曰：“二三子之嗜學也，好！跌頓。我則有姊之喪故也。”二三子皆尚左。

孔子蚤作，負手曳杖，消揺於門。歌曰：“泰山其頹乎！梁木其壞乎！哲人其萎乎！”既歌而入，當户而坐。子貢聞之，曰：“泰山其頹，則吾將安仰?梁木其壞，哲人其萎，則吾將安放?夫子殆將病也。”遂趨而入。夫子曰：“賜！爾來何遲也?夏后氏殯於東階之上，突入夏后氏一段，空中霹靂。則猶在阼也；殷人殯於兩楹之間，則與賓主夾字法。之也；周人殯於西階之上，則猶賓之字法。也。而丘也殷人也。再虚蓄一筆，幾許跌頓。予疇昔之夜，纔跌出夢來。夢坐奠於兩楹之間。夫明王不興，忽撑開一步。而天下其孰能宗予，“孰能”二字矜甚，去一“能”字，便落寞矣。予殆將死也。”蓋寢疾七日而没。

章法妙，常法定是説夢起，再入解夢，轉到將死，將無索然。今突然歌起，卻似興會甚濃。夏后氏段劈空而來，漫將夏商周侈説一番，正不知何等話，令人不測。通篇文勢，矯若游龍。

曾子吊於負夏，主人既祖，填同奠。池，同徹。推柩而反之，降婦人而後行禮。從者曰：“禮歟?”曾子曰：“夫祖者，且也，且胡爲其不可以反宿也。”欲抑先揚，作一頓挫。從者又問諸子游，曰：“禮歟?”子遊曰：“飯於牖下，小斂於户内，大斂於阼，殯於客位，祖於庭，葬於墓，六句五客一主，必如此襯貼挑剔，下句意方得透亮。〇六句連下六“於”字，文氣森發。所以即遠也。故喪事有進而無退。”曾子聞之曰：“多矣乎，予出祖者。”

① 核《注疏》和《手批》均作“慕”，係形近而譌。

從者問兩遍，是此章傳神處，不但文法頓挫。

曾子襲裘而吊，子游裼裘而吊。曾子指子游而示人曰：“夫夫也，爲習於禮者，如之何其裼裘而吊也?”主人既小斂，袒，括髮。子游趨而出，襲裘帶絰音叠而入。曾子曰：“我過矣，我過矣，夫夫是也。”凡吊喪之禮，主人未變服之前，吊者吉服，吉服者羔裘、玄裳、緇衣、素裳，又袒去上服以露裼衣。此裼裘而吊，是也。主人既變服之後，吊者雖着朝服而加武以絰武，吉冠之卷又掩其上服，若是朋友又加帶。此襲裘帶絰而入是也。曾子徒知喪事爲凶而不知始死之時尚從此吉，所以始非子游而終善之也。

藏卻未小斂一段，突下兩箇而吊，簡法，且有光景，故是善布疑陣。

子夏既除喪而見，予之琴，和之而不和，彈之而不成聲。作而曰：“哀未忘也，先王制禮而弗敢過也。”子游既除喪而見，予之琴，和之而和，彈之而成聲。作而曰：“先王制禮，不敢不至焉。”哀未忘可言，既忘難言，故截然兩條。獨闕此四字不對，寧疏無陋。

不是寫二子，正借二子影出禮來。繪花繪香，繪月繪光。○但說“與之琴，作而曰”，字裏行間，隱隱有箇孔子在。然絶不置孔子一語，尤見含蓄。

子柳之母死，子碩請具。子柳曰：“何以哉?”三字凄咽。子碩曰：“請粥庶弟之母。”子柳曰：“如之何其粥人之母以葬其母也？不可。”既葬，兩字接筍緊。子碩欲以賻布之餘具祭器。子柳曰：“不可，“不可”兩見，一在後，此在前。古人片語隻字不亂。下如此。吾聞之也，君子不家字法。於喪，請班諸兄弟之貧者。”

喪事欲其縱縱給於趨事之貌。爾，吉事欲其折折從容中禮之貌。折音提。爾；故喪事雖遽不陵節，吉事雖止不吉①。故騷騷爾言太疾。則野，鼎鼎爾言

① 校《注疏》本和《手批》本爲“怠”。

太舒。則小人，君子蓋猶猶爾。

文不滿五十言，七句耳，凡四變法，五疊字。首二句分吉凶緩急；次二句，分吉凶，合緩急；五六句，合吉凶，分緩急；第七句，合吉凶緩急。〇“欲其”字、“故”字、“則”字、“蓋”字，斡運得有骨法，翼然挺然。

喪服，兄弟之子猶子也，蓋引而進之也；嫂叔之無服也，蓋推而遠之也；姑姊妹行①薄也，蓋有受我而厚之者也。妙語。

敘一句，就手推原一句。文法嫖姚軼宕。

孔子曰：“之死而致死之，不仁而不可爲也；之死而致生之，不知而不可爲也。是故竹不成用，瓦不成味；木不成斲，琴瑟張而不平；竽笙備而不和，有鍾磬而無筆②虡。六句句法三變。其曰明器，神明之也。”波瀾跌宕。

空翻四句起勢，咏歎二句作波，以逐項實敘安放中間，藏實於虛，有鋪敘而不見鋪敘。

有子問於曾子曰：“問作聞。喪於夫子乎？”曰：“聞之矣，喪欲速貧，死欲速朽。”言喪及死，單來雙受。有子曰：“是非君子之言也。”煙波。曾子曰：“參也聞諸夫子也。”煙波。有子又曰：“是非君子之言也。”煙波。曾子曰：“參也與子游聞之。”煙波。有子曰：“然，然則夫子有爲言之也。”曾子以斯言告於子游。接筍。子游曰：“甚哉，有子之言似夫子也。煙波。昔者夫子居於宋，見桓司馬自爲石椁，三年而不成。夫子曰：‘若是其靡也，死不如速朽之愈也。’死之欲速朽，再頓起一句，風韻無限。爲桓司馬言之也。南宫敬叔反，必載寶而朝。夫子曰：‘若是其貨也，喪不如速貧之愈也。’喪之欲速貧，爲敬叔言之也。”曾子以子游之言告於有子，接筍。有子曰：“然，吾固曰非

① 校《注疏》本和《手批》本爲“之”。
② 校《注疏》本和《手批》本爲“簨”。

夫子之言也。”再頓起一句，風韻無限。曾子曰：“子何以知之?”有子曰：“夫子制於中都，四寸之棺，五寸之槨，以斯知不欲速朽也。昔者夫子失魯司寇，將之荆，蓋先之以子夏，又申之以冉有，以斯知不欲速貧也。”

欲速貧，不欲速貧，欲速朽，不欲速朽，非君子之言也，聞諸夫子也。夫子有爲言之也。固曰非夫子之言也。文如走盤明珠，公羊有其圓逸，遜其精光。

陳莊子死，赴於魯，魯人欲勿哭。“欲”字眼目。繆公召縣子而問焉。縣子曰：“古之大夫，束脩之問不出竟，雖欲哭之，安得而哭之？今之大夫，交政於中國，雖欲勿哭，焉得而弗哭？拈“欲”字空翻。且臣聞之，又轉一論。哭有二道：有愛而哭之，有畏而哭之。”了住不説下，含蓄得好。公曰：“然，澹語有味，畫出畏來。然則如之何而可?”① 子曰：“請哭諸異姓之廟。”於是與哭之縣民②。

古大夫，今大夫，愛而哭，畏而哭。俱兩路空翻，不沾著本題，大是煙波。○有畏而哭之，語氣正未了，急接以“公曰然”三字，最是傳神處。

仲憲言於曾子曰：“夏后氏用明器，示民無知也；殷人用祭器，示民有知也；周人兼用之，示民疑也。”曾子曰：“其不然乎！其不然乎！夫明器，鬼器也；祭器，人器也。兩句祇是就器説器，若自己想像咏歎一番，又若是教他再去思量。總不曾注破是何取義。下單抽出“示民無知”一語駁之，又祇用一含疑句收住，風流蘊藉，於斯爲至。夫古之人，胡爲而死其親乎?”

本是辯駁，卻不用死煞語，不用注破語，《檀弓》獨擅。

公叔木有同母異父之昆弟死，問於子游。子游曰：“其大功乎?”先叙一

---

① 脱“縣”字。

② “民”爲“氏”字誤。

段，作波瀾。狄儀有同母異父之昆弟死，問於子夏。子夏曰："我未之前聞也。魯人則爲之齊衰。"二句自具跌頓。狄儀行齊衰。今之齊衰，狄儀之問也。不曰子夏之言，而曰狄儀之問，分明與子夏意不相涉，大有深致可玩。

成子高寢疾，慶遺入，請曰："子之疾革矣，如至乎大病，則如之何？"子高曰："吾聞之也，生有益於人，死不害於人。吾縱生無益於人，折一筆。吾可以死害於人乎哉？跌宕。我死，則擇不食之地而葬我焉。"

國子高曰："葬也者藏也。"藏也"二字，文義已足，下卻添二句，有風韻，有波瀾。藏也者，欲人之弗得見也。是故衣足以飾身，棺周於衣，槨周於棺，土周於槨，反壤樹之哉。"

孔子之喪，有自燕來觀者，舍於子夏氏。子夏曰："聖人之葬人歟？頓挫。人之葬聖人也。子何觀焉？頓挫。昔者夫子言之，曰：'吾見封之若堂者矣，八字句。見若坊音防者矣，五字句。見若覆夏屋者矣，七字句。見若斧者矣。'五字句。〇句法長短錯落，奔逸絶塵。從若斧者焉，馬鬣封之謂也。今一日而三斬板而已封，尚行夫子之志乎哉！"

"昔者"一段，文勢空宕。夫子言之，行夫子之志，與聖人之葬人句緊相照管。讀竟，愈覺開口二語，活潑圓映。

晉獻公之喪，秦穆公使人吊公子重耳，且曰："寡人聞之，亡國恒於斯，得國恒於斯。看他難措辭，以兩個"於斯"虛字代之。雖吾子儼然在憂服之中，喪亦不可久也，時亦不可失也。兩"亦"字落得冷。孺子其圖之。"以告舅犯。舅犯曰："孺子其辭焉。喪人無寶，仁親以爲寶。父死之謂何？"之謂何"三字，下得沈痛。又因以爲利，而天下其孰能説之？語勢拋擲。孺子其辭焉！"公子重耳對客曰："君惠吊亡臣重耳，身喪父死，不得與於哭泣之哀，以爲君憂。父死之謂何？或敢有他志，以辱君義。"稽顙而不拜，哭而起，起而不私。子顯以致命於穆公。穆公曰："仁夫，公子重耳！倒句。夫稽顙而不拜，則未爲後也，故不成拜。多拖一句，有致。哭而起，則愛父也；起而不私，則遠利也。"三"則"字，有豐神。

秦穆、晉文、舅犯，三個大有心人，針鋒相對，眉動目瞬，此文一一寫出。〇叙秦穆弔處，持着一且曰字，叙重耳對客。先著以告舅犯一段，妝點出兩霸相遇，處處著心，處處著眼，景象冷冷入神。〇中間插入一段商量打疊語，文情極冷極閒。公子對客，辭變意不變，稽顙不拜以下，卻是公子自己生發出。末轉出子顯致命，及穆公贊歎兩層來，波瀾如許委折。

喪禮，哀戚之至也。總領一筆。節哀，順變也。君子念始之者也。節哀，兩句。復，盡愛之道也，有禱祠之心焉。望反諸幽，求諸鬼神之道也，北面，求諸幽之義也。復，六句。拜稽顙，哀戚之至隱也。稽顙，隱之甚也。拜稽顙，三句。飯用米貝，弗忍虛也。不以食道，用美焉爾。飯，四句。銘，明旌也，以死者爲不可別已，故以其旗識之。愛之，斯禄之矣；敬之，斯盡其道焉爾。銘，五句。重，主道也，士始死，作重長三尺，以依神，雖非主而有主之道，故云。殷主綴重焉，段①雖作主，猶綴重懸於廟，不忍棄也。周主重徹焉。周既作主，重遂徹而埋於土，不敢瀆也。〇重，三句。奠以素器，以生者有哀素之心也。奠，二句。惟祭祀之禮，主人自盡焉耳，豈知神之所饗，亦以主人有齊音齋敬之心也。祭，三句。辟踊亦反踊，哀之至也，有算，爲之節文也。撫心爲辟，跳躍爲踊，每一踊三跳，三踊九跳，爲一節。士三日有三次踊，大夫四日五踊，諸侯六日七踊，天子八日九踊。〇辟踴，三句。袒括髮，變也，愠哀之變也，去飾，去美也，袒括髮，去飾之甚也，有所袒，有所襲，哀之節也。袒括髮，十句。弁経葛而葬，與神交之道也，有敬心焉。居喪時冠服，皆純凶，至葬而吾親託體地中，則當以禮敬之心，接於山川之神也。於是以絹素爲弁，如爵弁之制，以葛爲環経，在首以送葬，不敢以純凶之服交神者，示敬也。周人弁而葬，殷人冔而葬。葬，四句。

提一句，解一句，其義已竟。下復綴之作波，或綴一句，或綴兩句，或綴五六句、七八句，或句下轉句，或隔句重句，如遊魚或沈或浮，如荇藻或分或合，伸縮不定，複沓可喜。〇兩入殷周，不着去取妙。

---

① “段”爲“殷”字誤。

孔子謂爲明器者，知喪道矣，跌宕。備物而不可用也。哀哉！死者而用生者之器也。跌宕。不殆於用殉乎哉？跌宕。其曰明器，怒象回顧。神明之也。塗車芻靈，塗車，以泥爲車也，束草爲人形，以爲死者之從衛，謂之芻靈。自古有之，明器之道也。怒象回顧。孔子謂“爲芻靈者善”，跌宕。謂“爲俑者不仁”，不殆於用人乎哉？跌宕。〇以木人送葬，設機而能踊跳，故名之曰俑，以其太似人而孔子惡焉知末流必有以人殉葬者。

死者用生者之器是一事，作俑是一事，文字亦作兩段敘。其曰明器兩句，關住前一截，是上下文分界處，前孔子謂點在首，後孔子謂點在腰，前不殆於用殉乎哉點在腰，後不殆用人乎哉點在尾，用殉意本屬後段，忽插入前段，明器本屬前段，忽入後段，激宕缭绕，全在助語虛字，故置字無多，而若有數十百言在其筆下。

曾子曰：“晏子可謂知禮也已，恭敬之有焉。”倒句。有若曰：“晏子一狐裘三十年，遣車一乘，及墓而反。國君七個，遣車七乘，大夫五個，遣車五乘，四句飛接。〇大夫以上皆太牢，士少牢。個，包也，凡包牲皆取下體，每一牲取三體，前脛折取臂臑，後脛折取骼。少牢二牲，則六體分爲三個太牢，三牲則九體，大夫九體分爲十五段，三段爲一個，凡五個。諸侯分爲二十一段，凡七個，每遣車一乘則載一個。遣車，送葬車也。晏子焉知禮？”怒象回顧。曾子曰：“國無道，君子恥盈禮焉。妙語。國奢，則示之以儉，國儉，則示之以禮。”曾子語不沾着晏子，妙有遠神。

入法悠悠，結法曠然，賓意安在中間，國君七個，四句忽然撐開，奇甚。

國昭子之母死，問於子張曰：“葬及墓，男子婦人安位？”子張曰：“司徒敬子之喪，夫子指孔子。相，男子西鄉，婦人東鄉。”曰：“噫！毋。”曰：“我喪也斯沾同覘。爾專之，賓爲賓焉，主爲主焉，婦人從男子皆西鄉。”

安夫子相一案於中，敘國昭事於前後，不必斷制意已躍然。結構包裹之妙，羚羊挂角，無迹可尋。

穆伯之喪，敬姜晝哭；文伯之喪，晝夜哭。孔子曰："知禮矣。"文伯之喪，敬姜據其牀而不哭，曰："昔者吾有斯子也，吾以將爲賢人也，以將倒字。吾未嘗以就公室。今及其死也，朋友諸臣，未有出涕者，而內人皆行哭失聲。斯子也，再喚斯子，無限傷心。必多曠於禮矣夫。"

祇以哭不哭，布出許多烟景。〇曰晝夜哭，又曰不哭，硬折得妙，然不哭之中字字是哭。昔者三句，尤見婉孌，三句三"吾"字，隱隱有分咎意。此正寫出晝夜哭之根。〇穆伯之喪，二句興起，是特筆。

有子與子游立，見孺子慕者。有子謂子游曰："予壹不知夫喪之踊也，予欲去之久矣。情在於斯，其是也夫?"子遊曰："禮有微情者，有以故興物者。兩句提筆。有直情而徑行者，折筆。戎狄之道也。禮道則不然，轉筆。人喜則斯陶，陶斯咏，咏斯猶音摇，猶斯舞，舞斯慍，慍斯戚，戚斯歎，歎斯辟婢亦反，辟斯踊矣，此段妙在全用衝筆脱筆，放開説，不粘着禮。品節斯，斯之謂禮。截筆。人死，斯惡之矣，無能也，斯倍之矣。倍同背。〇提筆喚筆。是故制絞音爻衾，轉筆。設蔞音柳翣，杉入聲，近殺。爲使人勿惡也。繳筆。始死，脯醢之奠，將行，遣而行之，既葬而食之，未有見其饗之者也。折筆、脱筆、拗筆。自上世以來，未之有舍也，折筆。爲使人勿倍也。繳筆。故子之所刺於禮者，突筆。亦非禮之訾也。"截筆。

説踊處不貼着喪禮，説喪禮處又不貼着踊。而踊節之不可無自見。〇微情故興物，二語柱意，一主一客。微情一段是主，全不正説，祇以品節斯、斯之謂禮一句，從空駕過。故興物本是客位，卻豎起惡倍二義，從空翻出一段議論來，全是借客影主，而文情馳騁特甚。〇渾結二句，不打轉踊字，結法之最妙者。

知悼子卒，未葬。先一句立案。平公飲酒，師曠、李調侍，鼓鍾。杜蕢音快自外來，聞鐘聲曰："安在?"曰："在寢。"杜蕢入寢，歷階而升，酌曰："曠飲斯。"又酌曰："調飲斯。"又酌，堂上北面坐飲之。降，趨而出。不發一言。妙！平公呼而進之，曰："蕢，曩者爾心或開予，是以不與爾言。爾飲曠，何也？"曰："子卯不樂。桀以乙卯日亡紂，以甲子日死，謂之疾日，故君不舉樂。知悼子在堂，斯其爲子卯也大矣。句奇。曠也，大師也，不以詔，是以飲之也。""爾飲調何也？"曰："調也，君之褻臣也。爲一飲一食，忘君之疾，是以飲之也。""爾飲，何也？"曰："蕢也，宰夫也，非刀匕是供，又敢與知防，是以飲之也。"平公曰："寡人亦有過焉，酌而飲寡人。"杜蕢洗而揚觶。公謂侍者曰：前後兩"侍"字相照。"如我死，則必無廢斯爵也。"至於今，既畢獻，斯揚觶，謂之杜舉。

叙蕢三飲處，皆假象說法。落到君上，衹以"洗而揚觶"四字收之，含蓄無限。〇《檀弓》有三長，非他書可及。一曰蓄意，二曰布疑，三曰流韻。斯篇入頭數行，參啞禪尤妙。

石駘音臺仲卒，無適子，有庶子六人，卜所以爲後者。曰："沐浴佩玉則兆。"五人者皆沐浴佩玉。石祁子曰："孰有執親之喪，而沐浴佩玉者乎？"不沐浴佩玉。石祁子兆，衛人以龜爲有知也。

用沐浴佩玉字，一上一下，不另設一筆。文字清瘦矯健，末不復將六人較論，衹云衛人以龜爲有知，姣而冷。〇衹六十七字，四用"沐浴佩玉"，絶不見贅，愈見其奇。一個"安"在句首，三個"安"在句尾，即自成態。〇文貴於達，煩與簡各有，此段連用四"沐浴佩玉"字，使今之爲文者，必曰沐浴佩玉則兆。五人者如之，石祁子獨不可，曰：孰有執請之喪而若此者乎？似亦足以省其事，省其辭，然古意衰矣。

陳子車死①，其妻與其家大夫謀以殉葬，定，而後陳子亢音剛至，以告，"其妻"以下至此二十字，共五句，一氣趕下，似斷不斷，句法遒勁之甚。作叙事文字須暗祖之。曰："夫子疾，莫養於下，一句伏案。請以殉葬。"子亢曰：

① 核《注疏》本和《手批》本脱"於衛"二字。

“以殉葬，非禮也。雖然，則彼疾當養者，孰若妻與宰？語氣咄咄逼人。得已，則吾欲已；不得已，則吾欲以二子者之爲之也。”如嫩柳當風舞腰，文情在二“欲”字上。於是弗果用。“弗用”便是一枯拙語，“弗果用”增幾許風態。

祇“以殉葬非禮也”六個字是實語，餘皆權詞弄煙波。○“非禮也”一句折倒了，用“雖然”二字轉出一層意，都是絶處逢生。○最妙在“得已，則吾欲已”句，大有操縱。

子路曰：“傷哉貧也，生無以爲養，死無以爲禮也。”孔子曰：“啜菽飲水，盡其歡，斯之謂孝。斂首足形，還音旋葬而無槨，稱其財，斯之謂禮。”莽然起，挺然住。

衛有太史曰柳莊，寢疾。公曰：“若疾革音亟，雖當祭必告。”公再拜稽首，請於尸曰：接得奇。“有臣柳莊也者，非寡人之臣，社稷之臣也，不了住好。聞之死，請往。”不釋服而往，遂以襚之。以衣服贈死者曰襚。與之邑裘氏與縣潘氏，書而納諸棺，曰：“世世萬子孫無變也。”

突出請尸一段。無首無尾大奇。“聞之死”至“納諸棺”二十八字，共五句，一氣趕下，勢甚急。末摘出書詞一句，流韻，甚有緩致。○請尸祝詞未畢，最是傳神處。

戰於郎，公叔禺音遇人遇負杖入保者息，描寫好。曰：“使之雖病也，任之雖重也，君子不能爲謀也，士弗能死也，四句，句句跌宕有致。不可！我則既言矣。”歇後語。與其鄰重同童汪踦音紀往，皆死焉。魯人欲勿殤重汪踦，雲外重峯。問於仲尼。仲尼曰：“能執干戈以衛社稷，雖欲勿殤也，不亦可乎！”

“遇負杖入保者息”七個字，以是没緊要處。插此冷語，卻使之雖病一段説話，非此人竟無傳聞者，看來煞是緊要。然又不言對負杖人説，又不言負杖人傳聞其語，所以文情深妙，其奇處使人不知不覺。○入手似以公叔禺人作主，汪踦帶敘。結局卻又專就汪踦説，而於公叔禺人不着一字，極錯綜之致。〇末引仲尼贊汪踦語，則贊公叔禺人隱然言外，運筆映帶之巧。〇我則既言矣，冷句住有味，《左傳》吾既言之矣，敢不勉乎？足此四字，便減韻。

子路去魯，謂顔淵曰：“何以贈我？”曰：“吾聞之也，去國則哭於墓而後行，反其國不哭，展墓而入。”謂子路曰：“何以處我？”子路曰：“吾聞之也，過墓則式，過祀則下。”

動以懷歸，卻含蓄不露，後人贈别詩不能到此。何以處我一轉，絶處逢生，意議如環。

工尹商陽與陳棄疾，追吴師，及之。句法。陳棄疾謂工尹商陽曰：“王事也，子手弓而可。”手弓。句法。“子射諸。”射之，斃一人，韔弓衣也，音暢。弓。又及，謂之，又斃二人。每斃一人，揜其目，止其御。曰：“朝不坐，燕不與，殺三人，亦足以反命矣。”孔子曰：“殺人之中，又有禮焉。”

以憤而奇，字字在言外。〇此篇煙波在兩“及”字併陳棄疾三呼上，不及，不手弓；不呼，不手弓；手弓，亦不射。全是就殺處寫出個不殺來，意在筆先。〇一句一轉，一步一光景。韔弓揜目止御，一時俱到，作兩層出落。前云斃一人，韔弓。後云每斃一人，揜其目，止其御。不但文法變化，且增多少風韻。

哀公使人吊蕢音快尚，遇諸道。辟音辟於路，畫宫而後①吊焉。曾子曰：“蕢尚不如杞梁之妻之知禮也。齊莊公襲莒於奪音兑，杞梁死焉。其妻迎其柩於路，而哭之哀。莊公使人吊之。對曰：‘君之臣不免於罪，則將肆諸市朝，而妻妾執。君之臣免於罪，則先人之敝廬在，君無所辱命。’”嶄然住，不更足上蕢尚一語妙。

---

① 《注疏》本和《手批》本均爲“受”字。

黃尚之父，疑必死於公事，辟路畫宫，榮君之吊，而哀意衰矣。不把此段情事説破，而衹以杞梁之妻影之，文情隱躍。○黃尚不如杞梁之妻之知禮也。一句擔住前後兩事，不知誰賓誰主，奇甚！

延陵季子適齊，於其反也，其長子死，葬於嬴①、博之間。孔子曰："延陵季子，吴之習於禮者也。"往而觀其葬焉。其坎深不至於泉，其斂以時服。既葬而封，廣輪揜坎，其高可隱也。既封，左袒，右還其封，且號者三。曰："骨肉歸復於土，命也。若魂氣則無不之也，無不之也。"而遂行。孔子曰："延陵季子之於禮也，回映"禮"字。其合矣乎！"

似特寫季子之葬，似特寫孔子觀葬，二俱不着，筆輕妙故。○其坎深以下，就孔子觀處寫出，便筆筆凌空，若接葬於嬴、博之間，説去，只是一段板實文字。

齊大饑，黔敖爲食於路，以待餓者而食音嗣之。有餓者蒙袂輯音集屨，貿貿然垂頭喪氣之貌。來。黔敖左奉食，右執飲，曰："嗟，來食。"揚其目而視之曰："予惟不食嗟來之食，以至於斯也。"從而謝焉，終不食而死。曾子聞之曰："微與？其嗟也可去，其謝也可食。"

寫境如見，曾子一結，文字始有著落。○寫倨處，衹"嗟來食"四②字，寫恭處，着"左奉食，右執飲"、"從而謝焉"十字。倨不勝恭，便伏結斷三語。○"貿貿然來"四字，爲餓者寫生；"揚其目而視之"六字，爲不食寫生。

仲尼之畜狗死，使子貢埋之曰："吾聞之也，敝帷不棄，爲埋馬也；敝蓋不棄，爲埋狗也。頓挫。丘也貧無蓋，曲折。於其封音窆也，亦予之席，毋使其首陷焉。"路馬死，埋之以帷。結得奇，峭如怪石墜雲。

① 《注疏》本和《手批》本均爲"嬴"，讀盈，魯地名。下同。
② 當爲"三"。

祇是埋之以席，因席及敝蓋；因敝蓋及敝帷；因敝帷及帷之不敝者；前波後瀾，層見疊出。

孔之之故人曰原壤，其母死，夫子助之沐椁。原壤登木，曰："久矣！予之不託於音也。"添此一句，有風度。歌曰："貍首之斑然，言木文之華。執女手之卷音拳然。"言沐椁之骨膩。○歌詞奇練有態。夫子爲弗聞也者而過之，從者曰："子未可以已乎？"翻騰。夫子曰："丘聞之，親者無失其爲親也，故者無失其爲故也。"收場閒閒説，二句妙絶。○"故"字首尾相應。

趙文子與叔譽觀乎九原。文子曰："死者如何作也，婉妙。吾誰與歸？"叔譽曰："其陽處父乎？"文子曰："行並植於晉國，不歿其身，其知不足稱也。""其舅犯乎？"文子曰："見利不顧其君，其仁不足稱也。我則隨武子乎，利其君，不忘其身；謀其身，不遺其友。"晉人謂文子①知人。一句擔住中間，結上生下，扛千斛鼎力。文子其中退然如不勝衣，其言吶吶然如不出諸其口。所舉於晉國，管庫之士七十有餘家，生不交利，死不屬音燭其子焉。

畢竟是一篇趙文子贊，其作法迥絶蹊徑之外。先將他評論古人閒閒説起，忽借晉人一斷頓住，再補出一段行實於後以結之，後而退然吶吶然，正是陽處父行並植反影，所舉於晉國管庫之士生不交利云云，正是舅犯見利反影，前後結構，渾然天成。○文子口氣未了，忽接入晉人謂文子知人，方説文子知人，忽接入文子其中云云。轉換處疑有神也。先儒稱《檀弓》之文，載晉事尤妙，如申生事，如知悼子卒事，秦穆公弔重耳事，及此節，皆妙絶古今，絶文人蹊徑之外。宋人謂春秋、戰國之世，楚多文人，如左史倚相觀射父、屈原之流，豈知晉之文人亢高乎？楚之文，深雄奔放，有霸國之氣。晉之文，曲中肆隱，乃有先王之風焉。

《問喪》第十四

問喪者，善其問以知居喪之禮所由也。

---

① "子"原作"字"，今改正。

親始死，雞斯，雞斯，讀爲笄纚。笄，骨笄，纚，韜髮之繒。親始死，孝子先去冠，惟留笄纚也。徒跣。徒，空也，無屨。空跣，曰徒跣。扱上衽，深衣前襟曰上衽，以號踊履踐爲妨，故扱之於帶。交手哭，兩手交以拊心而哭。惻怛之心，痛疾之意，傷腎乾肝焦濟①，水漿不入口，三日不舉火，故鄰里爲之糜粥以飲食之。夫悲哀在中，故形變於外也；痛病在心，故口不甘味，身不安美也。以上始死。三日而斂，在床曰尸，在棺曰柩，動尸舉柩，哭踊無數。惻怛之心，痛疾之意，悲哀志懣謨本切，煩也。氣盛，故袒而踊之，所以動體安心下氣也。婦人不宜袒，故發胸擊心，爵踊，謂似爵之跳，足不離地。殷殷上聲田田，如壞牆然，悲哀痛疾之至也。故曰："辟踊哭泣，哀以送之。"送形而往，迎精而反也。兩句束上起下。〇以上斂。

其往送也，望望然，汲汲然，如有追而弗及也；其反哭也，皇皇然，若有求而弗得也。故其往送也如慕，其反也如疑。求而無所得之也，入門而弗見也，上堂又弗見也，入室又弗見也。亡矣！喪矣！不可復見已矣！故哭泣辟踊，盡哀而止矣。心悵焉，愴焉，惚焉，愾焉，心絶志悲而已矣。祭之宗廟，以鬼享之，徼幸復反也。成壙上聲而歸，不敢入處室，居於倚廬，哀親之在外也；寢苫枕塊，哀寢②之在土也。故哭泣無時，服勤三年，思慕之心，孝子之志也，人情之實也。以上反哭至終喪之情。〇下借發問以申未竟之義。

或問曰："死三日而后斂者，何也?"曰："孝子親死，悲哀志懣，故匍匐而哭之，若將復生然，安可得奪而斂之也。故曰，三日而後斂者，以俟其生也；三日而不生，亦不生矣。孝子之心亦益衰矣，家室之計，衣服之具，亦可以成矣。親戚之遠者，亦可以至矣。是故聖人爲之斷決，以三日爲之禮制也。"以上三日而斂。或問曰："冠者不肉袒，何也?"曰："冠，至尊也。不居肉袒之體也，故爲之免音問以代之也。"然則禿者不免音問，傴者不袒，跛者不踊；非不悲也，身有錮疾，不可以備禮也。故曰："喪禮惟哀爲主矣。"女子哭泣悲哀，擊胸傷心；男子哭泣悲哀，稽顙觸地無容，哀之至也。以上言居喪有一疾，則廢一禮，要以哀爲主。或問曰："免者以何爲也?"曰："不冠者之所服也。《禮》曰：'童子不緦，惟當室緦。'緦者，其免也，當室，則免而

① 《注疏》本和《手批》本均爲"肺"字。

② 同上兩本均爲"親"字。

杖矣。”一句開下。〇以上言童子當室則免。或問曰：“杖者何也?”曰：“竹桐一也。故爲父苴杖，苴杖，圓而象天。苴杖，竹也；爲母削杖，削杖，方而象地。削杖，桐也。”或問曰：“杖者以何爲也?”曰：“孝子喪親，哭泣無數，服勤三年，身病體羸，以杖扶病也。則父在不敢杖矣，尊者在故也。堂上不杖，辟尊者之處也。堂上不趨，示不遽也。此孝子之志也，人情之實也，禮義之經也；非從天降也，非從地出也，人情而已矣。”結探源立論。

《三年問》第十五

三年問者，設問以知喪服年月所由。

三年之喪，何也？曰：“稱情而立文，因以飾羣，别親疏貴賤之節，而弗可損益也。”主旨。故曰：“無易之道也。創鉅者其日久，痛甚者其愈遲，三年者，稱情而立文，主旨。所以爲至痛極也。點醒。斬衰苴杖，居倚廬，食粥，寢苫枕塊，所以爲至痛飾也。點醒。三年之喪，二十五月而畢，哀痛未盡，思慕未忘。頓挫。然而服以是斷之者，豈不送死有已，服生有節哉？一句開下。

凡生天地之間者，有血氣之屬，必有知，提筆振拔，推開去説。有知之屬，莫不知愛其類。今是大鳥獸，接振得起。則失喪其羣匹，越月踰時焉，則必反巡，過其故鄉，翔回焉，鳴號焉，蹢直亦切躅直六切焉，踟躕焉，然後乃能去之。小者至於燕雀，猶有啁音周噍音啾之頃焉。然後乃能去之。故有血氣之屬者，莫知於人。一筆勒轉千鈞力。故人於其親也，至死不窮。將由夫①邪淫之人歟？既勒，轉又宕開去。則彼朝死而夕忘之，然而從之，則是曾鳥獸之不若也，夫焉能相與羣居而不亂乎？一層。將由夫脩飾之君子歟？則三年之喪，二十五月而畢，若駟之過隙，頓挫。然而遂之，則是無窮也。又一層。〇兩層夾出下“立中制節”四字。故先王焉、爲之立中制節，壹使足以成文理，則釋之矣。

然則何以至期也？曰：至親以期斷。是何也？曰：天地則已易矣，四時則已變矣。其在天地之中②，莫不更始焉，以是象之也。然則何以三年也？

① 校《注疏》本和《手批》本，脱“患”字。

② 校《注疏》本和《手批》本脱“者”字。

曰：加隆焉爾也，焉使倍之，故再期也。由九月以下，何也？曰：焉使弗及也。故三年以爲隆，緦小功以爲殺，期九月以爲閒。故三年之喪，人道之至文者也，夫是之謂至隆。是百王之所同，古今之所壹也。未有知其所由來者也。一句跌頓出孔子話來。孔子曰："子生三年，然後免於父母之懷。"夫三年之喪，天下之達喪也。結引孔子語，説明三年之喪之所由來。

記祭禮

《祭法》第十六

法謂制之定者。此篇記祭天神、地祇、人鬼之定制，故曰祭法。

夫聖王之制祭祀也，法施於民，則祀之；以死勤事，則祀之；以勞定國，則祀之；能禦大菑，則祀之；能捍大患，則祀之。起説先王如何制祭祀，而下舉例證之。是故厲山氏之有天下也，其子曰農，能殖百穀；夏之衰也，周弃繼之，故祀以爲稷。共工氏之霸九州也，其子曰后土，能平九州，故祀以爲社。帝嚳能序星辰以著衆；堯能賞，均刑法，以義終；舜勤衆事而野死。鯀鄣洪水而殛死，禹能修鯀之功。黄帝正名百物以明民共財，顓頊能修之。契爲司徒而民成，冥勤其官而水死。湯以寬治民而除其虐，文王以文治，武王以武功，去民之菑，此皆有功烈於民者也。繳足一筆。及夫日月星辰，民所瞻仰也；山林、川谷、丘陵，民所取材用也。拖兩筆，文勢極容與閑易之致。非此族也，不在祀典。收筆峭。

《祭義》第十七

祭義者，記祭祀、齋戒、薦羞之義也。陳乎外者祭之法，存乎中者祭之義。君子於祭豈徒法爲哉？亦有義存焉爾。

祭不欲數，數則煩，煩則不敬。祭不欲疏，疏則怠，怠則忘。是故君子合諸天道，春禘夏嘗。"是故"兩句，一節主旨，上發其故，下明其義。霜露既降，君子履之，必有悽愴之心，非其寒之謂也。春雨露既濡，君子履之，必有怵惕之心，如將見之，樂以迎來，哀以送往，故禘有樂而嘗無樂。春夏陽生，似神之來；秋冬陰斂，似神之往。

致齊音齋於内，散齊於外。齊之日，思其居處，思其笑語，思其志意，思其所樂，思其所嗜。思先粗而漸精，故居處在前，樂嗜居後。齊三日，乃見其所爲齊者。一句開下。○此敬之致於未祭者也。祭之日，入室，僾然仿佛之貌。○僾，音愛。必有見乎其位，周還出户，肅然必有聞乎其容聲，出户而聽，愾然。歎息之聲。○愾，苦代切。必有聞乎其歎息之聲。此敬之致於當祭者也。是故先王之孝也，色不忘乎目，聲不絶乎耳，心志嗜欲不忘乎心。總束三句，逼出下兩句。致愛則存，致慤則著。著存不忘乎心，總一句，逼出“敬”字。夫安得不敬乎？“敬”字，主旨。君子生則敬養，死則敬享，思終身弗辱也。

孝子將祭，慮事不可以不豫，比時具物，不可以不備，虚中以治之。宫室既修，牆屋既設，百官既備，夫婦齊音齋戒，沐浴，盛服奉承而進之，洞洞乎，質慤貌。屬屬乎，恭也。如弗勝，如將失之，其孝敬之心至也歟！薦其薦俎，序其禮樂，備其百官，奉承而進之，於是喻其志意，以其恍惚以與神明交，庶或饗之。庶或饗之，孝子之志也。孝子之祭也，盡其慤而慤焉，盡其信而信焉；盡其敬而敬焉三句内盡志。盡其禮而不過失焉。一句外盡物。進退必敬，如親聽命，則或使之也。

孝子之祭可知也，其立之也，敬以詘音屈；其進之也，敬以愉；其薦之也，敬以欲；退而立，如將受命；已徹而退，敬齊之色不絶於面。上正説，下翻過來説。孝子之祭也，立而不詘，固也；進而不愉，疏也；薦而不欲，不愛也；退立而不如受命，敖也；已徹而退，無敬齊之色，而忘本也。如是而祭，失之矣。孝子之有深愛者，挺接。○下申孝子之敬，皆原於有深愛。必有和氣；有和氣者，必有愉色；有愉色者，必有婉容。孝子如執玉，如奉盈，洞洞屬屬然，如弗勝，如將失之。嚴威儼恪，反接，作收。非所以事親也，成人之道也。

宰我曰：“吾聞鬼神之名，不知其所謂。”子曰：“氣也者，神之盛也；魄也者，鬼之盛也。合鬼與神，教之至也。主旨。衆生必死，死必歸土，此之謂鬼。骨肉斃於下，陰爲野土。其氣發揚於上，爲昭明，焄音熏蒿悽愴①。昭明，乃光景之屬。焄蒿，氣之感觸人者。悽愴，如《漢書》所稱“神君至，其風

① “悽愴”原作“愴悽”，今改正。

肅然”之意。此百物之精也，神之著也。因物之精，制爲之極，明命鬼神，以爲黔首。則百衆以畏，萬民以服。聖人以是爲未足也，築爲宫室，設爲宗祧，以别親疏遠邇，教民反古復始，不忘其所由生也。衆之服自此，故聽且速也。二端既立，二端謂氣者神之盛，魄者鬼之盛。報以二禮。禮爲朝踐之禮與饋熟之禮。建設朝事，燔燎羶薌，謂取膟膋燎於爐炭，使羶薌之氣上騰也。見讀覸以蕭光，覸，雜也。以蕭蒿雜膟膋而燒之，故曰“覸以蕭光”。光者，煙上則有照映之光采也。以報氣也。此教衆反始也。薦黍稷羞肝肺、首心，見間見間二字，合爲覸。以俠，甒音武，置醴酒者。俠甒，兩甒也。加以鬱鬯，以報魄也。教民相愛，上下用情，禮之至也。結應起合鬼與神教之至意。

（中華書局發行，1918 年 11 月初版）

春秋約纂

《春秋約纂》叙例

學，所以明理也。明理，所以經世而致之用也。故學不足以致用而經世，則雖外極博綜，内析毫芒，與不學同。抑古之人有詔我者矣。曰：“學明理於經，而習事於史。史於學居十之六，而閲歷煅煉又居其四。事變無窮，莫可究詰；然能舉古人之成案，精思而力辨之，置身當日，如親受其任，而激撓衝突於其間。如是者久之，則閲歷煅煉，已兼具於讀史之中。矧身世所遭，得之於動忍增益，其力又有大焉者乎！”此南豐謝程山先生之説，是也。顧博以爲古今聖賢修齊治平之至理名言，盡於《小戴》一記。而古今御天下之變，備於《春秋左氏傳》。明其理，達其變，讀秦漢以下之史，猶入宗廟之中，循其昭穆而别其子姓，瞭如指掌矣！嘗觀後世賢者當國家之任，執大事，决大疑，定大變，學術勳業，爛然天壤。然尋其端緒，求其規模，《左氏傳》所載已先具之。蓋世之變也，至春秋已極。一時名卿士夫，身當其變者，莫不有堅苦之志，深沈之略，應猝之才，發而不可禦之勇，久而不可回之力，以謹操其事之始終而成確然之效。此姑勿論。夷考其時，列國並立，會盟討伐，不異於今日。而民之生其間者，無不内其國而外諸夏，竭智盡能以效忠於其國家，如鄭商人之儔，難可一二指。國家思想之發達，遠非吾儕今日視國家休戚如秦越人之肥瘠者比也。抑博重有感者：吾國自嬴秦混一六王以迄於今，國民習於數千年之閉關，不復知國際爲何事。其始遇外人也，壹以戎虜待之。虚驕之心理，訑訑拒人之聲音笑貌，可以怒敵而召釁者，亦既無在無之；一經敗衄，則又嗒焉若喪，卑怯之習日以長，以爲中國事事不如人，甘心居人後，自侮而人亦侮之，於是國際上之地位，遂以一落千丈强。顧衡之春秋諸國如何者，不論晉、楚、齊、秦，泱泱大國之風，必不以疆埸勝負之一彼一此，自損其榮譽。即以小事大之蕞爾鄭，亦能壹遵當日國際之慣例，不亢不卑，保持其國際上之地位。豈有俯仰隨人，習於媚外而可以立國者哉！烏乎！國家之積弱，國民之志氣不振實爲之。儻非教育者之責歟?《語》曰："前事不忘，後事之師。"古典教育，正亦何可厚非！兹編纂録春秋大事，而以邦交爲主者以此也。

傳《春秋》者，左氏叙事見本末，公羊、穀梁辭辨而義精，三家并稱，而好左氏者尤夥甚。顧孟子則稱曰："晉之《乘》，楚之《檮杌》，魯之《春秋》，一也。其事則齊桓晉文，其文則史。"孔子曰："其義則丘竊取之矣。"蓋以明《春秋》之所重者，在義而不在事與文也。推孟子之意，無亦曰僅論其事，則不過桓文之陳迹而已。若僅論其文，則不過一史官之職而已。是二者乃晉《乘》楚《檮杌》之所同也。孔子未修之《春秋》，亦猶是也。及孔子修之，而其中皆有義焉。若夫事也者，則不過假之以明義。義之既明，兼識其事可也。義之既明而其事皆作筌蹄之棄，亦無不可也。若徇其事而昧其義，則大不可也。自《公》、《穀》之大義不明，而治《春秋》者一以《左氏》爲據，亦所謂"事則齊桓晉文，文則史"而已，《春秋》之義不見也。然事之本末不具，亦無以見義之所在。兹編每纂録一事，必以經標目揭其綱。傳則以《左氏》爲主，而《公》、《穀》次其後。名曰《春秋約纂》，將令學者原始要終，尋其文字，究其指歸，優而游之，使自求之，饜而飫之，使自趨之，若江海之浸，膏澤之潤，涣然冰釋，怡然理順，然後爲得也。若論文章，《左氏》豔而富，其失也誣；《公羊》辨而裁，其失也俗；《穀梁》清而婉，其失也短。前人言之詳矣，兹不具論。

民國七年三月十七日，無錫錢基博叙於江蘇省立第三師範學校。

目　録

僖公

四年春王正月，公會齊侯、宋公、陳侯、衛侯、鄭伯、許男、曹伯，侵蔡。蔡潰，遂伐楚，次于陘。夏，楚屈完來盟于師，盟于召陵。

二十有二年夏，宋公、衛侯、許男、滕子伐鄭。冬十有一月己巳朔，宋公及楚人戰于泓，宋師敗績。

二十有八年春，晉侯侵曹，晉侯伐衛。公子買戍衛，不卒戍，刺之。楚人救衛。三月丙午，晉侯入曹，執曹伯。畀宋人。夏四月己巳，晉侯、齊師、宋師、秦師及楚人戰于城濮，楚師敗績。楚殺其大夫得臣。

三十年秋，晉人、秦人圍鄭。

三十有二年冬十二月己卯，晉侯重耳卒。三十有三年春王二月，秦人入滑。夏四月辛巳，晉人及姜戎敗秦師於殽。癸巳，葬晉文公。

宣公

十有二年春，楚子圍鄭。夏六月乙卯，晉荀林父帥師及楚子戰於邲，晉師敗績。

成公

七年秋八月，吴入州來。

十有六年夏六月甲午晦，晉侯及楚子、鄭伯戰于鄢陵。楚子、鄭師敗績。楚殺其大夫公子側。

襄公

二十有七年夏，叔孫豹會晉趙武、楚屈建、蔡公孫歸生、衛石惡、陳孔奂、鄭良霄、許人、曹人于宋。秋七月辛巳，豹及諸侯之大夫盟于宋。

昭公

元年春王正月，叔孫豹會晉趙武、楚公子圍、齊國弱、宋向戌、衛石惡、陳公子招、蔡公孫歸生、鄭罕虎、許人、曹人于虢。

三月，取鄆。

四年夏，楚子、蔡侯、陳侯、鄭伯、許男、徐子、滕子、頓子、胡子、沈子、小邾子、宋世子佐、淮夷會于申。楚人執徐子。秋七月，楚子、蔡侯、陳侯、許男、頓子、胡子、沈子、淮夷伐吳，執齊慶封，殺之。遂滅賴。

十有三年秋，公會劉子、晉侯、齊侯、宋公、衛侯、鄭伯、曹伯、莒子、邾子、滕子、薛伯、杞伯、小邾子于平丘。八月甲戌，同盟於平丘。公不與盟。晉人執季孫意如以歸。公至自會。冬十月，公如晉，至河乃復。

（附十六年《左氏傳》）晉韓起聘于鄭。

定公

四年春三月，公會劉子、晉侯、宋公、蔡侯、衛侯、陳子、鄭伯、許男、曹伯、莒子、邾子、頓子、胡子、滕子、薛伯、杞伯、小邾子、齊國夏于召陵，侵楚。夏四月庚辰，蔡公孫姓帥師滅沈，以沈子嘉歸，殺之。五月，公及諸侯盟於臯鼬。秋七月，公至自會。楚人圍蔡。冬十有一月庚午，蔡侯以吳子及楚人戰於柏舉，楚師敗績。楚囊瓦出奔鄭。庚辰，吳入郢。五年夏，於越入吳。

十年春王三月，及齊平。夏，公會齊侯於夾谷。公至自夾谷。齊人來歸鄆、讙、龜陰田。

哀公

十有三年夏，公會晉侯及吳子于黃池。於越入吳。

《春秋約纂》卷甲

僖公

［《左傳》］齊侯與蔡姬乘舟于囿。蕩公。公懼，變色；禁之，不可。公怒，歸之，未絕之也。蔡人嫁之四句安頓四之字，錯落盡致；中間一也字，宕樣可愛。

四年春，齊侯以諸侯之師侵蔡。蔡潰，遂伐楚。楚子使與師言曰："君處北海，寡人處南海，唯是風馬牛不相及也。趣語。〇風，放也，牝牡相誘曰風。不虞君之涉吾地也，何故?”詰得强硬。管仲對曰：“昔召康公命我先君太公曰：‘五侯九伯，女實征之，以夾輔周室。’見得非風馬牛不相及。賜我先君履，東至于海黄海，西至于河，按桓公塞八流以自廣。蓋九河故道在今德景之間，今猶曰古鬲津，是齊之西界，當至今山東東臨道德縣平原而止。南至于穆陵，今山東膠東道臨朐縣東南一百五里，有穆陵關。北至于無棣今置縣屬，今山東濟南道。爾貢包茅不入，王祭不共，無以縮酒，寡人是徵。昭王南征而不復，寡人是問。”對曰：“貢之不入，寡君之罪也。敢不共給?昭王之不復，君其問諸水濱!”冷語妙!〇認其小而舍其大，極有分寸。師進，次于陘。

夏，楚子使屈完如師。師退，次于召陵。召陵在今河南開封道郾城縣西四十五里，而陘在其南。齊侯陳諸侯之師，與上諸侯之師相應。與屈完乘而觀之。齊侯曰：“豈不穀是爲?先君之好是繼，與不穀同好如何?”對曰：“君惠徼福於敝邑之社稷，辱收寡君，寡君之願也。”桓公説“繼好”，屈完應“辱收”，已是兩下講妥，此下不過閒話取笑耳。齊侯曰：“以此衆戰，誰能禦之?以此攻城，何城不克?”對曰：“君若以德綏諸侯，誰敢不服?欲抑先揚，妙!君若以力，楚國方城山名，在今河南汝陽道方城縣東北四十里以爲城，漢水以爲池，正與上文管仲口中東海、西河、穆陵、無棣遥遥針對。雖衆，無所用之。”上管仲就理上講，説得正大，楚子卻答得活脱，極有躲閃。此處桓公就勢上講，説得張皇，屈完便答得閒冷，極占便宜。似此詞令，皆隨機應變，上則半認半推，此則前恭後倨，都用一開一合，筆法亦委婉亦冷雋，好看煞人。

屈完及諸侯盟。

[《公羊傳》] 四年春王正月，公會齊侯、宋公、陳侯、衛侯、鄭伯、許男、曹伯，侵蔡。蔡潰。潰者何?下叛上也。不與諸侯潰之，見得非齊桓兵威所爲。國曰潰，邑曰叛。遂伐楚，次於陘。其言次於陘何?有俟也。孰俟?俟屈完也。俟字下得妙!寫出桓公自度德力不足以服楚心事。

夏，楚屈完來盟於師，盟於召陵。自春徂夏，俟得好久。屈完者，楚大夫也。何以不稱使?尊屈完也。曷爲尊屈完?以當桓公也。言下顯得楚之强大。其言盟於師、盟於召陵何?師在召陵也。師在召陵，則曷爲再言盟?喜服楚也。喜字妙！顯得桓公始願不及此。何言乎喜服楚？楚有王者則後服，無王者則先叛。以王者壓桓公。妙！夷狄也，而亟病中國，南夷與北狄交。中國不絶若綫，桓公救中國而攘夷狄，卒怗荆，以此爲王者之事也。句中有眼，若曰此王者之事，豈桓公所得爲耶？其言來何？與桓爲主也與字妙！若曰非桓能爲主也，與之云爾。前此者有事矣，後此者有事矣，則曷爲獨於此焉？與桓公爲主，序績也。"序績"句用"前此"兩句逼出，好見得若此之類正夥，此聊以解嘲爾！

經書伐楚曰遂，見得桓公本意在侵蔡，而伐楚不過順手牽羊，草草求一下場而已。《公羊》處處語帶諷貶者以此；而説《公羊》者徒執"序績"一言，遂以爲與桓公者失之。

[《穀梁傳》] 四年春王正月，公會齊侯、宋公、陳侯、衛侯、鄭伯、許男、曹伯，侵蔡。蔡潰。潰之爲言，上下不相得也。侵，淺事也。侵蔡而蔡潰，以桓公爲知所侵也。不土其地，不分其民，明正也。遂伐楚，次於陘。遂，繼事也。次，止也。

夏，楚屈完來盟於師，盟於召陵。楚無大夫無命卿，其曰屈完，何也？以其來會桓，成之爲大夫也。其不言使，權在屈完也。猶今全權大使。則是正乎？曰非正也。以其來會諸侯，重之也。來者何？内桓師也。於師，前定也。於召陵，得志乎桓公也。得志者，不得志也，以桓公得志爲僅矣。僅字妙！屈完曰："大國之以兵向楚，何也？"桓公曰："昭王南征不反，菁茅之貢不至，故周室不祭。"屈完曰："菁茅之貢不至，則諾。昭王南征不反，我將問諸江。"同左氏意，而風致自别。看他下一諾字，一我字，何雋妙乃爾！

於伐楚一事，尤明譏之。

二十有二年夏，宋公、衛侯、許男、滕子伐鄭。冬十有一月己巳朔，宋公及楚人戰於泓，宋師敗績。

[《左傳》] 夏，宋公伐鄭。子魚曰："所謂禍在此矣。"一句起下。

楚人伐宋以救鄭。宋公將戰，大司馬即子魚固諫曰："天之棄商久矣，映亡國之餘。君將興之，弗可赦也已。"映"傷股"，言下見得：依你一肚皮迂闊論頭，使當索性安分守己，不必强出頭討苦吃耳。此正通篇高一層跌落得力處，併下文不如勿傷、不如服焉，都隱隱照起。左氏總無閒筆。弗聽。

冬十一月己巳朔，宋公及楚人戰於泓。水名，約在今河南開封道柘城縣北三十里許。宋人既成列，楚人未既濟。伏隘字。司馬曰："彼衆我寡，及其未既濟也，請擊之。"公曰："不可。"既濟而未成列伏儳字。又以告。公曰："未可。"不可、未可，言下若有分寸。絶倒！既陳而後擊之，宋師敗績。公傷股，門官殲焉特詳。此爲"不重"、"不禽"反照。

國人皆咎公。公曰："君子不重傷，不禽二毛。古之爲軍也，不以阻隘也。寡人雖亡國之餘，不鼓不成列。"子魚曰："君未知戰一句掃倒。勍敵之人，隘而不列，天贊我也反映天棄；阻而鼓之，不亦可乎？反别不可、未可猶有懼焉。且今之勍者，皆吾敵也。雖及胡耇，獲則取之，何有於二毛？明恥、教戰，求殺敵也。傷未及死，如何勿重？若愛重傷，則如勿傷。愛其二毛，則如服焉。上段已自披駁明了，此四句又翻過來抉進一層説，駿快絶倫。三軍以利用也，金鼓以聲氣也。兩句忽着一離，便令文氣歸重阻隘、鼓儳二項，妙！大抵頓宕鬆緊，全在離處得力。利而用之，阻隘可也。聲盛致志，鼓儳可也。"兩"可也"，明對前"不可"、"未可"，與上"不亦可乎"同一廻龍顧祖法。蓋恐讀者與"重傷"、"二毛"一例看去，不見手筆也。前文本只是"未濟"、"未列"，後忽添出"重傷"、"二毛"於宋公口中，四項平説作伴，然叙事終有賓主。故於子魚口中便平中寓側，作倒煞歸重之筆，以與叙事相應，篇法細密。

［《公羊傳》］冬十有一月己巳朔，宋公及楚人戰於泓，宋師敗績。偏戰者日爾，此其言朔何？《春秋》辭繁而不殺者，正也正字主旨。何正爾？宋公與楚人期戰於泓之陽。楚人濟泓而來。有司復曰："請迨其未畢濟而擊之。"宋公曰："不可。吾聞之也，君子不厄人，吾雖喪國之餘折筆婉曲，寡人不忍行也。"一樣一句，話入公羊筆下，便寫得何等温厚。既濟未畢陳，有司復曰："請迨其未畢陳而擊之。"宋公曰："不可。吾聞之也，君子不鼓不成列。"已陳，然後襄公鼓之，宋師大敗。故君子大其不鼓不成列單刀直入，臨大事而不忘大禮，有君而無臣，妙妙！順帶一筆罵子魚，竭力爲襄公吐氣。以爲雖文王之戰，亦不過此也。揚之可使上天。妙！

［《穀梁傳》］冬十有一月己巳朔，宋公及楚人戰於泓，宋師敗績。日事遇

朔曰朔。説得淡然，見得並無深意。先撤去《公羊》辭繁不殺者正之説，然後翻騰蓄勢，跌出責字，有畫有筆。《春秋》三十有四戰，未有以尊敗乎卑，以師敗乎人者也。以尊敗乎卑，以師敗乎人，則驕其敵竭力翻騰。襄公以師敗乎人而不驕其敵，何也？責之也。恰與《公羊》一反。泓之戰，以爲復雩之恥也。提筆振起！〇前年會于雩，宋公爲楚所執。雩之恥，宋襄公有以自取之。筆有斷制。伐齊之喪，執滕子，圍曹，爲雩之會，不顧其力之不足，襄公致敗之由。而致楚成王，成王怒而執之。故曰：禮人而不荅，則反其敬；愛人而不親，則反其仁；治人而不治，則反其知；過而不改，又之，是謂之過。襄公之謂也。抑之不嫌入地。妙！古者被甲嬰冑，非以興國也，則以征無道也，豈曰以報其恥哉！回顧一筆，如神龍掉尾。〇一層宋公與楚人戰於泓水之上，司馬子反曰："楚衆我少，鼓險而擊之，勝無幸焉。"襄公曰："君子不推人危，不攻人厄，須其出。"既出，旌亂於上，陳亂於下。子反曰："楚衆我少，擊之，勝無幸焉。"襄公曰："不鼓不成列，須其成列而後擊之。"則衆敗而身傷焉，七月而死。又是一樣叙法。清約是《穀梁》本色。倍則攻，敵則戰，少則守。人之所以爲人者，言也；人而不能言，何以爲人？言之所以爲言者，信也；言而不信，何以爲言？信之所以爲信者，道也；信而不道，何以爲道？道之貴者時，其行勢也。道有時，事有勢，何貴於道？貴合於時。何貴於時？貴順於勢。老子至道之人，猶曰："以正治國，以奇用兵。"所謂道之所貴時，其行勢也。今宋襄國弱，於楚不守，而行敵戰之禮，已屬不度德、不量力，乃不能出奇制勝而守匹夫之狷介，喪師辱國，焉識大通之方、至道之術也哉！

公羊不以成敗論人，而穀梁乃爲左氏張目，莫不持之有故，言之成理。可見天下之理，非一端可盡。

二十有八年春，晉侯侵曹，晉侯伐衛。公子買戍衛，不卒戍，刺之。楚人救衛。三月丙午，晉侯入曹，執曹伯。畀宋人。夏四月己巳，晉侯、齊師、宋師、秦師及楚人戰於城濮，楚師敗績。楚殺其大夫得臣。

[《左傳》] 二十有八年春，晉侯將伐曹，假道於衛。衛人弗許。還，自南河濟，侵曹伐衛。侵曹伐衛總提；以下先叙伐衛，次叙伐曹。于衛則先透一楚字，于曹則先透一報字，一筆早爲中幅提頭，筆法何等細密。正月戊申，取五鹿。在今直隸大名道濮陽縣界。二月，晉郤縠卒。原軫將中軍，胥臣佐下軍，上德

也。德字着眼。晉侯、齊侯盟於斂盂。衛地，濮陽縣東南有斂盂聚。衛侯請盟，晉人弗許。衛侯欲與楚，楚字着眼。國人不欲，故出其君以説於晉。衛侯出居於襄牛。衛地，在今河南開封道睢縣界。

公子買戍衛，楚人救衛，不克。公懼於晉，殺子叢以説焉。魯殺臣説晉，正與衛出君説晉對寫。謂楚人曰："不卒戍也。"

晉侯圍曹，門焉，多死。曹人尸諸城上，晉侯患之。聽輿人之謀，曰稱"舍於墓"。師遷焉。曹人兇懼，爲其所得者棺而出之。因其兇也而攻之。三月丙午，入曹，數之，以其不用僖負羈而乘軒者三百人也。長句，帶叙帶議筆法。且曰獻狀。摇曳多致。令無入僖負羈之宫而免其族，報施也。報字着眼。魏犨、顛頡怒曰："勞之不圖，報於何有？"反接。〇八字駡殺重耳。爇僖負羈氏。魏犨傷於胸。公欲殺之而愛其材，使問，且視之病，將殺之。魏犨束胸，見使者曰："以君之靈，不有寧也！"距躍三百，曲踊三百。乃舍之。殺顛頡以殉于師，立舟之僑以爲戎右。叙侵曹伐衛爲城濮作引，見得釁自晉起。

宋人使門尹般如晉師告急。公曰："宋人告急，舍之則絶，告楚不許。此是設言。我欲戰矣，着眼。齊、秦未可，若之何？"先軫曰："使宋舍我而賂齊、秦，藉之告楚。我執曹君而分曹、衛之田以賜宋人。楚愛曹、衛，必不許也拏得定。喜賂怒頑，能無戰乎？"此句着眼。公説，執曹伯，分曹、衛之田以畀宋人。

楚子入居於申，今河南汝陽道南陽縣。使申叔去穀，齊地。使子玉去宋，曰："無從晉師。晉侯在外十九年矣，而果得晉國。險阻艱難，備嘗之矣。民之情僞，盡知之矣。天假之年而除其害，天之所置，其可廢乎？《軍志》曰：'允當則歸。'指齊、秦請宋説。又曰：'知難而退。'又曰：'有德不可敵。'德字着眼。此三志者，晉之謂矣。"

子玉使伯棼請戰，曰："非敢必有功也，願以間執讒慝之口。"王怒，少與之師，惟西廣、東宫與若敖之六卒，實從之。子玉使宛春告於晉師曰："請復衛侯而封曹。妙妙！子玉居然勁敵，亦欲占先手。臣亦釋宋之圍。"子犯曰："子玉無禮哉！對下有禮。君取一，臣取二，不可失矣。"先軫曰："子與之！定人之謂禮，楚一言而定三國，我一言而亡之。我則無禮，何以戰乎？此句着眼。不許楚言，是棄宋也。救而棄之，謂諸侯何？楚有三施，我有三怨，怨讎已多，將何以戰？此句着眼。〇看他反覆打算，計必出於一戰。不如私許復曹、衛以攜之，執宛春以怒楚，既戰而後圖之。”公説。乃拘宛春於衛，且私許復曹、衛。曹、衛告絶于楚。

子玉怒，從晉師。人以爲兩軍必交綏矣。晉師退。接得不測。軍吏曰：“以君辟臣，辱也。且楚師老矣，何故退?”子犯曰：“師直爲壯，曲爲老，豈在久乎？微楚之惠不及此。此句着眼。退三舍避之，所以報也。背惠食言，以亢其讎。我曲楚直，其衆素飽，不可謂老。我退而楚還，我將何求？此是假話。若其不還，君退臣犯，曲在彼矣。”退三舍。楚衆欲止，子玉不可。

夏四月戊辰，晉侯、宋公、齊國歸父、崔夭、秦小子慭魚覲反次于城濮。此處忽叙齊秦之師，則宋之賂、楚之不許，皆在其中。文有暗叙互見法，此類是也。城濮，衛地，在今山東東臨道濮縣南七十里○夫子以譎目晉文，朱注特舉此事爲證。今細讀之，大畧有三，總以欲戰爲主：其始恐戰之無助，則以喜賂怒頑之策激齊秦，而不虞楚子之去也；其既屈於宛春之三施，則以私許執使激子玉，而又礙於楚惠之將爲口實也；於是終以君退臣氏犯之策坐楚以曲，而可以唯我之欲矣。着着暗算盡情，其餘藏頭露尾，莫可枚舉，非左腕二十分靈心，妙亦須描寫不出。楚師背酅邱陵險阻名而舍，晉侯患之。聽輿人之誦曰：“原田每每，舍其舊而新是謀。”着眼公疑焉。子犯曰：“戰也！戰而捷，必得諸侯。四字着眼。若其不捷，表裏山河，必無害也。”質之言曰：人言不足恤爾。公曰：“若楚惠何?”點眼。欒貞子曰：“漢陽諸姬，楚實盡之。思小惠而忘大恥，不如戰也。”晉侯夢與楚子搏，楚子伏己而盬其腦，接寫一夢，妙妙！見得賊人心虚。是以懼。子犯曰：“吉！我得天，楚伏其罪，吾且柔之矣。”

子玉使鬬勃請戰，曰：“請與君之士戲，君馮軾而觀之，得臣與寓目焉。”晉侯使欒枝對曰：“寡君聞命矣。楚君之惠，未之敢忘，是以在此。爲大夫退，其敢當君乎？既不獲命矣，敢煩大夫，謂二三子：‘戒爾車乘，敬爾君事，詰朝將見。’”

晉車七百乘，大書特書，言車乘之衆，緊對“少與之師”，卻是從下觀師，倒插此筆。韅許見反、靷以刃反、.鞅於杖反、靽音半。晉侯登有莘之虚以觀師，曰：“少長有禮，映子玉無禮。其可用也。”躊躇滿志，可見文公處心積慮，決意戰楚，但礙楚惠耳。前以“我欲戰矣”提一筆，而下文“能無戰乎”、“將何以戰”，反覆推敲，必討出一戰而後快；繼以“若楚惠何”點一句，而下文“小惠”、“大恥”、“舊惠”、“敢忘”，又反覆推敲，必洗得于惠一毫無妨而後快，而微楚之惠不及此。于子犯口中論晉師退，先透一筆惠；“戰而捷”、“不如戰也”，于欒、犯口中釋楚惠，復帶一筆戰；將戰與惠兩項合來，並行不背，方得放心説箇“其可用也”，見得備戰已久，至此乃欣于一試。遂伐其木，以益其兵。己巳，晉師陳于莘約在山東濟寧道曹縣界北，胥臣以下軍之佐當陳、蔡。子玉以若敖之六卒將中軍，叙晉軍，插楚軍，卻用對句，斷續得妙，牽搭得妙。曰：“今日必無晉矣。”插此句生動，與晉侯可用句相映成趣。子西將左，子上將右。胥臣蒙馬以虎皮，先犯陳、蔡。衝鋒之師。陳、蔡奔，楚右師潰。狐毛設二旆而退之。欒枝使輿曳柴而僞遁，誘敵之師。楚師馳之。原軫、郤溱以中軍公族横擊之。設伏、應敵之師。狐毛、狐偃以上軍夾攻子西，既退，復還戰。楚左師潰。楚師敗績結穴。子玉收其卒而止，故不敗。晉軍作三遍寫：第一遍承蒐被廬，一升一補，便見六卿無缺；第二遍叙次城濮，有主有客，全虧諸侯同仇；第三遍大書特書晉車七百乘，韅、靷、鞅、靽，便見車乘備師徒衆，而伐木益兵，一似猶少楚軍，卻只寫得兩遍，前則曰西廣、東宫、若敖六卒後，亦曰中軍六卒，左右陳、蔡而已。乃以“少與之師”提頭，而末找一筆曰“收其卒而止，故不敗”，隱隱見子玉之能。晉徒以多勝少，而非真能以德攻也。激射之妙，都在無字句處耳！

晉師三日館穀，及癸酉而還。甲午，至於衡雍鄭地，作王宫於踐土。左氏叙事之法在古無兩，宜於此等求之。蓋晉之告勝，王之謀勞，晉侯及晉聞王之出而留諸侯以爲會盟，就中情事若一一叙入，則不勝其繁，而篇法懈散；唯於還至衡雍，先叙王宫之作，則王至踐土、晉獻楚俘，可以順承直下，斬去一切枝蔓，而情事顯然矣。〇衡雍在今河南開封道滎澤縣南十五里，去此西北三十二里，有王宫故城，城有踐土臺。

鄉役之三月，鄭伯如楚致其師。爲楚師既敗而懼，使子人九行成於晉。晉欒枝入盟鄭伯。正叙晉之得鄭，因追叙鄭之從楚，與魯、衛、曹之從楚相映，且爲鄭伯傅王張本；而鄭致楚師，又城濮之師所以合也。五月丙午，晉侯及鄭伯盟於衡雍。

丁未，獻楚俘於王，試思：若前無“作王宫”一語，此處如何入王之下勞、晉之献俘？突起闌入，氣脈必爲横隔矣。駟介百乘，徒兵千。鄭伯傅王，用平禮也。平王享晉文侯仇之禮。

己酉，王享醴，命晉侯宥。王命尹氏及王子虎、内史叔興父策命晉侯爲侯伯，賜之大輅之服、戎輅之服，彤弓一、彤矢百，玈音盧弓一、矢千，秬鬯一卣，虎賁三百人，曰：“王謂叔父：‘敬服王命，以綏四國，糾逖王慝。’”晉侯三辭，從命，曰：“重耳敢再拜稽首，奉揚天子之丕顯休命。”受策以出。出入三覲。

衛侯聞楚師敗，懼，與鄭伯、魯侯之懼遥應。出奔楚，遂適陳，使元咺① 奉叔武以受盟。癸亥，王子虎盟諸侯於王庭，要言曰："皆獎王室，無相害也！有渝此盟，明神殛之，俾隊其師，眼前指點。無克祚國，及其玄孫，無有老幼。"君子謂是盟也信，謂晉於是役也能以德攻。與起"上德也"句遥應。

初，楚子玉自爲瓊弁、玉纓，未之服也。先戰接筍，夢河神謂己曰："畀余！余賜女孟諸之麋。"宋藪澤約在今河南開封道商邱縣東北，與虞城縣接界處。水草之交曰麋。弗致也。大心與子西使榮黄諫，弗聽。榮季曰："死而利國，猶或爲之，況瓊玉乎？是糞土也。而可以濟師，將何愛焉？"弗聽。出告二子曰："非神敗令尹，令尹其不勤民，實自敗也。"此傳"楚殺得臣"，上補敘拂神失戰之由、愛物而爲好我者所恨，下正寫"既敗，受君之責而爲仇我者所快"，本各開說；而上下兩己字、兩民字、兩相映帶、三敗字，又借作聯絡。蓋文分兩截而意仍遞者，尤妙在上"未之服也"、"弗致也"，與下"而後喜可知也"，調法相應，都是以文貫事，章法乃一綫也。既敗，子玉戰前之事，與楚王戰後之命，風馬牛不相及。止用"既敗"二字，直接榮季"實自敗"語，渾然無迹，正是神施鬼設。王使謂之曰："大夫若入，其若申、息即今河南南陽道息縣地之老何？"子西、孫伯曰："得臣將死，二臣止之，曰：'君其將以爲戮。'"及連穀楚地而死。

晉侯聞之而後喜可知也，妙！○極意形容，倒映出前面許多卧不安席、自慚形穢意思來。曰："莫余毒也已。文貴察聲，喜怒皆肖其聲。此句有喜聲。蔿吕臣實爲令尹，奉己而已，不在民矣！"抑吕臣正竭力揚子玉。

城濮之戰另提，晉中軍風於澤，亡大旆之左旃。祁瞞奸命，司馬殺之以徇於諸侯，使茅茷代之。師還。壬午，濟河，舟之僑先歸，士會攝右。寫得七零八落。○前文"少長有禮"説得軍容何等整肅，卻於前着一魏犨、顛頡，于後又表一祁瞞、舟僑，漏出許多敗缺，都是反刺之筆。

秋七月丙申，振旅，愷以入於晉，献俘，授馘，飲至，大賞，徵會，討貳，殺舟之僑以徇於國，民於是大服。君子謂："文公其能刑矣，能刑正反映上德。質言之曰，並非真能上德爾。三罪而民服。《詩》云：'惠此中國，以綏四方。'不失賞刑之謂也。"

---

① "咺"原誤作"喧"，今改正。

退舍報楚，雖是踐言，究竟是件過意不去的事。篇中處處作棉鍼泥刺之筆，如首尾兩德字，何等冠冕！中間楚子亦許之爲有德。究其所謂德者，不過情僞盡知而已。明明背惠亢讐，卻托之於漢陽諸姬；若説皆獎王室，則又明明供稱必得諸侯。至於舍舊謀新，明明冷諷，伏己鹽腦分明心虚，子犯雖替他解説。按之都係勉强支吾，尤妙在起手從魏、顛兩人一口喝破，便是借他人之酒杯，澆自己之塊壘；而首尾偏以上德、德攻，極口稱贊，把無數詭計負心一齊瞞過。晉文固腹中鱗甲，而左氏亦皮裡陽秋。《春秋》極變詐之事，故須得此極巧妙之文也，此之謂化工肖物而已矣。

文章妙用，全在多作開合。此篇則開合之至奇極變者，如齊、秦未可則一開，宋人之畀則一合；楚子入申則一開，伯棼請戰則一合；宛春告釋又一開，曹、衛告絶又一合。至子玉怒從晉師，似竟合矣，又退三舍着實一開，使讀者目光隨之一閃一落急不得就，方纔落到次於城濮，以爲今而後可以徑寫戰事矣；忽然接寫晉侯聞輿誦而疑則又開，再寫夢搏而懼則又開，然後跌落鬭勃請戰、晉侯觀師着實合，而以叙戰終焉。一路無數峯巒，層層起伏，文章鉅觀，其是之謂乎？

[《公羊傳》] 二十有八年春，晉侯侵曹，晉侯伐衛。曷爲再言晉侯？非兩之也。然則何以不言遂？未侵曹也。未侵曹，則其言侵曹何？致其意也。其意侵曹，則曷爲伐衛？晉侯將侵曹，假塗于衛，衛曰“不可”①，則固將伐之也。公子買戍衛，不卒戍，刺之。不卒戍者何？不卒戍者，内辭也，不可使往也。不可使往，則其言戍衛何？遂公意也。刺之者何？殺之也。殺之則曷爲謂之刺之？内諱，殺大夫，謂之刺之也。楚人救衛。

三月丙午，晉侯入曹，執曹伯，畀宋人。畀者何？與也。其言畀宋人何？與使聽之也。曹伯之罪何？甚惡也。其甚惡奈何？不可以一罪言也。

夏四月己巳，晉侯、齊師、宋師、秦師及楚人戰於城濮，楚師敗績。此大戰也，曷爲使微者，子玉得臣也。子玉得臣則其稱人何？貶。曷爲貶？大

① 今通行本爲“衛曰不可得”。

夫不敵君也。楚殺其大夫得臣。

[《穀梁傳》] 二十有八年春，晉侯侵曹，晉侯伐衛。再稱晉侯，忌也。公子買戍衛，不卒戍，刺之。先名後刺，殺有罪也。公子啓曰："不卒戍者，可以卒也。可以卒而不卒，譏在公子也。刺之，可也。"楚人救衛。三月丙午，晉侯入曹，執曹伯，畀宋人。入者，内弗受也。日入，惡入者也。以晉侯而斥執曹伯，惡晉侯也。畀，與也。其曰人，何也？不以晉侯畀宋公也。夏四月己巳，晉侯、齊師、宋師、秦師及楚人戰於城濮，楚師敗績。楚殺其大夫得臣。

[《左傳》] 九月甲午，晉侯、秦伯圍鄭，以其無禮於晉，顯得與秦無干。且貳於楚也。晉軍函陵，山名，在今河南開封道新鄭縣北十三里，山形如函，故名。秦軍氾南。在今河南開封中牟縣南。

佚之狐言於鄭伯曰："國危矣，若使燭之武見秦君，師必退。"公從之。辭曰："臣之壯也，猶不如人；今老矣，無能爲也已。"公曰："吾不能早用子，今急而求子，是寡人之過也。然鄭亡，子亦有不利焉。"許之。夜縋而出，見秦伯，曰："秦、晉圍鄭，鄭既知亡矣。頓挫。若亡鄭而有益於君，敢以煩執事。反跌一筆。○大旨只極言亡鄭之無益，開口提明一句，以下分作兩半讀：前半先申言亡鄭之無益，又翻轉來極言舍鄭之無害；再抉進一步，先言晉善背秦，再言并當闕秦，都是一層緊一層。前半亡鄭以背鄰，後半闕秦以利晉，兩兩相對，一反一復，寫得不惟無益且大有損，直截痛快，卻步步用一頓一跌，以挑撥之。筆舌之妙極矣！越國以鄙遠，君知其難也。一轉。焉用亡鄭以陪鄰？二轉。鄰之厚，君之薄也。三轉。若舍鄭以爲東道主，四轉。行李之往來，共其乏困，君亦無所害，且君嘗爲晉君賜矣。五轉。許君焦在今河南河洛道陝縣南二里、瑕陝縣西南三十二里，朝濟而夕設版焉，君之所知也！夫晉何厭之有？六轉。一層深一層。既東封鄭，又欲肆其西封。若不闕秦。七轉。將焉取之？闕秦以利晉，繳足一筆。惟君圖之。"秦伯説，與鄭人盟，使杞子、逢孫、楊孫戍之，乃還。

子犯請擊之。公曰："不可！微夫人之力不及此，因人之力而敝之，不仁；失其所與，不知；以亂易整，不武。吾其還也。”亦去之。

此是第一首寫反間文字。凡用間必得間而入，起手一行寫得圍鄭，乃全與秦無涉，便伏一篇立說之根。又用間不外利害兩端，而極言如此之利，不如極言如彼之害。篇中説利只一層，説害卻用三層，是也。用間不可説成爲己之學，須借箸而陳，居然忠愛；篇中頻頻提君字，寫得句句是爲秦謀，非爲己謀，不容秦伯不聲聲入耳。吾舌尚存，雖隋陸何以過此！

[《公羊傳》] 無。
[《穀梁傳》] 無。

[《左傳》] 冬，晉文公卒。庚辰，將殯於曲沃今山西河東道聞喜縣。出絳今河東道翼城縣，柩有聲如牛。卜偃使大夫拜，曰：“君命大事：將有西師過軼我，將有西師一句作提，以下潛師、勞師、出師、禦師，直至秦師遂東，一綫穿落。擊之，必大捷焉。”此篇戰殽，極寫蹇叔先見之明，起手卻寫一先見之卜偃作引，蓋照定下文諫師、哭師兩段，以伏筆作提筆也。下文蹇叔口中“其誰不知”，暗應“將有西師”、“禦師于殽”，明應“擊之”、“大捷”。於事則各不照會，於文則彼此回環，於格則一頭兩脚。

杞子自鄭使告於秦，曰：“鄭人使我掌其北門之管，若潛師以來，國可得也。”穆公訪諸蹇叔。蹇叔曰：“勞師以襲遠，非所聞也。師勞力竭，遠主備之，無乃不①乎？師之所爲，鄭必知之。潛師無用。勤而無所，必有悖心。伏滅滑。且行千里，其誰不知？”暗照晉。公辭焉。召孟明、西乞、白乙，使出師於東門之外。蹇叔哭之，曰：“孟子！吾見師之出而不見其入也。”公使謂

① “不”後脱“可”字。

之曰："爾何知？中壽，爾墓之木拱矣。"蹇叔之子與師，哭而送之，曰："晉人禦師必於殽在今河南河洛道洛寧縣北六十里，殽有二陵焉。其南陵，夏后皋之墓也；其北陵，文王之所辟風雨也。必死是間，余收爾骨焉！"哭師凡兩番。前一番只一句，其詞決絶；後一番用細囑，其詞悲咽。中夾以秦伯駡語，字字着惱，合之遂成絶妙文字。秦師遂東。此句不惟結出師東門，直與首段西師相應。○叙秦出師，爲戰殽作引，中以東、西、南、北閒閒作點綴，亦奇。

三十三年春，秦師過周北門，左右免胄而下，超乘者三百乘。王孫滿尚幼，映蹇叔之老。觀之，言於王曰："秦師輕而無禮，必敗。輕則寡謀，無禮則脱。入險而脱，又不能謀，能無敗乎？"

及滑，今河南河洛道偃師縣南二十里有緱氏城，爲滑國地。鄭商人弦高將市於周接筍，遇之，以乘韋先，牛十二犒師，曰："寡君聞吾子將步師出於敝邑，敢犒從者不腆。敝邑爲從者之淹，居則具一日之糧①，行則備一夕之衛。"且使遽告於鄭。上犒師，下辭戍，用"且使"，轉下以文貫事。

鄭穆公使視客館，則束載、厲兵、秣馬矣。寫得間不容髮，跌宕有致！使皇武子辭焉，曰："吾子淹久於敝邑，唯是脯資餼牽竭矣，爲吾子之將行也，鄭之有原圃，在今河南開封道中牟縣西北七里。猶秦之有具囿也，吾子取其麋鹿以閒敝邑，若何？"杞子奔齊，逢孫、楊孫奔宋。弦高犒師，皇武子辭戍，兩兩開説，當以孟明語連弦高語。後因中間遽告，一氣遞下，故先以杞子奔齊結過後段，而倒以孟明遥結前段，便令犒師、辭戍兩文併在一處，一奔一還，兩事併在一處，剪裁得好！

孟明曰："鄭有備矣，不可冀也。攻之不克，圍之不繼，吾其還也。"滅滑而還。此傳秦人入滑事，然不重入滑，只重鄭必知之，見蹇叔之言信也。弦高段是外謀已洩，皇武子段是内應已空，鄭不可冀，只得滅滑。勤而無所，必有悖心，一一收應。然此亦非正文，只要遞到戰殽作歸結。故起處從王孫觀師引入，入險必脱，上照二陵，下照囚帥，然寫得卻極興頭。超乘則餘勇可賈，滅滑則頗亦得手，又所以反映後之敗也。是一段結上生下文字。

晉原軫曰："秦違蹇叔帶蹇叔，而以貪勤民，天奉我也。奉不可失，敵不可縱。縱敵患生，違天不祥。必伐秦師！"欒枝曰："未報秦施而伐其師，其爲死君乎？"先軫曰："秦不哀吾喪而伐吾同姓，秦則無禮，何施之爲？吾聞之：'一日縱敵，數世之患也。'謀及子孫，可謂死君乎？"遂發命，遽興姜

① "糧"，《左傳》通行本作"積"。

戎。子墨衰絰，梁弘御戎，萊駒爲右。

夏，四月辛巳，敗秦師於殽，獲百里孟明視、西乞術、白乙丙以歸。遂墨以葬文公，帶結法。晉於是始墨。

文嬴請三帥提筆，曰："彼實構吾二君，寡君若得而食之，不厭，君何辱討焉？使歸就戮於秦，以逞寡君之志。若何？"公許之。先軫朝，問秦囚，接筍。公曰："夫人請之，吾舍之矣。"先軫怒曰："武夫力而拘諸原，婦人暫而免諸國，墮軍實而長寇①讎，亡無日矣！"字字憤慨。不顧而唾。公使陽處父追之，及諸河，則在舟中矣。跌宕有致。釋左驂，以公命贈孟明。孟明稽首曰："君之惠，不以纍臣釁鼓，使歸就戮於秦。寡君以爲戮，死且不朽；若從君惠而免之，三年將拜君賜。"

秦伯素服郊次，映子墨衰絰。鄉師而哭，映蹇叔哭師。曰："孤違蹇叔以辱二三子，孤之罪也。不替孟明，孤之過也。大夫何罪？且吾不以一眚掩大德。"大夫何罪，詞意已無不足，更找足一句，收尤勁峭，若曰："姑無論大夫無罪，即有罪，吾亦不以一眚掩大德也。"

此一役也，晉以丸泥封函谷，而秦不得志於東諸侯者三百年。

[《公羊傳》] 冬十有二月己卯，晉侯重耳卒。三十有三年春王二月，秦人入滑。夏四月辛巳，晉人姜戎敗秦于殽。此與《左氏傳》不同，《左氏傳》有師字。其謂之秦何？夷狄之也。曷爲夷狄之？秦伯將襲鄭，百里子與蹇叔子諫曰："千里而襲人，未有不亡者也。"秦伯怒曰："若爾之年者，宰冢也上之木拱矣，爾曷知！"師出，百里子與蹇叔子送其子而戒之曰："爾即死，必於殽之嶔巖，是文王之所辟風雨者也。吾將尸爾焉。"子揖師而行。揖其父于師中，爲甲冑不拜。百里子與蹇叔子從其子而哭之。秦伯怒曰："爾曷爲哭吾師？"對曰："臣非敢哭君師，哭臣之子也。"冷語妙！弦高者，鄭商也，遇之殽，矯以鄭伯之命而犒師焉。或曰往矣，或曰反矣。寫軍中聚謀，有致。然而晉人與姜戎要之殽而擊之，匹馬隻輪無反者。勁折應反字，妙！〇此貶秦。其言及姜戎何？姜戎，微也，稱人亦微也。何言乎姜戎之微？先軫也，或曰襄公親之。

① "寇"原誤作"冠"，茲改正。

搖曳出之，好！襄公親之，則其稱人何？貶。曷爲貶？君在乎殯而用師危，不得葬也。危字下得好！詐戰不日，此何以日？盡也。應匹馬隻輪無反。癸巳，葬晉文公。此貶晉。

辭事同《左》。《左》以婉曲勝，此以簡勁勝。

［《穀梁傳》］冬十有二月己卯，晉侯重耳卒。三十有三年春王二月，秦人入滑。滑，國也。夏四月辛巳，晉人及姜戎敗秦師于殽。有師字，同《左氏》。不言戰而言敗，何也？狄秦也。其狄之何也？秦越千里之險，入虛國，滑亡備，故入虛國。進不能守，退敗其師，徒亂人子女之教，無男女之別。秦之爲狄，自殽之戰始也。大書特書，深著秦師之不律。秦伯將襲鄭，百里子與蹇叔子諫曰："千里而襲人，未有不亡者也。"秦伯曰："子之冢木已拱矣，何知！"只此已足視《公羊》尤簡。師行，百里子與蹇叔子隨其子而戒之，曰："女死，必於殽之巖唫音吟之下，我將尸女於是。"師行，百里子與蹇叔子隨其子而哭之。秦伯怒曰："何爲哭吾師也？"二子曰："非敢哭師也，哭吾子也。我老矣，彼不死，則我死矣。"跟秦伯罵二子"冢木已拱"語作答，意亦委婉。○此寫作二子畏秦伯怒飾説，與《公羊》不同。晉人與姜戎要而擊之殽，匹馬倚輪無反者。此貶晉。晉人者，晉子也。特提。其曰人，何也？微之也。何爲微之？不正其釋殯而主乎戰也。癸巳，葬晉文公。日葬，危不得葬也。

兩貶之，義同《公羊》。

《春秋約纂》卷乙

宣公

（《左傳》）十有二年春，楚子圍鄭，旬有七日。鄭人卜行成，不吉；卜臨於大宮，且巷出車，吉。國人大臨，守陴者皆哭。楚子退師。鄭人修城。進復圍之。論叙事常法，出車、大臨乃被圍常事，本不必書而特書者，與能信用其民義相發也。《春秋》之法，書入則不復書圍，退師、修城乃復圍以前之事，亦不宜書而特書者，見楚子行師進退有禮，與篇末論武有七德義相發也。三月，克之。入自皇門，至於逵路。鄭伯肉袒牽羊以逆，曰："孤不天，不能事君伏下改事。使君懷怒以及敝邑，孤之罪也，敢不唯命是聽？其俘諸江南以實海濱，亦唯命；其翦以賜諸侯，使臣妾之，亦唯命。以"敢不唯命"領，兩"亦唯命"，先將俘、馘兩項説煞，已自死心塌地；然後將若字一轉，輕輕説箇"使改事君"，卻又以"非所敢望"連忙縮住，不作十分希冀，而聞者自爲之平心解顔。文到至處，哀樂皆能感人。若惠顧前好，徼福於厲、宣、桓、武，不泯其社稷，使改事君，夷於九縣，君之惠也，孤之願也，非所敢望也。敢布腹心，君實圖之。"左右曰："不可許也，得國無赦。"王曰："其君能下人，必能信用其民矣。庸可幾乎？"退三十里而許之平。潘尫入盟，子良出質。

夏六月，晉師救鄭入晉，荀林父將中軍，先縠佐之；士會將上軍，郤克佐之；趙朔將下軍，欒書佐之。趙括、趙嬰齊爲中軍大夫，鞏朔、韓穿爲上軍大夫，荀首、趙同爲下軍大夫，韓厥爲司馬。此處整敘，以後零星出現。至戰時卻只寫一桓子，與楚整敘三軍後只見一楚子，同爲準經落筆、小心恭慎之文。及河，聞鄭既及楚平接荀，桓子荀林父欲還，曰："無及於鄭而勦民，焉用之？楚歸而動，不後。"隨武子士會曰："善！會聞用師，觀釁而動。德、刑、政、事、典、禮不易，反映篇末七德無一語。不可敵也，不爲是征。楚軍討鄭，怒其貳而哀其卑。叛而伐之，服而舍之，德、刑成矣。伐叛，刑也；柔服，德也。二者立矣。昔歲入陳，今茲入鄭，民不罷勞，君無怨讟，政有經矣。荆尸而舉，商、農、工、賈，不敗其業，而卒乘輯睦，事不奸矣。蔿敖爲宰，擇楚國之令典；軍行，右轅，左追蓐，前茅慮無，中權後勁。百官象物而動，軍政不戒而備，能用典矣。其君之舉也，内姓選於親，外姓選於舊。舉不失德，賞不失勞。老有加惠，旅有施舍。君子小人，物有服章。貴有常尊，賤有等威，禮不逆矣。德立、刑行，政成、事時，典從、禮順，若之何敵之？總提總束。不可敵用順承，下倒煞觀釁而動，又整齊，又變化。見可而進，知難而退，軍之善政也。兼弱攻昧，武之善經也。子姑整軍而經武乎？板板説來，忽用開宕之筆，自生動可喜。猶有弱而昧者，何必楚？仲虺有言曰：'取亂侮亡。'兼弱也。《汋》曰：'於鑠王師，遵養時晦。'耆音旨昧也。《武》曰：'無競惟烈。'撫弱耆昧以務烈所，可也。"彘子先縠曰："不可。晉所以霸，師武、臣力也。今失諸侯，不可謂力。有敵而不從，不可謂武。

由我失霸，不如死。且成師以出，聞敵强而退，非夫也。命爲軍帥而卒以非夫，唯羣子能，我弗爲也。”壞事在後不失備耳，此數語故自激昂可愛。以中軍佐濟。

知莊子荀首曰：“此師殆哉！《周易》有之，在《師》䷆之《臨》䷒，曰：‘師出以律，否臧，凶。’執事順成爲臧，逆爲否，衆散爲弱，川壅爲澤，有律以如己也，故曰律，否臧，且律竭也。盈而以竭，夭且不整，所以凶也。不行之謂臨，有帥而不從，臨孰甚焉？此之謂矣。果遇，必敗，彘子尸之，雖免而歸，必有大咎。”韓獻子韓厥謂桓子曰：“彘子以偏師陷，子罪大矣！子爲元帥，師不用命，誰之罪也？失屬亡師，爲罪已重，不如進也。事之不捷，惡有所分。與其專罪，六人同之，不猶愈乎？”師遂濟。

楚子北師，頓住一邊，换頭另叙，段落分明。次於郔鄭地，在今河南河北道延津縣北十五里。沈尹將中軍，子重將左，子反將右，將飲馬於河而歸。韻語韻事，寫得目無晉人。妙甚！聞晉師既濟闕筍，王欲還，正映桓子欲還。嬖人伍參欲戰。令尹孫叔敖弗欲，曰：“昔歲入陳，今兹入鄭，不無事矣。戰而不捷，參之肉其足食乎？”咄咄逼人。參曰：“若事之捷，孫叔爲無謀矣。不捷，參之肉將在晉軍，可得食乎？”答得諧妙。令尹南轅反旆，伍參言於王曰：“晉之從政者新，未能行令。其佐先縠剛愎不仁，未肯用命。其三帥者，專行不獲。聽而無上，衆誰適從？此行也，晉師必敗。楚之必勝，先於晉人口中透出。晉之必敗，又於楚人口中透出。後文大局，于前路一一提明，故後不更作斷也。且君而逃臣，若社稷何？”打動楚子在此。王病之，告令尹改乘轅而北之，次於管，鄭地，在今河南開封道鄭縣北二里。以待之。文要各成片段，如此段用楚子北師作提筆，下便以南轅北轅點綴映發，而次郔、次管恰作首尾。

晉師在敖、鄗二山在今開封道河陰縣西二十里之間。鄭皇戌使如晉師，曰：“鄭之從楚，社稷之故也，未有貳心。楚師驟勝而驕，其師老矣，而不設備。子擊之，鄭師爲承，楚師必敗。”夾叙鄭使一段，前顧救鄭，後貼分鄭，乃此文一篇之脈絡。彘子曰：“敗楚服鄭，文要步步連絡，即如此段彘子“敗楚服鄭”，接皇戌“鄭師爲承，楚師必敗”説下；如前士會“觀釁而動”，接林父“楚歸而動”説下；先縠“不可”，接士會“可也”説下；荀子“此師殆哉”，接先縠“成師以出”説下；韓厥子“罪”，接荀首“必有大咎”説下，以後步步銜接，皆用此法。於此在矣。必許之！”欒武子欒書曰：“楚自克庸在今湖北襄陽道竹山縣東四十里以來，其君無日不討國人而訓之，於民生之不易，禍至之無日，戒懼之不可以怠；在軍，無日不討軍實而申儆之，於勝之不可保，紂之百克而卒無後。訓之以若敖、蚡冒，篳路藍縷以啓山林，箴之曰‘民生在勤，勤則不匱。’此段文字歷落生動，上兩疊用于字，下兩疊便一用以字，一用曰字，變换可見。其君作領筆，卻以在軍作對，兩“無日不討”，兩“訓之”，一“申儆之”，一“箴之”，長短參差，中自有整齊之法在。不可謂驕。先大夫子犯有言曰‘師直爲壯，曲爲老’，我則不德而邀怨於楚，我曲楚直，不可謂老。其君之戎，分爲二廣。廣有一卒，卒偏之兩，右廣初駕，數及日中，左則受之，以至於昏。內官序當其夜，以待不虞，不可謂無備。二武都從楚不可勝説入，而筆意全别。隨武開口便提德、刑、政、事、典、禮，而後逐字交代明白，自己立説。此卻從皇戌語中拈出驕、老、無備，逐字辨駁，有意相犯而能相避，故妙。子良，鄭之良也。師叔潘尫，楚之崇也。師叔入盟，子良在楚，楚鄭親矣，來勸我戰。我克則來，不克遂往。以我卜也，鄭不可從。”趙括、趙同曰：“率師以來，唯敵是求。克敵得屬，又何俟？必從彘子。”知季曰：“原趙同、屏趙括，咎之徒也。”應上大咎，忽用簡筆。趙莊子趙朔曰：“欒伯善哉！實其言，必長晉國。”以上是議論，以下是敘事。卻先着一段辭命，兩兩作放開之局，如山之過峽處，文氣賴此一寬也。

楚少宰如晉師，曰：“寡君少遭閔凶，不能文。聞二先君之出入此行也，將鄭是訓定，豈敢求罪於晉？二三子無淹久。”隨季對曰：“昔平王命我先君文侯曰：‘與鄭夾輔周室，毋廢王命。’今鄭不率，寡君使羣臣問諸鄭，豈敢辱侯人？敢拜君命之辱。”彘子以爲諂，使趙括從而更之，曰：“行人失辭，寡君使羣臣遷大國之迹於鄭。曰：‘無辟敵！’羣臣無所逃命。”

楚子又使求成於晉。晉人許之，盟有日矣。楚之懷詐，晉之受欺，勝敗全伏於此四字中，即以此作通身轉捩。蓋自桓子欲還，至晉人許成，中間雖作幾番頓折，卻已首尾一串，似戰不成矣。不意自此以後，便筆筆作戰鬬之勢，你來我往，你往我來，遂至不可收拾。而總此一筆爲之，倏忽幻化也。吾擬以分風劈流，不知幾許神力。楚許伯御樂伯，攝叔爲右，以致晉師。敘致師，忽用排調，先以此筆總領，次分三段，後總結一筆，尤妙在詳取其言而畧敘其事，既極鋪排，又極簡括。真妙文也！凡以議論代敘事者，其法盡出於此。許伯曰：“吾聞致師者，御靡旌，摩壘而還。”樂伯曰：“吾聞致師者，左射以菆，代御執轡，御下兩馬，掉鞅而還。”攝叔曰：“吾聞致師者，右入壘，折馘執俘而還。”皆行其所聞而復。此句結住上段，已下便趁勢從晉逐楚引到楚逐晉，直走乘晉軍方止，行文真有輕刀快馬之勢。晉人逐之，左右角之。樂伯左射馬而右射人，角不能進，矢一而已。麋興於前，射麋麗龜。晉鮑癸當其後，使攝叔奉麋獻焉，曰："以歲之非時，獻禽之未至，敢膳諸從者。"晉鮑癸止之曰："其左善射，其右有辭，君子也。"既免。文要變化錯綜，如既免二字，乃束上轉下法。蓋此下本以逐魏錡、逐趙旃相對寫，卻嫌其板。故從射麋献麋生情布景，上下牽搭寫去。之後正叙趙旃本當直接夜至楚軍，卻以論備有無一番，往復間斷之；遂令樂伯與魏錡宜斷而反連，魏錡與趙旃宜連而反斷，叙事錯綜變化極矣。

晉魏錡求公族，未得而怒，欲敗晉師，請致師。跟致師作綫索，以文貫事。弗許。請使，許之，遂往，請戰而還。楚潘黨逐之，及熒澤，見六麋，射一麋以顧献，曰："子有軍事，獸人無乃不給於鮮，敢獻於從者。"叔黨命去之。趙旃求卿未得，且怒於失楚之致師者，跟致師作綫索，以文貫事。請挑戰，弗許。請召盟，許之。此句本當直接下文"夜至楚軍"，因要插入"論備"一段文字，遂着"與魏錡皆命而往"句縮入晉一邊來，便趁勢將不敗先濟伏得一筆。與魏錡皆命而往，凡總點之筆，不於文前，即於文後。此"皆命而往"句却安在中間，作束上起下之筆，既作間斷，又作連絡，妙！郤獻子郤克曰："二憾往矣，弗備必敗。"彘子曰："鄭人勸戰，弗敢從也。楚人求成，弗能好也。師無成命，多備何爲?"士季曰："備之善，若二子怒楚，楚人乘我，喪師無日矣伏下文，不如備之。楚之無惡，除備而盟，何損於好？若以惡來，有備不敗，且雖諸侯相見，軍衛不徹，警也。"彘子不可。

士季使鞏朔、韓穿帥七覆於敖前，故上軍不敗。趙嬰齊使其徒先具舟於河，故敗而先濟。

潘黨既逐魏錡，複一筆，以遥接爲另提，既清晰，又緊湊。趙旃夜至於楚軍，席於軍門之外，使其徒入之。楚子爲乘廣三十乘，分爲左右，右廣，雞鳴而駕，日中而説；左則受之，日入而説。對晉弗備，故插叙在此，然于後事則是倒注法。蓋得此預先注明，便知王乘左廣乃乙卯日中，王見右廣乃是日入；結點昏字宵字，乃知戰了大半日。灰線草蛇，在細心看耳！許偃御右廣，養由基①爲右；彭名御左廣，屈蕩爲右。乙卯，王乘左廣以逐趙旃。趙旃棄車而走林。屈蕩搏之，得其甲裳。晉人懼二子之怒楚師也，接上，皆命而往。使軘車逆之。潘黨望其塵，接上逐魏錡。使騁而告曰："晉師至矣!"楚人亦懼王之入晉

① "養由基"原作"養右基"。

軍也，遂出陳。孫叔曰："進之！寧我薄人，無人薄我。"《詩》云："元戎十乘，以先啓行。"先人也。《軍志》曰："先人有奪人之心"，薄之也。遂疾進師，車馳卒奔，乘晉軍。桓子不知所爲，果如士季所言。鼓於軍中曰："先濟者有賞！"中軍、下軍争舟，插下軍一筆。舟中之指可掬也。

晉師右移，上軍未動。文要部署安詳，倉卒合戰，固非一筆兩筆所得寫盡也。看其將中軍先濟作一安頓，然後另提筆補寫上軍，再换筆補寫下軍，而以餘師不能軍云云結之，極忙亂事寫得極清楚，全在段落煞筆、提筆用意。工尹齊將右拒卒以逐下軍。再插逐下軍一筆，於上文争舟爲帶筆，於本段左拒爲陪筆，於後文知莊子爲伏筆。楚子使唐狡與蔡鳩居告唐惠侯，曰："不穀不德而貪，以遇大敵，不穀之罪也。然楚不克，君之羞也。敢藉君靈以濟楚師。"使潘黨率游闕四十乘，從唐侯以爲左拒，以從上軍接上軍未動。駒伯郤克曰："待諸乎？"隨季曰："楚師方壯，若萃於我，吾師必盡，不如收而去之。分謗生民，不亦可乎？"殿其卒而退，不敗。

王見右廣，將從之乘。屈蕩尸之，曰："君以此始，亦必以終。"自是楚之乘廣先左。

晉人或以廣隊不能進。楚人惎之脱扃。少進，馬還，又惎之拔旆投衡，乃出。顧曰："吾不如大國之數奔也。"似打趣，然實是借此襯出殿卒不敗，爲上軍畧見生色，與下不可苟射，爲下軍畧見生色，同是暗暗爲士會、欒書、荀首出脱，遥映前半篇議論，以反射林父不知所爲，爲棉裹針筆法。

趙旃以其良馬二，濟其兄與叔父，以他馬反，遇敵，不能去，棄車而走林。逢大夫與其二子乘，謂其二子無顧，顧曰："趙傁在後。"怒之，使下，指木曰："尸女於是！"授趙旃綏以免。明日，以表尸之，皆重獲在木下。此段接叙下軍事、趙旃事，頗可不叙而特詳之者。蓋以逢大夫尸子爲知莊子求子作引，又表兩邊各有死亡，爲二國暴骨作伏，而趙旃、魏錡前既皆命而往，此處又須與廚武子再見一番，作一結束也。真有"手揮五絃，目送飛鴻"之妙！

楚熊負羈囚知罃，遥接工尹齊句。知莊子以其族反之。廚武子魏錡御，下軍之士多從之。每射，抽矢菆，納諸廚子之房。廚子怒曰："非子之求而蒲之愛，董澤之蒲，可勝既乎？"知季曰："不以人子，吾子其可得乎？吾不可以苟射故也。"射連尹襄老，獲之，遂載其尸；射公子穀臣，囚之，以二者還。

及昏，楚師軍於邲。在今河南開封道鄭縣東六里。○戰地至此方點出，與城濮篇提清在未戰前者有別。晉之餘師不能軍，宵濟，亦終夜有聲。寫甚敗。

丙辰，楚重至於邲，遂次于衡雍。潘黨曰："君盍築武軍而收晉尸以爲京觀？臣聞克敵，必示子孫以無忘武功。"楚子曰："非爾所知也！夫文，止戈爲武。武王克商，作《頌》曰：'載戢干戈，載櫜弓矢，我求懿德，肆於時夏，允王保之。'又作《武》，其卒章曰：'耆定爾功。'其三曰：'鋪時繹思，我徂惟求定。'其六曰：'綏萬邦，屢豐年。'夫武，禁暴、戢兵、保大、定功、安民、和衆、豐財者也。故使子孫無忘其章。今我使二國暴骨，暴矣！觀兵以威諸侯，兵不戢矣；暴而不戢，安能保大？平應七項。此句忽作串提，板中得活。猶有晉在，焉得定功？所違民欲猶多，民何安焉？無德而强争諸侯，何以和衆？利人之幾，而安人之亂以爲己榮，何以豐財？武有七德，我無一焉。反映德立、刑行、政成、事時、典從、禮順。何以示子孫？潘黨原以武軍京觀雙提，示子孫總頂，因重著一武功字，故重講武軍，輕帶京觀，而示子孫安放中間，變化入妙。其爲先君宫，告成事而已①。古者明王伐不敬，取其鯨鯢而封之，以爲大戮，於是乎有京觀以懲淫慝。今罪無所，而民皆盡忠以死君命，又何以爲京觀乎？"祀於河，作先君宫，告成事而還。

是役也，鄭石制實入楚師，將以分鄭，而立公子魚臣。辛未，鄭殺僕叔及子服。君子曰："史佚所謂'毋怙亂'者，謂是類也。《詩》曰'亂離瘼矣，爰其適歸'，歸於怙亂者也夫。"凡引經説經，手法最多，如此處乃若與詩作一問答者然，蓋别開一生面矣！鄭伯、許男如楚。應不克遂往。

秋，晉師歸。桓子請死，晉侯欲許之。士貞子諫曰："不可！城濮之役，晉師三日穀，文公猶有憂色。左右曰：'有喜而憂，如有憂而喜乎？'公曰：'得臣猶在，憂未歇也。困獸猶鬬，况國相乎？'及楚殺子玉，公喜而後可知也，曰：'莫余毒也已！'是晉再克而楚再敗也，楚是以再世不競。今天或者大警晉也，而又殺林父以重楚勝，其無乃久不競乎？林父之事君也，進思盡忠，退思補過，社稷之衛也。若之何殺之？夫其敗也，如日月之食焉，何損於明！"晉侯使復其位。《公羊》、《穀梁傳》皆篇各一事，而脈絡具焉；《左傳》則分年以紀事，而義貫於全經。前此城濮之戰，楚殺得臣；後此鄢陵之戰，楚殺公子側。故林父請死，晉使復其位，不得不具書以志晉楚軍法之寬嚴。又以晉文既勝而有後事之慮，與楚莊既勝而知前事之非，相映以爲樞紐。義法之密如此。

---

① "已"後脱"武非吾功也"。

此自城濮後又一首叙戰大文也。洋洋灑灑，只作三大截讀：自起至必長晉國，是未戰前事；楚少宰至宵濟，是將戰正戰時事；末段是既戰後事。通篇叙議兼行，而前後着力在議論，中間着力在叙事；議論用整片筆法，叙事用錯綜筆法。總之晉爲主而以楚對寫，其間鄭則時作穿插點綴，遂令花團錦簇，無妙不臻也。

看來城濮篇善用開法，見縱擒之奇。此篇善用轉法，見頓折之妙。起手本爲救鄭出師，而聞楚及鄭平，一轉。而桓子欲還，士會和之，二轉。而彘子以中軍佐濟，荀首明指此師之殆，三轉。而韓厥欲分惡同罪，而師濟，濟師則晉楚遇矣，四轉。而楚聞晉濟，王欲還，伍參欲戰，令尹弗欲，五轉。而王告北轅次管以待，如其言，晉必敗，楚必勝矣，六轉。而鄭使如師，彘子必許，如其言，又楚必敗，晉必勝矣，七轉。而欒書極論楚不可克，鄭不可從，則二武之言始終一轍，萬無決戰之理；于是楚如晉而曰豈敢求罪於晉，晉對楚而曰豈敢辱俟人，分明漸打和局。雖彘子憎諂，趙括更對，而楚子求成，晉人許盟，以干戈至者，竟可以揖讓歸，幾疑邲戰何緣復合，看他索性將盟有日矣，竭力一縱，忽然再轉變過來，八轉。而樂伯之師，晉人逐之，然鮑癸止而免矣，九轉。而魏錡請戰，楚人逐之，然潘黨亦命去之矣，十轉。而趙旃召盟，楚人逐之，然甲裳雖失，亦棄車而走林矣。此時晉非有備，楚甫求成，偏師游戲，勢在得已，十一轉。而楚懼王入晉軍，疾進師矣，曾不一瞬，勝敗立決，使讀者亦出於意外，而行文轉變亦至矣，盡矣，無以復加矣，未已也，十二轉。而先寫左拒逐上軍，脱扃拔旆，反以數奔誚大國，十三轉。而補寫右拒逐下軍，抽矢納房，幸以人子載尸還，滿盤敗着，惟此差强人意，而卒無如宵濟有聲之竟以敗歸何也，十四轉。而楚告成功，一邊寫得光彩，一邊愈覺敗壞不堪，十五轉。而鄭殺怙亂，一邊寫得精明，一邊愈見優柔不斷。總之未戰前作許多轉變，如疊嶂層巒；既戰後作許多轉變，如幽溪别浦，放翁詩“山重水複疑無路，柳暗花明又一村”，未必有此步步引人入勝也。

［《公羊傳》］楚子圍鄭。夏六月乙卯，晉荀林父帥師及楚子戰于邲，晉師敗績。大夫不敵君，此其稱名氏以敵楚子何？不與晉而與楚子爲禮也。主旨下分二層説。曷爲不與晉而與楚子爲禮也？莊王伐鄭，勝乎皇門，放乎路衢。八字有聲勢，見得楚子縱兵入鄭，鄭已無幸。鄭伯肉袒，左執茅旌，右執鸞刀，以逆莊王曰："寡人無良，邊垂之臣，以干天禍。是以使君王沛焉，辱到敝邑，君如矜此喪人，錫之不毛之地，使帥一二耋老而綏焉。請唯君王之命。"亦楚楚動人。○無《左氏》之婉轉吞吐，而勁峭過之。莊王曰："君之不令臣交易爲言，是以使寡人得見君之玉面，而微至乎此。"莊王親自手旌，左右撝軍，退舍七里。妙妙！進得聲勢，退得聲勢。○莊王左右撝止一旌，而鄭伯左茅旌右鸞刀，相映成趣。將軍子重諫曰："南郢之與鄭，相去數千里，諸大夫死者數人。今君勝鄭而不有，無乃失臣民之力乎？"莊王曰："古者杅音于不穿，皮不蠹，則不出於四方。是以君子篤於禮而薄於利，要其人而不要其土。義極正大。詳叙莊王之詞，正表予之之由。告從，不舍不詳同祥。吾以不詳道民，災及吾身，何日之有？"反收。○與之者一。既則晉師之救鄭者至，曰："請戰！"莊王曰許諾。將軍子重諫曰："晉，大國也。王師淹病矣，君請弗許也。"前後皆以子重襯王，作跌頓。莊王曰："弱者吾威之，强者吾辟之，是以使寡人無以立乎天下。"答寥寥数语而有豪气。令之還師而逆晉寇。莊王鼓之，晉師大敗。晉衆之走者，舟中之指可掬矣頓挫。莊王曰："嘻！吾兩君不相好，百姓何罪？"亦借王口中寫出與之之由。令之還師而佚晉寇。只以佚字易逆字，與逆寇句對，寓整于散。妙！○與之者二。

《左氏》叙事以晉爲主，而此以楚爲主。絢爛不及《左氏》，而渾厚高雅，故當勝之。

［《穀梁傳》］楚子圍鄭。夏六月乙卯，晉荀林父帥師及楚子戰于邲，晉師敗績。績，功也；功，事也；日，其事，敗也。

《春秋約纂》卷丙

成公

[《左傳》] 楚圍宋之役在宣十四年，師還，子重請取於申、吕吕在今河南汝陽道南陽縣西三十里以爲賞田。王許之。申公巫臣曰：“不可！此申、吕所以邑也，是以爲賦以御北方。若取之，是無申、吕也，晉、鄭必至于漢。”王乃止。子重是以怨巫臣。子反欲取夏姬，巫臣止之，遂取以行，子反亦怨之。及共王即位，子重、子反殺巫臣之族子閻、子蕩及清尹弗忌及襄老之子黑要而分其室。此筆於殺族爲分點，於分室爲總提。子重取子閻之室，使沈尹與王子罷分子蕩之室。子反取黑要與清尹之室。殺族分室，似可不必複寫兩遍，而特詳之者，所以見巫臣啣怨之深，而又與後半許多情事及數奔命筆意相配也。巫臣自晉遺二子書闕筍曰：“爾以讒慝貪惏事君，而多殺不辜，余必使爾罷于奔命以死。”一句生下。〇自晉遺書只兩三語，而怨毒憤盈，真寫出切齒腐心神理來。

巫臣請使于吴，晉侯許之。吴子壽夢説之。乃通吴于晉提筆，以兩之一卒適吴，舍偏兩之一焉。與其射御，教吴乘車，教之戰陳，教之叛楚。置其子狐庸焉，使爲行人于吴。吴始伐楚、伐巢、伐徐。連寫三教字、三伐字，三教楚在末，三伐楚在首；接連又分寫兩奔命，總寫七奔命，極寫巫臣怨毒，無所不至，皆傳神之筆。子重奔命。馬陵之會，吴入州來。今安徽淮泗道壽縣地。〇點題。子重自鄭奔命。子重、子反于是乎一歲七奔命。結過罷於奔命本旨，下文趁勢結通吴一筆，神回氣合，亦所以完下半篇之主腦也。蠻夷屬于楚者，吴盡取之，是以始大，通吴于上國。大書特書，爲下半部《春秋》提挈，小結構，大規模。

此叙巫臣報楚通吴事，凡作三截讀：分室以上，叙結怨；使吴以下，叙脩怨；中間自晉遺書，乃承上起下一篇之關捩。通篇都是一氣連接，筆法最生動有神致。

本爲吴入州來作傳，宜以吴爲主。然通吴始大，全係巫臣調度。故除前半原叙外，後半起訖，着筆通吴，還題正位；中間將本題一點以清眉目，而通體貫串，總以巫臣爲線索。《左氏》錯經合異，賓主互用之法，至此文而脱化盡矣。

[《公羊傳》] 無。

[《穀梁傳》] 無。

［《左傳》］十六年春，楚子自武城在今河南汝陽道南陽縣北使公子成以汝陰汝水出河南河洛道魯山縣北，蓋楚、鄭之界之田求成于鄭。鄭叛晉，子駟從楚子盟于武城。

夏四月，晉侯將伐鄭。范文子曰："若逞吾願，諸侯皆叛，晉可以逞；若唯鄭叛，晉國之憂，四字一篇命脈。可立俟也。"欒武子曰："不可以當吾世而失諸侯，必伐鄭。"乃興師。欒書欒武子將中軍，士燮范文子佐之；郤錡將上軍，荀偃佐之；韓厥將下軍，郤至佐新軍；荀罃居守。郤犨如衛，遂如齊，皆乞師焉。欒黶來乞師，孟獻子曰："有勝矣！"用輕筆。戊寅，晉師起。

鄭人聞有晉師，使告于楚，闕筍。姚句耳與往。間中伏筆。楚子救鄭。司馬子反將中軍，令尹子重將左，右尹子辛將右。過申，子反入見申叔時，曰："師其何如？"對曰："德、刑、詳同祥、義、禮、信，戰之器也。德以施惠，刑以正邪，詳以事神，義以建利，禮以順時，信以守物。民生厚而德正，用利而事節，時順而物成，上下和睦，周旋不逆，求無不具，各知其極，故《詩》曰：'立我蒸民，莫匪爾極。'是以神降之福，時無災害，民生敦厖，和同以聽，莫不盡力以從上命，致死以補其闕，此戰之所由克也。今楚内棄其民而外絶其好，瀆齊盟而食話言，奸時以動而疲民以逞。民不知信，進退罪也。人恤所底，其誰致死？子其勉之！吾不復見子矣。"言其必敗不反，用重筆。〇獻子斷晉勝，止輕輕一逗，而申叔時論楚敗，用筆不嫌其重。重者爲鄢陵本事生色，輕者不令，與文子本意矛盾也。何等斟酌！姚句耳先歸，子駟問焉，對曰："其行速，過險而不整。速則失志，不整喪列。志失列喪，將何以戰？楚懼不可用也。"他篇斷勝敗皆在局内，此篇斷勝敗都在旁觀，亦脱换處。

五月，晉師濟河。聞楚師將至，闕筍范文子欲反，曰："我僞逃楚，可以紓憂。夫合諸侯，非吾所能也，以遺能者。我若羣臣輯睦以事君，多矣！"武子曰："不可！"

六月，晉、楚遇於鄢陵。今河南開封道鄢陵縣。范文子不欲戰。郤至曰：

“韓之戰，惠公不振旅；箕之役，先軫不反命；邲之師，荀伯不復從。皆晉之恥也。子亦見先君之事矣。我今辟楚，又益恥也。”文子曰：“吾先君之亟戰也有故，秦、狄、齊、楚皆强，不盡力，子孫將弱。今三彊服矣，敵楚而已。唯聖人能内外無患。自非聖人，外寧必有内憂，文子凡三提憂字：第一番對伐鄭説，第二番對逃楚説，第三番對服楚説。讀‘諸侯皆叛，晉可以逞’，殊自駭人，即‘我僞逃楚，可以紓憂’，亦不可解；及讀此語，乃知晉國内憂甚急文字，一腔憂憤，至此不得不傾吐也。盍釋楚以爲外懼乎？”甲午晦，楚晨壓晉軍而陳，前夜月黑，故晨字起見星，止看他一日内寫許多情事。軍吏患之。范匄士燮子趨進，曰：“塞井夷竈，陳於軍中而疏行首。晉、楚唯天所授，何患焉？”文子執戈逐之，曰：“國之存亡，天也。童子何知焉？”執戈以逐，忽然换一天字，直喝起來“唯命不于常”也。欒書曰：“楚師輕窕，固壘而待之，三日必退。退而擊之，必獲勝焉。”郤至曰：“楚有六間，不可①失也。其二卿相惡，王卒以舊，鄭陳而不整，蠻軍而不陳，陳不違②晦，在陳而囂，連寫四陳字，跟上壓陳來作囂染，每段必自成小章法也。合而加囂，各顧其後，莫有鬭心。舊不必良，以犯天忌，我必克之。”

楚子登巢車以望晉軍提句，子重使大宰伯州犂侍于王後。子反于過申一見，子重于望晉一見，都爲後文閒中伏筆。王曰：“騁而左右，何也？”曰：“召軍吏也。”“皆聚於中軍矣。”曰：“合謀也。”“張幕矣。”曰：“虔卜於先君也。”“徹幕矣。”曰：“將發命也。”“甚囂且塵上矣。”曰：“將塞井夷竈而爲行也。”士匄語如此寫出，妙！“皆乘矣，左右執兵而下矣。”曰：“聽誓也。”“戰乎？”曰：“未可知也。”“乘而左右皆下矣。”曰：“戰禱也。”摹寫登望指畫，情景如畫，王曰下九也字，七矣字，一乎字，歷歷可指，尤妙“何也”字祇一見，無問答痕迹。伯州犂以公卒告王。苗賁皇在晉侯之側，亦以王卒告。兩句束上渡下，轉折敏捷之至，妙用對句雙綰，令文氣聚而復舒，否則散散寫去，未免懈緩。皆曰：二字緊頂上兩“以”、“告”，作雙綰之筆。“國士在，且厚，不可當也。”

苗賁皇言於晉侯曰：“楚之良，在其中軍王族而已。請分良以擊其左右，而三軍萃於王卒，必大敗之。”公筮之。史曰：“吉！其卦遇復䷗，曰：‘南國

① “可”原誤作“司”，今改正。
② “違”原作“可”。

蹷，射其元王，中厥目。’國蹷，王傷，不敗，何待？”公從之。

有淖於前，乃皆左右，相違於淖。步毅御晉厲公，欒鍼爲右，彭名御楚共王，潘黨爲右。石首御鄭成公，唐苟爲右。欒、范以其族夾公行。陷於淖。將寫楚王傷目，先寫晉公陷淖作陪，見此勝幾不可保，暗與末范文子語“何以及此”關會，非閒筆也。欒書將載晉侯。鍼曰：“書退！鍼以子斥父，正與文子以父逐子反映。國有大任，焉得專之？且侵官，冒也；失官，慢也；離局，奸也。有三罪焉，不可犯也。”乃掀公以出於淖。此下本緊接中目事，然不點出占夢，則射者無人；猶之上違淖下本緊接陷淖事，然不點出御右，則掀者無人。因各用揀叙之筆，而又各以賓筆陪之，叙法自清而又變動可喜。

癸巳甲午前一日，潘尪之黨與養由基蹲甲而射之，徹七札焉。以示王，曰：“君有二臣如此，何憂於戰？”王怒曰：“大辱國。詰朝甲午日，爾射，死藝。”吕錡夢射月，中之，退入於泥。又與陷淖作映。占之，曰：“姬姓，日也；異姓，月也。必楚王也，射而中之，退入於泥，亦必死矣。”追叙戰前一日事。及戰，接筍射共王，中目。王召養由基，與之兩矢，使射吕錡。中項伏弢，以一矢復命。

郤至三遇楚子之卒追楚，見楚子，必下，免胄而趨風。楚子使工尹襄問之以弓，曰：“方事之殷也，有韎韋之跗注，君子也。識見不穀而趨，無乃傷乎？”郤至見客，免胄承命曰：“君之外臣至，從寡君之戎事。以君之靈，閒蒙①甲胄，不敢拜命。敢告不寧，君命之辱。爲事之故，敢肅使者。”三肅使者而退。此段與後欒鍼段相映於干戈搶攘中，忽然雍容揖讓，令讀者另换一番眼色。

晉韓厥從鄭伯追鄭，其御杜溷羅曰：“速從之，其御屢顧，不在馬，可及也。”韓厥曰：“不可以再辱國君。”乃止。郤至從鄭伯，其右茀翰胡曰：“諜輅之，余從之乘而俘以下。”郤至曰：“傷國君有刑。”亦止。此數節自成一小片段，凡對寫皆參差暗對，此處兩從鄭伯，明用整對。“乃止”、“亦止”合之下“晉師乃止”，則又成前偶後奇章法。石首曰：“衛懿公唯不去其旗，是以敗于熒。”乃内旌於弢中。唐苟謂石首曰：“子在君側，敗者壹②大。我不如子，子以君免，我請止。”乃死。了追鄭。

---

① “蒙”原作“夢”，兹據《左傳》通行本改。

② “壹”原作“益”，兹據《左傳》通行本改。

楚師薄於險，叔山冉謂養由基曰："雖君有命，回顧王怒斥死藝一筆。爲國故，子必射。"乃射，再發，盡殪。叔山冉搏人以投，中車折軾。薄險映陷淖，射搏映蹲甲，乃文字惟恐落莫，着意設色處。晉師乃止。了追楚。〇一從一輅，内旌壹大，鄭伯幾不免；楚則或射或搏，餘勇可賈。乃寫還經文"楚子、鄭師敗績"，非聞文也。囚楚公子茷。

欒鍼見子重之旌，請曰："楚人謂夫旌，子重之麾也，彼其子重也。頓筆有致。日臣之使於楚也，子重問晉國之勇，臣對曰：'好以衆整。'曰：'又何如？'臣對曰：'好以暇。'今兩國治戎，行人不使，不可謂整。臨事而食言，不可謂暇。請攝飲焉？"公許之。使行人執榼承飲，造於子重，曰："寡君乏使，使鍼御持矛，是以不得犒從者，使某攝飲。"子重曰："夫子嘗與吾言於楚，必是故也。不亦識乎？"受而飲之，免使者而復鼓。寫子重亦不弱。〇文字相對最要功力悉敵，尤要層轉層勝，如此段比問弓段一樣風華掩映，卻更加曲折篤至，以中有精警語故也。

旦而戰，見星未已。極寫楚耐戰。子反命軍吏察夷傷，補卒乘，繕甲兵，展車馬，雞鳴而食，唯命是聽。極寫子反能軍，要以見楚人雖敗猶雄。晉人患之。勝亦屢矣。苗賁皇徇曰："蒐乘補卒，秣馬厲兵，脩陳固列，蓐食申禱，明日復戰！"乃逸楚囚。虛聲恫愒。王聞之，召子反謀。穀陽豎獻飲于子反，子反醉而不能見。賴此一醉，而晉乃得保其勝。王曰："天敗楚也夫，從楚王口中吐出天字，正與前文子存亡天也一語應，要以見晉之勝由天幸。余不可以待。"乃宵遁。

晉入楚軍，三日穀。范文子立於戎馬之前，曰："君幼，諸臣不佞，何以及此？君其戒之。《書》曰'惟命不于常'，暗應天字。有德之謂。"

楚師還，及瑕，楚地，約在今安徽淮泗道蒙城縣境。王使謂子反曰："先大夫之覆師徒者，君不在。子無以爲過，不穀之罪也。"子反再拜稽首，曰："君賜臣死，死且不朽。臣之卒實奔，臣之罪也。"子重使謂子反曰："初隕師徒者，而亦聞之矣。盍圖之？"對曰："雖微先大夫有之，大夫命側，側敢不義？側亡君師，敢忘其死？"王使止之，弗及而卒。

晉范文子反自鄢陵，使其祝宗祈死，曰："君驕侈而克敵，點出内憂。是天益其疾也。難將作矣！愛我者唯祝我，使我速死。無及於難，范氏之福也。"

晉楚三大戰，一敗兩勝。《左氏》各有所主：城濮之戰，是極寫一個子玉，祇要襯出晉文之譎；邲之戰，是極寫一個楚莊王，祇要託出晉帥之無用；此戰是極寫一個范文子，祇要跌出晉厲之不終。文中前半三“憂”字，中後五“天”字，乃一篇之主。以文子起，文子結。着末點出一句“唯命不于常”，順應“天”字；一句“有德之謂”，倒應“憂”字。總見此勝適有天幸，德不配命，則憂方大耳。

第一節有勝矣與第二節楚懼不可用也對，一勝一敗，已定一篇之局。三節晉師濟、楚師至、文子欲反，與四節遇於鄢陵、文子不欲戰對，紓憂外懼，照定首尾落筆。五節范匃趨進，與六節楚子登車對，一於楚陣之壓晉軍也，不用實寫，卻於郤至口中論出；一於晉陣之疏行首也，亦不用實寫，卻於楚子眼中望出，虛實互用，結構尤奇。七節苗賁皇以萃王卒策楚必敗，與八節筮史以射其元決王必敗對，先作伏筆。九節違淖掀淖，晉幾陷而幸出，與十節中目中項楚已傷而不辱對，則此文之正面矣。以下零叙戰日許多閒文，章法忽變，十一節與十八節對，郤至遇楚子之卒，欒鍼遇子重之旌，一則問弓，一則承飲，一稱君子，一表整暇，一則肅使而退，一則免使而鼓，言詞舉動，色色映帶，是遥對法。十二節韓厥從鄭伯，與十三節郤至從鄭伯對，一從後追，一從前遮。十四節石首内弢，與十五節唐苟請止對，一欲去旗，一欲免君。十六節養由基再發盡殪，與十七節中車折軾對，一以射，一以搏，皆連對法。連對在中間，遥對在兩頭，自成一大片段。由是而十九節子反命吏，與二十節賁皇狥師對，一是發狠，一是使乖。二十一節楚乃宵遁，與二十二節晉三日穀對，一收楚敗，一收晉勝，一則歸咎於天，一則惟命不常。二十三節子反請死，與二十四節文子祈死對，一則伏罪，一則懼禍，天益其疾，又自與起首晉國之憂，首尾遥對，一憂於未戰之先，一懼於既勝之後，通篇一綫雙行，而其對寫尤妙者，則中間伯州犂以公卒告王，苗賁皇亦以王卒告，一實一虛，一承上一起下，整整對伏，而又總寫皆曰國士在且厚不可當也，以一筆作兩對，分明以此數句爲全文中腰轉捩，與邲戰盟有日矣同一機軸。合而論之，城濮純用開合，邲篇純用轉换，此篇則純用聯對。相其才情機法，真如瀛洲之木，一葉百影，如何之樹，隨刀改味，神化無端，筆妙極矣。

[《公羊傳》] 晉侯使欒黶來乞師。甲午晦，晉侯及楚子、鄭伯戰于鄢陵，楚子、鄭師敗績。敗者稱師，楚何以不稱師？王痍也。王痍者何？傷乎矢也。然則何以不言師敗績？末言爾。楚殺其大夫公子側。

[《穀梁傳》] 晉侯使欒黶來乞師。甲午晦，晉侯及楚子、鄭伯戰于鄢陵，楚子、鄭師敗績。日事遇晦曰晦，四體偏斷曰敗，此其敗，則目也。楚不言師，君重於師也。楚殺其大夫公子側。

《春秋約纂》卷丁

襄公

[《左傳》] 宋向戌善於趙文子，又善於令尹子木，欲弭諸侯之兵以爲名，起提綱挈領，綫索在手。如晉，告趙孟趙文子。趙孟謀於諸大夫。特用重筆。韓宣子曰："兵，民之殘也，財用之蠹，小國之大災也。將或弭之，雖曰不可，必將許之。弗許，楚將許之以召諸侯，則我失爲盟主矣。"借韓宣子口中表出晉之不得不許，楚之必將許，以見戌弭兵之所以易成功，爲一篇之骨，正所謂皮裏陽秋也。晉人許之。如楚，楚亦許之。輕筆。如齊，齊人難之。特作一折。陳文子曰："晉、楚許之，我焉得已？兩句借賓定主。且人曰'弭兵'，而我弗許，則固携吾民矣。將焉用之？"齊人許之。告於秦，秦亦許之。齊、秦、晉、楚，兩賓兩主。下文齊從晉故，晉詳而齊亦詳；秦從楚故，楚畧而秦亦畧。下筆都有匠心，不徒爾也。皆告於小國，爲會於宋。上寫各國許盟，凡十四國，以四大國爲主。四大國又以晉、楚爲主，楚又以晉爲主，先主後賓，詳畧相間。相其筆法，蓋以一謀一難，兩亦許之相對；而另以小國帶點作尾成片段者。

五月甲辰，晉趙武至于宋。自此以下，寫各國陸續至，仍重晉、楚而以晉爲主，寫趙武第一個先至，大書特書。至於宋爲許多至字之根，而子木則特書至自陳以別之，異乎諸人而亦不同于趙武也，極有涇渭。妙！丙午，鄭良霄至。六月丁未，朔，宋人享趙文子，叔向爲介。此句着眼。司馬置折俎，禮也。仲尼使舉是禮也，以爲多文辭。此節是插叙，特詳“仲尼使舉是禮也”一句，見此篇以趙武爲主，而發端者向戌，襄事者叔向，故前半頻寫向戌，後半頻寫叔向。看其於首段從向戌叙入，此段將叔向帶出，真筆筆有法也。戊申，叔孫豹、齊慶封、陳須無、衛石惡至。甲寅，晉荀盈從趙武至。丙辰，邾悼公至。壬戌，楚公子黑肱先至，成言於晉。丁卯，宋向戌如陳，從子木成言於楚。此句以對上爲起下。戊辰，滕成公至。子木謂向戌，請晉、楚之從交相見也。楚一發難。庚午，向戌復於趙孟。趙孟曰：“晉、楚、齊、秦，匹也。晉之不能於齊，猶楚之不能於秦也。楚君若能使秦君辱於敝邑，寡君敢不固請於齊？”壬申，左師向戌復言於子木，子木使馹謁諸王。王曰：“釋齊、秦，他國請相見也。”

秋，七月戊寅，左師至。是夜也，趙孟及子晳公子黑肱盟以齊言。特筆，要以見此會晉楚爲主。庚辰，子木至自陳。陳孔奂、蔡公孫歸生至。曹、許之大夫皆至，以藩爲軍。妙！晉、楚各處其偏。伯夙謂趙孟曰：“楚氛甚惡，懼難。”先虚逗一筆。趙孟曰：“吾左還，入於宋，若我何？”先放鬆一筆，爲下患字作跌頓。好！

辛巳，將盟於宋，楚人衷甲。楚再發難。○寫楚衷甲卻將以藩爲軍，先作一鬆，又將楚氛甚惡，先作一襯。至衷甲之非，先就他自家人口中痛作評駁，然後叔向以不足患斷之，極頓跌之妙。伯州犂曰：“合諸侯之師以爲不信，無乃不可乎？夫諸侯望信於楚，是以來服。若不信，是棄其所以服諸侯也。”從伯州犂口中吐出“不信”二字，爲下文“書先晉，晉有信”反襯。固請釋甲。子木曰：“晉、楚無信久矣，事利而已。苟得志焉，焉用有信？”大宰伯州犂退，告人曰：“令尹將死矣，不及三年。求逞志而棄信。志將逞乎？志以發言，言以出信，信以立志。參以定之。信亡，何以及三？”趙孟患楚衷甲，接入晉，闕筍。○楚氛之惡尚是虚景，故强爲落落，衷甲則實有迹矣，能無動乎？以告叔向。叔向曰：“何害也？匹夫一爲不信，猶不可，單斃其死。若合諸侯之卿，以爲不信，必不捷矣。食言者不病，非子之患也。一層。夫以信召人，而以僭濟之，必莫之與也，安能害我？二層。且吾因宋以守病，則夫能致死。與宋致死，雖倍楚可也。子何懼焉？三層。又不及是。曰弭兵以召諸侯，而稱兵以害我，吾庸多矣，四層。非所患也。”繳應患字。○叔向語凡作四層：第一層暗承上伯州犂、令尹將死一段議論；第二層暗承伯州犂望信來服一段議論；第三層明承上趙武左還入宋一段議論；第四層明點醒弭兵本題，結出一篇大旨。此借叔向口中，將前文一一貫串，爲下文煞出晉有信也，文字警策之至。

季武子使謂叔孫以公命，曰："視邾、滕。"既而齊人請邾，宋人請滕，皆不與盟。叔孫曰："邾、滕，人之私也。我，列國也。何故視之？宋、衛，吾匹也。"乃盟。故不書其族，言違命也。於"争先"前插叙"不書族"一條，正見書法之嚴。而下文特先書晉，爲千古之信史也，所以重趙武者至矣。大凡文字，枝枝葉葉，總要處處回抱本根，作者、讀者、精神、眼光，都一毫旁雜不得。晉、楚争先。楚三發難。〇上邊盟以齊言，似兩邊已説妥，及至臨時又有此一番争先議論，事以變而若驚，文亦以變而入妙矣。晉人曰："晉固爲諸侯盟主，未有先晉者也。"楚人曰："子言晉、楚匹也。借前語反脣。妙！若晉常先，是楚弱也。且晉、楚狎主諸侯之盟也久矣，又不肯認晉固爲諸侯盟主。豈專在晉？"叔向謂趙孟曰："諸侯歸晉之德只，非歸其尸盟也。子務德，無争先。且諸侯盟，小國固必有尸盟者，楚爲晉細，掩耳盗鈴，融通得好。不亦可乎？"乃先楚人。書先晉，晉有信也。特筆。

壬午，宋公兼享晉、楚之大夫，趙孟爲客，子木與之言，弗能對。使叔向侍言焉，子木亦不能對也。論衷甲解争先，對子木、趙武之所無如何，而叔向處之裕如，都是特放叔向出一頭地，以上顧爲介，下照賦詩。

乙酉，宋公及諸侯之大夫盟于蒙門之外。子木問於趙孟曰："范武子之德何如？"分明借前輩奚落後生。對曰："夫子之家事治，言於晉國，無隱情。其祝史陳信於鬼神，無愧辭。"無隱無愧，看似淡淡着筆，却實暗射子木包藏禍心，答得有意思。子木歸以語王。王曰："尚矣哉！能歆神人，宜其光輔五君以爲盟主也。"賛范武子是賓。子木又語王，曰："宜晉之伯也，有叔向以佐其卿，賛叔向仍歸重趙孟是主。楚無以當之，不可與争。"晉荀盈遂如楚涖盟。

鄭伯享趙孟於垂隴，鄭地，在今河南開封道滎澤縣東北。子展、伯有、子西、子産、子太叔、二子石從。趙孟曰："七子從君，以寵武也。請皆賦，以卒君貺，武亦以觀七子之志。"此處見風采出色，寫趙孟辭令，反映子木與言勿能對，見趙武亦不弱，正所以深表叔向也。子展賦《草蟲》，趙孟曰："善哉！民之主也；抑武也，不足以當之。"伯有賦《鶉之賁賁》，趙孟曰："床第之言不踰閾，況在野乎？非使人之所得聞也。"子西賦《黍苗》之四章。趙孟曰："寡君在，武何能焉？"子産賦《隰桑》。趙孟曰："武請受其卒章。"子太叔賦《野有蔓草》。趙孟曰："吾子之惠也。"印段賦《蟋蟀》。趙孟曰："善哉！保家之主也，吾有望矣。”公孫段賦《桑扈》。趙孟曰：“‘匪交匪敖’，福將焉往？若保是言也，欲辭福録，得乎？”

卒享，文子告叔向曰：“伯有將爲戮矣。前既分答，下又總斷。七子之中單拈一極不好的來批駁，又渾説四人，明贊兩人，錯綜入妙。詩以言志，志誣其上，而公怨之以爲賓榮。其能久乎？幸而後亡。”叔向曰：“然！已侈，所謂不及五稔者，夫子之謂矣。”與子木何以及三，相映。文子曰：“其餘皆數世之主也。子展其後亡者也，在上不忘降。印氏其次也，樂而不荒。樂以安民，不淫以使之，後亡，不亦可乎？”

宋左師請賞，曰：“請免死之邑。”此文以向戌弭兵爲名始，以向戌請邑求賞終，首尾完密。公與之邑六十，以示子罕。子罕曰：“凡諸侯小國，晉、楚所以兵威之，畏而後上下慈和，慈和而後能安靖其國家，即此便是范文子外寧必有内憂意。以事大國，所以存也。無威則驕，驕則亂生，亂生必滅，所以亡也。天生五材，民並用之，誰能去兵？兵之設久矣，所以威不軌而昭文德也。即此又是近今德意志人所倡文化不可不藉兵力傳播意。聖人以興，亂人以廢。廢興、存亡四字總頂昏明之術，昏明二字，又總承上四字。皆兵之由也。而子求去之，不亦誣乎！以誣道蔽諸侯，逐層頂接，筆爽詞果。罪莫大焉。縱無大討而又求賞，無厭之甚也。”削而投之。左師辭邑。

向氏欲攻司城子罕，左師曰：“我將亡映存亡，夫子存我，德莫大焉。反映罪莫大焉。又可攻乎？”君子曰：“‘彼己之子，邦之司直’，樂喜子罕之謂乎！‘何以恤我，我其收之’，向戌之謂乎？”

第一段無數許之字，第二段無數至字，第三段無數信字，貫穿極工，入後祇是收束子木、趙孟、向戌三人耳。

［《公羊傳》］夏，叔孫豹會晉趙武、楚屈建、蔡公孫歸生、衛石惡、陳孔瑗、鄭良霄、許人、曹人于宋。秋七月辛巳，豹及諸侯之大夫盟于宋。曷爲再言豹？殆諸侯也。曷爲殆諸侯？爲衛石惡在是也，曰惡人之徒在是矣。描寫殆字有神氣。

［《穀梁傳》］夏，叔孫豹會晉趙武、楚屈建、蔡公孫歸生、衛石惡、陳孔奂、鄭良霄、許人、曹人于宋。秋七月辛巳，豹及諸侯之大夫盟于宋。

溴梁之會，諸侯在而不曰諸侯之大夫，大夫不臣也。晉趙武恥之。豹云者，恭也。諸侯不在而曰諸侯之大夫，大夫臣也。其臣，恭也。晉趙武爲之會也。

《春秋約纂》卷戊

昭公

［《左傳》］元年春，楚公子圍聘於鄭，且娶於公孫段氏。伍舉爲介。將入館提筆，鄭人惡之，使行人子羽與之言，此層只是襯托下文，故用畧筆。乃館於外。館字起，館字結。既聘，將以衆逆提筆。子産患之，使子羽辭，曰："以敝邑褊小，不足以容從者，亦婉。請墠聽命。"令尹命大宰伯州犁對曰："君辱貺寡大夫圍，謂圍'將使豐氏撫有而室。'圍布几筵，告於莊、共之廟而來説得鄭重，折下乃有致。若野賜之，是委君貺於草莽也，是寡大夫不得列於諸卿也。不寧唯是，承上兩是字，又翻進一層，分頂三項，却用前偶後奇，從寬入緊，章法辭令真婉而辣也。又使圍蒙其先君，將不得爲寡君老，其蔑以復矣。唯大夫圖之。"子羽曰："小國無罪，恃實其罪。將恃大國之安靖己，而無乃包藏禍心以圖之？妙！伯州犁説君，説大夫，説先君，一正一反，字字鄭重。若論情理所執最長，直令人無可解辨。今子羽一口喝破他包藏禍心，亦令他無可遮掩，而於是亦説諸侯，説敝邑，説豊氏，一正一反，以配之他文，婉得妙。此直得妙乃直，而仍出之以曲，則辭令之工，無以復加矣。小國失恃而懲諸侯，使莫不憾者，距違君命，而有所壅塞不行是懼。照下在盟諸國，妙在只是爲楚謀耳。不然，敝邑，館人之屬也，其敢愛豊氏之祧。"委草莽，蒙先君，只一筆撇去，敏甚。伍舉知其有備也，請垂櫜而入。好！對付有分寸。許之。

正月乙未入，逆而出，逆字起，逆字結。遂會于虢，鄭地，約在今河南開封道汜水縣東。尋宋之盟也。點宋盟，爲讀舊書伏筆。祁午謂趙文子曰："宋之盟，楚人得志於晉。今令尹之不信，諸侯之所聞也。子弗戒，懼又如宋。子木之信，稱於諸侯，猶詐晉而駕焉。况不信之尤者乎？楚重得志於晉，晉之恥也。上就國體説，下就相業説。〇因盟讀舊書，文中亦便句句將宋盟伴説，説到趙孟亦便將他從前伴説，此皆相題行文、移步换形要訣。不然，何處得有現成親切文字耶？子相晉國，以爲盟主，於今七年矣。再合諸侯，三合大夫，服齊、狄，寧東夏，平秦亂，城淳于，師徒不頓，國家不罷，民無謗讟，諸侯無怨，天無大災，子之力也。有令名矣，而終之以恥，午也是懼。吾子其不可以不戒。”文子曰：“武受賜矣！然宋之盟，子木有禍人之心，武有仁人之心，是楚所以駕於晉也。今武猶是心也，楚又行僭，非所害也。此言晉以信爲楚駕，亦不算作恥。武將信以爲本，循而行之。譬如農夫，是穮是蔉，雖有饑饉，必有豊年。數語理足，而詞甚腴。且吾聞之：‘能信不爲人下。’吾未能也。對子力令名作謙語，意甚曲。《詩》曰：‘不僭不賊，鮮不爲則。’信也。能爲人則者，不爲人下矣。吾不能是難，楚不爲患。”對不可不戒。〇祁午以楚得志於晉爲恥，作兩層説。趙孟以楚駕於晉爲信，亦作兩層説。然祁午前一層説晉恥畧，後説子恥詳。趙孟卻前一層説晉不害詳，而後説吾不患畧。整中有變，不板不支，要之兩層雖截而實一串也。楚令尹圍請用牲讀舊書，加於牲上而已。圍亦能。〇晉楚狎主，齊盟宋，既先楚，此番理應先晉；而圍輕輕一著，不費半點氣力，便爾又占先手。然楚先而書仍先，晉則以信爲本，數語實獲聖心，故《左氏》特特詳叙祁、趙一番議論，爲一篇之主而并不復釋經，則兩篇以避就爲章法也。晉人許之。

三月甲辰，盟。楚公子圍設服離衛。叔孫穆子曰：“楚公子美矣，君哉！”單贊服。鄭子皮曰：“二執戈者前矣。”單贊衛。蔡子家曰：“蒲宫有前，補出蒲宫。不亦可乎?”楚伯州犂曰：“此行也，辭而假之寡君。”鄭行人揮子羽曰：“假不反矣。”伯州犂曰：“子姑憂子皙之欲背誕也。”子羽曰：“當璧猶在，假而不反，子其無憂乎?”齊國子曰：“吾代二子愍矣。”陳公子招曰：“不憂何成？二子樂矣。”衛齊子曰：“苟或知之，雖憂何害?”宋合左師曰：“大國令，小國共。吾知共而已。”晉樂王鮒曰：“《小旻》之卒章善矣！吾從之。”不譏之譏。

退會，二字寫一時旁觀竊議，光景如昨，若無此二字，却似盟後私論，意境便不活。〇此一段機鋒文字，當分四節看。以首三節爲主，本是隱諷，却因州犂代他解説，下便從而直刺之。以州犂、子羽兩解兩駁爲一節，次以國子説到代二子愍，已無可進步，便抽筆説轉，反爲他作鬆筆，末更説到毫無訊刺，文心有轉無竭，文境屢變彌工，非漫然涉筆作遊戲生活也。大抵中間子羽、州犂兩鬆兩緊，國子招齊一緊兩鬆，前三人以尖穎起，後二人以渾厚終，此自成片段不容紛錯者。子羽謂子皮曰：“叔孫絞而婉，宋左師簡而禮，樂王鮒字而敬，子與子家持之，皆保世之主也。此句總一筆煞叔孫、左師、王鮒、子皮、子家五人，下一句便總一筆領起齊、衛、陳三人，束上落下，分明將前段首尾五人作類叙，而另以陳、衛、齊三人作類叙也。却就前文提出中間子羽一人來作主評論，諸人叙次錯綜，而片段各不相紊，是何等機杼。齊、衛、陳大夫其不免乎？國子代人憂，子招樂憂，齊子雖憂弗害。三人以三句叙明，下又申説一番，凡通寫十憂字，纍纍如貫珠。夫弗及而憂，與可憂而樂，與憂而弗害，皆取憂之道也，憂必及之。《大誓》曰：'民之所欲，天必從之。'三大夫兆憂，憂能無至乎？三人總起亦總收。言以知物，其是之謂矣。"八人總收一筆。

此文爲盟虢立傳，却從逆婦叙起，以楚圍行僭煞尾，正位只用讀舊書一筆輕輕點過，通體作三段讀。凡三點楚圍作眼目，首段先點後叙，中段先議後點，末段先點後斷。兩點在首，一點在尾，便是首段與中段分點在兩處，而中段與末段連點在一處也。只一順逆轉换之法而段落乃愈明。

州犁、子羽首尾照應，而子羽又各多寫一層。蓋此文以晉與楚對，而首尾皆以鄭爲論斷，密甚。

[《公羊傳》] 叔孫豹會晉趙武、楚公子圍、齊國豹、宋向戌、衛石惡、陳公子招、蔡公孫歸生、鄭軒虎、許人、曹人于漷。此陳侯之弟招也，何以不稱弟？貶。曷爲貶？爲殺世子偃師貶，曰陳侯之弟招殺陳世子偃師。大夫相殺稱人，此其稱名氏以殺何？言將自是弑君也。今將爾，詞曷爲與親弑者同？此轉不測。君親無將，將而必誅焉。然則曷爲不於其弑焉貶？以親者弑，然後其罪惡甚。《春秋》不待貶，絶而罪惡見者，不貶絶以見罪惡也。貶絶然後罪惡見者，貶絶以見罪惡也。《春秋》貶例盡此兩言。今招之罪已重矣，曷爲復貶乎此？著招之有罪也。何著乎招之有罪？言楚之託乎討招以滅陳也。撇去會事，專就陳公子招身上發凡起例，又是一格。

[《穀梁傳》] 無。

[《左傳》] 季武子伐莒，取鄆。莒人告于會接入會。楚告於晉曰："尋盟

未退，跟尋宋之盟句說來。而魯伐莒，瀆齊盟，請戮其使。”

樂桓子樂王鮒相趙文子，欲求貨於叔孫而爲之請。借樂桓子求貨，顯出叔孫。使請帶焉，弗與。梁其踁踁，叔孫家臣。曰：“貨以藩身，子何愛焉？”叔孫曰：“諸侯之會，衛社稷也。提一句起。我以貨免，魯必受師，是禍之也。何衛之爲？此一層是正意，下六轉反是餘意。人之有牆，一轉。文情從藩字生出。以蔽惡也。牆之隙壞二轉，誰之咎也？衛而惡之三轉，吾又甚焉。雖怨季孫四轉，魯國何罪？顧正意。叔出季處五轉，有自來矣。吾又誰怨？然鮒也賄，弗與不已。”衛字、惡字、怨字，逐層呼應，而最後此轉應勿與，大陣包小陣，筆妙如環。召使者，裂裳帛而與之，曰：“帶其褊矣。”叔孫語，一連幾轉後，却一面說一面召使，一面裂與又一面說，寫來神致如生。趙孟聞之，先聞後請，安頓有法；若併在下一層說，則累墜矣。曰：“臨患不忘國，忠也。思難不越官，信也。圖國忘死，貞也。謀主三者，義也。有是四者，又可戮乎？”呼應楚人口中戮字。乃請諸楚曰：“魯雖有罪，亦提一句起。其執事不辟難一轉，畏威而敬命矣。子若免之二轉，以勸左右，可也。若子之羣吏，處不辟汚，出不逃難，其何患之有？患之所生三轉，汚而不治，難而不守，所由來也。能是二者，又何患焉？不靖其能，四轉。跟能字另轉一境。好！其誰從之？魯叔孫豹接入叔孫可謂能矣，請免之以靖能者五轉。子會而赦有罪，又賞其賢，諸侯其誰不欣焉六轉。望楚而歸之，視遠如邇？趙孟語分兩段讀，此上只論叔孫不當戮，下乃論取鄆不必問，而末以去煩順結後段，宥善倒結前段。前段又分兩層：上一層免之以勸左右，下以何患申說；下一層免之以靖能者，下以歸之申說，兩兩對仗。後段亦有兩層：上一層泛論，從取邑說到主盟；下一層切論，從主盟說到取邑，兩兩迴環。尤妙在前段解叔孫，卻以子之羣吏比例；後段解取鄆，卻以子之執事比例。都用對面翻轉看法，而一安在上層，一安在下層，恰作首尾。疆埸之邑，一彼一此，何常之有？三句以提筆爲轉筆，看他换頭起調法。妙！王、伯之令也，引其封疆一轉，而樹之官，舉之表旗，而著之制令，過則有刑，猶不可壹二轉，於是乎虞有三苗，夏有觀、扈，商有姺、邳，周有徐、奄。自無令王三轉，諸侯逐進，狎主齊盟，其又可壹乎？恤大舍小，足以爲盟主，又焉用之？封疆之削，何國蔑有？四轉。〇此又以複筆爲轉筆，尤妙！看他轉說轉有精神。主齊盟者，誰能辨焉？吴、濮有釁五轉，楚之執事，豈其顧盟？莒之疆事，楚勿與知六轉，諸侯無煩，不亦可乎？莒、魯争鄆，爲日久矣！七轉。苟無大害於其社稷，直應叔孫口中社稷字，機神一片。可無亢也。去煩宥善，莫不競勸。子其圖之。”固請諸楚，結乃請諸楚。楚人許之，乃免叔孫。結請戮其使。

令尹享趙孟，提筆。賦《大明》之首章。趙孟賦《小宛》之二章。針鋒恰對，妙！事畢，趙孟謂叔向曰：“令尹自以爲王矣，映前君哉機神一片。如何?”對曰：“王弱，令尹彊，其可哉？雖可一句轉，不終。”趙孟曰：“何故?”對曰：“彊以克弱而安之，彊不義也。不義而彊一轉，其斃必速。《詩》曰：‘赫赫宗周，褒姒滅之’，彊不義也。”呼應一句。令尹爲王二轉，必求諸侯。晉少懦矣三轉，諸侯將往。若獲諸侯四轉，其虐滋甚，民弗堪也。將何以終？呼應終字。夫以彊取，不義而克，必以爲道五轉。道以淫虐六轉，弗可久已矣。看他彊不義也，不義而彊，必以爲道，道以淫虐，顛倒曲折，有轉無竭。

夏四月，趙孟、叔孫豹、曹大夫入於鄭，鄭伯兼享之。提筆。子皮戒趙孟，禮終，趙孟賦《瓠葉》。子皮遂戒穆叔，且告之。穆叔曰：“趙孟欲一獻，子其從之。”子皮曰：“敢乎?”穆叔曰：“夫人之所欲也，又何不敢?”及享，具五獻之籩豆於幕下。趙孟辭，私於子產，曰：“武請於冢宰矣。”乃用一獻。寫趙孟之謙不敢當，反映楚圍之自以爲王。趙孟爲客，禮終，乃宴，穆叔賦《鵲巢》。趙孟曰：“武不堪也。”又賦《采蘩》，曰：“小國爲蘩，大國省穡而用之。即從蘩字生情，好！其何實非命?”子皮賦《野有死麕》之卒章，趙孟賦《常棣》，且曰：“吾兄弟比以安，尨也可使無吠。”合兩詩作解，分明爲楚而發。妙！穆叔、子皮及曹大夫興拜，舉兕爵，曰：“小國賴子，知免於戾矣。”映免叔孫。飲酒樂，趙孟出，曰：“吾不復此矣。”

既爲取鄆作傳，卻不叙季武伐莒一邊事，而叙莒人告會一邊事，連類而及，直叙到令尹享趙孟，趙孟、叔孫豹、曹大夫入鄭，鄭伯兼享。文意蓋承前篇而來，爲一頭兩脚格，凡分三段：第一段傳取鄆，趙孟請免叔孫奇；第二段令尹享趙孟；第三段鄭伯兼享趙孟、叔孫豹及曹大夫。兩段偶，要以趙孟爲一篇之主，第二段令尹賦《大明》，第三段趙孟賦《瓠葉》，趙孟之謙不敢當五獻，正所以反形令尹之自以爲王。令尹彊而弗可久，趙孟樂而不復，此皆盛極難爲繼之意。最妙在第二段令尹自以爲王，直呼應前篇“美矣”、“君哉”。第三段穆叔、子皮、曹大夫興拜趙孟，稱小國賴子免戾，直呼應篇首請免叔孫，錯綜迴環，骨節靈通，通體都用短峭句法，而層層洗發，無筆不轉，轉則不滯，轉則不窮，下筆枯直者，亟奉此爲換骨金丹。

[《公羊傳》] 三月取運。運者何？内之邑也。其言取之何？不聽也。
[《穀梁傳》] 無。

[《左傳》] 四年春王正月，許男如楚，楚子止之；遂止鄭伯，復田江南，許男與焉。

使椒舉如晉求諸侯提筆，二君待之。椒舉致命曰："寡君使舉曰：日君有惠，賜盟于宋，曰：'晉、楚之從，交相見也。'以歲之不易伏難字，寡人願結驩於二三君，使舉請間。君若苟無四方之虞伏無難，則願假寵以請於諸侯。"委婉頓挫，辭令亦佳。晉侯欲勿許，一句開。司馬侯曰："不可！楚王方侈，此句直貫下示侈。天或者欲逞其心，以厚其毒而降之罰，未可知也。其使能終，亦未可知也。晉、楚唯天所相，不可與争。君其許之，正意。〇此答分兩層，而以此不可與争兩句醒出正意，界中間作轉遞，前一層兩未可知從頭一句楚王方侈看出，一抑一揚，妙在説得活落。後一層兩將字，從下一句修德、待歸看出，一開一合，妙在説得的真。而修德以待其歸。若歸於德，吾猶將事之，況諸侯乎？若適淫虐，楚將棄之，吾又誰與争？"公曰："晉有三不殆，其何敵之有？國險而多馬，齊、楚多難，有是三者，何鄉而不濟？"寫晉侯亦侈，正好與楚子作陪。對曰："恃險與馬，而虞鄰國之難，是三殆也。一邊正説有三不殆，一邊直説是三殆也，見地既明，舌鋒又快，持矛刺盾，俊爽絶人。〇總起，下分兩層：一層恃險與馬，一層虞鄰國之難。惟三殆本三平，而兩截者非但參差好看也。恃險與馬猶爲近情，至虞鄰國之難，幸災樂禍，尤屬無理。況虞鄰國之難，必幸己之無難，卻不知多難亦有好處，無難亦有不好處。不修德，則無難而有難矣。此意尤爲吃緊，故反復特詳。四嶽、三塗、陽城、太室、荆山、中南，九州之險也，是不一姓。險不可恃。冀之北土，馬之所生，無興國焉。馬不可恃。恃險與馬，不可以爲固也。險與馬，總一筆。鄰國之難，不可虞也。特提。或多難以固其國，啓其疆土；或無難以喪其國，失其守宇，若何虞難？應齊有仲孫之難而獲桓公，至今賴之；晉有里、丕之難而獲文公，是以爲盟主。衛、邢無難，敵亦喪之。上不一姓、無興國只虛説，此卻實證多難無難，變換得妙。故人之難，不可虞也。應。〇分應都用複筆，惟恃險與馬複應在末尾，此不可虞難，却複應在首、中、尾三處，筆法無不變者。恃此三者而不修政德，三項總一筆。亡於不暇，又何能濟？君其許之。三句首一句亡於不暇結三，殆中間又何能濟，針對公説何鄉不濟、君其許之自複前答一筆，本段已了，再繳起段，一併收煞，合成一大片段也，細密之至。紂作淫虐，文王惠和，殷是以隕，周是以興。四句實證前段修德不德，互見得妙。夫豈爭諸侯？”掉尾有餘味。乃許楚使，一句合。使叔向對曰：“寡君有社稷之事，是以不獲春秋時見。兩句脱卸自己。諸侯，君實有之，此句針對椒舉假寵請諸侯説。何辱命焉？”

楚子問於子産曰：“晉其許我諸侯乎？”遥接起段。對曰：“許君先斷一句。晉君少安，不在諸侯一層。其大夫多求，莫匡其君二層。在宋之盟，又曰如一三層。若不許君反應，將焉用之？”王曰：“諸侯其來乎？”對曰：“必來亦先斷一句。從宋之盟一層，承君之歡二層，不畏大國三層，何故不來？應不來者，轉。〇此從必來説到不來，又從不來説到來，無筆不轉。其魯、衛、曹、邾乎？曹畏宋，邾畏魯，魯、衛偪於齊而親於晉，唯是不來。其餘，君之所及也，誰敢不至！”王曰：“然則吾所求者無不可乎？”對曰：“求逞於人，不可；昭下許多事。與人同欲，盡濟。”上兩層論勢則用將順，此層論理便用匡救，尤妙在一開一合，斷而不斷，見子産看風使舵，語妙天下。

夏，諸侯如楚，魯、衛、曹、邾不會。曹、邾辭以難，公辭以時祭，衛侯辭以疾。如子産言，却各有推頭。鄭伯先待於申。六月丙午，楚子合諸侯於申。椒舉言於楚子曰：“臣聞諸侯無歸，禮以爲歸。正映上司馬侯對晉公修德待歸。今君始得諸侯，其慎禮矣。反照下示侈。霸之濟否，在此會也。夏啓有鈞臺之享，商湯有景亳之命，周武有孟津之誓，成有岐陽之蒐，康有酆宮之朝，穆有塗山之會，齊桓有召陵之師，晉文有踐土之盟。君其何用？詳在前。宋向戌、鄭公孫僑在，諸侯之良也。特表而出之。君其選焉？”詳在後。〇君其何用、君其選焉本兩意，而一順一逆。下文楚王以用桓一句答，何用以使問一段交代過選焉，前詳則後畧，前畧則後詳，法之所在，行乎所不自知也。王曰：“吾用齊桓。”

王使問禮於左師與子産，左師曰：“小國習之，大國用之，敢不薦聞?”獻公合諸侯之禮六。子産曰：“小國共職，敢不薦守?”獻伯、子、男會公之禮六。左師、子産獻禮各六，一是大合小，一是小合大。今楚以子用齊桓，却於二者皆無所處，此夾縫中文字也，倒映得妙。君子謂合左師善守先代，子産善相小國。前以六王二公勸其慎禮，後以三代辟王戒其示侈，兩段皆以椒舉爲主，而向戌、子産前則各各獻禮，後則兩兩評論，中間又趁便特作贊語，蓋又以二子爲前後綰結，剪裁聯搭，工細極矣。

王使椒舉侍於後以規過，此時王亦自知斂迹，反跌下文示侈。卒事，不規。王問其故，對曰：“禮，吾未見者有六焉。椒舉前勸慎禮，後證示禮，而中間忽着此句作謙詞，非椒舉自嘲寡學也，於示侈爲倒映，於慎禮爲反結，前後綰帶，文心絶細。又何以規?”宋大子佐後至，王田於武城，久而弗見侈。椒舉請辭焉。王使往，曰：“屬有宗祧之事於武城，寡君將墮幣焉。敢謝後見。”寫椒舉竭力爲王遮蓋，總以反跌出下文示侈，終究遮蓋不住，見得椒舉亦無如何也。

徐子，吴出也，以爲貳焉。故執諸申。侈。〇夾叙二事，先爲侈字下注脚也。蓋示侈本與上會申是一事，然兩大段文字相接一處，未免有累棋之病；特將宋佐後至及徐子見執事，一先一後，連類夾叙於中，然後特提示侈，斷而復起，文格疏密相間，非復一覽可盡，此布置之妙。

楚子示諸侯侈。大書特書，妙妙！寫楚子耐不定，總究露出本相來。椒舉曰：“夫六王二公之事，六王二公即上文説慎禮歷舉者，此筆帶應得周密。皆所以示諸侯禮也，諸侯所由用命也。本論示侈、棄命，卻扯示禮、用命伴説，此聯絡法。然示禮上文已見，只添示侈一半以配之，既不單薄，又不板複，此遥對法。夏桀爲仍之會，有緡叛之；商紂爲黎之蒐，東夷叛之；周幽爲大室之盟，戎狄叛之，皆所以示諸侯汰也，諸侯所由棄命也。今君以汰，無乃不濟乎！”王弗聽。

子産見左師曰：“吾不患楚矣！汰而愎諫，不過十年。”左師曰：“然！不十年侈，其惡不遠。遠惡而後棄，善亦如之，德遠而後興。”實筆宕開，悠然不盡，住法與求諸侯段相配。〇自夏諸侯如楚起，至此爲傳會中正文，宋之盟，歷叙某公至、某人至，錯歷有致；虢之會，借子圍設服離衛，點出諸大夫姓氏，變化入微。此番用左師、子産陪椒舉，舉其最以概其馀，亦妙！

秋七月，楚子以諸侯伐吴，宋大子、鄭伯先歸，宋華費遂、鄭大夫從。

使屈申圍朱方，吴地，今江蘇省金陵道丹徒縣。八月甲申，克之，執齊慶封而盡滅其族。將戮慶封提筆，椒舉曰：“臣聞無瑕者可以戮人。咽住，有賓句無主句，下文只説慶封不肯從戮，而王之瑕在言表矣。妙筆！慶封惟逆命，是以在此，其肯從於戮乎？播於諸侯，椒舉乖。焉用之？”王弗聽。負之斧鉞，以徇於諸侯，越裝點越令下文出醜，絶倒！使言曰：“無或如齊慶封弒其君，弱其孤，以盟其大夫。”慶封曰：“無或如楚共王之庶子圍，弒其兄之子麇而代之，以盟諸侯。”慶封只輕輕反唇，而其惡乃更加十倍，添庶子臣而兼子，添兄子尊而且親代之，不但弱其孤，諸侯不但盟大夫，真使聞者絶倒。王使速殺之。速字好，窘態畢露。

遂以諸侯滅賴。賴子面縛銜璧，士袒，輿櫬從之，造於中軍。王問諸椒舉，吃過慶封虧苦，便爾小心。對曰：“成王克許，許僖公如是。如是二字省。王親釋其縛，受其璧，焼其櫬。”王從之，遷賴於鄢。

楚子欲遷許於賴，使鬬韋龜與公子棄疾城之而還。

申無宇曰：“楚禍之首，將在此也。召諸侯而來，伐國而克，城竟莫校，王心不違，民其居乎？民之不處，其誰堪之？不堪王命，乃禍亂也。”求無不得，欲無不遂，總是逞其心以厚其毒。此語發于女叔侯，分見于子産、左師而結穴于申無宇，故申無宇一口喝起，便一氣趕下，層轉層緊，跌出乃禍亂一句，是一篇著精神處。

> 全文分三段看：第一段求諸侯，第二段會申，第三段伐吴。晉君臣辨論明快，道理醇正，然窺其隱衷，只是偷安懦弱，其失從子産説出；子産、左師禮制詳明，議論嚴核，然崇奉亂人，冠履倒置，其失從慶封説出。此得失互見之法。

［《公羊傳》］夏，楚子、蔡侯、陳侯、鄭伯、許男、徐子、滕子、頓子、胡子、沈子、小邾婁子、宋世子佐、淮夷會於申。楚人執徐子。秋七月，楚子、蔡侯、陳侯、許男、頓子、胡子、沈子、淮夷伐吴，執齊慶封，殺之。此伐吴也，其言執齊慶封何？爲齊誅也。其爲齊誅奈何？慶封走之吴，吴封之於防疑即朱方。然則曷爲不言伐防？不與諸侯專封也。慶封之罪何？脅齊君而亂齊國也。遂滅厲。《左氏》作賴。

［《穀梁傳》］夏，楚子、蔡侯、陳侯、鄭伯、許男、徐子、滕子、頓子、

胡子、沈子、小邾子、宋世子佐、淮夷會於申，楚人執徐子。秋七月，楚子、蔡侯、陳侯、許男、頓子、胡子、沈子、淮夷伐吴，執齊慶封，殺之。此入而殺，其不言入，何也？慶封封乎吴鍾離，約在今安徽淮泗道鳳陽縣臨淮關左近。其不言伐鍾離，何也？不與吴封也。慶封其以齊氏，何也？爲齊討也。靈王使人以慶封令於軍中曰："有若齊慶封弑其君者乎！"慶封曰："子一息，我亦且一言傳神曰，有若楚公子圍弑其兄之子而代之爲君者乎？"軍人粲然皆笑。妙筆！慶封弑其君，而不以弑君之罪罪之者，慶封不爲靈王服也。繳足一筆。不與楚討也。《春秋》之義，用貴治賤，用賢治不肖，不以亂治亂也。大筆如椽。孔子曰："懷惡而討，雖死不服。"其斯之謂歟？

不與吴封，不與楚討，一篇兩斷案；惟其不與楚討，故爲齊討。

[《左傳》] 晉成虒祁，諸侯朝而歸者皆有貳心。提筆。〇貳字一篇眼目。爲取郠莒邑，在今山東濟寧道沂水縣界故，先透一筆。晉將以諸侯來討。叔向曰："諸侯不可以不示威。"此會作用一句，領起全篇。乃并徵會提筆，告于吴。秋，晉侯會吴子于良，水道不可，吴子辭，乃還。七月丙寅，治兵于邾南。甲車四千乘，伏示衆。羊舌鮒攝司馬，倒插一筆。遂合諸侯於平丘。提筆。〇平丘衛地，在今河南河北道封邱縣界。子産、子太叔相鄭伯以會，子産以幄幕九張行。爲張幕先透一筆。子太叔以四十，既而悔之，每舍，損焉。及會，亦如之。

次于衛地，叔鮒求貨於衛，淫芻蕘者。衛人使屠伯饋叔向羹，與一篋錦，曰："諸侯事晉，未敢攜貳；況衛在君之宇下，而敢有異志？非心服也，力不足也。此等處正深表諸侯心口不一，攜貳之甚。芻蕘者異於他日，敢請之。"叔向受羹，反錦，曰："晉有羊舌鮒者，瀆貨無厭，亦將及矣。要寫叔向示威，先寫叔鮒瀆貨、叔向認錯，真是要挣氣。氣不挣，第一倒威風事。爲此役也，子若以君命賜之，其已。”索性教他納賄，妙！客從之，未退而禁之。

晉人將尋盟提筆，齊人不可。晉侯使叔向告劉獻公曰：“抑齊人不盟，若之何?”對曰：“盟以厎信，君苟有信，諸侯不貳，何患焉?大有諷意，語亦婉妙。告之以文辭，董之以武師，雖齊不許，君庸多矣。天子之老，請帥王賦，‘元戎十乘，以先啓行’，大有身份。遲速唯君。”叔向告于齊，曰：“諸侯求盟已在此矣。今君弗利，寡君以爲請。”對曰：“诸侯讨贰，則有寻盟。若皆用命，何盟之寻?”好！索性喝破，雖着墨不多，而一開一合，詞鋒咄咄逼人。叔向曰：“國家之敗，有事而無業，事則不經；有業而無禮，經則不序；有禮而无威，序則不共；有威而不昭，共則不明。不明棄共，百事不終，所由傾覆也。索性説不可不示威，亦好。是故明王之制，使諸侯歲聘以志業，閒朝以講禮，再朝而會以示威，再會而盟以顯昭明。志業於好，講禮於等，示威於衆，昭明於神。自古以來，未之或失也。存亡之道，恒由是興。晉禮主盟，懼有不治；奉承齊犧，而布諸君，求終事也。君曰‘余必廢之’，何齊之有?唯君圖之，寡君聞命矣。”齊人懼，襯子産。對曰：“小國言之，大國制之。敢不聽從?既聞命矣，敬共以往，遲速惟君。”叔向曰：“諸侯有閒矣，一句承上起下。不可以不示衆。”八月辛未，治兵，建而不旆。壬申，復旆之。諸侯畏之。上齊人懼，下魯人懼，兩段本對，然連寫却嫌其板。忽於中間迴顧起處，插入示衆、建旆，一番熱鬧排場，局法變動，通身神彩焕發，讀者耳目爲之一新，真絶妙結構也。

邾人、莒人愬于晉，曰：“魯朝夕伐我，幾亡矣。我之不共，魯故之以。”晉侯不見公，使叔向來辭曰：“諸侯將以甲戌盟，寡君知不得事君矣，請君無勤。”子服惠伯對曰：“君信蠻夷之訴，以絶兄弟之國，棄周公之後，亦唯君。寡君聞命矣。”亦倔强。叔向曰：“寡君有甲車四千乘在應，雖以無道行之，必可畏也。全是蠻凶。況其率道，究覺疚心，説不過去，趕緊收轉一筆。其何敵之有?牛雖瘠，僨於豚上，其畏不死?語奇横而益，以形其詞窮。故妙。南蒯、子仲之憂，其庸可棄乎?索性幸災樂禍。若奉晉之衆，用諸侯之師，因邾、莒、杞、鄫之怒，以討魯罪，閒其二憂，以衆暴寡，虞鄰國之難，晉人種種不義，一氣自叔向口中趕説出來，不啻自畫供招。妙！何求而弗克?”魯人懼，聽命。再擊動子産。甲戌，同盟于平丘，齊服也。令①諸侯日中造于除。伏下争承至昏。

---

① “令”原誤作“合”，今改正。

癸酉，退朝。子產命外僕速張于除，子大叔止之，使待明日。及夕，子產聞其未張也，使速往，乃無所張矣。妙！回擊前以幄幕行，見得九張且無所，四十又如何。

及盟，子產争承，曰："昔天子班貢，晉口口説諸侯，子產妙在開口提出天子。輕重以列。列尊貢重，周之制也。卑而貢重者，甸服也。鄭伯，男也，而使從公侯之貢，懼弗給也，敢以爲請。諸侯靖兵，好以爲事。行理之命，無月不至，貢之無藝，小國有闕，所以得罪也。諸侯修盟，存小國也。貢獻無極，亡可待也。晉人聽之，語語刺心。存亡之制，將今在矣。"自日中以争，至於昏，晉人許之。不許不休，争得强。既盟，子大叔咎之曰："諸侯若討，其可瀆乎？"寫此公不濟，皆是反襯子產。子產曰："晉政多門，貳偷之不暇，何暇討？同盟止於平邱，晉霸已衰，全非守信脩德面目。叔向亦無可如何，只得以示衆示威勉强支撑，乃威齊而齊與盟，威魯而魯聽命。獨被子產窺破，視若無有，争承不屈。向遂無如之何。一面寫叔向，便是一面寫子產，純用對面激射筆法，譬如兩鏡相照，鏡無定形，而神致則面面生動也。妙絶！國不競亦陵，何國之爲？"

公不與盟。遥接魯懼聽命。晉人執季孫意如，以幕蒙之，使狄人守之。司鐸射懷錦奉壺飲冰，以蒲伏焉。守者御之，乃與之錦而入。晉人以平子歸，子服湫即惠伯從。

子產歸，未至，聞子皮卒，哭，且曰："吾已！無爲爲善矣。分明不滿意子大叔。唯夫子知我。"仲尼謂子產："於是行也，足以爲國基矣。《詩》曰：'樂旨君子，邦家之基。'子產，君子之求樂者也。"且曰："合諸侯，藝貢事，禮也。"美子產，而平丘之可譏在言表矣。

冬十月，公如晉。荀吴謂韓宣子曰："諸侯相朝，講舊好也。執其卿而朝其君，有不好焉，不如辭之。"乃使士景伯辭公于河。

季孫猶在晉，子服惠伯私於中行穆子曰："魯之事晉，何以不如夷之小國？魯，兄弟也，土地猶大，所命能具。以利動之。若爲夷棄之，使事齊、楚，其何瘳於晉？以害刖之。親親與大，賞共罰否，所以爲盟主也。子其圖之！諺曰：'臣一主二。'吾豈無大國？"好！索性説不事晉，大掃晉之威風矣。穆子告韓宣子，且曰："楚滅陳、蔡，不能救，而爲夷執親，將焉用之？"惠伯不過以利害論執季孫，于理説不去處，索性由晉人自己供招。妙！乃歸季孫。惠伯曰："寡君未知其罪，合諸侯而執其老。若猶有罪，死命可也。若曰無罪而惠免之，諸侯不聞，是逃命也。何免之爲？請從君惠於會。”妙！〇執得放不得，大是棘手。宣子患之，執時容易放時難。可笑！謂叔向曰：“子能歸季孫乎？”對曰：“不能。鮒也能。”看鮒如何能法，真是絶倒。乃使叔魚。叔魚見季孫，曰：“昔鮒也得罪於晉君，自歸於魯君。微武子之賜，不至於今。雖獲歸骨於晉，猶子則肉之，敢不盡情？看他説謊，偏説得懇至，鮒真能。歸子而不歸，鮒也聞諸吏，將爲子除館於西河，其若之何？”且泣。説謊勿算，又能假泣。鮒能如此。絶倒！平子懼，先歸。惠伯待禮。能懼平子而不能懼惠伯，是對面反映法。

此篇論事以晉會平丘爲主，論文以子産争承爲主。以晉爲主，故開手從晉成虒祁諸侯貳心叙入，討貳注意齊、魯、鄭三國，依經分傳，凡作兩大截讀：前半以遂合平丘作領，子産相會，略點一筆，而詳齊、魯兩邊議論於後；後半以同盟平丘作領，服齊絶魯，略點兩頭，而詳寫子産兩番議論於中，前偶後奇，剪裁極匀。以子産爲主，故前半於將盟前，即閒叙一幄幕九張事；下半於及盟前，又插叙一逑張於除事，相應成章，而齊則懼而聞命，魯則懼而聽命。子産獨藝貢力争，直抉破晉人伎倆，極其生色，不但遠過于齊之遲速唯君，雖魯以惠伯之辭，亦且從季孫而西也。故特以夫子三層稱許作結。《左氏》往往於賓主互用並行不背處，見穿插之密，鎔鑄之精，其手法必非粗心所能驟領也。通篇以乃並徵會作緣起，以貳字爲眼，以遂合平丘、同盟平丘爲提綱，以示威示衆爲主旨，以將盟及盟爲提掇界畫，合十四國諸侯而詳者凡四，叙法各各不同。子産不必言，將寫叔向示威，卻寫衛以叔鮒求貨、叔向輕認一錯於先。齊爲諸侯之望，卻先不可，乃題所重，故用重筆往復，寫第一番示威。魯既不與盟，又執季孫，尤題所重；故以爲取郠晉將以諸侯討於篇首特提，以詐平子使歸結篇尾，見得示威於前，不威於後。而邾、莒之訴，惠伯之對，較齊加詳。此等皆相其輕重，而穿插布置，不偏不亂者也。

［《公羊傳》］秋，公會劉子、晉侯、齊侯、宋公、衛侯、鄭伯、曹伯、莒

子、邾婁子、滕子、薛伯、杞伯、小邾婁子于平丘。八月甲戌，同盟於平丘。公不與盟，晉人執季孫隱如以歸。公至自會。公不與盟者何？公不見與盟也。公不見與盟，大夫執何以致會？不恥也。曷爲不恥？諸侯遂亂，反陳、蔡，君子不恥不與焉①。冬十月，公如晉，至河乃復。

［《穀梁傳》］秋，公會劉子、晉侯、齊侯、宋公、衛侯、鄭伯、曹伯、莒子、邾子、滕子、薛伯、杞伯、小邾子于平丘。八月甲戌，同盟于平丘，公不與盟。同者，有同也，同外楚也。公不與盟者，可以與而不與，譏在公也。其日，善是盟也。晉人執季孫意如以歸。公至自會。冬十月，公如晉，至河乃復。

［附十六年《左氏傳》］三月，晉韓起聘于鄭，鄭伯享之。子産戒曰："苟有位於朝，無有不共恪。"着此一筆，爲下文怒張本。孔張後至，立於客間，執政禦之。適客後，又禦之；適縣間。寫手足無指，絶倒！客從而笑之。伏一篇之脈。

事畢，富子諫曰："夫大國之人，不可不慎也，幾爲之笑，而不陵我？我皆有禮，夫猶鄙我。即子産戒意。國而無禮，何以求榮？孔張失位，吾子之恥也。"子産怒提一怒字，見得子産本來怒極無從發洩，來得恰好。曰："發命之不衷，出令之不信，刑之頗類，獄之放紛，會朝之不敬，使命之不聽，取陵於大國，罷民而無功，罪及而弗知伏罪字，僑之恥也。看他衝口直説，連排七八句，用四字勒住，筆力固是斬絶，亦形容怒極。孔張，君之昆孫，子孔之後也，執政之嗣也，爲嗣大夫；承命以使，周於諸侯；國人所尊，諸侯所知。立於朝而祀於家，有禄於國，有賦於軍。喪祭有職，受脤歸脤。其祭在廟，已有著位。在位數世，世守其業而忘其所，僑焉得恥之？連排十五六句，數説不盡，字字憤怒，用五字勒住。○一反一正，先折倒恥字，下三句反煞，責富子作掉尾，峭勁之至，筆有餘怒。辟邪之人而皆及執政，是先王無刑罰也。子寧以他事規我。"

宣子有環，其一在鄭商。宣子謁諸鄭伯，子産弗與，曰："非官府之守器也，寡君不知。"語氣猶帶怒容，入神之筆。○此時推出，不管下文，卻又句句攬歸自己作主，可見此處便是故意作難也。子太叔、子羽謂子産曰："韓子亦無幾求，此句説小事。晉國亦未可以貳，此句説大國。晉國韓子不可偷也。此句總。

① 今通行本爲"君子恥不與焉"。

若屬有讒人交鬬其間，一層可慮。鬼神而助之，二層可慮。以興其凶怒總。悔之何及？吾子何愛於一環，其以取憎於大國也。徼足一筆。盍求而與之？”兩人語極通人情，卻不知子産别有作用。子産曰：“吾非偷晉而有貳心，將終事之，是以勿與，忠信故也。先答未可貳、不可偷句。僑聞君子非無賄之難，立而無令名之患，僑聞爲國非不能事大字小之難，無禮以定其位之患。緊照前富子口中國而無禮、孔張失位等句，須知子産答富子，聲聲非己恥，其實深恥之也。特無如孔張何耳，看他第一番只推不知，第二番只推舊誓，其正意卻透發於中段。私下往復後兩弗爲，衹一點便足，最是運掉靈活處也。若寫作面覆宣子語，便同笨伯。夫大國之人令於小國，而皆獲其求，將何以給之？一層一共一否，爲罪滋大。二層大國之求，無禮以斥之，何饜之有？三層吾且爲鄙邑，則失位矣。四層。層轉層緊，歸重鄙邑。蓋後半兩鄙邑、兩失位，乃遥應前鄙我失位作眼目。若韓子奉命以使而求玉焉，貪淫甚矣，獨非罪乎？出一玉以起二罪，答他曷求而與之句。吾又失位，韓子成貪，將焉用之？且吾以玉賈罪，又轉一意作收，正破取憎一句也。不亦鋭乎！”

韓子買諸賈人，既成賈矣，商人曰：“必告君大夫。”韓子請諸子産曰：“日起請夫環，執政弗義，弗敢復也。”今買諸商人，商人曰‘必以聞’，敢以爲請。”韓起語極圓到。覽讀至此，不應便下，須先代子産細算如何處置，實是更難措語。子産對曰：“昔我先君桓公與商人，皆出自周，庸次比耦，以艾殺此地，斬之蓬、蒿、藜、藋而共處之。世有盟誓，以相信也。曰：‘爾無我叛，我無强賈，毋或匄奪。爾有利市寶賄，我勿與知。’看他爲前寡君不知句文飾，既勿與知，則聽其得賈而沽可矣。偏又把持到底。須知盟誓不過借作推頭耳，故仍歸到成貪、失位兩意作結。恃此質誓，故能相保以至于今。今吾子以好來辱，而謂敝邑强奪商人，硬説他奪，只當不知是買，裝糊塗得好。是教敝邑背盟誓也。毋乃不可乎！吾子得玉而失諸侯，必不爲也。上言你不給賈不是，下言我代給賈又不好。若大國令，而共無藝，鄭鄙邑也，直説到大國鄙我，與前富子諫自己、自己答子太叔子羽語意融成一片。亦弗爲也。僑若獻玉，一總攬歸自己。不知所成。成字映上成價。敢私布之。”韓子辭玉，曰：“起不敏，敢求玉以徼二罪？與子産答子太叔子羽語打成一片。敢辭之。”

夏四月，鄭六卿餞宣子于郊。宣子曰：“二三君子請皆賦，起亦以知鄭志。”分明七子寵武舊套，忽以知鄭志脱换，觀七子志，此推陳出新之法，犯而不犯。子齹賦《野有蔓草》。宣子曰：“孺子善哉！吾有望矣。”子産賦《鄭之羔裘》。宣子曰："起不堪也。"子大叔賦《褰裳》。宣子曰："起在此，敢勤子至於他人乎?"子大叔拜。上三段每一賦詩必一答謝，竟與寵武篇同一機局矣。此處忽然子大叔拜，作一停頓，一層化作兩層，下又變而總説，三層併作一層，同而不同，極變動。宣子曰："善哉！子之言是，不有是事，其能終乎?"正與上子產答子大叔子羽口中將終事之句相映發。子游賦《風雨》，子旗賦《有女同車》，子柳賦《擇兮》。宣子喜曰："鄭其庶乎！二三君子以君命貺起，賦不出鄭志，起亦以知鄭志，便似出個題目，不出鄭志便似，就題目做文字，迴抱前文。皆昵燕好也。二三君子，數世之主也，可以無懼矣。"宣子皆献馬焉而賦《我將》。子產拜，使五卿皆拜，曰："吾子靖亂，敢不拜德?"宣子私覲於子產以玉與馬，曰："子命起舍夫玉，是賜我玉而免吾死也，敢不藉手以拜?"

此篇可分三段看：第一段孔張失位，第二段宣子請環，第三段六卿賦詩。開手提出"子產戒曰"四字，見得子產未嘗不注意；而偏有一無禮失位之孔張，來貽客笑，子產實實下不去，恰好因其有請環强賈之事，盡情抑勒，使客之笑我者，乃轉不得不爽然自失，輸情服罪。而後一段序六卿賦詩餞宴，隱隱寫一禮字，相爲遥映；然後點出辭玉作結。第一二兩段，嚴聲厲色，第三段和氣春風，合讀見手意之變，正復佳也。

《春秋約纂》卷己

定公

[《左傳》] 三年蔡昭侯爲兩佩與兩裘以如楚，獻一佩一裘於昭王。昭王服之以享蔡侯。蔡侯亦服其一。子常欲之，弗與，三年止之蔡昭侯詳。唐成公

如楚，有兩肅爽馬。佩裘叙於如楚上，此馬便叙於如楚下，錯綜有致。子常欲之，弗與，亦三年止之。唐成公畧。唐人或相與謀，以提筆緊接，陡！請代先從者，許之。飲先從者酒，醉之，竊馬而獻之子常。詳子常歸唐侯。畧自拘於司敗，曰："君以弄馬之故，隱君身，棄國家。羣臣請相夫人以償馬，必如之。"唐侯曰："寡人之過也。二三子無辱！"皆賞之。詳蔡人聞之穿落一片，固請，而獻佩于子常。畧子常朝，見蔡侯之徒，命有司曰："蔡君之久也，官不共也。明日禮不畢，將死。"詳。〇妙在若欲歸之，甚做作得像。蔡侯歸，及漢，執玉而沈，曰："余所有濟漢而南者，有若大川！"憤極！〇詳。蔡侯如晉，以其子元與其大夫之子爲質焉，而請伐楚。明年，唐、蔡同伐楚，而經獨書蔡侯以吴子，是蔡爲主也。故此段兩事平叙而單收蔡侯，須玩。一路來，平中寓側，作兩層對寫。前一層從主入賓，後一層從賓入主，詳畧順逆，筆法極其圓轉。

四年春，劉文公合諸侯於召陵，謀伐楚也。大書特書，爲一篇眼目。

晉荀寅求貨於蔡侯，妙！恰好來與楚子常作陪。弗得，言於范獻子曰："國家方危，諸侯方貳，將以襲敵，不亦難乎！水潦方降，疾瘧方起，中山不服，棄盟取怨，無損於楚；而失中山，不如辭蔡侯。吾自方城以來，楚未可以得志，祇取勤焉。"乃辭蔡侯。

晉人假羽旄於鄭，趁便又帶入一件事。鄭人與之。明日，或旆以會。晉於是乎失諸侯。特筆。〇單承雙綰。將會，衛子行敬子言於靈公曰："會同難，嘖有煩言，莫之治也。其使祝佗從。"乃長衛侯於盟，全賴此人捷給，不贊不得，贊又不得。今於未會前特着敬子一筆，便是預先下了評斷也，巧妙固在常法之外耳。公曰："善！"乃使子魚。子魚辭，曰："臣展四體以率舊職，猶懼不給而煩刑書。若又共二，徼大罪也。且夫祝，社稷之常隸也。社稷不動，祝不出竟，官之制也。君以軍行，祓社、釁鼓，祝奉以從，於是乎出竟。若嘉好之事，君行師從，卿行旅從，臣無事焉。"公曰："行也！"看他開口便説上許多，喋喋可想。而公只"行也"二字，妙！待利口人，只須如此。

及臯鼬，將長蔡於衛提筆。衛侯使祝佗私於萇弘曰："聞諸道路，不知信否。若聞蔡將先衛，信乎？"婉妙先餂之。萇弘曰："信！蔡叔，康叔之兄也。先衛，不亦可乎？"子魚曰："以先王觀之，則尚德也。一口咬定。昔武王克商，成王定之，選建明德，以藩屏周提。故周公相王室，以尹天下，於周爲睦。分魯公以大路、大旂，夏后氏之璜，封父之繁弱，殷民六族，條氏、徐氏、蕭氏、索氏、長勺氏、尾勺氏，使帥其宗氏，輯其分族，將其醜類，以法則周公，用即命於周。是使之職事於魯，以昭周公之明德。分之土田陪敦，祝、宗、卜、史，備物典策，官司彝器；因商奄之民，命以伯禽而封於少皞之虛。賓分康叔以大路、少帛、綪茷、旃旌、大吕，殷民七族，陶氏、施氏、繁氏、錡氏、樊氏、饑氏、終葵氏；封畛土略，自武父以南，及圃田之北竟，取於有閻之田以共王職；取於相土之東都以會王之東蒐。聃季授土，陶叔授民。特詳此兩語，鄭重之至，乃顯出主筆。命以《康誥》而封於殷虛。主故啓以商政，疆以周索。總一筆。分唐叔以大路、密須之鼓、闕鞏、沽洗，懷姓九宗，職官五正。命以《唐誥》而封於夏虛，啓以夏政，疆以戎索賓。〇兩頭賓，中間夾一主，三分、三命是三平，兩啓、兩疆又是兩對，整齊中帶參差，故不板拙。三者皆叔也，而有令德醒，故昭之以分物。不然，文、武、成、康之伯猶多，而不獲是分也，反折，醒甚。唯不尚年也。子魚本旨，只是尚德不尚年，卻分作兩層洗發：前半重寫尚德，而以此句點不尚年，作拖筆，束上生下；後半重寫不尚年，仍繳到德字作收煞，尚德爲主也。呼應往復，以衛貼尚德，以蔡貼不尚年，互見處極有分寸。管亦有一賓、蔡啓商，惎間王室。王於是乎殺管叔而蔡蔡叔，以車七乘，對大路等。徒七十人。對六族、七族等。其子蔡仲改行帥德，周公舉之以爲己卿士，見諸王而命之以蔡。其命書云：'王曰：胡！無若爾考之違王命也。'特詳蔡仲命詞，爲蔡先人出醜。惡極！〇上半三寫命書，都是畧筆，下半一寫命書，卻用詳筆，而又詳寫一載書以配之，前後無不相配者。若之何其使蔡先衛也？將題目一醒。武王之母弟八人，周公爲太宰，康叔爲司寇，聃季爲司空，五叔無官。五叔無官，見不但不得長衛，與夷叔其弟句同是抉進一步説。豈尚年哉？反剔醒。曹，文之昭也；晉，武之穆也。曹爲伯甸，非尚年也醒。今將尚之，是反先王也。晉文公爲踐土之盟，衛成公不在。夷叔，其母弟也，猶先蔡醒。〇曹文之昭，是本會中一現在證佐。晉武之穆，又是即以其人之道還治其人之身。踐土之盟，則正以其舊事爲談柄者也。然經書蔡常先衛，夫子筆削，豈不知尚德耶？即如子魚所云蔡侯帥德改行，則亦以德封矣。有德而加以長，兄弟之子自當先衛。踐土之盟，晉文故欲長叔武以疑衛，成兄弟，使之骨肉相猜，非定例也。故經仍先蔡，自是以後惟昭元年虢之盟，蔡公孫歸生以後至敍衛齊惡下，然前此宋之盟，蔡亦後至，未嘗後衛也。此番晉將長蔡，乃各復舊位。衛卻藉口踐土，思欲争先，自是强詞；但據他托尚德爲冠冕，就蔡叔康叔之兄一句，層層襯托，一反一正，一横一豎説去，思異水而泉湧，筆非秋而垂露，熟讀此等文字，作枯窘題，何至如坐針孔中。其載書云：'王若曰，晉重、魯申、衛武、蔡甲午、鄭捷、齊潘、宋王臣、莒期。’藏在周府，可覆視也。吾子欲復文武之略，而不正其德，將如之何?”則尚德也，不尚年也，上半截自爲呼應，而此不正其德將若之何？又合上下兩半截起訖爲呼應，章法密。萇弘説，告劉子，與范獻子謀之，乃長衛侯於盟。結。〇蔡侯怨楚歸晉，其志甚堅，求貨勿得，而辭失蔡心矣。先蔡於衛以求悦也。聽祝佗言，乃復長衛，由是蔡侯棄晉即吳，爭盟中夏，晉遂失霸。此春秋一大樞要也。特點晉於是乎失諸侯句，最宜着眼。

沈人不會于召陵，即從召陵叙入，逕捷。晉人使蔡伐之。

夏，蔡滅沈。

秋，楚爲沈故，圍蔡。伍員爲吳行人以謀楚。提筆。〇特表而出之。楚之殺郤宛也，伯氏之族出。伯州犁之孫嚭爲吳大宰以謀楚。陪伍員。楚自昭王即位，無歲不有吳師。蔡侯因之，接入蔡。以其子乾與其大夫之子爲質於吳。此句領起吳入郢，正與上蔡侯如晉以其子元與大夫之子爲質焉句領起，合諸侯召陵相配也。

冬，蔡侯、吳子、唐侯伐楚。提筆。〇經書蔡侯以吳子，故從蔡伐沈、楚圍蔡叙入，然文則以吳爲主，而吳又以伍員爲主。看他正叙蔡事，突插入行人謀楚一筆，又趁便帶宰嚭謀楚以陪之，而以無歲不有吳師，出色寫伍員。然后輕輕轉到蔡侯，因之跌出伐楚爲提綱，只一筆，有多少針線在。舍舟於淮汭，水之限曲處曰汭，淮汭約在今安徽淮泗道壽縣西北境。自豫章今江西之潯陽道、隔江之安徽安慶道，北接潁、亳、廬、壽，西接光、黄，皆爲當日豫章地。與楚夾漢。想當日蔡吳之師從壽縣循淮而西，歷河南汝陽道之光山，信陽大隧、直轅、冥阨三塞六百里，至湖北江漢道之麻城六百里，西南至武昌、漢陽夾峙之漢口九百里。左司馬戌謂子常曰："子沿漢而與之上下，我悉方城外以毁其舟，還塞大隧、一名武陽關，在信陽東南百五十里、直轅一名黄峴關，又謂之九里關，在信陽南九十里。冥阨。一名平靖關，在信陽東南九十里。子濟漢而伐之，我自後擊之，必大敗之。”既謀而行。武城黑謂子常曰："吳用木也，我用革也，不可久也，不如速戰。”武城黑謂子常不如速戰，猶爲國謀。而史皇謂子常子必速戰，直是爲子常一人打算，以武城黑襯托史皇，好！史皇謂子常：此段以三謂子常成片段。"楚人惡子而好司馬。若司馬毁吳舟于淮，塞城口即三塞而入，是獨克吳也。子必速戰！不然，不免。”乃濟漢而陳，自小别在江漢道漢川縣南十里，山形如甑，亦名甑山。至於大别。在漢陽縣東北半里，一名魯山。三戰，子常知不可，欲奔。史皇曰："安求其事，難而逃之，將何所入？子必死之，初罪必盡説。"

十一月庚午，二師陳于柏舉。約在麻城縣境。闔廬之弟夫槩王晨請於闔廬曰："楚瓦不仁，其臣莫有死志。先伐之，其卒必奔；而後大師繼之，必克。"弗許。夫槩王曰："所謂'臣義而行不待命'者，其此之謂也。今日我死，反映子常欲奔，勸之死而不死。楚可入也。"以其屬五千先擊子常之卒。子常之卒奔，楚師亂，吴師大敗之。子常奔鄭了子常。史皇以其乘廣死。史皇于此差强人意，敘史皇之死，正所以深絶子常也，不止爲下司馬戌作陪。

吴從楚師及清發。即涓水，在江漢道安陸縣西。將擊之。夫槩王曰："困獸猶鬭，況人乎？若知不免而致死，必敗我；若使先濟者知免，後者慕之，蔑有鬭心矣。半濟而後可擊也。"前云伍員謀楚，臨戰獨出色，寫一夫槩，見吴人無不與員同心也。〇子沿漢我毁舟，子濟漢我後擊。司馬句句與子常同心，楚莫有死志，我死而楚可入。楚蔑有鬭心，半渡而後可擊。夫槩着着是伍員幫手，而一用一不用，勝負以判。《左氏》敘戰必先敘謀，此文兩邊敘來，楚謀敘在戰先，吴謀敘在臨戰；楚謀一次敘畢，吴謀作兩番敘。敘得錯綜有致，非大手筆不辦。從之，又敗之。楚人爲食，吴人及之，奔。食而從之，敗諸雍澨。今湖北襄陽道京山縣境。五戰及郢。今湖北荆南道江陵縣地。〇三戰五戰都用括敘法寫出，勢如破竹。己卯，楚子取其妹季芈畀我以出，楚子宫眷甚多，何以獨出季芈？爲下文伏筆也。涉雎約在今荆南道枝江縣境，在郢都之西。鍼尹固與王同舟，王使執燧象以奔吴師。

庚辰，吴入郢，以班處宫。子山處令尹之宫，夫槩王欲攻之，懼而去之。夫槩王入之。獨争令尹之宫者足欲故也，寫賄字，結局暢人。

左司馬戌及息而還，遥接既謀而行。敗吴師于雍澨，傷。一戰便勝，出色寫司馬，反照子常，見得吴亦非勁敵。初，司馬臣闔廬，故恥爲禽焉，謂其臣曰："誰能免吾首？"吴句卑曰："臣賤，可乎？"司馬曰："我實失子，可哉！"三戰皆傷，曰："吾不可用也已。"悲壯。〇視子常何如？前後各寫三戰，兩兩相映。句卑布裳，剄而裹之，藏其身，而以其首免。了司馬。〇文勢在此處作界限，而前寫司馬句卑一段，奇杰，後便連寫由于鬭辛、子期、鑪金許多奇杰，乃一氣趕出申胥奇杰，以與極奇杰之伍員，首尾作對仗也，機杼一片，豈比天吴紫鳳顛倒袒褐者耶？

楚子涉雎，重接涉雎。濟江，入于雲中。王寢，盜攻之，以戈擊王，王孫由于以背受之，中肩。王奔鄖。即今江漢道安陸縣地。鍾建負季芈以從。都牽上搭下敘去。由于徐蘇而從。鄖公辛之弟懷將弒王，曰：“平王殺吾父，我殺其子，不亦可乎！”一面襯起申胥，一面又對照伍員，掩映天成。辛曰：“君討臣，誰敢讎之？君命天也，若死天命，將誰讎？《詩》曰：‘柔亦不茹，剛亦不吐。不侮矜寡，不畏彊禦’，唯仁者能之。違彊陵弱，非勇也；乘人之約，非仁也。滅宗廢祀，非孝也；動無令名，非知也。作者不肯實寫伍員報楚之微旨，借辛口中說出，矜其志而不誇其功。必犯是，余將殺女。”鬬辛與其弟巢以王奔隨。國名，約在今江漢道隨縣地。吴人從之接入吴，謂隨人曰：“周之子孫在漢川者，楚實盡之。天誘其衷，致罰於楚，而君又竄之，周室何罪？君若顧報周室，施及寡人，以獎天衷，君之惠也。漢陽之田，君實有之。”楚子在公宫之北，吴人在其南。橫插兩句，見勢之危迫，生出一段情事。子期似王，逃王，而己爲王，曰：“以我與之，王必免。”隨人卜與之，看此句，乃見鑪金之力。不吉，乃辭吴曰：“以隨之辟小，而密邇於楚，楚實存之。世有盟誓，至于今未改。若難而棄之，何以事君？執事之患，不唯一人，若鳩楚竟，敢不聽命？”活落得好。吴人乃退，鑪金初宦於子期氏，實與隨人要言。王使見，辭曰：“不敢以約爲利。”補敘鑪金。王割子期之心以與隨人盟。入郢之後，昭王全虧依隨返國，故奔隨盟隨，敘事特詳。

初，伍員與申包胥友。其亡也，謂申包胥曰：“我必復楚國。”申包胥曰：“勉之！子能復之，我必能興之。”追敘員、胥二人交義，上照員爲吴謀楚，下起胥如秦乞師束上生下，爲通身機捩。及昭王在隨，復楚之言已踐。申包胥如秦乞師，曰：“吴爲封豕、長蛇，以荐食上國，虐始於楚。寡君失守社稷，越在草莽，使下臣告急，曰：‘夷德無厭，若鄰於君，疆埸之患也。兩句繳應虐始於楚意，上是聳之以害，下是欣之以利，接連三轉，及其未定，可以取分，亡則全爲秦土，撫則世以事秦。總是一口咬定要他作速出師，層轉層緊，歸重末句。逮吴之未定，君其取分焉。妙語！若楚之遂亡，君之土也。若以君靈撫之，世以事君。’”秦伯使辭焉，曰：“寡人聞命矣。子姑就館，將圖而告。”對曰：“寡君越在草莽，未獲所伏。下臣何敢即安？”立，依於庭牆而哭，日夜不絶聲，勺飲不入口七日。秦哀公爲之賦《無衣》。九頓首而坐，秦師乃出。

五年夏，越入吴，吴在楚也。點此一筆，見得無意中越助楚不少。

六月，申包胥以秦師至。特筆，與上文伍員爲吴行人以謀楚，一筆相配。秦子蒲、子虎帥車五百乘以救楚。子蒲曰：“吾未知吴道。”使楚人先與吴人戰，而自稷當在今河南汝陽道桐柏縣境會之，大敗夫槩王于沂水名。吴人獲薳射於柏舉鋪筆，其子帥奔徒以從子西，敗吴師于軍祥當在今隨縣西南。秋七月，子期、子蒲滅唐了唐。九月，夫槩王歸，自立也，以與王戰而敗，奔楚，爲堂谿氏。堂谿在今河南汝陽遂平縣西，與西平縣及開封道郾城縣相接。

吴師敗楚師于雍澨，此叙申胥興楚之功分兩截，讀前段兩叙吴敗而終之以夫槩王歸，後段亦兩叙吴敗而終之以吴子亦歸，兩段各以秦師作提挈，極參差，事寫得極整齊，而兩截中間特着此吴師敗楚、師雍澨一句作一折，尤見此役非秦師不爲功，而申包胥以秦師至，起首一句作提筆，所以表之者至矣。秦師又敗吴師。吴師居麇即雍澨地，子期將焚之，子西曰："父兄親暴骨焉，不能收，又焚之，不可。"子期曰："國亡矣！死者若有知也，可以歆舊祀，豈憚焚之？"焚之而又戰，吴師敗。又戰于公壻之谿楚地，吴師大敗。吴子乃歸，囚闉輿罷。看他拖叙二事，正與前帶叙夫槩自立奔楚相配成章法。闉輿罷請先，遂逃歸。葉公諸梁之弟后臧從其母於吴，不待而歸。葉公終不正視。

楚子入於郢，叙楚子歸國事，首句入郢提起，下以王之奔隨、王之在隨分領，相對作片段，是一頭兩脚格。初，鬬辛聞吴人之争宫也，回顧一筆，掩映生姿。曰："吾聞之：'不讓，則不和；不和，不可以遠征。'吴争於楚，必有亂。有亂，則必歸，焉能定楚？"

王之奔隨也，將涉於成臼。今江漢道漢川縣有臼水，亦名臼子河，西南與漢水合。藍尹亹涉其帑，叙此爲下鬬懷作陪。不與王舟。及寧，王欲殺之。子西曰："子常惟思舊怨以敗，回顧子常一筆，通體骨節靈通。君何效焉？"王曰："善！使復其所，吾以志前惡。"將寫寬於賞功，先寫溷於報怨，作翻騰。王賞鬬辛、王孫由于、王孫圉、鍾建、鬬巢、申包胥、王孫賈、宋木、鬬懷。楚子入郢，只叙一賞功事，而參差各變，九人中畧四而詳五，五人鬬辛爲首，卻另叙在前，鬬懷居末，卻接筆先叙。自此而申胥，而鍾建，而由于一路倒叙，大都叙事由淡而濃，留趣味事在後作收煞，令讀者愈讀愈有精神，此作意處也。子西曰："請舍懷也。"王曰："大德滅小怨，道也。"于藍尹亹則王欲殺，而子西爲諫此偏，子西請舍而王滅怨，掩映有致。申包胥曰："吾爲君也，非爲身也。君既定矣，又何求？"遂逃賞。王將嫁季芈，季芈辭曰："所以爲女子，遠丈夫也。鍾建負我矣！"回映有致。以妻鍾建，以爲樂尹。

王之在隨也。王之奔隨也，下卻叙藍尹涉帑事，爲鬭懷作陪，此王之在隨也。下亦叙子西保路事，爲由于張本兩人，都不在賞内，正相配也。章法整齊極矣！子西爲王輿服以保路，國于脾洩楚邑。聞王所在，而後從王。王使由于城麇，復命。子西問高厚焉，弗知。子西曰："弗能，如辭，城不知高厚小大，何知？"對曰："固辭不能，子使余也。人各有能有不能。王遇盜於雲中，余受其戈，其所猶在。"回映有致。袒而示之背，曰："此余所能也。脾洩之事，余亦弗能也。"

［《公羊傳》］三月，公會劉子、晉侯、宋公、蔡侯、衛侯、陳子、鄭伯、許男、曹伯、莒子、邾婁子、頓子、胡子、滕子、薛伯、杞伯、小邾婁子、齊國夏于召陵，侵楚。夏四月庚辰，蔡公孫歸姓帥師滅沈，以沈子嘉歸，殺之。五月，公及諸侯盟于浩油。《左傳》作臯鼬。秋七月，公至自會。楚人圍蔡。冬十有一月庚午，蔡侯以吴子及楚人戰于伯莒。《左氏》作柏舉。楚師敗績。吴何以稱子？夷狄也，而憂中國。一句提綱。其憂中國奈何？伍子胥父誅乎楚，挾弓而去楚，以干闔廬。闔廬曰："士之甚，勇之甚，峭！將爲之興師而復讎于楚。"伍子胥復曰："諸侯不爲匹夫興師，且臣聞之，事君猶事父也。虧君之義，復父之讎，臣不爲也。"於是止。將寫伍胥伐楚復讎，先寫伍胥止伐楚，作一頓挫，截然而住。故峭！蔡昭公朝乎楚，有美裘焉。囊瓦求之，昭公不與。爲是拘昭公于南郢，數年，然後歸之。于其歸焉，用事乎河，曰："天下諸侯，苟有能伐楚者，寡人請爲之前列。"事由蔡起，故經稱以。楚人聞之，怒。爲是興師，使囊瓦將而伐蔡。蔡請救于吴，過入吴。伍子胥復曰："蔡非有罪也，楚人爲無道，君如有憂中國之心應，則若時可矣。"于是興師而救蔡，曰："事君猶事父也，此其爲可以復讎奈何？"曰："父不受誅，子復讎，可也。父受誅，子復讎，推刃之道也。復讎不除害不及其子，朋友相衛而不相迿，古之道也。"此段就上抽出子胥語反詰作斷，遂爲千古定案。楚囊瓦出奔鄭。庚辰，吴入楚。吴何以不稱子？反夷狄也應。其反夷狄奈何？君舍于君室，大夫舍于大夫室，蓋妻楚王之母也。五年夏，於越入吴。於越者何？越者何？於越者，未能以其名通也。越者，能以其名通也。

［《穀梁傳》］三月，公會劉子、晉侯、宋公、蔡侯、衛侯、陳子、鄭伯、許男、曹伯、莒子、邾子、頓子、胡子、滕子、薛伯、杞伯、小邾子、齊國夏于召陵，侵楚。夏四月，庚辰，蔡公孫姓帥師滅沈，以沈子嘉歸，殺之。五月，公及諸侯盟于臯鼬。後而再會，公志於後會也。後，志疑也。秋七月，公至自會。楚人圍蔡。冬十有一月，庚午，蔡侯以吴子及楚人戰于伯舉，楚師敗績。吴其稱子，何也？以蔡侯之以之，舉其貴者也。蔡侯之以之，則其

舉貴者，何也？吴信中國而攘夷狄，吴進矣。其信中國而攘夷狄奈何？子胥父誅於楚也，挾弓持矢而干闔廬，闔廬曰："大之甚，勇之甚。"爲是欲興師而伐楚。子胥諫曰："臣聞之，君不爲匹夫興師，且事君猶事父也。虧君之義，復父之讎，臣弗爲也。"於是止。蔡昭公朝於楚。有美裘，正是日，囊瓦求之，昭公不與，爲是拘昭公於南郢，數年然後得歸。歸乃用事乎漢，曰："苟諸侯有欲伐楚者，寡人請爲前列焉。"楚人聞之而怒，爲是興師而伐蔡。蔡請救于吴，子胥曰："蔡非有罪，楚無道也。君若有憂中國之心，則若此時可矣。"爲是興師而伐楚。何以不言救也？救，大也。庚辰，吴入楚。日入，易無楚也。易無楚者，壞宗廟，徙陳器，撻平王之墓。何以不言滅也？欲存楚也。此義爲《公羊》所無。其欲存楚奈何？昭王之軍敗而逃，父老送之，曰："寡人不肖，亡先君之邑，父老反矣，何憂無君。寡人且用此入海矣。"疊用兩矣字，嗚咽如聞，有神。父老曰："有君如此其賢也，聲情激越。以衆不如吴，以必死不如楚。"楚王之辭，聲聲嗚咽。父老之答，字字激壯。兩相映發，各如身份，故妙！相與擊之，一夜而三敗吴人。復立。何以謂之吴也？狄之也。何謂狄之也？君居其君之寢，而妻其君之妻；大夫居其大夫之寢，而妻其大夫之妻。蓋有欲妻楚王之母者，不正。乘敗人之績，而深爲利，居人之國，故反其狄道也。五年夏，於越入吴。

［《左傳》］十年春，及齊平。夏，公會齊侯于祝其，實夾谷。今山東濟南道萊蕪縣有夾谷峪。孔丘相。三字一篇之主，下三段皆以夫子提頭也。犁彌言於齊①侯曰："孔丘知禮而無勇，犁彌料孔子以爲有禮無勇，反昭下文孔子處處從禮中發出勇來。若使萊人以兵劫魯侯，必得志焉。"齊侯從之。孔丘以公退，曰："士兵之！不顧齊侯而直兵，萊人勇甚。兩君合好，而裔夷之俘以兵亂之，非齊君所以命諸侯也。喝破，爲齊侯出脱。裔不謀夏，夷不亂華；俘不干盟，兵不偪好。於神爲不祥，於德爲愆義，於人爲失禮，七句着着緊下，衹四字鬆去，秋殺春生，造化在手。君必不然。"爲齊侯出脱。齊侯聞之，遽辟之。

① "齊"原作"濟"，今改正。

將盟，齊人加於載書曰：“齊師出竟，而不以甲車三百乘從我者，有如此盟。”魯之於齊，向有此例，今不過重言以申明之。孔丘使茲無還揖，對曰：“而不反我汶陽之田，吾以共命者，亦如之。”以此出共齊命而可以復我故物，不求加於人，亦使人不能有加於我，而又予人以易從，只是行所無事而已。齊侯將享公。孔丘謂梁丘據曰：“齊、魯之故，吾子何不聞焉？開口責梁丘，不傷觸齊侯與兵，萊人同一用意，總是寬一步，使他有轉身。事既成矣，而又享之，是勤執事也。客氣一句，亦少不得。且犧、象不出門，嘉樂不野合。饗而既具，是棄禮也；若其不具，用秕稗也。用秕稗，君辱；棄禮，名惡。子盍圖之！夫享，所以昭德也。不昭，不如其已也。”辭意堅決，起勤執事，是淺一層說。至此結出不昭德，是深一層說。中以兩意反復寫得，具不具都不是，則享自廢然止矣！乃不果享。

齊人來歸鄆、讙、龜陰之田。甲車未從而田已歸矣，尤妙在“遽辟之”、“不果享”都于本段即結，而中段事卻留于着末作結，并結通篇，結奇變之極。〇龜山在山東濟南道新泰縣西南，濟寧道泗水縣東北。

[《公羊傳》] 十年春王三月，及齊平。夏，公會齊侯於頰谷《左氏》作夾谷。公至自頰谷。齊人來歸運《左氏》作鄆、讙、龜陰田。齊人曷爲來歸運、讙、龜陰田？孔子行乎季孫，三月不違，齊人爲是來歸之。

[《穀梁傳》] 十年春王三月，及齊平。夏，公會齊侯于頰谷。公至自頰谷。離會不致，何爲致也？危之也。危之則以地致，何也？爲危之也。其危奈何？曰頰谷之會，孔子相焉特筆。兩君就壇，兩相相揖，齊人鼓譟而起，欲以執魯君，孔子歷階而上，不盡一等，而視歸乎齊侯。描寫盡致。曰：“兩君好合，夷狄之民，何爲來？爲命司馬止之。”齊侯逡巡而謝曰：“寡人之過也。”退而屬其二三大夫曰：“夫人率其君與之行古人之道，二三子獨率我而入夷狄之俗，何爲？”借齊侯口中兩相衡較説，是加倍烘染。罷會。齊人使優施舞于魯君之幕下，孔子曰：“笑君者罪當死。”使司馬行法焉，首足異門而出。描寫生姿。齊人來歸鄆、讙、龜陰之田者，蓋爲此也。因是以見，雖有文事，必有武備，孔子于頰谷之會見之矣。結以如椽之筆，辭與事稱。

《春秋約纂》卷庚

哀公

［《左傳》］夏，公會單平公、晉定公、吳夫差於黄池。

六月丙子，越子伐吳，爲二隧，疇無餘、謳陽自南方，先及郊。吳太子友、王子地、王孫彌庸、壽於姚自泓上觀之。彌庸見姑蔑越地，今金華道龍游縣。之旗，曰："吾父之旗也。不可以見讎而弗殺也。"太子曰："戰而不克，將亡國，請待之。"彌庸不可，屬徒五千，王子地助之。乙酉，戰，彌庸獲疇無餘，地獲謳陽一隧了。越子至又一隧至。王子地守。丙戌，復戰，大敗吳師，獲太子友、王孫彌庸、壽於姚。丁亥，入吳。吳人告敗於王。接入會，看他鬥筍。王惡其聞也，一句領起，以下節節都從此穿落，寫其急，寫其悖，寫其一面心中有事一面且去外面掩飾，真是入神之筆。自剄七人於幕下。

秋，七月辛丑，盟，吳、晉爭先且要爭體面。吳人曰："於周室我爲長。"晉人曰："於姬姓我爲伯。"數語是爭字注脚。趙鞅呼司馬寅曰："日旰矣！大事未成，二臣之罪也。建鼓整列，二臣死之，長幼必可知也。"對曰："請姑視之。"反，曰："肉食者無墨。今吳王有墨，國勝乎？太子死乎？且夷德輕，不忍久，請少待之。"乃先晉人。

吳人將以公見晉侯，且要做没緊要事，皆以見吳王之姑示餘暇。子服景伯對使者曰："王合諸侯，則伯帥侯牧以見於王；伯合諸侯，則侯帥子、男以見於伯。自王以下，朝聘玉帛不同；故敝邑之職貢於吳，有豐於晉，無不及焉，以爲伯也。既動之以高名，復飲之以厚實，看來以名爲主。前半從名説到利，而此以爲伯也句仍帶定名；後半從利説到名，而晉成爲伯仍跟名説入。蓋對好大喜功人，惟此字足以籠絡之也。今諸侯會，而君將以寡君見晉君，則晉成爲伯矣。敝邑將改職貢：魯賦於吳八百乘，若爲子、男，則將半邾以屬於吳，而如邾以事晉。且執事以伯召諸侯，而以侯終之。何利之有焉？"吳人乃止。既而悔之，即從上事遞落。〇前既爭先而先晉，此又既許而悔，總見心神無主。將囚景伯。景伯曰："何也立後於魯矣，將以二乘與六人從，遲速惟命。"索性硬挺。遂囚以還。及户牖，謂太宰曰："魯將以十月上辛有事於上帝、先王，季辛而畢，何世有職焉，自襄以來，未之改也。若不會，祝、宗將曰'吳實然'，此時心虚膽怯，故易于恐動，其神理總從惡聞而來。且謂魯不共，而執其賤者七人，何損焉？"太宰嚭言於王曰："無損於魯而祇爲名，不如歸之。"乃歸景伯。

吳申叔儀乞糧於公孫有山氏，上三節皆一串事，此節另提見吳不恤士，然止是插叙閒文，故歸併伐宋作一個段落。曰："佩玉蘂兮，余無所繫之。旨酒一盛兮，余與褐之父睨之。”對曰：“粱則無兮，麤則有之。若登首山以呼曰‘庚癸乎’，則諾。”一乞一答，俱有風致。

王欲伐宋，殺其丈夫而囚其婦人。又欲生事。太宰嚭曰：“可勝也，而弗能居也。”乃歸。

冬，吴及越平。

寫會黄池分數段，每段皆以乃字爲段落。争長一段，率見一段，伐宋一段，皆失意中强作支撑，爲掩耳盗鈴之計，其意都從上告敗惡聞來；而國勝子死，氣色已爲人窺。伯召侯終，虚名徒爲人餌，而既囚而釋，心怵於鬼神。申叔乞糧，下恫於不恤。出争晉長，歸及越平，所得不償所失也，可不爲之大哀乎？

［《公羊傳》］公會晉侯及吴子於黄池。吴何以稱子？吴主會也。吴主會則曷爲先言晉侯？不與夷狄之主中國也。其言及吴子何？會兩伯之辭也。不與夷狄之主中國，則曷爲以會兩伯之辭言之？重吴也。曷爲重吴？吴在是，則天下諸侯莫敢不至也。不曰吴重而曰重吴，人之重之也。寫所以重之，乃不懷德而畏威，深著不與之意。於越入吴。

［《穀梁傳》］公會晉侯及吴子于黄池。黄池之會，吴子進乎哉，遂子矣發端好。吴，夷狄之國也，祝髮文身，欲因魯之禮，因晉之權，而請冠端而襲，其藉于成周，以尊天王，吴進矣一層。吴，東方之大國也，累累致小國以會諸侯，以合乎中國。吴能會之，則不臣乎？吴進矣。二層。○複吴進矣，有致。王，尊稱也；子，卑稱也。辭尊稱而居卑稱，以會乎諸侯，以尊天王三層。吴王夫差曰：“好冠來。”孔子曰：“大矣哉夫差！未能言冠而欲冠也。”結有奇趣。於越入吴。

（中華書局發行，1919 年 3 月初版）

《四書》解題及其讀法

序

余以十四年講學北平，遇梁任公，貽以《要籍解題》一册；中《論語》、《孟子》，意有異同，别簒爲篇，任公不之忤也！十六年在上海，成《〈中庸〉解題》；今秋病不能事，養疴杜門，發篋得嚮時肄誦《大學》本，籀繹其指，條次成文，而後《四書》之篇第備。伏念《明史·藝文志·經部》始立《四書》一門，前史無是例也！《論語》、《孟子》舊各爲書；而《大學》、《中庸》則《禮記》中之二篇，自司馬光始表章之，二程兄弟詳爲論説；而編爲《四書》，則自朱子始：原本首《大學》，次《論語》，次《孟子》，次《中庸》。其教人也，以《大學》、《語》、《孟》、《中庸》爲入道之序而後及諸經，以爲：不先乎《大學》，則無以提綱挈領，而盡《語》、《孟》之精微；不參之《語》、《孟》，則無以融會貫通，而極《中庸》之指趣。然不會其極於《中庸》，則又何以建立大本，經綸大經，而讀天下之書，論天下之事哉！學者先讀《大學》以立其規模，次及《語》、《孟》以盡其蘊奥，而後會其歸於

《中庸》；蓋以爲學之程序，而第其書之先後也。書肆刊本，以《大學》、《中庸》篇頁無多，併爲一册，遂移《中庸》於《論語》之前；江都汪中好爲詆訶，譔《大學平義》一篇，迺居爲奇貨，謂："曾子受業於孔門，而子思則其孫也。今以次於《論語》之前，無乃傎乎。"而不知朱子之舊不如此！今第《四書》，壹復其舊，《中庸》殿四書之末，而《大學》列《論語》之前。《漢書·藝文志》："《論語》，弟子各有所記，門人相與輯而論篹。"而汪氏則謂"《大學》者，七十子後學者所記"，則亦門人相與輯而論篹之書也，何不可以次《論語》之前乎！至《中庸》以次《孟子》之後者，所以立民彝之極則，明至德之會歸；朱子蓋嘗見義於《書臨漳所刊四子後》曰："《中庸》雖七篇之所自出，然讀者不先於《孟子》而遽及之，則亦非所以爲入道之漸！"别識心裁，不同常解；未可繩以一孔之論也！朱子爲宋學大宗，而其解經則壹依漢儒家法。嘗謂："某尋常解經，只要依訓詁説字。"《語類》卷七十二"漢儒善説經者，不過只説訓詁。"答張敬甫書"如教人亦祗言某字訓某字，自尋義理而已！"《語類》卷一百三十七"程先生經解，理在解語内；某集注《論語》，只是發明其辭，使人玩味經文，理皆在經文内。"《語類》卷十九一生精力，殫於《四書》。《大學》古本爲一篇，朱子則分别經傳，顛倒其舊次，補綴其闕文，《中庸》亦不從《禮記鄭玄注》分節，用漢儒《書歐陽大小夏侯章句》，《春秋公羊穀梁章句》之例，謂之《章句》；而《論語》、《孟子》則融會諸家之説，謂之《集注》，猶何晏注《論語》，裒八家之説，稱《集解》也。詁訓取之漢魏，義理宗於二程，先之《精義》以薈萃衆家，繼爲《或問》以辨證得失；《四書》之學，朱子實以名家！而後來紹明其學者，皈依攸同，蹊徑各别；覈而爲論，不出二派：其一采朱子《文集》、《語録》，下逮門人所記以發明《章句》、《集注》，則有宋真德秀、劉承撰《四書集編》二十六卷，趙順孫撰《四書纂疏》二十六卷，元盧孝孫撰《四書集義》一百卷，劉因删其繁蕪，成《四書集義精要》二十卷佚二卷，胡炳文撰《四書通》二十六卷，倪士毅《重訂四書輯釋》二十卷，史伯璿撰《四書管窺》八卷，凡六家盧孝孫、劉因爲一家一百三十六卷，以朱詁朱，是爲正宗。其二旁采衆家，參證同異，以折衷於《章句》、《集注》，其中又分二派：有主發明義理者，則有宋蔡模撰《孟子集疏》十四卷，蔡節撰《論語集説》十三卷，金履祥撰《大學疏義》一卷，明吕留良撰《四書講義》四十三卷；有重訓詁考證者，則有宋金履祥撰《論語集注考證》十卷、《孟子集注考證》七卷，元張存中撰《四書通證》六卷，詹道傳撰《四書纂箋》二十卷，清程大中撰《四書逸箋》六卷，凡八家一百二十卷：或旁采博蒐，以朱子爲折衷；或拾遺補闕，匡朱子所未逮；而要之言必有宗，義取旁證，此爲旁裔。其他諸家，有無心與朱子立異而頗不合於朱子者，亦分數派：則有宋鄭汝諧撰《論語意原》二卷，張栻撰《癸巳論語解》十卷，此與朱子同時而不相爲謀者也。宋黎立武撰《中庸指歸》一卷、《中庸分章》一卷、《大學本旨》一卷，此與朱子同門異户，而傳郭忠孝、郭雍之學，於程門别樹一幟者也。宋袁甫撰《中庸講義》四卷，闡陸象山之旨；而明周宗建撰《論語商》四卷，劉宗周撰《論語學案》十卷，鹿善繼撰《四書説約》三十三卷，黄宗羲撰《孟子師説》二卷，承王陽明之緒。此與朱子道不同，故不爲謀者也。孫奇逢撰《四書近旨》二十卷，則又折衷朱陸之間者也。凡九家八十七卷，皆無心與朱子立異而頗不合於朱子者也。亦有立意與朱子爲難而别標眉目者；則有元陳天祥撰《四書辨疑》十五卷，明高拱撰《問辨録》十卷，清毛奇齡撰《論語稽求篇》七卷、《四書賸言》四卷、《大學證文》四卷、《四書改錯》二十二卷，凡三家六十四卷。具條覼記如右，庶幾讀者窮原至委，竟其流别，足以闡明朱子《四書》一家之學矣！清儒解經，喜稱漢學，以自别於朱子；而門户蹊徑，又自不同：有蒐采異義以匡古注之闕違者；胡渭撰《大學翼真》四卷，焦循撰《論語補疏》二卷，宋翔鳳撰《孟子趙注補正》六卷、《大學古義説》二卷、《四書纂言》四十卷，劉台拱撰《論語駢枝》一卷，沈濤撰《論語孔注辨僞》二卷，黄式三撰《論語後案》二十卷，潘維城撰《論語古注集箋》二十卷，俞樾撰《續論語駢枝》一卷，凡八家九十八卷。有紹明絶學以葺一家之佚説者；宋翔鳳輯《論語鄭注》十卷，俞樾撰《論語鄭義》一卷，凡二家十一卷，此發明鄭義者也。宋翔鳳又以劉熙之學，出於鄭氏，其注《孟子》，如“南河”、“牛山”諸注，考其地形，並勝趙岐，輯《孟子劉注》一卷，此宣揚劉熙者也。劉逢禄撰《論語述何》二卷，宋翔鳳撰《論語説義》十卷，劉恭冕撰《何休注訓論語述》一卷，戴望撰《語論注》二十卷，康有爲撰《論語注》二十卷，凡五家五十三卷，此紹述何休者也。但就考訂而論，亦復各有所明。有考訂名物人地者，凡七家二十六卷：閻若璩撰《四書釋地》一卷、《續》一卷、《又續》二卷、《三續》二卷、《餘論》一卷、《孟子生卒年月考》一卷，孔廣牧撰《先聖生卒年月日考》二卷，宋翔鳳撰《四書釋地辨證》二卷，此考訂地理人物者也。江永撰《鄉黨圖考》十卷，金鶚撰《鄉党正義》一卷，此疏證名物典制者也。其他若王夫之《四書稗疏》二卷，方觀旭《論語偶記》二卷，則名物典制、人名地理，有所得，輒記之，亦屬此類。有考訂文句音義者，翟灝撰《四書考異》七十二卷，徐養原撰《論語魯讀考》一卷，蔣仁榮撰《孟子音義考證》二卷，凡三家七十五卷。至周廣業撰《孟子四考》：曰《孟子逸文考》第一，《孟子異本考》第二，《孟子古注考》第三，《孟子出處時地考》第四，則又博極羣書，而於時地人物，文句故訓，兼考備采，以自名一家言者也。若乃彌綸羣言，折衷至當，則有劉寶楠、恭冕父子撰《論語正義》二十四卷，焦循《孟子正義》三十卷，擷衆家之菁英，集清學之大成焉！特是《論》、《孟》多專家，而《學》、《庸》罕兼及；此乃漢學門户，所爲與朱子不同者也。惟朱子特標《四書》以約《五經》之指歸；而漢學則揭《孝經》以見六藝之總會。《漢書·藝文志·六藝略》既立《孝經》一類，以統《五經》雜議；而鄭玄《六藝論》則謂："孔子以六藝題目不同，指意殊别，恐道離散，後世莫知根源，故作《孝經》以總會之。"《隋書·經籍志》亦引其語而卒之曰："明其枝流雖分，本萌於孝者也。"然則《孝經》者，六藝之總會，大道之本萌也；故以附於篇，匪惟徵漢、宋之異學，抑以明至德之由茁。朱子精闡之以天人性命之奥，漢儒體驗之於人倫日用之常，一則發微以闡顯，一則言近而指遠。以立言論，朱子入微，而漢儒爲粗；就體用言，朱子蹈空，而漢學平實。辭趣不同，而要歸之於修身以立命，盡己以淑羣，則無乎不同！髫歲服習，初不經意；而今四十歲，飽更世患，民治革政，共而不和，争民施奪之既久，寖尋以至今日，又見有專無制，哀哉耗已！末法披昌，人將相食！窮則反本，紬温故書；然後知聖人憂世之情深，仁民之道大也！繕寫既定，而爲考鏡原流，發明指意，於文章典籍之中，得其辨名正物之意，庶幾尼山正名之義云爾！

中華人民造國之十八年十二月，無錫錢基博自序

目録

解題
《孝經》之作者
《孝經》之本子
《孝經》之讀法
第一明其宗旨　第二觀其會通　第三權其時宜

《大學》第一

《大學》之書，古之太學所以爲學之道也。於今可見古人爲學規模者，賴有此耳！爰撰爲篇，以詔學者。

【解題及隸四書始末】《大學》爲《禮記》四十九篇之一，次第四十二。自宋以前，無別行之本。司馬光有《中庸大學廣義》一卷，見陳振孫《書録解題》；而《大學》一書，始與《中庸》騈稱別出。程顥及弟頤世稱“二程夫子”，爲道學開山之祖；教人自致知至於知止，誠意至於平天下，灑掃至於窮理盡性，表章《大學》、《中庸》二篇，與《論語》、《孟子》並行，以爲標指，而達於六經。迄宋南渡，新安朱熹得程氏正傳《宋史·道學傳》，在孝宗淳熙之世，迺撰《大學章句》與《中庸章句》、《論語孟子集注》並行。寧宗朝，開僞學禁，稱《朱熹四書》。自是有《四書》之目，而《大學》遂爲《四書》之一。謂之大學者，厥誼有三：一曰大學者，太學之道。《禮記》鄭玄注：“大，舊音泰。”程子改讀如字；按大小太少，古籍通用，如大宰一曰太宰，小宰一曰少宰之類，不以老稚巨細分也。大學之對小學而得名，雖程朱未之易也王夫之《四書稗疏》一。朱熹之序《大學章句》曰：“人生八歲，則自王公以下，至於庶人之子弟，皆入小學，而教之以灑掃、應對、進退之節，禮、樂、射、御、書、數之文；及其十有五年，則自天子之元子、衆子以至公卿大夫元士之適子，與凡民之俊秀皆入大學，而教之以窮理、正心、修己、治人之道。此又學校之教，大小之節所以分。”則是小學爲童子之學，大學爲成人之學。是小學爲少學，而大學爲太學矣！大學之書，古之太學所以爲學之道也。此一誼也。一曰大學者，大人之學《朱子章句》。大人以對小人而得名。樊遲請學稼，子曰：“小人哉樊須！”《論語》子路言必信，行必果。子又斥之曰：“硜硜然小人哉！”同上孟子稱“體有小大，養其小者爲小人，養其大者爲大人。”《孟子·告子》上小人者，私其我於一己者也；大人者，擴其我以善羣者也。大學之道，本之修身，達於天下，明德匪徒自明，親民期於至善；舉修身、齊家、治國、平天下，而一貫以格物、致知、誠意、正心之學；既不同於孟子之所譏“養其小者”，亦非如獨善其身、言信行果之爲硜硜然小人。此其所以爲大人之學也！又一誼也。抑余重有進焉：學之爲言覺也《白虎通·辟雍》。大學者，大覺之誼也。儒者之稱大學，懸爲治學者至高之鵠的；猶之釋氏標佛爲最高境詣，以樹進修之鵠。佛，正音佛陀，漢言覺也。覺具三義：一者自覺，悟性真常，了惑虛妄；二者覺他，運無緣慈，度有情界；三者覺行圓滿，窮原極底，行滿果圓《翻譯名義集·十種通號》第一。此之謂佛，亦此之謂“大學之道”。“在明明德”者，自覺也。在“親民”者，覺他也。“在止於至善”者，覺行圓滿也。佛之教人也，則曰“唯行菩薩行者，得成佛；其修獨覺禪者，永不得成佛”。何謂菩薩行？菩薩，正音菩提薩埵。菩提，此謂之覺；薩埵，此曰衆生。以智上求菩提，用悲下救衆生《翻譯名義集·三乘通號篇》第五，故曰菩提薩埵。儻證之於大學：由格物，而致知，而誠意，而正心，而修身；以智上求菩提也；“在明明德”之事也。由齊家，而治國，而平天下；用悲下救衆生也；“在親民”之事也。如是者爲菩薩行；而成佛者舍是莫由！伊尹曰：“天之生斯民也，使先知覺後知，使先覺覺後覺也。予，天民之先覺者也；予將以斯道覺斯民也！非予覺之而誰也《孟子·萬章》上。是謂菩薩發心。而獨覺禪者，以自證自果爲滿足者也；譬之吾儒，則言必信、行必果之硜硜然小人矣！獨覺禪之所以永不得成佛者，以自覺而未能覺他也。言必信、行必果之所以爲小人之硜硜者，以獨善而未能兼善也。必明德、親民而止於至善，斯爲大學之究竟義。

【大學之作者】按鄭玄《目録》曰：“名曰《大學》者，以其記博學可以爲政也；此於《别録》屬通論。”《禮記正義》引而不言作者何人。毛奇齡《四書改錯》云：“《鄭氏禮注》、孔鮒《孔叢子》並云《大學》、《中庸》皆子思所作，此或可據。今檢兩書不得，未識何本。”蓋東漢時，已不得作者姓名。朱熹撰《大學章句》分經一章，傳十章；以爲：“經一章，蓋孔子之言，而曾子述之；其傳十章，則曾子之意而門人記之也。”其《答林擇之書》云：“《傳》中引曾子曰，知曾氏門人成之。”此則信矣！然孔門記夫子之言，必稱“子曰”、“子言之"、"孔子曰"、"夫子之言曰"以顯之；今《大學》不著何人之言，以爲孔子，義無所據汪中《述學·大學平義》。休寧戴震東原幼而就傅，授《大學章句》，至右經一章以下，問師："此何以知爲孔子之言而曾子述之？又何以知爲曾子之意而門人記之？"師應之曰："此朱文公所説。"即問："朱文公何時人？"曰："宋朝人。""孔子、曾子何時人？"曰："周朝人。""周朝宋朝，相去幾何時矣？"曰："幾二千年矣。""然則朱文公何以知然？"師無以應段玉裁《戴東原先生年譜》。按朱熹以前，實未有以《大學》爲曾子作者；然考訂聖賢之言，亦以其義理辭氣得之，非必全藉佐證。且如張揖以《爾雅釋詁》爲周公作，揖亦生周公千載之後，何以知其然？而諸儒不疑也。又如《緇衣》爲公孫尼子作，此出於劉瓛之言，而論者無異議；又何獨可信乎？朱熹以爲《大學》曾子作，亦此類也方東樹《漢學商兑》卷中之上。惟《大學》之書，理極宏博；而曾子所作，語出肊測。君子於其所不知，蓋闕如也；既無佐證，不如闕疑。特玩誦其文，平正無疵，與《坊記》、《表記》、《緇衣》伯仲；爲七十子後學者所記，於孔氏爲支流餘裔，師師相傳汪中《述學·大學平義》，要可斷言云！

【大學之本子】昔蕭山毛奇齡大可撰《大學證文》四卷，備述諸家《大學》改本之異同，首列《禮記注疏本》，大學之真古本也。次列《漢熹平石經本》，有録無書；以原本不傳，且考驗舊文，知即今注疏之本，故不復列。次爲《魏正始石經本》，明鄞人豐坊道生所依託者；仍列於前，從其所僞之時代也。次爲《明道程子改本》，次爲《伊川程子改本》，次爲《朱子改本》，皆録全文；次爲《王柏改本》，次爲《季本改本》，次爲《高攀龍改本》，即《崔銑改本》，次爲《葛寅亮改本》，皆僅列其異同之處，而不録全文，凡十本。而《漢熹平石經本》，即《注疏本》，實九本。宋以前，皆用《注疏本》；宋以後，改本不一，而朱熹爲大宗。熹撰《章句》，蓋折衷於《注疏本》與《程顥本》之間者。顥以"《康誥》曰克明德"以後，釋"明"字、"新"字、"止"字者，聯於首章"明德"、"親民"、"止至善"三語之下；然後及"古之欲明明德"一章；又然後以"所謂誠其意"以後節節釋焉。而頤則自"大學之道"，至"未之有也"下，接"子曰聽訟吾猶人也"至"此謂知本"；下接"此謂知之至也"；下接"《康誥》曰克明德"，至"止於信"；下接"所謂誠其意者"，至"辟則爲天下僇矣"；下接"《詩》云瞻彼淇澳"，至“此以没世不忘也”；下接“《康誥》曰惟命不於常”，至“驕泰以失之”；下接“《詩》云殷之未喪師”，至“亦悖而出”；下接“生財有大道”，至“以義爲利也”。惟首尾三段，仍其舊貫；而移易倒錯，漫及全篇矣！熹則用顥而不用頤；自《記大學後》曰：“《大學》一篇，經二百有五字，傳十章，今見於戴氏禮書；而簡編散脱，傳文頗失其次，子程子蓋嘗正之；熹不自揆，竊因其説，復定此本。蓋《傳》之一章，釋明明德；二章，釋新民；三章，釋止於至善以上並從程本而增‘《詩》云瞻彼淇澳’以下；四章，釋本末；五章，釋致知並今定；六章，釋誠意從程本；七章，釋正心修身；八章，釋修身、齊家；九章，釋齊家、治國、平天下並從舊本；序次有倫，義理通貫，似得其真，謹第録如上。”《朱子文集》卷八十一云《舊本》者，《注疏本》也，自是《熹本》行而《注疏》廢；後儒不慊於《熹》者，迺反本修古而用《注疏》本，明王守仁之撰《大學古本旁釋》一卷一本四卷，是也。《大學》古本：“其本亂”至“未之有也”，接“此謂知本”至“故君子必誠其意”熹《本傳》之第五章、第六章；下接“《詩》云瞻彼淇澳”至“此以没世不忘也”熹《本傳》之第三章下半；下接“《康誥》曰克明德”至“止於信”熹《本傳》之第一章、第二章及第三章上半；下接“子曰聽訟”至“此謂知本”熹《本傳》之第四章；此《大學古本》之異于朱熹者也。逐清一代，漢學極盛。安溪李光地晉卿一生宗信朱熹；而撰《大學古本説》一卷，獨依注疏而不與同。而長洲宋翔鳳於庭論學崇西漢，尤以《大學》，《禮記》四十九篇之一，首尾完具，脈絡貫通，無經傳之可分，無缺亡之可補，成《大學古義説》二卷以廢朱熹。顧亦有用朱熹而删其《補傳》者，德清胡渭朏明撰《大學翼真》七卷。其第四卷以下，爲渭所考定之本，大指仍以朱熹爲主，力闢王守仁改本之誤；以《經》爲一章，《傳》爲八章。其《誠意章》以下，與諸本並同；惟以“《康誥》曰”至“是故君子無所不用其極”爲第一章，統釋三綱領。以“《詩》云邦畿千里”至“此以没世不忘也”爲第二章，謂前三節，釋《經》知止能得之序；後兩節，釋知止之由與能得之序。以“聽訟吾猶人也”一節爲第三章，謂釋本末之意；而移“此謂知本”二句，於前章“止於信”之下，與諸本爲異。其説與朱熹雖小異，然僅謂格致一章，不必補傳耳。要之《大學》一書，以《注疏》本爲最古，以《朱熹本》爲最通行，一漢一宋，如日月之經行中天！謹爲條其原委於此。

【大學之讀法】《大學》之書，文章典則，辭趣宏深，擴其量以平天下，引其緒於明明德。故聖人能以天下爲一家，中國爲一人者，非意之也；六通四辟，運用無乎不在矣！豈容草草，爲擬讀法：

第一明其宗旨　大學者，大人之學，不私其我於一己之學；大覺之道，匪以獨覺爲自慊之道；題蘊昭宣，宗旨自明。格物致知者，始事也；誠意止至善者，極功也。所謂誠其意者，毋自欺也！以之修身，謂之明德；以之淑人，謂之親民。以言乎天地之間，則備矣！《大學》之以至善知止，猶《易卦》之以《未濟》終篇。精益求精，人心既無自慊之日；善又有善，吾道寧有息肩之涯。引之彌長，恢之彌廣。善之鵠的，既以人羣之進化而彌高；學之勵修，又以鵠的之繼高而精進。此《易》六十四卦之所爲終於《未濟》，而止至善所以爲《大學》之極詣也！

第二覈其篇章　周秦古書，凡一篇述數事，則必先詳其目而後備言之，首末相應汪中《述學·大學平義》，此不僅《大學》爲然；獨《大學》一篇，朱熹分爲經一章，傳十章，最爲清儒所訾議。然按《注疏本》，鄭玄於後諸節，皆一一分注曰："此廣明誠意之事"；"覆明前經正心修身之事"；"重明前經修身齊家之事"；"覆明前經齊家治國之事"；"覆明上文平天下先治其國之事"。是鄭君亦已覈其篇章，分應前經方東樹《漢學商兑》卷中之上；非朱熹始分章也。《毛詩·豳風·七月》首章，《鄭箋》云："此章陳人以衣食爲急，餘章廣而成之"，然則古人之文，有以餘章廣成首章之意者；若朱熹但於首章之下云："餘章廣而成之"，而不分經傳陳澧《東塾讀書記》卷九，此則鄭君家法，而清儒不能加以訾議者也。特是鄭君注《大學》，既一一分應前經，不應誠意前獨闕格物致知之事；而又以曾子曰，《淇澳》、《烈文》兩詩，《康誥》、《太甲》、《帝典》三書，《湯盤》、《玄鳥》、《文王》之詩，夫子聽訟之言，總謂皆是誠意之事，殊爲混淆不確方東樹《漢學商兑》卷中之上！此其中有譌脱，固可懸揣而知。朱熹移易補傳，固爲武斷；而理順文從，特爲過之。此以終古不廢也！或以誠意，正學者切要處，所以成始而成終者，不當退處於後？然《大學》開篇曰"在明明德"；則上一"明"字，自不可忽。格物致知，正明之之實事始功；誠意非所以成始也，故曰："欲誠其意者，先致其知"，"知至而後意誠"，次第分明。然則朱熹退之處後，何嘗無據也方東樹《漢學商兑》卷中之上！熹於《大學》修改無虚日，《誠意》一章，未終前三日所更定王懋竑纂訂《朱子年譜》卷四，豈漫爲然。夫意之不誠，由於知之未致，《中庸》曰："誠之者，擇善而固執之者也。博學之，審問之，慎思之，明辨之，篤行之。有弗學，學之弗能，弗措也。有弗問，問之弗知，弗措也。有弗思，思之弗得，弗措也。有弗辨，辨之弗明，弗措也。有弗行，行之弗篤，弗措也。人一能之，己百之。人十能之，己千之。果能此道矣，雖愚必明，雖柔必强。"《中庸》之言自明誠，猶《大學》之言知至而後意誠也！何疑於朱熹之退《誠意》章於後乎！

第三稽其訓詁　按《大學》訓詁之聚訟者，不出三事：（一）曰"明明德"。鄭玄注："明明德，謂在明其至德也。"孔穎達疏："章明己之光明之德，謂身有明德而更章顯之。"注以"明德"爲至德，既涉浮泛；疏用章顯訓上"明"，尤近外鑠。循文爲訓，未中肯要！獨熹章句最爲警切！稱："明，明之也。明德者，人之所得乎天，而虚靈不昧，以具衆理而應萬事者也。但爲氣稟所拘，人欲所蔽，則有時而昏；然其本體之明，則有未嘗息者；故學者當因其所發而遂明之，以復其初也。"上"明"之解，用《鄭注》而特分明了當；"明德"之訓，取《孔疏》而更鞭辟入裏。《爾雅·釋言》："明，朗也。"《賈子·六術道德説》皆稱"明者，德之理"；而緟言以申之曰："德生理。理，離狀者也。性生氣而通之以曉，理生變而通之以化。明者，神氣在内，則無光；而爲之明，則有輝於外矣。外内通一，則爲得失；事理是非，皆職於知：故曰光輝謂之明，明生識，通之以知。"《説文·明部》："朙，照也；从月，从囧明。"古文明从日。《廣雅·釋詁三》："明，類也。"《釋詁》曰："明，發也。"从日从月，以象本體之明；故曰："人之所得乎天。"曰朗曰照，以擬中邊之徹；故曰："虚靈不昧。"曰類曰發，以通離狀之理；故以具衆理而應萬事。古訓是式，豈曰苟焉而已！然後知熹彌綸羣言，研精一理爲不可及也！（二）曰"親民"。孔穎達疏稱："親愛於民。"而程顥則曰"親當作新"，朱熹《章句》采焉。清儒多明《孔疏》以難程朱。然下文釋"明明德"之後，引湯之《盤銘》曰："苟日新，日日新，又日新。"《康誥》曰："作新民。"《詩》曰："周雖舊邦，其命惟新。"則是明以新民爲言；而上文必執"親愛"爲訓，前後不照，於義何取！且同聲通假，古書極多其例；何獨於"親當作新"而疑之！（三）曰"格物"。鄭玄注："格，來也。物，猶事也。其知於善深，則來善物；其知於惡深，則來惡物。"穿鑿難曉，於上下文義尤扞格。而朱熹《章句》則曰：“格，至也。物，猶事也。”“所謂致知在格物者，言欲致吾之知，在即物而窮其理也。”“物”之“猶事”，既同鄭玄；“格”之詁“至”，語出《爾雅》。《爾雅·釋詁》：“格，至也。”格物，猶言隨事也。熹《癸未垂拱奏劄》稱：“大學之道，在乎格物以致其知。格物者，窮理之謂也。蓋有是物，必有是理。然理無形而難知，物有迹而易覩。故因是物以求之，使是理瞭然心目之間，而無毫髮之差；則應乎事者，自無毫髮之繆。陛下雖有生知之性，高世之行，而未嘗隨事以觀理，故天下之理，多所未察；未嘗即理以應事，故天下之事，多所未明。”《朱子文集》卷十三此朱熹“格物”之真實解故，而所以自命一家！蓋舍格物而言明德，象山之學也；離明德而言新民，永嘉之學也；永嘉之學，薛季宣、陳傅良、葉適爲著。其學主禮樂制度，以求見之事功，而推原以爲得統于程氏。則是大學者，朱熹之學所自出也。特爲疏通證明如此。

余六歲讀《大學》，迄四十歲，涵泳體味，久而有會。粗述覩記，以備研討云爾。

《論語》第二

昔仲尼微言，門人追記，故仰其經目，稱爲《論語》；蓋羣論立名，始於此矣劉勰《文心雕龍·論說》第十八。夫大道無名，聖人不稱。聖人豈不欲廢去應問，體道以自冥哉！道無問，問無應，不發一言，下與萬物同患，此特畸人耳！匪聖人之所尚！然則孔子雖欲忘言，豈可得哉！不得已而言理以答學者之問而已陳祥道《論語全解》序。粗述覩記，以篹爲篇。

【解題】《論語》云者，孔子門人論篹夫子之語而因題耑也。《漢書·藝文志》曰：“《論語》者，孔子應答弟子時人及弟子相與言而接聞於夫子之語也。當時弟子各有所記，夫子既卒，門人相與輯而論篹，故謂之論語。”則是門人論篹夫子之語而因題耑也。《論衡·正説篇》：“初孔子孫安國以教魯人扶卿，官至荆州刺史，始曰《論語》。”若以《論語》之名，爲安國所題者。然按《論語》名見《禮記》，《坊記》引《論語》曰：“三年無改於父之道。”而《禮記》百三十一篇，《漢書·藝文志》著録以爲“七十子後學者所記”。然則《論語》之題，當不始於安國也。《詩·大雅毛傳》曰：“直言曰言，論難曰語。”《説文·言部》：“直言曰言，論難曰語。”“語，論也。”“論，議也。”“議，語也。”“語”、“論”、“議”三字展轉互訓，是“論”、“語”二字異名同詁，爲與人言之稱也。今按其書所記，有孔子答弟子問者，有弟子自相答問者，又有時人相言者，有臣對君問者，有師弟子對大夫之問者，亡慮多論難之語。《論語》題耑，或亦以此？然其中直言之言，亦自不少；如“子曰”、“有子曰”、“曾子曰”、“子夏曰”之屬，是也。或説：“名書之法，必據體以立稱。猶如以孝爲體者，則謂之《孝經》；以莊敬爲體者，則謂之《禮記》。然此書之體，適會多途；皆夫子平生應機立教，事無常準，或與時君抗厲，或共弟子抑揚，或自顯示物，或混迹齊凡，問同答異，言近意深，《詩》、《書》互錯綜，典誥相紛紜，義既不定於一方，名故難求乎諸類，因題《論語》二字，以爲此書之名。論者綸也，輪也。言此書經綸今古，而義旨周備，圓轉無窮，如車之輪也。”見《皇侃義疏》序。疑皇疏非真，故或之。此疑後起之新義，而非本來如此也！特以深得聖人“應機立教”之旨，故輒著焉。

【論語之記者】説者不一：《論語讖》稱：“子夏六十四人共撰仲尼微言。”則撰者不一人；何晏《集解叙》云：“漢中壘校尉劉向言：‘《魯論語》二十篇，皆孔子弟子記諸善言也。’”此最古説，東漢班固本之而著入《漢書·藝文志》者也。趙岐《孟子題辭》曰：“七十子之儔，會集夫子所言以爲《論語》。”亦與劉向説同。獨鄭玄《論語序》謂“仲弓、子遊、子夏等撰。”見劉寶楠《論語正義》附録《鄭文論語序》佚文。子夏出《論語讖》；然又指出仲弓、子游，不知何本？魏朝王肅亦同其説。陸九淵《象山語録》曰：鄭康成、王肅謂《論語》爲子遊、子夏所编。此第二説也。然謂之曰“等”，則所該者廣，猶是“孔子弟子記”之意爾。獨唐柳宗元駁難“孔子弟子記”之古説，而以爲“曾子弟子之爲之”也。曰：“孔子弟子，曾參最少，少孔子四十六歲。曾子老而死，是書記曾子之死，則去孔子也遠矣！曾子之死，孔子弟子略無存者已！吾意曾子弟子之爲之也。是書載弟子必以字，獨曾子、有子不然。由是言之，弟子之號之也。有子稱子者，孔子之歿，諸弟子以有子爲似夫子而師之也。今所記獨曾子最後死，余是以樂正子春、子思之徒與爲之爾。”見《論語辨》。此後起之新説也。宋儒程頤曰：“《論語》之書，成於有子、曾子之門人，故是書獨二子以子稱。”蓋仍柳宗元之説，而稍有不同者，蓋柳氏以爲“曾子弟子之爲之”；而程子以爲“有子之門人與爲之”也。朱熹載其説於《集注》之前，近儒康有爲、梁啓超皆以其説爲不可易者也。特康氏用柳説見《論語注序》，而啓超採程子耳見《要籍解題》。然宋之楊時、陸九淵，清之姚鼐、劉寶楠，皆疑程子之説爲未必然。時之説曰：“《論語》首記孔子之言而以二子有子、曾子之言次之，蓋其尊亞於夫子。”見《論語解》不主師説出其門人。而九淵以爲“《學而篇》子曰次章便載有若一章，又子曰而下載曾子一章，皆不名，而以子稱之；蓋子夏輩平昔所尊者此二人耳！”見《象山語録》特出揣測之辭，尚未有佐證也！姚鼐則引《檀弓》爲佐證，謂：“檀弓最推子游，似子游之徒所爲；而於子游稱字，曾子、有子稱子，似聖門相沿稱皆如此，非以字與子爲重輕也！”見《古辭纂論語辨》注中余按《檀弓》之記有子、曾子皆有貶辭；而於曾子特甚！然不敚其子之稱也，知姚氏“聖門於二人相沿稱子”之説爲信。顧亦有以閔子騫稱字，徵爲閔子騫撰者。宋永亨謂：“《論語》所記孔子與人語及門弟子問答，皆斥其名，未有稱子者；雖顔、冉高弟，亦曰回曰雍。至閔子獨云子騫，終此書無指名，意其出於閔氏。”王鳴盛《蛾術編》迮鶴壽按引明張燧《千百年眼》亦有此説。然按《論語》記諸賢，稱字者亦不一例：如仲弓、子路、子夏、子遊、子張、子貢、子賤、子羔，皆獨稱字；顔淵、冉伯牛、漆雕開本名啓，字開，以開爲名，誤自《孔注論語》開名、俗本《家語》開字子若之文，説詳閻若璩《四書釋地》三續公冶長、巫馬期、司馬牛、曾晳、公西華、樊遲與閔子騫，則皆字而加姓。又有名氏字直書者，如有子又稱有若，陳子禽又稱陳亢，原思改稱憲，宰我又稱予，南容又稱南宫适，冉有又稱冉求，亦止稱求；既氏字矣，而又名之，迄不畫一。蓋七十子之徒，記其師，固以書字爲敬；或加氏者，必七十子及三千人中更有與同字一人，則加字以爲識别。《史記・仲尼弟子列傳》載：冉子、有子並字子有，奚容蒧、伯虔並字子晳，曾蒧即點字、狄黑並字晳，榮旂、縣成並字子旗，驤駟赤、鄭國並字子徒，公祖句茲、秦非並字子之，顔噲、樂刻並字子聲，漆雕哆、邽選並字子斂，公西輿、公西藏並字子上。七十二子中，同字者已九人；三千之徒，從可知矣。以有兩子有兩子晳，故記曾子、冉子，必加字，斷無書子有、子晳者；他皆此例也。至《哀公問年饑章》，稱若；君前臣名之禮也。《問異聞章》稱亢，《問恥章》稱憲，《問羿奡章》稱适，《問禮之本章》稱放，《太宰問子貢章》稱宰，《非不説子之道章》稱求，或其自記；《晝寢章》稱予，《季氏富於周公章》稱求，或以夫子聲其罪，故貶而名之劉書年《經説・論語記諸賢稱謂説》。或曰“雍也仁而不佞”。此或人必是夫子之同輩王鳴盛《蛾術編》迮鶴壽按。然則《論語》之記諸賢，稱名有故，稱字通例；匪獨閔子騫而已。胡寅謂：“《憲問篇》不書姓，且直稱名，疑通篇皆憲所記。”見《論語詳解》。而何異孫則曰：“《公冶長》一篇，多論人物，恐是子貢門人所記。《先進》一篇稱閔子侍側，恐是閔子門人所記。第十七篇，多子貢、子夏之言，然亦必曾子門人記之，以有曾子曰故也。”見《十一經問對》。要之《論語》之作，不出一人，故語多重見；《漢書・藝文志》曰“當日弟子各有所記”者也。“門人相與輯而論篹”，自在“夫子既卒”之後。“門人”者，孔子之再傳弟子也。《里仁篇》“子出，門人問曰：‘何謂也？’”《正義》：“門人，曾子弟子。”此其證也。古謂親受業者爲弟子，轉相受者爲門人，漢人則曰門生，《後漢書・賈逵傳》曰“逵所選弟子及門生”者是也。今推《漢書・藝文志》之意，蓋謂孔子應答弟子時人及弟子相與言而接聞於夫子之語，“有所記”者，“當時”之“弟子”；而“相與輯而論篹”者，“夫子既卒”以後之“門人”也。《論語讖》稱：“子夏等六十四人共撰。”意“六十四人”者，必多“夫子既卒”以後之“門人”；而“相與輯而論篹”之時，嘗以質正於子夏，故以子夏題首。據《史記・孔子世家》，孔子生於魯襄公二十二年；而《仲尼弟子列傳》，則稱子夏少孔子四十四歲。則子夏之生，在魯定公三年也。據《十二諸侯》及《六國年表》，又十二年而魯哀公立；又二十九年魯世家作二十七年而魯悼公立；又三十七年而魯元公立。元公四年，魏文侯之元年也。文侯十八年，受經於子夏《魏世家》載受經事在二十五年。《禮記・樂記》有文侯問樂於子夏事，想亦在是時，計是時子夏已百有一歲；若就《魏世家》計之，則百有八歲矣！然則孔子七十二弟子，獨子夏最老壽後死。“門人相與輯而論篹”，必以子夏逮事夫子，而爲有道之正焉！是時去魯悼公之歿二十二年；而去魯哀公之歿，已五十一年矣！然則記曾子之死，稱魯哀公、季康子、子服景伯、孟敬子諸人之謚，而王鳴盛、梁啓超之所引以爲疑者，見王鳴盛《蛾術編》、梁啓超《要籍解題》。又何足怪！而記言之弁以“子曰”，如《佛經》之冠以“如是我聞”；所以明師説，絶杜撰。《智度論二》載：“佛入滅時，阿難請問四事，其第四問：‘一切經首置何字？’佛答：‘以後一切經首，當置如是我聞，一時佛在某處，與某某衆若干等，何以故？過去諸《佛經》初皆稱是語；未來諸《佛經》初亦稱是語；現在諸佛末後涅槃時，亦教稱是語。'”將以溯師承之所自，徵見知之有人。今按《漢書·藝文志》稱：“《論語》者，孔子應答弟子時人及弟子相與言而接聞於夫子之語。當時弟子各有所記；夫子既卒，門人相與輯而論篹。”而《禮·檀弓》記曾子述夫子“喪欲速貧，死欲速朽”之言；而有子固徵“非夫子之言”。可知凡記一義，無不幾經討論，聞見有共，門人公認，而後篹以入書；特著“子曰”者，所以見門人相與輯而論篹，“非夫子之言”不輯也！孟子引孔子之言凡二十九，見於《論語》者八；學不厭而教不倦，里仁爲美，君薨聽於冢宰，大哉堯之爲君，小子鳴鼓而攻之，吾黨之士狂簡，鄉原德之賊，惡似是而非者。而其不見《論語》者二十一，當必爲門人論篹之所不輯，而聞知見知之無徵不信者矣！至所與輯而論篹，可考見其體者有二：（一）《論語》記聖人之言，有但記其要語，其餘則刪節之者，如《孟子·盡心》下：“過我門而不入我室，我不憾焉者，其惟鄉原乎！鄉原，德之賊也。”據此，則《論語》所記，節去上三句也。以此推之，如“君子不器”、“有教無類”，四字而爲一章，何太簡乎？必有節去之語矣。所以然者，書之於竹簡故也。故竹簡謂之簡，文字少亦謂之簡；字義之相因，大率類此。（二）《論語》記弟子之問有兩體，如子貢問曰：“何如斯可謂之士矣？”子張問曰：“何如斯可以從政矣？”凡問者蓋皆如此，必有所問之語也。簡而記之，則但曰“問政”、“問仁”、“問孝”耳。且諸賢之問，固有所問之語，尤有所問之意，如子貢問“何如斯可謂之士”，豈子貢身爲士而竟不知士之謂乎？此乃求夫子論古今士品之高下，故問及今之從政者；其他可類推也！陳澧《東塾讀書記》卷二因爲籀其大例，發其指意於此。

【論語之本子】《漢書·藝文志》箸録三本：（一）《論語古》二十一篇，（二）《齊》二十二篇，（三）《魯》二十篇。孔子垂教於魯，其傳當以魯爲宗。《齊論》者，齊人所傳，多《問王》、《知道》二篇，凡二十二篇；其二十篇中章句，頗多於《魯論》。武帝時，魯共王欲以孔子宅爲宫，壞，得《古文論語》，分《堯曰》以下，《子張問政》爲《從政篇》，凡二十一篇。《何晏集解》敘曰：分《堯曰》下章《子張問》，以爲一篇，有兩《子張》，凡二十一篇，與《漢書·藝文志》不同。桓譚《新論》説《古論》云：“文異者四百餘字。”見陸德明《經典敘録》引。或説：“《古論》以《鄉黨》爲第二篇，《雍也》爲第三篇。”見《皇侃義疏序》，疑皇疏非真，故或之。篇次亦不與齊、魯《論》同。安昌侯張禹本受《魯論》，兼講《齊説》，合而考之，采獲所安，爲《論語章句》，除《問王》、《知道》二篇，從《魯論》二十篇爲定，最後出而尊貴，諸儒爲之語曰：“欲爲《論》，念張文。”由是學者多從張氏，號《張侯論》兼采《漢書·本傳志》有《魯安昌侯説》二十篇，而禹《本傳》大書曰“爲《論語章句》”是也。是爲《論語》之第四本。東漢之包咸《周氏章句》出焉；見《何晏集解序》。是爲《論語》之第五、第六本。其後鄭玄以《周氏章句》之《張侯論》爲本，以《齊古》讀正凡五十事；兼采《隋書·經籍志》、陸德明《論語音義》之説。《陸氏音義》曰：“鄭校周之本，以齊古讀正，凡五十事。”宋翔鳳《師法表》云：“周之本，即周氏之出於張侯者。”劉寶楠《論語正義》云：“今以鄭氏佚注校之，衹得二十四事。”是謂《論語》之第七本。魏朝何晏之《集解》出焉。然《集解》本亦有與鄭異者，如《爲政》“有酒食先生饌”，“饌”鄭作“餕”；《里仁》“無適也”，“適”鄭作“敵”；《先進》“異乎三子者之撰”，鄭作“僎”；《憲問》“子貢方人”，“方”鄭作“謗”；《微子》“朱張”，鄭作“侏張”；“廢中權”，“廢”鄭作“發”見陸德明《經典釋文》；是爲《論語》之第八本；蓋即今《十三經注疏》本而流傳於世者也。大抵何晏采鄭玄，而鄭玄本張侯；篇次從《魯論》，而章句參《齊古》，斯可考定者。惟何晏在魏朝，能清言而善《老》、《易》；其爲《集解》，大都集孔安國、包咸、周氏、馬融、鄭玄、陳羣、王肅、周生烈諸家所説，中孔安國説疑出王肅僞託，見丁晏《論語孔注正僞》。而附以玄譚；如解《公冶長》“性與天道不可得聞”謂“性者人之所受以生，天道者元亨日新之道，深微故不可得聞也”。解《衛靈公》“一以貫之”謂“善有元，事有會，天下殊塗而同歸，百慮而一致，知其元，則衆善舉矣！”此�以《老》、《易》之玄譚者也。然後儒之言《論語》者，一以何晏《集解》爲宗。梁皇侃采魏晉諸儒之説而爲之義疏，亦涉清玄，而殆有甚焉！何晏輒會《老》、《易》，而侃則采及佛氏；如解《先進》“未知生，焉知死”；謂“外教無三世之義，周孔之教，唯説現在；不明過去未來”，此用佛氏語釋經。蓋《佛經》爲内典；故孔説爲外教也。甚至謂原壤爲方外聖人，孔子爲方内聖人。然宋《國史志》稱：“《侃疏》雖時有鄙近，然博極羣言，補諸書之未至，爲後學所宗。”邢昺之疏，蓋因皇侃所采諸儒之説而加刊定者也；於《侃疏》之語有涉玄者，皆删棄之，有廓清之功矣！特是疏之爲體，例不破注；亦有語涉《何解》而疏以玄言者：如《述而》“志於道”，《晏解》：“道不可體，故志之而已。”《爲疏》曰：“道者，虛通無擁自然之謂也。”又曰：“寂然至無，則謂之道。”此語涉《何解》而疏以玄言者也。獨翦《皇疏》之枝蔓，而稍傅①以義理；漢學宋學，兹其轉關，蓋《邢疏》出而《皇疏》微矣！《皇疏》在中國久佚，今所傳本，乃清乾隆時由日本流入。然竊以爲不如朱熹《集注》之博學詳說、融會諸家而以反說約也。唯何晏《集解》，集漢魏諸儒之解而明其訓詁；而朱熹《集注》，則集宋儒諸家之注而籀其義理。言非一端，有並行而不悖者焉。獨是朱熹《集注》亦多采何晏《集解》，然不稱某氏曰者，多所删改故也。獨《學而》“父在，觀其志”；《集解》孔安國曰：“父在，子不得自專。”《朱注》不删改而不稱孔。《爲政》：“殷因於夏禮，所損益可知也；周因於殷禮，所損益可知也。”《集解》馬融曰：“所因，謂三綱五常；所損益，謂文質三統。”《朱注》引馬氏而不稱融。世儒讀《朱注》者，不讀《集解》，遂不知《朱注》所自出矣！唐玄宗《孝經注》多本於先儒。元行沖爲疏，一一著明之，曰“此某某義”，惜不得其人者而爲《朱注》作疏也！陳澧《東塾讀書記》卷二。遜清一代，昌明漢學；諸家説《論語》者，彬彬乎可觀！而劉寶楠融貫漢宋，以何晏《集解》爲本，重造新疏，旁采子史，而折衷於清儒諸家之説，成《論語正義》二十四卷，斯尤自别於何氏之《集解》，朱熹之《集注》，而集清代《論語》諸家之大成；可謂“《五經》之錧鎋，六藝之喉衿”也！“觀止矣！雖有它樂，吾不欲請矣！”

【論語之讀法】《論語》注家不一；而未看注之前，須將白文先自理會，得其意理；然後看注以驗得失，虛心涵泳，勿囿我執，勿膠古人，擇其善者從之，其不善者改之，思有不得，則記以存疑；積久思之，必有豁然開悟之一日。如未理白文而遽看注，先入爲主，縛於古人成見，或不得自脱矣！然蘇東坡教人讀書，每次作一意求；如欲求古人興亡治亂，聖賢作用，但作此意求之，勿生餘念；既訖，又别作一次求；事迹、故實、典章、文物之類亦如之，他皆倣此；雖迂鈍，而他日學成，八面受敵，與涉獵者不可同日語也！況《論語》彌綸羣言，誼非一端，宋儒程頤嘗以分類讀教學者；元朱公遷推廣其意，以成《四書通旨》六卷：取《四書》之文，條分縷析，以類相從，

① “傅”原作“傳”，今改正。

凡爲九十八門；每門之中，又以語意相近者，聯綴列之而一一辨别異同，務使讀者因此證彼，涣然冰釋。略仿其意，爲擬讀法：

第一考其人物　當以孔子及弟子爲主。孟子曰："誦其詩，讀其書，不知其人，可乎？是以論其世也。"知人論世，是讀書第一事；故先之以考其人物；可以《論語》所載孔子行事及門弟子時人褒刺孔子之言，與《史記·孔子世家》比勘異同，其采入《世家》者若而事，其未采入《世家》者若而事。如有未采，是否司馬遷未見《論語》？是否司馬遷見《論語》而以其事無關大體？抑司馬遷見《論語》無此諸事而與今本有異？其故可深長思也。次又以孔子弟子之見姓名於《論語》者，檢《仲尼弟子列傳》對勘，其有《傳》者若而人；《傳》載其人行事與《論語》奚若？揆諸《論語》所載孔子之論評，是否符契？有遷《傳》其人甚善而《論語》有貶，有不善而《論語》褒者，其故又安在耶？

第二析其義理　《論語》之有裨中國人生哲學，全體大用，具在於此！余讀阮元《揅經室文集》，有《論語論仁論》，專采《論語》之論仁者，薈列而觀其義通，此可爲讀《論語》者法。近人沈同芳教人讀《論語》，當分類體玩以觀其異同；如問孝爲一類，而答各不同；知其所以異，即知其所以同。此外問政、問仁、問及一切言行，皆當作如是觀見《國文補習經史答問》；其法即本之阮元也。昔余以沈氏之法，箸《論語正名篇》，首冠以"衛君待子爲政"之章，而附以剖析名義諸論，凡十二目：曰《通論》，曰《論知》，曰《論仁》，曰《論恕》，曰《論孝》，曰《論剛》，曰《論直》，曰《論明》，曰《論達》，曰《論文》，曰《論狂狷》，曰《論政》政者正也。然後知"名者所以列同異，明是非，道義之門"用《晉書·魯勝傳》、《墨辨注序》語；而"名不正則言不順"之説爲不刊也。然余嘗有意籀荀子《正名》之篇，以正《論語》之名；而卒卒未暇爲！未知孔子之所以論仁論知者，果有當於荀子正名之法否耶？儻或竟其業，必有所以起予者矣！

第三明其教學　孔子曰："聖則吾不能！我學不厭而教不倦也！"子貢曰："學不厭，知也。教不倦，仁也。"嗚呼！此孔子之所以爲萬世師表也！儻采孔子言教言學，及門弟子言孔子教學之見《論語》者，與《禮記·學記》對勘，則知孔子所以言教學之大經大法，亦非自我作古而有所本；而今日之教學，所以不如孔子者，非無言教言學之人，而不厭不倦之誠，有不如孔子者也！世有知言，當恍然於所以而知自省矣！

第四覈其政論　“夫子至於是邦也，必聞其政。”而其所論列，則有託古寄嘅者，有因時立論者；有爲一時言者，有不僅爲一時言者；同條牽屬，指事類情，必以勘列而有所獲，可斷言者！

此外《論語》一書，有衡評古人者，有旁通諸子者，悉數不能盡；而文章之美，語言之工，足垂模楷於斯文，而樹立言之準則。“好學深思，心知其意”，是在善讀書者；謹誦馬遷之言以卒吾篇。

《孟子》第三

《孟子》七篇，序《詩》、《書》，述仲尼《史記·孟子荀卿列傳》。《論語》之言，無所不包；而其所以示人者，莫非操存涵養之要。七篇之指，無所不究；而其所以示人者，類多體驗擴充之功朱熹《論孟精義自序》。揆叙民物，本之性善；所以佐明六藝之文義，崇宣先聖之指務，王制拂邪之檃括，立德立言之程式也趙岐《孟子篇》叙！練撰爲篇，發其指意。

【解題及隸經始末】古之賢聖，有所造述，大都繫氏以子而爲題目；如《漢書·藝文志》載儒家有《晏子》、《曾子》、《孟子》；道家有《鬻子》、《筦子》、《莊子》、《列子》；法家有《李子》、《申子》、《慎子》、《韓子》之屬，是也。《孟子》者，蓋孟軻所作之書。孟，氏也。焦循《孟子正義》曰：“孟，氏也。”如下云出自孟孫，則與魯同姓，後世姓氏不分氏，亦通稱姓。子者，男子之通稱也。此書，孟子之所自作也，故總謂之《孟子》。《論語》是諸弟子記諸善言而成編集，故曰《論語》，而不號孔子；孟子是孟軻所自作之書，如《荀子》，故謂之《孟子》何異孫《十一經問對》。其書列於諸子，遭秦火得不焚滅。趙岐《孟子題辭》曰：“孟子既没之後，大道遂絀。逮至亡秦焚滅經術，坑戮儒生，孟子徒黨盡矣。其書號爲諸子，故篇籍得不泯滅，則是秦人焚書不及諸子也。”《論衡·書解篇》：“秦雖無道，不燔諸子。”又《正説篇》：“秦用李斯之議，燔燒《五經》。”與趙岐説合。《漢書·藝文志》、《隋書·經籍志》、《舊唐書·經籍志》咸入儒家。唐文宗開成二年，國子學石刻《十二經》，亦有《論語》而無《孟子》，至宋仁宗嘉祐六年，刻《篆正二體石經》，中有《孟子》。《孟子》隸經自此始！按：阮元《孟子注疏校勘記》引據各本，目録中有杭州府學宋高宗御書《石經殘本》，不及嘉祐石經。錢大昕《十駕齋養新録》中有宋高宗書《孟子》

一條，亦不及嘉祐石經。葉昌熾《語石》中有石經一則，稱“宋嘉祐石經，但有《易》、《詩》、《書》、《周禮》、《禮記》、《春秋左氏傳》，合《孝經》爲七”。然讀何紹基《東洲草堂詩集》中有《寄題丁儉卿新獲嘉祐二體石經册》七言古一詩，題下云：“丁儉卿舍人，凡新得宋嘉祐二體石經三百七十餘紙，爲《易》、《書》、《詩》、《春秋》、《禮記》、《周易》、《孟子》七經。《玉海》等書述汴石經，不言有《孟子》。表章亞聖，自此刻始，是足補史志之闕。”則是《孟子》之有石經，蓋斷自宋嘉祐始矣。然歐陽修撰《唐書·藝文志》，仍以《孟子》入諸子儒家，一仍漢、隋《書志》之舊，而不之改也！厥後，高宗南渡，御書石經，繩其祖武，不遺《孟子》，而陳振孫《書録解題》乃以《論》、《孟》同入《經》類，其説曰：“自韓文公稱‘孔子傳之軻，軻死不得其傳’；天下學者咸曰孔孟。孟子之書，固非荀、楊以降所可同日語也。”自是《孟子》乃翹然别出於諸子，而與《論語》並崇爲經焉！

【孟子之作者】説者不一：有以爲孟子自作者，漢儒相傳之古説也；有以爲弟子共記者，唐人後起然疑之説也。按孟子自作之説，由來已久，司馬遷《史記·孟子荀卿列傳》稱“孟軻遊事齊宣王，宣王不能用；適梁，梁惠王不果所言，則見以爲迂遠而闊於事情；是以所如者不合！退而與萬章之徒，序《詩》、《書》，述仲尼之意，作《孟子》七篇。”此先漢古説，明云“七篇爲孟子自作”也。其後趙岐《孟子題辭》云：“孟子以儒道遊於諸侯，莫能聽納其説，於是退而論集所與高弟弟子公孫丑、萬章之徒，難疑答問，又自撰其法度之言，著書七篇。”應劭《風俗通·窮通篇》云：“孟軻游於諸侯，所言皆以爲迂遠而闊於事情；困殆甚，退與萬章之徒，序《詩》、《書》仲尼之意，作書《中外十一篇》”，皆以爲孟子所自撰，與《史記》同。至宋儒撰《孟子正義》引唐林慎思《續孟子書》二卷，以爲：“《孟子七篇》，非軻自著，乃弟子共記其言。”韓愈《答張籍書》亦云：“孟軻之書，非軻自著；軻既没，其徒萬章、公孫丑相與記軻所言焉。”自是唐人乃有以爲“弟子共記”，而不出孟子之自撰者矣！然余讀林慎思續《孟子》序稱：“孟子書先自其徒記言而著”，其説亦與趙岐之稱“論集所與高弟弟子難疑答問”者無殊指；蓋弟子先撰記所聞，而孟子因論集其書也。《朱子語類》曰：“《論語》多門弟子所集，故言語時有長短不類處。《孟子》疑自著之書，故首尾文字一體，無些子瑕疵，不是自下手，安得如此！”然《孟子集注序》説，引《史記》列傳，以爲《孟子》之書，孟子自作，韓子曰：“軻之書非自著”，謂《史記》

近是。而《滕文公》首章道性善注，則曰“門人不能盡記其詞”；又《第四章》“決汝漢”注曰“記者之誤”；又若以爲弟子記，與韓愈如出一吻者，弟子以問？朱子答曰：“前説是，後兩處失之！熟讀《七篇》，觀其筆勢，如鎔鑄而成，非綴緝所就也！”王應麟《困學紀聞》閻若璩《孟子生卒年月考》曰：“《七篇》爲孟子自作，韓昌黎故亂其説；然莫妙於朱子曰：‘觀《七篇》筆勢如鎔鑄而成，非綴緝可説。’余亦有一證，《論語》成於門人之手，故記聖人容貌甚悉；《七篇》成於己手，故但記言語或出處耳！”此其駁韓愈之説是矣！顧余讀晁公武《郡齋讀書志》曰：“孟子所見諸侯皆稱謚，如齊宣王、梁惠王、襄王、滕定公、文公、魯平公是也。夫死然後有謚。軻無恙時，所見諸侯，不應皆前死！且惠王元年至魯平公之卒，凡七十七年。軻始見惠王，目之曰叟，必已老矣；決不見平公之卒也！後人追爲之，明矣。”而若璩則從而爲之解曰：“卒後，書爲門人所叙定，故諸侯王皆加謚焉。”則有當分別論者，何以言之？蓋書中有王而加謚者；曰梁惠王、梁襄王、齊宣王，先孟子而卒者也。有王而不謚者；事皆繫齊，疑曰“湣王”？後孟子而亡者也。至滕亡於孟子未卒之前，則孟子及見文公之死而稱其謚，亦無足怪！獨魯平公卒於孟子之後，鄒穆公無考；儻穆公之卒，亦如魯平之在孟子後？吾意孟子所記，必俱如湣王之公而不謚。厥後門人淆誤是懼，乃援滕文公之例，就其可知者，一體加謚以爲識別焉耳考證詳後？然則以時君之皆舉謚，而證《孟子》之非自作者，固未爲知言也！或者謂“書中於孟子門人多以子稱之，樂正子、公都子、屋廬子、徐子、陳子皆然，不稱子者無幾。果孟子所自著，恐未必自稱其門人皆曰子”。此又不然！按“魯平公將出”章，“樂正子入見”。趙岐注：“樂正，姓；子，通稱；孟子弟子也。”《梁惠王》下然則子者，自如趙岐所云“男子之通稱”，不必弟子之於師。公孫丑問曰：“夫子當路於齊。”孟子曰：“子誠齊人也。”此則孟子自稱其門人曰“子”之證一矣！孟子去齊，有欲爲王留行者，客自稱曰“弟子”，而應之曰“我明語子”，此則孟子自稱其門人曰“子”之證二矣！如此之類，難以悉數；何得以此證孟子之非自作哉！

【史記之孟子】按《史記·孔子世家》叙生卒出處最悉；而《孟子列傳》闕焉勿詳！就其可考者言之：《六國表》魏惠王三十五年大書曰：“孟子來，王問利國？對曰：‘君不可言利。’”《梁惠王》上“孟子見梁惠王王曰叟”章此與《十二諸侯年表》，魯定公十年大書“孔子相”，皆特筆，史公所矜重者！其見於《魏世家》者，曰：“三十五年，惠王數敗於軍旅，卑禮厚幣以招賢者。鄒衍、淳于髡、孟軻皆至梁。梁惠王曰：‘寡人不佞，兵三折於外！太子虜！上將死！國以空虛，以羞先君宗廟社稷；寡人甚醜之！叟不遠千里，辱幸至敝邑之廷，將何以利吾國？’孟軻曰：‘君不可以言利若是！夫君欲利，則大夫欲利；大夫欲利，則庶人欲利。上下争利，國則危矣！爲人君仁義而已矣，何以利爲！’”年事與《六國表》同。是年齊宣王七年，周顯王三十三年，太史公因《秦記》，采《世本》、《戰國策》，著所聞爲表，其年系當無大誤。既一年，惠王卒，子襄王立《梁惠王》上“孟子見梁襄王”；《表》亦與《世家》同。又十一年，而齊宣王卒，子湣王立。湣王立之六年，宋君偃爲王《滕文公》下萬章問曰“宋小國也”，《今將行王政章》。是年魏襄王卒，子哀王立。又二年而燕王噲讓國於子之。又二年，當周赧王元年，魯平公始立；而噲及子之皆亂死。《燕世家》云：“子之南面行王事，而噲老，不聽政，顧爲臣！國事皆決於子之。三年，國大亂。百姓恫恐。將軍市被與太子平謀，將攻子之。諸將謂齊湣王曰：‘因而赴之，破燕必矣！’齊王因令人謂燕太子……太子因要黨聚衆。將軍市被圍公宫，攻子之，不克。將軍市被及百姓反攻太子平，將軍市被死以徇。因搆難數月，死者數萬，衆人恫恐，百姓離志。孟軻謂齊王曰：‘今伐燕，此文、武之時，不可失也！’王因令章子將五都之兵，以因北地之衆以伐燕。燕士卒不戰，城門不閉，燕君噲死，齊大勝，燕子之亡。”《梁惠王》下“齊人伐燕”兩章，《公孫丑》下“沈同以其私問曰”章、“燕人畔”章。年事與《六國表》同。又二年，爲楚懷王十七年，秦敗楚將屈丐；而《楚世家》：“懷王十六年，絶和於秦，發兵西攻秦，秦亦發兵擊之。”厥爲秦楚搆兵之始《告子》下“宋牼將之楚”章。此諸國事皆與孟子相涉者。自魏惠王三十五年，至是凡二十四年；當孟子初至梁，梁惠王謂之曰：“叟！”度其年當長於惠王：惠王以魏文侯二十五年生，生三十而即位；即位三十五年，年六十五矣！孟子又長於惠王，其遊梁殆且七十也！桐城吴汝綸《孟子考證》《史記·孟子列傳》稱“遊事齊宣王，宣王不能用，適梁，梁惠王不果所言。”則是適梁在遊齊之後；而《孟子》書先梁後齊者，此蓋篇章之次，而非遊歷之次也。趙岐注：“孟子冀得行道，故仕於齊，不用而去，乃適於梁。建篇先梁，欲以仁義爲首篇，因言魏事，章次相從，然後道齊也。”見《梁惠王》上“齊宣王問曰齊恒晉文之事”章。其言可謂明且核矣！然《史記》“梁惠王不果所言”之後，别無下文；而蘇轍《古史列傳》則曰：“先事齊宣王，後見梁惠、襄，又事齊湣。”則是孟子見梁惠王之前，先遊齊，見宣王；而孟子見梁襄王之後，復去齊仕湣王。兹以《史記》載伐燕一事，與孟子互證之，其言可信，蓋伐燕事在湣王十年也。《荀子·王霸篇》謂：“齊閔北足敗燕”，其以敗燕屬齊閔，與《史記》合。燕人畔，王曰：“吾甚慚於孟子！”《公孫丑》下王不稱謚，蓋謂湣王。湣王走死，在伐燕之後三十年，非孟子所及見。蓋孟子及見齊宣王、梁惠王、襄王之卒，故併稱謚；而不及湣王之死，故但稱王；可斷言也。然則《梁惠王》下齊人伐燕兩章之稱“宣王問曰”、“宣王曰”；蓋承前十章之“齊宣王問曰”、“孟子謂齊宣王曰”而誤衍一“宣”字耳！《朱子語類》謂：“湣王后來不好，門人爲孟子諱，改爲宣王。”其言迂曲不可信。“孟子爲卿于齊，出吊于滕，王使蓋大夫王驩爲輔行”，“孟子致爲臣而歸，王就見孟子”《公孫丑》下，凡不繫謚者，皆謂湣王。據《史記·六國表》及《田敬仲完世家》，湣王六年，宋自立爲王；十年，伐燕；三十八年，滅宋。而《戰國策·宋策》載：“宋康王之時，有雀生鸇。史占曰：‘小而生巨，必霸天下。’康王大喜，於是滅滕，伐薛，取淮北之地，乃愈自信！”是滕最早爲宋所滅，當在“宋自立爲王”之初；而滕文公問事齊事，楚問齊人築薛，尚不以宋爲患，則又遠在“宋自立爲王”之前，意者當在孟子游齊適梁之前耶？然則孟子及見滕文公之卒而稱其謚，殆可斷言！然滕於《六國表》無考。而《六國表》載魯平公元年，則當齊湣王十年伐燕之歲，而“孟子見梁惠王”之後二十二年也。明年，秦楚始搆兵，計其時孟子年當九十餘矣；而遇宋牼于石丘，折之曰“秦楚何説以利”《告子》下“宋牼之楚”章；嘅魯侯之不遇，解之曰“行止非人所能”；浩然之氣，老當益壯！其前後略可考信於《史記》者如此。惟司馬温公作《通鑑》，乃舍《史記》不之信，而從《竹書紀年》，以魏襄王在位之十六年，歸之惠王爲後改元；若曰：“《紀年·魏史》，出汲冢，所書魏事，必得其真，故從焉。”其後閻若璩作《孟子生卒年月考》以折其説曰：“不然！《紀年》云‘惠成王九年四月甲寅，徙都大梁’；不知是年秦孝公甫立，衛公孫鞅未相，魏公子卬未虜，地不割，秦不逼，魏何遽徙都以避之耶？即一徙都如此！尚謂其生卒年月盡足信耶！此余之所以信《史記》以信《孟子》也！”温公舍

《史記》而信《紀年》，傎矣！至紀齊年，則又並無依據，奪湣益威，以伐燕歸之宣，以求合於孟子；於是齊、梁二國年系並失，而孟子事始末，無徵不信，未由考見矣！余故采桐城吴氏之説，本史遷傳信之記，疏通證明，折衷諸家，論世者儻有取焉！

【孟子之本子】考《孟子》書之最古者，當推西漢《河間獻王本》，《漢書·景十三王傳》稱："河間獻王修學好古，所得書，皆古文先秦舊籍《周官》、《尚書》、《禮》、《禮記》、《孟子》、《老子》之屬"，是也。然則《孟子》初本爲古文矣！惟未著篇數。《漢書·藝文志·諸子略》儒家《孟子》十一篇，應劭《風俗通·窮理篇》云："作書中外十一篇"，是爲十一篇本；惟中外篇目不詳。趙岐《孟子篇》叙曰："《孟子七篇》所以相次叙之意：孟子以爲聖王之盛，惟有堯舜，堯舜之道，仁義爲上；故梁惠王問利國，對以仁義爲首篇也。仁義根心，然後可以大行其政；故次之以公孫丑問管、晏之政，答以曾西之羞也。政莫美於反古之道，滕文公樂反古；故次以文公爲世子，始有從善思禮之心也。奉禮之謂明，明莫甚於離婁；故次之以離婁之明也。明者當明其所行，行莫大於孝；故次以萬章問舜往於田號泣也。孝道之本，在於情性；故次以告子論情性也。情性在内而立於心，故次以盡心也。盡己之心與天道通，道之極者也；是以終於《盡心》也。"至《題辭》稱"七篇二百六十一章，三萬四千六百八十五字"。"又有《外書》四篇：《性善》、《辨文》、《説孝經》、《爲政》，其文不能宏深，不與《内篇》相似；似非《孟子》本真，後世依放而記也。"然後知世所傳《梁惠王》、《公孫丑》、《滕文公》、《離婁》、《萬章》、《告子》、《盡心》七篇爲中或曰内；餘《性善》、《辨文》、《説孝經》、《爲政》四篇爲外也。惟趙岐删其《外篇》，存其《内篇》，著《孟子章句》；是爲《七篇本》。自後傳《孟子》者，壹以趙岐《章句七篇》爲本；而外書以久廢閣致亡！其佚文稱引見於漢以前書者；《荀子·大略篇》曰："孟子三見宣王而不言事。門人曰：'曷爲三遇齊王而不言事?'孟子曰：'我先攻其邪心。'"《韓詩外傳》曰："高子問於孟子曰：'夫嫁娶者，非己所自親也。衛女何以得編於《詩》也?'《孟子》曰：'有衛女之志則可；無衛女之志則怠！若伊尹於太甲，有伊尹之志則可；無伊尹之志則篡！夫道二：常謂之經，變爲之權。懷其常道而挾其變權，乃得爲賢！夫衛女行中孝，慮中聖，權如之何！'"又曰："孟子説齊宣王而不説，淳于髡侍。

孟子曰：‘今日說公之君，公之君不說；意者其未知善之爲善乎?’淳于髡曰：‘夫子亦誠無善耳！昔者瓠巴鼓瑟而潛魚出聽，伯牙鼓琴而六馬仰秣。魚馬猶知善之爲善；而況君人者也！’孟子曰：‘夫電雷之起也，破竹折木，震驚天下，而不能使聾者卒有聞；日月之明，徧照天下，而不能使盲者卒有見。今公之君若此也！’淳于髡曰：‘不然！昔者揖封生高商，齊人好歌；杞梁之妻悲哭，而人稱詠。夫聲無細而不聞，行無隱而不形。夫子苟賢，居魯而魯國之削，何也?’孟子曰：‘不用賢，削何有也！呑舟之魚，不居潛澤；度量之士，不居汙世。夫藝，冬至必彫，吾亦時矣！’”董仲舒《春秋繁露·深察名號篇》曰：“‘性有善端，動之愛父母，善於禽獸，則謂之善。’此孟子之言。”《史記·淮南王安傳》，伍被對淮南王安引孟子曰：“紂貴爲天子，死曾不若匹夫！”劉向《說苑》曰：“孟子曰：‘人皆以食愈飢，莫知以學愈愚！’”又曰：“孟子曰：‘人知糞其田，莫知糞其心！糞田莫過利苗得粟，糞心易行而得其所欲。何謂糞心?博學多聞。何謂易行?一性止淫也。’”《楊子法言·修身篇》曰：“《孟子》曰：‘夫有意而不至者，有之矣；未有無意而至者也！’”桓寬《鹽鐵論》引孟子曰：“吾於《河廣》知德之至也！”又引孟子曰：“堯舜之道，非遠人也；而人不思之耳！”應劭《風俗通·正失篇》引孟子曰：“堯舜不勝其美！桀紂不勝其惡！”梁武帝《答臣下神滅論》引孟子曰：“人之所知，不如人之所不知，信矣！”蕭子良《與孔中丞書》引孟子曰：“君王無好智。君王無好勇。勇智之過，生平禍患所遵；正當仁義爲本！”今七篇書皆無其文，豈所謂《外書》者耶?然趙岐疑其“依放而記”，不爲章句，則亦卑之無甚高論！惟漢儒注經，多明訓詁名物；而趙岐之注《孟子》，獨箋釋文句，乃似後世之口義，與漢學稍殊。然孔安國、馬融、鄭玄之注《論語》，今載於何晏《集解》者，體亦如是。蓋《易》、《書》文皆最古，非通其訓詁，則不明；《詩》、《禮》語皆徵實，非明其名物，亦不解。《論語》、《孟子》，詞旨顯明，惟闡其義理而止；所謂“言各有當”也！《四庫提要·孟子正義》則亦不必爲趙岐病矣！惟趙岐注《孟子》每章之末，括其大指，間作韻語，謂之《章指》；《題辭》所謂“章別其指”；《文選注》所引趙岐《孟子章指》，是也。南宋後，《正義》出，盡删《章指》正文，仍剽掠其語散入《正義》；明國子監刊《十三經》承用此本，後世遂不復見趙岐元本矣！考《崇文總目》載陸善經注《孟子》七卷，稱：“善經删去趙岐《章指》，與其注之緐重者復爲七篇。"見《文獻通考》。是刪去《章指》，始於善經，《正義》蓋用善經本也。錢大昕《十駕齋養新録》卷三。雖題"宋孫奭撰"字様；而朱熹《語類》則謂："邵武士人假託；蔡季通識其人。卷首載《孫奭序》一篇，全録《音義序》，僅添三四語耳！其淺妄不學如此！"先是孫奭於宋真宗大中、祥符間，奉敕校定趙岐注，因刊正唐張鎰《孟子音義》及丁公著《孟子手音》二書，兼引陸善經《孟子注》成《孟子音義》二卷；就經文及注爲之音釋。書中所釋，稱："一遵《趙注》。"然亦時就《章句》有所證明，存其異同，與陸德明《經典釋文》略相似；蓋以補陸氏之闕，陸德明《經典釋文》於羣經皆有音義，獨闕《孟子》。而匪以爲《正義》。至《正義》則憑肊立說，不惟背《經》背《注》，且與《音義》亦時覩攸違；豈有出奭一人之作而忽彼忽此者？以故不爲士林所重。朱熹融會諸家之説，撰《孟子集注》七卷，於義理時有發明，而訓詁章指則采《趙注》爲多。其可考見者，書中人名，唯盆成括、告子不從《趙注》學於孟子之説，季孫、子叔疑不從二弟子之説，餘皆從之；書中字義，惟"折枝"訓"按摩"之類不取《趙注》，餘亦多取之。蓋《趙注》雖不及後來之精密，而開闢荒蕪，俾後來者得循途而深造，其功要不可泯也。清儒治經，邁冠往古！阮元仿《宋板十三經》重刻於豫章，而《孟子》之《趙氏章指》，遂復繫於章末之舊；焦循因之，撰《孟子正義》十四卷，薈萃清儒顧炎武以下六十餘家之説，疏明《趙注》：儻趙氏之説，或有然疑，不惜駁破以衷一是；至諸家或申趙義，或與趙殊，或專翼孟，或雜它經，兼存備録，以俟參考。可謂孟子之忠臣，《趙注》之諍友矣！然《孟子》今本，有卒不能復趙岐之舊者！趙岐《題辭》謂"《七篇》二百六十一章，三萬四千六百八十五字"。今按孫奭《音義》標《梁惠王》上七章，下十六章；《公孫丑》上九章，下十四章；《滕文公》上五章，下十章；《離婁》上二十八章，下三十二章；《萬章》上九章，下七章；《告子》上二十章，下十六章；《盡心》上四十七章，下三十九章，共爲二百五十九章；而以《章指》計之，《盡心》下止得三十八章，則共爲二百五十八章，較《題辭》所云少三章。又《梁惠王》共五千二百六十四字，《公孫丑》共五千一百四十二字，《滕文公》共四千九百八十字，《離婁》共四千七百八十九字，《萬章》共五千一百五十四字，《告子》共五千二百二十三字，《盡心》共四千六百七十四字，七篇共三萬五千二百二十六字，較《題辭》所云多五百四十一字。則是今本《孟子》之字多而章少，有不同於趙岐者也！然舊書古簡，脱漏居多，唐宋後之本，應減於漢，否亦不能加多。今茲賸字，得毋有後人所羼入者乎？

【孟子之讀法】讀法一如《論語》，每次作一意求之；虛心涵泳，切己體察，久而久之，必自有會。姑以鄙意，擬爲讀法：

第一明其立言　孟子曰："我知言"，然則讀孟子之書，何可不知孟子之言！《孟子》一書，游文六藝之中，留意《詩》、《書》之際，敦教化，明人倫，此與《論語》同者也。然而有不同者；《論語》氣平，《孟子》氣激。《論語》辭約而意盡，《孟子》氣盛而言宜。《論語》之發語用噫，《孟子》之發語用惡。《論語》正言莊論，多法語之言；《孟子》比物託興，憙巽與之辭。《論語》短章多，長章少；唯《子路曾皙冉有公西華四子侍坐言志》、《季氏將伐顓臾》兩章最長。《孟子》長章多，短章少；惟"人有不爲也，而後可以有爲"前後數章最短。此修辭之不同也。《論語》祇言性，而《孟子》直道性善。《論語》祇言仁，而《孟子》兼明仁義。《論語》祇言志，而《孟子》深論養氣。此樹義之不同也。孔子之稱弟子以名，孟子之稱弟子曰子。孔子弟子自稱名，孟子弟子如萬章、咸丘蒙有自稱吾者。孔子弟子稱孔子曰子，孟子弟子稱孟子曰夫子。孔子弟子，問仁者七，問孝者三，問政者六；而孟子弟子所問皆不及此，此酬對之不同也。至衡政持論，詳於法制，體國經野，具有規模；則與《論語》又有不同者！蓋《論語》之論政也，祖述堯舜，憲章文武，尚王而未言制；而《孟子》則明王道而言制之所宜。治地莫善於助，仁政必始經界，班爵制禄，敷言秩如；蓋《論語》二十篇之所未有！徒以井田封建，所言殊於《周禮》，知於古未必有徵；特《孟子》託古改制之烏託邦爾！

第二籀其性理　"孟子道性善"，世人之所知也；而孟子之所以道性善者，則或世人之所未知。其一"孟子道性善"之方法。"孟子道性善"之方法有二：一以"故"言性。孟子曰："天下之言性也，則故而已矣！"《離婁》下朱熹注："性者，人物所得以生之理也；故者，其已然之迹，若所謂'天下之故'者也。言事物之理，雖若無形而難知；然其發見之已然，則必有迹而易見。故天下之言性者，但言其故而理自明；猶所謂'善言天者必有驗於人'也。"此孟子以"故"言性之説也此其説，可以法蘭西學者古悭［Coucin 一七九二——一八六七］之論心理學明之。古氏以爲："哲學必自事實始，此事實乃供給哲學以入思辨之境涯之機會者也。心理學不過爲入形而上學之橋梁。形而上學，乃最優之科學也，科學之科學也。科學之對象爲實體，乃至不變化永久之實在也。而其研究之方法，則依觀察；而觀察之工夫，則不能有何等之科學，故可謂吾人乃觀察精神之事實，而窮究其所以蘄到達絶對之原理，心理學之方法乃充此職役者也。易言以明之，即以後天之方法得認先天之原理者也。"語見北京大學出版《西洋倫理學史》。"孺子入井"《公孫丑》上"人皆有不忍人之心"章，"敬兄敬鄉人"《告子》上"孟季子問公都子曰"章，皆孟子之所謂"故"也。二以"情"證性。孟子好以"惻隱"、"羞惡"、"辭讓"、"是非"四端言性，皆"情"也；"情"之爲言，"性之感"也。《荀子·正名篇》曰："生之所以然者謂之性，性之好惡、喜怒、哀樂謂之情。"《論衡·初稟篇》曰："情接於物而然者也。"蓋"生之謂性"；而"情"則性之發。"性"不可見，而"情"可見，故以情證性也。此孟子道性善之方法也。其二孟子道性善之界説。孟子道性善，衹限於人，而物非所論。其《告子》"杞柳桮棬"一章，論人性之不同於植物；"生之謂性"一章，論人性之不同於動物；"性猶湍水"一章，論人性之不同於無生物，故嘗見意於"人之所以異於禽獸"一章曰："明於庶物，察於人倫。"蓋人之性善，而物之性不必皆善；人之性可率，而物之性不必可率。此孟子之所爲"明"所謂"察"，不可不察也。其它曰"存心"，所以繼性之善也。《易·繫辭傳》曰："繼之者善也，存之者性也。"而孟子則曰："君子之所以異於人者，以其存心也。君子以仁存心，以禮存心。"《離婁》下"苟得其養，無物不長；苟失其養，無物不消。孔子曰：'操則存，舍則亡，出入無時，莫知其鄉'，惟心之謂歟?"《告子》下曰"養氣"，所以涵情之發也。雖然，孟子之所謂"氣"者，何也? 曰"情之衝動"是也。《公孫丑》上"氣體之充也"，趙岐注："氣所以充滿形體，爲喜怒也。"情之爲言，性之感也。德之哲家康德曰："世界無制限純粹之善，惟具'善意志'而已。'何謂善意志?'曰：'爲理性之故而從理性之意志，是已。爲義務之故而行義務之意志，是已。此乃不爲感情所驅使，而率由理性之命令之意志也，非可由感情、欲望而決定者也。儻以悲憫之情，而爲施予之慈，是則情感之驅迫而然，不得爲道德之行爲也！必絶情祛欲而後可以言道德。'"則是謂情感與理性不相容也。夫人之激發於情感，並心一決，固有莫之爲而爲，沛然莫之能禦者，故曰："其爲氣也，至大至剛!"使不"配義與道"，人欲之横流，厥禍有酷於洪水！雖然，孟子不云乎！“以直養而無害，則塞乎天地之間！”則是理性可以養感性也。又曰：“其爲氣也，配義與道，無是，餒也。”則是感性可以配理性也《公孫丑》上“夫子加齊之卿相”章，是理性與情感非不相容也。孟子曰：“乃若其情，則可以爲善矣；乃所謂善也。”情之善，徵於情之發；而康德則以情爲不善，非絶情袪欲，不足以言道德。清儒戴震有言曰：“後儒不知情之至於纖悉無憾，是謂理。”《戴東原集·與某書》其康德之謂乎！戴震又曰：“君子之治天下也，使人人各得其情，各遂其欲，而天下治。君子之自治也，情與欲，使一於道義。”《孟子字義疏證》孟子“集義”之功，“情與欲，使一於道義”而已。要之“浩然之氣”之爲“至大至剛”，此盡人之所同；而“配義與道”之“以直養”，則孟子之所獨矣！余故特表而出之。

第三考其辨諸子　孟子好辨，而辨諸子之見孟子書者：有爲神農之言者許行《滕文公》上，有墨者夷之，《滕文公》上、宋牼《告子》下。按《莊子·天下篇》云：“墨子真天下之好……宋鈃、尹文子聞其風而悦之；作爲華山之冠以自表。……見侮不辱，救民之鬬；禁攻寢兵，救世之戰；以此周行天下，上説下教，雖天下不取，强聒而不舍者也！”有爲縱横之術者景春，《滕公文》下。趙岐注：“景春，孟子時人，爲縱横之術者。”有《史記·滑稽列傳》之淳于髡《離婁》上、《告子》下，有《史記·貨殖列傳》之白圭曰。《告子》下乘間抵巇，辭氣鏗訇，此其指名者也！其不指名者，陳澧《東塾讀書記》曰：孟子“距楊墨”《滕文公》下，楊朱，老子弟子，距楊朱，即距道家矣！“善戰者服上刑，連諸侯者次之，辟草萊任土地者次之。”《離婁》上朱注以爲“孫臏、吴起、蘇秦、張儀、李悝、商鞅之類”，則兵家、縱横家、農家皆距之矣！“省刑罰”《梁惠王》上，可以距法家。“生之謂性也，猶白之謂白歟?”《告子》上，可以距名家。“天時不如地利”《公孫丑》下，可以距陰陽家。“夫道一而已矣”，可以距雜家。“齊東野人之語，非君子之言”《萬章》上，可以距小説家。而距兵家爲甚！其可考見者，如《公孫丑》上“天時不如地利”章，《離婁》上“求也爲季氏宰”章，《告子》上“魯欲使慎子爲將軍”章，《盡心》下“不仁哉梁惠王”章，“春秋無義戰”章，“盡信書不如無書”章，“有人曰我善爲陣”章，皆距兵家言也！一縱一横，論者莫當，此亦《論語》之所罕見！蓋孔子以攻異端爲害，而孟子以闢異端自任；此孟子之所爲不同於孔子。而楊墨者，尤孟子之所力距！然孟子之言仁義，蓋即兼權楊墨之説，何者?“義”从我羊，誼取“善我”；非即“楊氏爲我”之指乎?“仁”從人二，訓爲“人偶”；非即“墨子兼愛”之義乎？蓋孟子之所爲“距楊墨”者，惡其“執一”也。“所惡執一者，爲其賊道也，舉一而廢百也。”《盡心》上然則自孟子之言推之：徒“仁”而不制“義”，則舍己而以狥人，人情之所難能也！按《莊子·天下篇》曰：“墨子其生也勤，其死也薄，其道大觳。使人憂，使人悲，其行難爲也。恐其不可以爲聖人之道，反天下之心。天下不堪，墨子雖獨能任，奈天下何！”徒“義”而不體“仁”，則背羣而私利己，人道或幾乎息矣。徒“義”而不體“仁”者，楊氏之“爲我”也！徒“仁”而不制“義”者，墨子之“兼愛”也！爲蔽不同，“執一”則鈞！孟子“執中”，故交譏焉。特是孟子言仁義，而距楊墨者，謂其“充塞仁義”也。然老莊絕仁棄義，而孟子不置一辭者，何哉？於戲！孟子不云乎：“仁也者人也，合而言之道也。”《盡心》下朱熹集注：“外國本‘人也’之下，有‘義也者宜也。禮也者履也。智也者知也。信也者實也。’凡二十字。今按如此，則理極分明。”而王弼《老子注》曰：“仁義禮知不能獨用，必資道以用之”，與孟子如出一吻。蓋道德者，仁義禮之大全；而仁義者，道之一端。老莊之學，抱一而體玄，故以道爲本；孔孟之教，明體而達用，故以仁義爲言，而要其歸曰“志於道”；此孔子之所以竊比老彭，而孟子之於老莊所爲存而不論也歟？

右論三事，聊當舉隅；雖指要或有未盡，而宏綱亦庶無遺，引端竟委，俟諸異日！

《中庸》第四

《中庸》之書，所以開大原，立大本王柏《古中庸》跋；蓋聖學之淵源，入德之大方也楊時《中庸解序》。卒爲是篇，以原聖學。

【解題及隸四書始末】《中庸》，本《禮記》四十九篇之第三十一；然單篇别出，由來已久。《漢書·藝文志》有《中庸説》二篇。《隋書·經籍志》有宋散騎常侍戴顒《禮記中庸傳》二卷，梁武帝《中庸講疏》一卷，《私記制旨中庸義》五卷。宋仁宗書《中庸》賜王堯臣。張載以無所不學，當康定用兵時，上書謁范仲淹言兵事，仲淹曰：“名教中自有樂地。”因勸讀《中庸》。則表章不始二程。朱熹得二程之學，乃以配《大學》，併《論語》、《孟子》稱爲《四書》，語詳《大學》篇。而謂之《中庸》者，詮訓不一。

鄭玄《目録》云："名曰《中庸》者，以其記中和之爲用也；庸，用也。"《禮記正義》引此一説也。程頤曰："不偏之謂中，不易之謂庸。中者天下之正道，庸者天下之定理。"楊時《中庸解》自序此又一説也。頤爲《中庸》作解，自以不滿其意而焚藁焉；遂以屬門人郭忠孝，忠孝《中庸説》謂："中爲人道之大，以之用於天下國家。"又云："極天下至正謂之中，通天下至變謂之庸。"朱彝尊《經義考》引黎立武説蓋中之訓，本諸師説；而庸之誼，兼采鄭玄，折衷二家之間。此又一説也。朱熹曰："中者，不偏不倚，無過不及之名。庸，平常也。"《中庸章句》此又一説也。其中程頤之解，宋學所宗；雖異鄭玄，而古訓是式，於誼爲長，朱熹本之而加精密。"不偏不倚，無過不及"，所以爲"天下之正道"《書·洪範疏》："凡行不迂僻則謂之中。"《儀禮·聘禮》："每門每曲揖。"注：門中，門之正也。《論語·子張》："允執厥中。"皇疏："中，謂中正之道也。"孟子《離婁》下《章指》："履其正者，乃可爲中。"《後漢書·陳寵傳注》："中，正也。"則是中古訓正也；平平常常，無易攸常，所以爲"天下之定理"。《爾雅·釋詁》："庸，常也。"《易·文言傳》："庸言庸行。"九家注《孟子·告子上》："庸，敬在兄。"注：《荀子·不苟篇》："庸言必信之，庸行必慎之。"注皆曰："庸，常也。"《周禮》大司樂："中、和、祇、庸、孝、友。"注："庸，有常也。"《莊子·德充符》："其與庸亦遠矣。"《釋文》："庸，常人也。"則是庸古訓常也。韓非《解老》曰："物之一存一亡，乍死乍生，初盛而後衰者，不可謂常；唯夫與天地之剖判也俱生，至天地之消散也不死不衰者，謂常，而常者無攸易"，故曰"不易之謂庸"。然則中庸者，至正而不可踰，尋常而無攸易。至正而不可踰，故不違道以干譽；尋常而無攸易，寧用譁衆以取寵？學者所以進德之要，本末俱備矣！

【中庸之作者】按《史記·孔子世家》曰："子思作《中庸》。"鄭玄《目録》云："孔子之孫子思伋作之，以昭明聖祖之德。"《禮記正義》引《孔叢子》云出依託，然見《隋書·經籍志》著録，多存漢魏舊説，亦稱《中庸》爲子思所撰。則"子思作《中庸》"，乃漢以前相傳舊説；疑可信也？惟孔鮒謂"子思年十六作《中庸》"。而宋翔鳳《過庭録》，乃據《孔子世家》以辨之曰："《孔子世家》云：'伯魚年五十，先孔子死。伯魚生伋，字子思，年六十二，嘗困於宋，作《中庸》。'鄭康成説：'顏淵死，伯魚尚未葬'，則亦卒於魯哀公十三年，蓋遺腹生子思，在十四年，年甚幼，不及事孔子；故孔子之喪，皆門人所治，以子思在繈葆也。知子思年六十二，當威烈王六年，是年困於宋，作《中庸》。《中庸》爲繼聖明道之書，故以年著之，與上文叙孔子大事，必著年若干同例。六十二，非卒年也。子思卒年不書，史失之。又十三年，當威烈王十九年，爲魯繆公元年，子思年七十五，穆公亟見子思，尊禮之。果子思年六十二，安得至穆公時，孟子之言，反爲失實矣！”其言甚辯以覈！然宋氏引孟子以證史公紀年之或有誤則可；而遷就依違則不可！今按《世家》上下文讀之；曰：“伯魚年五十，先孔子死。”曰：“子思生白字子上，年四十七。”曰“子上生求，字子家，年四十五”，則“年六十二”者，史公自叙子思卒年，非作《中庸》之年也。至謂《中庸》爲子思困於宋而作，亦采《孔叢》而非史公之意，史公書曰：“嘗困於宋，子思作《中庸》。”特提子思，玩語氣别是一事；非如《過庭録》所引“嘗困於宋，作《中庸》”，脱去“子思”二字。獨孔叢叙：“子思年十六，適宋，宋大夫樂朔與之言學焉。朔曰：‘《尚書》虞夏數四篇，善！下此以訖《秦》、《費》效堯舜之言耳；殊不如也！’子思答曰：‘事變有極，正自當耳！假令周公、堯、舜不更時異處，其書同矣！’樂朔曰：‘凡書之作，欲以喻民也，簡易爲上；而乃故作難知之辭，不亦繁亦！’子思曰：‘書之意兼復深奥，訓詁成義，古人所以爲典雅也！’曰：‘昔魯委巷，亦有似君之言者！’伋答之曰：‘道爲知者傳，苟非其人，道不傳矣！今君何似之甚也！’樂朔不説而退；曰：‘孺子辱吾！’其徒曰：‘魯雖以宋爲舊，然世有讎焉；請攻之！’遂圍子思。宋君聞之，不待駕而救子思。子思既免，曰：‘文王困於羑里；作《周易》。祖君屈於陳、蔡，作《春秋》。吾困於宋，可無作乎！’於是撰《中庸》之書四十九篇。”此宋氏説之所本也；獨不采其“年十六”之説耳。而史公書則於“困於宋”曰“嘗”，於“作《中庸》”曰“子思”，而以補叙於“年六十二”之後；則不知其爲“年十六”歟？爲非“年十六”歟？叙其事而不繫之年，信以傳信，疑以傳疑，《春秋》之志也！昔堯之命舜曰：“允執厥中”，舜用中於民而亦以命禹；蓋《中庸》之義所由本。而王應麟《困學紀聞》則謂；孔子曰：“國家有道，其言足以治；國家無道，其默足以容。”原注《大戴禮·家語》曾子曰：“孝子之事親也，居易以俟命，不興險行以僥倖。”按見《大戴記·曾子本①孝篇》。《中庸》之言本此，然後知朱熹序《章

① “本”原誤作“曰”，今據《大戴禮記》通行本改正。

句》，謂"子思推本堯舜以來相傳之意，質以平日所聞父師之言，更互演繹，作爲此書"；其言爲信而有徵也！或謂"《中庸》是漢儒所撰，非子思作也。其隙罅有無心而發露者！孔、孟皆山東人，故論事就眼前指點。孔子曰：'曾謂泰山不如林放。'曰：'泰山其頹。'孟子曰：'登泰山而小天下'；'挾泰山以超北海'；就所居之地，指所有之山，人之情也！漢都長安，華山在焉。《中庸》引山稱'華嶽而不重'；明明是長安之人，引長安之山，此僞託子思之明驗。"葉西《再與袁隨園書》或又謂："《中庸釋文》一本'載山嶽而不重'；今云：'載華嶽而不重。'《爾雅·釋山》云：'河南華，河西嶽'；不是子思之文，當是西漢博士所改也。"俞正燮《癸巳存稿二》此亦足以備異聞，資考論焉。

【中庸之本子】按《漢書·藝文志》，《中庸説》二篇，《隋書·經籍志》，有宋散騎常侍戴顒《禮記中庸傳》二卷，疑古《中庸》有二篇本而傳説者遂依分篇卷？猶《漢書·藝文志》著録《易上下經》，遂有《易傳周氏》、《服氏》、《楊氏》、《蔡公》、《韓氏》、《王氏》皆二篇；《論語魯》二十篇，遂有魯《王駿説》亦二十篇。今云：《中庸説》二篇，知必有一本《中庸》二篇也。戴顒爲傳二卷，疑尚見二篇本矣！今按《禮記·中庸》第三十一，而《注疏》分兩卷，爲卷第五十二，爲卷第五十三；豈即古二篇之舊耶？《孔叢》稱《中庸》之書四十九篇，則是《中庸》有四十九篇本也。而在《禮記》中者一篇；不知其四十九篇之要刪歟？抑合併四十九篇而爲一篇歟？朱熹爲章句，因其一篇者，分爲三十二章，遂大行於世；其後王柏因朱熹《章句》訂《古中庸》二卷，以第一章至第二十章爲上篇，以第二十一章至三十三章爲下篇，緟析爲二：自以爲復《中庸》二篇之古；而《章句》不改朱熹也。然朱熹訂《大學》錯簡，而《中庸》不言；其後亦有訂《中庸》錯簡，而別爲定本者：就所覩記，則有明楊守陳撰《中庸私抄》一卷，管志道撰《中庸訂釋》二卷，周從龍撰《中庸發覆編》一卷，凡三家四卷，書軼不見，緒論僅存！見朱彝尊《經義考》。楊氏"謂《中庸》之言，若散而無統，亂而無倫，但由簡之有錯耳！既移正其簡，又欲更定其章，則文義皆已連屬，更無少斷；然後知《大學》之章可分，而《中庸》難以章分也。"楊守陳《中庸私抄自序》遂以意之所欲正，別寫爲本；而取《朱熹章句》分抄其下焉。此訂其錯簡而以爲不可分章者，楊氏之書也。管氏自幼讀《朱熹章句》，即疑《哀公問政章》"禮所生也"之下，有"在下位"三句而遺全文；據朱熹述鄭氏之解曰"此句在下，誤重在此"；夫何以辯下文之非錯簡；而此處之非闕文也？又考《家語》：子曰三近之上有僞撰"寡人實固不足以成之"三語，則又疑《章句》中豈無誤混孔氏祖孫言語，而强爲分章之處？因先訂此章；其他《章句》，亦有分其合而合其分者管志道《中庸訂釋自序》，凡爲三十五章。此訂其錯簡，而别自分章與朱熹不同者，管氏之書也。周氏之書，則以武周達孝、繼述二條，次於作述之下，纘緒之上；"故君子不可以不修身"一條，次於在下位一條之下，天道人道之上。雖其中與傳注不同者什九，而自謂以《中庸》解《中庸》；其稱《發覆》者，從前所覆者，自今發之，周氏所自命也陳懿典《中庸發覆編序》。此亦别出於朱熹之章句，而自成一書者也。惟是朱熹《章句》，不從鄭玄；而精密遠勝，涵詠義理，舍之何求焉！

【中庸之讀法】昔程頤稱：《中庸》之書，始言一理，中散爲萬事，末復合爲一理。放之則彌六合，卷之則退藏於密。其味無窮，而望善讀者之玩索而有得焉！朱熹《中庸章句》引粗擬讀法，以當啓蒙。

第一明其宗旨　《中庸》者，盡性之書也王漸逵《中庸義略自序》。其書始言一理者，天命之性也。中散爲萬事者，率性之道也。末復合爲一理者，修道之教也張洪《中庸講義自序》。首之以天命，性之原也。自天而推之人，則曰"率性之謂道"；自人而復乎天，則曰"修道之謂教"湛若水《中庸測自序》。教者，所以復其性而已。故於篇末，又從下學立心之始言之，推而至於"上天之載，無聲無臭"，則人未始不爲天，天未始不爲人；天人相與之故，《中庸》之道極矣！張洪《中庸講義自序》

第二覈其篇章　《中庸》篇章，各家不同。就所覩記，《禮記正義》分全篇爲兩卷三十六節；其後宋儒晁説之撰《中庸傳》一卷，支分節解，凡八十二節：天命之謂性節。率性之謂道節。修道之謂教節。道也者至非道也節。是故君子至不聞節。莫見乎隱至慎其獨也節。喜怒、哀樂之未發謂之中節。發而皆中節謂之和節。中也者至達道也節。致中和至育焉節。仲尼曰至忌憚也節。子曰《中庸》至久矣節。子曰道之至行矣夫節。子曰舜其至舜乎節。子曰人皆至守也節。子曰回之至失之矣節。子曰天下至能也節。子路問强至强哉矯節。子曰素隱至費而隱節。夫婦之愚至不能焉節。天地之大至破焉節。詩云鳶飛至察乎天地節。子曰道不至勿施於人節。君子之道四至先施之未能也節。庸德之行至慥慥爾節。君子素至自得焉節。在上位至徼幸節。子曰射有至自卑節。子曰妻子至順矣乎節。子曰鬼神至如此夫節。子曰舜其至其壽節。故天之至覆之節。詩曰嘉樂至必受命節。子曰無憂至子述之節。武王纘至保之節。武王末至一也節。子曰武王至至也節。郊社至掌乎節。哀公問政至禮所生也節。在下位至治矣節。故君子至知天節。天下之達至一也節。或生而至一也節。或安而至一也節。子曰好學至國家矣節。凡爲天下至所以懷諸侯也節。凡爲天下至不窮節。在下位至身矣節。誠者天之至人之道也節。誠者不勉至聖人也節。誠之者至必强節。自誠明至明則誠矣節。唯天下至誠至参天節。其次至能化節。至誠至如神節。誠者自誠至道也節。誠者物之至爲貴節。誠者非自至宜也節。故至誠至不測節。天地之道博也至純亦不已節。大哉聖人至凝焉節。故君子尊至崇禮節。是故居上至之謂與節。子曰愚而至其身者也節。非天子至亦不作禮樂焉節。子曰吾説至寡過矣乎節。上焉者至弗從節。故君子之道至知人也節。是故君子至天下者也節。仲尼至大也節。唯天下至聖至配天節。唯天下至誠至之化育節。夫焉有至能知之節。詩曰衣錦至日亡節。君子之道至入德矣節。詩云潛雖至於志節。君子之所至屋漏節。故君子不動至有争節。是故君子不賞至刑之節。是故君子篤恭而天下平節，詩云予懷至末也節。詩曰德輶至至矣節。最細瑣矣！朱熹《章句》則分爲三十三章，而復截爲三大段，以爲："首章，子思推本所傳之意以立言，蓋一篇之體要；其下十章，則引先聖之言以明之也。至十二章，又子思之言；其下八章復引先聖之言明之。二十一章以下至於卒章，則又皆子思之言，反復推明以盡所傳之意者也。"朱熹《書中庸後》大抵自第六章至十一章，則連之以知仁勇。自十二章至二十章，則連之以費隱。自二十一章至三十二章，則連之以天道人道。王柏訂《古中庸》因熹章句，析爲二篇：上篇自第一章至第二十章，以《中庸》爲綱領；其下諸章，推言智仁勇，皆以明《中庸》之義也。下篇自第二十一章至卒章，以"誠"、"明"爲綱領；其後諸章，詳言天道人道，皆以著"誠"、"明"之道也。黎立武撰《中庸分章》一卷，則自"天命之謂性"至"萬物育焉"爲第一章《禮記正義》第一節、《朱熹章句》第一章。"仲尼曰"至"惟聖者能之"爲第二章《禮記正義》第二節、第三節、第四節、第五節、第六節、第七節，《朱熹章句》第二章、第三章、第四章、第五章、第六章、第七章、第八章、第九章、第十章、第十一章。"君子之道費而隱"至

“察乎天地”爲第三章《禮記正義》第七節、《朱熹章句》第十二章。“子曰道不遠人”至“君子胡不慥慥爾”爲第四章《禮記正義》第八節、《朱熹章句》第十三章。“君子素其位而行”至“反求諸其身”爲第五章《禮記正義》第八節、第九節，《朱熹章句》第十四章。“君子之道”至“父母其順矣乎”爲第六章《禮記正義》第九節、第十節，《朱熹章句》第十五章。“子曰鬼神之爲德”至“治國其如示諸掌乎”爲第七章《禮記正義》第十一節、第十二節、第十三節、第十四節，《朱熹章句》第十六章、第十七章、第十八章、第十九章。“哀公問政”至“不誠乎身矣”爲第八章《禮記正義》第十五節、第十六節、第十七節、第十八節、第十九節、第二十節、第二十一節，《朱熹章句》第二十章。“誠者天之道也”至“明則誠矣”爲第九章《禮記正義》第二十二節、第二十三節、第二十四節，《朱熹章句》第二十章、第二十一章。“唯天下至誠”至“故至誠如神”爲第十章《禮記正義》第二十五節、第二十六節、第二十七節，《朱熹章句》第二十二章、第二十三章、第二十四章。“誠者自成也”至“純亦不已”爲第十一章《禮記正義》第二十八節、第二十九節，《朱熹章句》第二十五章、第二十六章。“大哉聖人之道”至“蚤有譽於天下者也”爲第十二章《禮記正義》第三十節、第三十一節、第三十二節、第三十三節、第三十四節，《朱熹章句》第二十七章、第二十八章、第二十九章。“仲尼祖述堯舜”至“天地之所以爲大也”爲第十三章《禮記正義》第三十五節、《朱熹章句》第三十章。“唯天下至聖”至“其孰能知之”爲第十四章《禮記正義》第三十五節，《朱熹章句》第三十一章、第三十二章。“詩曰衣錦尚絅”至“無聲無臭至矣”爲第十五章《禮記正義》第三十五節、第三十六節，《朱熹章句》第三十三章。凡十五章。明管志道《中庸訂釋》，大致本《朱熹章句》而稍變通之：以“人莫不飲食也”一節合“子曰道其不行矣夫”爲一章。析“子曰無憂者”一節爲一章。自“武王纘太王、王季文王之緒”至“孝之至也”爲一章。以“郊社之禮”一節自爲一章。自“哀公問政”至“禮所生也”接“在下位”一節，然後接以“故君子不可以修身”一節爲一章。自“天下之達道五”至“則知所以治天下國家矣”爲一章。自“凡爲天下有九經”至“道前定則不窮”爲一章。自“誠者天之道也”至“明則誠矣”爲一章黎立武《中庸分章》第九章。自“唯天下至誠”至“唯天下至誠爲能化”爲一章。自“誠者自成也”至“無爲而成”爲一章。自“天地之道可一言而盡也”至“純亦不已”爲一章。自“子曰愚而好自用”

至“亦不敢作禮樂焉”爲一章。自“子曰吾説夏禮”至“蚤有譽於天下者也”爲一章。自“唯天下至誠”至末爲一章。謂通篇未有徑以“詩云”作章首者，故訂之云；凡三十五章。清李光地撰《中庸章段》一卷，則分爲一十二章，特聯屬其文：“天命之謂性”至“萬物育焉”爲第一章《禮記正義》第一節、《朱熹章句》第一章。“仲尼曰君子中庸”至“民鮮能久矣”爲第二章《禮記正義》第二節，《朱熹章句》第二章、第三章。“子曰道之不行也”至“强哉矯”爲第三章《禮記正義》第二節、第三節、第四節、第五節、第六節，《朱熹章句》第四章、第五章、第六章、第七章、第八章、第九章、第十章。“子曰素隱行怪”至“誠之不可掩如此夫”爲第四章《禮記正義》第七節、第八節、第九節、第十節、第十一節，《朱熹章句》第十一章、第十二章、第十三章、第十四章、第十五章、第十六章。“子曰舜其大孝也歟”至“其如視諸掌乎”爲第五章《禮記正義》第十二節、第十三節、第十四節，《朱熹章句》第十七章、第十八章、第十九章。“哀公問政”至“雖柔必强”爲第六章《禮記正義》第十五節、第十六節、第十七節、第十八節、第十九節、第二十節、第二十一節、第二十二節、第二十三節，《朱熹章句》第二十章。“自誠明”至“明則誠矣”爲第七章《禮記正義》第二十四節、《朱熹章句》第二十一章。“惟天下至誠爲能盡其性”至“純亦不已”爲第八章《禮記正義》第二十五節、第二十六節、第二十七節、第二十八節、第二十九節，《朱熹章句》第二十二章、第二十三章、第二十四章、第二十五章、第二十六章。“大哉聖人之道”至“此天地之所以爲大也”爲第九章《禮記正義》第三十節、第三十一節、第三十二節、第三十三節、第三十四節、第三十五節，《朱熹章句》第二十七章、第二十八章、第二十九章、第三十章。“唯天下至聖”至“故曰配天”爲第十章《禮記正義》第三十五節、《朱熹章句》第三十一章。“唯天下至誠爲能經綸天下之大經”至“其孰能知之”爲第十一章《禮記正義》第三十五節、《朱熹章句》第三十二章。“詩曰衣錦尚絅”至“至矣”爲第十二章《禮記正義》第三十五節、第三十六節，《朱熹章句》第三十三章。諸家之中，莫多於晁説之，莫少於李光地；而要之章分太碎，意欠融貫，爲蔽一也！今依《正義》，分爲兩篇：“治國其如示諸掌乎”以上爲上篇，“哀公問政”以下爲下篇。上篇四章：首“天命之謂性”至“萬物育焉”，題曰原道；乃論道之大原出於天，爲第一章。自仲尼曰“君子中庸”至“君子依乎中庸，遯世不見知而不悔，惟聖者能之”，題曰中庸；言中庸之不可能而可勉也，爲第二章。自“君子之道費而隱”至“小人行險以徼幸”，題曰衡庸；言道不遠人之所以爲庸也，爲第三章。自“子曰射有似乎君子”，至“治國其如示諸掌乎”，題曰推庸；言反求諸身以推之大孝達孝，而明庸之爲道，可大可久也，爲第四章。下篇三章：自“哀公問政”至“不誠乎身矣”，題曰修身；言五達道三達德九經而一本諸修身，爲第一章。自“誠者天之道也”至“純亦不已”，題曰衡誠；承上修身而言“誠者自成也”，爲第二章。自“大哉聖人之道”至“無聲無臭至矣”，題曰歎聖；乃子思昭明聖祖之德，而舉仲尼以爲人道之極則也，爲第三章。大抵上篇言“率性之謂道”，下篇言“修道之謂教”。上篇以中庸兩字提綱，從“中和”引到“中庸”。知愚賢不肖，失乎“中”者也；故以“執其兩端用其中於民”爲“過”、“不及”説法。“素隱行怪”，悖乎“庸”者也；故以“道不遠人”、“反求諸其身”，爲“隱”、“怪”砭規。而終以“父母其順”推極言之，以稱大孝達孝，德博而化，壹本於庸言之信，庸行之謹也。下篇以“誠”字提綱，論天下五達道，國家九經，無不推本於“誠身”；似是上篇“道不遠人”、“反求諸其身”之指。而誠身之人有兩等：一則“自誠明”；“天下至誠，天下至聖”，是也。一則“自明誠”；“擇善而固執之”，“其次致曲”，是也。而要其歸於“無聲無臭”，與上篇篇首“不聞不覩”義相發。然《中庸》一書，本是脈絡貫聯；而漢人輒於其中妄加“子曰”字，遂致截斷文理，多生枝節。俞樾嘗切論之，大指以爲：子曰：“《中庸》其至矣乎！民鮮能久矣！道之不行也，我知之矣！知者過之，愚者不及也！道之不明也，我知之矣！賢者過之，不肖者不及也！人莫不飲食也，鮮能知味也！道其不行矣夫！”此數語本一氣貫注，“民鮮能”句，即包下“不行”、“不明”兩意；而“不行”由於“不明”，故用“鮮能知味”一喻，而以“不行矣夫”爲唱歎之語以結之！漢人於此加兩“子曰”字，遂使一章，變成三節，而語轉不了矣！子曰：“舜其大知也歟！舜好問而好察邇言，隱惡而揚善，執其兩端，用其中於民，其斯以爲舜乎！人皆曰予知，驅而納諸罟擭陷阱之中，而莫之知辟也！人皆曰予知，擇乎中庸而不能期月守也！回之爲人也，擇乎中庸，得一善，則拳拳服膺而弗失之矣！天下國家可均也，爵禄可辭也，白刃可蹈也，中庸不可能也！”此段文字亦一氣貫注，因上章“不行”、“不明”兩意，側重“不明”，故舉舜之“大知”以示人，見必如舜之“大知”，方可以明道；“人皆曰予知”，而實非“知”也，故擇乎中庸而不能守，因舉回之爲人，以示能守者之難得，而以中庸不可能爲唱歎之語，並上章而結之。漢人於此加三“子曰”字，遂使一章變成四節，而語轉不了矣！《禮記》如《坊記》、《表記》、《緇衣》等篇，其中“子曰”、“子云”等字，均是漢人增益，多可删除者；姑舉《中庸》兩段以示例，餘可類推焉。亦有“子曰”字本非衍，而誤以爲衍者，如“哀公問政”一章，非皆孔子之言也，子思之言也。孔子之言至“夫政也者蒲盧也”，其辭畢矣；故“爲政在人”以下，則皆子思之言。蓋子思欲明“爲政在人”、“取人以身”，而特引夫子之語以發端也。下文“好學近乎知”三句，又著“子曰”字，則其上非孔子之言明矣！學者不察，謂上下皆孔子語，乃以此“子曰”字爲衍文。嗟乎！如前兩章，則衍“子曰”字而不知；如此章，則應有“子曰”字而反以爲衍：乃歎古書之不易讀如此！俞樾《達齋叢説·中庸説》

第三觀其會通：《中庸》一書，内貫《易》理，外通道佛。佛教者，智信圓融之教也。世界諸宗教，無不根植於信，而見破於智，以故宗教與科學不兩立，乃至與哲學亦相違牾。惟佛教則不然！其利樂有情，始於由智生信；復終於由信轉智。觀釋尊四十九年之説法，最初説有，其次説不有而空，最後乃説究竟，即非空非有之中道，此三時所説之教義，無一非極悲智雙運，朗照澄澈之觀；而其鈐鍵尤在第三時之中道教。中道教者，三時教之一，説有空不偏，中道之教也；是法相宗所立。佛法以中道爲究竟義，吾儒以中庸爲第一諦。中庸之以“誠”、“明”互修，猶佛法之貴“智”、“信”圓融。“自明誠謂之教”，教之始於由智生信也。“自誠明謂之性”，道之終於由信轉智也。“誠則明矣！明則誠矣！”“誠者，天之道也。誠之者，人之道也。誠者，不勉而中，不思而得；從容中道，聖人也！誠之者，擇善而固執之者也！”“執其兩端，用其中於民。”“中”者，無過不及之名。孔子贊《易》六十四卦，三百八十四爻，位當者言正，不當者非正；而言“中”也重於正。九三，六四，皆正也；三多凶，四多懼，以其不中也。九二，六五，皆非正也；二多譽，五多功，以其中也。故《彖傳》言“中”三十有五，《象傳》言“中”三十有八，正不必中，中無不正也。其言中也。曰：“正中”，曰“時中”，曰“大中”，曰“中道”，曰“中行”，曰“行中”，曰“剛中”，曰“柔中”；剛柔非“中”也，而得“中”者無咎。故嘗謂《易》六十四卦三百八十四爻，一言以蔽之曰：“中”而已矣！子思昭明聖祖之德而作《中庸》，其義蓋本之《易》。聖人之作《易》也，將以順性命之理，和順於道德而理於義，窮理盡性以至於命《説卦傳》。而“天命之謂性，率性之謂道，修道之謂教”；此子思作《中庸》之所爲開宗明義者也！然堯之傳舜曰“允執其中”，而舜亦以命禹。《洪範》九疇，天所以錫禹也；五居九疇之中，故曰“建用皇極”。“皇極”者，“大中”之謂也。堯舜以來，言中不言庸。子思之言中庸，何也？曰：所以救“素隱行怪”，“愚而好自用者之失也。”《説文》：“庸”，从庚从用；“庸”之言，用也。然好自用者不能和衆；而和衆者必依“中庸”。自性天之所命者言之，謂之中；《傳》曰：“民受天地之中”，是也。自盡人所率用者言之，謂之中庸；此曰“用其中於民”，是也。“中”無定體，而用“中”莫如隨時。故曰：“君子之中庸也，君子而時中。”雖然，“時中”，唯聖者能之；而擇“中”而執之，則人皆可勉，中之所在，善之所在也，故亦謂之擇善。聖人之教人也，欲使知愚賢不肖之倫，去其過不及而歸於中，故示之以從入之方，曰“擇乎中庸”。“擇”也者，能不能未定之詞也。擇之而得之，得之而固執之，久之而無時之不用其“中”，此之謂“時中”，此之謂“依乎中庸”矣。然則何以復言中和？曰：自“用其中”者而言，謂之“中庸”；自“和於衆”者而言，謂之“中和”。“發而皆中節”者，合乎時，和乎衆者也。天有四時，順其序，不奪其倫，謂之太和；人有七情，中其節，不陵於衆，謂之“中和”。“中”以“和”爲用，“庸”以“中”爲體；故《爾①雅》訓“庸”爲“和”。而《中庸》一篇首言“致中和”，“中和”即“中庸”也。惟“中”斯依乎“庸”，惟“庸”乃“和”乎衆。孔子特發其義於《乾》之九二，而推極其致於九五。其贊《乾九二》曰：“龍德而正中者也；庸言之信，庸行之謹，閑邪存其誠，善世而不伐，德博而化。《易》曰：‘見龍在田，利見大人’，君德也。”“君”者羣也；“君德”之言羣德也。夫以龍德正中之德博而化，而基之於“庸言之信”，“庸行之謹”，此依乎“庸”以執“中”者也。其贊《九五》曰：“同聲相應，同氣相求。水流溼，火就燥。雲從龍，風從虎，聖人作而萬物覩。本乎天者親上，本乎地者親下，則各從其類也。”蓋聖人先得我心之同然者，故爲“同聲”、“同氣”之義。聖人之於人亦類也，故爲“各從其類”之義。

① 《爾雅》，原誤作《博雅》，今改正。

《象》曰："乾道變化，各正性命，保合太和。"即指《九五》而言。此依乎"庸"以和衆者也。"素隱行怪，後世有述焉"；斯不"庸"矣！"愚而自用"，求逞於人焉；斯失"和"矣！乾元用九而戒之以"天德不可爲首"；懼其矯强，以不"庸"者而失"中"也。六十四卦，不外乎"時中"，孔子知其意而特發"中庸"之義於《乾文言》。惟"時中"，斯因時制宜，無時不"中"；惟"中庸"，斯和光同塵，無衆不和。莊子知其意而特發中庸之義於《齊物論》，曰："彼亦一是非，此亦一是非。果且有彼是乎哉？果且無彼是乎哉？彼是莫得其偶，謂之道樞；樞始得其環中以應無窮，是亦一無窮，非亦一無窮也。惟達者知通爲一，爲是不用而寓諸庸。庸也者，用也。用也者，通也。通也者，得也，適得而幾已；因是已！是以聖人和之以是非，而休乎天鈞。"雖爲言不同，而言"中"言"庸"則一。然則《中庸》之書，蓋道出於《易》，而旁通於道佛書者焉！

余五歲，受《中庸》於伯兄子蘭先生；伯兄課督綦嚴，而於朱熹《章句》多異説。迄今四十餘，鬢毛已斑；而伯兄不禄，忽忽十年。自傷老大無成，每展是書，未嘗不追念伯兄之教，秪徊莊誦而不能自已也！爰當啓蒙而述是篇。

《孝經》第五附

按王儉《七志》，以《孝經》居首見《經典釋文》叙録。蓋孝，德之本也，教之所由生。愛敬盡於事親，而德教加於百姓，古以是爲至德要道；而輓近世昌言觝排，以爲悖情拂性，吾國"父不父"之罪狀在是也！於戲！"非孝者無親！"而謾言曰"仁民愛物，旁施四海"者，吾聞其語矣，未見其人也！夫誰欺，欺天乎！爰撰是篇以曉來學。

【解題】"孝"者事親之德，"經"者常行之典。《爾雅·釋訓》曰："善父母爲孝。"《禮記·祭統》曰："孝者畜也，順於道，不逆於倫，此之謂畜。"《説文·老部》："孝，善事父母者，從老省，從子承老也。"則是"孝"者事親之德也。而題曰"經"者：按《説文·糸部》："經，織也。"《玉篇》："經緯以成繒布"，借以爲經綸天下之意。《易·屯卦象》曰："雲雷屯，君子以經綸。"《周禮·天官》太宰："以經邦國"，注："經，法也。

王謂之禮經，常所秉以治天下也；邦國官府謂之禮法，常所守以爲法式也。常者其上下通名。”然則“經”者，國家之法典，編著之圖籍，設之於官府，而布之於百姓者也。今按子稱曰：“先王有至德要道，以順天下，民用和睦。”《開宗明義章》第一“孝”之謂也。然則“孝”之爲道，蓋王者常所秉以治天下，諸侯、卿大夫、士、庶人常所守以爲法式，與法典同其用，而教敬敦禮，示民有常者也；故題以經。《漢書·藝文志》曰：“《孝經》者，孔子爲曾子陳孝道也。夫孝，天之經，地之義，民之行也；舉大者言，故曰‘孝經’。”“鄭玄《六藝論》曰：‘孔子以六藝題目不同，指意殊別，恐道離散，後世莫知根源，故作《孝經》以總會之。’邢昺《孝經序正義》引。明其枝流雖分，本萌於孝者也。”《隋書·經籍志》引皇侃《義疏》曰：“經者，常也，法也。此經爲教，任重道遠，雖復時移代革，金石可消，而爲孝事親，常行存世不滅，是其常也；爲百代規模，人生所資，是其法也；言孝之爲教，使可常而法之。《易》有《上經》、《下經》，老子有《道經》、《德經》。孝爲百行之本，故名曰‘孝經’，‘經’之題名始此。”蓋《易》、《書》、《詩》、《禮》、《春秋》，孔子稱引之見《論語》者，並不繫稱“經”；而《史記·老子傳》但云：“迺著書上下篇，言道德之意五千餘言”，亦未名“經”。獨此書言孝，特表而出之曰“天地之經”《三才章》第七，始肇經之一名；是孔子自名之也。然則書之題名“經”，儻以《孝經》爲權輿歟？

【孝經之作者】宋儒陳騤、汪應辰以《孝經》爲僞撰。然按蔡邕《明堂月令論》引魏文侯《孝經傳》；《吕氏春秋·先識覽·察微篇》亦引《孝經·諸侯章》；而董仲舒《春秋繁露·五行對篇》，河間獻王問温城董君曰：“《孝經》曰：‘夫孝，天之經，地之義。’”《漢書·匡衡傳》，衡上疏曰：“《大雅》曰：‘無念爾祖，聿修厥德。’孔子著之《孝經》首章。”漢世儒者，其言鑿鑿，則《孝經》非僞撰可知；它若陸賈《新語》、劉向《説苑》、應劭《風俗通》諸書，皆有援據《孝經》之語，益徵《孝經》自兩漢以前，炳若日月，而非後世作僞之徒所剽竊竄改也。今觀其文，去大、小戴《禮記》所録爲近；其中各章皆引《詩》爲結，實開荀子著書《韓詩外傳》之體；而《開宗明義章第一》曰：“仲尼居，曾子侍。”與《大戴禮記》“孔子閒居，曾子侍”《主言篇》；《小戴禮記》“孔子閒居，子夏侍”；“仲尼燕居，子張、子夏、言遊侍”；文法正同。特以其書言孝道乃天下之大本，故自爲一經。《中庸》："立天下之大本。"鄭玄注："大本者，經也。"而《漢書·藝文志》徒稱"《孝經》者，孔子爲曾子陳教道"。顧不言載筆者誰何？据《史記·仲尼弟子列傳》曰："曾參，南武城人，字子輿，少孔子四十六歲。孔子以爲能通孝道，故授之業，作《孝經》。"則是孔子之作也；儻是孔子之言而曾子載筆焉，但可謂之述，不可謂之作，故鄭玄以爲孔子作也；此最古說。顧有謂《孝經》，孔子不爲曾子陳者：按劉炫《述義》，其略曰："炫謂孔子自作《孝經》，本非曾參請業而對也。士有百行，以孝爲本；本立而後道行，道行而後業就，故曰：'明王之以孝治天下也。'然則治世之要，孰能外乎！徒以教化之道，因時立稱；經典之目，隨時表名。至使威儀禮節之餘，盛傳當代；孝悌德行之本，隱而不彰。夫子運偶陵遲，禮樂崩壞，名教將絶，特感聖心！因弟子有請問之道，師儒有教誨之義，故假曾子之言以爲對揚之體；乃非曾子實有問也。若疑而始問，答以申辭；則曾子應每章一問，仲尼應每問一答。按《經》，夫子先自言之，非參請也。諸章以次演之，非待問也。且辭義血脈，文連旨環，而開宗題其端緒，餘音廣而成之，非一問一答之勢也。理有所極，方始發問，又非請業請答之事。首章言'先王有至德要道'，則下章云：'此之謂要道'，'非至德其孰能順民'，皆遥結首章，非答曾子也。舉此爲例，凡有數科。必其主爲曾子言，首章答曾子已了，何由不待曾子問，更自述而明之？且首起曾參侍坐，與之言，二者是問也，一者歎之也。蓋假言乘間曾子坐也，與之論孝，開宗明義，上陳天子，下陳庶人，語盡無更端，於曾子未有請，故假參歎孝之大，又説以孝爲理之功；説之已終，欲言其聖道莫大於孝，又假參問，乃説聖人之德，不加於孝；在前論敬順之道，未有規諫之事，慇懃在悦色，不可頓説犯顔，故須更借曾子言陳諫諍之義：此皆孔子須參問，非參須問孔子也。莊周之斥鷃笑鵬，罔兩問影；屈原之漁父鼓枻，太卜拂龜；馬卿之烏有無是；揚雄之上林、子虚；寧非師祖以爲楷模者乎？若依《鄭注》，實居講堂；則廣延生徒，侍坐非一；夫子豈淩人侮衆，獨與參言耶？且云："汝知之乎？"何必直汝曾參，而參先避席乎？必其徧告諸生，又有對者，當參不讓儕輩而獨答乎？由斯言之：經教發抒，夫子所撰也。而《漢書·藝文志》謂其爲曾子特説此經。然則聖人之有述作，豈爲一人而已？"邢昺《孝經序正義》引。斯其與《史記》、《漢書》稱："孔子爲曾子陳孝道而作"之説不合；要以爲孔子之作，無可疑者。顧有以爲"曾參雖有至孝之性，未達孝德之本，偶於閒居，因得侍坐，參起問於夫子，夫子隨而答參，是以集録，因名爲《考經》”者，蓋以爲夫子之言，而曾子述之也。邢昺《正義》引之而不著誰説；意者起於隋唐之後？蓋劉炫嘗駁難其説也，曰：“假使參自集録，豈宜稱師字者乎？”亦爲《述義》、邢昺《孝經序正義》引。謂開宗明義，揭“仲尼居”以稱也。顧宋儒好仍其説，而甚焉；且以爲曾子弟子所爲矣！王應麟《困學紀聞·孝經篇》曰：“致堂謂：‘《孝經》，非曾子所自爲也。曾子問孝於仲尼，退而與門弟子言之，門弟子類而成書。’致堂，胡寅號。晁子止晁公武《讀書志》謂‘何休稱子曰：吾志在《春秋》，行在《孝經》；則孔子自著也。今首章仲尼居，則非孔子所著矣。當是曾子弟子所爲書。’”此後起之説，未可爲據也。獨劉炫以爲“夫子運偶陵遲，名教將絶，特假曾子之問以爲對揚之體”；雖爲無據而實有見。近儒陳澧《東塾讀書記·孟子篇》曰：“孟子書，諸弟子問而孟子答之；多客主之辭，乃戰國文體也。如《卜居》、《漁父》之類。如萬章謂‘今之諸侯猶禦’，其持論之嚴如此！則其問‘不託諸侯’，‘不見諸侯’，爲客主之辭明矣。李榕村《語録》曰：‘萬章好論古，大抵博觀雜取，一切稗官野史，都記得多；卻不知其人，連大禹、伊尹、孔子都疑惑一番！’此不知孟子文體也。《萬章篇》所論唐虞三代之事，閎遠深博，非問答之文，不能暢達之；讀書豈可不識文章之體乎！”蓋意以往復而始發，理以詰難而有明，自古有然，不獨《孝經》！《孝經鈎命訣》：“孔子在庶，德無所施，功無所就，志在《春秋》，行在《孝經》。”又曰：“某以匹夫徒步以制正法，以《春秋》屬商，以《孝經》屬參。”陸德明曰：“《孝經》與《春秋》雖具夫子述作；然《春秋》周公垂訓，史書舊章；《孝經》專是夫子之意。”按孔子作《春秋》成於七十二歲；而鄭君言《孝經》所以總會六藝。然則《孝經》，孔子最後成也。

【孝經之本子】《漢書·藝文志》著録二本：一《孝經》一篇十八章，可爲《孝經》之初本。漢興，長孫氏博士江翁、少府后蒼、諫大夫翼奉、安昌侯張禹傳之，各自名家，經文皆同，惟《孝經古孔氏》一篇爲異；“父母生之，續莫大焉”，“故親生之膝下”，諸家説不安處，古文字讀皆異。劉向曰：“《庶人章》分爲二也，《曾子敢問章》爲三即今《正義本·聖治章》第九，又多一章，凡二十二章。”厥爲《孝經》之第二本，然皆不傳！其可考見者，按桓譚《新論》曰：“《古孝經》千八百七十二字，今異者四百餘字”，而《孝經》古繫之"孔氏"者，蓋以爲"孔氏壁中古文"也；非"《孔安國傳》"之云也。武帝末，魯恭王壞孔子宅，欲以廣其宫，而得《古文尚書》、《禮記》、《論語》及《孝經》凡數十篇，皆古字也。孔安國者，孔子後也，悉得其書，以考二十九篇，得多十六篇，語詳《漢書·藝文志·尚書叙》，乃謂：孔安國悉得《古文尚書》，以考今文二十九篇，得多十六篇，獻之；語意甚明，而不涉於《孝經》。《古文孝經》者，孝昭帝時，魯國三老所獻；至光武、建武之世，給事中議郎衛宏所校，皆口傳，官無其説，獨故太尉南閣祭酒許慎學《孝經孔氏古文説》，謹撰具一篇《説文解字叙》後《許沖上書》。然則《古文孝經》之著書者，漢儒許慎一人而已，何有《孔安國傳》也！《漢書·藝文志》叙《孝經》亦明著曰："孔氏壁中古文"，而不言《孔安國傳》；至隋祕書監王劭於京師，訪得《孔安國傳》，送至河間劉炫，炫因序其得喪，述其義疏，講於人間，漸聞朝廷，儒者諠諠，皆云："炫自作之，非孔舊本。"而祕府又先無其書《隋書·經籍志》，以許慎《説文》所引及桓譚《新論》考證，亦皆不合！然自是傳《孝經》者，有今文、古文二本。《今文》稱《鄭玄注》，其説傳自荀昶，而《鄭志》不載其名；《古文》稱《孔安國傳》，其書出自劉炫，而隋儒已言其僞。陸德明與炫同時，而撰《經典釋文》，所據者蓋《鄭注今文》，故首出鄭氏二大字；但按《叙録》云："世所行《鄭注》，相承解爲鄭玄，按《鄭志》及《中經簿》無。中朝穆帝集講《孝經》，云以鄭玄爲主；檢與康成注《五經》不同，未詳是非？"而不加以斷言；蓋疑以傳疑之辭也。至唐玄宗開元七年三月，詔令羣儒質定。右庶子劉知幾主《古文》，五十二驗以駁鄭；國子祭酒司馬貞主《今文》，摘《閨門章》文句凡鄙，《庶人章》割裂舊文，妄加子曰字，及注中脱衣就功諸語，以駁孔，兩議並上；詔鄭依舊行用；《孔注》傳習者稀，亦存繼絶之典。十年六月，上注《孝經》，頒天下及國子學；天寶二年五月，上重注，亦頒天下《唐會要》。唐以前諸儒之説，因藉捃摭以僅存。四年九月，以《御注》仍自八分，刻石於太學，謂之《石臺孝經》；舊在西安府學，爲碑凡四。自是玄宗《御注》行，而鄭、孔兩家併廢；厥爲世間之第一古本，其章句蓋同今文也。玄宗既自注《孝經》，詔元行沖爲疏《唐書·元行沖傳》；宋真宗咸平二年，翰林侍講學士邢昺受詔校定《孝經義疏》《宋史·邢昺傳》，特剪截《元疏》，旁引諸書，成《孝經正義》三卷。《元疏》廢而《邢疏》遂行，今刊入《十三經注疏》者是也；可謂爲《孝經》之第二古本，而於是古文之不講久矣！迨宋之南，朱熹乃取《古文孝經》，分爲經一章，傳十四章，刪經文二百二十三字，成《孝經刊誤》一卷。其大指以“仲尼居”至“未之有也”爲一節；云：“夫子曾子問答之言，而曾氏門人之所記；疑所謂《孝經》者，其本文止如此，其下則或者雜引傳記以釋經文。”推朱熹之意，則第一節猶《大學章句》所謂經一章；其下“釋經文”者，猶《大學章句》所謂傳；而“雜引傳記”者，猶《中庸章句》所謂“雜引孔子之言以明之”也陳澧《東塾讀書記》卷一。古文於是有改本，而爲南宋以後作注者之所遵用焉。至元吴澄又改定《今文孝經》，從朱熹《刊誤》之例，分列《經》、《傳》，其經則合《今文》六章爲一章，其傳則依《今文》爲十二章而改易其次序；至朱熹所刪一百七十二字朱熹《刊誤》刪二百二十三字，中有句刪其字者，此惟載所刪之句，故止一百七十二字。與《古文閨門章》二十四字，並附録於後，爲《孝經定本》一卷。蓋《孝經》至是而《古文》、《今文》皆有改本矣！然世傳《古文》之不同於《今文》者；特如黄震《日鈔》所稱“首章《今文》云：‘仲尼居，曾子侍。’《古文》則云：‘仲尼閒居，曾子侍坐。’《今文》云：‘子曰：先王有至德要道。’《古文》則曰：‘子曰：參，先王有至德要道。’《今文》云：‘夫孝，德之本也，教之所由生也。’《古文》則曰：‘夫孝，德之本，教之所由生。’文之或增或減，不過如此；於大義固無不同。至於分章之多寡，今文《三才章》‘其政不嚴而治’，與‘先王見教之可以化民’，通爲一章；《古文》則分爲二章。今文《聖治章第九》：‘其所因者本也’，與‘父子之道天性’通爲一章；《古文》則分爲二章。‘不愛其親而愛他人者’，《古文》又分爲一章。章句之分合，率不過如此；於大義亦無不同。《古文》又云：‘閨門之内具禮矣乎，嚴父嚴兄，妻子臣妾，猶百姓徒役也。’此二十二字，今文全無之；而《古文》自爲一章，與前之分章者三，共增爲二十二。所異者又不過如是，非《今文》與《古文》各爲一書也。”自唐玄宗《御注》行，而《古文孔傳》、《今文鄭注》均佚；獨本經存！晚出《孔傳》、《鄭注》得自日本者，乾隆丙申，歙人汪翼滄自日本攜彼國太宰純《校刊古文孝經孔氏傳》以歸，付鮑廷博刊之。知不足齋阮元《孝經義疏校刊記序》曰：“《孔注》今不傳，近出於日本國者，誕妄不可據。要之《孔注》即存，不過如《尚書》之僞傳，決非真也。《鄭注》之僞，唐劉知幾辨之甚詳，而其書久不存。日本國又撰一本流入中國，此僞中之僞，尤不可據者。”特所謂“僞中之僞”耳，寧足據哉！然則言《孝經》者，舍《唐注》、《邢疏》其何以焉！至讓清道光間，儀徵阮元芸臺則以《孝經》爲曾子之書也，既撰《曾子注釋》，以與《孝經》相表裏；因命次子福喜齋撰《孝經義疏補》九卷，全載《唐注》、《邢疏》原文，而以《曾子》十篇中，凡可以發明《孝經》，可以見孔、曾授受大義者，悉分系於各章各句之下。至明皇御注，半存舊注，而《鄭注》亦雜其中。如有《鄭注》見引於唐以前書者，悉據以補之；而於《釋文》所載《鄭注》舊字舊義，全行載人，以存鄭氏舊觀，且疏證之。古籍可相輔翼，並爲甄録；兼下己意，曲鬯旁通。雖曰補疏，而實與疏全經者無殊。專家之學，清儒莫逮也！並存於此。

【孝經之讀法】《孝經》篇幅匪宏，而綱紀畢具；上自君卿，下迄士庶；括囊大典，宣究道原。黄震《日鈔》，《孝經》弁首，而《論語》、《孟子》次之；以爲大道之户奥，六藝之總會，讀經者當先讀《孝經》也！粗述覰記，以擬讀法：

第一明其宗旨　吾聞英國哲家達爾文氏，昌言天演，徵見物競，優勝劣敗，適者生存；同人道於鷙獸，以競争爲固然！宜若“聖人人倫之至”，必當退聽於無權？而顧致警於道德之不可蔑棄，其大指以爲：“道德之原，實起於親子之有愛！擴而充之，則爲同族同類之兼相愛，斯稱爲動物之羣性；而與動物之自利性，如車之有兩輪，如鳥之有雙翼，并偕有生以俱來。天演物競，自然淘汰；此羣性之於人類，乃日繼長增高以有緝熙於光明者，此何以故？蓋壞國喪家，必由營私；專欲難成，多助得順。故羣性之發長，亦爲適者資格之一。就一國家一社會之個人而言：忠信篤敬，仁人良士之子孫，角知争雄，較之貪夫敗類，詐僞桀黠者之子孫，孰爲勝利，雖未可必？而以團體競争言，則多數忠信篤敬，仁人良士之個人所搆成之國家之社會，必較諸多數貪夫敗類、詐僞桀黠之個人所搆成之國家之社會，爲繁榮而强固。何者？蓋營私自利，壞國喪家，人道或幾乎息，寧我之能獨存！則固事有必至，理無可疑者！”而推羣性之見端，厥徵於親子之有愛。於戲！此“非孝者無親”之所以爲大亂之道《五利章》第十一；而“教民親愛”之所以“莫善於孝”也《廣要道章》第十二。“愛親者不敢惡於人，敬親者不敢慢於人。”《天子章》第二“聖人因嚴以教敬，因親以教愛；聖人之教不肅而成，其政不嚴而治。父子之道，天性也！”《聖治章》第九“先王見教之可以化民也，是故先之以博愛而民莫遺其親。”《三才章》第七此“孝”之所以“爲德之本”，“教之所由生也！”《開宗明義章》第一夫人之所以競勝於物而不殄厥胤者，徒以其仁而能羣也。試徵諸載籍：其在《漢書·刑法志》曰：“夫人肖天地之貌，懷五常之性，聰明精粹，有生之最靈者也！爪牙不足以供耆欲，趨走不足以避利害，無毛羽以禦寒暑，必將役物以爲養，任智而不恃力；此其所以爲貴也！故不仁愛，則不能羣。不能羣，則不勝物。不勝物，則養不足，争心將作。上聖卓然，先行敬讓博愛之德者，衆心説而從之；從之成羣，是謂君矣！歸而往之，是謂王矣！《洪範》曰：‘天子作民父母，爲天下王。’聖人取類以正名，而謂君爲父母，明仁愛德讓，王道之本。”推班氏之指，“明仁愛德讓，王道之本”，而取類於父母者；豈不曰“羣性之見端，厥徵於親子之有愛”也乎！可以徵赫胥黎之論天演焉！赫氏之論曰：“人之有羣，其始亦動於天機之自然乎！其亦天之所設而非人之所爲乎！羣肇於家，其始不過夫婦父子之合；合久而系聯益固，生齒日繁，則其相爲生養保持之事，乃愈益備。故宗法者，羣之所由昉也。夫如是之羣，合而與其外争，或人或非人，將可以無畏而有以自存；蓋惟泯其争於内，而後有以爲强，而勝其争於外也！此所與飛走蠉泳之羣同焉者也！且與生俱生者有大同焉！曰好甘而惡苦，曰先己而後人。夫曰先天下爲憂，後天下爲樂者，世容有是人，而無如其非本性也！人之先，遠矣！其始禽獸也，不知更幾何世而爲山都木客；又不知更幾何年而爲毛民猺獠；由毛民猺獠，經數萬年之天演而有今日；此不必深諱者也！自禽獸以至爲人，其間物競天擇之用，無時而或休；而所以與萬物争存，戰勝而種盛者，中有最宜者在也！是最宜云何？曰‘獨善自營’而已！夫自營爲私，然私之一言，乃無始來斯人種子；由禽獸得此，漸以爲人，直至今日而根株仍在者也。古人有言：‘人之性惡。’又曰：‘人爲孽種，自有生來便含罪惡。’其言豈誕妄哉！是故凡屬生人，莫不有欲，莫不求遂其欲；其始能戰勝萬物而爲天之所擇以此！其後用以相賊而爲天之所擇亦以此！何則？自營大行，羣道將息，而人種滅矣！此人所與鳥獸昆蟲異者，又其一也！自營甚者，必侈於自由。自由侈則侵；侵即争；争則羣涣；羣涣則人道所恃以爲存者去！故曰：‘自營大行，羣道息而人種滅’也。然而天地之性，物之最能羣者，又莫人若！如是，則其所受於天，必有以制此自營者，夫而後有羣之效也。夫物莫不愛其苗裔，否則其種早絶而無遺，自然之理也。獨愛子之情，人爲獨摯！其種最貴，故其生有待於父母之保持，方諸物爲最久，故其用愛也尤深；繼乃推類擴充，緣所愛而及所不愛。是故慈幼者，仁之本也；而慈幼之事，又若從自營之私而起；由私生慈，由慈生仁，由仁勝私。”見嚴復譯《天演論導言》第十二、第十三。此班氏“明仁愛德讓，王道之本”之所爲取類於父母者也！然則人種之不滅，由於羣道之不息；羣道之不息，由於仁心之博愛：心同理同，推諸東海而準，推諸西海而無不準！雖然，赫氏言慈子爲仁之本；而孔子則以孝弟爲仁之本，與子言孝，而不與父言慈者曷居？曰“此聖人所以爲‘人倫之至’也！親之愛其子，蓋動物之所同然；而子之知孝親，斯人道之所獨而躋於‘聖人人倫之至’耳！”吾聞英國哲家有特蘭門德氏 Henvg Dramont 者，著《人類向上論》Aglntafman 一書；其名稱與達爾文氏昌言天演以“動物進化論”爲揭幟者，若作旗鼓之當，大指以爲：“人羣之進化乃愛之進化，而非由於競爭；此人之所以異於普通生物也！大抵生物爲生存而努力者有二：一爲維持己之生存，一爲維持他之生存。而生活之網，乃以此一經一緯之所組成。爲己之生命而努力，乃有競爭；而其爲他人之生命而努力者，即倫理學中之所謂愛也。愛之云者，非近世所發見；非後天之觀念；非宗教、倫理、文學、美術之所產出；其來源之遠，與地球原形質之胚胎以俱萌；其發榮滋長，亦自有其歷史。從來言進化者，衹知競爭而不言愛；則是知其一而不知其二也！夫生物與無生物之區别有二，即營養與生殖而已。營養者，自外部吸取物質以儲於體内，而同化之，以發育自體；是爲己之生命而努力也。生殖者，割體内之一部而養育之，俾分離於體外，别成一生活體；是爲他之生命而努力也。故原形質之利己與利他，已徵兼營並存；而下等原生細胞之個體分裂，即犧牲自體之生活以成多數之生活體，即愛之原始作用。至高等植物，則生殖器官與營養器官，同其具體。吾人若觀花、果實及種子之一切機能，則知其爲他之生命而努力者，其進步已著。進而至於動物，則生殖之機能益宏，而愛情之端倪顯露。至人類而保抱提攜，鞠育教誨，親子之愛，篤實輝光。推之而家庭也，國家也，社會也，皆愛之所創造者也。同情也，協助也，皆愛之所發生者也。愛之真意義，即犧牲自己以利他人之生存之謂也。匪僅父母對於其子女而存；而子女者，衹愛之精神最顯著之發表機關而已。夫父母之生育子女，其初爲生理的活動；其繼爲倫理的活動。方其生也，生理作用也；

然生理作用畢其事，而倫理作用代之起。倫理的愛，所以續生理的愛而竟其全功者也；而人類之生存，不能不依此倫理的愛而活動；此則所謂‘愛之進化’也。夫以生理學中未終了之愛，繼繼繩繩，而以入倫理學之範疇，其愛乃底於完成!”故曰：“父母生之，續莫大焉。”《聖治章》第九“孝悌之至，通於神明，光於四海，無所不通。”《感應章》第十六苟能充之，足以保四海；苟不充之，不足以事父母。人知愛其子，牛馬亦知愛其子；苟言愛之進化，而徵諸親之慈子，尚未躋於“聖人人倫之至”。然則“慈”者生物之所同，而“孝”乃人倫之所獨也。故曰：“天地之性人爲貴，人之行莫大於孝。”《聖治章》第九此《孝經》一書所以與子言孝，而不與父言慈也！故特爲發其指焉。

第二觀其會通　善有元，事有會！《易大傳》曰：“天下同歸而殊途，一致而百慮。”《孝經》一書，綱紀《論語》，旁通《春秋》，肇開墨學；通於一而萬事畢，知其元，則衆善舉矣！何以言其然？案《孝經·開宗明義章第一》，統下天子、諸侯、卿大夫、士、庶人五章言之；而謂“孝始於事親，中於事君，終於立身”。若以“事君”作君主解，則君主之最尊者，莫如天子矣！更何“事君”之可言！“君”之爲言羣也；荀子《王制》：“君者，善羣也。”《春秋繁露》：“滅國君者，不失其羣者也。”《白虎通·號》：“君之爲言羣也。”“事君”者謂有事於羣以爲羣服務也。“愛親”、“敬親”，“始於事親”也。“愛親者不敢惡於人，敬親者不敢慢於人”《天子章》第二，“中於事君”也。而要其“終於立身”者，則以愛根性生，而“事親”、“事君”，皆窮理盡性之所有事，而非於立身以外別有所事也。《論語》以《學而時習章》第一，《其爲人也孝弟章》第二，見學者窮理盡性，不外於立身；而立身之道，莫大於孝弟。“愛親者不敢惡於人，敬親者不敢慢於人。”《天子章》第二“聖人因嚴以教敬，因親以教愛。”《聖治章》第九此孝弟所以爲仁之本也《論語》“其爲人也孝弟”章！仁从人从二，會意，人相偶也。人之相偶，始於父子兄弟；而親親乃爲仁民之基。不孝不弟，則人相偶之大本已壞，而失其所以爲人；何立身之與有！故曰“綱紀《論語》”也。按《孝經鉤命決》：孔子曰：“欲觀我褒貶諸侯之志，在《春秋》；崇人倫之行，在《孝經》。”此雖緯書，然當時曾隱括其語曰：“吾志在《春秋》，行在《孝經》。”孟子曰：“《春秋》，天子之事也”，故曰“志”；而孝則士、庶人之所得盡，故曰“行”。何休取兩語以序

《春秋》；唐玄宗采兩語以弁《孝經》。蓋《春秋》“上本天道，中用王法，而下理人情”本孔廣森《春秋公羊經傳通義》叙，補敝起廢本《太史公自序》，治之於已事之後；而《孝經》“始於事親，中於事君，而終於立身”《開宗明義章》第一，敦敬教愛，順之於未流之先。以順天下，語見《開宗明義》第一、《三才章》第二。《春秋》循名覈實，寬於賢賢，而峻以治不肖；《孝經》至德要道，仁以愛民，而本之事親。一挈法家之要，一弘儒者之教；而要其歸於“則天之明，因地之義”《三才章》第七，“因其行事而加吾王心”，則無乎不同！故曰：“旁通《春秋》”也。抑嘗讀《漢書·藝文志》之叙墨家者流曰：“養三老五更，是以兼愛。宗祀嚴父，是以右鬼。以孝視天下，是以上同。”今按《孝經·三才章》曰：“先之以博愛而民莫遺其親。”“博愛”義與“兼愛”同；而“民莫遺其親”者，“孝”也。“先王知教之可以化民也，是故先之以博愛”；“而民莫遺其親，以同於上”，殆墨者“以孝視天下，是以上同”之説之所本矣！《天子章》曰：“愛親者不敢惡於人”，亦《墨子》言兼愛本於“欲人之愛利其親，故愛利人之親”之指也。《廣至德章》曰：“教以孝，所以敬天下之爲人父者也；教以悌，所以敬天下之爲人兄者也。”《釋文》引《鄭注》：“天子父事三老，兄事五更。”《白虎通·德論》曰：“不臣三老五更者，欲率天下爲人子弟。”此則墨者“養三老五更，是以兼愛”之説之張本矣！墨家者流，蓋清廟之守；“宗祀嚴父，是以右鬼。”今按《孝經·聖治章》曰：“孝莫大於嚴父。嚴父莫大於配天。昔者周公郊祀后稷以配天，宗祀文王於明堂以配上帝。”《感應章》曰：“宗廟致敬，不忘親也。修身慎行，恐辱先也。宗廟致敬，鬼神著矣！”亦墨者“宗祀嚴父，是以右鬼”之意章炳麟《太炎文録》卷一。然自今日言之，罔不以爲迷信者！而不知儒者雖不質言鬼神之有，而卒不忍斥言鬼神之不有；此正“聖人人倫之至”，而神道設教之微意也！何以言其然？《論語》：“祭如在，祭神如神在。子曰：‘吾不與祭，如不祭！’”蓋鬼神由於致敬而後著；曰：“如在”者，非真有在也。《禮·中庸》：子曰：“鬼神之德，其盛矣乎！視之而弗見，聽之而弗聞，體物而不可遺，使天下之人齊明盛服，以承祭祀，洋洋乎如在其上，如在其左右！《詩》曰：‘神之格思，不可度思，矧可射思！’夫微之顯，誠之不可揜如此夫！”故曰：“宗廟致敬，鬼神著矣！”“著”之爲言，“微之顯”，“誠之不可揜”也。《禮·祭義》曰：“齊之日，思其居處，思其笑語，思其志意，思其所樂，思其所嗜；齊三日，乃見其所爲齊者。祭之日，入室，僾然必有見乎其位；周旋出户，肅然必有聞乎其容聲；出户而聽，愾然必有聞乎其歎息之聲。”“是故，先王之孝也，色不忘乎目，聲不絶乎耳，心志嗜欲不忘乎心；致愛則存，致慤則著。”然則鬼神之著，由乎“致慤”也。故曰：“宗廟致敬，鬼神著矣！”又《祭義》稱宰我曰：“吾聞鬼神之名，不知其所謂。”子曰：“氣也者，神之盛。魄也者，鬼之盛也。合鬼與神，教之至也。衆生必死，死必歸土，此之謂鬼。骨肉斃於下，陰爲野土，其氣發揚於上，爲昭明焄蒿悽愴。昭明，乃光景之屬；焄蒿，氣之感觸人者；悽愴，如《漢書》所稱‘神君至，其風肅然’之意。此百物之精也，神之著也。因物之精，制爲之極，命名鬼神，以爲黔首則；百衆以畏，萬民以服！聖人以是爲未足也，築爲宫室，設爲宗祧，以别親疏遠邇，教民反古復始，不忘其所由生也。衆之服自此，故聽且速也。二端既立，報以二禮：建設朝事，燔燎羶薌，見以蕭光，以報氣也；此教衆反始也。薦黍稷，羞肝肺首心，覸以俠甒，加以鬱鬯，以報魄也；教民相愛，上下用情，禮之至也。故曰：宗廟致敬，不忘親也。”此“因親以教愛”，“聖人人倫之至”，而先王神道設教之微意。是墨子右鬼，孔子未嘗不右鬼也！乃近儒夏曾佑論孔、墨之别，則曰：“喪禮者，墨子與孔子不同之大原也。儒家以君父爲至尊無上之人，當一往不返之事；而孝又爲政教全體之至綱，喪禮烏得而不重！墨子既欲節葬，必先明鬼；有鬼神，則身死猶有其不死者存，故喪可從殺見所著《中國歷史》。不知墨子之言節葬，固與孔子三年之喪異；而言明鬼，則未嘗不與孔子“宗廟致敬”之旨同。《淮南子·要略訓》曰：“墨子學儒者之業，受孔子之術，以爲其禮煩擾而不説，厚葬靡財而貧民，服傷生而害事，故背周道而用夏政。”此節葬所説，所以與《孝經·喪親章》義絶相反也！要之肇開墨學，於《孝經》一書有徵焉！

第三權其時宜　孔子論共學適道，而要其終於可權；孟氏距楊朱、墨翟，而斥之曰無權。權也者，權其宜也。吾讀《孝經》言天子之孝，諸侯之孝，卿大夫之孝，士之孝；異其位者異其辭，爲封建之世言之也。封建之世，天子世其天下，諸侯世其國，卿大夫、士世其家；自人之始生，其尊卑貴賤之分已定矣。故卿大夫之孝，在私其土。卿大夫曰宗廟；士曰爵禄，曰祭祀；必世守之毋失，失則伍於民！孟子曰：“民爲貴”，封建之世，烏覩其爲貴也！

秦廢封建，卿大夫、士之號爲貴族者，以次夷爲民；於是無卿大夫，無士。非無卿大夫也；卿大夫其暫，民其常也。非無士，士皆民也。於戲！卿大夫、士之不世及亦已久矣！而卿大夫仍欲保其卿大夫，士亦進而求卿大夫。問其說，曰："不若是，非孝也！"此聖人所不料也！歷二千年以至民國，國且無君矣！非無君也；君其暫，民其常也。而卿大夫欲保其卿大夫如故；士進而求卿大夫如故。曰："不若是，非孝也。"尤聖人所不料也！而於是有洪憲之禍！僭帝既仆，猶且不悛！今之從政，滔滔皆是！論其職責，是曰民傭；揆其心事，猶吾大夫也！於戲！天下之患，莫大於既民矣，乃不甘於爲民！《孝經》不云乎："用天之道，因地之利，謹身節用以養父母，庶人之孝也。"《庶人章》第六誠甘於爲民而力行之，充其量，必盡己之性，盡物之性，窺造化之祕，啓山海之藏，參贊化育，以蔚爲國光，庶幾所謂"揚名於後世以顯父母，孝之終"者《開宗明義章》第一，寧曰異人任也！況在今日，民窮財盡，亦以秏矣！不若是，民且不自聊生，其何能國！卿大夫者，麗於國而有也；食於民而貴也。民不聊生，國且不國，卿大夫云乎哉！《記》有之曰："禮，時爲大。"使孔子生今日而言教孝，吾知當在此而不在彼也！

右陳三事，彌綸羣言，咸有本末，匪同臆說。獨愧聞道苦晚，事父未能！昭德塞違，以俟君子。

（商務印書館，1933年12月初版）

《周易》解題及其讀法

目　録

一、緒論

“《易》、《書》、《詩》、《禮》、《樂》、《春秋》六經，皆史也。”會稽章學誠倡焉；仁和龔自珍、餘杭章炳麟、錢唐張爾田推衍焉。然要非所論於《易》。何者？史以藏往，《易》以知來；史者所以記羣治之事爲，而《易》者所以籀羣治演化之大例者也。《尚書》記言，《春秋》記事，分隸左右史。《漢書·藝文志》曰：“左史記言，右史記事；事爲《春秋》，言爲《尚書》。”而《周禮》掌建邦之六典，太史所掌《士禮》十七，亦垂國典；殆後世通典通考之權輿，謂之史，可也。太史陳《詩》以觀民風，明王政之變；孟子曰：“《詩》亡然後《春秋》作”；雖不名史而麗於史焉，可也。獨是《易》之爲書也，明天之道，察民之故，“聖人有以見天下之賾，而擬諸其形容，象其物宜，是故謂之象；聖人有以見天下之動，而觀其會通，以行其典禮，繫辭焉以斷其吉凶，是故謂之爻。言天下之至賾而不可惡也；言天下之至動而不可亂也”《繫辭上》，帝王之言行，不屑記也；事爲之制度，不備載也；要以設卦觀象，開物成務，而冒天下之道，通天下之志焉；寧得以史概之乎？孔子知其然；曰：“神以知來，知以藏往。”《繫辭上傳》曰：“數往者順，知來者逆，是故《易》逆數也。”《説卦》“夫《易》，彰往而察來”《繫辭下傳》，史之記在藏往，知之事也；《易》之用以知來，神之事也。循其故迹之謂順，推其未然之謂逆；此《易》與史之辨也。太史公知其然；曰：“《易》著天地陰陽、四時、五行，故長於變；《書》記先王之事，故長於政；《詩》記山川谿谷、禽獸草木、牝牡雌雄，故長於風。”《史記·自序》於《書》、《詩》曰記；於《易》曰著；記者據事而直書，史家載筆之大法；著者本隱而之顯，易道前民之妙用，此“易”與“史”之辨也。夫史之記事也，顯而可觀，而易之爲道，則玄而難明！英哲家斯賓塞爾曰：“民之察理也，常易其專顯而難其渾玄。專顯者，物必某物，人必某人，既耳目所可加，亦心思所易附者也；渾玄者，會通衆事，不一不拘，類異取同，言足統物者也。喜專惡渾之心習，見於野蠻爲最多。及其文明，猶未能去，故家童里兒，每樂翁媪爲言故事。而小説稗書，銷售必多。家居晨起，取閲報章，於所記之獄訟盜賊，宮闈起居，死亡生育，嫁娶離異，皆所饜觀，未嘗嫌瑣。入五家之闠，其道路偶語，風過微聞，爾汝我他，累用不絶，大都鄙近人事已耳。人情之爲學也，常樂其淺易而憚其艱深。彼以爲求史學於紀傳之中，則窮理之與娱樂，可並行而不背，神思所寄，既樂於毛舉；乃近觀古人嵬瑣之迹，即有以知教化世運之所以隆汚；事之易爲，孰逾此者，其神識之凡近，與村嫗竈養無殊也。吾聞乍遇生人，欲測其心量之廣狹者，術莫便於較其語次所用專名與所用公名多寡之比。大抵用會通之語多者，其爲人必經學問；用專指之名衆者，其人神識不越下中。蓋人心之於事物，能違其淩雜而得其貫通者寡矣。”見嚴復譯《羣學肄言·倡學篇》。“夫象數之理，縱極幽玄，其所據之今有，必先周知；其用事之物，亦有限域。獨至羣國，一事之本原流變，往往迎不見首，從不見尻，其今有既不周知，用事之物又常無限，其曼衍蕃變之情，皆象數所無有。”見嚴復譯《羣學肄言·砭愚篇》。於戲！此《易》“開物成務，冒天下之道”之所以爲“極深而研幾”也！寂然不動，感而遂通，非天下之至神，其孰能與於此哉！余十年讀易，未闚藴奥，爰當啓蒙而述是篇。

二、《周易》二字解題

古《易》有三：神農曰《連山》，黄帝曰《歸藏》，孔穎達《論三代易名》曰：“杜子春云：‘《連山》，伏羲；《歸藏》，黄帝。’案《世譜》等羣書，神農一曰連山氏，亦曰烈山氏；黄帝曰歸藏氏。”文王曰《周易》；厥爲後學儒、道、墨三者分家之所本也。道家宗老子，而實源出黄帝。如僞《列子》引《黄帝書》曰“谷神不死，是謂玄牝；玄牝之門，是謂天地根”四語，見老子書。而老子書好以陰性爲喻，言“歸”言“閉”；如曰“萬物之母”，曰“玄牝”，曰“知雄守雌”，曰“常德乃足，復歸於樸”，曰“塞其兑，閉其門”，曰“用其光，復歸其明”，與《周易》之“扶陽抑陰”，而有以“見天下之動”者不同，疑出《歸藏》義也。墨者出於禹而實濫觴於神農。孟子有爲神農之言者許行，主並耕之説，亦墨子尚同之指也。儒家者流，集大成於孔子。孔子曰：“文王既没，文不在兹乎？”而以斯文未喪爲己任。則孔子固自承爲繼文王者也。故儒家之學，出於《周易》。道家之學，出於《歸藏》。墨家之學，出於《連山》。道、墨書佚，獨行《周易》。所謂“易”者何也？曰：“易”之爲言“變”也，《繫辭》明著之矣：“易窮則變，變則通，通則久，是以自天祐之，吉无不利。”《繫辭下》然則非明“變”，不足以盡“易”。“在天成象，在地成形，變化見矣。是故剛柔相摩，八卦相盪，鼓之以雷霆，潤之以風雨，日月運行，一寒一暑。”《繫辭上》此天地自然之變也。“天地變化，聖人效之。”《繫辭上》“八卦成列，象在其中矣，因而重之，爻在其中矣，繫辭焉而命之，動在其中矣。吉凶悔吝者，生乎動者也；剛柔者，立本者也；變通者，趣時者也；吉凶者，貞勝者也。天地之道，貞觀者也；日月之道，貞明者也；天下之動，貞夫一者也。”《繫辭下》此易道擬象天地自然之變也。故曰：“易者象也，象也者像也。”《繫辭下》“聖人有以見天下之賾而擬諸其形容，象其物宜，是故謂之象。”《繫辭上》“是以明於天之道，而察於民之故。”《繫辭上》曰：“乾坤其易之蘊耶？乾坤成列而易立乎其中矣。乾坤毁，則無以見易。易不可見，則乾坤或幾乎息矣！”《繫辭上》“是故闔户謂之坤，闢户謂之乾；一闔一闢謂之變；往來不窮謂之通；見乃謂之象；形乃謂之器；制而用之謂之法。”《繫辭上》“舉而措之天下之民，謂之事業。”《繫辭上》“極天下之賾者存乎卦；鼓天下之動者存乎辭。”《繫辭上》“爻也者，效天下之動者也。”《繫辭下》夫非象變，不足以明易；而非效動，不足以通變。孔穎達《論易名》曰：“易者，變化之總名，改换之殊稱。自天地開闢，陰陽運行，寒暑迭來，日月更出，孚萌庶類，亭毒羣品，新新不停，生生相續，莫非資變化之力，换代之功。然變化運行，在陰陽二氣，故聖人初畫八卦，設剛柔二畫，象二氣也。布以三位，象三才也。以文王所演故謂之《周易》；其猶《周書》、《周禮》題周以别餘代。”其所以論“易”者是，而言“周”則非也。不知“周”之爲言“周帀”也，“周而復始”也。謂之“易”者，所以明世道窮變通久之必然；而繫以“周”者，所以明世變剥復循環之有常；義取相資，寧以代名？孔穎達引鄭玄《易贊》及《易論》云：“夏曰《連山》，殷曰《歸藏》，周曰《周易》。《連山》者，象山之出雲，連連不絶。《歸藏》者，萬物莫不歸藏於其中。《周易》者，言易道周普，無所不備。”是鄭玄不以“周”爲代名。而《周禮·春官》太卜掌三卜之法：一曰《連山》，二曰《歸藏》，三曰《周易》。鄭玄注：“《連山》，似山出内氣也。《歸藏》者，萬物莫不歸而藏於其中。”賈公彦疏：“《連山易》，其卦以純艮爲首。艮爲山，山上山下，是名《連山》；雲氣出内於山，故名《易》爲《連山》。《歸藏易》以純坤爲首。坤爲地，故萬物莫不歸而藏於其中；故名《易》爲《歸藏》也。鄭雖不解《周易》，其名《周易》者，《連山》、《歸藏》，不言地號，以義名《易》，則周非地號。以《周易》以純乾爲首，乾爲天，又能周帀於四時，故名《易》爲《周易》也。”是賈亦不以“周”爲代名；而釋“周”爲“周帀”。抉經之心，執聖之權，蓋視鄭指尤諦審焉。然“周”之爲言“周帀”也，“周而復始”也；非賈君後起之義，而孔子繫《易》以來授受之微言大義也。何以明其然？按孔子繫《泰》之九三，曰：“無平不陂，無往不復。”象復見天地之心；而作《序卦》以序六十四卦相次之義；泰之受以否也，剥之窮以復也，損而不已必益，升而不已必困，如此之類，原始要終，罔不根極於復；所以深明易道之“周”也。其見義於《繫辭下》者曰：“易之爲書也不可遠；爲道也屢遷，變動不居，周流六虚，上下無常，剛柔相易，不可爲典要，惟變所適。”斯尤明稱《易》道變動之“周流六虚”焉。孔穎達疏：“周流六虚者，言陰陽周徧流動在六位之虚，六位言虚，位本無體，因爻始見，故稱虚。”《説卦》曰：“分陰分陽，迭用柔剛，故易六位而成章。”正與《繫辭傳》“周流六虚”之説相發明。“分陰分陽”以位言：凡卦初三五位爲陽，二四上位爲陰；自初至上，陰陽各半，故曰“分”。“迭用柔剛”以爻言：柔謂六，剛謂九也。位之陽者，剛居之，柔亦居之；位之陰者，柔居之，剛亦居之；或柔或剛，更相爲用；故曰“迭”。位之陰陽相間，則分布一定；爻之柔剛不同，則迭用以居；《繫辭下》所謂“周流六虚，上下无常”也。“周”有原始反終之義；而《周易》以純乾爲首。“乾，健也，爲天；天行不息，周天三百六十五度四分度之一，一日一夜，行一周，復其故處，日東行一度。”姚配中《周易姚氏學·乾象》曰“天行健”案乾道之變，天行之復也。孔子之象《乾》曰：“大明終始，六位時成。”夫《乾·象》之所謂“大明終始，六位時成”，即《繫辭傳》之所謂“周流六虚”也。不曰“大明始終”，而曰“終始”者，蓋日月運行，原始反終；天行之周，必復其始焉。孔穎達《疏》：天行健者，謂天體之行，晝夜不息，周而復始，無時虧缺，故曰“天行健”。似亦闚見此指。《繫辭上》曰：“剛柔相推而生變化。變化者，進退之象也。剛柔者，晝夜之象也。”天行之周，晝夜迭運。《易》道之周，剛柔相易。成象之謂乾；效法之謂坤。《繫辭上》曰：“易與天地準，故能彌綸天地之道。仰以觀於天文，俯以察於地理，是故知幽明之故。原始反終，故知死生之説；精氣爲物，遊魂爲變，是故知鬼神之情狀。與天地相似，故不違；知周乎萬物而道濟天下，故不過；旁行而不流，樂天知命，故不憂；安土敦乎仁，故能愛。範圍天地之化而不過，曲成萬物而不遺，通乎晝夜之道而知。”所謂“知”者何也？曰：“知幽明之故，原始反終”也。孔穎達疏：“晝則明也。夜則幽也。”通乎晝夜之道而知幽明之故，原始反終，即知易道之周與天地準矣。“日月運行，一寒一暑。”《繫辭上》“日往則月來，月往則日來，日月相推而明生焉。寒往則暑來，暑往則寒來，寒暑相推而歲成焉。”《繫辭下》此天行之周也。“是故法象莫大乎天地，變通莫大乎四時。”《繫辭上》“萬物出乎震；震東方之卦也。齊乎巽；巽，東南也；齊也者，言萬物之潔齊也。離也者明也；萬物皆相見，南方之卦也；聖人南面而聽天下，嚮明而治，蓋取諸此也。坤也者地也，萬物皆致養焉；故曰：致役乎坤。兑，正秋也，萬物之所説也；故曰：説言乎兑。戰乎乾；乾，西北之卦也，言陰陽相薄也。坎者水也，正北方之卦也，勞卦也，萬物之所歸也；故曰：勞乎坎。艮，東北之卦也，萬物之所成終而成始也；故曰：成言乎艮。”《説卦》凡此之類，胥以明易道之屢遷，象晝夜四時之周而必復其始焉。此題易之所爲冠以“周”歟？

三、《周易》之作者

考《周易》作者，孔穎達《論重卦之人》及《卦辭爻辭誰作》云：“《易》歷三聖。伏羲既畫八卦，即自重爲六十四卦采王弼説。文王作《卦辭》。周公作《爻辭》采馬融、陸績等説。孔子作《十翼》。所以只言三聖，不數周公者，以父統子業故也。”自東漢後起之説耳！若東漢以前，儒者皆言伏羲畫卦，文王重卦，孔子繫辭；更無異説。《繫辭下》曰：“古者庖犧氏之王天下，仰則觀象於天，俯則觀法於地，觀鳥獸之文與地之宜，近取諸身，遠取諸物，於是始作八卦，以通神明之德，以類萬物之情。”祗言庖犧作八卦，而不言重卦。《史記・太史公自序》曰：“伏羲至純厚，作《易》八卦。”《日者列傳》曰：“伏羲作八卦，周文王演三百八十四爻，而天下治。”《周本紀》曰：“西伯蓋即位五十年。其囚羑里。蓋益《易》之八卦爲六十四卦。”《孔子世家》曰：“孔子晚而喜《易》，序、彖、繫、象、説卦、文言。”所謂“序”者，蓋序六十四卦先後之次。彖者斷也；象者像也；曰

“彖繫象”者，謂斷一卦之義，明一卦之象，而繫辭於卦爻之下。今按《繫辭上》云：“聖人設卦觀象，繫辭焉以明吉凶。”又云：“聖人有以見天下之賾而觀其會通，以行其典禮，繫辭焉以斷其吉凶，是故謂之爻。”《繫辭下》云：“繫辭焉而命之，動在其中矣。”又云：“繫辭焉以益其言。”據此諸文，明是指卦爻辭，謂之繫辭。若謂《繫辭上下》四處所云“繫辭”，即是今之《繫辭》，孔子不應屢自稱其所著之書，又自言其作辭之義，且不應自稱聖人。蓋繫辭即卦辭、爻辭，乃孔子所作；而《彖》、《象》所以明繫辭之指。今之《繫辭》，乃繫辭之傳；孔子弟子所作以述傳《易》於夫子之言，屢稱“子曰”，必非出自孔子手筆。《太史公自序》引《易·繫辭》文：“天下一致而百慮，同歸而殊途”，爲《易大傳》。是有明證。凡孔子所作謂之經，弟子所作謂之傳。傳所云“聖人”，乃孔子弟子作傳，稱孔子爲聖人；非孔子作《繫辭》，而稱文王、周公爲聖人也。《説卦》者，陳説八卦之德業變化及法象所爲也，疑非孔子所作，而出弟子之所述，與《繫辭傳》同；而《世家》之有“説卦”二字爲衍文。孔子又以乾坤易之門户，其餘諸卦及爻，皆從乾坤而出，義理深奥，非《彖》、《象》所盡，故特作《文言》以開釋之。《世家》以“序彖象説卦文言”與“繫”聯稱者，明《卦辭》、《爻辭》之“繫”與“序象彖説卦文言”同出孔子作矣。是《太史公書》稱伏羲畫卦，文王重卦，孔子繫辭也。《太史公自序》稱父談受《易》於楊何，而《史記·儒林傳叙》自魯商瞿受《易》，孔子傳六世，至齊人田何字子莊。而漢興，田何傳東武人王同子仲。子仲傳菑川楊何。言《易》者本於楊何之家。而楊何之學，傳自商瞿，史公之《易》，受之楊何；授受昭然。是《史公書》伏羲畫卦，文王重卦，孔子繫辭之説，亦必受之楊何而傳自商瞿者也。《漢書·藝文志》删自劉向父子之《七略》，其叙《易》曰：“宓戲氏仰觀象於天，俯觀法於地，觀鳥獸之文與地之宜，近取諸身，遠取諸物，於是始作八卦以通神明之德，以類萬物之情。”至於殷周之際，紂在上位，逆天暴物，文王以諸侯順命而行道，天人之占可得而效，於是重《易》六爻，作上下篇。孔氏爲之《彖》、《象》、《繫辭》、《文言》、《序卦》之屬十篇。故曰：“《易》道深矣！人更三聖，世歷三古。”蓋卦爻分畫於羲、文；《繫辭》焉而命之，則始於孔子；如此則與“三聖”、“三古”之説相合。而揚雄作《太玄》，客有難《玄》太深，衆人之不好也，乃解難曰：“宓犧氏之作《易》也，綿絡天地，經以八卦；文王附六爻，孔子錯其象而彖其辭；然後發天地之藏，定萬物之基。”亦不言宓犧重卦，文王繫辭。《揚子法言·問神篇》曰：“《易》始八卦，而文王六十四，其益可知也。”《問明篇》曰：“文王，淵懿也。重《易》六爻，不亦淵乎?”《論衡·對作篇》曰：“《易》言伏羲作八卦，前是未有八卦，伏羲造之，故曰‘作’也。文王圖八自演爲六十四，故曰‘演’。”《正説篇》曰：“伏羲得八卦，非‘作’之；文王得成六十四，非‘演’也。”是揚子《法言》及王充，亦謂伏羲畫卦，文王重卦也。然則東漢以前，更無伏羲重卦，文王繫辭之説；而越世縣邈，所聞異辭，惟古説爲可傳信，以近古而見聞較真也。爰備著之以糾孔氏之違焉。

四、《周易》見於先秦諸子之引説

《禮記·王制》：樂正崇四術，立四教，順先王《詩》、《書》、《禮》、《樂》以造士。春秋教以《禮》、《樂》；冬夏教以《詩》、《書》。而不及《易》者，則以《易》未經孔子之繫辭，但有卦爻而無解説，故不可與《詩》、《書》、《禮》、《樂》並垂爲教；當時但以爲卜筮之書而已。至孔子爲之《彖》、《象》、《繫辭》、《文言》、《序卦》之屬十篇，闡明其義理，推合於人事；於是《易》道迺著。而稽之先秦諸子，其引《易》有與孔子相發明者：或論作《易》之大旨；或明學《易》之大用；或援《易》以明例；或引《易》以決事。如《吕氏春秋·仲夏記·大樂篇》曰：“太一出兩儀。兩儀出陰陽。陰陽變化，一上一下，合而成章。渾渾沌沌，離則復合，合則復離，是謂天常。天地車輪，終則復始，極則復反，莫不咸當。日月星辰，或疾或徐，日月不同，以盡其行；四時代興，或暑或寒，或短或長，或柔或剛。萬物所出，造於太一，化於陰陽。”所謂“太一”者，“太極”也。“《易》有太極，是生兩儀。”“剛柔相摩，八卦相盪，鼓之以雷霆，潤之以風雨，日月運行，一寒一暑；乾道成男，坤道成女。”“天地絪緼，萬物化醇。男女構精，萬物化生。”著於《繫辭傳》者，豈非吕氏所稱“萬物之出，造於太一，化於陰陽”者乎？吕氏又稱：“天地車輪，終則復始，極則復反，莫不咸當。”豈非易所稱“復見天地之心”，而欲以明易道之出於周者乎？其言作《易》之大指，有如此者。《荀子·大略篇》曰：“善爲

《易》者不占。”《荀子》此言，深以挽用《易》之失也。當時學者用《易》，專爲占卜；故暴秦焚書，而《易》獨以卜筮存。殊不思《易》之道與天地準，可以知幽明之故，可以知死生之説，可以知鬼神之情狀；凡天地之消長，人事之得失，罔不彌綸；寧衹卜筮之書而已！故曰“善爲《易》者不占”，所以明學《易》之大用别有在也。又云：“《易》之《咸》，見夫婦之道，不可不正也，君臣父子之本。咸，感也；以高下下，以男下女；柔上而剛下，聘士之義，親迎之道，重始也。”此本孔子《大象》序卦之指，引而申之，觸類而長之，天下之能事畢。《易》非專爲卜筮作，於此可見。其言學《易》之大用，有如此者。《荀子·非相篇》曰：“好其實，不恤其文，是以終身不免埤污庸俗。故《易》曰‘括囊无咎无譽’，腐儒之謂也。”此釋䷁《坤》六四爻辭。囊以盛物，故曰“好其實”。括之者，“不恤其文”也。《文言傳》曰：“天地閉，賢人隱。”《春秋左氏傳》曰：“身將隱，焉用文之！”此乃介之推甘心蜚遯，視社會、國家如弁髦；較之直方而德不孤，含章而發以時者，迥不及矣！故目之曰“腐儒”。“无咎无譽”，與䷛《大過》九五“枯楊”同辭，非吉占也。故曰“不免於埤污庸俗”。《史記·范雎蔡澤列傳》載蔡澤説應侯，引《易》曰：“亢龍有悔”，而釋䷀《乾》上九之爻辭，言上而不能下，信而不能屈，往而不能自反者也。《國策·楚策》載黄歇説秦昭王，引《易》曰：“狐濡其尾”，而釋䷿《未濟》卦辭，言始之易，終之難也。皆援《易》以決事。至《荀子·大略篇》曰：“‘復自道，何其咎’，以爲能變也。”《吕氏春秋·有始覽·務本篇》亦引而申之曰：“以言本無異，則動卒有喜。”此釋䷈《小畜》初九爻辭。《荀子》言變，《吕覽》言動，皆取䷗《復卦》剛反之義。凡易卦中有舉他卦名者，皆取義於彼卦；如䷱《鼎》九三言“鼎革”，即取《鼎》、䷰《革》反對之象。䷊《泰》六五言歸妹之祉，即取䷵《歸妹》六五“袂良”之義。易之通例如此。乾爲天；天道轉圜，周匝復始，動而復下，非有異轍，故曰“復自道”。凡六爻，上爲末，初爲本。云“本無異”者，明初之復道乃自道也。《吕氏春秋·慎大覽·慎大篇》引《易》“愬愬履虎尾終吉”，尤可證今本䷉《履》九四“履虎尾愬愬終吉”之倒譌。《象》曰“愬愬終吉”，與《泰·九二象》曰“包荒得尚於中行”，文法相同；舉首尾以賅中，爻之象曰有是例也。而《恃君覽·召類篇》引史默説《涣羣》之義，尤得《易》道之大；其言曰：“涣者賢也。羣者衆也。元者吉之始也。涣其羣元吉者，其佐多賢也。”此釋䷺《渙》六四爻詞。卦名渙者，取文章分布之象。《大象》曰：“風行水上，渙”，謂水之融液而成文也。渙者賢也，羣者衆也，謂所分布者皆衆賢也；分布衆賢，邦家之光也。下又云“渙有邱”，四邑曰邱，謂其所分布者，又禄之以大邑也。五“渙汗其大號”，謂下求賢之詔也。二“渙奔其机”，謂羣賢之駿奔走也。三“渙其躬”，謂布其腹心之臣也。“渙汗”，謂宣布陽氣。“渙血”，謂宣布陰精。凡人陰陽表裏，鬱結不通而成病，猶上下閉塞不通而成否。渙汗則邪解；渙血則邪去。猶國用賢人以通下情，則邪慝自除也。注家以渙爲離散不美之稱；全卦之例皆失！元吉與大吉異。元吉以德言；大吉以時言。《乾·彖》曰：“大哉乾元，萬物資始。”《文言》曰：“乾元者，始而亨者也。”故曰“元吉者吉之始”。舊解“元吉”爲大吉；全《易》之例皆失。當以史默之説，匡後來注家之違。斯又可援以明《易》例者也。先秦諸子引説《易》文，卓有名理，大率稱此。雖不言受易孔子；而按其引辭，則孔子之所繫；籀其稱説，亦揆之孔子《彖》、《象》、《繫辭》之全體大例，若合符節者也。特舉而申之以明其凡云。

五、漢以後《周易》之學者及其解説

孔子以《詩》、《書》、《禮》、《樂》教弟子，蓋三千焉。而受《易》者猶稱商瞿！商瞿，魯人，字子木，少孔子二十九歲。孔子傳易於瞿。瞿傳魯人橋庇子庸。子庸傳江東馯臂子弓。子弓傳燕周醜子家。子家傳東武孫虞子乘。子乘傳齊田何子裝。《史記·仲尼弟子列傳》曰：“瞿傳楚人馯臂子弘，弘傳江東人矯子庸疵，疵傳燕人周子家豎，豎傳淳于人光子乘羽，羽傳齊人田子莊何。”及秦禁學，《易》爲筮卜之書，獨不禁；傳受者不絶也。漢興，田何以齊田徙杜陵，號杜田生。傳東武王同子中、洛陽周王孫、丁寬、齊服生，皆著《易傳》。而王氏、周氏、服氏各二篇，獨丁氏八篇，見《漢書·藝文志》。要言《易》者本之丁寬。寬，字子襄，梁人也。初梁項生從田何受易；時寬爲項生從者，讀《易》精敏，材過項生，遂事何。學成，何謝寬。寬東歸。何謂門人曰：“《易》以東矣！”寬至洛陽，復從周王孫受古義，號《周氏傳》。景帝時，爲梁孝王將軍，距吴楚，號丁將軍。作《易説》三萬言，訓故舉大義而已；不言陰陽災變也。寬傳同郡碭田王孫。王孫傳施讎、孟喜、梁邱賀。由是《易》有施、孟、梁邱之學焉。施讎字長卿，沛人也，與孟喜、梁邱賀從田王孫受《易》，謙讓，常稱學廢，不教授。及梁邱賀貴仕，事多；迺遣子臨分將門人河内張禹子文等從讎問。讎自匿不肯見；賀固請；不得已，乃授臨等。於是賀薦讎結髮事師數十年；賀不能及！詔拜博士，與《五經》諸儒雜論同異於石渠閣。讎傳張禹及琅邪魯伯。禹傳淮陽彭宣子佩、沛戴崇子平。魯伯傳太山毛莫如少路、琅邪邴丹曼容。而禹官丞相；宣官大司空；皆至大官，其知名者也。由是施家有張彭之學。梁邱賀，字長翁，琅邪諸人也。從大中大夫京房受《易》。房者，淄川楊何叔元弟子也。何者，嘗受《易》東武王同子中，有《易傳》二篇，見《漢書·藝文志》；蓋《易》家之初立博士者，太史公司馬談及京房咸從受《易》焉。房出爲齊郡太守；賀更事田王孫。宣帝時，聞京房爲《易》，明求其門人，得賀，以爲郎。以筮有應，近幸，累官少府。傳子臨。臨又學於施讎，而專行京房法。以郎奉使，問諸儒於石渠。琅邪王吉通《五經》，聞臨説，善之，乃使其子郎中駿上疏從臨受《易》。臨傳五鹿充宗君孟。充宗官少府，貴幸，爲梁邱《易》。自宣帝時，善梁邱賀説。元帝好之，欲考其異同，令充宗與諸《易》家論。充宗乘貴辨口，諸儒莫能與抗，皆稱疾不敢！獨魯朱雲游從博士白子友受《易》，攝齊登堂，抗首而請，音動左右；既論難，連拄五鹿君。故諸儒爲之語曰："五鹿嶽嶽，朱雲折其角！"然不詳誰家，而五鹿充宗《略説》三篇，見《漢書·藝文志》。充宗傳光禄大夫平陵士孫張仲方，真定太守沛鄧彭祖子夏，王莽講學大夫齊衡咸張賓。由是梁邱有士孫、鄧、衡之學。孟喜，字長卿，東海蘭陵人也；從田王孫受《易》；傳《易》家候陰陽災變書，言："師田生且死時，枕喜膝，獨傳喜！"蓋十二月卦之學所自出焉。諸儒以此耀之！同門梁邱賀疏通證明之曰："田生絶於施讎手中，時喜歸東海，安得此事?"於是傳者以爲喜誕詐也！又蜀人趙賓好小數書，後爲《易》，飾《易》文；以爲："箕子明夷，陰陽氣亡箕子。箕子者，萬物方荄茲也。"賓持論巧慧，《易》家不能難，皆曰："非古法也!"云受孟喜，喜爲名之！後賓死，莫能持其説，喜因不肯仞，以此不見信！博士缺，衆人薦喜。上聞喜改師法，遂不用喜。喜傳同郡白光少子沛、翟牧子兄，皆爲博士。由是孟喜有翟、白之學。孟喜之學，雖與施、梁邱不同；然要爲田王孫之所自出；獨京房之《易》爲别出！京房，字君明，東郡頓邱人也。累官魏郡太守，蓋匪傳梁邱賀《易》之齊郡太守京房。治《易》，事梁人焦延壽贛。延壽云："嘗從孟喜問《易》。"會喜死，房以爲延壽《易》，即孟氏學。翟牧、白光不肯，皆曰："非也!"至成帝時，光禄大夫劉向校經傳諸子，考《易》説，以爲"諸家《易》説，皆祖田何。楊叔、丁將軍大誼略同。惟京氏爲異！倘焦延壽獨得隱士之説，托之孟氏，故不與相同。"然考孟喜受學田王孫，言師田生且死傳喜之《易》家候陰陽災變書，或者即延壽之所本也。延壽著《易林》十六卷，大抵即《易》家候陰陽災變之書。以一卦演六十四卦，總四千九十六卦，各繫以繇詞，文句古奥，與《左氏傳》載"鳳皇于飛，和鳴鏘鏘"；《漢書》載"大横庚庚，予爲天王"之語絶相類。惟延壽生當昭、宣之世，其時《左氏》未立學官，今《易林》引《左氏》語甚多，又往往用《漢書》中事，至云："劉季發怒，命滅子嬰。"又曰："大蛇當路，使季畏懼。"寧漢人所宜言者耶？疑是東漢以後人撰而托之延壽者？然漢《易》之流爲術數，自延壽始也。顧延壽常曰："得我道以亡身者，京生也!"其説長於災變，分六十四卦更直日用事，以風雨寒温爲候，各有占驗。房傳延壽之學，故言術數者稱焦京。而房之推衍災祥，更精於延壽，卒以誅死！其著書見於《漢書·藝文志》、《隋書·經籍志》者，有《孟氏京房》十一篇，《災異孟氏京房》六十六篇，《京氏段嘉》十二篇，《章句》十卷，《占候十種》七十三卷，唐以後多佚不傳。今傳者，曰《京氏積算易傳》三卷。其書兆乾坤之二，觀象成八卦，卦凡八變六十有四。於其往來升降之際，以消息盈虚於天地之元，而酬酢乎萬物之表者，炳然在目也！大抵辨三易，運五行，正四時，謹二十四氣，悉七十二候，而位五星，降二十八宿；其進退以幾而爲一卦之主者，謂之世。奇耦相與，據一以超二，而爲主之相者，謂之應。世之所謂位而陰陽之肆者，謂之飛。陰陽肇乎所配乾與坤，震與巽，坎與離，艮與兑，而終不脱乎本以飛某卦之位，乃伏某宫之位，以隱賾佐神明者，謂之伏。起乎世而周乎内外，參乎本數以紀月者，謂之建終。終始極乎數，而不可窮，以紀日者，謂之積含。於中而以四爲用，一卦備四卦者謂之互。乾建甲子於初，坤建甲午於上。八卦之上，乃生一世之初。初一世之五位，乃分而爲五世之位；其五世之上，乃爲遊魂之世；五世之初，乃爲歸魂之世；而歸魂之初，乃生後卦之初。其建，剛日則節氣，柔日則中氣。其數，虚則二十有八，盈則三十有六。蓋後世術士所用世應、飛伏、遊魂、歸魂、納甲之説，皆出京房。房傳東海殷嘉、河東姚平、河南乘弘，皆爲郎、博士。由是《易》有京氏之學。京氏《易》於元帝之世，與施、孟、梁邱氏並列學官；而民間有費高二家之説。費高者，費直、高相也。費直，字長翁，東萊人。治《易》，長於卦筮，亡章句，徒以《彖》、《象》、《繫辭》十篇文言解説《上下經》。然劉向以中古文《易經》校施、孟、梁邱《易》，或脱去“无咎”、“悔亡”；唯費直《易》與古文同。自是費直《易》號古文之學，與施、孟、梁邱之稱今文者不同。高相，沛人也。治《易》，與費直同時，專説陰陽災異，自言出於丁將軍。其學亦無章句。而施、孟、梁邱氏各有章句二篇，見《漢書·藝文志》。既，炎漢祚絶，世祖重光，好愛經術，儒彦雲從，於是立《五經》博士。《易》有施、孟、梁邱、京氏，各以家法教授；爲京氏之《易》極盛焉！蓋東漢之世，治施氏《易》有聞者，僅陳留劉昆父子而已！昆，字桓公。平帝時，受施氏《易》於沛人戴賓能。王莽世，教授弟子，恒五百餘人。世祖興，累官光禄勳，授皇太子及諸王小侯五十餘人。傳子軼，字君文，能世其學。門徒亦盛！然知名之士無聞焉！此治施氏《易》者也。治梁邱《易》者，曰：代郡范升辨卿；與博士梁恭、山陽太守吕羌俱修梁邱《易》。世祖徵拜議郎，遷博士；自以學不如梁恭、吕羌，願推博士以避二人。世祖不許，然由是重之！尚書令韓歆疏請爲費氏《易》、《左氏春秋》立博士。詔范博士可前平説。遂與歆等駁難，日中乃罷。升退而奏曰：“近有司請置京氏《易》博士，羣下執事，莫能據正。京氏既立，費氏怨望。……京、費已行，次復高氏……並復求立，各有所執……今費氏學，無有本師，而多反異！先帝前世有疑於此，故京氏雖立，輒復見廢。疑道不可由！疑事不可行！”費氏《易》以此不得立博士！而升弟子知名者，曰京兆楊政子行，少從升受梁邱《易》，善説經書。京師爲之語曰：“説經鏗鏗楊子行！”教授數百人，累官左中郎將。又有潁川張興君上者，習梁邱《易》以教授。世祖興，舉孝廉，爲郎，累拜太子少傅。顯宗數訪問經術。既而聲稱著聞。弟子自遠至者，著録且萬人，爲梁邱家宗。時則中興之初，而三君之外，終東漢，治梁邱《易》者無聞！治孟氏《易》者，曰南陽洼丹子玉，世傳孟氏《易》。王莽時，常避世教授，專志不仕，徒衆數百人。世祖興，爲博士，稍遷爲大鴻臚，作《易通論》七篇，世號《洼君通》。安定梁竦叔敬、中山觟陽鴻孟孫，亦以孟氏《易》教授有名稱。汝南袁安邵公者，祖父良，習孟氏《易》；安傳其學。肅宗之世，累拜司徒，以直節著聞於朝。子京字仲譽，敬字叔平，傳習父業。而京作《難記》三十萬言，其尤知名者也。東漢之末，有廣漢任安定祖者，少遊太學，受孟氏《易》，兼通數經；又從同郡楊厚學圖讖，究極其術。時人稱曰："居今行古任定祖!"初仕州郡，後太尉再辟，除博士，公車徵，皆不就。益州牧劉焉表薦之；然王塗阻塞，詔命竟不至焉！治京氏《易》者最多，大抵世祖之世，曰汝南戴憑次仲、沛獻王輔；顯宗之世，曰南陽魏滿叔牙；恭宗之世，曰涿郡崔瑗子玉、廣漢折像伯式、北海郎宗仲綏、南陽樊英季齊、李昌子然、豫章唐檀子產；順帝之世，曰北海郎顗雅光、汝南許峻季山；桓帝之世，曰弘農劉寬文饒、濟陰孫期仲彧；皆有名。而樊英著《易章句》，世稱"樊氏學"。唐檀著書二十八篇，名爲《唐子》。許峻卜占，多有顯驗，時人方之前世京房。所著《易林》行於世，或者即焦氏《易林》之所謁也？世之言占候者，率治京氏焉。夷考光武之世，劉昆之傳施氏，范升之明梁邱，洼丹之通孟氏，戴憑之説京氏，皆譚《易》之宗，時主所重！獨蒼梧陳元長孫、河南鄭衆仲師皆傳費氏《易》。其後扶風馬融季長亦爲其傳。融授北海鄭玄康成。玄初從第五元先受京氏《易》；又從融受費氏《易》，故其學出入於兩家；然要其大旨，費義居多；而謂"乾坤六爻，上繫二十八宿，依氣而應，謂之爻辰。"則費氏《易》之所無也。然玄又喜言十二消息卦，則其説出於孔門。《繫辭傳》云："往者屈，來者信"；"原始反終，通乎晝夜之道。"蓋言消息者之所本也。同時潁川荀爽慈明以碩儒作《易傳》，據爻象承應陰陽變化之義，以十篇之文，解説經意，亦宗費氏而言消息。自是費氏興而京氏遂衰！馬融有《周易注》一卷，鄭玄有《周易注》九卷，荀爽有《周易注》十一卷，見《隋書·經籍志》。蓋漢之言《易》學者，楊何最先立博士，然最早衰！至東漢之興，京氏《易》後來居上；而施、孟、梁邱三家先後衰！費氏興，而京氏亦衰！其大較然也。東漢之末，荆州牧山陽劉表景升亦有《周易章句》五卷，見《隋書·經籍志》。而表之學，實受於同郡王暢叔茂。暢之孫曰粲者，遭漢亂，與族兄凱俱避地荆州。劉表欲以女妻粲，而嫌其形陋用率；以凱有風貌，乃以妻凱。凱生業，即劉表外孫也；有子曰弼字輔嗣，幼而察惠，蓋以注《易》著聞魏朝。凡《易注》六卷，《易略例》一卷。自鄭玄傳費直之學，始析《易傳》以附《經》；至弼又更定之。玄本大約如今之乾卦；其坤卦以下，又弼所割裂。然鄭玄《易注》，至北宋尚存一卷，《崇文總目》稱存者爲《文言》、《説卦》、《序卦》、《雜卦》四篇。則玄本尚以《文言》自爲一卷①；所割以附《經》者，不過《彖傳》、《象傳》。今本乾坤二卦各附《文言》，知全經皆弼所更定，非鄭玄之舊也。弼之説《易》，稱出費直。直《易》今不可見；然荀爽《易》即費氏學。唐李鼎祚《周易集解》尚頗載其遺説，大抵究爻位之上下，辨卦德之剛柔，已與弼注略近；但弼全廢象數，又變本加厲。平心而論：《易》本卜筮之書，故末派寖流於讖緯。王弼乘其極敝而攻之，遂能排擊漢儒，自標新學。然闡明義理，使《易》不雜於術數者，弼實不爲無功；而祖尚虚無，使《易》竟入於老莊者，弼亦不能無過。瑕瑜不掩，斯爲定評！魏朝之明《易》者，王弼而外，司徒東海王朗景興嘗著《易傳》；子肅子雍因撰定成《周易注》十卷；《隋書·經籍志》所著録，是也。然肅善馬融之學而不好鄭玄。時樂安孫炎叔然，則受學鄭玄之門人，稱“東州大儒”，作《周易例》。肅作《聖證論》以譏短玄；炎駁而釋焉。然馬、鄭不同，要其言《易》本之費氏。獨平原管輅公明善筮卦風角之占，或者本之京氏。據管辰叙稱：“每觀輅書傳，惟有《易林》風角……昔京房雖善卜及風律之占……世人多以輅疇之京房。”見裴松之《三國志》本傳注引《輅别傳》。南陽何晏平叔請共論《易》，曰：“君論陰陽，此世無雙！”時鄧颺玄茂在晏許，言：“君見謂善《易》，而語初不及《易》中辭義，何故也?”輅尋聲答之曰：“夫善《易》者，不論《易》也。”晏含笑而贊之，曰：“可謂要言不煩也！”魏之《易》博士曰淳于俊；魏帝高貴鄉公常就問易焉。凡問三事。其一事曰：“孔子作《彖》、《象》，鄭玄作《注》，雖聖賢不同，其所釋《經》義一也。今《彖》、《象》不與《經》文相連而《注》連之；何也?”俊對曰：“鄭玄合《彖》、《象》於《經》，欲使學者尋省易了也。”帝曰：“若鄭玄合之，於義誠便；則孔子曷爲不合以了學者乎?”俊對曰：“孔子恐其與文王相亂，是以不合；此聖人以不合爲謙。”帝曰：“若聖人以不合爲謙；則鄭玄何獨不謙耶?”俊不能對。蓋魏博士之治《易》，善鄭氏學者也。蜀博士之治《易》，善鄭氏學者，曰南陽許慈仁篤；子勛傳其業。然儈士也！蜀士之《易》學，蓋始於廣漢任安之習孟氏。弟子知名者，曰梓潼杜微國輔；曰蜀郡杜瓊伯瑜。然瓊

① “卷”原誤作“傳”，今改正。

好圖讖而不言《易》；巴西譙周允南傳其學焉。吴士之善《易》者，曰會稽虞翻仲翔；曰吴郡陸績公紀。翻有《周易注》九卷，績有《周易注》十五卷，具見《隋書·經籍志》。然翻之先世，本治《孟氏易》；而績之注，則采諸《京氏易傳》者爲多。績年輩差晚；而翻舊齒名盛，説《易》專取旁通與之卦。旁通者，乾與坤，坎與離，艮與兑，震與巽，交相變也；之卦則以兩爻交易而得一卦；消息六爻，發揮旁通；與魯國孔融文舉書，示以所著《易注》。融答書曰："自商瞿以來，舛錯多矣！去聖彌遠，衆説騁辭！曩聞延陵之理樂；今覩吾子之治《易》；乃知東南之美者，非徒會稽之竹箭！"然翻自稱傳孟氏《易》，而説"七日來復"，不言六日七分；則亦不盡用孟氏《易》也。廣陵張紘子綱名輩不後虞翻，而治京氏《易》則同陸績。又汝南程秉德樞者，逮事鄭玄；吴大帝聞其名儒，徵拜太子太傅；著《周易摘商》。蓋費氏之支流餘裔矣！大抵三國之世，北士傳馬、鄭而習費《易》；而吴蜀則守孟、京而薄馬、鄭。虞翻初立《易注》，奏稱："潁川荀諝號爲知《易》。臣得其注，有……返逆……可怪笑！馬融……復不及諝。……鄭玄……立注，未得其門。"荀諝，荀爽之别名也。此可以覘三國南北學之殊風焉！然南北學亦何常之有！費《易》大興，而孟、京不能不廢！梁邱、施氏亡于西晉。孟氏、京氏雖有其書；而明京氏《易》者，西晉惟弘農董景道文博；東晉惟新蔡干寶令升而已！寶有《周易注》十卷，見《隋書·經籍志》。孟氏之《易》無聞。而費氏之學，又分鄭玄、王弼兩家。元帝中興，江左議爲王弼《易》置博士，獨太常潁川荀崧景猷以爲不可；請爲鄭玄《易》置博士，自是《易》有鄭玄、王弼二博士。然有晉始自中朝，迄於江左，莫不崇飾老莊，祖述虚玄，擯闕里之典經，習正始之餘論。王弼生當正始，辭才逸辯，老學實爲宗師！而明《易》亦造玄論。風流所仰，學者宗焉！惟弼注者，僅《上下經》；而補《繫辭》、《説卦》、《雜卦》、《序卦》注者，其門人韓康伯也。自是王《注》行而鄭學亦衰！河南及青齊之間，儒生多講王《注》，師訓蓋寡；奚論江左！自跖拔魏之末，大儒華陰徐遵明子判門下，講鄭玄所注《周易》。遵明以傳范陽盧景裕仲孺。景裕傳權會、郭茂。權會早入鄴都；郭茂恆在門下教授。其後河朔言《易》者，多出郭茂之門。大抵南北所爲章句，河洛《周易》則鄭玄；江左則王弼；好尚互有不同！獨晉揚州刺史晉陵顧悦之君叔有《周易難王輔嗣義》一卷四十餘條。齊國子博士吴郡陸澄彦深與尚書令琅邪王儉仲寶書，陳：“王弼注《易》，玄學所宗！今若弘儒，鄭不可廢！”儉答：“《易》體微遠，實貫羣籍；豈據小王，便爲該備！依舊存鄭，高同來説。”可謂矯矯南士之不羣者也！然梁、陳之世，鄭玄仍得與王弼注並列學官。南齊惟傳鄭義。至隋平江南，王《注》乃盛河朔；然鄭義不廢。既，隋氏道消，唐代應運。詔孔穎達等撰定《周易正義》；然後專崇《王注》而衆説皆廢。序稱：“漢儒傳易者，西都則有丁、孟、京、田，東都則有荀、劉、馬、鄭，大體更相祖述，非有絶倫。惟魏世王輔嗣注，獨冠古今！所以江左諸儒並傳其學，河北學者罕能及之！其江南義疏十有餘家，皆辭尚虚玄，義多浮誕。原夫易理難窮，雖復玄之又玄。至于垂範作則，便是有而教有。若論住内住外之空，就能就所之説，斯乃義涉於釋氏，非爲教於孔門也！”所以抨江南諸家者，斯亦允矣！雖然，吾觀孔穎達者，徒知釋氏之義不涉《易》；而不知王《注》之辭亦尚玄。徒知江南義疏諸家之辭尚虚玄，義多浮誕；而不知王《注》之爲玄學之宗，江南諸家之所自出也！顧謂“義禮可詮，先以輔嗣爲本”；寧必爲達識乎！雖然，唐之《易》家，有期詮義理而用王弼者，孔穎達之《周易正義》是也。有旁通象數而采虞翻者，李鼎祚之《周易集解》是也。一爲三國之魏學，一爲三國之吴學；一開宋儒胡、程之先，一植清學惠、張之基。蓋李鼎祚《周易集解》凡十七卷，仍用王弼本；惟以《序卦傳》散綴六十四卦之首；蓋用《毛詩》分冠小序之例，所采凡子夏、孟喜、焦贛、京房、馬融、荀爽、鄭玄、劉表、何晏、宋衷、虞翻、陸績、干寶、王肅、王弼、姚信、王廙、張璠、向秀、王凱沖、侯果、蜀才、翟玄、韓康伯、何妥、崔憬、沈驎士、盧氏、崔覲、伏曼容、孔穎達、姚規、朱仰之、蔡景君等三十五家之説；而采虞翻尤多。其所自爲説，則純似翻；將欲以刊輔嗣之野文，補康成之逸象，而不采玄爻辰之説。自序謂：“王鄭相沿，頗行于代。鄭則多參天象。王乃全釋人事。且《易》之爲道，豈偏於天人哉?”則是于鄭、王皆有不足，而博采諸家以爲折衷也。其有拾遺補闕，而搜孔、李所未采者，則有史徵之《周易口訣義》凡七卷，自序云：“但舉宏機，纂其樞要；先以王《注》爲宗，後約孔《疏》爲理。然中如《乾・彖①》引周氏説；《乾・大象》、《革・彖》引宋衷説；《屯・彖》引

① “彖”原誤作“象”，茲據《四庫全書總目提要》“周易口訣義”條語改正。

李氏説；《師·彖》、《漸》九五引陸績説；《師》六五、《坎·大象》引莊氏説；《謙》六五引張氏説；《賁·大象》引王廙説；《頤·大象》引荀爽説；《坎》上六引虞氏説；《咸·大象》、《井·大象》、《鼎·彖》引何妥説；《萃·彖》、《困·大象》引周宏正説；《升·彖》、《漸·彖》引褚氏説；《震》九四、《兑·大象》引鄭衆説；《漸·大象》引侯果説；多出孔穎達《疏》及李鼎祚《集解》之外。蓋唐去六朝未遠；《隋書·經籍志》所載諸家之書，猶有存者，故徵得以旁蒐博引；雖有文義，間涉拙滯。而唐以前解《易》之書，《子夏傳》既多屬僞撰；鄭玄、陸績注爲後儒輯佚，亦非完書。其實存於今者，京房、王弼、孔穎達、李鼎祚四家及史氏此書而五耳！固稽古者所宜珍也！惜李、史二氏，《新舊唐書》並無傳，其人本末不詳耳！此唐代《易》學之要刪也。然自唐代以王弼《注》定爲《正義》，於是學《易》者專言名理。惟李鼎祚《集解》不主弼集，博采諸家，以爲“刊輔嗣之野文，補康成之逸象”，而後來經生，不能盡從其學！宋儒若胡瑗、程子，言理精粹，自非晉唐諸儒可及；然於象亦闕焉不詳！獨金華鄭剛中亨仲著《周易窺餘》十五卷，兼收漢學；凡荀爽、虞翻、干寶、蜀才九家之説，皆參互考稽，不主一家。其解義間異先儒，而亦往往有當於理。雖其人附和秦檜，公論不予；然闡發經義，則自出新義，具有理解，要爲《易》家所不廢也。又《古易》本十二篇，自費直、鄭玄以至王弼，遞有移掇。孔穎達因弼本而作《正義》，行於唐代。《古易》自此不復存！宋吕大防仲微始考驗舊文，作《周易古經》二卷。其後巨野晁説之以道作《古易》十二卷，永嘉薛季宣士龍作《古文周易》十二卷，餘姚程迥可久作《古周易》一卷，丹陵李燾仁甫作《周易古經》八篇，崑山吴仁傑斗南作《古周易》十二卷，金華吕祖謙伯恭作《古周易》一卷，大致互相出入。獨祖謙書最晚出，而較有據，凡分《上經》、《下經》、《彖上傳》、《彖下傳》、《象上傳》、《象下傳》、《繫辭上傳》、《繫辭下傳》、《文言傳》、《説卦傳》、《序卦傳》、《雜卦傳》爲十二篇。朱子嘗爲之跋，後作《本義》即用祖謙而不用王弼焉。然唐代雖定王弼《注》爲《正義》；而《新唐書·藝文志》著録玄《注》十卷，是唐時王學盛行，而鄭注未墮地也。至北宋尚存玄注《文言》、《序卦》、《説卦》、《雜卦》四篇一卷，見《崇文總目》；而淳熙以後諸儒罕所稱引，蓋亡於南宋之初也。慶元王應麟伯厚，獨能於散佚之餘，旁摭諸書，輯《周易鄭康成注》一卷，蒐羅放失，以存漢《易》之一線；經文異字，亦皆並存；其無經文可存者，則總録於末簡；又以玄《注》多言互體，並取《〈左傳〉〈禮記〉〈周禮〉正義》中論互體者八條，以類附焉。可謂篤志遺經，研心古義者矣！此宋儒之整理古《易》則有然者。雖然，宋儒《易》學之所以獨成宋儒者不在此！蓋宋儒《易》學之自名一家者甚衆；然要其大別，不外象數、義理二宗。而泰州胡瑗翼之開宋儒義理説《易》之先河，范陽邵雍堯夫爲宋儒象數説《易》之大宗。漢儒言《易》，本多主象數。至宋儒言《易》，而象數之中，復歧出圖書一派。此派蓋大昌於邵雍，而造端於彭城劉牧長民者也。牧之學出於洛陽种放名逸；放出於亳州陳摶圖南，其淵源與邵雍同；而以九爲河圖，十爲洛書，則與雍異。著《易數鈎隱圖》三卷附《遺論九事》一卷；其學盛行於仁宗時。黄黎獻作《略例隱訣》，吴祕作《通神》，休寧程大昌泰之作《易原》，皆發明牧説。至建陽蔡元定西山則以爲與孔安國、劉歆所傳不合，而以十爲河圖，九爲洛書。朱子從之。著《易學啓蒙》。自是以後，言圖書者皆宗朱、蔡，而牧之圖幾廢焉！然圖書之學，劉牧實爲別傳，而邵雍乃其正宗。雍之子曰伯温子文者，著《易學辨惑》一卷，中叙傳授本末，謂："雍《易》受於青社李之才挺之。之才師鄆州穆修伯長。修師陳摶。"則是陳摶者，宋儒圖書説《易》之祖師也。然宋儒之有陳摶、邵雍，猶漢學之有孟、京，所謂《易》外別傳者也。顧或者謂："陳摶以先天圖傳种放，更三傳而至邵雍。放以《河圖》、《洛書》傳李溉，更三傳而至劉牧。穆修以《太極圖》傳周敦頤，再傳至程顥、程頤。厥後雍得之以著《皇極經世》，牧得之以著《周易鈎隱圖》，周敦頤得之以著《太極圖説》、《通書》，頤得之以述《易傳》。"據朱震《漢上易集傳卦圖》之説云爾；其説頗爲後人所疑。而朱子亦謂："程子之學，源於周子。"然考之程子《易傳》無一語及太極；而於《觀》、《大畜》、《夬》、《漸》諸卦，云"予聞之胡翼之先生"，"予聞之胡先生曰"者，不一而足。則是程子之學，源於胡瑗；而於周敦頤無徵也。倪天隱述其師胡瑗之説，有《周易口義》十二卷。其説《易》以義理爲宗。而程子不信邵雍之數。故邵子《皇極經世》以數言《易》；而程子著《易傳》四卷，則黜數而崇理，於胡瑗爲近。其書以《序卦》分置諸卦之首，依李鼎祚《集解》例，而用王弼《注》本，但解《上下經》及《彖》、《象》、《文言》，亦與王弼《注》同。朱子《周易本義》，初亦用王弼本，後以吕祖謙《古周易》爲本；然大指仍略同王弼而加詳焉。首列《九圖》，末著揲法，大畧兼義理、占象而言。附以《易學啓蒙》一卷，曰《本圖書》、《原卦畫》、《明蓍筴》、《考變占》凡四篇，殆折衷理、數二家之説而無所偏廢者乎！蒲江魏了翁鶴山，蓋問業於朱子之門人建昌李燔敬子、趙州輔廣漢卿者。嘗言："辭變象占，《易》之綱領；而繇彖象爻之辭，畫爻位虛之別，互反飛伏之説，乘承比應之例，一有不知，則義理闕焉！"其大旨主於以象數求義理，折衷於漢學、宋學之間。輯《周易要義》十卷，雖主於王《注》、孔《疏》，而采摭謹嚴，别裁精審，可謂剪除支蔓，獨擷英華者矣！雖然，宋儒《易》學，亦有不言理，不言數，而但言事者：上虞李光泰發《讀易詳説》十卷，吉水楊萬里誠齋《易傳》二十卷，其最著者也。光之書，於卦爻之詞，皆引證史事。蓋援古事以證爻象，始自鄭玄；若全經皆證以史，則光書其始也。萬里之書，大旨本程子《易傳》；而參引史事以證之，則同李光，初名《易外傳》。宋代書肆，曾與程《傳》並刊，謂之《程楊易傳》。顧宋儒詆之者夥，以爲足以聳文士之觀瞻，而不足以服窮經士之心！然聖人作《易》，本以吉凶悔吝明人事，使天下萬世無不知所從違；非徒使上智者矜談妙悟，如佛家之傳心印，道家之授丹訣。自譚《易》者推闡姓命，句稽奇偶，其言愈微妙，而於聖人立教牖民之旨，愈南轅而北轍。箕子之貞，鬼方之伐，帝乙之歸妹，孔子繫辭，何嘗不明證史事！依此而推，三百八十四爻，可以例舉矣。舍人事而談天道，正後儒説《易》之病，未可以引史證經爲二家病！此一派也。又有不言理、數，亦不言事而言心性者：慈谿楊簡敬仲《易傳》二十卷，寧德王宗傳景孟《童溪易傳》三十卷，其最著者也。簡之學出金谿陸九淵子静，故其解《易》，惟以人心爲主。蓋自漢以來，以玄空説《易》，始魏王弼；而以心性説《易》，始王宗傳及簡。宗傳之論，有性本無説，聖人本無言之語，與簡文旨相同。夫弼《易》祖尚玄虛以闡發義理，漢學至是而始變。宋儒掃除古法，實以王《注》爲藍本！然胡瑗、程子祖其義理而歸諸人事，故似淺近而醇實。宗傳及簡祖其玄虛而索諸性天，故似高深而幻窅。此又一派也。然論宋儒《易》學者，要以程子《易傳》、朱子《易本義》爲大宗。臨海董楷正叔者，朱子再傳弟子也。嘗輯《周易傳義》十四卷，合程子《傳》、朱子《本義》爲一書，而采二子之遺説，附録其下，意在理、數兼通。惟程子《傳》用王弼本，而朱子《本義》則用吕祖謙《古周易》本；

楷以程子在前，遂割裂朱子之書，散附程《傳》之後，而朱子所定之古文，仍復淆亂！迨明之成祖，命行在翰林學士胡廣等纂《周易大全》，即以楷書爲底本，而列之學官。迄有清五百年間，士夫之爲學，朝廷之取士，胥以此焉。鄉塾之士，遂不復知有古經，則楷肇其端也！於是程《傳》、朱《本義》之《大全》本行，而王《注》孔《疏》亦廢擱矣！元明兩代，學者言《易》，大抵不脱宋儒窠臼！獨明古義，不囿風氣者，惟元天台陳應潤之撰《周易爻變義藴》，明海鹽姚士粦叔祥之輯《陸氏易解》耳！考陳應潤之書凡四卷，大旨謂："義理玄妙之談，墮於老莊；先天諸圖，雜以《參同契》爐火之説，皆非《易》之本旨。"故其論八卦，惟據《説卦傳》"帝出乎震"一節，爲八卦之正位，而以"天地定位"一節，邵雍指爲先天方位者，定謂八卦相錯之用；謂："文王演《易》，必不顛倒伏羲之文，致相矛盾。"其論太極、兩儀、四象，以天地爲兩儀，以四方爲四象；謂："未分八卦，不應先有揲蓍之法，分陰陽太少。周子無極太極、二氣五行之説，自是一家議論，不可説《易》。"蓋自宋以後，毅然破陳搏之學者，自應潤始！所注用王弼本，惟有《上下經》六十四卦。據《春秋左氏傳》某卦之某卦例，如《乾》之《姤》曰"潛龍可勿用"，《乾》之《坤》曰"見羣龍無首，吉"之類，故名曰爻變。其稱一卦，可變六十四卦，六爻可變三百八十四爻；即漢焦延壽《易林》之例。蓋亦因古占法而推原其變通之意，非臆説也！昔宋王應麟輯鄭玄《易注》，爲學者所重。而姚士粦抄撮京房《易傳注》、李鼎祚《集解》諸書所引之吴陸績《周易注》以成《陸氏易解》一卷，雖不及應麟搜討之勤博；然在陸《注》久佚之餘，而掇拾叢殘，存什一於千百，於元明人《易》家之中，倘亦翹然獨秀者矣！若乃師心自悟，闇與古會，足以卓然名一家者，莫如梁山來知德矣鮮，隱萬縣之深山，精思《易》理，自隆慶庚午，至萬曆戊戌，閲二十九年，而成《周易集注》十六卷。其立説專取《繫辭》中錯綜其數，以論《易》象，而以《雜卦》治之。錯者，陰陽對錯，如《先天圓圖》乾錯坤，坎錯離，八卦相錯，是也。綜者，一上一下，如屯、蒙之類，本是一卦，在下爲屯，在上爲蒙，載之《序卦》，是也。其論錯：有四正錯；有四隅錯。論綜：有四正綜；有四隅綜。有以正綜隅；有以隅綜正。其論象：有卦情之象；有卦畫之象；有大象之象；有中爻之象；有錯卦之象；有綜卦之象；有爻變之象；有占中之象。皆由冥心力索，得其端倪，因而參互旁通，自成一説，當時推爲絕學。然《上下經》各十八卦，本之舊説；而所説中爻之象，亦即漢以來互體之法；特知德縱横推闡，專明斯義，較先儒爲詳盡耳！既，清儒崛起，務摧剥宋學，宏宣漢《易》，别成風氣；而首驅除夫難者，要推餘姚黄宗羲太沖、宗炎晦木兄弟，暨德清胡渭朏明三氏。初，陳摶推闡《易經》，衍爲諸圖；其圖本準《易》而生，故以卦爻反覆研求，無不符合。傳者務神其説，遂歸其圖於伏羲，謂《易》反由圖而作。又因《繫辭》、《河圖》、《洛書》之文，取大衍算數，作五十五點之圖，以當《河圖》；取《乾鑿度》太乙行九宫法，造四十五點之圖，以當《洛書》；其陰陽奇偶，亦一一與《易》相接應。傳者益神其説，又真以爲龍馬神龜之所負，謂伏羲由此而有先天之圖；實則唐以前書，絕無一字之徵驗，而突出於北宋之初。邵雍、朱子亦但取其數之巧合，而未暇究其太古以來從誰授受。於是宗羲病其末派之支離，糾本原之依託，著《易學象數論》六卷。自序云："世儒視象數爲絕學；今一一疏通，知於《易》本無干涉，而後反求程《傳》，亦廓清之一端。"又稱："王輔嗣《注》簡當無浮義；而病朱子添入康節先天之學爲添一障。"可謂了當！而宗炎著《周易象辭》附《尋門餘論》、《圖書辨惑》二十四卷，大指謂："陳摶之圖書，乃道家養生之術。"與元陳應潤之説合。而論"四聖相傳，不應文王、周公、孔子之外，别有伏羲之《易》，爲不傳之祕。《周易》未經秦火，不應獨禁其圖，轉爲道家藏匿，二千年至陳摶而始出。"則尤篤論也！然皆各據所見，抵其罅隙，尚未能窮溯本末，一一抉所自來。獨胡渭著《易圖明辨》十卷，辨《河圖》、《洛書》，辨五行九宫，辨《周易參同》先天太極，辨《龍圖》、《易數鉤隱圖》，辨《啓蒙》圖書，辨先天《古易》，辨後天之學，辨卦變，辨象數流弊；大指謂："《詩》、《書》、《禮》、《春秋》皆不可無圖。獨《易》無所用圖。六十四卦二體六爻之畫，即其圖也。八卦之次序方位，則乾坤三索，出震齊巽，二章盡之矣！"引據舊文，互相參證，以箝依托者之口。於是學者知圖書之説，雖言之有故，執之成理，乃修煉、術數二家旁分《易》學之支流，而非作《易》之根柢。視黄氏兄弟所論，尤爲窮源竟委，其功不可没也！然此三君子者，於宋儒有摧陷廓清之功；而漢學之究宣未極宏！至吴縣惠士奇天牧撰《易説》六卷，以爲："今所傳《易》出費直《易》。費本古文，王弼盡改俗書，又創虚象之説，而漢《易》亡矣！易者象也。聖人觀象而繫辭，君子觀象而玩辭。六十四卦皆實象，安得虚哉！漢儒言《易》，孟喜以卦氣；京房以適變；荀爽以升降；鄭康成以爻辰；虞翻以納甲；其説不同，而指歸則一，皆不可廢。”然士奇博學無所成名，力矯王弼以來空言説經之弊，徵引賅備，而失之雜！其子曰棟，字定宇者，博通經史，尤邃於《易》；謂：“孔子作《十翼》，其微言大義，七十子之徒相傳，至漢猶有存者。自王弼興而漢學亡，幸存其略於李氏《集解》。”精研三十年，引伸觸①類，始得貫通其旨；乃追考漢儒《易》學，掇拾緒論，成《易漢學》八卷：凡《孟長卿易》二卷，《虞仲翔易》一卷，《京君明易》二卷《干寶易》附見，《鄭康成易》一卷，《荀慈明易》一卷；其末一卷，則棟發明漢《易》之理，以辨正《河圖》、《洛書》先天太極之學。又究漢儒之傳以闡明《易》之本例，凡九十類，成《易例》二卷。漢學之絶者千有五百餘年，至是而燦然復章！又自爲解釋，成《周易述》二十三卷，專宗虞翻，而參以鄭玄、荀爽、宋咸、干寶諸家之説，融會其義，自爲注而自疏之；持論尤精警者：孔穎達《正義》據馬融、陸績説，以爻辭爲周公作，與鄭學異；其所執者，《明夷》六五云“箕子”，《升》六四云“王用享岐山”，皆文王後事。論者不能奪也！獨棟引《春秋傳》、《禹貢》、《爾雅》以證“王用享岐山”之爲夏后氏而非文王。而箕子明夷，則用漢趙賓之説，疏通證明，以爲：“箕子”，當從古文作其子；其，古音亥，亦作箕。劉向云：“今《易》箕子作荄茲”。荀爽據以爲説，讀“箕子”爲“荄茲”。其與亥，子與茲，文異而音義同。《三統術》云：“該閡於亥，孳萌於子。”該、荄，亦同物也。五本坤也，坤終於亥，乾出於子，用晦而明，明不可息；故曰“其子之明夷”。馬融俗儒，不識七十子傳《易》之大義，讀其爲箕，蓋涉《彖傳》而譌。五爲天位，箕子，臣也，而當君位，乖於《易》例甚矣！謬種流傳，兆於西漢博士施讎讀其爲箕。蜀人趙賓述孟氏之學，以爲“箕子明夷，陰陽氣無箕子。箕子者，萬物方荄茲也”。賓據古義以難諸儒，諸儒皆屈。於是施讎、梁邱賀皆嫉之。孟喜與讎、賀同事田王孫。喜未貴而學獨高。喜所傳《易》家候陰陽災變書，得自王孫；而賀惡之，謂無此事。語聞於上。宣帝遂以喜爲改師法，中梁邱之譖也！讎、賀嫉喜而並及賓。班固作《喜傳》，亦用讎、賀之單詞，皆非實録。劉向《别

① “觸”原誤作“解”，今改正。

録》猶循孟學；故馬融俗説，荀爽獨知其非；復用賓古義。雖敢爲異論，而不盡合事實；然自是清儒論《易》家，多信孟喜真傳田王孫學者；其説實自棟發之！然按《漢書·儒林傳》云："趙賓以爲箕子明夷，陰陽氣無箕子；箕子者，萬物方荄滋也；云受孟喜。喜爲名之。"此趙賓謂"箕子"二字爲"荄滋"之誤也。然則趙賓所見之《易經》，本是"箕子"二字矣。虞翻云："箕子，紂諸父。五，乾天位，今化爲坤，箕子之象。"虞翻世傳孟氏《易》，而不從"荄滋"之説，可見孟氏《易》不作"荄滋"矣！惠棟言《易》尊虞翻，何以於此獨不從虞翻乎？此不可解也！惟漢人之《易》，孟、費諸家，各有師承，勢不能合，而棟之學宗禰虞翻，有未通，補以鄭、荀諸儒。學者以無家法少之！未若武進張惠言皐文治虞翻《易》之爲專家絶學也！惠言之論，大指以爲"翻之《易》學，自其高祖父故零陵太守光治孟氏《易》，世傳其業，至翻五世。又具見馬、鄭、荀、宋氏書，考其是否；故其言《易》以陽消息六爻，發揮旁通，升降上下，歸於乾元用九而天下治。依物取類，貫穿比附，始若瑣碎；及其沈深解剥，離根散葉，暢茂條理，遂於大道。後儒罕能通之！自魏王弼以虚空之言解《易》，唐立之學官，而漢世諸儒之説微！惟鄭、荀、虞三家，略有梗概，可指説；而虞又較備。然則求七十子之微言，田何、楊叔、丁將軍之所傳者，舍虞氏《注》奚從也！"故求其條貫，明其統例，釋其疑滯，信其亡闕，爲《周易虞氏義》九卷；表其大指，爲《周易虞氏消息》二卷。又撰《虞氏易禮易事易候易言》及《虞氏略例》，務以探賾索隱，存一家之學焉！惟惠、張二家，咸以漢《易》之亡，歸獄王弼；獨甘泉焦理堂循明其不然！其大指以爲："東漢末以《易》學名家者，稱荀、劉、馬、鄭。劉謂劉景升表；表之學受於王暢。王弼者，劉表之外曾孫，而暢之嗣玄孫也。弼之學，蓋淵源於劉，而實根本於暢。兄宏，字正宗，亦撰《易義》；兄弟皆以《易》名，可知其所受者遠矣！故弼之《易》，雖參以己見；而解箕子爲荄茲，正用趙賓解。又如讀彭爲旁；借雍爲甕；通孚爲浮而訓爲務躁；解斯爲廝而釋爲賤役之屬，皆以六書通借。解經之法尚未遠於馬、鄭諸儒；特貌爲高簡，故疏者概視爲空論耳。"因作《周易王氏注補》一卷，可謂持平之論也！考循之《易》本出家學。嘗疑一"號咷"也，何以既見於《旅》，又見於《同人》？一"拯馬壯"也，何以既見於《涣》，又見於《明夷》？密雲不雨之象，何以《小畜》與《小過》同辭？甲庚三日之占，何以《蠱》象與《巽》象同例？乃徧讀説《易》之書，既悟洞淵九容之術，實通於《易》；乃以數之比例，求《易》之比例；以《易》解《易》，觸類求通，成《易通釋》二十卷。自謂："學《易》所悟得者有三：一曰旁通；二曰相錯；三曰時行。旁通者，在本卦，初與四易，二與五易，三與上易。本卦無可易，則旁通於他卦；亦初通於四，二通於五，三通於上。先二五，後初四、三上爲當位。不俟二五，而初四、三上先行，爲失道。易之道惟在變通。二五先行而上下應之，此變通不窮也。或初四先行，三上先行，則上下不能應；然能變而通之，仍大中而上下應，如《乾》四之《坤》而成《小畜》、《復》，失道矣；變通之，《小畜》二之《豫》五，《姤》二之《復》五，《復》初不能應，《姤》初則能應；《小畜》四不能應，《豫》四則能應。《坎》三之《離》上而成《井》、《豐》，失道矣；變通之，《井》二之《噬嗑》五，《豐》五之《渙》二，《豐》上不能應，《渙》上則能應；《井》三不能應，《噬嗑》三則能應。此所謂時行也。比例之義，出於相錯。如《睽》二之五，爲《無妄》；《井》二之《噬嗑》五，亦爲《無妄》；故《睽》之噬膚，即《噬嗑》之噬膚。《坎》三之《離》上成《豐》，《噬嗑》上之三亦成《豐》；故《豐》之日昃，即《離》之日昃；《豐》之日中，即《噬嗑》之日中。《漸》上之《歸妹》三，《歸妹》成《大壯》，《漸》成《蹇》；《蹇》、《大壯》相錯成《需》，故《歸妹》以須之，即《需》也。《歸妹》四之《漸》初，《漸》成《家人》，《歸妹》成《臨》；《臨》通《遯》相錯爲《謙》；《履》故眇能視，跛能履；《臨》二之五，即《履》二之《謙》五之比例也。"《易通釋》既成，復提其要，爲《易圖略》八卷，凡《圖》五篇，《原》八篇，發明旁通、相錯、時行之義；《論》十篇，破舊説之非。復成《易章句》十二卷，總稱《雕菰樓易學三書》，共四十卷。蓋其爲學，不拘漢魏各師法，惟以卦爻經文比例爲主。"號咷"、"密雲"，蹤跡甚顯；"蒺藜"、"樽酒"，假借可據；如郭守敬之以實測得天行也；可謂冥心孤往，獨闢蹊徑者矣！尤豈惠、張諸家墨守漢《易》姝姝一先生之言者所可及耶！晚清善化皮錫瑞鹿門撰《易學通論》，以張惠言爲專門，焦循爲通學，而謂"學者當先觀二家之書"，可謂知言之士！然錫瑞論《易》，崇義理而黜象數，實主王《注》、程《傳》，據《漢書·儒林傳》以證明孟喜《陰陽災變書》之不出田王孫，京房納甲之托孟喜；而深慨清儒惠棟以來重理孟、京之緒之爲大惑！曰：

"經學有正傳，有别傳。以《易》而論，别傳非獨京氏而已。如孟氏之卦氣，鄭氏之爻辰，皆别傳也。又非獨《易》而已。如伏《傳》五行，齊《詩》五際，《禮·月令》明堂陰陽説，《春秋公羊》，多言災異，皆别傳也。子貢謂'夫子性與天道，不可得聞'；則孔子删定六經以垂世立教，必不以陰陽五行爲宗旨。至孟、京出而漢儒稱讖緯，宋人斥讖緯而稱圖書。其實焦、京之《易》，出陰陽家之占驗，雖應在事後，非學易之大義。陳、邵之《易》出道家之修鍊，雖數近巧合，非作《易》之本旨。故雖自成一家之學，而於聖人之《易》，實是别傳而非正傳。近儒於陳、邵之圖，闢之不遺餘力；而又重理焦、京之説。獨焦循説《易》，自闢町畦，以虞氏之旁通，兼荀氏之升降，意在采漢儒之長而去其短；而於孟氏之卦氣，京氏之納甲，鄭氏之爻辰，皆駁正之以示後學，曰：'納甲、卦氣，皆《易》之外道。'趙宋儒者，闢卦氣而用先天。近人知先天之非矣，而復理納甲卦氣之説；不亦唯之與阿哉！"斯又侃侃敷陳，清儒之箴砭也！他如衡陽王夫之而農之《周易稗疏》，蕭山毛奇齡大可之《仲氏易》、《推易始末》、《春秋占筮書》三書，旌德姚配中仲虞之《周易姚氏學》，甘泉江鄭堂藩①之《周易述補》，震澤陳壽熊獻青之《讀易漢學私記》，寶應成蓉鏡芙卿之《周易釋爻例》之屬；皆清儒《易》學之有根據，有條理者。雖立説或有未純；要其創通新解，補苴前賢，多可取者！然《易》道淵深，包羅衆義，隨得一隙，皆能宛轉關通，有所闡發。近儒侯官嚴復又陵序其所譯英儒赫胥黎著《天演論》則又據《易》理以闡歐學，其大指以爲："歐學之最爲切實，而執其理可以御蕃變者，名、數、質、力四者之學是已。而吾《易》則名數以爲經，質力以爲緯；而合而名之曰《易》。大宇之内，質力相推；非質無以見力；非力無以呈質。凡力，皆乾也。凡質，皆坤也。奈端②動之例三：其一曰：'静者不自動，動者不自止。動路必直；速率必均。'此所謂曠古之慮，自其例出而后天學明，人事利者也！而《易》則曰'乾其静也專，其動也直。'"後二百年，有斯賓塞爾者，以天演自然言化，著書造論，貫天地人而一理之；此亦輓近之絶作也！其爲天演界説曰："'翕以合質。闢以出力。始簡易而終雜糅。'而《易》則曰'坤，其静也翕，其動也

① "江鄭堂藩"，原作"江鄰堂藩"，今改正。
② 奈端，即牛頓。

闢。’至於‘全力不增減’之説則有自彊不息爲之先。‘凡動必復’之説，則有消息之義居其始。而‘易不可見，乾坤或幾乎息’之旨，尤與‘熱力平均，天地乃毁”之言相發明!”可謂有味乎其言之也！然嚴復尚非《易》家也，不過爲闡《易》道以歐學者之大輅椎輪而已！至海寧杭辛齋出，精研《易》義，博及諸家傳注，而蒐藏言《易》之書六百二十餘種，並世之言易藏者莫備焉!著有《易楔》□卷，《學易必談》初集、二集各四卷，《易數偶得》二卷，《愚一録易説訂》二卷，《讀易雜識》一卷，《改正揲蓍法》一卷。其平日持論，以爲:“《易》如大明鏡，無論以何物映之，莫不適如其本來之象。如君主立憲，義取親民，爲《同人》象。民主立憲，主權在民，爲《大有》象。社會政治，無君民上下之分，爲《隨》象，乃至日光七色，見象於白《賁》；微生蟲變化物質，見象於《蠱》。又如《繫辭傳》言：‘坤，其静也翕，其動也闢。’而所謂‘闢’者，即物理學之所謂離心力也。‘翕’者，即物理學所謂向心力也。凡物之運動，能循其常軌而不息者，皆賴此離心、向心二力之作用。地球之繞日，即此作用之公例也。凡近世所矜爲創獲者，而《易》皆備其象明其理於數千年之前。蓋理本一原，數無二致，時無古今，地無中外，有偏重而無偏廢。中土文明，理重於數。而西國則數勝於理。重理，或流於空談而鮮實際。泥數，或偏於物質而遺精神。惟《易》則理數兼賅，形上道而形下器，乃足以調劑中西末流之偏，以會其通而宏其指。”此則推而大之以至於無垠；而異軍突起，足爲《易》學闢一新塗者焉!

六、《周易》之本子

自古以來，傳《易》者衆，屢有更定，而文王、孔子之《易》，不可復考見。據《漢書·藝文志·六藝略》:《易經》十二篇，施、孟、梁邱三家。師古曰:“《上下經》及《十翼》，故十二篇。”孔穎達《論夫子十翼》曰:“但數《十翼》，亦有多家。既文王《易經》本分爲上下二篇，則區域各别，彖象釋卦，亦當隨經而分，故一家數《十翼》云:‘《上彖》一。《下彖》二。《上象》三。《下象》四。《上繫》五。《下繫》六。《文言》七。《説卦》八。《序卦》九。《雜卦》十。’”然《十翼》之説，不知起於何人？隋唐以前，大儒君子不論。《史記·孔子世家》雖有“《序》、《彖》、《繫》、《象》、《説卦》、《文言》"之文；而不言《十翼》。"説卦"二字亦疑衍。《論衡·正説篇》曰："至孝宣皇帝之時，河内女子發老屋，得逸《易》、《禮》、《尚書》各一篇，奏之，皇帝下示博士。然後《易》、《禮》、《尚書》各益一篇。"所説《易》益一篇，蓋《説卦》也。據王充説，《説卦》至宣帝時始出，非史公所得見；故疑《世家》"説卦"二字，疑後人刻本衍者。《漢志》稱"文王重易六爻，作上下二篇。孔氏爲之《彖》、《象》、《繫辭》、《文言》、《序卦》之屬十篇"；然十篇之目雖具；亦不云《十翼》。孔穎達亦以《十翼》説有多家。但稱"一家數《十翼》"云云而不論定。十翼之説既無據；則《漢志》所謂"《易經》十二篇"者，蓋指文王重《易》六爻作《上下篇》；而孔子爲之《彖》、《象》、《繫辭》、《文言》、《序卦》之屬，各依之分上下，得十篇；并十二篇也。蓋文王重《易》六爻作《上下篇》，但重爻而未繫辭，故有畫而無文耳。《春秋左氏傳》載昭公二年春，晉侯使韓宣子來聘，見《易象》與《魯春秋》，曰："周禮盡在魯！"所謂"《易象》"者，蓋即文王重《易》六爻所作之《上下篇》，徒有爻畫之象，而無彖繫之詞；故稱之曰"《易象》"也。既文王《易象》本分爲上下二篇；而孔子爲之《彖》、《象》、《繫辭》、《文言》、《序卦》之屬十篇，各出爲篇；故十二篇。施、孟、梁丘三家《易》如此；費直《易》亦如此。《漢書·儒林傳》載直治《易》以《彖》、《象》、《繫辭》十篇文言解説《上下經》，其言可徵也；厥爲《周易》之第一古本；未曉誰何合孔子之繫辭而綴於文王重爻之《上下篇》。其後晉武帝太康之世，汲縣人不準盜發魏襄王墓，大得古書；《周易》上下篇，與今正同，無《彖》、《象》、《文言》杜預《左氏傳集解》後序，則已合孔子之繫辭，而綴於文王重爻之《上下篇》矣。是即師古曰"《上下經》及《十翼》故十二篇"之一本也；厥爲《周易》之第一翻本；然《彖》、《象》尚别爲篇，而未綴諸卦爻繫辭之後也。初費直治《易》，無章句；徒以《彖》、《象》、《繫辭》十篇文言解説《上下經》；而不聞合《彖》、《象》於《上下經》也。後漢鄭玄傳費氏《易》，而作《易注》，乃合《彖》、《象》於《經》而題"彖曰"、"象曰"者，欲使學者尋省易了也。可稱爲《周易》之第二翻本。然鄭玄之合《彖》、《象》於《經》，不過綴《彖》、《象》於一卦六爻之後。迨魏王弼作《周易注》，又以爲象者本釋經文，宜相附近，其義易了，故分爻之象辭，各附其當爻下孔穎達《坤初六》象曰："疏"；如坤以下六十三卦是也。其乾卦彖、象、文言，則以總附六爻之後，蓋存鄭玄所合之例。可稱爲《周易》之第三翻本；遂爲後來所遵用。至宋大儒程子作《伊川易傳》，所據者王弼本也。至吕大防、晁説之、吕祖謙諸儒，以爲應復十二篇之舊。吕大防乃於元豐壬戌，昉刻《周易古經十二篇》於成都學官。晁説之建中靖國辛巳，并爲八篇，號《古周易》。而吕祖謙則因晁氏書，參考傳記，乃以《上下經》、《十翼》各爲一篇，如師古注《漢志》所稱"《上下經》及《十翼》，故十二篇"者。而十二篇之《易》始定。自謂"篇目卷帙，一以古爲斷"，然十翼之説，古所未聞；則所謂"古"者，亦第師古之"古"；未必合於十二篇古本之真也？可稱爲第一翻本之復古而已！朱子《周易本義》以《經》爲二卷，《十翼》爲十卷，即用此本也；較之程子《易傳》用王弼本者，原不相同，其後董楷乃以程子之《傳》，朱子之《本義》合爲一書，而以世次先程後朱，移《易》本義次序以就程《傳》。至明永樂中，翰林院學士胡廣等奉敕撰《周易大全》，因焉；於是又別出一非程非朱、亦程亦朱之監本；可稱爲《周易》之第四翻本。世所通行者三本：一王弼注本，一《朱子本義》用吕祖謙本，一坊刻監本。而以坊刻監本爲最陋劣，傳布最廣。其序文則《程傳》也。目録之標題，則《本義》也。目録之卷帙，則《程傳》也。首列《河圖》、《洛書》及先後天八卦六十四卦各圖，亦《本義》也。而《上下經》與《繫傳》之篇第，則又皆《程傳》也。其注，則又皆《本義》也。可謂極參伍錯綜之能事，而不名一家者矣！觀其封面則署曰《監本易經》者；推求其故：蓋明刻永樂之《大全監本》固程子之《傳》與朱子《本義》並列，篇第章句悉依《程傳》，而以《本義》之注，録於《程傳》之後者。後以考試功令，專重《朱義》；坊賈射利，節減篇幅，於是去《傳》留《義》，而篇帙則仍未之改。嘉靖間，蘇州學官成某不求甚解，從而刊布之。非驢非馬而題曰《監本易經》者，此物此志也。可稱爲《周易》之第五翻本；斯固卑之無甚高論矣！

七、《周易》之讀法

《易》道廣大，無所不包。漢有焦延壽、京房之推災祥，陰陽家之占驗也。魏有王弼、韓康伯之黜象數，道家之虛無也。宋有陳摶、邵雍之演圖書，方士之修煉也。旁及天文、地理、樂律、兵法、韻學、算術以逮方外之煉火，皆可援《易》以爲説；而好異者又援以入《易》。語曰："羣言淆亂衷諸聖。"而欲籀明《易》道，莫如折衷孔子。《易》本爲卜筮之書，而孔子推天道以明人事；《易》衹有卦爻之畫，而孔子玩爻象而繫之辭；曰："我於《易》則彬彬矣。"《易緯通卦驗》云："蒼牙通靈昌之成！孔演命，明道經。"則是孔子之有大造於《易》也。費直治《易》亡章句，以《彖》、《象》、《繫辭》十篇文言解説《上下經》。而荀爽傳費氏學，著《易傳》，據爻象承應、陰陽變化之義，以十篇之文解説經意。此千古讀《易》之準的也。姑以鄙意，粗發讀例：

第一，明《易》之學 竊以爲善讀《易》者，必袪四蔽，明一諦，而後可以闢理障，闡《易》學。何謂四蔽？一曰以陰陽占驗言《易》：《易》之爲書，推天道以明人事者也。孔子説《易》見於《論語》者二事：一勉無過，一戒無恆。皆切人事。而戰國《荀子》、《吕覽》及漢初賈誼《新書》、董子《繁露》、淮南《鴻烈解》諸子書引《易》，亦皆切人事言之，而不主陰陽災變；去古未遠也。一變而爲焦、京之陰陽災變，入於機祥；再變而爲陳、邵陳摶、邵雍之河圖洛書，務窮造化；《易》遂不切於民用。遜清學者於陳、邵之圖書，辭而闢之，而復理焦、京納甲、卦氣之説；是去一障又生一障；寧必此之爲是而彼之爲非哉！一曰以老子明《易》：自何晏善譚《易》、《老》，見稱《魏氏春秋》；譚者每以《老》、《易》對舉，而王弼注《易》亦雜老氏之旨。不知老子知常；《易》道觀變。老子守歸根之静；《易》道見天下之動。老子闡旨於重玄以明天之道；《易》道假象於陰陽以察民之故；一無對；一有對；論旨之不同如此，而譚者皮傅枝辭。此孫盛所爲譏弼"以附會之辯而欲籠統玄旨，雖有可觀，恐泥大道"者也！《魏志·鍾會傳》裴松之注引但漢末《易》道猥雜，卦氣、爻辰、納甲、飛伏、世應之説，紛然並作；弼乘其敝，掃而空之，頗有摧陷廓清之功！而以清言説經，雜以道家之學，漢人樸實説經之體，至此一變。然則弼注之所以可取者，在不取術數而明義理；其所以可議者，在不切人事而雜玄虛。一曰以禪參《易》：宋儒楊簡承其師陸九淵之學，爲《易傳》，畧象數而譚心性，多入於禪。王宗傳與之同時，而作《童溪易傳》，力排象數而不免涉於虛無，大旨與簡相類。遜清《四庫全書提要》録存其書，見以佛理詁《易》，自二人始；著經學別派之由也。不知以禪參《易》，極盛南朝。孔穎達論之最爲宏通，其序《周易正義》，以爲："江南義疏十有餘家，皆辭尚虛玄，義多浮誕。原夫《易》理難窮，雖復玄之又玄；至於垂範作則，便是有而教有。若論住内住外之空，就能就所之説，斯乃義涉於釋氏，非爲教於孔門也！"誠哉是言！茲不復贅。一曰以進化論易：歐通以還，進化論興，而譚《易》者亦以進化爲應運。不知"易"而名"周"，衹是化而非進。言世運之變同，而所以爲言者不同。《周易》之所明者天道，無往而不復；進化之所論者，羣治有進而無退。然英哲家赫胥黎論天演，而終之以進化一篇，曰："萬化周流，有其隆升，則亦有其汚降，宇宙一大年也。自京垓億載以還，世運方趨上行之軌；日中則昃，終當造其極而下移。然則言化者謂世運必日亨，人道必止至善，亦有不必盡然者矣。"則是萬化之循周流，世運之不日亨，赫氏何嘗不鑿鑿言之也。四蔽既祛，當明一諦。夫六十四卦大象，皆有"君子以"字以徵驗人事。"君"者羣也；"君子"之言善羣者也；聖人之情見乎辭矣！然則易之爲學，羣學也！"羣學者何？用科學之律令，察民羣之變端，以明既往，測方來也。"嚴復譯斯賓塞爾之《羣學肄言》序福勞特曰："今世所謂科學者，非但即物窮理已也；於先後因果之間，必有數往知來之公例，而後副名實。"嚴復譯《羣學肄言·倡學第二》引斯賓塞爾曰："科學者，所以窮理盡性，而至誠者可以前知。"《羣學肄言·倡學第二》"羣學之事，所重者，不在今日羣種治化之已然也；在即其已然，推所必至。天生烝民，德不虛立；於其身有性情才力之可指，於其羣即有强弱衰盛之可指；是則羣學所以爲學而已矣！"《羣學肄言·喻術第三》吾觀於《易》，彰往而察來，顯微而闡幽，明於天之道而察於民之故。籀乾坤闔闢二例以立天演之本；衍六十四卦以網羣治演變之賾。如屯之言難，蒙之言教，需之言養，師之言衆，皆以一卦言羣治之一事，它可類推。近取諸身，遠取諸物，極天下之賾者存乎卦，鼓天下之動者存乎辭。開物成務，冒天下之道如斯而已者也。儻有合於所謂"羣學者用科學之律令，察民羣之變端，以明既往，測方來"者耶。昔司馬遷論《易》本隱而之顯；而侯官嚴復則以爲與歐儒外籀之術有合；允矣而未盡也！《易》有太極，是生兩儀。兩儀生四象。四象生八卦。八卦成列，象在其中矣。因而重之，爻在其中矣。夫易者，陰陽變化之謂。陰陽變化，立爻以效之。皆從乾坤而來。乾生震坎艮三男，坤生巽離兑三女，而爲八卦；變而相重，而有六十四卦，三百八十四爻；所謂“推而行之謂之通”也。此易道之外籀也。然傳不云乎：“聖人有以見天下之動而觀其會通。”剛柔相推，變在其中矣。繫辭焉而命之，動在其中矣。吉凶悔吝者，生乎動者也。剛柔者，立本者也。變通者，趣時者也。吉凶者，貞勝者也。天地之道貞觀者也。日月之道貞明者也。夫乾，確然示人易矣。夫坤，隤然示人簡矣。故曰：“乾坤其易之門耶?”乾以易知，坤以簡能。萬變雖殊而歸於一。此《易》道之内籀也。夫執一衍萬之謂外籀；會異統同之謂内籀。爲術不同而用相資。外籀者，所以盡《易》之變；内籀者，所以窮《易》之蘊。二者，歐儒即物窮理之最要途術也。豈非合於所謂：“羣學者，用科學之律令，察民羣之變端，以明既往，測方來”者耶！吾聞德國學者藍德萊教授之言曰：“譚羣學者，有探原立論，謂羣治演變，有其大經大法，而俟之百世不惑，放之四海皆準者，謂之哲家之羣學。有籀史實以察羣治之嬗變至賾，日新又新者，謂之史家之羣學。推此而往，羣學之所以籀羣：有謂羣治之演變雖賾，而往復循環，闔闢有常，可以籀其大例者；有謂世變何常，察史可知，一往不復而日進無疆者。”氏在國立自治學院演講，題曰“社會學研究方法上之争辨”，有記録載《東方雜誌》第十卷第二十二號，今檃括其指以便徵引。而《易》者，聖人有以見天下之動而觀其會通；原始要終，而籀羣治演變之大經大法者也。儻所謂“哲家之羣學”非耶?必明乎此而後可與言讀《易》。

第二，讀《易》之序 孔子之於《易》也，《序》、《彖》、《繫》、《象》、《説卦》、《文言》，各自爲篇。而王弼注以《彖》、《象》、《文言》分附其卦當爻之下，以解説經意，而明爻象承應、陰陽變化之義。或者有改經之譏。然以《彖》、《象》、《繫辭》十篇文言解説《上下經》，費直家法如此。今以相合，學者尋省易曉，未爲非計也！惟是不讀《説卦》，無以明八卦之法象德業；猶之讀代數書者不明正負號之用法，讀幾何書者不知點線面之界説，而欲演數作圖，胡可得也。不讀《上下繫辭傳》，無以知一經之全體大例；猶之讀代數書者不熟記公式，讀幾何學者不明白定理，而欲演算作圖，亦不可也。是故讀《易》者宜先讀《説卦》，次讀《上下繫辭傳》，然後讀《上下經》之《繫辭》、《彖》、《象》、《文言》；則於卦位、爻位、象義及彖、象、爻之材德，已略有頭緒，以讀經文，自可觸類而通，無虞扞格。而《序卦》則序六十四卦先後相次之義，以見消長之迭倚；《雜卦》則舉六十四卦彼此反對之例，以明剛柔之相雜。錯綜其義，言非一端；是非旁貫全經不能通曉也。當以殿於末焉。

第三，籀《易》之例　《易》之發凡起例，盡於《説卦》及《上下繫辭傳》。然而書不盡言，言不盡意。有據辭籀推，可以意會者；有發於他經，不見《易》書者。觀其會通，籀爲大例；有畫卦之例，有繫辭之例，有玩占之例：

（甲）畫卦之例　《易》有太極，是生兩儀。兩儀生四象。四象生八卦。八卦成列，象在其中矣。有天道焉，有人道焉，有地道焉，兼三才而兩之，故六。是以立天之道曰陰與陽，立地之道曰柔與剛，立人之道曰仁與義，兼三才而兩之，故《易》六畫而成卦；分陰分陽，迭用柔剛，故《易》六位而成章。然言位者有二義："列貴賤者存乎位。"二三四五在上位者爲貴，在下位者爲賤。二四，則四貴而二賤；三五，則五貴而三賤。而初上爲無位之爻，初爲未仕之人；上則事外之地；皆不當位也。故乾之上曰貴而無位。需之上曰不當位。王弼注："需上六曰處无位之地，不當位者也。"若以一卦之體言之，則皆謂之位，故曰："《易》六位而成章。"《易緯乾鑿度》曰："初爲元士。二爲大夫。三爲三公。四爲諸侯。五爲天子。上爲宗廟。凡此六者，陰陽所以進退，君臣所以升降，萬民所以爲象則也。"後來注家多據以爲説。然亦有以四爲三公，三爲諸侯者。如《繫辭下》"二與四同功而異位"。崔憬曰："二主士大夫位，佐於一國；四主三孤三公牧伯之位，佐於天子；皆同有佐理之功也。二主士大夫，位卑；四孤公牧伯，位尊；故有異也。"又"三與五同功而異位"。崔憬曰："三諸侯之位；四天子之位；同有理人之功，而君臣之位異也。"則是四爲三公，三爲諸侯矣！此亦不可不知也。雖然猶有疑第一位言初，第六位當言終，第六位言上，第一位當言下，所以文不同者：蓋下言初，則上有末義。故《大過・彖》云："棟撓本末弱。"則是上有末義。六言上，則初當言下，故《乾・小象》云："潛龍勿用，陽在下也。"則是初有下義，互文相通，一也。且第一言初者，欲明萬物積漸，從無入有；所以言初，不言一與下。而六言上者，欲見位居卦上，故不言六與末。二也。此畫卦之大例。然而猶有可論者：

（一）卦爻有主　卦主之説，漢宋之儒皆用之。欲明卦主，宜籀彖辭。而彖辭之繫，蓋統觀六爻以立義者；如屯則以初爲侯，蒙則以二爲師，師則以二爲將，比則以五爲君，其義皆先定於象。爻辭不過因之而隨爻細别耳。其爻之合於卦義者吉，不合於卦義者凶。

（二）爻有當位不當位　凡陽爻居陽位，陰爻居陰位者，曰“當位”。反之而陽爻居陰位，陰爻居陽位，曰“不當位”。而二四爲陰位。三五爲陽位。六爲陰爻。九爲陽爻。如《履》六三“履虎尾，咥人凶!”《象》曰：“咥人之凶，位不當也。”九五“夬履貞厲”；《象》曰：“夬履貞厲，位正當也。”《臨》六四“至臨无咎”；《象》曰：“至臨无咎，位當也。”《大壯》六五“喪羊于易，無悔”；《象》曰：“喪羊于易，位不當也。”如此之類，大抵當位者吉，不當位者凶。

（三）爻有比應　“應”者，上下體相對應之爻也。“比”者，逐位相比連之爻也。如《師・象》曰：“剛中而應”，指九二與六五應。《同人・象》曰：“中正而應”，指六五與九二應。此之謂“應”。又如《比》六三“比之匪人”，指三上比六四，下比六二，皆陰柔不正，故以“匪人”爲言。六四“外比之貞吉”；《象》曰：“外比於賢，以從上也。”孔穎達疏：“外比九五，居中得位，故稱賢也。”此之謂“比”。然陽之所求者陰。陰之所求者陽。比與應，必一陰一陽，乃相求而相得；而六爻之中，惟四與五比，二與五應爲最重。蓋以五爲尊位，四近而承之，二遠而應之也。然近而承者，則貴乎恭順小心，故剛不如柔之善；遠而應者，則貴乎强毅有爲，故柔又不如剛之善。以此例推之：《易》中以六四承九五者皆吉。以九四承六五者多凶。以九二應六五者皆吉。以六二應九五者不能吉。其它四與初，猶或取相應之義。三與上，則取應義者少矣，五與上，猶或取相比之義。初與二，二與三，三與四，則取比義者少矣。若其爻爲卦主，則羣爻皆以比之應之爲吉凶焉。

（四）卦内爲互　凡卦爻二至四、三至五兩體交互各成一卦，謂之互體；權輿《左氏・莊公二十二年》：陳侯筮，遇䷓《觀》之䷋《否》，曰：“風爲天於土上，山也。”杜預《注》：“自二至四有☶《艮》象四爻變故，艮爲山”；是也。大抵八卦之中，䷀《乾》、䷁《坤》純乎陰陽，故無互體。若《震》、《巽》、《艮》、《兑》分主四時，而《坎》、《離》居中以運之，是以下互☳《震》而上互☶《艮》者，䷜《坎》也。下互☴《巽》而上互☱《兑》者，《離》也。若䷲《震》、䷸《巽》分《乾》、《坤》之下畫，則上互有☵

《坎》、☲《離》；☶《艮》、☱《兌》分《乾》、《坤》之上畫，則下互有☵《坎》、☲《離》；而☳《震》、☶《艮》又自相互，☴《巽》、☱《兌》又自相互。斯陰陽老少之交相資也。惟《易》書未嘗明言之；而爻辭多有取象互體者：《屯》六二："女子貞不字。"蓋䷂《屯》二至四互☷《坤》。《坤》道成女，故稱"女子"。二居《坤》初，故曰"不字"也。䷉《履》六三："眇能視，跛能履。"蓋《履》二至四互《離》；三至五互《巽》，《離》爲目，故能視。《巽》爲股，故能履。其下卦《兌》也；兑爲毀折，故眇且跛也。此其例也。然古人互體之法但於六畫中求兩互，是正例也。漢人說《易》如剥蕉，於是又有從互體以求重卦之法謂之連互。蓋取兩互卦與兩正卦參錯連之，下互連外體，上互連内體，各得一卦；所謂五畫之連互也。下互連内體，上互連外體，又各得一卦；所謂四畫之連互也。虞翻解《豫》曰："䷏《豫》初至五互體䷇《比》，故利建侯。"是五畫連互之説也。又曰："三至上互體䷆《師》，故利行師。"是四畫連互之説也。王弼尚名理，譏互體。然注䷥《睽》六二曰："始雖受困，終獲剛助。"《睽》自初至五成䷮《困》；此用互體也。即卜筮家占法亦用之。宋人或筮取妻，得䷽《小過》，不知其説，質之沙隨。則曰："大吉。"蓋内卦兼互體爲䷴《漸》，《漸》女歸吉。外卦兼互體，則䷵《歸妹》也。是誠曲而中矣。

（五）卦外相之　凡以兩爻交易而得一卦者，謂之之卦；言之卦者亦始《左氏》。莊二十二年，陳侯筮，遇䷓《觀》之䷋《否》，謂遇《觀》卦，以四爻動當變，故以六四變九四，以《巽》變《乾》，而爲《觀》之《否》。閔元年畢萬筮遇䷂《屯》之䷇《比》，謂遇《屯》卦，以初爻動當變，故以初九變初六，以《震》變《坤》，而爲《屯》之《比》。"之"之爲言往也。虞翻説《易》，大抵取之卦者爲多焉。

（六）卦無不對　六十四卦之相比者，無不兩兩相對。但有正對，有反對。䷀《乾》之與䷁《坤》，䷜《坎》之與䷝《離》，䷚《頤》之與䷛《大過》，䷼《中孚》之與䷽《小過》，八卦正對也。正對不變，故反覆觀之，止成八卦。其餘五十六卦，皆反對也。反對者皆變，故反覆觀之，共二十八卦。以正對卦合反對卦觀之，總而爲三十六卦。《上經》三十卦；不變卦凡六，《乾》、《坤》、《坎》、《離》、《頤》、《大過》，是也。自䷂《屯》、䷃《蒙》而下二十四卦，反之則爲十二；以十二而加六，則十八也。《下經》

三十四卦；不變卦凡二，《中孚》、《小過》是也。自䷞《咸》、䷟《恆》而下三十二卦，反之則爲十六；以十六加二，亦十八也。上下經之卦數，豈不適相均哉！

（乙）繫辭之例　聖人設卦觀象；卦有小大，象有往來。大抵上卦曰外，下卦曰內。內卦爲主，外卦爲客。自外曰來，自內稱往。䷂《屯》元亨利貞，勿用有攸往。朱子《本義》："《震》動在下，《坎》險在上，是能動乎險中；能動雖可以亨；而在險則宜守正而未可遽有所往耳。"䷗《復》朋來无咎。虞翻注："《兑》爲朋，在內稱來。五陰从初，初陽正息而成《兑》；故朋來无咎。"殊爲曲説；而曰"在内稱來"，尤乖《易》例。不知同道曰朋。五陰在外，一陽在內；五陰同志來從初陽，故曰"朋來"。陰之所求者陽，何咎之有！䷯《井》，往來井井。虞翻《注》："泰初之五也；往謂之五，來謂之初。"此往來之説也。陽卦爲大，陰卦爲小。䷊《泰》，小往大來。虞翻《注》："《坤》陰詘外爲小往。《乾》陽信內爲大來。"朱子《本義》："小謂陰；大謂陽；言《坤》往居外，《乾》來居內。"䷋《否》，大往小來。孔穎達疏："陽氣往而陰氣來，故曰'大往小來'。陽主生息，故稱大。陰主消耗，故稱小。"此小大之説也。卦有小大，辭有險易。繫辭焉而明吉凶，吉凶者，言乎其失得也。悔吝者，言乎其小疵也。无咎者，善補過也。然而不可不知者：一、諸卦及爻，亦有不言吉凶者，義有數等：或吉凶據文可知，不須明言吉凶者；若《乾》"元亨利貞"及九五"飛龍在天，利見大人"之屬，尋文考義，是吉可知，故不須云吉也。若其《剥》"不利有攸往"，《離》之九四"突如其來如，焚如，死如，棄如"之屬，據其文辭，其凶可見；故不言凶也。亦有爻處吉凶之際，吉凶未定，行善則吉，行惡則凶，是吉凶未定，亦不言吉凶；若《乾》之九三"君子終日乾乾，夕惕若，厲无咎"；若《屯》之六二"屯如邅如，乘馬班如，匪寇婚媾，女子貞不字，十年乃字"；是吉凶未定，亦不言吉凶也。又諸稱"无咎"者，若不有善應則有咎；若有善應，則无咎；此亦不定言吉凶也。諸稱吉凶者，皆嫌其吉凶不明，故言吉凶以明之。若《坤》之六五"黄裳元吉"，以陰居尊位，嫌其不吉，故言吉以明之；推此餘可知也。亦有於事无嫌，吉凶灼然可知，而更明言吉凶者；若《剥》之初六"剥床以足，蔑貞凶"，六二"剥床以辨，蔑貞凶"；此皆凶狀灼然而言凶也。或有一卦之内，一爻之中，得失相形，須言吉凶；若《大過》

九三"棟撓凶"，九四"棟隆吉"；是一卦相形也。《屯》九五"屯其膏，小貞吉，大貞凶"；是一爻相形也。亦有一事相形，終始有異；若《訟卦》"有孚窒，惕中吉，終凶"之類，是也。大略如此。二、言"无咎"者有二：有善補過，故无咎者；亦有禍自己招，無所怨咎，如《節》之六三"不節之嗟，又誰咎"者；但如此者少，此據多者言之，故云"无咎者善補過也"。此繫辭之大例。但辭，有卦辭，有爻辭，有釋卦辭、爻辭之辭。

（一）卦辭　卦之繫辭，多曰"元亨利貞"，是謂四德；但餘卦四德，有劣於《乾》，故《乾》卦直云"元亨利貞"，餘無所言，欲見四德《乾》所固有；而無所不包。其餘卦則四德之下，更有餘事；以四德狹劣，故以餘事繫之；如《坤》"元亨利牝馬之貞"之類，是也。亦有四德之上，即論餘事；若《革卦》云"已日乃孚，元亨利貞悔亡"，由"乃孚"之後，"元亨利貞"，乃得"悔亡"也。有四德者，即《乾》、《坤》、《屯》、《臨》、《隨》、《无妄》、《革》七卦，是也。然其中亦有不同：或其卦當時之義，即有四德；如《乾》、《坤》、《屯》、《臨》、《无妄》，此五卦之時，即能四德備具。亦有其卦非善而有四德者；以其卦凶，故有四德乃可也；如《隨》卦有元亨利貞，乃得无咎；无此四德，則有咎也。與前五卦，其義稍別。其《革》卦"已日乃孚，元亨利貞"；若不已日乃孚，則無四德；又與《隨》別。然則四德具者其卦未必善也。亦有三德者：即《離》、《咸》、《萃》、《兑》、《渙》、《小過》言"亨利貞"者凡六卦。就三德之中，爲文不一。或總稱三德於上，更別陳餘事於下：若《離》"利貞亨，畜牝牛吉"，《咸》"亨利貞，取女吉"之屬，是也。就三德之中，上下不一。《離》則云"利貞亨"，由利貞乃得亨也。亦有先云"亨"，更陳餘事，乃始云"利貞"者，以有餘事乃得利貞故也。有二德者：《大有》、《蠱》、《升》云"元亨"，《困》云"亨貞"，《大畜》、《漸》、《中孚》云"利貞"，凡七卦。其言二德，或在事上，或繫事後，以先有事乃致此二德故也。亦有一德者：若《蒙》、《師》、《小畜》、《履》、《泰》、《謙》、《噬嗑》、《賁》、《復》、《大過》、《震》、《豐》、《節》、《既濟》、《未濟》凡十五卦皆一德，並是亨也。或在事上，或繫事後，如《履卦》云："履虎尾不咥人，亨"，由有事乃得亨也。以前所論德者，皆於經文挺然特明德者乃言之也。其有因事相連而言德者，則不數之也。若《需卦》云："需有孚光亨貞吉"，雖有亨貞二德，連事起文，故不數。《遯卦》云："亨小利貞"，雖有三德，亦不數。其它可以類推也。亦有卦善而德少者，若《泰》與《謙》、《復》之類，雖善惟一德也。亦有全无德者，若《豫》、《觀》、《剥》、《蹇》、《夬》、《姤》之屬，是也。亦有卦善而無德者，《井》、《解》之屬，是也。凡四德者，亨之與貞，其德特行。若元之與利，則配連他事；其意以元配亨，以利配貞。如"乾元亨利貞"，雖繫四德；實只兩意。何則？元，始也。亨，通也。利，宜也。貞，正而固也。乾元者，始而亨者也。人能至健，自始即通，然必宜於正固；是只兩意也。但《易》之中，有言"小亨"者矣；有言"不可貞"者矣。一時之通，其亨則小；惟自始而即亨焉，所謂慎圖之於始者，而後其亨乃可大可久也。是元在亨之先也。硜硜之固，固則非宜；惟有宜者在焉，而後可以固守也。是宜在貞之先也。其在六十四卦者，皆是此理。故其言"元亨"者，合乎此者也。其但言"亨"或曰"小亨"者，次乎此者也。其言"利貞"者，合乎此者也。其言"不可貞"，"勿用永貞"，或曰"貞凶"、"貞厲"、"貞吝"者，反乎此者也。元雖配亨，亦配他事。故《比卦》云："元永貞"，《坤》六五"黄裳元吉"，是也。利亦非獨利貞，亦所利餘事多矣；若"利涉大川"，"利建侯"，"利見大人"，"利君子貞"，如此之屬，連事起文，不數以爲德也。此四德，非惟卦下有之，亦於爻下有之；但爻下其事稍少。

(二) 釋卦辭　釋卦辭者有《彖》、有《象》。

《彖》者，斷一卦之義，先釋名，後釋辭。其釋名，則雜取諸卦象、卦德、卦體；有兼取者；有但取其一二者；要皆以傳中首一句之義爲重。如《屯》則"剛柔始交而難生"；《蒙》則"山下有險"；皆第一義也。釋辭之體尤爲不一：有直據卦名而論其理者；有雜取卦象、卦德、卦體者。蓋辭生於名，就卦辭觀之，則據卦名而論其理者正也。然名既根於卦，則辭亦不離乎卦；雜而取之，一則所以盡名中之藴，以見辭義之有所從來；一則以爲二體六爻吉凶之斷例，而見辭義之無所不包也。惟《乾》、《坤》、《坎》、《離》、《震》、《艮》、《巽》、《兑》八卦不釋名者；八卦之名，文王無改於伏羲之舊，而其德其象，相傳已久，不待釋也。惟《坎》加習字，有取於重卦之義，故特釋之。其釋辭則亦雜取卦德、卦象與其爻位。如釋"乾元亨利貞"之辭，則以天言之者，其卦象也；以九五言之者，其爻位也。釋《坤》辭以地，釋《坎》辭以水，釋《震》辭以雷，則皆卦象也。釋《坎》以"剛中"；釋《離》

以“柔中”；釋《艮》曰“上下敵應，不相與也”；釋《巽》曰“剛巽柔順”；釋《兑》曰“剛中柔外”；則皆爻位也。大抵爻之爲卦主者，必見義於《彖》。而辭例亦不一：有發首則歎美卦者：《乾·彖》云“大哉乾元”；《坤·彖》云“至哉坤元”；以《乾》、《坤》德大，故先歎美之，乃後詳説其義。或有先疊文解義而後歎者：則《豫·彖》之終曰“《豫》之時義大矣哉”之類是也。或有先釋卦名之義，後以卦名結之者：則《同人·彖》曰：“柔得位得中而應乎乾曰《同人》。”《大有·彖》曰“柔得尊位大中而上下應之曰《大有》”之例，是也。或有特疊卦名而稱其卦者：則《同人·彖》曰“《同人》曰‘同人於野亨’”。王弼《注》：“《同人》於野亨，利涉大川，非二之所能也，是《乾》之所行，故特曰‘《同人》曰’。”此等之屬，爲文不同，唯《同人》之《彖》，特稱“《同人》曰”。其餘諸卦之彖或詳或略，或先或從，故上下參差，體例不同。

《象》者，説一卦之象。六十四卦不同：或總舉象之所由，不論象之實體；又總包六爻，不顯上體下體；則《乾》、《坤》二卦，是也。或直舉上下二體者：若雲雷《屯》也，天地交《泰》也，天地不交《否》也，雷電《噬嗑》也，雷風《恆》也，雷雨作《解》也，風雷《益》也，雷電皆至《豐》也，洊雷《震》也，隨風《巽》也，習坎《坎》也，明兩作《離》也，兼山《艮》也，麗澤《兑》也；凡此一十四卦，皆總舉兩體而結義也；取兩體俱成。或有直舉兩體，上下相對者：天與水違行《訟》也，上天下澤《離》也，天與火《同人》也，上火下澤《睽》也；凡此四卦，或取兩體相違；或取兩體相合；或取兩體上下相承而爲卦也；故兩體相對而俱言也。雖上下二體，共成一卦，或直指上體而爲文者：若雲上於天《需》也，風行天上《小畜》也，火在天上《大有》也，雷出地奮《豫》也，風行地上《觀》也，山附於地《剥》也，澤滅木《大過》也，雷在天上《大壯》也，明出地上《晉》也，風自火出《家人》也，澤上於天《夬》也，澤上於地《萃》也，風行水上《渙》也，水在火上《既濟》也，火在水上《未濟》也；凡此十五卦，皆先舉上象而連於下，亦意取上象以立卦名也。亦有雖意在上象而先舉下象以出上象者：地上有水《比》也，澤上有地《臨》也，山上有澤《咸》也，山上有火《旅》也，木上有水《井》也，木上有火《鼎》也，山上有木《漸》也，澤上有雷《歸妹》也，山上有水《蹇》也，澤上有水《節》也，澤上有風《中孚》也，山上有雷《小過》也；凡於十二卦，皆先舉下象以出上象，亦意取上象共下象而成卦也。或先舉上象而出下象，義取下象以成卦義者：山下出泉《蒙》也，地中有水《師》也，山下有風《蠱》也，山下有火《賁》也，天下雷行《无妄》也，山下有雷《頤》也，天下有山《遯》也，山下有澤《損》也，天下有風《姤》也，地中有山《謙》也，澤中有雷《隨》也，地中生木《升》也，澤中有火《革》也；凡此十三卦，皆先舉上體，後明下體也。其上體是天，天與山則稱下也。若上體是地，地與澤則稱中也。或有雖先舉下象，稱在上象之下者：若雷在地中《復》也，天在山中《大畜》也，明入地中《明夷》也，澤无水《困》也，是先舉下象而稱在上象之下，亦義取下象以立卦也。所稱之象，有實象，有假像。實象者：若地上有水《比》也；地中生木《升》也；皆非虛，故言實也。假象者：若天在山中，風自火出，如此之類實無此象，假而爲義，故謂之假也。雖有實象、假像，皆以義示人，總謂之象也。《彖》釋名，或舉卦象，或舉卦德，或舉卦體。而《象》則專取兩象以立義，而德體不與焉。

（三）爻辭　六爻相雜，惟其時物也。其初難知；其上易知；本末也；初辭擬之；卒成之終。若夫雜物撰德，辨是與非，則非其中爻不備。……二與四同功而異位。二多譽，四多懼，近也。柔之爲道不利遠者，其要无咎，其用柔中也。三與五同功而異位。三多凶，五多功，貴賤之等也；其柔危，其剛勝耶？大約初上雖無位，而爲事之始終。自二至五，則居中而正，爲用事之位。其間有爲主爻者，則繫之辭曰我；䷃《蒙》九二，䷈《小畜》六四、䷓《觀》九五、䷚《頤》初九、䷽《小過》六五，䷼《中孚》九二也。獨䷄《需》三、䷧《解》三、䷱《鼎》三、䷷《旅》四，以本爻稱我耳。玩辭者擬其初竟其終，參合其物理以辨其是非而求其備，此學易之法也。

（四）釋爻辭　釋爻辭者亦稱"《象》曰"，以別於卦辭下之《象》，謂之《小象》。惟《乾》、《坤》德大，別繫《文言》。大抵陽爻居陽位，陰爻居陰位，而位與爻相當者稱"正"；如《坤六二·文言》曰"直其正也"；《履九五·象》曰"位正當也"；《遯九五·象》曰"以正志也"；此其例也。凡初爻稱"始"，亦稱"下"。《坤初六·象》曰："陰始凝也。"《恒初六·象》曰："始求深也。"此稱"始"之例也。《乾初九·象》曰："陽在下也。"《屯初九·象》曰："以貴下賤。"此稱"下"之例也。所以稱"下"者，蓋初位六爻之下，爻辭多以“足”、“趾”、“履”、“尾”取象；如《剥》初六“剥床以足”，《鼎》九四“鼎折足”，此取象於“足”也；《噬嗑》初九“履校滅趾”，《賁》初九“賁其趾”，此取象於“趾”也；《坤》初六“履霜”，《離》初九“履錯然敬之”，此取象於“履”也；《遯》初六“遯尾厲”，《既濟》初九“濡其尾”，此取象於“尾”也。凡畫卦自初爻始，故初爲本。上爲末。《大過》中四陽，上下兩陰，有棟撓之象；故《彖》曰“本末弱也”。以畫卦言之，則初始而上終。而以重卦言之，則初卦而上上。《易》例陽稱貴，陰稱賤。《屯》以初九下六二，故曰“以貴下賤”。其它可以類推也。凡九居二，六居五者稱“中”，亦稱“中行”。《坤六五・象》曰：“文在中也。”《小畜九二・象》曰：“牽復在中。”此稱“中”之例也。《師六五・象》曰：“以中行也。”《未濟九二・象》曰：“中以行正也。”此稱“中行”之例也。凡六居二，九居五者稱“中正”；如《需九五・象》曰：“以中正也。”《豫六二・象》曰：“以中正也”，是也。亦有稱“正中”者，如《乾九二・文言》曰：“龍德而正中者也。”但與稱“中正”者微有别。蓋稱“中正”者，二事也；二五爲中，陰陽當位爲正。稱正中者一事也；但取其正得中位，非以當位言也。凡三四爻稱“際”，亦稱“疑”。《泰九三・象》曰：“无往不復，天地際也。”《坎六四・象》曰：“剛柔際也。”此稱“際”之例也。《乾》九四“或躍在淵”，《文言》曰：“或之者，疑之也。”《損六三・象》曰：“三則疑也。”此稱“疑”之例也。蓋卦以下爲内，上爲外。而三爻者内卦之終，四爻者外卦之始，故稱際。而疑於進退可否之間；《乾・文言》之説九四曰“上下无常”，曰“進退无恒”，故曰“或之者疑之也”；以爲六十四卦之發凡起例；而疑之誼起焉。凡上爻稱“終”，亦稱“窮”。《比上六・象》曰：“无所終也”，《剥上九・象》曰：“終不可用也。”此稱“終”之例也。《乾上九・文言》曰：“窮之災也。”《坤上六・象》曰：“其道窮也。”此稱“窮”之例也。蓋上位六爻之上，與初居一卦之下者不同。初取象於“足”、“趾”、“尾”以最下體也，故稱“下”，上取象於“首”、“頂”、“角”，以最上體也，故稱“窮”。《比》上六“比之无首”，《離》上九“有嘉折首”，此取象於“首”也。《大過》上六“過涉滅頂”，此取象於“頂”也。《晉》上九“晉其角”，《姤》上九“姤其角”，此取象於“角”也。大抵上戒其不終；初教以防漸；謹小慎微，而貴於中以行正，無過不及；此作《易》之微意也。

（丙）玩占之例　昔有聖人之作《易》也，幽贊於神明而生蓍，朱子曰：“《易》只是爲卜筮而作，故《周禮》分明言太卜掌三《易》：《連山》、《歸藏》、《周易》；古人於卜筮之官立之凡數人。秦去古未遠，故《周易》亦以卜筮得不焚。”又曰：“聖人作《易》，本是使人卜筮以決所行之可否，而因之以教人爲善。故卦爻之辭，只是因依象類虛設於此。”參天兩地而倚數。孔穎達曰：“兩爲耦數之始，三爲奇數之初，不以一目奇者。”張氏云：“以三中含兩有一，以包兩之義，明天有包地之德，陽有包陰之道。”以五乘十，大衍之數也，而道據其一；《漢書·律曆志》不用而用以之通，非數而數以之成，斯《易》之太極也。其用四十有九。分而爲二以象兩，天於左手，地於右手。有天地，則人生焉。於是掛一以象三。而掛者，當取左一蓍掛右手之小指；象天施而地生成之也。然後先置右手之蓍於一處，而以右手四四而數左手之蓍；又置左手之蓍，而以左手四四而數右手之蓍；是之謂揲。揲，間而數之也。揲之以四者，象四時也；其左右手交揲者，象天地交泰，而四時序，歲功成也。所揲之餘曰扐，不一則二，不三則四也；扐并合，以掛左手之小指，爲一扐；不四則八也。已一扐，復取前過揲之蓍，分而爲二，揲之以四如初，而求其所揲之餘，是爲再扐。而歸以所掛之一，是謂“歸奇於扐以象閏”。閏，積月之餘日以成月者也。五歲再閏，故再扐而後掛。所得之數，不五則九也；以并於扐而挂左手之小指。又取前過揲之蓍而三揲之如初，而求其扐；左右手併合，仍不四則八，如初扐也；仍以并掛左手之小指，而一爻之陰陽以定。三扐所并之數共十三即初扐四，再扐五，第三扐四之和；則存蓍三十六四十九減十三之餘，以四揲之，適九；老陽也。三扐所并之數共二十五即初扐八，再扐九，第三扐八之和；則存蓍二十四四十九減二十五，以四揲之，適六；老陰也。若三扐之并數二十一初扐八，再扐九，第三扐四；或初扐四，再扐九，第三扐八；或初扐八，再扐五，第三扐八所并之和；則存蓍二十八四十九減二十一，以四揲之，適七；少陽也。並數十七初扐四，再扐五，第三扐八；或初扐八，再扐五，第三扐四；或初扐四，再扐九，第三扐四之和；則存蓍三十二四十九減十七，以四揲之，適八；少陰也陽之進者爲老，退者爲少，故九爲老，七爲少；陰之退者爲老，進者爲少，故六爲老，八爲少。是故三揲而成爻，十有八揲而成卦。以動者尚其變。以卜筮者尚其占。爻之老陰、老陽者，謂之動爻，皆變也；然一爻動則變，亂動則不變。而考之《春秋左氏傳》載春秋君卿之以《周易》占者：

一爻變，則以變爻辭占。《莊二十二年傳》周史有以《周易》見陳侯者。陳侯使筮，遇䷓《觀》之䷋《否》；曰："是謂觀國之光，利用賓於王。"此《觀》六四爻辭也。《僖十五年傳》晉獻公筮嫁伯姬於秦，遇䷵《歸妹》之䷥《睽》，史蘇占之曰："不吉！其繇曰：'士刲羊'，亦無衁也。'女承筐'，亦無貺也。""士刲羊，女承筐"，《歸妹》上六爻辭也。此其例也。數爻變，則以卦辭占，如六爻皆不變之例。《襄九年傳》：穆姜薨於東宮。始往而筮之，遇䷳《艮》之八。史曰："是謂《艮》之䷐《隨》，《隨》其出也，君必速出。"《艮》不能變《隨》，必《艮》之五爻俱變，獨第二不變，則爲《隨》。姜曰："豈《隨》也哉！必死於此，弗得出矣！"蓋《艮卦》辭曰："艮其背，不獲其身，行其庭，不見其人。"故曰"必死於此"。而《彖》則曰："《艮》其止，止其所也。"故曰"弗得出"；是也。以爻辭占稱九六。以卦辭占稱八。九六皆變而八不變；不變之卦，不云七而云八者，蓋蓍圓而神，七也；卦方以知，八也；六爻易以貢，九六也。七七四十九，蓍之數；八八六十四，卦之數；九六變成三百六十四，爻之數。神以知來，知以藏往。知來爲卦之未成者；藏往爲卦之已成者；故不曰七而曰八。《春秋内外傳》從無筮得其卦之七者。以七者筮之數，未成卦也。筮之以錢代蓍，出於《火珠林》，猶是漢人遺法；蓋其法亦有所本。《儀禮・士冠禮注》曰："所卦者，所以畫地記爻。"《疏》云："所卦者，所以畫地記爻者。筮法，依七八九六之爻而記之。但古用木畫地，今則用錢。以三少爲重錢，重錢則九也；三多爲交錢，交錢則六也；兩多一少爲單錢，單錢則七也；兩少一多爲拆錢，拆錢則八也。"按賈公彦爲唐初人；而其疏《儀禮》，自稱本於北齊黄慶隨、李孟悊二家；是則齊隋與唐初皆已用錢；重交單拆之名，與今不異也。但古人先揲蓍，而後以錢記之。其後術者漸趨簡易，但以三錢擲之，兩背一面爲拆；此即兩少一多，少陰爻也。兩面一背爲單；此即兩多一少，少陽爻也。俱面者爲交，交者拆之；此即三多，爲老陰爻也。俱背者爲重，重者單之；此即三少，爲老陽爻也。蓋以錢代蓍，一錢當一揲矣。

第四，説《易》之書　説《易》之書，《四庫全書》著録一百五十八部一千七百五十七卷，附録八部十二卷；而存目無書者，又不啻三倍焉；可謂夥頤沈沈者矣！大抵漢學明象數，宋儒闡義理。而王弼之注，則掃漢學象數之理障，而開宋儒義理之先河者也。粗舉數家，以備觀覽：

（甲）漢學

《易漢學》八卷　清惠棟撰。兩漢《易》說之存於今者，無一完書。雖有唐李鼎祚采子夏《易傳》以下三十五家之說，然東鱗西爪，初學者苦不能貫串，不如棟此書之明其宗派，得其會通。凡《孟長卿易》二卷，《虞仲翔易》一卷，《京君明易》二卷；干寶附焉。《鄭康成易》一卷，《荀慈明易》一卷；其末一卷，則棟發明漢《易》之理，以辨正宋儒河圖洛書、先天太極之學。而陳壽熊《讀易漢學私記》舉正其失，語有據依。足爲惠氏之諍友！均刊入《皇清經解續編》。

《周易姚氏學》十六卷　清姚配中撰。其書主發揮漢儒之學，不名一家；而詳加以案，精研古義，自出機杼，視惠棟《周易述》，後來居上矣！刊入《皇清經解續編》。

《周易虞氏義》九卷、《消息》二卷　清張惠言撰。唐李鼎祚《周易集解》蒐采《漢易》，《虞注》爲多；而惠言求其條貫，明其統例，釋其疑滯，補其闕遺，爲《虞氏義》九卷；又表其大指，爲《消息》二卷；用功至深。漢學顓家，存此一綫！刊入《皇清經解》。

（乙）宋學

《周易注》十卷　魏王弼撰。其《繫辭》以下，則韓康伯《注》也。漢儒《易》學，皆明象數；至弼究爻位之上下，辨卦德之剛柔，乃發得意忘象之指，黜象數而言義理。程子謂學《易》先看王弼；及爲《易傳》，不論象，不論卦變，皆采《弼注》。録存其書，見以義理説《易》，自斯人始；著經學别派之由也。刊入《四部叢刊》附《略例》。

《周易折中》二十二卷　清康熙五十四年，大學士李光地等奉敕撰。其書主發揮宋儒之學；以朱子《周易本義》爲主，而《上下經》、《十翼》篇次，一依《本義》。宋儒言《易》學者，邵康節明圖書，程子崇義理，各有所主，而朱子則參程、邵兩家以作《本義》；自謂“所作《本義》簡略，以義理《程傳》既備故”也。是書以《本義》爲主，而以《程傳》次其後；其有不合者，則稍爲折中其異同之致。《程傳》、《朱義》之外，漢、晉、唐、宋、元、明諸儒，其有所發明，足以佐程朱所未及者，又參合而研覈之；庶幾備宋學之要删。又以朱子圖書象數之學，備於《啓蒙》；敷暢厥旨而具載書後，爲《御纂七經》之一，浙江圖書館有刻本。

(丙) 非漢非宋而自名其學

《周易集注》十六卷　明來知德撰。其説《易》非漢非宋，專取《繫辭》“錯綜其卦”之説論易象。每注一卦，先釋象義、字義及錯綜義，然後訓本卦本爻正義；反覆周詳，惟恐讀者之不解。與貌爲艱深，故意令人無從索解者，殊有上下牀之别！坊間多有刻本。浙江蕭山來氏宗祠亦尚有存書。

《周易禪解》十卷　僧智旭撰。昔虞翻注《易》，引《参同契》。王弼《易注》，多雜老氏。以道家説《易》，盛于漢魏；而以禪参《易》，則起南朝。孔穎達《周易正義》序稱：“江南義疏十有餘家，義涉釋氏。”書皆不傳，獨傳宋儒楊簡《楊氏易傳》二十卷，王宗傳《童溪易傳》三十卷，簡爲陸九淵弟子；宗傳與同時。其説《易》力排象數而不免涉於虛無，若有同契。然是義涉於釋氏，而非詁《易》以禪理也。乃智旭此書，以禪詁《易》，亦以《易》明禪，觸類而通，即禪即《易》；自序曰：“吾所由解《易》者，無他，以禪入儒，務誘儒以知禪耳。”可謂教下之别傳，《易》學之旁通者矣！金陵刻經處有刻本。

(丁) 通論

《易通釋》二十卷　清焦循撰。清儒説《易》，張惠言爲顓門。而焦循則爲通學；其説《易》不依傍古人門户，獨闢町畦，以虞氏之旁通，兼荀氏之升降，意在采漢之長而去其短。所爲《易通釋》一書，六通四闢，比例齊同，通於九數；假借轉注，本之六書，立説咸有據依。刊入《皇清經解》。亦有單刻本。

(戊) 占筮書

《春秋占筮書》三卷　清毛奇齡撰。其書備采《左氏春秋·内外傳》所載占筮之事，求其條貫，明其統類，以見古人觀象玩占之法。刊入《皇清經解續編》。

《京氏易傳》三卷　漢京房撰。房傳焦氏之學，故言術數者稱焦京；而房之推衍災祥，更甚於延壽。其書凡十四種，今佚十三；惟傳此書。其中飛伏世應、五行順逆之法，春秋占筮之所不言，而爲後世賣卜言術數者之所昉焉。刊入《漢魏叢書》、《四部叢刊》。

《火珠林》一卷　無名氏。今賣卜擲錢占卦，盡用此書。坊刻本。

（己）書不涉易而義有相發者

赫胥黎《天演論》嚴復譯

斯賓塞爾《羣學肄言》嚴復譯

柏格森《創化論》張東蓀譯

右三書，商務印書館印行，人所知見，茲不贅。

愢聞尺見，差有采獲。揭而布之，庶綿絕學！

（商務印書館，1935 年 1 月第三版）

喪禮今讀記

《禮記·檀弓》云："大功廢業。"而《曲禮》言："居喪未葬，讀喪禮；既葬，讀祭禮。""讀"之爲言籀繹其義也；段玉裁《說文解字注》曰："讀，籀書也。籀亦作'抽'，抽繹其義蘊，至於無窮，是之謂讀。"匪記誦章句之末也。送死者，人子之大事。儻纖毫不以禮自處，於義有所未安，即於情有所不忍，雖欲勿讀，焉得而勿讀也。博行年四十，慟失父嚴，杜絶人事。而致其情於讀禮焉；亦猶行古之道也。余讀《儀禮》有《喪服》、《士喪禮》兩篇，《禮記》有《檀弓》、《曾子問》、《喪服小記》、《雜記》、《喪大記》、《奔喪》、《問喪》、《服問》、《閒傳》、《三年問》、《喪服四制》十一篇，皆言禮之涉於喪者。特《儀禮》詳其事，而《禮記》籀其義。然制度文爲之事，時移勢易，古今不必盡同，而義則貫古今而如一。故竊以爲《儀禮》可不讀，而《禮記》不可不讀也。

余讀《禮記》記衣服之制，麻、絲、免、髽之節，大畧與《儀禮》同。然其言人子不容不哀其父母之情，不能不思其父母之意，雖歷千百世更千百人，而心同理同，讀之不能無怦然。而《雜記》、《問喪》、《三年問》三篇，委曲深至，則尤其中之形容極致，令讀者低徊往復而不能自已者也。然後知三年之喪，“稱情而立文，因以飾羣，别親疏貴賤之節而弗可損益。”《三年問》語“人情之實也，禮義之經也。非從天降也，非從地出也，人情而已矣。”《問喪》語至《閒傳》之文，則言哀之發於容禮、聲音、言語、飲食、衣服、居處，蓋最切近易曉而明示人以處哀之法者。博生乎今之世，由今之道，讀之而愧發于中，不自知顙之有泚也。徒自憎其天性之凉薄而已矣。甯敢致譏于古禮哉！述《喪禮今讀記》。

記喪禮之義

禮也者，義之實也。《禮記·三年問》“三年之喪，稱情而立文”，《問喪》言“人情之實”，兩言足以盡喪禮之義。而宣究其義，出以簡賅者，莫如《檀弓》，壹本人情以爲之説。其詞曰：“喪禮，哀戚之至也。節哀，順變也，君子念始①之者也。復，盡哀②之道也，有禱祠之心焉。望反諸幽，求諸鬼神之道也。北面，求諸幽之義也。拜稽顙，哀戚之至隱也。稽顙，隱之甚也。飯用米、貝，弗忍虚也。不以食道，用美焉爾。銘，明③旌也。以死者爲不可别已，故以其旗識之。哀之，斯録之矣；敬之，斯盡其道焉爾。重，主道也。士始死，作重長三尺以依神，雖非主而有主之道，故云。殷主，綴重焉；周主，重徹焉。奠以素器，以生者有哀素之心也。惟祭祀之禮，主人自盡焉爾。豈知神之所饗，亦以主人有齊敬之心也。辟踊，哀之至也。有算，爲之節文也。撫心爲辟，跳躍爲踊。每一踊三跳，三踊九跳爲一節。士三日而殯，凡有三踊：初死日襲襲而踊，明日小斂踊，又明日大斂踊，凡三日爲三踊也，此之謂有算。袒，括髮，變也。愠，哀之變也。去飾，去美也。袒、括髮，去飾之甚也。有所袒，有所襲，哀之節也。弁絰葛而葬，與神交之道也，有敬心焉。周人弁而葬，殷人冔而葬。”有子謂子游曰：“予壹不知夫喪之踊也，予欲去之久矣。情在於斯，其是也夫。”子游曰：“禮，有微情者，有以故興物者，有直情而徑行者，戎狄之道也。禮道則不然！人喜則斯陶，陶斯咏，咏斯猶，猶斯舞，舞斯愠，愠斯戚，戚斯歎，歎斯辟，辟斯踊矣。品節斯，斯之謂禮。

---

① “始”後脱“生”字。

② “哀”，《禮記》通行本作“愛”。

③ “明”原作“用”，兹按《禮記》通行本改。

人死，斯惡之矣；無能也，斯倍之矣。是故制絞衾，設蔞翣，爲使人弗惡也。始死，脯醢之奠；將行，遣而行之，既葬而食也；爲使人勿倍也。”此之謂“稱情而立文”也。“始死，充充如有窮；既殯，瞿瞿如有求而弗得；既葬，皇皇如有望而弗至。練而慨然，祥而廓然。”《雜記》曰：“期之喪，十一月而練，十三月而祥，十五月而禫。”《閒傳》曰：“期而小祥，又期而大祥，中月而禫。”“顏丁善居喪：始死，皇皇焉如有求而弗得；及殯，望望焉如有從而弗及；既葬，慨焉如不及其反而息。”此之謂“人情之實”也。質言之曰：孝子之志，人情之實，不忍遽死其親之意云爾。

記始死燒回頭香

俗，既絶而禱於社俗稱大王廟。繞柩以號曰某，謂之燒回頭香。此何禮也？曰：古禮謂之禱復，俗稱謂之燒回頭香。古今異語，其義一也。惟《儀禮·士喪禮》載“復者一人，升自前東榮，中屋，北面，招以衣，曰：皋！某復！三。”《注》曰“皋，長聲也”。《疏》曰：“一號於上，冀神自天而下；一號於下，冀神自地而上；一號於中，冀神在天地之間而來也。”求之天地四方也，魂氣則無不之也。而於社焉，爲不經矣。然而不廢者，《檀弓》所云：“復，盡愛之道也，有禱祠①之心焉。望反諸幽，求諸鬼神之道也。”仁人孝子之用情於無如何，誠有得已而不忍已者在也。求諸鬼神之道，若或可廢，而盡愛之道，惡忍不致也，故不廢也。

記三朝成服

禮：“始死，羔裘玄冠者，易之而已。”《禮記·檀弓》《疏》曰：“養疾者服朝服，羔裘玄冠，即朝服也。始死，則易而服深衣。”“夫其不遽易深衣者，所以答賓客之來問，亦所以重送死也”。禮：“惟哭先復，復而後行死事。”《禮記·喪大記》《疏》曰：“復而猶望生。”夫孝子之不遽死其親，如是之緩也。禮：“死三日而後斂者，何也？曰：孝子親死，悲哀志懣，故匍匐而哭

① “祠”原作“祀”，今改正。

之。若將復生然，安可得奪而斂之也。故曰：三日而後斂者，以俟其生也。"《禮記・問喪》夫猶俟其生，則衰不可得而遽易也。若不俟三日而遽易衰，則是不俟其親之生，而欲速成其死也。故成服之不俟三日也，初視之似于義無害，而不知即此速死其親之心之不仁，其事事苟且而不能必誠必信者，皆以此階之。則古人之節次漸變以必期乎三日，真合乎天理人情之至也！故曰："三日而不生，亦不生矣，孝子之心亦益衰矣。家室之計，衣服之具，亦可以成矣。親戚之遠者，亦可以至矣。是故聖人爲之斷決，以三日爲之禮①制也。"《禮記・問喪》邑俗三朝成服，然不及三朝而衰絰在身者往往有之。乃以博兄弟恪守三朝成服之禮爲大怪，不知禮"生與來日，死與往日"《禮記・曲禮》。《注》："與，猶數也。生數來日，謂成服杖以死明日數也。死數往日，謂殯斂以死日數也。"陳澔曰："成服杖，生者之事也；從死之明日數之爲三日，是三日成服者，乃死之第四日。"蓋殯斂者死者之事，久或嫌於尸之變，故"死與往日"。而成服則生者之事，猶若死其親之遽，故"生與來日"。仁之至，義之盡也。吾父以民國十五年夏曆丙寅秋七月初四日卒；而成服於初六日，實死之第三日。若以禮"生與來日"之説推之，猶若以遽然。

記治喪用樂

吉凶不相干，哀樂之情不可以貳。《禮記・曲禮》言："喪復常，讀樂章。居喪，不言樂。"《疏》曰："復常，謂大祥除服之後也。"則是大祥除服之後，但讀樂章而已；不及于作也。若當居喪之日，樂之不言，何有于作？夫昏禮，禮之嘉者也。而三日不舉樂，思嗣親也《禮記・曾子問》。則是昏禮之用樂，已干忘親之罪；況儼然在衰絰之中而用樂，是大亂之道也。將以娱賓乎？禮："吊於人，是日不樂。"《禮記・檀弓》而何爲其娱之也。將以侑奠乎？禮："奠，丈夫踊，婦人踊，兄弟哭。"《儀禮・士喪禮》歌哭不同聲也。夫今之人，以樂慆憂，其常也；故雖創鉅痛深，而忍亦樂之。若夫平居琴瑟之静，鐘鼓之和，茫乎其未有聞也。於親死而乃淵淵然樂作矣，則是樂其親之死也。雖

① 禮，原作"斷"，今改正。

百喙，奚所解哉！然而吾 父之斂用樂，成服用樂者，無它，執事者狃于故常。而博兄弟卒遇大故，心神怖覆，未及止之以禮也。治喪發引之日，博與吾弟誓當援禮以止之，儻親友有餽軍樂以送喪者，當敬謹援禮以謝之。禮："鄰有喪，舂不相；里有殯，不巷歌。"《禮記·曲禮》則是人之有喪，鄰里且爲之不歌；而況于治喪者乎？寧惟用樂，自今一切塗飾觀聽而無當于送死之事，皆當援禮以止之！

記非禮之禮

成服之不待三朝，治喪之不廢作樂，世俗之非禮也。然而世俗有非禮之禮二：訃聞之稱考也，長孫之承重也，皆皮傅古禮而未及究其所以者也。禮："士三月而葬，是月也卒哭。"《禮記·雜記》"卒哭曰成事。是日也，以吉祭易喪祭。""生事畢而鬼事始已。"《禮記·檀弓》"生曰父曰母，死曰考曰妣。"《禮記·曲禮》。〇鄭康成曰："考，成也。言其德行之成也。妣之言媲也，媲於考也。"陳祥道曰："喪禮未卒哭，則以生事之。既卒哭，則以鬼事之。則其曰考曰妣，皆卒哭之禮也。"然則未葬未卒哭之前之不曰考曰妣，而仍父之母之之事死如事生者，仁人孝子不忍遽死其親之心，若是其遲回而慎重也。邑俗之訃於人也，大率告厝者十之九，無有逮三月者；而曰考曰妣之不暇，則是速成其親之死也。孔子曰："之死而致死之，不仁而不①可爲也。"《禮記·檀弓》不仁哉今之人也！至考而繫之曰顯，則尤擬於不倫之辭。按《祭法》，顯考廟在祖考廟之上；則今之曾祖也。名實乖舛，莫此爲甚。此訃稱考，考而顯之爲非禮之禮者一也。古者人子有爲父後、不爲父後之分。漢時詔令尚云"賜爲父後者爵一級"；爲父後者，承爵禄，奉宗祀而傳之以重者也。上有傳，斯下有承。承重之説，蓋昉於傳重也。宋楊傑誌劉之道暉墓云："祖夫人卒，之道以適孫乞解官，承重服。府尹王贄留之曰：'按著令，凡適孫爲祖父母承重者，蓋其適子無同母弟以承其重者也。今子先君有同母二弟，已自服重喪；何遽哀號杖而後起乎？'之道曰：'暉聞支子不祭，祭必告於宗子，重正適而尊祖考也。國朝封爵令文，皆子孫承適者傳襲。豈有處貴者之後，

① "而"後原脱"不"字，茲補正。

則封爵先于適孫。在凶喪之際，則重服止諸叔父耶！’下禮官議，以暉爲然。適孫有諸叔而承重自暉始。”《無爲集》然蘇頌對宋神宗言：“古者貴賤不同，諸侯大夫世有爵禄，故有大宗、小宗主祭承重之義；則喪服從而異制，宜也。匹夫庶人，亦何與焉。近代不世爵，長子孫與衆子孫無以異。生而情理則一，死而喪服獨異，非先王制禮本意。”則是所謂重者指宗廟祭祀之重而言。今以子死孫承，謂服祖喪爲承重；是重之義，專指祖喪矣。豈知孫爲祖後而服斬，乃代其父爲服喪，非關承重乎？重之爲言重大宗也。後世宗法既廢，士大夫不世爵，奉宗祀者不限大宗；既無重可傳，而漫於喪訃立長孫承重之條，遂駕名諸父之前。禮果然乎哉？吾兄子蘭卒，無子，以吾子鍾書爲之後，孺子耳！諸父拜則拜，諸父趨則趨，奉令承教之不遑；何重之能承？而漫曰承重孫云乎哉！此孫承重，重於服之爲非禮之禮者又一也。今吾　父訃狀，曰家嚴，不曰顯考，不忍之死而遽致死之也。狀末列孤哀子三人，不没吾兄之名而墨署之以明早世。鍾書則以次諸父之後而正其名曰承服長孫，以明其承兄而代爲之服也。至喪次行禮，則壹仍世習之舊。鍾書先而博與吾弟後焉；非苟徇俗爲之也，以其代吾兄而不敢僭也。儻亦亡於禮者之禮歟？

記設靈

按古禮始死未有主，於中庭置重以主其神；至卒哭之後，以木主替重《儀禮·士喪禮》：“重木，刊鑿之，甸人置重于中庭。”《疏》曰：“始死，未有主，以重主其神至虞祭之後，以木主替重。”今人始死，未有主，於柩前設靈以依其神；至出殯之後，以木主替靈。今之靈，古之重也。惟重以木爲之而加鑿孔以爲懸；而靈以紙爲之而加下座以爲立，此其異也。靈，主道也；猶之乎重也。然而有異者：靈依于柩，事以人道；主祔於廟，事以鬼神。曰考曰妣，事鬼之稱也；曰父曰母，事生之稱也。今人設靈，署題所稱，不曰父母而曰考妣；成親之死，疑若遽然！

記題主

世俗喪禮題主，必請達人名德書之；蓋孝子慎終盡禮，亦亡於禮者之禮也。推原禮意，所書本合封爵諱字并題之；以字數繁多，典禮矜持，慮或遺誤，故預書其主，而特虛主字一點，以待成禮時命筆；俗又謂之點主；始用朱，次加墨，其禮不知所自起，唐宋士大夫禮不可考。而輓近世尊用《朱子家禮》。朱子固南宋士大夫也。家禮只有題主，并不云點主。劉榛《答喪禮問》中有《問主之制》一條，曰："世用有爵者點朱，而覆以墨，禮歟?"曰："非禮也。親故之能書者題之，足矣！必乞於有爵，亦所以崇其事也；而朱焉，則無謂矣。且服官者簿書教令皆用朱；以下行上焉者弗敢也。人子於父母，而使人肆然下臨之；又豈所以尊之乎?"陸燿《上馮師問喪儀書》中亦有云："古者始死立重，虞而後立主用桑，練而後用栗主。然則初喪之主，尚不以袝廟永祀。謹書生卒年月日於陷中，某官某封於主外，以此謂之題主，可矣！何爲獨虛主字之一點，延請有爵位者先朱後墨，而以爲光寵乎？劉山蔚（即劉榛）① 非之，是也。不孝前遭先君之喪，固未嘗請人。今茲欲循舊例，親泣血而書之，並不虛王字之一點，以待貴官長者之辱題。不審於理是否?"《切問齋文集》皆於點主致異議焉！

記送喪而歸

今人之送喪而歸也即吉；古人之送喪而歸也反哭。雖今古勢殊，而禮文具在，惻怛懇至，足以風薄俗而厚民德，不可不一讀也。禮："反哭之吊也，哀之至也。反而亡焉，失之矣！"《禮記·檀弓》"入門而弗見也，上堂又弗見也。入室，又弗見也。亡矣喪矣！不可復見已矣！故哭泣辟踊，盡哀而止矣。心悵焉愴焉，惚焉愾焉，心絶志悲而已矣。祭之宗廟，以鬼享之，徼幸復反也。成壙而歸，不敢入處室。居於倚廬，哀親之在外也。寢苫枕塊，哀親之在土也。"《禮記·問喪》蓋悲哀痛疾若是之甚也。今也送喪甫歸，置火於門，辟除不祥。又擇宗親之夫婦雙全而多子孫者，俾盛服先入門而導主人之前焉；謂之紅緑進大門，曰爲主人利市也。於親也而不利市之，薄哉俗也！然而不能變也。

---

① 單行本"劉山蔚（即劉榛）"之後無"非之，是也"一句，其文曰："曰：'服官者簿書教令皆用朱，以下行上焉者不敢也。人子於父母而使人肆然下臨之，是豈所以尊之乎?'"

記哭泣

喪禮言哭而不言泣。哭者，所以“稱情而立文”。《説文》云：“哭，哀聲也。”有其聲而已。哭从吅，主聲不主涕也。泣从水，有涕而無聲也。專言哭，則不必盡有涕。“孔子之衛，遇舊館人之喪，入而哭之哀。出，使子貢脱驂賻之……曰：‘予嚮者入而哭之，遇于一哀而出涕。予惡夫涕之無從也。’”《禮記·檀弓》是初不意其出涕也。是不出涕，不害其爲哭也。古之人，吊喪必哭，聞喪必哭；情有親疏，義有厚薄，固未必欲涕斯涕至。即執親之喪，而禮經之記泣者，大抵出以難之之辭。如稱“高子皐執親之喪，泣血三年。君子以爲難。”《禮記·檀弓》《疏》曰：“此論子皐居喪過禮之事。”弁人有其母死而孺子泣者。孔子曰：“哀則哀矣！而難爲繼也。夫禮，爲可傳也，爲可繼也；故哭踊有節。”《禮記·檀弓》是不必强人所難能而責盡人以泣也。大抵聖人之制禮也，稱情而立之文。而孝子之行禮也，因文以致其誠。禮義之經也。

記泣血

今訃狀有泣血之稱，源本朱子家禮，然古人言泣血者，無聲出淚而已；血非赤血，即淚汁也。《易》有“泣血漣如”，《詩》稱“鼠思泣血”，皆於喪事無與。獨《禮記·檀弓》稱“高子皐執親之喪，泣血三年。”注：“泣血，言泣無聲，如血出。”《疏》曰：“凡人涕淚，必因悲聲而出。血出則不由聲也。今子皐悲無聲，其涕亦出如血之出，故云泣血。”據此則血即是淚。《文選·李陵答蘇武書》：“戰士爲陵飲血。”注曰：“血即淚也。”夫禮，親始死，哭不絶聲；三日之内，晝夜哭無時；亦烏庸此無聲出涕之事？意者子皐之事，當在卒哭以後。蓋其至性過人，俯就禮制，亦但哭於朝夕；而平時則無聲而出涕，以至三年不變。吴澄所謂“默思其親，目亦有淚；如血之出。”是也。然泣血者必抆淚，乃相須之事。“孤子唫而抆淚”，《楚辭·悲回風篇》已有成文。今抆淚槩稱於輕喪，而泣血獨施於重服；所以實相準而名相懸者，庸得爲知其類也乎！

記哀喪婆

俗：喪家傭婦人直靈助哭，謂之哀喪婆。此風由來舊矣。《南史》孔秀之①《遺令》曰："世人以僕妾直靈助哭，當由喪主不能淳至，欲以多聲相亂。魂而有靈，吾當笑之。"然《儀禮·士喪禮》："代哭不以官，則使親疏更迭而哭。"《禮記·喪大記》："君、大夫、士有代哭者，哭以次序更代。"則不備官之家使僕妾，不備僕妾之家雇傭婦，亦事之不得已也。蓋自始死以至于斂，哭絶聲則不安，不絶聲，則毁滅性矣。《周禮·挈壺氏》：凡喪，懸壺以代哭。

記稽顙拜

《禮記·檀弓》："孔子曰：拜而後稽顙，頽乎其順也。稽顙而後拜，頎乎其至也。三年之喪，吾從其至者。"《疏》曰："拜，主人孝子拜賓也。拜爲賓，稽顙爲己，頽然而順序也。頎，惻隱貌。先觸地無容，後乃拜賓，爲親痛深，惻隱之至也。"則是稽顙者，自盡其哀；而拜則致敬於賓也。輓近喪刺稽顙而不署拜，徒以自致其哀，而不盡敬於賓。儻亦從其至者，然客爲吾　父之故而吊，安得不致敬乎？故拜不可廢署也。然而吾　父之訃，亦稽顙而不署拜者，無他，蓋訃者所以告喪而致其哀，故不署拜。江藩《答伊墨卿書》曰："《檀弓》鄭注：'拜而後稽顙爲殷禮。稽顙而後拜爲周禮。'此答來吊之賓拜也。若非來吊之賓，但稽顙而已。《雜記》鄭注：'稽顙而後拜曰喪拜，此有三年之喪者；拜而後稽顙曰吉拜，此非三年之喪者，皆謂受問受賵者也。'此答問賜之拜也。若訃書問狀，既無吊問之賓，又無賜與之事。邱瓊山創用泣血二字固妄。陰静夫改用稽顙拜、拜稽顙亦非。惟世俗之謝帖可用之。"《隸經文》可謂深於禮者之言也。

---

① 《南史》作"孔秀之"，原稿依之，而嚴可均《全齊文》作"王秀之"。

記行狀

近人訃告，必系行述。行述者，子孫之述其尊親也。然子孫之述尊親，不可不知其義焉，不可不知其例焉。魏禧《答孔正叔論誌文》曰：“君子爲文章，務使顯可示於天下後世，幽可質於鬼神，故善善雖長，不敢爲不試之譽。此豈獨於子弟交遊，在所必慎；即尊親如祖父，亦不可奉以虛美，使吾親爲聲聞過情之人。且人之善否，宗族鄉黨，未有不知。吾九實一虛，則人將執虛例實，既因一事以没其九；而人情不服，必加謗訾，是求榮而反辱也。故曰：‘虛譽其親，與自謗其親等。’”見《魏叔子文集》此述尊親之文之義也。陸燿《與錢巽齋論行述書》曰：“行狀之體，如上太常議謚，史館作傳者，宜用公狀之式，不復參以作者之意。如子孫自述其先世德善以求誌銘者，乃本哀痛之餘情，發祈請之至願，必宜從乎作者之自言；而稱其祖父之祖父，悉以作者爲主；父之父爲祖，祖之父爲曾祖。今果堂沈先生乃據穆員外白樂天爲證，不從狀者之所自稱，而從所狀之人之稱；何異祖父生時，對父而呼其祖爲父，對祖而復呼其曾祖爲父乎？唐之大家爲昌黎，宋之大家爲廬陵。昌黎《韓滂墓誌》曰：‘吾與其妻哭之心傷。’吾者，昌黎自吾也。《女挐壙銘》曰：‘始命子弟與其姆，易棺衾。’命者，昌黎命之也。此下治子孫之文之例也。廬陵《瀧岡阡表》，爲皇考崇公而作；然於祖則稱皇祖府君；於曾祖則稱皇曾祖府君；皆廬陵之自稱，而不從崇公之所稱。此上治祖禰之文之例也。至爲宗族友朋之碑誌，或發乎吾心之悲悼，或緣其子姓之徵求，雖從所狀之人之所稱，而必兼叙己意以明不能以不文辭之故；曰‘君諱某’，作文者君之也。曰‘系以銘’，作文者系之也。唐宋名家無不如此。此即旁治昆弟之文之例也。其於母氏，如歸熙甫《先妣事狀》，則稱外曾祖、外祖；邢子願《萬太君行狀》，則稱外王父母，蓋又自歐陽公之例而推之，未可以爲非也。且果堂之論，既從所狀之人之稱，而以其祖爲父，曾祖爲祖矣。而其自述真崖府君吴孺人之題，則仍曰‘先考真崖府君述，先妣吴孺人述’；於題即考其考，妣其妣；於文則考其考之考，妣其妣之妣。既考其父，又考其祖，於義已乖；既妣其母，又妣其外祖母，於義乃大不可。此獨不爲用意惟慎，爲言不順乎？”《切問齋文集》此述尊親之文之例也。博兄弟之狀吾父，件繫事實，而孝弟忠信述德浮稱之辭，不以溷吾筆焉。懼涉於“虚譽其親”也。然狀中於吾　父之祖父，其稱例一依沈彤沈彤號果堂，不從狀者之所自稱，而從所狀之人之稱，如陸燿所斥“用意惟偵，爲言不順”者，則大故驟遭，一時不暇以詳也；不可爲訓也。

記未葬不釋服

古者葬有定期。《禮記·檀弓》子思曰：“三日而殯，三月而葬。”《王制》：“天子七日而殯，七月而葬。諸侯五日而殯，五月而葬。大夫、士、庶人三日而殯，三月而葬。”久亦不逾七月。蓋人死以歸土爲安；豈忍遲之又久，不使化者早即於安乎？夫大夫三月，諸侯五月而葬者，俟同位與同盟之至；未聞停喪不葬，至於曠日持久者也。然而古之人不得已有行之者。《喪服小記》曰：“久而不葬者，主喪者不除服。”故晏子有云：“生者不得安，命之曰蓄憂死者不得安，命之曰蓄哀。”蓄哀云者，有故而不得葬，其情常如居喪時也。顧炎武《論停喪》曰：“唐歐陽通爲中書舍人，丁母憂，以歲凶未葬，四年居廬不釋服；冬月，家人密以氈絮置所眠席下；通覺大怒，遽命撤之。元孫瑾父喪停柩四載，衣不解帶。此可爲不得已而停喪者之法。近年有一二知禮之士，未克葬而不變服者。而或且譏之曰：‘夫飲酒食肉處内與夫人間之交際往來，一一如平人，而獨不變衣冠；則文存而實亡也。文存而實亡，近於爲名。’然則必并其文而去之，而後爲不近名耶！子貢欲去告朔之餼羊。子曰：‘賜也。爾愛其羊，我愛其禮。’嗚呼！夫習之難移久矣。自非大賢中人之情，鮮不動於外者。聖人爲之弁冕衣裳，佩玉以教恭，衰麻以教孝，介冑以教武；故君子恥服其服而無其容。使其未葬而不釋衰麻則其悲哀之心，痛疾之意，必有觸於目而常存者；此子游所謂‘以故興物’，而爲孝子仁人之一助也。奚爲其必去之也？原注：今吴人喪，除服則取冠衰履杖，焚之服終；而未葬則藏之柩旁，待葬而服；既葬，服以謝吊客，而後除且焚。此亦餼羊之猶存者矣。《詩》曰：‘庶見素韠①兮，我心蘊結兮，聊與子如一兮！’哀公問曰：‘紳委章甫，有益於仁乎？’孔子作色而對曰：‘君胡然焉！衰麻苴杖者，志不存乎樂；非耳弗聞。服使然也。’後之議禮者，必有能擇於斯

① “韠”，《詩經》通行本作“韠”。

者矣！”《日知録》然則“稱情而立文”，禮之用意深矣。豈徒具文以飾觀聽哉！

記合葬

《禮記・檀弓》：季武子許杜氏合葬之請，曰：“合葬，非古也。自周公以來，未之有改也。”又曰：“周公蓋祔。”則合葬固昉自周公。第考古人合葬，不惟同穴，必且同槨，取相親之意。原其制，夫婦不必偕老，在前在後，其死也相踰，或數年或數十年；殆至合葬之日，始得并兩棺而爲一槨以安置耳。故衛人之祔也離之，魯人之祔也合之。而孔子獨善魯者，以離有一物隔兩槨之間於槨中；合則并兩棺置槨中無别物間之；正所謂同槨也。逮後朱子曰：“古者槨合衆材爲之，大小隨人所爲。今用全木，則無許大木可以爲槨；故合葬者祇同穴而各用槨。”則同槨之制不講矣。司馬光撰《程夫人墓誌》，言其同壟異壙；則匪獨不講同槨之制，且不拘於同穴矣。世之所遵行者者是也。合葬之言同穴。《詩》不云乎！“穀則異室，死則同穴。”而不同穴者，自司馬光始也。

記吊生與傷死

《禮記・曲禮》：“知生者吊，知死者傷。知生而不知死，吊而不傷；知死而不知生，傷而不吊。”蓋吊以唁生，傷以哀死。方慤曰：“不知生而吊之，近諂；不知死而傷之，近僞。”知死之傷必哭，知生之吊不哭，此吊與傷之别也。《檀弓》：“孔子哭子路于中庭。有人吊者而夫子拜之。”夫子之哭，哭子路也，“知死者傷”也。有人吊者，吊孔子也，“知生者吊”也。曾子曰：“朋友之墓，有宿草而不哭焉。”“伯高死于衛，赴於孔子。孔子曰：‘吾惡乎哭諸？兄弟，吾哭諸廟；父之友，吾哭諸廟門之外；師，吾哭諸寢；朋友，吾哭諸寢門之外；所知，吾哭諸野。于野則已疏；于寢則已重。夫由賜也見我；吾哭諸賜氏。’遂命子貢爲之主，曰：‘爲爾哭也來者，拜之；知伯高而來者，勿拜也。’”皆“知死者傷”之例也。後世人情澆薄，知生知死，不復有别；蓋有吊而無傷矣。然禮，“吊於人，是日不樂。”“行吊之日，不飲酒食肉焉。”“吊於葬者必執引，若從柩及壙皆執紼。”皆見《檀弓》蓋古之“知生者吊”，亦必盡誠以致其實，而不許爲塗飾耳目又如此。不寧惟是，毛奇齡《論吊喪》曰：“凡吊者賻者，亦必實盡其情，而不徒飾往來之虛文，遂飲食之末節；始於哀死亡之禮，庶幾不失。善乎！先儒吕和叔之説吊也，‘《詩》曰：凡民有喪，匍匐救之。不謂死者可救而復生，謂生者或不救而死也。’夫孝子之喪親，不能食者三日，其哭不絶聲；既病矣，杖而後起，問而後言；其惻怛之心，痛疾之意，如不欲生，則思慮所及，雖其大事有不能周知者，而況於他哉！故親戚、僚友、鄉黨聞之而往者，不徒吊哭而已。莫不爲之致力焉。始則致含襚以周其急，三日則具糜粥以扶其羸，每奠則執其禮，將葬則助其事。其從柩也，少者執綍，長者專進止。其掩壙也，壯者待盈坎，老者從反哭。袒而賵焉，不足則贈焉，不足則賻焉，凡有事則相焉。斯可謂能救之矣。故適有喪者之辭，不曰願見而曰比。雖國君之臨，亦曰寡君承事。他國之事，曰寡君使某，毋敢視賓客。主人見賓，不以尊卑貴賤，莫不拜之，明所以謝之；且自别於常主也。賓見主人，無有答其拜者；明所以助之，且自别於常賓也。自先王之禮壞，後世雖傳其名數，而行之者多失其義。喪主之待賓也如常主。喪賓之見主人也如常賓。如常賓，故止於吊哭而莫敢與其事。如常主，故舍其哀而爲衣服飲食以奉之。其甚者，至於損奉終之禮以謝賓之勤；廢吊哀之儀以寬主之費；由是，則先王之禮意，其可以廢而已乎！今欲行之者，雖未能盡得如禮。至於始喪則哭之，有事則奠之；又能以力之能及爲營喪葬之未具者以應其求；輟子弟僕隸之能幹者以助其役；易紙幣壺酒之奠以爲襚，除供帳饋食之祭以爲賵與賻，凡喪家之待己者，悉以他辭，無受焉；庶幾其可也。”《西河文集》然則“知生者吊”，不徒吊而已！“知死者傷”，不徒傷而已！又必有以助之也。生乎今之世，由今之俗，不必有其事，不可無其意。

記三年之喪不吊人

禮：三年之喪不吊人，情有所專而不及其它也。曾子問曰：“三年之喪吊乎？”孔子曰：“三年之喪，練，不羣立，不旅行。君子禮以飾情；三年之喪而吊哭，不亦虛乎！”《禮記·曾子問》“吊哭”，謂吊人之哭，孔子所謂“爲爾哭也來者”，則是三年之喪，不可謂知生之吊也。然子張死，曾子有母之喪，齊衰而往哭之。或曰：“齊衰不以吊。”曾子曰：“我吊也歟哉！”《禮記·檀弓》蓋謂知死之傷，而非知生之吊也。則是有母之喪，不害爲知死之傷也。合此兩事觀之：則是三年之喪，可傷死而不可吊生。

記召食

《禮記·雜記》：“有服，人召之食，不往。大功已下，既葬，適人，人食之；其黨也食之；非其黨，弗食也。”《注》曰：“往而見食，則可食也。爲食而往，則不可。”君子禮以飾情，焉有三年之喪，斬焉在衰絰之中而可以飲食衎樂，與于宴會之事者乎！此輓近世之所不非；而情不能以自安，即義不可以不自勉也。

記見客

禮：“疏衰之喪，既葬，人請見之，則見；不請見人。小功，請見人可也。惟父母之喪，不辟涕泣而見人。”《禮記·雜記》“凡見人無免絰，惟公門有稅齊衰。《傳》曰：‘君子不奪人之喪，亦不可奪喪’也。”《禮記·服問》

記諸子論喪禮

諸子書論喪禮之深切著明者，莫如《墨子》與《荀子》。《禮記·三年問》即出《荀子·禮論篇》。《荀子·禮論篇》曰：“禮者，謹於治生死者也。生，人之始也。死，人之終也。終始俱善，人道畢矣。故君子敬始而慎終，終始如一，是君子之道，禮義之文也。夫厚其生而薄其死，是敬其有知而慢其無知也，是姦人之道而倍叛之心也！君子以倍叛之心接臧穀，猶且羞之；而況以事其所隆親乎？故死之爲道也，一而不可得再復也；臣之所以致重其君，子之所以致重其親，于是盡矣。故事生不忠厚，不敬文謂之野，送死不忠厚，不敬文謂之瘠。君子賤野而羞瘠。”又曰：“事生，飾始也。送死，飾終也。終始具而孝子之事畢，聖人之道備矣。刻死而附生謂之墨，刻生而附死謂之惑，殺生而送死謂之賊。大象其生以送其死，使死生終始莫不稱宜而好善，是禮義之法式也。儒者是矣!”然自儒者言之：則墨者之節葬薄喪，爲“刻死而附生”矣。而自墨者言之：則儒者之厚葬久喪，爲“刻生而附死”矣。其著論於《墨子·節葬篇》曰：“又曰：‘上士之操喪也，必扶而能起，杖而能行，以此共三年。’若法若言，行若道，使王公大人行此，則必不能蚤朝晏退。使士大夫行此，則必不能治五官六府，辟草木，實倉廩。使農夫行此，則必不能蚤出夜入，耕稼樹藝。使百工行此，則必不能修舟車，爲器皿矣。使婦人行此，則必不能夙興夜寐，紡績織紝。細計厚葬，爲多埋賦之財者也；計久喪，爲久禁從事者也。財已成者，挾而埋之；後得生者，而久禁之；以此求富，此譬猶禁耕而求穫也。富之説無可得焉！欲以衆人民，意者可耶?‘上士操喪也，必扶而後起，杖而能行，以此共三年。’若法若言，行若道，苟其飢約又若此矣。是故百姓冬不仞寒，夏不仞暑，作疾病死者不可勝計也。此其爲敗男女之交多矣。衆之説無可得焉。欲以治政刑，意者可乎？今惟無以厚葬久喪者爲政，國家必貧，人民必寡，刑政必亂。若法若言，行若道，使爲上者行此，則不能聽治。使爲下者行此，則不能從事。上不聽治，刑政必亂。下不從事，衣食之財必不足。若苟不足，爲人弟者求其兄而不得，不弟弟，必將怨其兄矣。爲人子者求其親而不得，不孝子，必將怨其親矣。爲人臣者求其君而不得，不忠臣，必且亂其上矣。是以僻淫邪行之民，出則無衣也，入則無食也，内積謑詬，並爲淫暴而不可勝禁也。是故盜賊衆而治者寡。治之説無可得焉！故聖王制爲葬埋之法曰：‘死則既已葬矣。生者必無久喪，而疾而從事，人爲其所能，以交相利也。’此聖王之法也。”言非一端，義各有當。特墨子崇功利，以民生言。而荀卿貴禮義，以人情言。所貴好學深思，心知其意耳。

綜右所記，或準古禮而議其未失，或采先賢而酌其時宜。《記》不云乎：“禮也者，義之實也。協諸義而協，則禮雖先王未之有，可以義起也。”《禮記·禮運》世之君子，或有取焉。

（原刊於1935年11月25日《光華大學半月刊》第4卷第4期）

經學通志

自序

余曩讀唐陸元朗德明《經典釋文》，叙經學源流，文少波瀾，未足以發人意；又恨其記載疏舛，於魏、晉以下不詳。後清儒江藩鄭堂紹述其意，作《經師經義目録》，則又膠於門户，特以清儒承漢學，而擯唐、宋於不論不議；學術流變之迹，因以不明！爰輯舊聞，簒爲是志。無錫錢基博。

目録

總志第一

《説文》:“經，織也。”《玉篇》:“經緯以成繒布也”，借以爲經綸天下之意。《易·屯卦·象》曰：“雷震屯，君子以經綸。”《周禮·天官·太宰》:“以經邦國。”注：“經，灋也；王謂之禮經，常所秉以治天下也；邦國官府謂之禮灋，常所以守爲灋式也。常者，其上下通名。”《釋名》:“經，徑也；如徑路無所不通，可常用也。”此經之義也。然古無經之名：伏羲、神農、黄帝之書，謂之《三墳》；言大道也。少皞、顓頊、高辛、唐、虞之書，謂之《五典》；言常道也。虞、夏、商、周，雅誥奥義，其歸一揆。八卦之説，謂之《八索》；求其義也。九州之志，謂之《九邱》；邱，聚也；言九州所宜，土地所生，風氣所宜，皆聚此書也。《周官·外史》“掌三皇五帝之書”，大都不離所謂墳典者近是。楚左史倚相能讀《三墳》、《五典》、《八索》、《九邱》；學士大夫所誦習者此耳；時尚未有經名。《禮記·王制》“樂正崇四術，立四教，順先王詩、書、禮、樂以造士”。亦不聞稱《詩》、《書》、《禮》、《樂》曰“四經”也。經之名見於《國語》“挾經秉枹”。而《孝經鈎命決》引孔子曰：“吾志在《春秋》，行在《孝經》。”《莊子·天運篇》載“孔子謂老聃曰：‘吾治《詩》、《書》、《易》、《禮》、《樂》、《春秋》六經以爲文。’”六經之名始此。然此之所謂六經，即後世之九經。蓋《禮經》統《三禮》,《春秋》統《三傳》，而《樂經》亡佚也。此經稱之見於傳與緯書、子書之在西漢以前者也。

自漢以後，儒者相傳，俱言“五經”。而陳後主時，吴中陸元朗德明撰《經典釋文》，則於“五經”之外，增入《孝經》、《論語》、《老子》、《莊子》、《爾雅》五書。其繫《孝經》、《論語》、《爾雅》於“五經”之後，或用《漢書·藝文志·六藝略》附《論語》、《孝經》、《小學》之例；而厠以《老》、《莊》者，蓋《老》、《莊》自魏、晉以來爲士大夫所推尚，德明生於陳季，猶沿六代之餘波也。其書凡三十卷，於諸經皆摘字爲音，惟《孝經》以童蒙始學，《老子》以衆本多乖，各摘全句；所采漢、魏、六朝音切，凡二百三十餘家，又兼載諸儒之訓詁，證各本之異同。後儒得以考見古義，其有藉於德明此書者非細也！惟德明繫《孝經》、《論語》及《老》、《莊》、《爾雅》於"五經"之後，則增"五經"而十矣。唐時立之學官，則省德明之所增，而云"九經"者，《三禮》、《三傳》，分而習之，故爲九也。其刻石國子學，則所云"九經"，并《孝經》、《論語》、《爾雅》。至宋儒取《禮記》中之《大學》、《中庸》，及進《孟子》以配《論語》，謂之《四書》；而"十三經"之名始立。所謂十四經者，先時嘗併《大戴記》於"十三經"末，稱"十四經"也。其先儒釋經之書，或曰傳，或曰箋，或曰解，或曰學，今通謂之注。聖人著作曰"經"，賢者著述曰"傳"，因記訓曰"詁"，因章句曰"注"，見張華《博物志》。世所傳者：《詩》則毛萇傳，鄭玄箋；《周禮》、《儀禮》、《禮記》則鄭玄注；《公羊》則何休學；《孟子》則趙歧注；皆漢人。《易》則王弼注，《繫辭》韓康伯注；《書》則梅賾僞孔安國傳；皆晉人。《論語》則何晏集解，魏人。《左氏》則杜預注；《爾雅》則郭璞注；《穀梁》則范寧集解；皆晉人。《孝經》則唐明皇御注。蓋經之注，率成於唐以前，而唐以後諸儒辨釋之書，則名曰"正義"，今通謂之"疏"。而創爲"正義"者，蓋自唐之孔穎達始。據《舊唐書·儒學傳》："太宗以儒學多門，章句繁雜。詔國子祭酒孔穎達與諸儒撰定五經義疏，凡一百七十卷，名曰《五經正義》。"《高宗紀》："永徽四年三月壬子朔，頒孔穎達《五經正義》於天下"；是也。然世儒或執此以《五經正義》爲孔穎達作者則又非。《新唐書·穎達本傳》云："初穎達與顔師古、司馬才章、王恭、王琰①受詔譔《五經義訓》百餘篇；其中不能無謬冗。博士馬嘉運駁正其失。詔更令裁定。未就。永徽二年，詔中書門下與國子三館博士、宏文館學士考正之。於是尚書左僕射于志寧、右僕射張行成、侍中高季輔就加增損。書始布下。"然則《五經正義》者，蓋孔穎達與諸儒之所共撰，而非一人之書，彰彰明甚。而《高宗紀》大書特書曰"孔穎達《五經正義》"者；意者特以孔穎達爲奉詔譔定《五經正義》之總纂官；而遂以尸其名邪？然孔穎達奉詔譔定

① "琰"原作"剡"，據通行本《新唐書·孔穎達傳》改。

《正義》者，但有《易》、《書》、《詩》、《禮記》、《春秋左氏傳》五經。永徽中，賈公彦始譔《周禮》、《儀禮》義疏。《宋史·李至傳》："判國子監，上言：'《五經》書既已板行。惟《二①傳》、《二禮》、《孝經》、《論語》、《爾雅》七經疏未備②。望令直講③崔頤正、孫奭、崔偓佺等重加讎校以備刊刻。'"而《穀梁》用唐楊士勛疏；《公羊》用唐徐彦疏；《孝經》、《論語》、《爾雅》用宋邢昺疏；《孟子》用宋孫奭疏。此世所稱《十三經注疏》也。然宋以前，《疏》本與《注》別行；而宋以後，《疏》遂與《注》合刊，説經者遂以《注疏》爲不刊之典。至新喻劉敞原父撰《七經小傳》三卷，始異《注疏》之説。"七經"者，《尚書》、《毛詩》、《周禮》、《儀禮》、《禮記》、《公羊傳》、《論語》也。宋人説經毅然自異於先儒實自敞始。然敞學有根柢，故能自爲一家之言。後來不能學其深究古義而學其排擊古義，則甚矣其傎也！獨臨邛魏了翁鶴山以説經者但知誦習成言，不能求之詳博；因取諸經注疏之文，據事別類而録之，謂之《九經要義》，凡二百六十三卷；殘存《周易要義》十卷，《尚書要義》十七卷，《儀禮要義》五十卷，《春秋左傳要義》三十一卷；雖主於采掇《注》、《疏》；然別裁精審，汰其冗文，即使後人不病於蕪雜。而分臚綱目，咸有條貫，可謂剪除枝蔓，獨擷英華；是亦讀《注疏》者之津梁矣！至清儒華亭吴浩養齋取諸經箋注，標其疑義，撰《十三經義疑》十二卷；雖於《注疏》之學，未能貫通融會；而研究考證，具有根柢，亦注疏家之諍臣也。元和惠棟定宇乃究探諸經古義於《注疏》未出之前，撰成《周易》、《尚書》、《毛詩》、《周禮》、《儀禮》、《禮記》、《左傳》、《公羊》、《穀梁》、《論語》十經"古義"二十二卷。其《左傳》六卷後更名曰《補注》，刊板別行。蒐采舊文，互相參證；曰"古義"者，蓋漢儒專門訓詁之學，得以考見於今者也。

古者漆書竹簡，傳寫爲艱，師弟相傳，多由口授，往往同音異字，輾轉多歧。又六體孳生，形聲漸備，毫釐辨別，後世乃詳；古人字數無多，多相假借，沿流承襲，遂開通假一門。談經者不考其源，每以近代之形聲，究古書之義旨，穿鑿附會，糾結不通；故讀古人之書，則當先通古人之字，庶明其文句而義理可以漸求。棟作是書，證佐分明，斯稱精核！庶幾哉！可謂抗

① "二"原作"三"，據通行本《宋史·李至傳》改。
② "備"原作"修"，今改正。
③ "講"原作"閣"，據通行本《宋史》改。

心希古，直抉經奥者！若乃勘文字之異同，校刻本之是非；則有儀徵阮元芸臺之撰《十三經注疏校勘記》二百四十三卷焉。雖然，六藝經傳以千萬數，要其歸，則不外五帝之道，六藝之教。《禮記·經解》："孔子曰：'温柔敦厚，《詩》教也。疏通知遠，《書》教也。廣博易良，《樂》教也。潔淨精微，《易》教也。恭儉莊敬，《禮》教也。屬辭比事，《春秋》教也。'"《史記·自序》曰："《易》著天地陰陽四時五行，故長於變。《禮》經紀人倫，故長於行。《書》記先王之事，故長於政。《詩》紀山川谿谷禽獸草木牝牡雌雄，故長於風。《樂》樂所以生，故長於和。《春秋》辨是非，故長於治人。是故《禮》以節人，《樂》以發和，《書》以道事，《詩》以達意，《易》以道化，《春秋》以道義。"《漢書·藝文志》曰："六藝之文。《樂》以和神，仁之表也。《詩》以正言，義之用也。《禮》以明體，明者著見，故無訓也。《書》以廣聽，知之術也。《春秋》以斷事，信之符也。五者蓋五常之道，相須而備。而《易》爲之原。"《白虎通·五經》論曰："經所以有五何？經，常也；有五常之道，故曰五經。《樂》仁，《書》義，《禮》禮，《易》智，《詩》信也。"然則經雖有《九經》、《十三經》、《十四經》之名，而究其要歸，不外五常之道，六藝之教而已，則亦何居乎後世《九經》、《十三經》、《十四經》之喋喋也！不知"六經"、"六藝"之名，由來久遠，不可以肊增益。善夫！劉向之爲《七略》也。班固仍之，造《藝文志》，序"六藝"爲九種：有經，有傳，有記，有羣書。傳則附於經，記則附於經，羣書頗關經，則附於經。何謂傳？《書》之有大小夏侯、歐陽，傳也。《詩》之有齊、魯、韓、毛，傳也。《春秋》之有公羊、穀梁、左氏、鄒、夾氏，亦傳也。何謂記？大小戴氏所記凡百三十有一篇，是也。何謂羣書？《易》之有《淮南·道訓》、《古五子十八篇》，羣書之關《易》者也。《書》之有《周書》七十一篇，羣書之關《書》者也。《春秋》之有《楚漢春秋》、《太史公書》，羣書之關《春秋》者也。然則《禮》之有《周官》、《司馬法》，羣書之頗關《禮》者也。皆以附於所傳、所記或所關之經，而不別著焉，何居乎後世《九經》、《十三經》、《十四經》之喋喋也。或以傳爲經。《公羊》爲一經。《穀梁》爲一經。《左氏》爲一經。審如是，則韓亦一經，齊亦一經，魯亦一經，毛亦一經，可乎？歐陽一經，兩夏侯各一經，可乎？《易》有三家，《禮》分慶、戴，《春秋》之有鄒、夾，漢世總古今文，爲經當十有八，何止十有三？如其可也，則後世名一家説經之言甚衆，經當以百數。或以記爲經。大小戴二記畢稱經。夫大小戴二記，古時篇篇單行；然則禮經外當有百三十一經。或以羣書爲經。《周官》晚出，劉歆始立。劉向、班固灼知其出於晚周、先秦之士之掇拾舊章所爲；附之於《禮》，等之於《明堂陰陽》而已。後世稱爲經，是爲述劉歆，非爲述孔氏。善夫！劉氏之序六藝爲九種也！有苦心焉！斟酌盡善焉！序六藝矣，七十子以來，尊《論語》而譚《孝經》、《小學》者；蓋《六經》之户樞也。小學者，所以明《六經》之訓詁。而《論語》述夫子之言行。《孝經》則再傳門人之所述，然夫子曰："吾……行在《孝經》。"故不敢以夷於記，夷於羣書也。然又非傳。於是以三種爲經之貳，而厠諸六藝之後。然序類有九而稱藝爲六；雖爲經之貳，而仍抑之不與經齊。顧後世又以《論語》、《孝經》爲經。假使《論語》、《孝經》可名經，則向早名之；且曰序八經，不曰序六藝矣。於戲！仲尼好古，述而不作；曷嘗奐然大號使弟子筆其言以自製一經哉！經之爲言常也。古之所謂經，乃三代盛時典章法度常所秉守，見於政教行事之實；而非聖人有意作爲文字以傳後世也。後世以傳爲經，以記爲經，以羣書爲經，以經之貳爲經，猶以爲未快意。或以諸子爲經；《孟子》是也。或以經解爲經；《爾雅》是也。蓋經之書彌多而經之旨彌荒。《春秋》三家之傳，《周官》二戴之記，後之讀者，尚藉以窺見三代政教行事得失之迹；而無大悖於經綸天下之意；厠之於經，猶可言也。至孟子爲儒家之著述。《爾雅》則經傳之釋詞。倘以此爲《六經》之羽翼則可；而逕厠於六經則荒矣！謹撰次衆説，條其原委，而折衷以劉子政氏序六藝之義。撰《總志》第一。

周易志第二

宓戲氏仰觀象於天，俯觀法於地，觀鳥獸之文，與地之宜，近取諸身，遠取諸物，於是始作八卦以通神明之德，以類萬物之情。至於殷周之際，紂在上位，逆天暴物；文王以諸侯順命而行道，天人之占，可得而效，於是重易六爻，作上下篇。孔子爲之《彖》、《象》、《繫辭》、《文言》、《序卦》之屬十篇。故曰："《易》道深矣！人更三聖，世歷三古。"所謂易者何也？曰：易之爲言變也。易窮則變，變則通，通則久，是以自天祐之吉無不利。謂之

“易”者，所以明世道窮變通久之必然。而繫以“周”者，所以明世變剥復循環之有常。周之爲言周也，周而復始也。孔子繫《泰》之九三曰“無平不陂，無往不復”；《象·復》“見天地之心”；而作《序卦》以序六十四卦相次之義，《泰》之受以《否》也，《剥》之窮以《復》也，《損》而不已必《益》，《升》而不已必《困》；如此之類，原始要終，罔不根極於《復》；所以深明易道之周也。“周”有原始反終之義。而《周易》以純乾爲首。乾，健也，爲天；天行不息，周天三百六十五度四分度之一，一日一夜，行一周，復其故虛，日東行一度。乾道之變，天行之復也。孔子以《詩》、《書》、《禮》、《樂》教弟子，蓋三千焉。而受《易》者獨稱商瞿。商瞿，魯人，字子木，少孔子二十九歲。孔子傳《易》於瞿。瞿傳魯人橋庇子庸。子庸傳江東馯臂子弓。子弓傳燕周醜子家。子家傳東武孫虞子乘。子乘傳齊田何子裝。《史記·仲尼弟子列傳》曰：瞿傳楚人馯臂子弘，弘傳江東人矯子庸疵，疵傳燕人周子家豎，豎傳淳于人光子乘羽，羽傳齊人田子莊。及秦禁學，《易》爲筮卜之書，獨不禁；傳受者不絶也。漢興，田何以齊田徙杜陵，號杜田生；傳東武王同子中、洛陽周王孫、丁寬、齊服生，皆著《易傳》；而王氏、周氏、服氏各二篇；獨丁氏八篇，見《漢書·藝文志》。要言《易》者本之丁寬。寬，字子襄，梁人也。初梁項生從田何受《易》。時寬爲項生從者，讀《易》精敏，材①過項生；遂事何。學成，何謝寬；寬東歸；何謂門人曰：“《易》已東矣！”寬至洛陽，復從周王孫受古義，號《周氏傳》。景帝時，爲梁孝王將軍，距吴、楚，號丁將軍；作《易説》三萬言，訓故舉大義而已；不言陰陽災變也。寬傳同郡碭田王孫。王孫傳施讎、孟喜、梁邱賀；由是《易》有施、孟、梁邱之學焉。施讎，字長卿，沛人也；與孟喜、梁邱賀從田王孫受《易》；謙讓常稱學廢，不教授。及梁邱賀貴仕，事多；迺遣子臨分將門人河内張禹子文等從讎問。讎自匿不肯見；賀固請，不得已，乃授臨等。於是賀薦讎結髮事師數十年，賀不能及！詔拜博士，與《五經》諸儒雜論同異於石渠閣。讎傳張禹及琅邪魯伯；禹傳淮陽彭宣子佩、沛戴崇子平；魯伯傳太山毛莫如少路、琅邪邴丹曼容；而禹官丞相，宣官大司空，皆至大官，其知名者也。由是施家有張、彭之學。梁邱賀，字長翁，琅邪諸人也，從大中大夫

① “材”原作“財”，據通行本《漢書·儒林傳》改。

京房受《易》。房者，淄川楊何叔元弟子也。何者，嘗受《易》東武王同子中，有《易傳》二篇，見《漢書·藝文志》；蓋《易》家之初立博士者；太史公司馬談及京房咸從受《易》焉。房出爲齊郡太守。賀更事田王孫。宣帝時，聞京房爲《易》；明求其門人，得賀，以爲郎；以筮有應，近幸；累官少府；傳子臨。臨又學於施讎，而專行京房法；以郎奉使，問諸儒於石渠。琅邪王吉通《五經》，聞臨説，善之，乃使其子郎中駿上疏從臨受《易》。臨傳五鹿充宗君孟。充宗官少府，貴幸，爲梁邱《易》。自宣帝時，善梁邱賀説；元帝好之，欲考其異同，令充宗與諸易家論。充宗乘貴辨口，諸儒莫能與抗，皆稱疾不敢！獨魯朱雲游從博士白子友受《易》，攝齊登堂，抗首而請，音動左右；既論難，連拄五鹿君；故諸儒爲之語曰："五鹿嶽嶽，朱雲折其角！"然不詳誰家？而五鹿充宗《略説》三篇，見《漢書·藝文志》；充宗傳光禄大夫平陵士孫張仲方、真定太守沛鄧彭祖子夏、王莽講學大夫齊衡咸張賓。由是梁邱有士孫、鄧、衡之學。孟喜，字長卿，東海蘭陵人也；從田王孫受《易》；得①《易》家候陰陽災變書，言"師田生且死時，枕喜膝，獨傳喜"；蓋十二月卦之學所自出焉。諸儒以此耀之！同門梁邱賀疏通證明之曰："田生絶於施讎手中；時喜歸東海，安得此事！"於是傳者以爲喜誕詐也！又蜀人趙賓好小數書；後爲《易》，飾《易》文，以爲："箕子明夷，陰陽氣亡箕子；箕子者，萬物方荄茲也。"賓持論巧慧；易家不能難，皆曰"非古法也"；云受孟喜。喜爲名之。後賓死，莫能持其説；喜因不肯仞；以此不見信。博士缺，衆人薦喜。上聞喜改師法，遂不用喜。喜傳同郡白光少子，沛翟牧子兄，皆爲博士。由是孟喜有翟、白之學。孟喜之學，雖與施、梁邱不同；然要爲田王孫之所自出；獨京房之《易》爲别出！京房，字君明，東郡頓邱人也；累官魏郡太守，蓋匪傳梁邱賀《易》之齊郡太守京房；治《易》，事梁人焦延壽贛。延壽云："嘗從孟喜問《易》。"會喜死，房以爲延壽《易》即孟氏學。翟牧、白光不肯，皆曰："非也！"至成帝時，光禄大夫劉向校經、傳、諸子，考《易》説，以爲諸家《易》説皆祖田何；楊叔丁將軍大誼略同，惟京氏爲異。倘焦延壽獨得隱士之説，托之孟氏，故不與相同。然考孟喜學田王孫，言師田生且死，傳喜之《易》家候陰陽災變書，或者

① "得"原作"傳"，據《漢書·儒林傳》改。

即延壽之所本也？延壽著《易林》十六卷，大抵即《易》家候陰陽災變之書；以一卦演六十四卦，總四千九十六卦，各繫以繇詞，文句古奥，與《左氏傳》載"鳳皇于飛，和鳴鏘鏘"，《漢書》載"大横庚庚，予爲天王"之語絶相類。惟延壽生當昭、宣之世，其時《左氏》未立學官；今《易林》引《左氏》語甚多，又往往用《漢書》中事，至云"劉季發怒，命滅子嬰"，又曰"大蛇當路，使季畏懼"，寧漢人所宜言者耶？疑是東漢以後人撰，而托之延壽者。然漢《易》之流爲術數，自延壽始也！顧延壽常曰："得我道以亡身者，京生也！"其説長於災變，分六十四卦，更直日用事，以風雨寒温爲候，各有占驗。房傳延壽之學，故言術數者稱焦、京。而房之推衍災祥，更精於延壽；卒以誅死！其著書見於《漢書·藝文志》、《隋書·經籍志》者，有《孟氏京房》十一篇，《災異孟氏京房》六十六篇，《京氏段嘉》十二篇，《章句》十卷，《占候十種》七十三卷。唐以後多佚不傳；今傳者曰《京氏積算易傳》三卷。其書兆乾坤之二，觀象成八卦；卦凡八變六十有四；於其往來升降之際，以消息盈虚於天地之元，而酬酢乎萬物之表，炳然在目也！大抵辨三易，運五行，正四時，謹二十四氣，悉七十二候，而位五星，降二十八宿；其進退以幾而爲一卦之主者，謂之世；奇耦相與，據一以超二，而爲主之相者，謂之應；世之所謂位，而陰陽之肆者，謂之飛；陰陽肇乎所配，乾與坤，震與巽，坎與離，艮與兑。而終不脱乎本。以飛某卦之位，乃伏某宫之位。以隱賾佐神明者，謂之伏；起乎世而周乎内外，參乎本數以紀月者，謂之建終；終始極乎數，而不可窮以紀日者，謂之積含。於中而以四爲用，一卦備四卦者，謂之互。乾建甲子於初，坤建甲午於上，八卦之上，乃生一世之初。初一世之五位，乃分而爲五世之位；其五世之上，乃爲游魂之世；五世之初，乃爲歸魂之世；而歸魂之初，乃生後卦之初。其建，剛日則節氣，柔日則中氣。其數，虚則二十有八，盈則三十有六。蓋後世術士所用世應、飛伏、游魂、歸魂、納甲之説，皆出京房。房傳東海殷嘉、河東姚平、河南乘弘，皆爲郎博士。由是《易》有京氏之學。京氏《易》於元帝之世，與施、孟、梁邱氏並列學官；而民間有費、高二家之説。費、高者，費直、高相也。費直，字長翁，東萊人；治《易》，長於卦筮，亡章句；徒以《彖》、《象》、《繫辭》十篇文言解説上下經。然劉向以中古文《易經》校施、孟、梁邱《易》，或脱去"无咎"、"悔亡"；唯費直《易》與古文同。自是費直《易》號古文之學，與施、孟、梁邱之稱今文者不同。高相，沛人也；治《易》，與費直同時，專説陰陽災異，自言出於丁將軍；其學亦無章句。而施、孟、梁邱氏各有《章句》二篇，見《漢書·藝文志》。

既，炎漢祚絶，世祖重光，好愛經術，儒彦雲從；於是立五經博士。《易》有施、孟、梁邱、京氏，各以家法教授；而京氏之易極盛焉；蓋東漢之世，治施氏《易》有聞者，僅陳留劉昆父子而已！昆，字桓公；平帝時，受施氏《易》於沛人戴賓；王莽世，教授弟子，恒五百餘人；世祖興，累官光禄勳，授皇太子及諸王、小侯五十餘人；傳子軼，字君文，能世其學，門徒亦盛；然知名之士無聞焉！此治施氏《易》者也。治梁邱《易》者，曰代郡范升辯①卿，與博士梁恭、山陽太守吕羌俱修梁邱《易》；世祖徵拜議郎，遷博士；自以學不如梁恭、吕羌，願推博士以避二人。世祖不許，然由是重之。尚書令韓歆疏請爲費氏《易》、左氏《春秋》立博士；詔范博士可前平説；遂與歆等駁難，日中乃罷。升退而奏曰："近有司請置京氏《易》博士，羣下執事莫能據正。京氏既立，費氏怨望，京、費已行，次復高氏，並復求立，各有所執。今費氏學，無有本師，而多反異。先帝前世有疑於此，故京氏雖立，輒復見廢，疑道不可由！疑事不可行！"費氏《易》以此不得立博士！而升弟子知名者，曰京兆楊政子行，少從升受梁邱《易》，善説經書。京師爲之語曰："説經鏗鏗楊子行。"教授數百人，累官左中郎將。又有潁川張興君上者，習梁邱《易》以教授；世祖興，舉孝廉，爲郎，累拜太子少傅。顯宗數訪問經術。既而聲稱著聞，弟子自遠至者，著録且萬人，爲梁邱家宗。時則中興之初，而三君之外，終東漢，治梁邱《易》者無聞！治孟氏《易》者，曰南陽洼丹子玉，世傳孟氏《易》。王莽時，常避世教授，專志不仕，徒衆數百人。世祖興，爲博士，稍遷爲大鴻臚，作《易通論》七篇，世號《洼君通》。安定梁竦叔敬、中山鮭陽鴻孟孫，亦以孟氏《易》教授有名稱。汝南袁安邵公者，祖父良，習孟氏《易》；安傳其學；肅宗之世，累拜司徒，以直節著聞於朝。子京，字仲譽；敬，字叔平；傳習父業；而京作《難記》三十萬言，其尤知名者也！

東漢之末，有廣漢任安定祖者，少游太學，受孟氏《易》，兼通數經；又

---

① "辯"原作"辨"，今改正。

從同郡楊厚學圖讖，究極其術。時人稱曰："居今行古任定祖。"初任①州郡，後大尉再辟，除博士，公車徵，皆不就。益州牧劉焉表薦之；然王塗阻塞，詔命竟不至焉！治京氏《易》者最多；大抵世祖之世，曰汝南戴憑次仲、沛獻王輔；顯宗之世，曰南陽魏滿叔牙；恭宗之世，曰涿郡崔瑗子玉，廣漢折像伯式，北海郎宗仲綏，南陽樊英季齊、李昌子然，豫章唐檀子産；順帝之世，曰北海郎顗雅光，汝南許峻季山；桓帝之世，曰弘農劉寬文饒、濟陰孫期仲彧，皆有名；而樊英著《易章句》，世稱樊氏學。唐檀著書二十八篇，名爲《唐子》。許峻卜占，多有顯驗，時人方之前世京房；所著《易林》行於世，或者即焦氏《易林》之所譌也？世之言占候者，率治京氏焉。夷考光武之世，劉昆之傳施氏，范升之明梁邱，洼丹之通孟氏，戴憑之説京氏，皆譚易之宗，時主所重！獨蒼梧陳元長孫，河南鄭衆仲師，皆傳費氏《易》。其後扶風馬融季長，亦爲其傳，融授北海鄭玄康成。玄初從第五元先受京氏《易》，又從融受費氏《易》，故其學出入於兩家；然要其大旨，費義居多；而謂"乾坤六爻，上繫二十八宿，依氣而應，謂之爻辰"；則費氏《易》之所無也。然玄又喜言十二消息卦，則其説出於孔門。《繫辭傳》云："往者屈，來者信。""原始反終，通乎晝夜之道。"蓋言消息者之所本也。同時潁川荀爽慈明以碩儒作《易傳》，據爻象承應陰陽變化之義，以十篇之文，解説經意，亦宗費氏而言消息。自是費氏興而京氏遂衰！馬融有《周易注》一卷，鄭玄有《周易注》九卷，荀爽有《周易注》十一卷，見《隋書·經籍志》。蓋漢之言《易》學者，楊何最先立博士，然最早衰！至東漢之興，京氏《易》後來居上；而施、孟、梁邱三家先後衰！費氏興而京氏亦衰！其大較然也。

東漢之末，荆州牧山陽劉表景升亦有《周易章句》五卷，見《隋書·經籍志》；而表之學，實受於同郡王暢叔茂。暢之孫曰粲者，遭漢亂，與族兄凱俱避地荆州。劉表欲以女妻粲，而嫌其形陋用率；以凱有風貌，乃以妻凱。凱生業，即劉表外孫也；有子曰弼，字輔嗣，幼而察惠，蓋以注《易》著聞魏朝，凡《易注》六卷，《易略例》一卷。自鄭玄傳費直之學，始析《易傳》以附《經》；至弼又更定之。玄本大約如今之《乾卦》；其《坤卦》

---

① "任"，據《後漢書·儒林傳》當作"仕"。

以下，又弼所割裂。然鄭玄《易注》，至北宋尚存一卷；《崇文總目》稱存者爲《文言》、《説卦》、《序卦》、《雜卦》四篇；則玄本尚以《文言》自爲一卷①；所割以附經者，不過《彖傳》、《象傳》；今本《乾》、《坤》二卦各附《文言》，知全經皆弼所更定，非鄭玄之舊也。弼之説《易》，稱出費直；直《易》今不可見；然荀爽《易》，即費氏學；唐李鼎祚《周易集解》尚頗載其遺説，大抵究爻位之上下，辨卦德之剛柔，已與弼《注》略近；但弼全廢象數，又變本加厲！平心而論：《易》本卜筮之書，故末派寖流於讖緯；王弼乘其極敝而攻之，遂能排擊漢儒，自標新學；然闡明義理，使《易》不雜於術數者，弼實不爲無功；而祖尚虛無，使《易》竟入於老莊者，弼亦不能無過；瑕瑜不掩，斯爲定評！魏朝之明《易》者，王弼而外，司徒東海王朗景興，嘗著《易傳》；子肅子雍因撰定，成《周易注》十卷，《隋書・經籍志》所著録，是也。然肅善馬融之學，而不好鄭玄。時樂安孫炎叔然，則受學鄭玄之門人，稱東州大儒，作《周易例》。肅作《聖證論》以譏短玄；炎駁而釋焉。然馬、鄭不同，要其言《易》本之費氏。獨平原管輅公明，善筮卦風角之占，或者本之京氏？據管辰叙②稱："每觀輅書傳，惟有《易林》、《風角》……昔京房雖善卜及風律之占……世人多以輅疇之京房。"見裴松之《三國志・本傳》注引《輅别傳》。南陽何晏平叔請共論《易》，曰："君論陰陽，此世無雙！"時鄧颺玄茂在晏許，言："君見謂善《易》，而語不及《易》，何也?"輅尋聲答曰："善《易》者不論《易》也!"魏之《易》博士曰淳于俊；魏帝高貴鄉公常就問《易》曰："孔子作《彖》、《象》，鄭玄作《注》，聖賢不同，釋經一也；今《彖》、《象》不與經文連，而注連之，何也?"俊對曰："鄭玄合《彖》、《象》於經，欲學者尋省易了也。"帝曰："若鄭玄合之，於義誠便；則孔子曷爲不合以了學者乎?"俊對曰："孔子恐與文王相亂，此聖人以不合爲謙。"帝曰："鄭玄何獨不謙耶?"俊不對。蓋魏博士之治《易》，善鄭氏學者也。蜀博士之治《易》，善鄭氏學者，曰南陽許慈仁篤；子勛傳其業；然僑士也！蜀士之易學，蓋始於廣漢任安之習孟氏；弟子知名者，曰梓潼杜微國輔；曰蜀郡杜瓊伯瑜。然瓊好圖讖而不言《易》；巴西譙周允南傳其學焉。吴士之善易者，曰會稽虞翻仲翔，曰吴郡陸績公紀。翻有《周易注》

① "卷"原作"傳"，今改正。

② "叙"原作"敏"，據通行本《魏志》注改。

九卷，績有《周易注》十五卷，具見《隋書·經籍志》。然翻之先世，本治孟氏《易》，而績之注則採諸京氏《易傳》者爲多。績年輩差晚；而翻舊齒名盛，説易專取旁通與之卦。旁通者，乾與坤，坎與離，艮與兑，震與巽交相變也。之卦，則以兩爻交易而得一卦；消息六爻，發揮旁通。與魯國孔融文舉書，示以所著《易注》。融答書曰："自商瞿以來，舛錯多矣！去聖彌遠，衆説騁辭！曩聞延陵之理樂，今覩吾子之治《易》，乃知東南之美者，非徒會稽之竹箭。"然翻自稱傳孟氏《易》，而説"七日來復"，不言六日七分，則亦不盡用孟氏《易》也。廣陵張紘子綱，名輩不後虞翻，而治京氏《易》則同陸績。又汝南程秉德樞者，逮事鄭玄；吴大帝聞其名儒，徵拜太子太傅；著《周易摘商》，蓋費氏之支流餘裔矣！大抵三國之世，北士傳馬、鄭而習費《易》；而吴、蜀則守孟、京而薄馬、鄭。虞翻初立《易注》，奏稱："潁川荀諝號爲知《易》。臣得其注，顛倒反逆，有可怪笑！馬融所解，復不及諝，若乃鄭玄，雖各立注，未得其門。"荀諝，荀爽之别名也。此可以覘三國南北學之殊風焉。然南北學亦何常之有！費《易》大興，而孟、京不能不廢！梁邱、施氏亡於西晉。孟氏、京氏雖有其書；而明京氏《易》者，西晉惟弘農董景道文博；東晉惟新蔡干寶令升而已！寶有《周易注》十卷，見《隋書·經籍志》。孟氏之《易》無聞，而費氏之學又分鄭玄、王弼兩家。元帝中興，江左議爲王弼《易》置博士；獨太常潁川荀崧景猷以爲不可，請爲鄭玄《易》置博士。自是《易》有鄭玄、王弼二博士。然有晉始自中朝，迄於江左，莫不崇飾老莊，祖述虚玄，擯闕里之經典，習正始之餘論。王弼生當正始，辭才逸辯，老學實爲宗師；而明《易》亦造玄論，風流所仰，學者宗焉！惟弼注者，僅《上下經》；而補《繫辭》、《説卦》、《雜卦》、《序卦》注者，其門人韓康伯也。自是王注行而鄭學亦衰！河南及青、齊之間，儒生多講王《注》，師訓蓋寡；奚論江左！自跖拔魏之末，大儒華陰徐遵明子判門下，講鄭玄所注《周易》。遵明以傳范陽盧景裕仲孺。景裕傳權會郭茂。權會早入鄴都；郭茂恒在門下教授；其後河朔言《易》者，多出郭茂之門。大抵南北所爲章句，河洛《周易》則鄭玄，江左則王弼，好尚互有不同。獨晉揚州刺史晉陵顧悦之君叔有《周易難王輔嗣義》一卷四十餘條。齊國子博士吴郡陸澄彦深與尚書令琅邪王儉仲寶書，陳："王弼注《易》，玄學所宗。今若弘儒，鄭不可廢！"儉答："《易》體微遠，實貫羣籍；豈據小王，便爲該備！依舊存鄭，高同來説。”可謂矯矯南士之不羣者也！然梁、陳之世，鄭玄仍得與王弼《注》並列學官。南齊惟傳鄭義。至隋平江南，王《注》乃盛河朔；然鄭義不廢！既，隋氏道消，唐代應運，詔孔穎達等撰定《周易正義》；然後專崇王《注》而衆説皆廢！序稱：“漢儒傳《易》者，西都則有丁、孟、京、田。東都則有荀、劉、馬、鄭，大體更相祖述，非有絶倫。惟魏世王輔嗣注，獨冠古今；所以江左諸儒，並傳其學，河北學者罕能及之！其江南義疏十有餘家，皆辭尚虚玄，義多浮誕。原夫易理難窮，雖復玄之又玄；至於垂範作則，便是有而教有。若論住内住外之空，就能就所之説，斯乃義涉於釋氏，非爲教於孔門也！”所以抨江南諸家者，斯亦允矣！雖然吾觀孔穎達者，徒知釋氏之義不涉《易》，而不知王《注》之辭亦尚玄！徒知江南義疏諸家之辭尚虚玄，義多浮誕；而不知王《注》爲玄學之宗，江南諸家之所自出也！顧謂“義理可詮，先以輔嗣爲本”；寧必爲達識乎！雖然，唐之《易》家，有期詮義理而用王弼者，孔穎達之《周易正義》，是也。有旁通象數而采虞翻者，李鼎祚之《周易集解》，是也。一爲三國之魏學，一爲三國之吴學。一開宋儒胡、程之先，一植清學惠、張之基。蓋李鼎祚《周易集解》凡十七卷，仍用王弼本；惟以《序卦傳》散綴六十四卦之首，蓋用《毛詩》分冠小序之例；所采凡子夏、孟喜、焦贛①、京房、馬融、荀爽、鄭玄、劉表、何晏、宋衷、虞翻、陸績、干寶、王肅、王弼、姚信、王廙、張璠、向秀②、王凱沖、侯果、蜀才、翟玄、韓康伯、何妥、崔憬、沈驎士、盧氏、崔覲、伏曼容、孔穎達、姚規、朱仰之、蔡景君等三十五家之説；而采虞翻尤多。其所自爲説，則純似翻；將欲以刊輔嗣之野文，補康成之逸象，而不采玄爻辰之説；自序謂：“王、鄭相沿，頗行於代。鄭則多參天象，王乃全釋人事。且《易》之爲道，豈偏於天人哉！”則是於鄭、王皆有不足，而博采諸家以爲折衷也。其有拾遺補闕，而搜孔、李所未采者，則有史徵之《周易口訣義》凡七卷；自序云：“但舉宏機，纂其樞要，先以王《注》爲宗，後約孔《疏》爲理。”然中如

① “贛”原作“戇”，據《周易集解》改正。

② 張璠，向秀，原作“張秀”，據《周易集解》改正。按：此處名氏多有脱誤，均據《周易集解》校正。

《乾·彖①》引周氏説;《乾·大象》、《革·彖》引宋衷説;《屯·彖》引李氏説;《師·彖》、《漸》九五引陸績説;《師》六五、《坎·大象》引莊氏説;《謙》六五引張氏説;《賁·大象》引王廙説;《頤·大象》引荀爽説;《坎》上六引虞氏説;《咸·大象》、《井·大象》、《鼎·彖》引何妥説;《萃·彖》、《困·大象》引周宏正説;《升·彖》、《漸·彖》引褚氏説;《震》九四、《兑·大象》引鄭衆説;《漸·大象》引侯果説;多出孔穎達《疏》及李鼎祚《集解》之外;蓋唐去六朝未遠;《隋書·經籍志》所載諸家之書,猶有存者;故徵得以旁蒐博引;雖有文義間涉拙滯;而唐以前解易之書:《子夏傳》既多屬僞撰;鄭玄、陸績注爲後儒輯佚,亦非完書;其實存於今者,京房、王弼、孔穎達、李鼎祚四家及史氏此書而五耳!固稽古者所宜珍也!惜李、史二氏,新、舊《唐書》並無傳,其人本末不詳耳!此唐代易學之要删也!然自唐代以王弼《注》定爲正義,於是學《易》者專言名理。惟李鼎祚《集解》不主弼義,博采諸家,以爲"刊輔嗣之野文,補康成之逸象";而後來經生,不能盡從其學。

宋儒若胡瑗、程子,言理精粹,自非晉、唐諸儒可及;然於象亦闕焉不詳!獨金華鄭剛中亨仲著《周易窺餘》十五卷,兼收漢學,凡荀爽、虞翻、干寶、蜀才九家之説,皆參互考稽,不主一家;其解義間異先儒,而亦往往有當於理;雖其人附和秦檜,公論不予;然闡發經義,則自出新義,具有理解;要爲《易》家所不廢也!又《古易》本十二篇,自費直、鄭玄以至王弼,遞有移掇;孔穎達因弼本而作《正義》,行於唐代;《古易》自此不復存!宋吕大防仲微始考驗舊文,作《周易古經》二卷;其後巨野晁説之以道作《古易》十二卷,永嘉薛季宣士龍作《古文周易》十二卷,餘姚程迥可久作古《周易》一卷,丹陵李燾仁甫作《周易古經》八篇,崑山吴仁傑斗南作《古周易》十二卷,金華吕祖謙伯恭作《古周易》一卷,大致互相出入;獨祖謙書最晚出而較有據,凡分《上經》、《下經》、《彖上傳》、《彖下傳》、《象上傳》、《象下傳》、《繫辭上傳》、《繫辭下傳》、《文言傳》、《説卦傳》、《序卦傳》、《雜卦傳》爲十二篇。朱子嘗爲之跋,後作《本義》,即用祖謙而不用王弼焉。然唐代雖定王弼《注》爲正義,而《新唐書·藝文志》著録玄

① "彖"原作"象",今據《周易口訣義》改正。

《注》十卷，是唐時王學盛行，而鄭《注》未墮地也！至北宋尚存玄注《文言》、《序卦》、《説卦》、《雜卦》四篇一卷，見《崇文總目》；而淳熙以後，諸儒罕所稱引，蓋亡於南宋之初也。慶元王應麟伯厚獨能於散佚之餘，旁摭諸書，輯《周易鄭康成注》一卷，蒐羅放失，以存漢易之一線；經文異字，亦皆並存；其無經文可存者，則總録於末簡；又以玄《注》多言互體，並取《左傳》、《禮記》、《周禮》正義中論互體者八條以類附焉；可謂篤志遺經，研心古義者矣！此宋儒之整理古《易》，則有然者。雖然，宋儒易學之所以獨成宋儒者不在此！蓋宋儒易學之自名一家者甚衆；然要其大别，不外象數、義理二宗。而泰州胡瑗翼之，開宋儒義理説《易》之先河。范陽邵雍①堯夫，爲宋儒象數説《易》之大宗。漢儒言《易》，本多主象數；至宋儒言《易》，而象數之中，復歧出圖書一派。此派蓋大昌於邵雍，而造端於彭城劉牧長民者也。牧之學，出於洛陽种放名逸；放出亳州陳摶圖南，其淵源與邵雍同；而以九爲《河圖》，十爲《洛書》，則與雍異；著《易數鈎隱圖》三卷，附《遺論九事》一卷；其學盛行於仁宗時，黄黎獻作《略例隱訣》，吴祕作《通神》，休寧程大昌泰之作《易原》，皆發明牧説。至建陽蔡元定西山則以爲與孔安國、劉歆所傳不合；而以十爲《河圖》，九爲《洛書》。朱子從之，著《易學啓蒙》。自是以後，言圖書者，皆宗朱、蔡；而牧之圖幾廢焉！然圖書之學，劉牧實爲别傳，而邵雍乃其正宗。雍之子曰伯温子文者，著《易學辨惑》一卷，中叙傳授本末，謂："雍《易》受於青社李之才挺之。之才師鄆州穆修伯長，修師陳摶。"則是陳摶者，宋儒圖書説《易》之祖師也。然宋儒之有陳摶、邵雍，猶漢學之有孟、京，所謂《易》外别傳者也！顧或者謂："陳摶以先天圖傳种放，更三傳而至邵雍。放以《河圖》、《洛書》傳李溉，更三傳而至劉牧。穆修以《太極圖》傳周敦頤，再傳至程顥、程頤。厥後雍得之以著《皇極經世》，牧得之以著《周易鈎隱圖》，周敦頤得之以著《太極圖説》、《通書》，頤得之以述《易傳》。"據朱震《漢上易集傳卦圖》之説云爾；其説頗爲後人所疑。而朱子亦謂"程子之學，源於周子"。然考之程子《易傳》，無一語及太極；而於《觀》、《大畜》、《夬》、《漸》諸卦，云"予聞之胡翼之先生"、"予聞之胡先生曰"者，不一而足。則是程

① "雍"原作"離"，今改正。

子之學，源於胡瑗，而於周敦頤無徵也。倪天隱述其師胡瑗之說，有《周易口義》十二卷；其說《易》以義理爲宗；而程子不信邵雍之數。故邵子《皇極經世》，以數言《易》；而程子著《易傳》四卷，則黜數而崇理，於胡瑗爲近；其書以《序卦》分置諸卦之首，依李鼎祚《集解》例，而用王弼《注》本，但解《上下經》及《彖》、《象》、《文言》，亦與王弼《注》同。朱子《周易本義》，初亦用王弼本，後以吕祖謙《古周易》爲本，然大指仍略同王弼而加詳焉；首列九圖，末著揲法，大略兼義理占象而言；附以《易學啓蒙》一卷，曰《本圖書》、《原卦畫》、《明蓍策》、《考變占》凡四篇，殆折衷理數二家之說而無所偏廢者乎！浦江魏了翁鶴山，蓋問業於朱子之門人建昌李燔敬子、趙州輔廣漢卿者；嘗言："辭變象占，《易》之綱領；而繇彖爻之辭，畫爻位虚之别，互反飛伏之說，乘承比應之例，一有不知，則義理闕焉！"其大旨主於以象數求義理，折衷於漢學、宋學之間；輯《周易要義》十卷，雖主於王《注》、孔《疏》，而採摭謹嚴，别裁精審，可謂剪除支蔓，獨擷英華者矣！雖然，宋儒《易》學，亦有不言理，不言數，而但言事者；上虞李光泰發《讀易詳說》十卷，吉水楊萬里誠齋《易傳》二十卷，其最著者也。光之書，於卦爻之詞，皆引證史事；蓋援古事以證爻象，始自鄭玄；若全經皆證以史，則光書其始也。萬里之書，大旨本程子《易傳》，而參引史事以證之，則同李光；初名《易外傳》，宋代書肆曾與《程傳》並刊，謂之《程楊易傳》。顧宋儒詆之者夥，以爲足以聳文士之觀瞻，而不足以服窮經士之心！然聖人作易，本以吉凶悔吝明人事，使天下萬世，無不知所從違；非徒使上智者矜談妙悟，如佛家之傳心印，道家之授丹訣；自譚《易》者推闡性命，句稽奇偶，其言愈微妙，而於聖人立教牖民之旨，愈南轅而北轍！箕子之貞，鬼方之伐，帝乙之歸妹，孔子繫辭，何嘗不明證史事！依此而推，三百八十四爻，可以例舉矣！舍人事而談天道，正後儒說易之病；未可以引史證經爲二家病！此一派也。又有不言理數，亦不言事，而言心性者；慈溪楊簡敬仲《易傳》二十卷，寧德王宗傳景孟《童溪易傳》三十卷，其最著者也。簡之學出金溪陸九淵子静，故其解易，惟以人心爲主。蓋自漢以來，以玄空說《易》，始魏王弼；而以心性說《易》，始王宗傳及簡。宗傳之論有"性本無說，聖人本無言"之語，與簡文旨相同。夫弼《易》祖尚玄虚以闡發義理；漢學至是而始變！宋儒掃除古法，實以王《注》爲藍本。然胡瑗、程子祖其義理而歸諸人事，故似淺近而醇實。宗傳及簡祖其玄虛而索諸性天，故似高深而幻窅。此又一派也。然論宋儒《易》學者，要以程子《易傳》、朱子《易本義》爲大宗。臨海董楷正叔者，朱子再傳弟子也；嘗輯《周易傳義》十四卷，合程子《傳》、朱子《本義》爲一書，而采二子之遺説，附録其下，意在理數兼通。惟程子《傳》用王弼本；而朱子《本義》則用吕祖謙《古周易》本；楷以程子在前，遂割裂朱子之書，散附程《傳》之後，而朱子所定之古文，仍復淆亂！迨明之成祖，命行在翰林學士胡廣等纂《周易大全》，即以楷書爲底本，而列之學官；迄有清五百年間，士夫之爲學，朝廷之取士，胥以此焉。鄉塾之士，遂不復知有古經，則楷肇其端也！於是程《傳》、朱《本義》之《大全本》行，而王《注》、孔《疏》亦廢擱矣！

元、明兩代，學者言《易》，大抵不脱宋儒窠臼；獨明古義，不囿風氣者，惟元天台陳應潤之撰《周易爻變義緼①》，明海鹽姚士粦叔祥之輯陸氏《易解》耳！考陳應潤之書凡四卷，大旨謂“義理玄妙之談墮於老、莊；先天諸圖，雜以《參同契》爐火之説；皆非易之本旨”。故其論八卦，惟據《説卦傳》“帝出乎震”一節，爲八卦之正位；而以“天地定位”一節，邵雍指爲先天方位者，定爲八卦相錯之用；謂文王演《易》，必不顛倒伏羲之文，致相矛盾。其論太極、兩儀、四象，以天地爲兩儀，以四方爲四象；謂：“未分八卦，不應先有揲蓍之法，分陰陽太少。周子無極太極，二氣五行之説，自是一家議論，不可説《易》。”蓋自宋以後，毅然破陳摶之學者，自應潤始！所注用王弼《本》，惟有《上下經》六十四卦。據《春秋左氏傳》某卦之某卦例，如《乾》之《姤》曰“潛龍可勿用”，《乾》之《坤》曰“見羣龍無首吉”之類，故名曰爻變。其稱一卦可變六十四卦，六爻可變三百八十四爻，即漢焦延壽《易林》之例，蓋亦因古占法而推原其變通之意，非臆説也。昔宋王應麟輯鄭玄《易注》，爲學者所重；而姚士粦抄撮京房《易傳注》、李鼎祚《集解》諸書所引之吴陸績《周易注》，以成陸氏《易解》一卷，雖不及應麟搜討之勤博；然在陸《注》久佚之餘，而掇拾叢殘，存什一於千百；於元、明人易家之中，倘亦翹然獨秀者矣！若乃師心自悟，闇

① 周易爻變易緼，原作“周易爻義變蕴”，今改正。

與古會，足以卓然名一家者；莫如梁山來知德矣鮮，隱萬縣之深山，精思《易》理，自隆慶庚午，至萬曆戊戌，閲二十九年，而成《周易集注》十六卷。其立説專取《繫辭》中錯綜其數，以論《易象》；而以《雜卦》治之。錯者，陰陽對錯，如《先天圓圖》乾錯坤，坎錯離，八卦相錯，是也。綜者，一上一下，如《屯》、《蒙》之類，本是一卦在下爲《屯》，在上爲《蒙》，載之序卦，是也。其論錯，有四正錯，有四隅錯；論綜，有四正綜，有四隅綜，有以正綜隅，有以隅綜正；其論象，有卦情之象，有卦畫之象，有大象之象，有中爻之象，有錯卦之象，有綜卦之象，有爻變之象，有占中之象；皆由冥心力索，得其端倪；因而參互旁通，自成一説。當時推爲絶學。然《上下經》各十八卦，本之舊説；而所説中爻之象，亦即漢以來互體之法；特知德縱横推闡，專明斯義，較先儒爲詳盡耳！

既，清儒崛起，務摧剥宋學，宏宣漢《易》，别成風氣；而首驅除夫難者，要推餘姚黄宗羲太沖、宗炎①晦木兄弟，暨德清胡渭朏明三氏。初陳摶推闡《易經》，衍爲諸圖，其圖本準《易》而生，故以卦爻反覆研求，無不符合；傳者務神其説，遂歸其圖於伏羲，謂《易》反由圖而作。又因《繫辭》、《河圖》、《洛書》之文，取大衍算數，作五十五點之圖，以當《河圖》，取《乾鑿度》太乙行九宫法，造四十五點之圖，以當《洛書》；其陰陽奇偶，亦一一與《易》相接應；傳者益神其説，又真以爲龍馬神龜之所負，謂伏羲由此而有先天之圖；實則唐以前書，絶無一字之徵驗，而突出於北宋之初。邵雍、朱子亦但取其數之巧合，而未暇究其太古以來，從誰授受。於是宗羲病其末派之支離，糾本原之依托，著《易學象數論》六卷，自序云："世儒視象數爲絶學；今一一疏通，知於《易》本無干涉；而後反求程傳，亦廓清之一端。"又稱："王輔嗣《注》簡當無浮義。"而病朱子添入康節先天之學，爲添一障；可謂了當！而宗炎著《周易象辭》附《尋門餘論》、《圖書辨惑》二十四卷，大指謂"陳摶之圖書，乃道家養生之術"；與元陳應潤之説合；而論"四聖相傳，不應文王、周公、孔子之外，别有伏羲之易，爲不傳之祕；《周易》未經秦火，不應獨禁其圖，轉爲道家藏匿二千年，至陳摶而始出"；則尤篤論也！然皆各據所見，抵其罅隙，尚未能窮溯本末，一

① "炎"原作"爻"，今改正。

一抉所自來。獨胡渭著《易圖明辨》十卷，辨《河圖》、《洛書》，辨五行九宮，辨《周易》、《參同》先天太極，辨《龍圖》，《易數鈎隱圖》，辨《啓蒙》圖書，辨先天《古易》，辨後天之學，辨卦變，辨象數流弊；大指謂："《詩》、《書》、《禮》、《春秋》，皆不可無圖；獨《易》無所用圖。六十四卦二體六爻之畫，即其圖也。八卦之次序方位，則乾坤三索，出震齊巽二章盡之矣！"引據舊文，互相參證，以箝依托者之口。於是學者知圖書之說，雖言之有故，執之成理，乃修鍊術數二家旁分《易》學之支流，而非作《易》之根柢；視黄氏兄弟所論，尤爲窮源竟委；其功不可没也！然此三君子者，於宋儒有推陷廓清之功；而漢學之究宣未極宏！至吴縣惠士奇天牧撰《易説》六卷，以爲："今所傳《易》出費直《易》。費本古文，王弼盡改俗書，又創虚象之説，而漢《易》亡矣！易者象也；聖人觀象而繫辭；君子觀象而玩辭；六十四卦皆實象，安得虚哉！漢儒言《易》，孟喜以卦氣；京房以適變；荀爽以升降；鄭康成以爻辰；虞翻以納甲；其説不同，而指歸則一，皆不可廢。"然士奇博學無所成名，力矯王弼以來空言説經之弊，徵引賅備，而失之雜！其子曰棟，字定宇者，博通經史，尤邃於《易》，謂："孔子作《十翼》，其微言大義，七十子之徒相傳，至漢猶有存者。自王弼興而漢學亡，幸存其略於李氏《集解》。"精研三十年，引伸觸①類，始得貫通其旨；乃追考漢儒《易》學，掇拾緒論，成《易漢學》八卷；凡《孟長卿易》二卷，《虞仲翔易》一卷，《京君明易》二卷《干竇易》附見，《鄭康成易》一卷，《荀慈明易》一卷；其末一卷，則棟發明漢《易》之理，以辨正《河圖》、《洛書》先天太極之學。又究漢儒之傳以闡明《易》之本例，凡九十類，成《易例》二卷。漢學之絶者千有伍百餘年，至是而燦然復章！又自爲解釋，成《周易述》二十三卷，專宗虞翻，而參以鄭玄、荀爽、宋咸、干寶諸家之説，融會其義，自爲注而自疏之；持論尤精警者：孔穎達《正義》據馬融、陸績説，以爻辭爲周公作，與鄭學異；其所執者，《明夷》六五云"箕子"，《升》六四云"王用享岐山"，皆文王後事，論者不能奪也！獨棟引《春秋傳》、《禹貢》、《爾雅》以證"王用享岐山"之爲夏后氏而非文王；而箕子明夷，則用漢趙賓之説，疏通證明，以爲"箕子"，當從古文

① "觸"原作"解"。

作其子；其，古音亥，亦作箕。劉向云“今《易》箕子作荄兹”。荀爽據以爲説，讀“箕子”爲“荄兹”。其與荄，子與兹，文異而音義同。《三統術》云：“該閡於亥。孳萌於子。”該、荄，亦同物也。五本坤也，坤終於亥，乾出於子，用晦而明，明不可息，故曰“其子之明夷”。馬融俗儒，不識七十子傳《易》之大義，讀其爲箕，蓋涉彖傳而譌。五爲天位，箕子，臣也，而當君位，乖於易例甚矣！謬種流傳，兆於西漢博士施讎讀其爲箕。蜀人趙賓述孟氏之學，以爲“箕子明夷，陰陽氣無箕子。箕子者，萬物方荄滋也”。賓據古義以難諸儒。諸儒皆屈。於是施讎、梁邱賀皆嫉之。孟喜與讎、賀同事田王孫。喜未貴而學獨高。喜所傳《易》家候陰陽災變書，得自王孫；而賀惡之，謂無此事。語聞於上。宣帝遂以喜爲改師法，中梁邱之譖也！讎、賀嫉喜而並及賓。班固作《喜傳》，亦用讎、賀之單詞，皆非實録。劉向《别録》猶循孟學；故馬融俗説，荀爽獨知其非，復用賓古義。雖敢爲異論，而不盡合事實；然自是清儒論《易》家，多信孟喜真傳田王孫學者，其説實自棟發之。然按《漢書·儒林傳》云：“趙賓以爲箕子明夷，陰陽氣無箕子；箕子者，萬物方荄滋也；云受孟喜。喜爲名之。”此趙賓謂“箕子”二字爲“荄滋”之誤也。然則趙賓所見之《易經》，本是“箕子”二字矣。虞翻云：“箕子，紂諸父。五，乾天位，今化爲坤，箕子之象。”虞翻世傳孟氏《易》，而不從“荄滋”之説；可見孟氏《易》不作“荄滋”矣！惠棟言《易》尊虞翻，何以於此獨不從虞翻乎？此不可解也！惟漢人之《易》，孟、費諸家，各有師承，勢不能合。而棟之學宗禰虞翻，有未通，補以鄭、荀諸儒；學者以無家法少之！未若武進張惠言皐文治虞翻《易》之爲專家絶學也！惠言之論，大指以爲：“翻之《易》學，自其高祖父故零陵太守光治孟氏《易》，世傳其業，至翻五世，又具見馬、鄭、宋、荀氏書，考其是否；故其言《易》，以陰陽消息六爻，發揮旁通，升降上下，歸於乾元用九而天下治；依物取類，貫穿比附，始苦瑣碎，及其沈深解剥，離根散葉，暢茂條理，遂於大道；後儒罕能通之！自魏王弼以虚空之言解《易》；唐立之學官，而漢世諸儒之説微！惟鄭、荀、虞三家，略有梗概可指説；而虞又較備。然則七十子之微言，田何、楊叔、丁將軍之所傳者，舍虞氏《注》奚從也！”故求其條貫，明其統例，釋其疑滯，信其亡闕，爲《周易虞氏義》九卷；表其大指，爲《周易虞氏消息》二卷。又撰虞氏《易禮》、《易事》、《易候》、《易言》及

《虞氏略例》，務以探賾①索隱，存一家之學焉。惟惠、張二家，咸以漢《易》之亡，歸獄王弼；獨甘泉焦循理堂明其不然！其大指以爲："東漢末，以易學名家者，稱荀、劉、馬、鄭。劉，謂劉景升表。表之學受於王暢。王弼者，劉表之外曾孫，而暢之嗣玄孫也。弼之學，蓋淵源於劉，而實根本於暢。兄宏，字正宗，亦撰《易義》。兄弟皆以《易》名，可知其所受者遠矣！故弼之《易》，雖參以己見，而解箕子爲荄茲，正用趙賓解；又如讀彭爲旁，借雍爲甕，通孚爲浮而訓爲務躁，解斯爲廝而釋爲賤役之屬，皆以六書通借；解經之法，尚未遠於馬、鄭諸儒；特貌爲高簡，故疏者概視爲空論耳！"因作《周易王氏注補》一卷，可謂持平之論也！考循之《易》本出家學；嘗疑一"號咷"也，何以既見於《旅》，又見於《同人》？一"拯馬壯"也，何以既見於《渙②》，又見於《明夷》？密雲不雨之象，何以《小畜》與《小過》同辭？甲庚三日之占，何以《蠱·象》與《巽·象》同例？乃徧讀説《易》之書，既悟洞淵九容之術，實通於《易》；乃以數之比例，求《易》之比例；以《易》解《易》，觸類求通，成《易通釋》二十卷。自謂："學《易》所悟得者有三：一曰旁通。二曰相錯。三曰時行。旁通者，在本卦，初與四易，二與五易，三與上易；本卦無可易，則旁通於他卦，亦初通於四，二通於五，三通於上。先二五，後初四三上爲當位。不俟二五，而初四三上先行，爲失道。《易》之道惟在變通；二五先行而上下應之，此變通不窮也。或初四先行，三上先行，則上下不能應；然能變而通之，仍大中而上下應，如《乾》四之《坤》，而成《小畜》、《復》，失道矣！變通之，《小畜》二之《豫》五，《姤》二之《復》五；《復》初不能應，《姤》初則能應；《小畜》四不能應，《豫》四則能應。《坎》三之《離》上而成《井》、《豐》，失道矣！變通之，《井》二之《噬嗑》五，《豐》五之《渙》二；《豐》上不能應，《渙》上則能應。《井》三不能應，《噬嗑》三則能應。此所謂時行也。比例之義，出於相錯。如《睽》二之五爲《無妄》，《井》二之《噬嗑》五亦爲《無妄》；故《睽》之'噬膚'，即《噬嗑》之'噬膚'。《坎》三之《離》上成《豐》，《噬嗑》上之三亦成《豐》；故《豐》之'日昃'，即《離》之'日昃'；《豐》之'日中'，即《噬嗑》之'日

① "賾"原作"頤"，今改正。

② "渙"原誤作"復"，今改正。

中’。《漸》上之《歸妹》三，《歸妹》成《大壯》，《漸》成《蹇》；《蹇》、《大壯》相錯成《需》，故《歸妹》以須之，即《需》也。《歸妹》四之《漸》初，《漸》成《家人》，《歸妹》成《臨》，《臨》通《遯》相錯爲《謙》；《履》故‘眇能視，跛能履’；《臨》二之五，即《履》二之《謙》五之比例也。”《易通釋》既成，復提其要，爲《易圖略》八卷，凡《圖》五篇，《原》八篇，發明旁通相錯時行之義；《論》十篇，破舊説之非；復成《易章句》十二卷，總稱“雕菰樓易學三書”，共四十卷。蓋其爲學，不拘漢、魏各師法，惟以卦爻經文比例爲主。“號咷”、“密雲”，蹤跡甚顯；“蒺藜”、“樽酒”，假借可據；如郭守敬之以實測得天行也；可謂冥心孤往，獨闢蹊徑者矣！尤豈惠、張諸家，墨守漢《易》，姝姝一先生之言者所可及耶！晚清善化皮錫瑞鹿門撰《易學通論》，以張惠言爲專門，焦循爲通學；而謂“學者當先觀二家之書”，可謂知言之士！然錫瑞論《易》，崇義理而黜象數，實主王《注》、程《傳》；據《漢書·儒林傳》以證明孟喜陰陽災變書之不出田王孫，京房納甲之托孟喜，而深慨清儒惠棟以來重理孟、京之緒之爲大惑；曰：“經學有正傳，有别傳。以《易》而論，别傳非獨京氏而已。如孟氏之卦氣，鄭氏之爻辰，皆别傳也。又非獨《易》而已。如伏《傳》五行，齊《詩》五際，《禮·月令·明堂》陰陽説，《春秋公羊》多言災異，皆别傳也。子貢謂‘夫子性與天道，不可得聞’；則孔子删定六經以垂世立教，必不以陰陽五行爲宗旨，至孟、京出而漢儒稱讖緯；宋人斥讖緯而稱圖書。其實焦、京之《易》，出陰陽家之占驗，雖應在事後，非學《易》之大義；陳、邵之《易》，出道家之修鍊，雖數近巧合，非作《易》之本旨；故雖自成一家之學，而於聖人之《易》，實是别傳而非正傳。近儒於陳、邵之圖，闢之不遺餘力；而又重理焦、京之説。獨焦循説《易》，自闢町畦，以虞氏之旁通，兼荀氏之升降，意在采漢儒之長而去其短；而於孟氏之卦氣，京氏之納甲，鄭氏之爻辰，皆駁正之以示後學，曰：‘納甲卦氣，皆《易》之外道。’趙宋儒者，闢卦氣而用先天。近人知先天之非矣，而復理納甲卦氣之説，不亦唯之與阿哉！”斯又侃侃敷陳，清儒之箴砭也！他如衡陽王夫之而農之《周易稗疏》，蕭山毛奇齡大可之《仲氏易》、《推易始末》、《春秋占筮書》三書，旌德姚配中仲虞之《周易姚氏學》、甘泉江藩鄭堂之《周易述補》、震澤陳壽熊獻青之《讀易漢學私記》、寶應成蓉鏡芙卿之《周易釋爻例》之屬，皆清儒《易》學之有根據，有條理者；雖立説或有未純，要其創通新解，補苴前賢，多可取者！然《易》道淵深，包羅衆義，隨得一隙，皆能宛轉關通，有所闡發，近儒侯官嚴復又陵序其所譯英儒赫胥黎著《天演論》，則又據《易》理以闡歐學，其大指以爲:“歐學之最爲切實，而執其理，可以御蕃變者，名、數、質、力四者之學是已。而吾《易》則名數以爲經，質力以爲緯，而合而名之曰《易》。大宇之內，質力相推；非質無以見力；非力無以呈質。凡力，皆乾也。凡質，皆坤也。奈端動之例三：其一曰：‘静者不自動。動者不自止。動路必直。速率必均。’此所謂曠古之慮；自其例出，而後天學明，人事利者也！而《易》則曰：‘乾，其静也專，其動也直。’後二百年，有斯賓塞爾者以天演自然言化，著書造論，貫天、地、人而一理之，此亦輓近之絶作也！其爲天演界説曰：‘翕以合質，闢以出力，始簡易而終雜糅。’《易》則曰：‘坤，其静也翕，其動也闢。’至於‘全力不增減’之説，則有‘自彊不息’爲之先。‘凡動必復’之説，則有消息之義居其始。而‘《易》不可見，乾坤或幾乎息’之旨，尤與‘熱力平均，天地乃毁’之言相發明。”可謂有昧乎其言之也！然嚴復尚非《易》家也，不過爲闡《易》道以歐學者之大輅椎①輪而已！至海寧杭辛齋出，精究《易》義，博及諸家傳注，而蒐藏言易之書六百二十餘種，並世之言易藏者莫備焉！著有《易楔》□②卷，《學易必談》初集、二集各四卷，《易數偶得》二卷，《愚一録易説訂》二卷，《讀易雜識》一卷，《改正揲蓍法》一卷。其平日持論，以爲：“易如大明鏡，無論以何物映之，莫不適如其本來之象。如君主立憲，義取親民，爲《同人》象。民主立憲，主權在民，爲《大有》象，社會政治，無君民上下之分，爲《隨》象。乃至日光七色，見象於白《賁》；微生蟲變化物質，見象於《蠱》。又如《繫辭》言‘坤，其静也翕，其動也闢’；而所謂‘闢’者，即物理學之所謂離心力也；翕者，即物理學所謂向心力也。凡物之運動，能循其常軌而不息者，皆賴此離心、向心二力之作用。地球之繞日，即此作用之公例也。凡近世所矜爲創獲者，而《易》皆備其象，明其理於數千年之前。蓋理本一原，數無二致。時無古今，地無中外，有偏重而無偏廢。中土文明，理重於數。而西國則數勝於理。重理，或流於空

① “椎”原作“推”，今改正。
② 按《易楔》六卷。

談而鮮實際。泥數，或偏於物質而遺精神。惟《易》則理數兼賅，形上道而形下器，乃足以調劑中西末流之偏，以會其通而宏其指。”此則推而大之以至於無垠；而異軍突起，足爲《易》學闢一新塗者焉！纂《周易志》第二。

尚書志第三

昔在帝堯，聰明文思，光宅天下，將遜於位，讓於虞舜；作《堯典》。虞舜側微，堯聞之聰明，將使嗣位，歷試諸難；作《舜典》。帝釐下土方，設居方，别生分類；作《汩作》、《九共》九篇、《槀飫》。皋陶矢厥謨；禹成厥功；帝舜申之；作《大禹》、《皋陶謨》、《棄稷》。禹别九州，隨山濬川，任土作貢；作《禹貢》。啓與有扈戰於甘之野，作《甘誓》，太康失邦，昆弟五人，須於洛汭；作《五子之歌》。羲和湎淫，廢時亂日，胤往征之，作《胤征》。自契至於成湯八遷，湯始居亳，從先王居；作《帝告》、《釐沃》。湯征諸侯，葛伯不祀，湯始征之；作《湯征》。伊尹去亳適夏；既醜有夏，復歸於亳；入自北門，乃遇女鳩、女方；作《女鳩》、《女方》。伊尹相湯伐桀，升自陑，遂與桀戰於鳴條之野；作《湯誓》。夏師敗績；湯遂從之；遂伐三朡，俘厥寶玉；誼伯、仲伯作《典寶》。湯既勝夏，欲遷其社不可；作《夏社》、《疑至》、《臣扈》。湯歸自夏，至於大坰；仲虺作《誥》。湯既黜夏命，復歸於亳；作《湯誥》。伊尹作《咸有一德》。咎單作《明居》。成湯既没；太甲元年，伊尹作《伊訓》、《肆命》、《徂后》。太甲既立，不明；伊尹放諸桐，三年復歸於亳，思庸；伊尹作《太甲》三篇。沃丁既葬伊尹於亳；咎單遂訓伊尹事；作《沃丁》；伊陟相太戊。亳有祥桑穀共生於朝；伊陟贊於巫咸；作《咸乂》四篇。太戊贊於伊陟；作《伊陟》、《原命》。仲丁遷於囂；作《仲丁》。河亶甲居相；作《河亶甲》。祖乙圮於耿；作《祖乙》。盤庚五遷，將治亳，殷民咨胥怨；作《盤庚》三篇。高宗夢得説，使百工營求諸野，得諸傅巖；作《説命》三篇。高宗祭成湯，有飛雉升鼎耳而雊；祖已訓諸王；作《高宗肜日》、《高宗之訓》。殷始咎周；周人乘黎；祖伊恐，奔告於受；作《西伯戡黎》。殷既錯天命，微子作《誥父師少師》。惟十有一年，武王伐殷，一月戊午，師渡孟津；作《大誓》三篇；武王戎車三百兩，虎賁三百人，與受戰於牧野；作《牧誓》。武王伐殷，往伐歸嘼，識其政事；作《武成》。

武王勝殷殺受，立武庚，以箕子歸；作《洪範》。武王既勝殷邦，諸侯班宗彝；作《分器》。西旅獻獒；太保作《旅獒》。巢伯來朝；芮伯作《旅巢命》。武王有疾；周公作《金縢》。武王崩，三監及淮夷叛；周公相成王將黜殷命；作《大誥》。成王既黜殷命，殺武庚，命微子啓代殷後，作《微子之命》。唐叔得禾，異畝同穎，獻天子；王命唐叔歸周公於東；作《歸禾》。周公既得命禾，旅天子之命；作《嘉禾》。成王既伐管叔、蔡叔，以殷餘民邦康叔；作《康誥》、《酒誥》、《梓材》。成王在豐，欲宅洛邑，使召公先相宅；作《召誥》。召公既相宅，周公往營成周，使來告卜；作《洛誥》。成周既成，遷殷頑民；周公以王命告；作《多士》。周公作《無逸》。召公爲保，周公爲師，相成王爲左右。召公不悦周公，作《君奭》。成王東伐淮夷，遂踐奄；作《成王政》。成王既踐奄，將遷其君於蒲姑；周公告召公，作《將蒲姑》。成王歸自奄，在宗周誥庶邦；作《多方》。成王既黜殷命，滅淮夷，還歸在豐；作《周官》。周公作《立政》。成王既伐東夷。肅慎來賀。王俾榮伯作《賄肅慎之命》。周公在豐，將没，欲葬成周。公薨；成王葬於畢；告周公，作《亳姑》。周公既没，命君陳分正東郊成周；作《君陳》。成王將崩，命畢①公、召公率諸侯相康王，作《顧命》。康王既尸天子，遂誥諸侯；作《康王之誥》。康王命作册。畢公分居里成周郊；作《畢命》。穆王命君牙爲周大司徒；作《君牙》。穆王命伯冏爲周太僕正；作《冏命》。蔡叔既没，王命蔡仲踐諸侯位，作《蔡仲之命》。魯侯伯禽宅曲阜，徐夷並興，東郊不開；作《柴誓》。吕侯命穆王訓夏贖刑；作《吕刑》。平王錫晉文侯秬鬯圭瓚，作《文侯之命》。秦穆公伐鄭，晉襄公帥師敗諸崤，還歸，作《秦誓》。至孔子觀書於周室，得虞、夏、商、周四代之典，乃斷自唐、虞之際，下迄秦穆，芟煩翦浮，舉其宏綱，定爲《尚書》百篇；而爲之序，言其作意。或説："孔子求得黄帝元孫帝魁之書，迄於秦穆，凡三千二百四十篇。斷遠取近，定其可爲世法者一百二十篇；以百二篇爲尚書，十八篇爲中候。"此據《尚書緯璇璣鈐》文也，謂之《尚書》者。梅賾僞孔安國傳曰："以其上古之書，謂之尚書。"王肅曰："上所言，下爲史所書，故曰尚書也。"蓋書之所主，本於號令；所以宣王道之正義，發話言於臣下，故其所載皆典、謨、訓、

① "畢"原作"周"，依《書序》改。

誥、誓命之文。子夏問書大義？孔子曰：“吾於《帝典》見堯舜之聖焉！於《大禹謨》、《皋陶謨》見禹、稷、皋陶之忠勤功勳焉！於《洛誥》見周公之德焉！故《帝典》可以觀美。《大禹謨》、《禹貢》可以觀事。《皋陶謨》、《益稷》可以觀政。《洪範》可以觀度。《太誓》可以觀義。《五誥》可以觀仁。《呂刑》可以觀誡。通斯七者，《書》之大義舉矣！”三千之徒，並受其學。及秦始皇滅先代典籍，焚書坑儒。天下學士，逃難解散！漢興，孝文帝時求能治《尚書》者天下無有！獨濟南伏生名勝字子賤者，故秦博士，名能治之。欲召，而伏生年九十餘，老不能行；於是詔太常使掌故潁川晁錯往受之。秦時禁書，伏生壁藏之。其後大兵起，流亡，漢定，伏生求其書，亡數十篇；獨得《堯典》、《皋陶謨》、《禹貢》、《甘誓》、《湯誓》、《盤庚》、《高宗肜日》、《西伯戡黎》、《微子》、《太誓》、《牧誓》、《洪範》、《金縢》、《大誥》、《康誥》、《酒誥》、《梓材》、《召誥》、《洛誥》、《多士》、《無逸》、《君奭》、《多方》、《立政》、《顧命》、《費誓》、《呂刑》、《文侯之命》、《秦誓》二十九篇。《漢書·藝文志》載《尚書經》二十九卷，蓋即伏生書也。生以教於齊魯之間，博引異言，援經申證，撰次《尚書大傳》凡三卷八十三篇。其書兼明大義，不盡釋經；而釋經可據者，如大麓之野，必是山林；旋機之星，實爲北極。禰祖歸假，知事死如事生；鳥獸咸變，見物性通人性。十二州兆祀，是祭星辰；三千條之肉刑，難解畫象。七始七律，文猶見於唐山；五服五章，制豈同於周世。三公絀陟，在巡狩之先。重華禪讓，居賓客之位。西伯受命，逮六載而稱王。元公居攝，閲七年而致政。成王抗法，爲世子以迎侯。皇天動威，開《金縢》而改葬。此皆伏生所傳古解，而或者以爲伏生弟子記也。學者由是頗能言《尚書》。而晁錯傳伏生書以教汝陽何比干少卿。諸山東大師無不涉《尚書》以教。最先出者，濟南張生及千乘歐陽生，皆伏生弟子也。歐陽生，字和伯。傳伏生之學，以授同郡兒寬。而寬又治古文《尚書》於魯國孔安國。有俊才，舉侍御史，見武帝，語經學。上曰：“吾始以《尚書》爲樸學，弗好！及聞寬説可觀，乃從寬問一篇。”歐陽大小夏侯氏皆出於寬；傳伏生書而説多違異。如大夏侯説萬方之事，大録於君，見《漢書·于定國傳》；背伏生大麓之説一矣。小夏侯説周公封弟康叔，號曰孟侯，見《地理志》；背伏生迎侯之説二矣。夏侯説虞賓在位，爲不臣丹朱，見《白虎通》；背伏生舜爲賓客之説三矣。歐陽、夏侯説天子服十二章，公卿服九章，見《續漢·輿服志》；背伏生五服五章之説四矣。接兒寬爲伏生再傳弟子，歐陽、大小夏侯之所自出，而歐陽、大小夏侯説多違異伏生者，或者以寬受孔安國《古文尚書》而雜用古文之説也。寬授歐陽生子，世世相傳，至曾孫高子陽。由是《尚書》世有歐陽氏學。濟南林尊長賓者，事歐陽高，爲博士，論石渠，後至少府太子太傅；傳平陵平當子思、梁陳翁生。武帝時，當以經明《禹貢》，使行河，爲騎都尉，領河隄，由是陳山川言治河者，别出《禹貢》爲《尚書》專家之學，其端實自平當發之。當至丞相。翁生，信都太傅，家世傳業，由是歐陽有平、陳之學。翁生傳琅邪殷崇、楚國龔勝君賓。崇爲博士，勝守①右扶風。而平當傳九江朱普公文、上党鮑宣子都。普爲博士，宣司隸校尉。宣與龔勝，皆著高節，知名者也。濟南張生爲博士。魯國夏侯都尉從受《尚書》以傳族子始昌。始昌之族子曰勝長公者，少孤好學；從始昌受《尚書》及《洪範五行傳》，説災異，後事同郡簡卿；簡卿者，兒寬門人；而勝又從歐陽氏問；爲學精熟非一師也。徵爲博士光禄大夫。會昭帝崩，昌邑王嗣立，數出。勝當乘輿前諫曰："天久陰不雨，臣下有謀上者。"王怒，謂勝祅言！縛屬吏。吏白大將軍霍光。是時光與車騎將軍張安世謀欲廢昌邑王。光讓安世以爲泄語。安世實不言。迺召問勝。勝對言："《洪範傳》曰：'皇之不極，厥罰常陰。時則下人有伐上者。'惡察察言，故言臣下有謀。"光、安世大驚。由是推陰陽言災異者；别出《洪範》五行爲《尚書》專家之學；其端實自夏侯勝發之。勝從父子建字長卿，自師事勝及歐陽高，左右采獲；又從五經諸侯問與《尚書》相出入者牽聯以次章句，具文飾説。勝非之曰："建所謂章句小儒，破碎大道。"建亦非勝爲學疏略，難以應敵。建卒以自顯門名經，爲議郎博士至太子少傅。勝用《尚書》授上官太后，官長信少府，遷太子太傅，受詔撰《尚書論語説》，賜黄金百斤。年九十，卒官，賜冢塋。太后賻錢二百萬，爲勝素服五日，以報師傅之恩。儒者以爲榮！由是《尚書》有大小夏侯之學。齊人周堪少卿、魯人孔霸次儒皆事大夏侯勝。霸爲博士；堪譯官，令論於石渠，經爲最高；後爲太子少傅，而孔霸以大中大夫授太子。太子即位，爲元帝，累擢堪爲光禄勳。堪傳牟卿疑或牟融之同族及長安許商長伯。牟卿爲博士。霸以帝師賜爵號褒成

① 原書脱"守"字，今據《漢書·龔勝傳》補。

君；傳子光子夏，亦事牟卿，至丞相，由是大夏侯有孔、許之學。許商明《洪範》五行，善推陰陽災異，著《五行傳記》一篇，見《漢書・藝文志》；四至九卿，號其門人沛唐林子高爲德行，平陵吴章偉君爲言語，重泉王吉少音爲政事，齊炔欽幼卿爲文學；王莽時，林、吉爲九卿，自表上師冢，大夫博士郎吏爲許氏學者各從門人會，車數百兩，儒者榮之！欽、章皆爲博士，徒衆尤盛！此大夏侯之學也。傳小夏侯之學者，有平陵張山拊張賓爲博士，論石渠，至少府，授同縣李尋子長、鄭寬中少君、山陽張無故子儒、信都秦恭延君、陳留假倉子驕。無故善修章句，爲廣陵太傅，守小夏侯説文。恭增師法至百萬言，爲城陽内史。倉以謁者論石渠，至膠東相。寬中以博士授太子，即位爲成帝，賜爵關内侯，遷光禄大夫，領尚書，甚尊重。寬中等守師法教授；尋獨好《洪範》災異，又學天文、月令、陰陽事。由是小夏侯有鄭、張、秦、假、李氏之學。寬中傳東郡趙玄。無故傳沛唐尊伯高，恭傳魯馮賓。賓爲博士；尊，王莽太傅；玄，哀帝御史大夫；至大官，知名者也。自武帝立《五經》博士；《書》惟有歐陽；至宣帝乃增立大小夏侯。夏侯《尚書》依伏生篇數；而歐陽氏則分《盤庚》爲三；故《大小夏侯章句》各二十九卷，《大小夏侯解詁》二十九篇，與伏生經二十九卷同。而《歐陽章句》得三十一卷，見《漢書・藝文志》；是爲今文《尚書》。古文《尚書》者，出孔子壁中；而藏之者，或説孔騰，或説孔鮒，未詳孰是。武帝末，魯共王壞孔子宅，欲以廣其宫，而得古文《尚書》及《禮記》、《論語》、《孝經》凡數十篇，皆古字也。共王往入其宅，聞鼓琴瑟鐘磬之音，於是懼乃止不壞宅；悉以書還孔氏。孔安國者，孔子十一世孫也；得其書，以所聞伏生之書考論文義；定其可知者，爲隸古定，更以竹簡寫之，增多伏生十六篇；曰《舜典》、《汩作》、《九共》、《大禹謨》、《棄稷》、《五子之歌》、《允征》、《湯誥》、《咸有一德》、《典寶》、《伊訓》、《肆命》、《原命》、《武成》、《旅獒》、《冏命》；内《九共》分爲九，則出八篇爲二十四篇，而又增析伏生二十九篇之《盤庚》、《太誓》皆爲三；《漢書・藝文志》著録《尚書古文經》四十六卷，爲五十七篇者是也。蓋《尚書》茲多於是矣！安國獻之，遭巫蠱，未列於學官。安國爲諫大夫，以傳都尉朝。而司馬遷亦從安國問故，撰《史記》，載《堯典》、《禹貢》、《洪範》、《微子》、

《金縢》諸篇，采今文而不用古文説①。都尉朝傳膠東庸譚，譚傳清河胡常少子，以明《穀梁春秋》爲博士部刺史；又傳《左氏》。常傳虢徐敖。敖爲右扶風掾，又傳《毛詩》，授王璜、平陵塗惲子真。子真傳河南桑欽君長。世所傳百兩篇者，出東萊張霸分析，合二十九篇以爲數十，又采《左氏傳》書叙，爲作首尾，凡百二篇；篇或數簡，文意淺陋。成帝時，光禄大夫劉向校經傳諸子，求《尚書》古文者；霸以能爲百兩篇徵；以中古文校之非是，是爲最先出之僞古文《尚書》。而中古文者，蓋即安國所獻者也。劉向以中古文校歐陽、大小夏侯三家經文；《酒誥》脱簡一，《召誥》脱簡二，率簡二十五字；脱亦二十五字，簡二十二字，脱亦二十二字；文字異者七百有餘，脱字數十；而向治《穀梁春秋》，數其禍福，傳以《洪範》，成《尚書洪範五行傳論》十一卷；《漢書·藝文志》、《隋書·經籍志》著録者是也。自孝武時，夏侯始昌通五經，善推《五行傳》以傳族子夏侯勝，下及許商，皆以教所賢弟子；其傳與劉向同。惟劉歆傳獨異。歆，向之子也；受詔嗣父領校祕書，貴幸，欲建立《左氏春秋》及《毛詩》、《逸禮》、古文《尚書》皆列於學官。哀帝令歆與五經博士講論其義。博士或不肯置對。歆移書太常切責之。諸儒皆怨恨。卒不果立！王莽時，諸學皆立；而王璜、塗惲之傳古文《尚書》者，皆貴顯矣。由是《尚書》有古文之學。時世祖龍潛在野，之長安，受《尚書》於中大夫廬江許子威；未詳今古文誰宗？既，中興漢業，立五經博士，《尚書》歐陽、大小夏侯；而古文不與立焉！疑亦習今文《尚書》也。今文歐陽《尚書》，後漢傳習最盛。自顯宗以下，諸帝者罔不習歐陽焉；則桓氏之故也。沛郡桓榮春卿少學長安，習歐陽《尚書》，事博士九江朱普，精力不倦，十五年不窺家園；教授徒衆數百人。世祖即位，既立顯宗爲皇太子，選求明經，迺選榮弟子豫章何湯仲弓爲虎賁中郎將，以《尚書》授皇太子。世祖從容問湯本師爲誰？湯對“事沛國桓榮”。帝即命榮令説《尚書》；甚善之，拜議郎，入使授太子。每朝會，輒令榮於公卿前敷奏經書。帝稱善曰：“得生幾晚！”會歐陽博士缺。帝欲用榮，榮謙對“經術淺薄，不如同門生郎中彭閎作明、揚州從事皋宏奉卿也”！帝曰：“俞！往，汝諧！”因拜榮爲博士；引閎、宏爲議郎。車駕幸太學，會諸博士論難於前。榮被服儒衣，温恭有藴藉，辨

① 按《漢書·儒林傳》明言“遷書載《堯典》、《禹貢》、《洪範》、《微子》、《金縢》諸篇，多古文説”，故此應爲“采古文而不用今文説”。

明經義，每以禮讓相厭；不以辭長勝人，儒者莫之及！特加恩賞，常令止宿太子宫；積五年，榮薦門下生九江胡憲侍講，乃能得出；且一人而已，累擢太常。顯宗即位，尊以師禮。嘗幸太常府，令榮坐東南設几杖，會百官及榮門生數百人。天子親自執業，每言輒曰："太師在是!"會三雍成，拜榮爲五更。每大射養老禮畢，帝輒引榮及弟子升堂執經，自爲下説；迺封榮爲關内侯，食邑五千户。門徒多仕公卿；穎川丁鴻①孝公、趙國張禹伯達、汝南張酺孟侯，皆至三公。榮少子郁字仲恩，少以父仕爲郎，敦厚篤學，傳父業；以《尚書》教授門徒常數百人。榮卒，襲爵。顯宗以郁先師子，甚見親厚。常居中論經書，問以政事；稍遷侍中。帝自制《五家要説章句》，令郁校定於宣明殿。永平十五年，入授皇太子經。太子即位爲肅宗；累遷屯騎校尉。和帝即位，富於春秋。侍中竇憲自以帝舅之重，欲令少主頗涉經學。上疏皇太后曰："昔五更桓榮親爲帝師。子郁結髮敦尚，繼傳父業，故再以校尉入授先帝父子；給事禁省，更歷四世。今白首好禮，經行篤備；宜令郁入教授。"由是遷長樂少府，復入侍講。頃之，轉侍中奉車都尉。永元四年，代丁鴻爲太常。郁教授二帝恩寵甚篤；門人宏農楊震伯起、京兆朱寵仲威皆至三公。初，榮受朱普學章句四十萬言；及榮入授顯宗，減爲二十三萬言；郁復删省，定成十三萬言；由是有《桓君大小太常章句》。郁中子焉以父任爲郎，能世傳其家學，永初元年，入授安帝。而侍中南陽鄧宏亦以帝舅治歐陽《尚書》，授帝禁中；然不如焉之三代帝者師，推世儒宗！三遷爲侍中步兵校尉。永寧中，順帝立爲皇太子，以焉爲太子少傅；月餘，遷太傅；順帝即位，累官太尉。弟子傳業者數百人；江夏黄瓊世英、宏農楊賜伯獻，皆至三公；最知名。孫典字公雅，復傳其家業，以《尚書》教授穎川，門徒數百人。桓氏自榮至典，世宗其道；父子兄弟代作帝師；受其業者皆至卿相，顯乎當世；而學最高，稱儒宗者，莫如丁鴻、張酺及楊震、楊賜祖孫父子也！張、楊兩氏，家世傳經；張酺、楊賜先後帝師，胥足繩徽師門者焉！考之於史：丁鴻年十三，與九江人鮑駿同事桓榮，受歐陽《尚書》，三年而明章句，善論難，爲都講。經學至行，顯宗甚賢之！詔徵鴻至，即召見説《文侯之命》篇，賜御衣及綬，稟食公車，與博

① "鴻"原誤作"泓"，今改正。

士同禮。肅宗詔鴻與廣平王羨及諸儒太常樓望、少府成封、屯騎校尉桓郁、衛士賈逵等論定《五經》同異於北宫白虎觀；使五官中郎將魏應主承制問難，侍中淳于恭上帝親稱制臨決。鴻以才高論難最明；諸儒稱之；帝數嗟美焉！時人歎曰："殿中無雙丁孝公！"數受賞賜，累擢少府。門下由是益盛；遠方至者數千人；彭城劉愷、北海巴茂、九江朱倀，皆至公卿。陳留陳弇叔明亦受歐陽《尚書》於鴻，仕爲蘄長。而鴻累轉司徒，行太尉。張酺祖父充與世祖同門學，通《尚書》。酺傳祖業，又事桓榮，勤力不怠，聚徒以百數。顯宗爲四姓小侯開學於南宫，置《五經》師，酺以《尚書》教授；數講於御前，以論難當意，除爲郎；賜車馬衣裳，遂令入授皇太子。酺爲人質直，守經義；每侍講間隙，數有匡正之辭；以嚴見憚。及肅宗即位，擢侍中虎賁中郎將；數月，出爲東郡太守。自酺出後，帝每見諸王師傅，嘗言："張酺前入侍講，屢有諫正，誾誾惻惻，有史魚之節！"會東巡，幸東郡，引酺及門生並郡縣掾吏會庭中；帝先備弟子之儀，使酺講《尚書》一篇，然後修君臣之禮，賞賜殊特，莫不沾洽；累轉太尉司空。子蕃，曾孫濟，亦世其學。楊震父寶本習歐陽《尚書》；而震又受歐陽《尚書》於桓郁，明徵博覽，無不窮究；諸儒爲之語曰："關西夫子楊伯起！"仕至司徒。中子秉，字叔節；少傳父業，兼明京氏《易》，博通書傳；仕爲任城相。桓帝即位，以明《尚書》徵入勸講，拜大中大夫、左中郎將，累轉太尉。子即賜也，少傳家學，篤志博聞；仕爲侍中越騎校尉。建寧初，靈帝當受學；詔太傅三公選通《尚書桓君章句》宿有重名者。三公舉賜，乃侍講於華光殿；遷少府①、光禄勳，累轉司徒；行辟雍禮，引賜爲三老；又拜太尉，封臨晉侯。初賜薦張濟明習典訓；因與濟及太尉劉寬並入侍講；至是辭不宜獨受封賞，願分户邑寬、濟。帝嘉歎，復封寬及濟子。寬少學歐陽《尚書》、京氏《易》，尤明《韓詩外傳》、星官風隅算曆，皆究極師法，稱爲通儒；而以明《尚書》與賜同入侍講。賜子彪，字文先，亦傳家學。此桓氏門下生之傳歐陽《尚書》，最爲高第者也；其他後漢經師之世傳歐陽《尚書》者：曰樂安歐陽氏。自前漢歐陽生傳伏生《尚書》，至歙，字王思，八世皆爲博士。歙既傳業而恭謙好禮讓；世祖即位，累仕遷汝南太守；在郡教授數百人。濟陰曹曾，字伯山，從歙受《尚書》，門徒三千

① "府"原作"師"，據通行本《後漢書·楊賜傳》改。

人，位至諫議大夫。而汝南高獲，字敬公，少遊學京師，與光武有舊；亦嘗師事歙焉。歙子祉，河南尹，傳父業教授。曰上黨鮑氏。自前漢鮑宣受歐陽《尚書》於平當，傳子永字君長，少有志操，能習歐陽《尚書》；世祖即位，累仕至兗州牧。子昱字文泉，少傳父學，客授東平；累官太尉。子德，修志節，亦有名稱，至大司農。凡此諸儒，皆授受有原，師承可考者，至師承不可考者：樂安牟長君高少習歐陽《尚書》，不仕王莽；世祖即位，大司空宋弘特辟，拜博士，稍遷河内太守；諸生講學者常有千餘人，著録前後萬人；著《尚書章句》四十五萬餘言，皆本之歐陽氏；俗號爲《牟氏章句》。而敦煌張奐字然明者，常受歐陽《尚書》於朱寵，養徒千人，著《尚書記難》三十餘萬言。顧以爲《牟氏章句》浮辭繁多，減爲九萬言。《後漢書·張奐傳》章懷太子注："時牟卿受書於張堪，爲博士，故有《牟氏章句》。"不知何據？倘參觀范書諸傳，當知《牟氏章句》自指牟長所撰者耳。且牟卿之師係周堪，非張堪，而《張堪本傳》亦不言堪習歐陽《尚書》也。上書桓帝，奏其章句。詔下東觀，與牟氏並。牟長子紆又以隱居教授，門生千人。此外又有潁川太守京兆宋登叔陽、太尉河内杜喬叔榮、處士豫章徐穉孺子、汝南太守南陽宗資叔都、處士汝南廖扶文起、侍中蜀郡董扶茂安，皆習歐陽《尚書》，教授數百千人。蓋東漢《尚書》今文之學，罔有盛於歐陽氏者矣！其以大夏侯《尚書》教授，可考見者三人：曰遼東太守南陽宋京及子司隸校尉宋意伯意；曰太尉北海牟融子優；曰大司農濟陰張馴子儁。以小夏侯《尚書》教授可考見者一人：曰大司徒司直東海王良仲子。以夏侯《尚書》相傳而未詳大小何所屬者，曰廣漢楊統仲通、楊厚仲桓父子。未若歐陽《尚書》傳習之盛也！時亦有初習歐陽《尚書》而後受古文者：曰諫議大夫南陽尹敏幼季。世祖初即位，上疏陳《洪範》消災之術。曰大中大夫陳留楊倫仲理。史稱"少爲諸生，師事司徒丁鴻，習古文《尚書》"。然余考丁鴻習歐陽《尚書》於桓榮，具如所記，不聞其通古文；倘倫亦如尹敏之初習歐陽《尚書》，而後受古文者耶？古文《尚書》之專習者：曰汝南周防偉公。年十六，仕郡小吏；世祖巡狩汝南，召掾史試經；防尤能誦讀，拜爲守丞。防以未冠謁去，師事徐州刺史蓋豫，受古文《尚書》，撰《尚書雜記》三十二篇四十萬言；累仕至陳留太守。又有魯國孔僖仲和、孔昱元世者；安國後也。自安國以下，世傳古文《尚書》。古文《尚書》之有孔氏，比之歐陽《尚書》之有歐陽氏矣！其他汝南周磐堅伯、蜀郡張楷公超、潁川劉陶子奇、濟陰孫期仲彧①、中山劉佑伯祖，亦皆習古文《尚書》。而楷作《尚書注》。陶推三家《尚書》及古文，是正三百餘事，名曰《中古文尚書》。然後漢之言古文《尚書》者，胥推扶風杜林伯山爲繼別之宗。方王莽之敗；林則辟兵河西，得漆書古文《尚書》一卷；常寶愛之，雖遭艱困，握持不離身，既還三輔，世祖徵拜侍御史，問以經書。京師士大夫咸推博洽。河南鄭興少贛、東海衛宏敬仲等皆長於古學；興嘗師事劉歆；林既遇之，欣然言曰："林得興等，固諧矣！使宏得林，且有以益之。"及宏見林，闇然而服！濟南徐巡始師事宏，後皆更受林學。林出《漆書》以示宏等曰："林流離兵亂，常恐斯經將絶！何意東海衛子、濟南徐生復能傳之，是道竟不墜於地也！古文雖不合時務，然願諸生無悔所學！"宏因爲作訓注。於是古文遂行。林同郡賈逵景伯亦爲作訓。而逵之父曰徽者，受古文《尚書》於塗惲。逵傳父業，能以大夏侯《尚書》教授。肅宗立，降意儒術；特好古文《尚書》、《左氏傳》；建初元年，詔逵入講北宮白虎觀、南宮雲臺。逵數爲帝言古文《尚書》與《經傳》、《爾雅》詁訓相應。詔令撰歐陽、大小夏侯《尚書》古文同異。逵撰集爲三卷；又爲杜林傳古文《尚書》作訓。林同郡馬融季長又爲作傳。北海鄭玄康成先受古文《尚書》於東郡張恭祖；既乃西入關，因涿郡盧植子幹事馬融，受杜林漆書古文，爲作注解。盧植少與鄭玄俱事馬融，受古學，好研精，作《尚書章句》；其書皆不得。獨馬融《注》十一卷，鄭玄《注》九卷，著目《隋書・經籍志》。古文之得大顯於世者，則馬融、鄭玄之力也！鄭玄《書贊》云："我先師棘下生子安國亦好此學。自世祖興後漢，衛、賈、馬二三君子之業，則疋材好博，既宣之矣。"《書贊》見《正義》云"棘下生者"，棘下，地名也。《水經注》二十六卷引《鄭志》曰："張逸問贊云：'我先師棘下生何時人？'鄭答云：'齊田氏時善學者所會處也，齊人號之棘下生。'無常人也。"云"子安國"者，尊之爲師，故子之也。又云："歐陽氏失其本義。"則是鄭玄者固淵原於孔安國氏，而又津逮夫杜林漆書者也。乃馬融《書叙》云："逸十六篇，絶無師說。"豈都尉朝庸生等所傳，但習其句讀而不解其文誼歟？抑豈先有其説而後亡之歟？彼張楷之注，衛、賈之訓，並止解二十九篇而不解十六篇歟？《書叙》亦見《正義》厥後鄭玄作注，

① "彧"原作"或"，今改正。

可謂集諸儒之大成矣！其書分《盤庚》、《太誓》皆爲三篇，分《顧命》“王若曰”以下爲《康王之誥》，計三十四篇，合逸篇二十四，凡五十有八篇。然所注者三十四篇而已；豈二十四篇之誼未有聞於師，而不敢以己意説歟？陸德明《經典釋文》首卷云：“馬、鄭所注，並伏生所誦，非古文也。”孔穎達《尚書正義》云：“鄭注《尚書》篇數並與三家同。”是鄭未注二十四篇也。抑豈殘缺失次，不可讀歟？既，議郎陳留蔡邕伯喈以經籍去聖久遠，文字多謬；俗儒穿鑿，疑誤後學，乃與光禄大夫楊賜等奏求正定《六經》文字。靈帝許之。邕乃自書册於碑，使工鐫刻立於太學門外。於是後儒晚學，咸取正焉。其《尚書》則今文歐陽、夏侯二家之所説也。據《尚書正義》孔穎達序。東海王朗景興以通經師太尉楊賜。而賜則受歐陽《尚書》於桓焉者也。則王朗者，焉之再傳弟子，而亦治歐陽《尚書》者矣。後爲會稽太守，爲孫策所俘；魏太祖輔漢政，徵拜諫議大夫，參司空軍事；魏國建，累轉司徒。子肅，字子雍，累官中領軍，加散騎常侍，以儒宗爲名臣，撰《尚書注》十一卷，《尚書駁義》五卷，載《隋書·經籍志》。及高貴鄉公講《尚書》；滎①陽鄭沖文和以司空執經親授，與侍中高密鄭小同俱被賞賜。鄭小同者，鄭玄之孫也。則是高貴鄉公者，當是治鄭注古文《尚書》者矣？既，幸太學，與博士論《尚書》，問三事：一事曰：“鄭玄云：‘稽古同天。’言堯同於天也。王肅云：‘堯順考古道而行之。’二義不同，何者爲是。”博士庾峻對曰：“先儒所執，各有乖異；臣不足以定之。然《洪範》稱‘三人占，從二人’。賈、馬及肅皆以爲‘順考古道’；以是言之，肅義爲長。”帝曰：“仲尼言：‘惟天爲大，惟堯則之。’堯之大美，在乎則天。‘順考古道’，非其至也。今發篇開義以明聖德，而舍其大，更稱其細，豈作者之意耶?”峻對曰：“臣奉師説，未喻大義；至於折中，裁之聖思。”此高貴鄉公之申鄭黜王也。然王肅之説，與賈、馬不違；蓋肅善賈、馬之説，而不好鄭氏；非不通習古文者也。此以知魏以古文《尚書》立博士矣！吴國士大夫之通《尚書》者，獨稱琅邪諸葛瑾子瑜、廣陵張紘子綱。紘治歐陽《尚書》；而瑾少游京師，治《毛詩》、《尚書》、《左氏春秋》，獨《尚書》不詳何家？然以《毛詩》、《左氏春秋》皆古文推之；當是古文《尚書》也。蜀士無得而稱者焉！晉世祕府所藏，有古文《尚書》經文，後無傳

① “滎”原作“榮”，今改正。

者！及永嘉之亂，今文歐陽、大小夏侯《尚書》並亡。濟南伏生之傳，惟劉向父子所傳《尚書洪範五行傳論》，是其本法；而又父子乖戾。江左中興；元帝時，豫章内史汝南梅賾仲真奏上古文《尚書》孔安國傳。然考《漢書·藝文志》叙古文《尚書》，但稱"安國獻之，遭巫蠱事，未立於學官"；而《儒林傳》亦但稱"孔安國以今文讀之，因以起其家"；不云安國作傳。則是安國作傳，已嫌羌無依據。而其書析伏生二十九篇爲三十三，增益二十五篇，以傅合於劉向《别録》言"《尚書》五十八篇"之數；散百篇之叙，引冠篇端，而亡篇之叙，列次其間。其篇章之離合，篇目之存亡，絶與兩漢所傳不合；而立説多本王肅。賾自言："古文《尚書》受之城陽臧曹；而曹受之城陽太守天水梁柳洪季。柳受之扶風蘇愉休預。愉受之太保公鄭沖。"授受淵原如此。然考鄭沖在魏授《尚書》高貴鄉公，而高貴鄉公講《尚書》太學，乃據鄭注以難王誼；具如前載。然則沖所授高貴鄉公者，當是鄭氏《尚書》；何緣傳自沖之古文《尚書》孔安國傳而轉本王誼立説者耶？後儒謚之曰"僞"，非苛誣也！安定皇甫謐士安，梁柳之從舅子也；亦受孔傳之古文《尚書》，故作《帝王世紀》，往往載僞孔五十八篇之説。謐高名宿學，儒者宗之；既相讚述，遂翕然信奉，以爲孔氏古文於是復出！其書復闕《舜典》一篇。齊明帝時，吴姚方興於大航頭得其書奏上，比馬、鄭所注多二十八字；於是始列國學。然鄭義兼行。梁陳所講，有孔、鄭二家，北朝惟得鄭義，至隋初，始行《孔傳》。其爲義疏者；有梁兼國子助教孔子祛撰《尚書義》二十卷，《集注尚書》二十卷；國子助教巢猗撰《尚書百釋》三卷，《尚書義》三卷；國子助教費甝撰《尚書義疏》十卷；司徒蔡大寶撰《尚書義疏》三十卷；隋太學博士劉炫撰《尚書述義》二十卷，《尚書義疏》七卷；祕書學士顧彪撰《尚書義疏》二十卷，《尚書文外義》一卷；具載《隋書·經籍志》；皆據梅賾上僞孔安國傳古文《尚書》也。隋太學博士劉焯亦爲僞孔作疏，聰明博學，與劉炫齊名，時稱二劉。劉焯，字士元，信都人。劉炫，字光伯，河間人。至唐孔穎達奉詔纂《五經義疏》，乃因梅賾之僞孔，焯、炫之義疏，撰定《尚書正義》二十卷；序稱："古文經雖然早出，晚始得行。其爲正義者，蔡大寶、巢猗、費甝、顧彪、劉焯、劉炫等。其諸公旨趣多或因循；帖釋注文，義皆淺略，惟劉焯、劉炫最爲詳雅。然焯乃織綜經文，穿鑿孔穴，詭其新見，異彼前儒，非險而更爲險，無義而更生義。竊以古人言誥，惟在達情，雖復時或取象，不必辭皆有意。若其言必托數，經悉對文；斯乃鼓怒浪於平流，震驚飆於静樹；使教者煩而多惑，學者勞而少功；過猶不及，良爲此者也！炫嫌焯之煩雜，就而删焉，雖復微稍省要，又好改張前義；義更太略，辭又過華；雖爲文筆之善，乃非開獎之路，義既無義，文又非文，欲使後生若爲領袖，此乃炫之所失，未爲得也！”揚榷諸家，儻亦辭嚴予奪，具有裁斷者也耶！惟穎達悮以梅賾以上之書爲壁中古文而爲之正義；反斥鄭注《書序》之二十四篇，爲張霸僞造，而不知世所傳百兩篇者，出張霸，載《漢書·儒林傳》甚明；而非鄭注《書序》之二十四篇。二十四篇者，合今文爲五十七，並叙爲五十八；與《漢書·藝文志》劉向《别録》皆符；而合《九共》爲一，則十六篇；又與《漢書·藝文志》相應；是實出於安國，自都尉朝以下，遞有師承，信而有徵者也。乃穎達云：“《藝文志》云：‘孔安國者，孔子後也，悉得其書，以古文，又多十六篇。’即是僞書二十四篇也。”是直斥安國所得之壁中古文爲僞書矣！夫梅氏之書，不知誰何妄人僞作以誣安國？爲安國子孫者，當力辨其非；乃穎達竟信奉以爲先祖之書而曲爲回護；反斥其先祖之十六篇爲僞；是不祖其祖而祖他人！安國何不幸而有此不肖之孽孫哉！由是梅賾之《僞孔傳》行；而孔安國之古文《尚書》，馬融之所傳，鄭玄之所注者；胥偕今文歐陽、大小夏侯以俱亡！夫《書》以道政事，儒者不能異説也。諸家聚訟，不外四端：曰今文古文，曰錯簡，曰《禹貢》山水，曰《洪範》疇數，漢儒發其端，而宋儒演其緒。然宋儒持論多與漢儒不同者；蓋漢儒重師法，宋學尚獨見；漢儒好附會，宋儒病師心也。《洪範》疇數之説，始西漢今文家伏生《大傳》以下逮京房、劉向諸人以陰陽災異，附合《洪範》五事庶徵之文；而宋儒又流爲象數之學，惟圖書同異之是辨，經義愈不能明。獨泰州胡瑗翼之生於北宋盛時，學問最爲篤實，撰《洪範口義》二卷，務在發明天人合一之旨，不尚新奇。如謂“天錫洪範”爲錫自帝堯，不取神龜負文之瑞；謂五行次第爲箕子所陳，不辨洛書本文之多寡；謂五福六極之應，通於四海，不當指一身而言；駁正梅《傳》、孔《疏》，自抒心得。又詳引《周官》之法，推演八政；以經注經，特爲精確；其要皆歸於建中出治，定皇極爲九疇之本；辭雖平近，而深得聖人立訓之要；遠勝漢儒托聖經而演禨祥也！惟瑗明天人合一之旨，立説尚本漢儒；而臨川王安石介甫則直持天人不相與，天變不足畏之論，以破伏生、董仲舒、劉向言《洪範》

五行災異之蔽；撰《洪範傳》一卷，以庶徵所謂“若”者，不當訓順，當訓如；蓋人君之五事，如天之雨、煬、寒、燠、風而已。安石説經，好爲新解，類如是矣！神宗初，安石以《尚書》入侍，遂與政；而子雱①元澤實嗣講事；有旨爲之説；成《新經尚書》十三卷以進；詔下其説太學，頒焉，雱蓋述其父之學；王氏三經義，此其一也。自是朝廷用王氏之説，進退多士。迨徽、欽之際，説經者宗焉。獨眉山蘇軾子瞻撰《東坡書傳》十三卷，多駁異其説。今王氏《新經尚書》不傳，不能盡考二家同異。但就《東坡書傳》而論，則軾究心經世之學，明於事勢，又長於議論，於治亂興亡，披抉明暢。其釋《禹貢》三江，定爲南江、中江、北江，本諸鄭玄，遠有端緒；惟未嘗詳審經文，考覈水道，而附益以味別之説；遂以啓後人之議。至於以羲和曠職爲貳於羿而忠於夏，則侯官林之奇拙齋宗之；以康王之誥服冕爲非禮，引《左傳》叔向之言爲證，則建陽蔡沈九峯取之。朱子《語録》亦稱其解《吕刑篇》以“王享國百年耄”作一句，“荒度作刑”作一句，甚合於理；後與《蔡沈帖》，雖有“蘇氏失之簡”之語；然《語録》又稱“或問：‘諸家書解誰最好？莫是東坡？’曰：‘然！’又問：‘但若失之太簡。’曰：‘亦有只須如此解者。’”則又未嘗以簡爲病。洛、閩諸儒以程子被軾譏訶之故，與軾水火，獨於此書有取焉！蓋宋儒之説書者，實推軾及林之奇最條暢云！之奇之持論力排《王氏新經》，與蘇軾同指；中紹興二十一年進士第，累轉校書郎。南渡以後，《王氏新經》之説已替，而朝廷欲令學者參用其説。之奇上言：“王氏‘三經’，率爲新法也。晉人以王、何清談之罪，深於桀、紂。本朝靖康禍亂，考其端倪，王氏實負王、何之責。在孔孟書，正所謂邪説詖行淫辭之不可訓者。”雖深文周内，未爲實録；然之奇説書，頗多新解；撰《尚書全解》四十卷，雖止《洛誥》，不爲全解；而中以陽鳥爲地名，三俊爲常伯常任準人，皆未嘗依傍前人；至其辨析異同，貫穿史事，覃思積悟，實卓然成一家言；吕祖謙之書學，即受諸之奇者也。龍游夏僎柯山雖不及之奇之門；然撰《尚書辭解》二十六卷，反覆條暢，博采梅氏僞孔、孔穎達、王安石、蘇軾、林之奇及諸儒之説，深究詳繹，使唐、虞三代之大經大法，燦然明白；而其中取林之奇之説者，實什之六七；蓋淵源在是矣！至金華

① “雱”原均誤作“雩”，今悉改正。

吕祖謙伯恭初本受學於之奇，撰《東萊書説》十卷；先之《秦誓》、《費誓》者，欲自其流而上泝於唐、虞之際也；辭旨所發，不能不敷暢詳至者，欲學者易於覽習，而優遊饜飫以蘄深造自得也；訖於《洛誥》而遂以絶筆者，蓋之奇書以是終，而祖謙即以是始；所以終始師説，爲《尚書》一家之學也。雖然，凡此諸儒，皆據梅賾《僞孔傳》而莫適疑爲僞者！疑之，自武夷吴棫才老始！其言曰："伏生傳於既耄之時；而安國爲隸古；又特定其所可知者；而一篇之中，一簡之内，其不可知者，蓋不無矣；乃欲以是盡求作書之本意，與夫本末先後之義，其亦可謂難矣！而安國所增多之書，今書目具在，皆文從字順；非若伏生之書，屈曲聱牙，至有不可讀者！夫四代之書，作者不一。乃至二人之手而遂定爲二體乎？其亦難言矣！"撰《書裨傳》十三卷；首卷舉要；曰總説，曰書序，曰君辨，曰臣辨，曰考異，曰詁訓，曰差牙，曰孔傳，凡八篇；惟其書始出，未爲世所深信。故新昌黄度文叔名輩雖視棫差後；吴棫宣和六年第進士，紹興中爲太常丞，忤秦檜出爲泉州通判，而度紹興間登進士。寧宗時，爲御史，劾宰相韓侂①胄等。而撰《尚書説》七卷，其訓詁仍以《僞孔傳》爲主。獨朱子超然遠覽，亦疑《孔傳》之僞而著其説於《語録》曰："某疑孔安國書是假書；比《毛公書》如此高簡，大段争②事。漢儒訓釋文字，多是如此；有疑則闕。今此卻盡釋之。豈有千百前人説底話，收拾於灰燼屋壁中，與口傳之餘，更無一字訛舛？理會不得如此。可疑也。兼小序皆可疑。《堯典》一篇，自説堯一代爲治之次序，至讓於舜方止。今卻説是讓於舜後方作。《舜典》，亦是見一代政事之終始，卻説歷試諸難，是爲要受讓時作也。至後諸篇皆然。況他先漢文章，重厚有力量。他今大序格致極輕，卻疑是晉、宋間文章。況孔書是東晉方出；前此諸儒皆不曾見。可疑之甚！"是其抉摘《孔傳》，視棫尤精確不磨者矣！顧朱子晚欲作《書傳》，未及爲；遂以屬門人蔡沈。沈，字仲默，號九峯，建陽人；元定之子也；元定本名儒，尤精《洪範》之數；然未及論著，曰："成吾書者沈也！"沈受父師之托，沉潛反覆者數十年；然後成《書集傳》六卷，《洪範皇極内篇》五卷，發明先儒之所未及。其辨今古文，曰："按漢儒以伏生之書爲今文，而謂安國之書爲古文。以今考之，則今文多艱澀，而古文反平易。或

---

① "侂"原誤作"侘"，今改正。

② "争"原作"省"，兹據通行本《朱子語類》改。

者以爲古文自伏生女子口授晁錯時失之；則先秦古書所引之文，皆已如此；恐其未必然也？或者以爲記録之實語難工，而潤飾之雅詞易好；故訓、誥、誓、命，有難易之不同；此爲近之。然伏生倍文暗誦，乃偏得其所難。而安國考定於科斗古書錯亂磨滅之餘，反專得其所易；則又有不可曉者？至於諸序之文，或頗與經不合；而安國之序，又絶不類西京文；亦皆可疑？獨諸序之本不先傳，則賴安國之序而見。”可謂闡明師説，淵源有自者也！其論《洪範》數曰：“體天地之撰者，易之象。紀天地之撰者，範之數。數始於一奇，象成於二偶。奇者，數之所以立。偶者，數之所以行。故二四而八，八卦之象也。三三而九，九疇之數也。由是八八而又八八之爲四千九十六而象備矣。九九而又九九之爲六千五百六十一而數周矣。《易》更四聖而象已著。《範》錫神禹而數不傳。”乃衍《洪範》九數爲八十一章，而配以月令節氣，欲以擬《易》；實本《易》家焦、京之術；特變《易》數爲《洪範》以新耳目；蓋開演範之一派者，實自沈始焉。惟朱子之説《尚書》，主於通所可通而闕其所不可通；見於《語録》者不啻再三；而沈之撰《書集傳》，於《殷盤》、《周誥》，一一必求其解。自序稱“二典”、“三謨”，經朱子點定；而究其實，所謂朱子點定者，亦不免有所竄易。故宋末蘭溪金履祥仁山及元儒休寧陳櫟定宇、鄱陽董鼎季亨，皆篤信朱子之學者；而履祥作《尚書表注》，櫟作《書傳折衷》，鼎作《書傳纂注》，咸於沈《集傳》齗齗有辭。其説《禹貢》，大率用衢州毛晃之説。蓋晃撰《禹貢指南》四卷，其書大抵引《爾雅》、《周禮》、《漢志》、《水經注》、《九域志》諸書，而旁引他説以證古今山水之原委，頗爲簡明。雖生於南渡之後，僻處一隅，無由睹中原西北之古跡，一一統核其真；而援據考證，獨不泥諸儒附會之説；故沈《集傳》多用之；亦言《禹貢》山水者所當考證矣！然宋儒言《禹貢》山水者，莫詳於休寧程大昌泰之，莫卓於義烏傅寅同叔。蓋大昌喜談地理之學，嘗以吏部尚書兼經筵，進講《禹貢》；闕文疑義，疏説甚詳。是《禹貢》實爲大昌專門之學；所著《雍録》及《北邊備對》，皆刻意冥搜，考尋舊跡；而《禹貢論》六卷，證辨尤詳；其中《前論》五卷，於江水、河水、淮水、漢水、濟水、弱水、黑水，皆糾舊傳之誤。《後論》一卷，則專論河水、汴水之患；而殿以《山川地理圖》二卷。惟禹跡大抵在中原，而大昌生當南渡，地非親歷，不能闕疑；以此爲孝宗所斥；要其援據釐訂，實爲博洽；後世注《禹貢》

者，終不能廢其説也。至傅寅所撰之《禹貢説斷》四卷。博引衆説，斷以己意；具有特解，不肯蹈集前人。其論《孟子》“決汝、漢，排淮、泗，而注之江”，爲古溝洫之法；尤爲諸儒所未及；可謂卓然能自抒所見者！足與毛晃之《禹貢指南》、程大昌之《禹貢論》，驂駕而三矣！特毛晃之《禹貢指南》，見采於蔡沈《集傳》；而程、傅二家，則蔡氏採者少耳。寧宗之世，正蔡氏《集傳》初出之時。而安福陳經顯之撰《尚書詳解》五十卷，獨取古注疏，參以新意，與蔡氏頗有異同；雖援後世之事以證古經，或以駁雜爲嫌；然趙岐注《孟子》，漢儒已有此例；於經之説《書》奚病！句櫛字比，疏證詳明，往往發先儒所未發；實足與林之奇、夏僎諸家相爲羽翼；固無庸拘蔡氏之學，執一格以相繩也！蒲江魏了翁鶴山者，嘗問業於蔡氏之同門建昌李燔敬子、趙州輔廣漢卿；而爲朱子之再傳弟子也；然仍篤信梅氏《僞孔傳》之説；摘梅《傳》、孔《疏》精要之説，標以目次，撰《尚書要義》十七卷，《序説》十卷，未免拘虛！然梅賾當東晉之初，去古未遠，先儒舊義，往往而存；注《尚書》者要於諸家爲最古！而孔穎達《正義》，詮釋謹嚴，不立同異；而原原本本，考證粲然；故朱子《語録》亦謂“《尚書》名物典制，當看疏文”；然《尚書》文既聱牙，注疏又復浩汗，學者卒業爲艱。了翁汰其冗長，使後人不病於蕪雜，而一切考證之實學，已精華畢擷；是亦梅《傳》、孔《疏》之功臣矣！宋儒疑梅《傳》、孔氏《古文》之非真者，自吴棫、朱子、蔡沈始。既，併伏生今文而疑之者，自趙汝談始。汝談，字南塘，宋之宗室，撰《書説》三卷，中疑古文非真者五條，蓋吴棫、朱子、蔡沈之所嘗疑，而未若汝談之決也。然於伏生所傳諸篇，亦多所掊擊觝排；儻亦變本加厲者耶！然而勇於疑經，師心自用；未有如金華王柏魯齋之甚者也！蓋柏勇於疑經之不已，抑又勇於改經；撰《書疑》九卷，動以脱簡爲辭，臆爲移補；其併《舜典》於《堯典》，删除姚方興所撰二十八字；合《益稷》於《臯陶謨》；此有孔穎達《正義》可據者也。以《大禹謨》、《臯陶謨》爲夏書；此有《左傳》可據者也。以《論語》“咨爾舜”二十二字，補“舜讓於德弗嗣”之下；其爲《堯典》本文，抑或爲他書所載，如鬻子述帝王遺語之類，已不可知？以《孟子》“勞之來之”二十二字，補“敬敷五教在寬”之下；則《孟子》明作堯言，柏乃以爲舜語，已相矛盾；然亦尚有《論語》、《孟子》可據也。至於《堯典》、《臯陶謨》、《説命》、《武成》、《洪範》、

《多士》、《多方》、《立政》① 八篇，則純以意爲易置；一概托之於錯簡；有割一兩節者，有割一兩句者，何脱簡若是之多？而所脱之簡，又若是之零星破碎，長短參差，其簡之長短廣狹，字之行款疏密，茫無一定也。考劉向以中古文校歐陽、大小夏侯三家經文，《酒誥》脱簡一，《召誥》脱簡二；率簡二十五字者，脱亦二十五字。簡二十二字者，脱亦二十二字。文字異者七百有餘，脱字數十。載《漢書·藝文志》。此實發見脱簡之始。然向既校知脱簡，自必一一改正；必不聽其仍前錯亂。又惟言“《酒誥》脱簡一，《召誥》脱簡二”，則其餘併無脱簡可知，亦非篇篇悉有顛倒。且“簡二十五字者脱二十五字，簡二十二字者脱二十二字”，具有明文；則必無全脱一章一段之事。而此二十餘字之中，亦必無簡首恰得句首，簡尾恰得句尾，無一句割裂不完之事也。而柏乃托脱簡之説，師心自用，勇於改經若此！然宋儒解《書》之作，亦有不以師心爲病，而以輯佚爲功者。閩人黄倫彝文撰《尚書精義》五十卷，薈萃諸説，依經臚載，不加論斷，間有同異，亦兩存之。其所徵引，自漢迄宋，亦極賅博；惟編次不以時代。每條皆首列錢塘張九成子韶之説；或者疑即襲九成所著《尚書詳説》五十卷，而僞托黄氏。然九成《詳説》之目，僅見《宋史·藝文志》，久經湮晦；即使果相沿襲，亦未嘗不可藉是書以傳九成書也。他如楊氏繪、顧氏臨、周氏範、李氏定、司馬氏光、張氏沂、上官氏公裕、王氏日休、王氏當、黄氏君俞②、顔氏復、胡氏伸、王氏安石、王氏雱、張氏綱、孔氏武仲、孔氏文仲、陳氏鵬飛、孫氏覺、朱氏震、蘇氏洵、吴氏孜、朱氏正大、蘇氏子才等，當時著述，並已散佚；遺章賸句，猶得存什一於是編。體裁雖涉泛濫，而裒輯之勤，要亦不可盡没矣！然宋儒《尚書》諸家，最盛傳者蔡沈。沈雖承吴棫、朱子之後，疑孔傳古文之僞；然言性言心言學之語，宋人據以立教者，其端皆發自古文；故沈雖疑之而不敢論定也。其分編今文古文，自元儒湖州趙孟頫子昂始。其置古文而專釋今文，自崇仁吴澄草廬始。惟孟頫以書畫名後世，罕知其通經者；乃能灼知古文《尚書》之僞，撰《書今古文集注》而序之曰：“《詩》、《書》、《禮》、《樂》、《春秋》皆經孔子删定筆削，後世尊之以爲經。秦火之後，《樂》遂無復存。《詩》、《書》、《禮》、《春秋》，

① 《多方》、《立政》，原作“多政”，今改正。
② “俞”原作“愈”，今改正。

西漢以來，諸儒有意復古，殷勤收拾；而作僞者出焉！學者不察，尊僞爲真，俾得並行以售其欺；《書》之古文是已。嗟夫！《書》之爲書，二帝三王之道，於是乎在；不幸而至於亡！於不幸之中，幸而有存者！忍使僞亂其間耶！又幸而覺其僞，忍無述焉以明之，使天下後世常受其欺耶！余故分今文古文而爲之集注焉。嗟夫！可與知者道，難與俗人言也！余恐是書之作，知之者寡而不知者之衆也！昔子雲作《法言》，時無知者；曰：'後世有子雲，必愛之矣。'庸詎知今之世，無與我同志者哉？"惜孟頫之書不傳，而與孟頫同志者，時獨有一吴澄。澄贈别孟頫詩云："識君維揚驛，玉色天人表，伏、梅千載事，疑讞一夕了"① 者也！因撰《書纂言》四卷，專釋今文。自序謂"晉世晚出之書，别見於後"。然此四卷以外，實未釋古文一篇也。考漢代治《尚書》者，伏生今文傳爲大小夏侯、歐陽三家。孔安國古文别傳都尉朝庸生胡常自爲一派。是今文、古文本各爲師説。澄專釋今文，尚爲有合於古義，非王柏《書疑》舉歷代相傳之古經，肆意刊削者比；惟其顛倒錯簡，皆以意自爲，則與王柏同譏；然要與孟頫不失爲元儒之錚錚者也！元仁宗延祐二年，議復貢舉，定《尚書》義用蔡沈《集傳》。休寧陳櫟定宇初作《書傳折衷》，頗論蔡氏之失；迨法制既定，乃改作《尚書集傳纂疏》凡六卷；於蔡《傳》有增補，無駁正；而駁正蔡《傳》之《尚書折衷》，乃佚不傳；自序稱："聖朝科舉興行，諸經、《四書》，一是以朱子爲宗。《書》宗蔡《傳》，固亦宜然"云云。蓋延祐設科以後，功令如斯，故不敢有所出入也。然元制猶兼用梅《傳》、孔《疏》。故吉水王充耘與耕作《書義矜式》，主張題義須依功令，仍得本梅《傳》、孔《疏》立説，而不用蔡《傳》也。充耘撰《讀書管見》二卷，所説與蔡《傳》尤多異同；其中如謂《堯典》乃《舜典》之緣起，本爲一篇，故曰《虞書》；謂九族既睦，既當訓盡；謂象以典刑，爲各象其罪而加之，非垂象之意；謂逆河②以海潮逆入而得名；皆非故爲異説者。至彭蠡陳師凱則又於名物度數，蔡《傳》所稱引而未詳者，一一博引繁稱，析其端委；然蔡《傳》歧誤之處，則不復糾正；蓋如孔穎達諸經《正義》，主於發揮注

① 這是一首仄韻詩，"表"、"了"押韻，故"了"後"也"爲衍字，"了"前脱一"夕"字，據《吴文正集》卷二十五改正。

② "逆河"前原有"同爲"兩字，按此用《四庫全書總目提要》中《讀書管見》條語，玆據以删。

文，不主於攻駁注文也。獨明太祖聰明首出，考驗天象，知蔡《傳》日月五星運行之説不合；詔徵天下儒臣定正之，命翰林院學士劉三吾等總其事，書成，賜名《書傳會選》凡六卷。每傳之下，繫以經文及傳音釋；於字音、字義、字體辨之甚詳；其傳中用古人姓氏古書名目，必具出處，兼亦考證典故；於蔡《傳》之合者存之，不預立意見以曲肆詆排；其不合者則改之，亦不堅持門户以巧爲回護；計所糾正凡六十六條。中如《堯典》謂天左旋，日月五星違天而右旋；《高宗肜日》謂祖庚繹於高宗之廟；《西伯戡黎》謂是武王；《洛誥》惟周公誕保文武受命惟七年謂周公輔成王之七年；皆采諸家之説以弼蔡《傳》之違；是洪武中尚不以蔡《傳》爲主。其專主蔡《傳》，定爲功令者，則始自明成祖時行在翰林院學士胡廣等之奉敕撰《書傳大全》；大旨本陳櫟、陳師凱，主於發明蔡《傳》。蔡《傳》舊爲六卷，《大全》分爲十卷。自是《蔡氏傳》成不刊之典；而《梅氏孔傳》亦若存若亡矣！然明儒有灼知《梅氏孔傳》之僞而駁之者，旌德梅鷟因宋吴棫、朱子及元吴澄之説，作《尚書考異》五卷、《尚書譜》五卷。《尚書譜》尚以空言詆斥，無所依據。如謂孔壁之十六篇，出於孔安國所爲；實以臆斷之，别無確證。又謂東晉之二十五篇，出於皇甫謐所爲，則但據孔穎達疏引《晉書·謐傳》從其姑子外弟梁柳得古文一語，其説亦在影響之間。獨《尚書考異》謂孔安國序並增多之二十五篇，悉雜取傳記中語以成文，則指摘皆有依據；又如謂瀍水出谷城縣，《兩漢志》並同；晉始省谷城入河北，而《孔傳》乃云出河南北山；積石山在西南羌中，漢昭帝始元六年，始置金城郡；而《孔傳》乃云積石山在金城西南；孔安國卒於漢武時，載在《史記》，則猶在司馬遷以前，安得知此地名乎？其爲依托，尤佐證顯然。連江陳第季立作《尚書疏衍》四卷，乃篤信《梅氏孔傳》，以朱子疑之爲非；而於梅鷟《尚書考異》、《尚書譜》二編，詆排尤力，以爲譸張爲幻，過矣！然第學問淹博，所著《毛詩古音考》、《屈宋古音義》諸書，皆援據該洽，具有根柢；其作是書，雖其初不由訓詁入，而實非師心臆斷，以空言説經者比；如論《舜典》五瑞、五玉、五器，謂不得以《周禮》釋《虞書》，斥注疏家牽合之非；其理確不可易；論《武成》無錯簡，《洪範》非龜文，亦足破諸儒穿鑿附會之説；正未可以拘泥《古文》排詆梅鷟一事少之矣！惟梅鷟之攻古文，蒐采未周，考證尚疏；人多不信！其昌言排擊，盡發癥結者，則始於清儒太原閻若璩百詩。若璩年二十，讀《尚書》，至古文二十五篇，即疑其僞，沈潛三十年，乃引經據古，撰《古文尚書疏證》八卷，一一陳其矛盾之故。所列一百二十八條，其最精者謂："《漢書·藝文志》言：'魯共王壞孔子宅，得古文《尚書》。孔安國以考二十九篇，得多十六篇。'《楚元王傳》亦云：'《逸書》十六篇，天漢之後，孔安國獻之。'古文篇數之見於西漢者如此，而梅賾所上，乃增多二十五篇。此篇數之不合也。杜林、馬、鄭皆傳古文者。據鄭氏說：則增多者，《舜典》、《汩作》、《九共》、《大禹謨》、《益稷》、《五子之歌》、《胤征》、《典寶》、《湯誥》、《咸有一德》、《伊訓》、《肆命》、《原命》、《武成》、《旅獒》、《冏命》凡十六篇；而《九共》有九篇，故亦稱二十四篇，今晚出書無《汩作》、《九共》、《典寶》等。此篇名之不合也。鄭康成注《書序》，於《仲虺之誥》、《太甲》、《説命》、《微子之命》、《蔡仲之命》、《周官》、《君陳》、《畢命》、《君牙》皆注曰亡；而於《汩作》、《九共》、《典寶》、《肆命》等皆注曰逸；逸者，即孔壁書也。康成雖云'受《書》於張恭祖'；然《書贊》稱'我先師子安國亦好此學'，則其淵源於安國明矣；今晚出書與鄭名目互異，其果安國之舊耶？《古文》傳自安國，後惟康成所注者得其真。今文傳自伏生，後惟蔡邕《石經》所勒者得其正。今晚出書'宅嵎夷'，鄭作'宅嵎鐵'；'昧谷'，鄭作'柳谷'；'心腹腎腸'，鄭作'憂腎陽'；'劓刵劅剠'，鄭作'臏宫劓割頭庶剠'，與真古文既不同矣。《石經》殘碑遺字，見於洪適《隸釋》者五百四十七字。以今《孔書》校之，不同者甚多。《碑》云：'高宗之饗國百年'，與今書之'五十有九年'異。孔叙三宗，以年多少爲先後；碑以傳叙爲次；則與今文又不同。然後知晚出之書，蓋不古不今，非伏非孔，而欲别爲一家之學者也。《書序》，'益稷'本名'棄稷'，馬、鄭、王三家本皆然；蓋别是一篇，中多載后稷與契之言。揚子雲《法言·孝至篇》云：'言合稷、契之謂忠。謨合皋陶之謂嘉。'子雲親見《古文》，故有此言。晚出書析《皋陶謨》之半爲《益稷》，則稷與契初無一言；子雲豈鑿空者耶？班孟堅言：'司馬遷從安國問故①。'故《堯典》、《禹貢》、《洪範》、《微子》、《金縢》諸篇多古文説。許慎《説文解字》亦云：'其稱書孔氏。'今以《史記》、《説文》與晚出書相校又甚不合。安國注《論語》'予

① "故"原作"政"，據通行本《漢書·儒林傳》改。

小子履’，以爲墨子引《湯誓》，其辭若此；不云‘此出《湯誥》’，亦不云‘與《湯誥》小異’。然則‘予小子履’云云，非真古文《湯誥》，蓋斷斷也。其注‘雖有周親，不如仁人’句；於《論語》則云‘親而不賢，不忠，則誅之；管、蔡是也。仁人謂箕子、微子，來則用之’。於《尚書》則云‘周，至也；言紂至親雖多，不如周家之多仁人’。其詮釋相懸絶如此！豈一人之手筆乎？傳義多與王肅注合，乃孔竊王，非先有孔説而王取之也。漢儒説六宗者，人人各異。王肅對魏明帝，乃取《家語》孔子曰‘所宗者六’之語；肅以前未聞也，而《僞傳》已有之；非孔竊王而何？”可謂信而有徵矣！惟若璩謂馬、鄭注本亡於永嘉之亂，則殊不然。考二家之注，《隋書·藝文志》尚皆著目，稱“所傳惟二十九篇”；蓋去其無師説者十六篇，止得二十九篇，與伏生數合；非別有一本注孔氏書也。若璩誤以鄭逸者即爲所注之逸篇，不免千慮之一失。又《史記》、《漢書》但有安國上古文《尚書》之説，並無受詔作傳之事；此僞本鑿空之顯證，亦辨僞本至要之肯綮；乃置而未言，亦稍疏略；然反覆釐剔，以祛千古之大疑。蕭山毛奇齡大可好爲駁辨，乃作《古文尚書冤詞》八卷，百計以抵若璩之罅；然終不能以强辭奪正理；則有據之言，先立於不可敗也。元和惠棟定宇遂因若璩之説，續加考證，成《古文尚書考》二卷，以益闡明鄭玄二十四篇之即孔壁真《古文》焉。然刊正經文，疏明古注，棟猶未之逮也。由是嘉定王鳴盛西莊搜羅鄭注，益以馬、王傳疏，以注二十九篇，又作案以釋鄭義；於馬、王傳疏之與鄭異者，則條析其非，折衷鄭氏；成《尚書後案》三十卷。吴縣江聲艮庭又廣集漢儒之説以注二十九篇；漢注不備，則旁考他書，精研故訓，成《尚書集注音疏》十二卷；皆因惠棟之説，鳴盛嘗問學於棟，而聲則棟之弟子也。而以鄭學爲宗，證以許慎《説文》，輔以馬融傳誼；取《僞孔》之傳，辭而闢之，黜其贋而存其真。古文《尚書》之學，乃焕焉重光！其後金壇段玉裁懋堂撰《古文尚書撰異》三十二卷，陽湖孫星衍淵如撰《尚書今古文注疏》三十卷，武進劉逢禄申受撰《尚書今古文集解》三十卷，則又間輯今文與古文異同。其中段玉裁於司馬遷《史記》之異馬、鄭者，皆擠爲今文説，斥今文不如古文。獨孫星衍持平於西漢今古文，而知伏生今文《書大傳》説之勝於馬、鄭古文；然於今文歐陽、大小夏侯之學，三家師説之異同者，又不暇致詳也。邵陽魏源默深乃撰《書古微》十二卷以發明西漢《尚書》今文之微言大義，而闢東漢馬、鄭古文之鑿空無師傳；曰："治《尚書》者知東晉梅賾之僞，以返於馬、鄭古文本，此齊一變至魯也。知馬、鄭古文説之肊造無師授，以返於西漢伏生、歐陽、夏侯及孔安國問故①之學，此魯一變至道也。"侯官陳喬樅樸園又益采摭《經》、《史》傳注及諸子百家之説，成《歐陽夏侯經説考》一卷，《今文尚書叙録》一卷，《今文尚書經説考》三十三卷；實事以求是，必溯師承；沿流以討源，務隨家法；而參詳考校，則亦有取於馬、鄭之傳注，爲之旁證引伸。於是今文《尚書》之學，亦以興廢繼絶。惟清季善化皮錫瑞鹿門撰《書經通論》，謂"馬、鄭古文與今文駁異，當與僞孔同一不可信者"。則與魏源同其趣而與喬樅有取馬、鄭之旨微乖矣！斯亦今文學者之後勁也！其他治《禹貢》者，於清儒當推德清胡渭朏明，因嘗與閻若璩共修《一統志》，得縱觀天下郡國之書；而渭素習《禹貢》，謂唐孔氏、宋蔡氏於地理多疏舛。如三江當主鄭康成"左合漢爲北江，右合彭蠡爲南江，岷江居其中，則爲中江"之説；"浮於淮、泗，達於河"，河當從《説文》作菏；"滎②波既豬"，當從鄭康成本作播；梁州之黑水，與導川之黑水不可溷而爲一；乃博稽載籍及古今經解，考其同異而折衷之；依經爲訓，章別句從，名曰《禹貢錐指》，凡二十卷；爲圖四十七篇；於九州山川形勢及古今郡國分合異同、道里遠近夷險，犂然若聚米而畫沙也！漢唐以來，河道遷徙，雖非《禹貢》之舊，要爲國計民生所繫；故於《導河》一章備考歷代決溢改流之迹而表以圖。蓋宋以來傅寅、程大昌、毛晃而下，注《禹貢》者數十家。精核典贍，此爲冠矣！當塗徐文靖位山撰《禹貢會箋》十二卷，又因渭所已言而更推尋所未至，博據諸書，斷以己意；較之渭書，益爲精密；蓋繼事者易爲功也。渭又撰《洪範正論》五卷，大旨以禹之治水，本於九疇。故首言"鯀陻洪水"，繼言"禹乃嗣興"，終言"天乃錫禹"；則《洪範》爲體而《禹貢》爲用，互爲推闡，厥義乃彰；然主於發明奉若天道之理；而不爲漢儒之陰陽災異，宋儒之象數圖書。其辨證前人之説，如謂："漢人專取災祥，推衍五行，穿鑿附會，事同讖③緯。其病一。《洛書》本文，即'五行五事'至'五福六極"二十字；惟'敬用農用'等十八字，乃爲禹所加，與危微精一

① "故"原作"政"，據《書古微》卷首《例言上》改。

② "滎"原作"榮"，據通行本《尚書·禹貢》改。

③ "讖"原作"纖"，兹據《四庫全書總目提要》"洪範正論"條下語改正。

之心法同旨；初一初二至次九，不過是次第名目，亦非龜文所有。龜之有文，如木石之文理，有可推辨，又如魯夫人公子友有文在手之類；宋儒創爲黑白之點，方圓之體，九十之位，變書而爲圖；以至九數十數，劉牧、蔡季通紛紜更定。其病二。又《洪範》原無錯簡；而宋儒王柏等任意改竄。其病三。”皆切中舊説之失。蓋渭經術湛深，學有根柢，故所論一軌於理，而於漢儒附會之談，宋儒變化之論，咸能一掃而廓除之也！寶應成孺芙卿撰《禹貢班義述》二卷①。蓋《漢書·地理志》言“推表山川”，本釋《禹貢》；兩漢經師遺説，多存其中；孺據以釋本經，最得家法；援據精博，顓門之學也！又以《班義述》詳於考古；乃復擬撰《禹貢今地釋》一書，首取今地釋漢地，更取漢地證禹蹟，期補前書之未備，而惜未成書也！殷虚甲骨者，遜清光緒戊戌、己亥間，河南安陽縣西北五里之小屯，洹水厓岸，爲水齧而崩，得龜甲牛骨，鐫古文字，所記皆殷先王室所卜祭祀、征伐、行幸、田獵之事；故殷先公先王及土地之名，所見甚衆。上虞羅振玉叔言撰《殷虚書契考釋》，兼及書契中所見之人名、地名及制度、典禮，審釋殷帝王名號。海寧王國維静安纘成其業，成《殷卜辭中所見先公先王考》、《續考》及《殷周制度論》各一卷；其尤得意者，商自成湯以前，絶無事實；《史記·殷本紀》，惟據《世本》紀其世次；而國維於甲骨中發見王亥、王恒之名，及上甲以下六代之世系，以甲骨文證補《尚書》，而治《尚書》者闢一新塗徑，爲好事者之所誦説云！纂《尚書志》第三。

詩志第四

詩者，所以導達性靈，歌詠情志者也。在心爲志，發言爲詩；故哀樂之心感而歌詠之聲發，誦其言謂之詩，詠其聲謂之歌；故古有采詩之官，王者所以觀風俗，知得失，自考正也。夏、殷以上，詩多不存。姬周始自后稷，而公劉克篤前烈；太王肇基王迹；文王光昭前緒；武王克平殷亂；成王、周公化至太平，誦美盛德；踵武相繼。幽、厲板蕩，怨刺並興。其後王澤竭而詩亡！魯太師摯次而録之，得三千餘篇。及至孔子去其重，取可施於禮義，

---

① 按《禹貢班義述》三卷，附一卷。

上采商，下取魯，凡三百五篇。曰："《詩三百》，一言以蔽之，曰'思無邪'。"詩者，持也，持人情性。《關雎》之亂以爲《風》始。《鹿鳴》爲《小雅》始。《文王》爲《大雅》始。《清廟》爲《頌》始。風者，聖賢治道之遺化。雅以爲後世法。頌誦德廣以美之。三者，詩之體也。《風》有《周南》、《召南》，有《邶風》、《鄘風》、《衛風》、《王風》、《鄭風》、《齊風》、《魏風》、《唐風》、《秦風》、《陳風》、《檜風》、《曹風》、《豳風》。舊説《二南》者正風；《十三國》者變風也。上以風化下；下以風刺上；主文而譎諫，言之者無罪，聞之者足戒；故曰風。至於王道衰，禮義廢，政教失，國異政，家殊俗，而變風變雅作矣；國史明乎得失之迹，傷人倫之廢，哀刑政之苛，吟咏性情以風其上，達於事變而懷其舊俗者也；故變風發乎情，止乎禮義。發乎情，民之性也；止乎禮義，先王之澤也。是以一國之事繫一人之本謂之風。言天下事，形四方之風，謂之雅。雅者正也，正言其事，言王政之所由廢興；而與風之主文譎諫者殊科也。政有大小，故有《小雅》焉，有《大雅》焉。《頌》有《周頌》，有《魯頌》，有《商頌》。頌者，美盛德之形容，以其成功告於神明者也。是謂四始；詩之至也。作詩之法：叙物以言情謂之賦，情盡物者也。索物以托情謂之比，情附物者也。觸物以起情謂之興，物動情者也。賦、比、興三者與風、雅、頌並稱爲"六義"。先王以是敬夫婦，成孝敬，厚人倫，美教化，移風俗。不離日用間，有福天下萬世之意；《周南》也。至誠淳恪，秋毫不犯；《召南》也。君子處變，淵静自守；《邶風》也。翩翩有俠氣，《齊風》也。憂思深遠，《唐風》也。秋聲朝氣；《秦風》也。深知民情而直體之，《豳風》也。忠厚之至，《小雅》也。振刷精神，宣王《小雅》也。深遠，《大雅》也。舖張事業，宣王《大雅》也。天心布聲，《周頌》也。謹守禮法，《魯頌》也。天威大聲，《商頌》也。孔子皆弦歌之，以求合韶、武、雅、頌之音；詔羣弟子曰："不學詩，無以言。小子何莫學夫詩?"卜商、子夏問曰："'巧笑倩兮，美目盼兮。素以爲絢兮。'何謂也?"子曰："繪事後素。"曰："禮後乎?"孔子曰："商也始可與言詩已矣!"孔子刪詩授卜商。商乃檃括詩人本旨，爲三百十一篇作序；《史記·孔子世家》云："詩三百五篇，孔子皆弦歌之。"此不數六笙詩也。子夏作序，時六笙詩猶存。授魯人曾申子西。申授魏人李克。克授魯人孟仲子。孟仲子授根牟子。根牟子授趙人荀卿名況，年五十，始遊學於齊。齊襄王時，荀卿最爲老師，善爲《詩》、《禮》、《易》、《春秋》。而以《詩》傳魯人毛亨、齊人浮邱伯。魯人申培公少時嘗與國人穆生、白生及楚人劉交俱學詩於浮邱伯；交，字遊，漢高祖同父少弟也；及秦焚書，各别去。漢興，交爲楚元王。而高祖過魯，申公以弟子從浮邱伯入見於魯南宫。吕太后時，浮邱伯在長安。元王遣子郢客與申公俱卒學。申公始爲《詩傳》，號《魯詩》；而元王亦撰次《詩傳》，號曰《元王詩》，世或有之。元王薨，郢客嗣立爲楚王，令申公傅太子戊。戊不好學，病申公！及戊立爲王，胥靡申公。申公愧之！歸魯，退居家教，終身不出門。弟子自遠方至受業者千餘人，而弟子爲博士二千石者十餘人，居官皆有稱；其學官弟子行雖不備而至於大夫郎掌故以百數。魯孔安國傳古文《尚書》，然亦受《詩》申公，稱高第弟子。申公獨以《詩經》爲訓故以教，亡文；而有《魯故》二十五卷，《魯説》二十八卷，見《漢書·藝文志》；蓋弟子傳録之口義也；疑者則闕勿傳。蘭陵王臧既從受《詩》，已通，事景帝爲太子少傅，免去。武帝初即位，臧乃上書宿衛，累遷，一歲至郎中令。及代趙綰亦嘗受詩申公，爲御史大夫。綰、臧請立明堂以朝諸侯，不能就其事，乃言師申公。於是上使使束帛加璧；安車以蒲裹輪，駕駟；迎申公；弟子二人乘軺車從；至見上。上問治亂之事？申公時已八十餘，老，對曰："爲治者不在多言！顧力行何如耳！"是時上方好文辭，見申公對，默然！然已招致，即以爲大中大夫，舍魯邸，議明堂事。太皇竇太后喜《老子》言，不悦儒術；得綰、臧之過以讓上，因廢明堂事，下綰、臧吏，皆自殺！申公亦病免歸！申公卒以《詩》、《春秋》授；而瑕丘江公盡能傳之，徒衆最盛！及魯許生、免中徐公皆守學教授。魯國韋賢長孺治詩，事博士大江公（大江公即瑕丘江公，以異下博士江公，故稱大）及許生；兼通《禮》、《尚書》，以《詩》教授，號稱鄒魯大儒，徵爲博士給事中；進授昭帝《詩》，稍遷光禄大夫詹事；至宣帝世以先帝師，甚見尊重，官丞相。傳子玄成少翁。於元帝時，以太常受詔與太子太傅蕭望之，及五經諸儒雜論同異於石渠閣；復以明經歷位至丞相。故鄒、魯諺曰："遺子黄金滿①籯，不如一經！"蓋爲玄成父子言之也。玄成兄子賞以詩授哀帝，至大司馬車騎將軍。由是《魯詩》有韋氏學。東平王式翁思者，事免中徐公及許生，受《詩》，爲昌邑王師。昭

① "滿"原作"蒲"，按通行本《漢書·韋賢傳》改。

帝崩，昌邑王嗣立，以行淫亂廢。昌邑羣臣皆下獄誅；惟中尉王吉、郎中令龔遂以數諫減死論；式繫獄當死。治事使者責問曰："師何以亡諫書?"對曰："臣以詩三百五篇朝夕授王；至於忠臣孝子之篇，未嘗不爲王反復誦之也！至於危亡失道之君，未嘗不流涕爲王深陳之也！臣以《三百五篇》諫，是以亡諫書。"使者以聞，亦得減死論；歸家不教授。沛郡薛廣德長卿、山陽張長安幼君先事式；後東平唐長賓、沛褚少孫亦來事式。問經數篇？式謝曰："聞之於師具是矣！自潤色之。"不肯復授。唐生、褚生應博士弟子選，詣博士，摳衣登堂，頌禮甚嚴；試誦說，有法，疑者丘蓋不言。諸博士驚問何師？對曰："事式。"皆素聞其賢，共薦式。詔除下爲博士。式徵來，衣博士衣而不冠；曰："刑餘之人，何宜復充禮官!"既至，止舍中。會諸大夫、博士共持酒肉勞式，皆注意高仰之。博士江公世爲《魯詩》宗；至江翁著《孝經說》，心嫉式；謂歌吹諸生曰："歌《驪駒》。"《驪駒》者，逸詩篇名，客欲去，歌之者也。於是式言曰："聞之於師。客歌《驪駒》，主人歌《客毋庸歸》。今日諸君爲主人；日尚早，未可也。"江翁曰："經何所言之?"式曰："在《曲禮》。"江翁曰："何狗曲也!"式恥之，陽醉逿墜。式客罷，讓諸生曰："我本不欲來。諸生强勸我，竟爲豎子所辱!"遂謝病免歸終於家。弟子薛廣德溫雅有醖藉，以《魯詩》教授。楚國龔勝君賓、龔舍君倩師事焉。蕭望之爲御史大夫除廣德爲屬，數與議論，器之；薦廣德經行宜充本朝，爲博士，論石渠，遷御史大夫。而張生、唐生、褚生皆爲博士。張生論石渠，至淮陽中尉。唐生，楚太傅。由是《魯詩》有張、唐、褚氏之學。張生兄子游卿爲諫大夫，以《詩》授元帝。其門人王扶爲泗水中尉。陳留許晏，字偉君，初受《魯詩》於王扶，改學曰《許氏章句》。儒林諺曰："殿上成羣許偉君。"由是張家有許氏學。此又《魯詩》之支與流裔也。

《齊詩》始於齊人轅固。固作《詩內外傳》；孝景時，以治《詩》爲博士，與黃生爭論於上前。黃生曰："湯、武非受命，迺殺也!"固曰："不然。夫桀、紂荒亂。天下之心，皆歸湯、武。因天下之心而誅桀、紂。桀、紂之民弗爲使而歸湯、武。湯、武不得已而立，非受命爲何?"黃生曰："冠雖敝，必加首。履雖新，必貫足。何者？上下之分也。今桀、紂雖失道，然君上也。湯、武雖聖，臣下也。夫主有失行；臣不正言匡過以尊天子，反因過而誅之，代立南面；非殺而何?”固曰：“必若云，是高皇帝代秦即天子之位，非耶?”於是上曰：“食肉毋食馬肝，未爲不知味也。言學者毋言湯、武受命，不爲愚!”遂罷。竇太后好《老子》書，召問固，固曰：“此家人言耳!”太后怒曰：“安得司空城旦書乎?”道家以儒、法爲急，比之於律令也。迺使固入圈擊彘。上知太后怒，而固言直，無辠；迺假固利兵下。固刺彘，正中其心；彘應手而倒。太后無如何。後上以固廉直，拜爲清河太傅；疾免。武帝初即位，復以賢良徵。諸儒多嫉毁曰：“固老!”罷歸之。時固已九十餘矣。菑川公孫弘，固弟子也；亦徵，仄目視固。固曰：“公孫子務正學以言，無曲學以阿世。”諸齊以《詩》顯貴，皆固之弟子也。魯人夏侯始昌最能傳固學。始昌亦事公孫宏；以《齊詩》、《尚書》教授。自董仲舒、韓嬰死後，武帝得始昌甚重之。時昌邑王以少子愛，爲選師；始昌爲太傅。后蒼，字近君，東海人也；事夏侯始昌。始昌通《五經》。蒼亦通《詩》、《禮》，而《詩》有《齊后氏故》二十卷，《齊后氏傳》三十九卷，見《漢書·藝文志》；爲博士，至少府；授學同郡翼奉少君、蕭望之長倩、匡衡稚珪，三人經術皆明。衡爲後進；望之施之政事；而奉惇學不仕，好律曆陰陽之占。元帝初即位；諸儒薦之；徵待詔宦者署，言事數驗；宴見，天子敬焉。自稱於天子曰：“臣聞之師曰：‘天地設位，懸日月，布星辰，分陰陽①，定四時，列五行，以視聖人；名之曰道。聖人見道，然後知王治之象，故畫州土、建君臣，立律曆，陳成敗，以視賢者；名之曰經。賢者見經，然後知人道之務，則《詩》、《書》、《易》、《春秋》、《禮》、《樂》是也。《易》有陰陽，《詩》有五際，《詩内傳》曰：五際，卯、酉、午、戌、亥也。陰陽終始，際會之歲，於此則有變改之政也。《春秋》有災異，皆列終始，推得失，考天心以言王道之安危。至秦乃不悦，傷之以法，是以大道不通，至於滅亡。’今陛下聖明，深懷要道，燭臨萬方。臣奉竊學《齊詩》，聞五際之要。十月之交篇，知日蝕、地震之效，昭然可明，猶巢居知風，穴處知雨，亦不足多，適所習耳。”以郎中爲博士諫議大夫。由是《齊詩》有翼氏學；最爲后蒼高第弟子者也。蕭望之好學，治《齊詩》，事后蒼且十年，以令詣太常受業，復事同學博士白奇；又從始昌族子夏侯勝問《論語》、《禮服》。京師諸儒稱述焉。宣帝聞望之

① “陽”原作“作”，兹據《漢書·翼奉傳》改。

名，拜爲謁者，累遷至二千石，寖益任用；以言事見罪，遂見廢，不得相；爲太子太傅。以《論語》、《禮服》授皇太子，即元帝也；尋拜前將軍，受遺詔輔政，領尚書事。匡衡於望之爲後生；然好學，尤精力過絶人。諸儒爲之語曰："無説《詩》，匡鼎來！匡説《詩》，解人頤！"衡射策甲科，除爲太常掌故，調補平原文學。學者多上書薦衡"經明，當世少雙！今爲文學就官；京師後進，皆欲從衡平原；衡不宜在遠方"。事下太子太傅蕭望之、少府梁邱賀問，衡對《詩》諸大義，其對深美。望之奏："衡經學精習，説有師道，可觀覽。"宣帝不甚用儒；遣衡歸官。而皇太子見衡對，私善之；元帝即位，以爲郎中，遷博士，給事中，爲太子少傅，數上疏陳便宜，及朝廷有政議，傅經以對，言多法義；遂拜丞相，封樂安侯。子咸亦明經，歷位九卿。家世多爲博士者。由是《齊詩》有匡衡之學。衡授琅邪師丹公仲、伏理斿君、潁川滿昌君都。君都爲詹事，授九江張邯、琅邪皮容，皆至大官；徒衆極盛。理以《詩》授成帝爲高密太傅，家世傳業。而丹爲哀帝大司空，以言事不合上意，策免；尚書令唐林上疏爲訟直；言："丹經爲世儒宗，德爲國黄耇。"尤爲有名。由是《齊詩》有師丹、伏理之學。長安班伯少受《詩》於師丹；以妹爲成帝倢伃；帝舅大將軍王鳳薦伯宜勸學；召見晏昵殿；容貌甚麗，誦説有法；拜爲中常侍。時上方鄉學；平陵鄭寬中少君、河内張禹子文；朝夕入説《尚書》、《論語》於金華殿中。詔伯受焉，即通大義，又講異同於長安許商長伯；累官侍中光禄大夫！禁中設宴飲之會。伯言："《詩》、《書》淫亂之戒，其原皆在於酒。"上迺喟然歎曰："吾久不見班生！今日復聞讜言！"遂罷酒。此《齊詩》之學也。

《韓詩》出自燕人韓嬰。嬰推《詩》人之意而作《内外傳》數萬言，其語頗與齊、魯間殊；然指歸則一；有《韓内傳》四卷，《韓外傳》六卷，《韓故》三十六卷，《韓説》四十一卷，見《漢書·藝文志》；祇存《外傳》，析十篇，其及經蓋寡，而遺説往往見於他書；不知果韓生原書否也？燕、趙間言詩者由韓生。韓生，孝文時爲博士；景帝時至常山太傅；亦以《易》授人；推《易》意而爲之傳。燕、趙間好《詩》，故其《易》微；惟韓氏自傳之。武帝時，嬰嘗與董仲舒論於上前，其人精悍，處事分明；仲舒不能難也。後其孫商爲博士。孝宣時涿郡韓生，其後也；以《易》徵，待詔殿中；曰："所受《易》，即先太傅所傳也；嘗受《韓詩》，不如韓氏《易》深；太傅故專傳之。”司隸校尉蓋寬饒本受《易》於東海孟喜，見涿郡韓生説《易》而好之，即更從受焉；顧韓生之《易》卒不傳。韓生之《詩》，授之淮南賁生、河内趙子；而趙子以授同郡蔡誼。誼以明經給事大將軍衛青幕府。昭帝時，詔求能爲《韓詩》者，徵誼待詔，久不進見。誼上疏曰："臣山東草萊之人，行能亡所比，容貌不及衆；然而不棄人倫者；竊以臣聞道於先師，自托於經術也。願賜清閒之燕，得盡精思於前。"上召見誼説《詩》；甚悦，擢爲光禄大夫，給事中，進授昭帝。數歲，累拜丞相，封陽平侯；傳其學於同郡食子公與琅邪王吉子陽。吉爲昌邑王中尉。而王好遊獵。驅馳國中，動作無節。吉引詩上疏諫争，甚得輔弼之義；雖不治民，國中莫不敬重焉！昌邑王敗，吉以罪廢。宣帝時，徵起爲博士諫大夫。而食子公亦爲博士，授泰山栗豐。吉授淄川長孫順。順爲博士。豐部刺史。而順授東海髮福，豐授山陽張就，皆至大官，徒衆尤盛。由是《韓詩》有王、食、長孫之學。《韓詩》與《齊詩》、《魯詩》三家並立學官，置博士；然齊轅固、燕韓生之師説莫詳。其爲《傳》或取《春秋》，采雜説；咸非其本義與不得已；而儒者以爲魯最爲近。何者？魯申公之學，傳自荀卿而溯之子夏，於三家爲有據也。

魯國毛亨亦受學荀卿，以《毛詩》别自名家，自謂子夏所傳。惟子夏序《詩》，篇義各編；遭戰國至秦而《南陔》六詩亡！亨乃引《序》，各冠篇首；作《故訓傳》三十卷，多記古文，倍詳前典，或引申，或假借，或互訓，或通釋，或文生上下而亡害，或辭用順逆而不違，要明乎世次得失之迹，而吟咏情性，有以合乎詩人之本旨。故曰："讀《詩》不讀《序》，無本之教也！讀詩與序而不讀故訓傳，失守之學也！"文簡而義贍，語正而道精，以授趙國毛萇。時人謂亨爲大毛公，萇爲小毛公。二毛公《詩》用古文。魯、齊、韓三家則用今文。《漢書·藝文志》載"《詩經》二十八卷，魯、齊、韓三家。《毛詩》二十九卷"，是經文惟《毛詩》爲别本；而魯、齊、韓三家經則同一本；蓋今古文殊也。惟序用子夏，則三家與《毛詩》同。觀蔡邕本治《魯詩》，而所作獨斷，載《魯頌》三十一篇之序二句，與《毛序》文有詳略，而大旨略同。《唐書·藝文志》稱《韓詩》卜商序，《韓嬰注》二十二卷。是《韓詩》亦有序，其序亦稱出子夏矣。顧《毛詩》不得置博士與三家並。獨河間獻王修學好古，於國中立《毛氏詩》博士；以毛萇爲之。萇授同國貫長卿。長卿授齊人解延年。延年爲阿武令，授虢徐敖。世之言《毛詩》者本之徐敖。敖授九江陳俠；而俠於平帝之世，公車徵説《詩》，自是《毛詩》始得列於漢廷，爲置博士焉。王莽篡漢位，以陳俠爲講學大夫；授詩九江謝曼卿，爲《詩訓》。既光武中興，立《五經》博士。《易》施、孟、梁邱，《書》歐陽、夏侯，《禮》大小戴，《春秋》嚴、顔，皆用今文；獨《詩》齊、魯、韓、毛今古文並立。顧炎武言：《後漢書·儒林傳》"《詩》齊、魯、韓、毛"，毛字爲衍文。

然《毛詩》初不大顯！於時《魯詩》世家，稱平原高詡季回。自其曾祖父嘉以《魯詩》授元帝，仕上谷太守。父容，少傳嘉學，哀、平間爲光禄大夫。詡以父任爲郎中，世傳《魯詩》，以信行清操知名。王莽篡位，父子稱盲逃，不仕莽世。光武即位，再徵爲博士，尋拜大司農，在朝以方正稱。而《齊詩》世家，稱琅邪伏湛惠公。其九世祖勝傳《尚書》，所謂濟南伏生者也；自父理學《詩》匡衡，别自名學；傳業於湛，教授數百人；成帝時，以父任爲博士弟子。王莽敗，倉猝兵起，天下驚擾，而湛獨晏然，不廢教授。光武即位，知湛名儒舊臣，才堪宰相，徵拜尚書，再遷大司徒，封陽都侯。弟黯字稚文，以明《齊詩》，改定章句，作《解説》九篇；位至光禄勳。黯子恭，字叔齊，太常試經第一，拜博士，遷常山太守，敦修學校，教授不輟。由是北州多爲伏氏學；明帝時，天子臨辟雍，於行禮中拜恭爲司空。儒者以爲榮！初父黯章句繁多，恭迺省減浮辭，定爲二十萬言。既，肅宗行饗禮，遂拜恭爲三老；於詩學最爲儒宗也！《韓詩》世家，稱淮陽薛漢公子；世習《韓詩》，有《薛氏章句》二十二卷，見《隋書·經籍志》。漢傳父業，尤善説災異讖緯，教授常數百人。光武即位，爲博士，受詔校定圖讖。當世言詩者推漢爲長！弟子犍爲杜撫叔和，京兆廉范叔度，會稽澹臺敬伯，鉅鹿韓伯高最知名；而撫才尤高；傳漢學，定《韓詩章句》；弟子千餘人；所作《詩題》，下有脱字。按《華陽國志》云：林撫作《詩通議説》。文約義通，學者傳之曰《杜君注》。此魯、齊、韓三家詩世家也。

其他治《魯詩》者，曰太傅南陽卓茂子康、司徒扶風魯恭仲康及弟侍中丕叔陵、諫議大夫沛陳宣子興、大鴻臚會稽包咸子良、騎都尉任城魏應君伯、侍御史豫章陳重景公、南頓令豫章雷義仲公、太尉汝南李咸元章、處士鄮李炳子然、琅琊王傅、陳留蔡朗仲明、屯騎校尉山陽魯峻仲嚴。治《齊詩》者，曰伏波將軍扶風馬援文淵、處士蜀郡任末叔本、廣漢景鸞漢伯、大鴻臚潁川陳紀元方。治《韓詩》者，曰長沙太守汝南郅惲君章、太山都尉梁國夏恭敬國、雲陽令扶風朱勃叔陽、處士會稽趙曄長君、閬中令巴郡楊仁文義、光禄動壽春召馴伯春、武威太守安定李恂叔英、郎中豫章唐檀子產、處士山陽張匡文通、遼東屬國都尉北海公沙穆文乂、處士汝南廖扶文起、車騎將軍巴郡馮緄鴻卿、大將軍安定梁商伯夏、司空河内杜喬叔榮、太尉宏農劉寬文饒、東海相京兆韋著休明，皆有名字載在史策。而《韓詩》極盛。趙曄受學杜撫，撰《韓詩譜》二卷，《詩神泉》一卷。又有侯苞者，作《韓詩翼要》十卷，見《隋書·經籍志》。獨東海衛宏敬仲、扶風賈逵景伯於中興之初，學《毛詩》於謝曼卿；而逵作《齊魯韓詩與毛氏異同》；又有《毛詩雜議難》十卷，見《隋書·經籍志》；則非篤信於毛者也。獨宏作《毛詩序》，善得《風》、《雅》之旨。河南鄭衆仲師、汝南許慎叔重亦稍稍治《毛詩》。然在廷諸臣，猶崇《韓》故，兼習《魯》訓。而作《毛詩傳》者自扶風馬融季長始也。北海鄭玄康成初從東郡張恭祖受《韓詩》；既，事馬融，治《詩》乃一於宗毛；毛義若隱略，則更表明；如有不同，即下己意而爲識别，如今人之簽記，積而成帙，凡二十卷，謂之曰箋。《鄭箋》行而《毛學》昌，三家微矣！然《鄭箋》兼用韓、魯，以補缺拾遺於毛；與《毛傳》時有異同。

炎漢祚衰，三國分崩，魏有太子文學東平劉楨公幹撰《毛詩義問》十卷；祕書郎劉璠撰《毛詩義》四卷、《毛詩箋傳是非》二卷；謝沈撰《毛詩注》二十卷、《毛詩釋義》十卷，見《隋書·經籍志》；不知於義云何？獨太常東海王肅子雍灼知《鄭箋》之異毛，撰《毛詩義駁》八卷、《毛詩問難》二卷、《毛詩奏事》一卷以申毛難鄭；益闡《毛義》，撰《毛詩注》二十卷。而司空東萊王基伯輿撰《毛詩答問》、《駁譜》合八卷，見《隋書·經籍志》。其中《毛詩駁》五卷，則申鄭玄而難王肅者也。由是《毛詩》有鄭玄、王肅二家之學。此魏之治《毛詩》者也。

吴之治《毛詩》者：有太常卿徐整撰《毛詩譜》三卷；侍中韋①昭、侍中朱育等撰《毛詩答雜問》七卷，見《隋書·經籍志》，皆不傳。獨太子中庶子烏程令吴郡陸璣元恪撰《毛詩草木蟲魚疏》二卷，爲後人輯佚，廑存。蓋蟲魚草木，今昔異名；年代迢遥，傳疑彌甚！而璣去古未遠，疏解猶爲得真；後來之箋毛者，咸以璣書爲據也。末附《四家詩源流》四篇；而《毛詩》爲特詳者，則宗毛之故也。

① "韋"原誤作"韓"，據《隋書·經籍志》改。

蜀之治《毛詩》者無聞！而治《韓詩》者：魏有中尉河東崔琰季珪。吴有會稽都尉廣陵張紘子綱。蜀有大鴻臚蜀郡杜瓊伯瑜、安漢令蜀郡何隨①季業。而杜瓊著《韓詩章句》十餘萬言。至崔琰晚事鄭玄，當亦兼習《毛故》者也。齊、魯之詩，學者秏矣亡焉！

晉禪魏祚，《韓詩》雖存，亦無傳者！儒生研誦獨有《毛詩》；而鄭、王異説，攻難互起。長沙太守孫毓撰《毛詩異同評》十卷，恢張王説。而徐州從事陳統又明《鄭義》，作《難孫氏毛詩評》四卷。其他宏農太守河東郭璞景純撰《毛詩拾遺》一卷，給事郎楊乂撰《毛詩辨異》三卷、《毛詩異義》二卷，具見《隋書·經籍志》；疑又毛公之補缺拾遺者也。

宋、齊、梁、陳，繼晉而作。言《毛詩》者：則宋有中散大夫徐廣撰《毛詩背隱義》二卷；奉朝請孫暢之撰《毛詩引辨》一卷、《毛詩序義》七卷；金紫光禄大夫何偃撰《毛詩釋》一卷；通直郎雷次宗撰《毛詩序義》二卷、《毛詩義》一卷；交州刺史阮珍之撰《毛詩序注》一卷。齊有處士劉瓛撰《毛詩序義疏》四卷、《毛詩編次義》一卷；顧歡撰《毛詩集解叙義》一卷。梁有武帝撰《毛詩發題序義》一卷、《毛詩大義》十一卷；簡文帝撰《毛詩十五國風義》二十卷；桂州刺史崔靈恩《集注毛詩》二十四卷；給事郎謝曇濟撰《毛詩檢漏義》二卷；處士陶弘景《毛詩序注》一卷；何胤撰《毛詩隱義》十卷；舒援撰《毛詩義疏》二十卷；具見《隋書·經籍志》。皆謹守毛公而爲之箋明疏證其義爾！獨宋奉朝請業遵所注，立義多異，凡二十卷，謂之《業詩》；雖世所不行，然於《毛詩》極盛之後，卓然别自名家，而不欲爲毛公之輿臺；亦可謂畸士也！

北學宗毛，無殊南朝；其著有成書者，則有魏之安豐王元延明撰《毛詩誼府》二十八卷；太常卿劉芳撰《毛詩箋音證》十卷；蕭巋散騎常侍沈重撰《毛詩義疏》二十八卷。

隋有太學博士景城劉炫光伯撰《毛詩述義》四十卷、《毛詩集小序》一卷；信都劉焯士元撰《毛詩義疏》二十九卷；國子助教餘杭魯世達撰《毛詩章句義疏》四十卷、《毛詩并注音》八卷。其間聰穎特達，曰焯曰炫，並稱二劉；箋毛疏義，文而又儒；擢秀幹於一時，騁絶轡於千里，固諸儒之所

① “隨”原作“隋”。

揖讓，日下稱爲無雙者也！所惜者，負恃才氣，輕鄙先達，同其所異，異其所同，或應略而反詳，或宜詳而更略，準其繩墨，差忒未免，勘其會同，時有顛躓！

至唐貞觀十六年，詔國子祭酒孔穎達等因鄭玄之箋，撰定《毛詩正義》四十卷；而鄭學日章，王注以熸；其書以劉焯《義疏》、劉炫《述義》爲藁本，删其所繁，增其所簡；而草木蟲魚，則取裁陸璣之疏；故能融貫羣言，包羅古義，集毛學之大成！終唐之世，人無異辭，惟穎達《正義》之於《詩序》，引舊説云："起'《關雎》，后妃之德也'，至'用之邦國焉'，名《關雎序》，謂之《小序》。自'風，風也'訖末，名爲《大序》。"沈重云："案鄭《詩譜》意，《大序》是子夏作。《小序》是子夏、毛公合作。卜商意有不盡，毛公足成之。"或云："《小序》是東海衛敬仲所作。"具列兩説，而不爲論定。蓋其慎也！獨成伯璵撰《毛詩指説》一卷，乃據鄭《詩譜》意而定《小序》首句爲子夏所傳，其下爲毛萇所續。謂"衆篇之《小序》，子夏惟裁初句耳！'《葛覃》，后妃之本也'，'《鴻雁》，美宣王也'，如此之類是也。其下皆大毛公自以詩中之意而繫其辭"云爾。雖佐證未備，而決别疑似，於説詩者亦足以裨參證焉！然自孔穎達而後，説《詩》者莫敢疑毛、鄭；雖老師宿儒，亦謹守《小序》。

至宋而新義日增，舊説幾廢；推原所始，實發端於廬陵歐陽修永叔。修文章名一世，而經術亦復湛深；撰《毛詩本義》十六卷。其書先爲論以辨毛、鄭之失，然後斷以己見。凡爲説一百有四篇，《統解》十篇，《時世》《本末》二論，《豳》《魯》《序》三問；而《補亡鄭譜》及《詩圖總序》附於後。然修之言曰："後之學者，因述先世之所傳而較得失，或有之矣！使徒抱焚餘殘脱之經，倀倀於去聖人千百年後，不見先儒中間之説，而欲特立一家之學者，果有能哉？吾未之信也。"又曰："先儒於經不能無失；而所得固已多矣。盡其説而理有不通，然後以論正之。"是修作是書，本出於和氣平心，以意逆志；故其立論雖不曲徇毛、鄭，而亦未嘗輕議毛、鄭。後之學者或務立新奇，自抒獨得，甚者删竄《二南》，則變本加厲之過；固不得以濫觴之始歸咎於修矣！修之門下士眉山蘇轍子由乃撰《詩集傳》二十卷。其説以《詩》之《小序》，反覆繁重，類非一人之辭；疑爲毛公之學，衛宏之所集録；而不取子夏之説；因惟存其發端一言，而餘文悉删。然轍於毛公之説；

曰："獨采其可者，見於今傳；其尤不可者，皆明著其失。"是轍於毛公之學，亦未一筆抹殺而務持其平；猶之修之用心也。臨川王安石介甫與蘇轍同輩；而神宗倚畀作相，置經義局，以安石提舉修定其《新經詩義》三十卷，大指依據毛公；安石訓其義，而訓其辭者則其子雱元澤。蓋亦王氏"新經三書"之一也。安石又撰《字說》二十卷以相輔翼；與"三經"並頒學官，於是宋之學風一變。然多襲其義理，而傳安石名物訓詁之學者，曰山陰陸佃農師、仙遊蔡卞元度。佃，安石客；卞，安石壻也；佃作《埤雅》；卞作《毛詩名物解》；大指皆以《字說》爲宗。而卞之書二十卷，凡十一類；曰《釋天》、《釋百穀》、《釋草》、《釋木》、《釋鳥》、《釋獸》、《釋蟲》、《釋魚》、《釋馬》、《雜釋》、《雜解》。論者或詆其議論穿鑿，徵引瑣碎，無裨於經義。然徵引發明，有出於陸璣《草木蟲魚疏》、孔穎達《正義》外者。安石之《新經詩義》不傳；而卞之學出於安石；此可以考見安石《新經詩義》之一斑焉。然安石《新經詩義》，於毛公尚少訶辭。而詆毛公，廢《詩序》，毅然力持，昌言不忌者；其自南宋莆田鄭樵漁仲始乎！樵之學雖自成一家，而師心自是，撰《夾漈詩傳辨妄》二十六卷，大指以爲："《毛詩》自鄭、毛既箋之後；而學者篤信康成，故此書專行，齊、魯、韓三家遂廢；致今學者只憑毛氏，且以序爲子夏所作，更不敢擬議。蓋事無兩造之辭，則獄有偏聽之惑。"極言《毛詩》之不可偏信也。然設以聽訟爲喻；詩者其事也。齊、魯、韓、毛，則證驗之人也。《毛詩》本書具在，流傳甚久；譬如其人親身到官，供指詳明，具有本末者也。齊、魯、韓三家本書已亡，於他書中間見一二，而真僞未可知？譬如其人元不到官，又已身亡，無可追對；徒得之風聞道聽以爲其說如此者也。今捨《毛詩》而求證於齊、魯、韓；猶聽訟者以親身到官所供案牘爲不可信，乃采之於旁人傳說而欲以斷其事。論者不以爲允也。既，朱子撰《詩集傳》二十卷，而殿以《詩序辨說》，以大、小序自爲一編而辨其是非；蓋用鄭樵之說也。然考朱子《注詩》，蓋兩易稿；其初稿全宗《小序》，卷首《自序》作於淳熙四年，中無一語斥《小序》；蓋猶初稿之序。金華呂祖謙伯恭撰《呂氏家塾讀詩記》，中引"朱子曰"者，即采朱子注詩初稿說也。朱子與祖謙交最契，其初論詩亦最合；顧朱子晚年改從鄭樵而自變前說；而祖謙仍堅主毛、鄭。故祖謙沒，朱子作《家塾讀詩記》序，稱："少時淺陋之說，伯恭父誤有取焉。既久，自知其說有未安，或不免有所更定；伯恭父反不能不置疑於其間。熹竊惑之！方將與反覆其說以求真是之歸；而伯恭父已下世！”蓋深不平於祖謙之故見自封。然迄後攻序宗序，兩家角立相爭而不能以偏廢；嗜祖謙書者終不絕也！祖謙書三十二卷，博採諸家，存其名氏；先列訓詁，後陳文義，翦截貫穿，如出一手；有所發明，則別出之，蕲以闡發《詩》人“躬自厚而薄責於人”之旨；蓋宋儒詩學之詳正，未有逾於祖謙者也！惟公劉以後，編纂已備而條例未竟；學者惜焉！崇德輔廣漢卿者，初從吕祖謙遊；後復從朱子講學，即世所稱慶元輔氏也。顧輔氏撰《詩童子問》十卷，大指主於掊擊《詩序》，羽翼《詩集傳》；與祖謙説詩之宗序者不同。而慶元王應麟伯厚旁采諸書所引齊、魯、韓三家《詩》逸文，撰《詩考》一卷；中採《韓詩》較夥，齊、魯二家厪寥寥數條。蓋《韓詩》最後亡；唐以來注書之家，引其説者多也。後之輯《三家詩》者，或訾應麟爲未備。然古書散佚，蒐采爲難。後人踵事增修，較創修自易爲力。篳路藍縷，終當以應麟爲首庸也。自序稱：“漢言《詩》者四家，師異指殊。賈逵撰《齊魯韓與毛氏異同》。梁崔靈恩采三家本爲《集注》。今惟毛《傳》、鄭《箋》孤行。《韓》僅存《外傳》，而魯、齊詩亡久矣。諸儒説詩，壹以毛、鄭爲宗，未有參考三家者。獨朱文公《集傳》多從《韓詩》，一洗末師專己守殘之陋。嘗語門人：‘《文選注》多《韓詩》章句，欲寫出。’應麟竊觀傳記所述，三家緒言尚多有之；罔羅遺佚，傅以《説文》、《爾雅》諸書，萃爲一編，以扶微學，廣異義；亦文公之意云爾。讀《集傳》者，或有考於斯。”亦朱子《集傳》之羽翼也。慈谿楊簡敬仲撰《慈湖詩傳》二十卷，大要本孔子無邪之旨，而據《後漢書》之説，以《小序》爲出自衛宏，不足深信；要與朱子無大殊。其他箋釋文義，如以“聊樂我員”之“員”爲姓；以“六駁”爲“赤駁”之譌；以“天子葵之”之“葵”爲有向日之義；間有附會穿鑿。然其於一名一物，一字一句，必斟酌去取，旁徵遠引，曲暢其説；其考核六書，則自《説文》、《爾雅》以及史傳之音注，無不悉蒐；其訂正訓詁，則自齊、魯、毛、韓以下以至方言雜説，無不博引；可謂折衷同異，自成一家之言者！至篇中所論，謂《左傳》不可據，謂《爾雅》亦多誤，謂鄭康成不善作文，甚至自序之中，以《大學》之釋《淇澳》爲多牽合，而詆子夏爲小人儒；斯又大言炎炎，而爲朱子之所不敢出者。蓋簡之學出陸九淵；九淵固謂“學苟知道，六經皆我注脚”；而朱子尚信經傳，道問學也。然簡之放言自恣，無所畏避；尚不如金華王柏魯齋之甚也！柏之學，雖淵源於朱子；而撰《詩疑》二卷，則攻駁毛、鄭不已，併《本經》而攻駁之；攻駁本經不已，又併本經而刪削之，其以《行露》首章爲亂入，據《列女傳》爲説；猶有所本也。以《小弁》“無逝我梁”四句爲漢儒所妄補，猶曰：“其詞與《谷風》相同”；似乎移綴。以《下泉》末章爲錯簡，謂與上三章不類；猶著其疑也。至於《召南》删《野有死麕》；《邶風》删《静女》；《鄘風》删《桑中》；《衛風》删《氓》、《有狐》；《王風》删《大車》、《丘中有麻》；《鄭風》删《將仲子》、《遵大路》、《有女同車》、《山有扶蘇》、《籜兮》、《狡童》、《褰裳》、《豐》、《東門之墠》、《風雨》、《子衿》、《野有蔓草》、《溱洧》；《秦風》删《晨風》；《齊風》删《東方之日》；《唐風》删《綢繆》、《葛生》；《陳風》删《東門之池》、《東門之枌》、《東門之楊》、《防有鵲巢》、《月出》、《株林》、《澤陂》凡三十二篇。按書中所列之目，實止三十一篇，疑傳刻者脱其一篇。又曰：“《小雅》中凡雜以怨誹之語，可謂不雅！予今歸之《王風》；且使《小雅》粲然整潔。”其所移之篇目雖未具列；其降《雅》爲《風》，已明言之矣。又曰：“《桑中》當曰《采唐》，《權輿》當曰《夏屋》，《大東》當曰《小東》。”則並篇名改之矣。顧柏亦自知詆斥聖經，或爲公論所不許，乃托詞於漢儒之竄入。至於謂《碩人》第二章形容莊姜之色太褻；《黄鳥》乃淺識之人所作；則更直排孔子删定之失當，不復托詞於漢儒矣！此又楊簡之所不敢者也！元儒金華許謙益之稱受學於王柏；而於柏《詩疑》所欲删之《國風》三十二篇，則疑而未敢遽信。論者或斥謙存已放之《鄭聲》也！見蘭溪吴師道正傳爲謙撰《詩集傳名物鈔序》。然謙撰《詩集傳名物鈔》八卷，考訂名物音訓，咸有依據；信足以補朱子之放闕焉！同時有安福劉瑾公瑾者，其學問淵源亦出朱子；撰《詩傳通釋》二十卷，發明《集傳》，與輔廣《詩童子問》相同。惟廣書皆循文演義，而瑾兼辨訂故實；雖證實蹈虚不同，然義理一也。

蓋宋以前之説詩者，罔不毛、鄭是宗。歐陽修、蘇轍而後，别解漸生。鄭樵、朱子而後，異幟高張。迄末年，乃古義黜而新學立；故有元一代之説《詩》者，無非《朱傳》之箋疏。許謙之《詩集傳名物鈔》，劉瑾之《詩傳通釋》，兩書其尤著者也。至仁宗行科舉法，定爲功令。而明制因之。永樂間，行在翰林學士胡廣等奉敕撰《詩經大全》二十卷，亦主於闡揚《朱傳》；遵憲典也。然元人篤守師傳，有所闡明，皆由心得。明則靖難以後，耆儒宿學，略已喪亡。廣等無可與謀，乃剽竊舊文以應詔。此書名爲官撰，實本劉瑾之《詩傳通釋》而稍損益之。惟改其中“瑾案”二字爲“劉氏曰”。又劉書以小序分隸各篇；是書則從朱子舊本合爲一篇；小變其例而已。自是宋學昌而漢義絀，《朱傳》行而《毛詩》廢矣！然明儒詩學，亦有宏究漢義，而不宗《朱傳》者。監利李先芳伯承撰《讀詩私記》二卷，釋義多從毛、鄭；毛、鄭有所難通，則參之呂祖謙《讀詩記》、嚴粲《詩緝》。其自序曰：“文公謂《小序》不得《小雅》之説，一舉而歸之刺。馬端臨謂文公不得鄭、衛之風，一舉而歸之淫。胥有然否，不自揣量，折衷其間。”蓋不專主一家，故議論宏通，絶無區分門户之見。如説《鄭風·子衿》，仍從學校之義，則不取宋學；謂《國風》、《小雅》初無變正之名，則不從漢説；至《楚茨》、《南山》等四篇，則《小序》與《集傳》之説並存，不置可否；蓋《小序》皆以爲刺幽王，義有難通；而《集傳》所云，又於古無考，故闕所疑也；雖援據不廣，時有闕略；要其大綱，則與鑿空臆撰者殊矣！然猶折衷漢、宋也！明宗室朱謀㙔鬱儀撰《詩故》十卷，乃專以《毛詩·小序》爲主而考證以舊説。其曰《詩故》者，蓋《漢書·藝文志》載詩類有《魯故》、《齊后氏故》、《齊孫氏故》、《韓故》、《毛詩故訓傳》；《顔師古注》：“曰故者，道其旨意也。”謀㙔①是書，蓋用漢儒之舊名；故其説詩亦多以漢學爲主，與朱子《詩集傳》多所異同。其間自立新義者，如以《小星》爲督御入直，以《斯干》爲成王營洛，周公所賦之類，似失之穿鑿。然謀㙔博極羣書，學有根柢，要異乎剽竊陳言。蓋自胡廣等《五經大全》一出，應舉窮經，久分兩事。謀㙔生長帝室，不藉應舉爲進取；乃得以研究遺文，發揮古義也。經術盛衰之故，此亦可知其大凡矣！迨明之亡也，吴江陳啓源長發撰《毛詩稽古編》三十卷。前二十四卷，依次解經，而不載經文，但表篇目；其無所論説，則併篇目亦不載；次爲《總詁》五卷，分六子目：曰《舉要》，曰《考異》，曰《正字》，曰《辨物》，曰《數典》，曰《稽疑》；末爲《附録》一卷，則統論《風》、《雅》、《頌》之旨。訓詁一準諸《爾雅》；篇義一準諸《小序》；而詮釋經旨，則一準諸《毛傳》而《鄭箋》佐之；其名物則多以陸璣《疏》爲

① “㙔”，原均誤作“瑋”，今悉改正。

主；題曰《毛詩》，明所宗也；曰《稽古編》，明爲唐以前專門之學也；所辨正者，惟朱子《集傳》爲多；歐陽修《詩本義》、吕祖謙《讀詩記》次之；嚴粲《詩緝》又次之；所掊擊者，惟劉瑾《詩集傳》爲甚；輔廣《詩童子問》次之；但廣書皆循文演義，故所駁惟訓解之辭，而瑾書兼辨訂故實，故所駁多考證之語；其堅持漢學，不容一語之出入，雖未免或有所偏；然引據賅博，疏證詳明，一一皆有本之談。

蓋明代説經諸儒，喜騁虚辨；迨清儒矯爲徵實之學以挽頹波；古義彬彬，於斯爲盛；而啓源實先河也！然當啓源之世，亦有兼綜漢、宋，不主一家者；桐城錢澄之飲光、吴江朱鶴齡長孺，其尤著者也。澄之撰《田間詩學》十二卷，大旨以《小序》首句爲主，而非有意於攻朱子《集傳》；於漢唐以來之説，亦不主於一人；所采諸儒論説，自漢唐注疏、朱子《集傳》以外，凡二程子、張子、歐陽修、蘇轍、王安石、楊時、范祖禹、吕祖謙、陸佃、羅願、謝枋得、嚴粲、輔廣、真德秀、邵忠允、季本、郝敬、黄道周、何楷二十家。其中王、楊、范、謝四家，今無傳本，蓋采於他書；陸、羅二家，本無詩注，蓋草木鳥獸之名，引其《埤雅》、《爾雅翼》也；自稱毛、鄭、孔三家之書，録者十之二；《集傳》，録者十之三；諸家各本録者十之四；持論頗爲精核；而於名物、訓詁、山川、地理，言之尤詳。嘗語人曰："《詩》與《尚書》、《春秋》相爲表裏；然必考之《三禮》以詳其制作；徵諸《三傳》以審其本末，稽之《五雅》以核其名物；博之《竹書紀年》及《皇王大紀》以辨其時代之異同與情事之疑信；即今輿記以考古之圖經而參以平生所親歷。"亦可見其考證之切實矣！至鶴齡則與陳啓源同里，嘗序啓源之《毛詩稽古編》；而撰《詩經通義》十二卷，則自序稱"此書蓋與啓源商榷而成"。又稱："啓源《毛詩稽古編》專崇古義。此書則参停於今古之間。"蓋其專主小序，而兼綜漢、宋，與澄之《田間詩學》同。惟甄采較狹，於漢用毛、鄭；唐用孔穎達；宋用歐陽修、蘇轍、吕祖謙、嚴粲；並世用陳啓源；其《釋音》明用陳第，並世用顧炎武；其凡例九條及考訂鄭氏《詩譜》，皆具有條理；雖参用今古，與啓源之專崇古義者不同。然啓源之《毛詩稽古編》屢稱焉。惟啓源、鶴齡與錢澄之三人者，明之遺老而非清儒也。清儒之傳經者，首推長州惠氏，三世以經學著稱；而發祥者惠周惕字元龍也。著有《易傳春秋三禮問》及《詩説》，而《詩説》三卷最佳，其大旨：

謂《大小雅》以音别，不以政别；謂《正雅》、《變雅》，美刺錯陳，不必分《六月》以上爲正，《六月》以下爲變；《文王》以上爲正，《民勞》以下爲變；謂《二南》二十六篇皆房中之樂，不必泥其所指何人；謂天子諸侯，均得有頌，《魯頌》非僭；大抵引據確實，樹義深切，而於《毛傳》、《鄭箋》、《朱傳》無所專主，多自以己意考證；則又與錢澄之、朱鶴齡之兼采漢、宋，折衷同異者殊科。無錫顧棟高震滄撰《毛詩類釋》二十一卷。蓋析《毛詩》名物爲二十一類而爲之釋也。惟諸家之釋名物者，多泛濫以炫博；而棟高此書則采録舊説，頗爲謹嚴；又往往因以發明經義，與但徵故實，體同類書者有别；亦庶幾抒所自得，能出新意者。然清儒説經之所爲别幟於宋、元者，在能宏究漢義，辨明家法；其始也，闡揚毛、鄭古文以破宋儒臆測之談；及其既也，則又旁采今文齊、魯、韓諸家逸文而駕之晚出毛、鄭古文之上。至如惠、戴二氏，抒所得而出新義；非所貴於清儒也。休寧戴震東原之撰《毛鄭詩考正》四卷、《考正鄭氏詩譜》一卷，杲溪《詩經補注》二卷；金壇段玉裁懋堂之撰《毛詩故訓傳》三十卷，《詩經小學》一卷，江都焦循理堂之撰《毛詩補疏》五卷；嘉應李黼平繡子之撰《毛詩紬義》二十四卷；桐城馬瑞辰元伯之撰《毛詩傳箋通釋》三十二卷；涇縣胡承珙墨莊之撰《毛詩後箋》三十卷；崇明陳奂碩甫之撰《詩毛氏傳疏》三十卷、《毛詩説》一卷、《毛詩傳義類》十九篇、《釋毛詩音》四卷、《鄭氏箋考正》一卷。而陳奂師事段玉裁，治《毛詩》、《説文》，以爲鄭康成習《韓詩》，兼通齊、魯，最後治《毛詩》；箋《詩》乃在注《禮》之後，以《禮》注《詩》，非墨守一氏；箋中有用三家申毛者，有用三家改毛者；因撰《鄭氏箋考徵》，而後知毛古文，鄭用三家從今文之不同術也；析毛、鄭之殊指，明音義之通借，迺放《爾雅》，編作《義類》，於一切聲音訓詁之用，天地山川之大，宫室衣服制度之精，鳥獸草木蟲魚之細，分别部居，各爲探索；久乃剗除，條例章句，糅成作疏，攟取先秦之舊説，搴擇末漢之微言，置《鄭箋》而疏《毛傳》，署曰《詩毛氏傳疏》；蓋諸家之尤矜慎者矣！斯則闡揚毛、鄭古文以破宋儒臆測之談者也。他如會稽范家相蘅洲之因宋王應麟《詩考》而輯《三家詩拾遺》十卷，視應麟書爲賅備矣！然猶未及侯官陳喬樅樸園也！自後嘉興馮登府柳東撰《三家詩異文疏證》一卷。邵陽魏源撰《詩古微》十七卷。吴江迮鶴壽青厓撰《齊詩翼氏學》四卷。而陳喬樅秉其家學，以父壽祺撰《三家詩遺説考》，未成；次第補緝，成《魯詩遺説考》六卷、《齊詩遺説考》四卷、《韓詩遺説考》五卷，各述授受源流而冠以叙録一篇；又撰《詩經四家異文考》四卷、《齊詩翼氏學疏證》二卷。蓋喬樅之考據詳博，與魏源之議論宏辨，言今文者駢稱二難焉！晚清善化皮錫瑞鹿門撰《詩經通論》，亟稱陳《考》搜采之備，魏源駁辨之快；顧有不足於魏源之好創新説；曰："解經是樸學，不得用巧思。解經須確憑，不得任臆説也。"然其右今三家而抑毛傳，實與魏源同指。斯又旁採今文齊、魯、韓諸家逸文而欲駕之晚出毛、鄭古文之上者也。此外又有連江陳第季立之《毛詩古音考》、昆山顧炎武寧人之《詩本音》、曲阜孔廣森撝約之《詩聲類》，具詳《小學聲韻篇》，兹不復贅。篹《詩志》第四。

三禮志第五

禮起於何也？曰："人生而有欲；欲而不得，則不能無求；求而無度量分界，則不能不争；争則亂，亂則窮，先王惡其亂也，故制禮義以分之，以養人之欲，給人之求；使欲必不窮乎物，物必不屈於欲，兩者相待而長；是禮之所起。"而帝王質文，世有損益。至周曲爲之防，事爲之制，故曰"經禮三百，曲禮三千"。經禮三百，《周禮》是也；曲禮三千，《儀禮》是也。及周之衰，諸侯將踰法度，惡其害己，皆滅去其籍。於是孔子適周而問禮於老聃，追跡三代之禮；曰："夏禮，吾能言之；杞不足徵也！殷禮，吾能言之；宋不足徵也！足則吾能徵之矣！"然觀殷、周所損益；曰："殷因於夏禮，所損益可知也。周因於殷禮，所損益可知也。其或繼周者，雖百世可知也。以一文一質，周監二代，郁郁乎文哉，吾從周！"故《禮記》自孔子著稱，《太史公書》曰"《禮記》自孔子"者。世稱"三禮"，《周禮》記周官制；《儀禮》詳周儀文，編著之圖籍，王謂之禮經，邦國官府謂之禮法，設之於官府，而布之於百姓，皆周朝之官書也；獨《禮記》自孔子；門人弟子，著所聞見，微言授受，協諸義而協；經天緯地，本之則太一之初；原始要終，體之乃人情之欲；然後知禮者義之實也！禮之所尊，尊其義也。"循法則、度量、刑辟、圖籍，不知其義，謹守其數，慎不敢損益也；父子相傳，以持王公；是故三代雖亡，治法猶存，是官人百吏之所以取禄秩"；《周禮》是也。“失其義，陳其數，祝史之事也”；《儀禮》是也。故其數可陳也，其義難知也，協諸義而協，則禮雖先王未之有，可以義起也！是《禮記》之所欲著也！夫禮者，理之不可易者也。《周禮》之記官制，《儀禮》之詳儀文，此其所得與民變革者也。觀理之不可易者，蓋必於《禮記》之自孔子。而孔子之歿，葬魯城北泗上，冢大一頃，弟子及魯人往從冢而家者百有餘室，因命曰“孔里”。故所居堂弟子內，後世因廟藏孔子衣冠，車服禮器，而諸儒以時講禮，鄉飲、大射其間焉。嬴秦坑儒，而陳涉之王，魯諸儒持孔氏之禮器，往歸陳王；於是孔甲爲陳涉博士，卒死涉之難！初項籍封魯公；及其死，楚地皆降漢，獨魯不下！漢高帝舉兵圍魯。魯中諸儒尚講誦習禮樂，絃歌之音不絶；豈非孔子之遺化，好禮樂之國哉！故漢興，太常叔孫通，徵魯諸生共起朝儀，諸學者多言禮；而魯高堂生最！禮固自孔子時而其經不具；及至秦焚書，散亡益多！於漢獨有《士禮》。《士禮》亦稱《儀禮》，曰《士禮》者，以其爲士之禮；稱《儀禮》者，以其記禮之儀文也。凡十七篇：《士冠禮》第一；童子任職居士位，年二十而冠；主人玄冠朝服，則是仕①於諸侯、天子之士也。《士昏禮》第二，士娶妻之禮，以昏爲期，因而名焉。《士相見禮》第三，士以職位相親，始承摯相見之禮也。《鄉飲酒禮》第四，諸侯之鄉大夫，三年大比，獻賢者、能者於其君，以禮賓之也。《鄉射禮》第五，州長春秋以禮會民，而射於州序之禮也。《燕禮》第六，諸侯無事，若卿大夫有勤勞之功，與羣臣燕飲以樂之也。《大射禮》第七，名曰大射者，諸侯將有祭祀之事，與羣臣射，以觀其禮；數中者得與於祭，不數中者不得與於祭也。《聘禮》第八，大問曰聘，諸侯相於久無事，使卿相問之禮也。《公食大夫禮》第九，主國君以禮食小聘大夫之禮也。《覲禮》第十，覲，見也，諸侯秋見天子之禮也。春見曰朝，夏見曰宗，秋見曰覲，冬見曰遇。《喪服》第十一，天子以下死而相喪，衣服年月親疏隆殺之禮，而子夏爲之傳焉者也。《士喪禮》第十二，士喪其父母，自始死至於既殯之禮也。《既夕禮》第十三，《喪禮》之下篇也。《士虞禮》第十四，虞，安也；士既葬其父母，迎精而反，日中而祭之於殯室以安之也。《特牲饋食

① “仕”原誤作“任”，按此用《儀禮鄭注疏》引鄭玄《三禮目録》語，茲據以改正。

禮》第十五，特牲饋食禮，謂①諸侯之士大祭祖禰也。《少牢饋食禮》第十六，諸侯之卿，祭其祖禰於廟之禮也。《有司徹》第十七，《少牢》之下半篇也。獨高堂生能言之。而魯徐生善爲容。孝文帝時，徐生以容爲禮官大夫。

孝景帝時，嘗封皇子德爲河間王，餘爲魯王。顧河間王修學好古，而魯王好治宮室，壞孔子宅，欲以爲宮，而得古文於壞壁之中，《逸禮》有三十九。既，河間王從民求善書，得《禮古經》五十六篇，《記》百三十一篇，《周官經》五卷，皆古文舊書，不同高堂生《士禮》之爲今文。

惟《禮古經》之十七篇，與高堂生同而字多異，多三十九篇，後世不傳，而其篇名頗見於他書，若《天子巡狩禮》見《周官・内宰注》；《朝貢禮》見《聘禮注》；《烝嘗禮》見《射人疏》；《中霤禮》見《月令注》及《詩・泉水疏》；《王居明堂禮》見《月令》、《禮器注》；《古文②明堂禮》見《蔡邕論》；又《奔喪疏》引《逸禮》，《王制疏》引《逸禮》，云"皆升合於太祖"；《文選注》引《逸禮》，云"三王禪云云，五帝禪亭亭"；皆《古經》之《逸禮》也。

《記》百三十一篇者，出自孔氏。孔子歿後，七十二子之徒，共撰所聞以爲此記；後人各有損益。其中《檀弓》、《禮運》疑子遊門人記；《中庸》、《坊記》、《表記》子思所作；《緇衣》公孫尼子制；《月令》吕不韋撰；或録舊禮之儀，或録官禮所由，或兼記體履，或雜序得失。漢興，博士叔孫通乃纂録之以爲記，蓋《士禮》之傳也，有《冠義》以釋《士冠》；有《昏義》以釋《士昏》；有《鄉飲酒義》以釋《鄉飲》；有《射義》以釋《鄉射》、《大射》；有《燕義》以釋《燕禮》；有《聘義》以釋《聘禮》；有《朝儀》以釋《覲禮》；有《四制》以釋《喪服》；有《問喪》以釋《士喪》；有《祭義》、《祭統》以釋《特牲》、《少牢》、《有司徹》；發明其義；蓋《士禮》者經，而記則其傳也。傳者，轉也，轉受經旨以授於後也。

《周官經》五篇：《天官冢宰》第一，《地官司徒》第二，《春官宗伯》第三，《夏官司馬》第四，《秋官司寇》第五，李氏上之河間獻王者也；獨佚《冬官》一篇，王乃購千金不得，取《考工記》以補之；於諸經中最爲晚出。其書詳周之制度而不及道化；嚴於職守而闕略人主之身；傳者以爲周公作也。

---

① "謂"原誤作"非"，據《儀禮注疏》改。

② "文"原作"大"，據蔡邕《明堂論》改正。

其分例雖密，而序官之義有二：一則以義類相從；如宮正，宮伯，同主宮中事；膳夫，庖人，外饔，同主造食事。一則次叙一官之屬，不以尊卑爲先後，而以緩急爲次第，故宮正等士官在前，内宰等大夫官在後也。惟其後闕《冬官》一篇，河間王取《考工記》合成六篇。按《考工記》稱“鄭之刀”，又稱“秦無廬”，鄭封於宣王時，秦封於孝王時，其非周公之典，已無疑義；然奇古奥美，殆聖於文！或以爲東周後齊人所作，或以爲先秦書，未詳孰是也。雖不足以當《冬官》，然百工爲九經之一；共工爲九官之一；先王原以考工爲大事，以之殿《周官》之後，可以考見古代制器尚象之遺焉。

惟《周官》雖出，孝武以爲末世瀆亂不經之書，故作十論七難以排棄之，雖入祕府而未傳也！獨《士禮》傳自高堂生，而魯徐生乃以善爲容①世其家，傳子至孫徐延、徐襄。襄其資性善爲容，不能通經。延頗能，未善也！襄亦以容爲大夫，至廣陵内史。延及徐氏弟子公户滿意、桓生、單次皆爲禮官大夫。而瑕丘蕭奮以禮爲淮陽太守。然孝武以前，諸言禮爲容者由徐氏焉。

孝武帝時，嘗行禮射於未央宫之曲臺。博士東海后蒼近君説禮數萬言，爲記，號曰《后氏曲臺記》。后蒼者，嘗學《齊詩》於魯夏侯始昌，而禮學則傳之同郡孟卿。卿，蕭奮弟子也。後之言禮者由后蒼，而徐氏無傳者。蒼校書曲臺，著《曲臺后蒼》九篇，見《漢書·藝文志》；以授沛聞人通漢子方、慶普孝公，梁戴德延君、戴聖次君。通漢以太子舍人論石渠，至中山中尉。普爲東平大傅。德爲信都大傅，號曰大戴。而聖者，德之從兄子也，號小戴；以博士論石渠，撰集《石渠禮論》四卷，即《漢書·藝文志》著録《議奏三十八篇》也；並《羣儒疑義》十二卷，具見《隋書·經籍志》。既，出爲九江太守，行治多不法；前刺史以其大儒優容之；及蜀郡何武君公爲揚州刺史，行部，録囚徒，有所舉以屬郡。聖曰：“後進生何知，迺欲亂人治！”皆無所決。武使從事廉得其罪。聖懼，自免；後爲博士，毁武於朝廷。武聞之，終不揚其惡。而聖子賓客爲羣盜。得，爲武繫治；聖自以子必死。武平心決之，卒得不死，自是後，聖漸服。武每奏事至京師，聖未嘗不造門謝恩。於是傳者莫不多武長者而誚聖之經生薄行也！

① “容”原作“客”，今改正。

聖與戴德皆受《禮》后蒼，而《經》十七篇之次第，《記》百三十一篇之去取，二戴無一相同。蓋戴德傳《經》十七篇次第，以《冠禮》第一，《昏禮》第二，《相見》第三，《士喪》第四，《既夕》第五，《士虞》第六，《特牲》第七，《少牢①》第八，《有司徹》第九，《鄉飲酒》第十，《鄉射》第十一，《燕禮》第十二，《大射》第十三，《聘禮》第十四，《公食》第十五，《覲禮》第十六，《喪服》第十七。而戴聖亦以《冠禮》、《昏禮》、《相見禮》相次爲第一、第二、第三；其下則《鄉飲》第四，《鄉射》第五，《燕禮》第六，《大射》第七，《士虞》第八，《喪服》第九，《特牲》第十，《少牢》第十一，《有司徹》第十二，《士喪》第十三，《既夕》第十四，《聘禮》第十五，《公食》第十六，《覲禮》第十七。此經篇次第之不同也。戴德檢《記》百三十一篇，合《明堂陰陽記》三十三篇，《孔子三朝記》七篇，《王史氏記》二十一篇，《樂記》二十三篇，爲二百十四篇，取足以闡明經旨者，得八十五篇，謂之《大戴記》。而戴聖別刪定四十九篇，謂之《小戴記》。《小戴記》傳；而《大戴記》逸四十五篇，其存目自三十九篇始，無四十三、四十四、四十五、六十一四篇；有兩七十四；然各本不同，或兩七十三，或兩七十二。其逸文往往見引他書；如班固《白虎通》引《禮謚法》、《王度記》、《三正記》、《別名記》、《親屬記》、《五帝記》；《少牢饋食禮注》引《禘於太廟禮》疏云《大戴禮》文；《周禮》注引《王霸記》；蔡邕《明堂月令論》引《昭穆篇》；王充《論衡》引《瑞命篇》；應劭《風俗通》引《號謚記》；皆《大戴》逸篇也。亦有他書引《大戴》篇名與《小戴》同，而文絶異者，如《毛詩豳譜正義》引《大戴禮·文王世子》；《漢書·韋玄成傳》引《祭義》；《王式傳》稱《驪駒之歌》在《曲禮》；服虔注云："在《大戴禮》。"《白虎通·畊桑篇》引《祭義》、《曾子問》，《情性篇》引《閒傳》，《崩魂篇》引《檀弓》、《王制》；許慎《五經異義》引《大戴·禮器》；《明堂月令論》引《檀弓》。唐皮日休有《補大戴禮祭法》，其文往往爲《小戴記》所無。而《大戴記》存篇之與《小戴》同者，有《投壺》、《哀公問》兩篇篇名同；《曾子大孝篇》見《小戴·祭義》；《諸侯釁廟篇》見《小戴·雜記》；《朝事篇》自"聘禮"至"諸侯附焉"，見《小戴·聘義》；《本事篇》自"有恩有義"至"聖人因殺

① "牢"原作"宰"。

以制節”，見《小戴·喪服四制》；其它篇目尚多同者。蓋二戴於百三十一篇之記，各以意斷取成書，故異同參差乃爾。後《隋書·經籍志》乃以爲《小戴》四十六篇，删《大戴》之八十五篇者，妄也！由是《禮》有大戴、小戴、慶普之學。

普授魯夏侯敬，又傳族子咸，爲豫章太守。而大戴授琅邪徐良斿卿，爲博士、州牧、郡守，家世傳業。小戴授梁人橋仁季卿、楊榮子孫。仁爲大鴻臚，著《禮記章句》四十九篇，家世傳業，號曰橋君學。而榮爲琅邪太守。由是大戴有徐氏，小戴有橋、楊氏之學。

孝宣帝時，河内女子壞老屋，又得《逸禮古經》一篇，合河間王五十六篇爲五十七。於是始立大小戴、慶氏三家禮。然考所謂三家禮者，蓋三家受諸后蒼所傳經十七篇之禮，而《大小戴禮記》附《十七篇》不别出；《大小戴禮》非《大小戴禮記》，亦不以《逸禮古經》爲勝《十七篇》而立學官也。

及孝成帝時，光禄大夫劉向領校中《五經》祕書；向卒，王莽以大司馬柄國，薦向之子歆宗室，有材行，以光禄大夫貴幸，復領《五經》，卒父前業；乃以爲“禮古經者，出於魯淹中及孔氏，與《十七篇》文相似，多三十九篇；及《明堂陰陽》，王史氏記所見，多天子、諸侯、卿大夫之制，雖不能備，猶瘉蒼等推士禮而致於天子之説。”果若所言，則是《逸禮古經》之勝《十七篇》也。然《十七篇》古稱《士禮》；其實不皆士禮。純乎士禮者，惟《冠》、《昏》、《喪》、《相見》；若《祭禮》則《少牢饋食》、《有司徹》爲大夫禮；《鄉飲》、《鄉射》，士大夫所通行；《燕禮》、《大射》、《聘禮》、《公食大夫》爲諸侯禮；《覲禮》爲諸侯見天子禮；並非專爲士設；其通稱《士禮》者，蓋以《士冠》列首，遂並其下通稱爲士而不復分别耳。且士禮何爲不可推而致於天子也？“自天子以至於士、庶人，壹是皆以修身爲本。”孔子曰：“吾觀於鄉而知王道之易易也。”則是孔子推士禮而致於天子之説也。魯穆公之母卒，使人問於曾子曰：“如之何？”對曰：“申也聞諸申之父曰：‘哭泣之哀，齊斬之情，饘粥之食，自天子達。’”則是曾子推士禮而致於天子之説也。《記》不云乎！“禮也者，義之實也；協諸義而協，則禮雖先王未之有，可以義起也。”何不可推致之有！是故知父子之當親也，則爲禮醮祝字之文以達焉；其禮非士冠可賅也，而於士冠焉始之。知君臣之當義也，則爲堂廉拜稽之文以達焉；其禮非聘覲可賅也，而於聘覲焉始之。知夫婦之當别也，則爲筓次帨鞶之文以達焉；其禮非士昏可賅也，而於士昏焉始之。知長幼之當序也，則爲盥洗酬酢之文以達焉；其禮非鄉飲酒可賅也，而於鄉飲酒始之。知朋友之當信也，則爲雉腒奠授之文以達焉；其禮非士相見可賅也，而於士相見焉始之。《記》曰："禮儀三百。威儀三千。"其事蓋不僅父子、君臣、夫婦、長幼、朋友也；即其大者而推之，而百行舉不外是矣。其篇亦不僅《士冠》、《聘》、《覲》、《士昏》、《鄉飲酒》、《士相見》也；即其存者而推之，而五禮舉不外是矣。斯則后蒼推士禮而致於天子之説也；而劉歆非之，何也？歆既親近，欲建立《左氏春秋》及《毛詩》、《古文尚書》與《逸禮》皆列於學官。哀帝令歆與五經博士講論其義。諸博士或不肯置對；歆因移書太常博士責讓之，其言甚切；爲羣儒排棄。

會哀帝崩，王莽持政，莽少與歆俱爲黄門郎，重之，白起歆，累遷中壘校尉，典儒林史卜之官；徵天下通一藝，教授十一人以上，及有《逸禮》、古《書》、《毛詩》、《周官》、《爾雅》等篇文字，通知其意者，皆詣公車；至者前後千數；皆令記説庭中；將令正乖繆，壹異説。而歆尤以爲《周官經》六篇者；周公致太平之迹，迹具在斯；足以佐王莽，新政化者也；奏請立《周官經》以爲《周禮》，置博士。然歆以前，《周官經》之不以禮名者，蓋此書乃班朝、治軍、設官、分職之書；而非專爲禮設；正名之曰《周官經》，允符其實，奚以改爲！然自是《周官經》之名廢，而以《周禮》易之。一説："'禮，經邦國，定社稷，叙人民，利後嗣。'《左氏隱十一年春秋傳》故曰：'道德仁義，非禮不成。教訓正俗，非禮不備。分争辯訟，非禮不決。君臣、上下、父子、兄弟，非禮不定。宦學事師，非禮不親。班朝、治軍、蒞官、行法，非禮威嚴不行。禱祠、祭祀、供給、鬼神，非禮不誠不莊。'《禮記·曲禮》則禮者，典章之達稱；而非僅就揖讓周旋言之。'揖讓周旋，是儀也，非禮也。'《左氏昭二十五年春秋傳》然則《周官經》之題'禮'也亦宜。"而王莽盜漢，立法布令，必以《周禮》爲據焉。然《逸禮》卒不得立。

世祖中興，《禮》有大小戴博士，雖相傳不絶，然未有顯於儒林者。慶氏禮雖不得立；然撰集漢禮以制一代大典者，皆慶氏之徒也！初，魯國曹充持慶氏禮，以博士從世祖巡狩岱宗，定封禪禮；還，受詔議立七郊、三雍、大射、養老禮儀。顯宗即位，充上言："漢再受命，仍有封禪之事，而禮樂崩闕，不可爲後嗣法。五帝不相沿樂，三王不相襲禮。大漢當自制禮以示百世。”帝召對，善其議；拜侍中；然事卒不行。子褒，字叔通，少篤志，有大度，結髮傳充業，博雅疏通，尤好學禮。常憾朝廷制度未備，慕叔孫通爲漢禮儀，而欲纘父之志，晝夜研精，沈吟專思，寢則懷抱筆札，行則誦習文書，當其念至，忘所之適。初舉孝廉，再遷圉令，持德化，不立威刑；太守奏褒耎弱，罷官；徵拜博士。會肅宗欲制定禮樂。褒上疏請定文制，著成漢禮。章下太常，太常巢堪以爲①一世大典，非褒所定；不可許。帝知羣寮拘攣，難與圖始，朝廷禮憲，宜時刊立。褒復上疏具陳禮樂之本，制改之意。遂拜侍中，從駕南巡，以事下三公，未及奏。詔召玄武司馬班固，問改定禮制之宜，固曰：“京師諸儒，多能說禮，宜廣招集，共議得失。”帝曰：“諺言：‘作舍道邊，三年不成。’會禮之家，名爲聚訟；互生疑異，筆不得下。昔堯作《大章》，一夔足矣！”章和元年正月，乃召褒詣嘉德門；令小黃門持班固所上叔孫通《漢儀》十二篇，勑褒曰：“此制散略，多不合經。今宜依禮條正，使可施行；於南宮、東觀，盡心集作。”褒既受命，乃次序禮事，依準舊典，雜以《五經》讖之文，撰次天子至於庶人冠婚、吉凶、終始制度，以爲百五十篇，寫以二尺四寸簡；其年十二月，奏上。帝以衆論難一，故但納之，不復令有司平奏。會帝崩，和帝即位。褒乃爲作《章句》。帝遂以《新禮》二篇冠，擢褒監羽林左騎。後太尉張酺、尚書張敏等奏：“褒擅制漢禮，破亂聖術；宜加刑制。”帝雖寢其奏；而漢禮遂不行！然褒博物識古，父子禮宗。父充作《章句辨難》，而褒作《通義》十二篇、《演經雜論》百二十篇；又傳《禮記》四十九篇，教授諸生千餘人，慶氏學遂行於世。同時治慶氏學以爲博士者，又有犍爲董鈞字文伯。世祖時，舉孝廉，辟司徒府；博通古今，數言政事。顯宗即位，爲博士，時草創五郊祭祀及宗廟禮樂、威儀章服，輒令鈞參議，多見從用。當世稱爲通儒！累遷五官中郎將，常教授門生百餘人；亦慶氏禮之名家也！初，董鈞從大鴻臚王臨受慶氏禮。而扶風賈徽從劉歆受《周官》，自歆之立《周官》，遭王莽敗，兵革並起，疾疫喪荒，弟子死葬，徒有里人河南緱氏杜子春及徽尚在！徽子逵，字景伯，能傳父業；又受業於杜子春。顯宗之初，子春年且九十，家於南山；注《周官》，能通其讀，頗識其說；逵與河南鄭衆仲師往受學焉。衆父興，字少贛，亦

① “爲”原作“冠”，據《後漢書·張曹鄭列傳》改。

作《周禮解詁》。而衆、逵傳父師之學，洪雅博聞，又以經書記傳相證明爲解，逵解行於世；而鄭興父子之解不行。扶風馬融季長兼攬衆、逵二家，謂多遺闕；而衆解近得實；因自力補之，謂之《周官傳》，凡十二卷，見《隋書·經籍志》。自是《周禮》大行。

然任城何休邵公猶斥《周禮》爲六國陰謀之書。惟北海鄭玄康成括囊大典，徧覽羣經，從東郡張恭祖受《周官》、《禮記》，既因涿郡盧植子幹事馬融。融以《周官》傳授玄。而玄於諸家解詁，獨稱"二鄭者興、衆父子，同宗之大儒，明理於典籍，觕識皇祖大經《周官》之義，存古字，發疑，正讀，亦信多善；徒寡且約，用不顯傳於世!"乃因馬融之傳；而參取杜子春之注，鄭興、鄭衆、賈逵之解詁，網羅諸家，裁以己意，撰成《周官禮注》十二卷。而以《周官禮》傳寫古文，諸本違異；其注云"故書"者，謂初獻於祕府所藏之本也；其民間傳寫不同者，則爲今書。而正讀之例：有云"讀如"、"讀若"者，擬其音以求其似也。有云"讀爲"、"讀曰"者，就其音以易其字也。有云"當爲"者，糾其誤以正其字也。三例既定，而《周官禮》之大義乃可言矣！然《周官禮》古文學；而鄭玄本習今文《小戴禮》之十七篇，後以《禮古經》之五十六篇校之，取其義長者；或從今文，則注云"古文某爲某"；如《士冠禮》"闑①西閾外"句，注"古文闑爲槷，閾爲蹷"，是也。或從古文，則注云"今文某爲某"；如《士冠禮》醴辭"孝友時格"句，注"今文格爲嘏"，是也。又有爲今文所無而爲古文所有者；《士相見禮》"某將走見"，注"今文無走"；"凡執幣者不趨容"，注"今文無容"；鄭不用今而用古者，以其足於文義也。又有今古並存而復及他説者；《士冠禮》"章甫，殷道也"，注"甫或爲父，今文爲斧"；《鄉飲酒禮》"遵者降席"，注"今文'遵爲僎，或爲全②'"，是也。又有存古今文而即指其意之所在者；《士相見禮》"某不敢爲儀，固請"，注"今文不爲非，古文固以請也"；《聘禮》"上介奉幣先入門左"，注"古文重入"，是也。凡此之類，蓋漢人校讎之通例；而鄭玄遵以注校《十七篇》焉。又以《小戴十七篇》次第，尊卑、吉凶雜亂，舍之不從，而依劉向《别録》，以吉凶、人神爲次；蓋據《記》云："吉凶異道，不得相干。"荀子

① "闑"原作"闃"。
② "全"原作"金"，據《儀禮注疏》改。

云：“吉事尚尊，喪事尚親。”遂以《冠》、《昏》、《相見》、《鄉飲》、《鄉射》、《燕》、《大射》、《聘》、《公食大夫》、《覲禮》十篇爲吉禮，居先；而《喪》、《祭》七篇爲凶禮，居後焉；故名鄭氏學，凡十七卷，蓋一篇爲一卷也。其注之發凡者數十事；如《士冠禮》注云：“凡奠爵，將舉者於右，不舉者於左。”“凡醴事①，質者用糟，文者用清②。”“凡薦，出自東房。”“凡牲，皆用左胖。”其餘諸篇注，皆有發凡之事；此尤有功於學者，蓋讀禮者非籀繹有明，無以通其指也。玄又注小戴所傳《禮記》四十九篇，通《儀禮》、《周官》爲三禮，而撰《三禮目録》一卷、《三禮圖》九卷，其中三卷則陳留阮諶士信，受學於綦母君，取其説爲圖者也。於是《周官》之分經別出者，與禮合爲一途；而《禮記》之附經不别出者，與經歧爲二軌。漢以《經》十七篇立學；《曲臺后蒼》九篇以後，並無解義；杜、賈、二鄭止解《周官》；馬融解《周禮》；而《十七篇》止撰《喪服經傳注》一卷；獨鄭玄徧注《三禮》，《周禮》多引杜子春、鄭大夫、鄭司農，前有所承，尚易爲力；而《經十七篇》與《小戴禮記》四十九篇，未經人注解，前無所承，比注《周禮》爲更難；而鄭玄觀其會通，獨博學而詳説之！然鄭玄《三禮》之學，其宏通在此！其雜糅亦在此！夫《經十七篇》，禮家之今文學也。《周官》六篇，禮家之古文學也。《小戴禮記》四十九篇，非一手所成；或同今文，或同古文；《王制》多同《公羊》、《穀梁》，《冠義》、《昏義》、《鄉飲酒義》、《射義》、《燕義》、《聘義》、《朝義》、《喪服四制》、《問喪》、《祭儀》、《祭統》諸篇，皆《經》十七篇之傳，爲今文説；而《玉藻》爲古《周禮》説，《曲禮》、《檀弓》、《雜記》爲古《春秋左氏》説，《祭法》爲古《國語》説，皆古文説，則今古學糅者也。而《王制》爲今學禮宗，比之《周禮》爲古文所宗云！然漢儒説《禮》，别今古文最嚴。何休解《公羊傳》，據《逸禮》而不據《周官》；以《逸禮》雖屬古文，不若《周官》之顯然立異也。杜、賈、二鄭解《周官》，皆不引博士説，以博士祇立今文也。鄭衆注《大司徒》五等封地，皆即本經立説，不牽涉《王制》。獨鄭玄和同今古文兩家説，疏通證明，以爲周禮、夏殷禮之分；而於不能合者，或且改易文字，展轉求通；專門家法，至此變矣！若乃好引緯書，好改經字，宋儒所譏，

① “事”原作“士”，據《儀禮注疏》改。

② “清”原作“濟”，據《儀禮注疏》改。

固不足爲漢儒病也！惟鄭玄或據《周官》以疑《王制》，未嘗引《王制》以駁《周官》；然則玄之議禮，殆以古文説爲主者乎？

涿郡盧植少與鄭玄俱事馬融，撰《三禮解詁》。會靈帝以蔡邕言立太學石經，正《五經》文字。植乃上書曰："臣少從通儒故南郡太守馬融受古學，頗知今之《禮記》，特多回冗。臣前以《周禮》諸經，發起粃謬，敢率愚淺，爲之解詁；而家乏，無力供繕寫上。願得將能書生二人，共詣東觀，就官財糧，專心研精，合《尚書》章句，考《禮記》失得，庶裁定聖典，刊正碑文。"蓋蔡邕碑今文；而盧植學古文也。然植能通古今學，好研精而不守章句，明著《後漢書》本傳。意者植之所學，當亦今古糅雜，與鄭玄同道者也？惟玄《注》行世，而植《解》不行，獨《禮記注》十卷，見《隋書·經籍志》。然植之注《禮記》，有與鄭玄不同者；如鄭玄以《王制》爲夏、殷雜，而植以爲漢法等，是也。自是鄭玄之學行而大小戴漸廢！夫綜會今古文，遍注《三禮》，使家法不分明，始於鄭玄；而繼以魏太常東海王肅子雍，兼併諸家，參合同異，成《周官禮注》十二卷，《禮注》十七卷，《禮記注》三十卷，見《隋書·經籍志》，雖佚不傳，而每有見引他書者。惟肅善賈、馬之學而不好鄭玄，議禮必與相反。然鄭玄擇善而從，立説皆有所據。如説廟制以爲天子五廟，周合文、武二祧爲七，本《喪服小記》"王者立四廟"，《禮緯稽命徵》"唐、虞五廟，夏四廟，至子孫五，殷五廟，至子孫六，周尊后稷、文、武則七"；而肅乃數高祖之父，高祖之祖，與文武而九；不知古無天子九廟之説；而肅説二祧，亦與祭法不合也。鄭玄説："圜丘是禘嚳配天"，圜丘本《周官》，周人禘嚳本《國語》、《祭法》，而肅乃謂郊丘，引董仲舒、劉向爲據，不知董、劉皆未見《周官》，不知有圜丘，但言郊而不言禘；不足以難鄭玄也。玄説"三年祫，五年禘，祫①大禘小"，本於《春秋公羊經》書"有事爲禘，各於其廟，大事爲祫，羣廟主悉升於太祖"，而肅引《禘於太廟》、《逸禮》"昭尸穆尸，皆升合於太祖"；不知鄭玄以《公羊傳》爲正，《逸禮》不可用也。鄭玄説五帝爲五天帝，本《周官·司服》"祀昊天上帝，則服大裘而冕；祀五帝亦如之"；五帝配南郊，祭用夏正月，故服大裘；若五人帝，則迎夏迎秋，不得服裘；又先鄭注《掌次》云："五帝，五色之

① "祫"原誤作"袷"，今改正。

帝”，是鄭玄義本先鄭；而肅以爲五人帝分主五行；然則大皞、炎、黄之先，無司五行者乎？此與肅駁鄭玄義，以爲社稷專祀句龍、后稷，不祀土穀之神者，同一武斷也。考王肅所據之書，鄭玄豈有不見而不用者？當時去取必自有説；而肅乃取鄭玄所不用者，轉以難玄。玄據今文，則以古文駁之；如據《逸禮》以駁《公羊》，是也。玄據古文，則以今文駁之；如據董、劉以駁《周官》，是也。不知漢儒禮家聚訟，今古文説不同；鄭玄折衷其義，始亂家法；儻王肅有意攻玄，當返求之家法，分别今古，斯或可以制勝。乃肅之不别今古，任意牽合，殆尤甚於鄭玄；如《王制》廟制今説，《祭法》廟制古説，此萬不能合者；而肅僞撰《孔子家語》、《孔叢子》所言廟制，合二書爲一説。鄭玄以爲《祭法》周禮，《王制》夏、殷禮，尚有端緒可尋；至肅乃盡抉其藩籬，蕩然無復門户，使學者愈以迷亂，不復能知古禮之異；而《家語》、《孔叢》舉禮家聚訟莫決者，壹托於孔子之言以爲論定。不知禮家所以聚訟，正以去聖久遠，無明文可據；是以石渠虎觀，至煩天子稱制臨決。若孔子之言如此彰灼，羣言淆亂衷諸聖，尚何庸齗齗争辯乎？古人作注，發明大義而已。肅注《家語》，如五帝、七廟、郊丘之類，處處牽引攻鄭之語，殊乖注書之體，而自發其作僞之覆！肅又作《聖證論》六十八事以譏短鄭玄；今約存者三十事，禮之大者，即五帝、七廟、郊丘、禘祫、社稷之屬，其餘或文句小異，不關大義。然肅之所謂聖證者，即取證於《家語》、《孔叢》；徒以鄭玄名高，非托於聖言，不足以奪其席；然而後之學者，卒目《家語》爲肅之僞作，斯可謂心勞日拙者矣！

樂安孫炎叔然受學鄭玄之門；乃駁釋《聖證論》以難王肅，而著有《禮記音義隱》七卷、《禮記注》三十卷。同時有鄭小同者，玄之孫也，亦撰《禮義》四卷，具見《隋書·經籍志》，而皆不傳！意必有所以申玄指而難王肅者。

惟古禮最重喪服；《經》十七篇，獨《喪服》子夏有傳；故喪服又别爲禮家專門之學。大戴有《喪服變除》一卷，見《唐書·藝文志》。小戴《禮記》四十九篇，有《曾子問》、《喪服小記》、《雜記上下》、《喪大記》、《喪服大記》、《奔喪》、《問喪》、《服問》、《間傳》、《三年問》、《喪服四制》十一篇，皆屬《喪服》；《檀弓》亦多言喪禮。《經》十七篇，馬融獨於《喪服經傳》有注；而鄭玄、王肅亦别出《喪服經傳注》各一卷，見《隋書·經籍志》。《志》

又著蜀丞相蔣琬撰《喪服要記》一卷，吴齊王傅射慈撰《喪服變除圖》五卷，斯足與魏之王肅、孫炎、鄭小同輩，駢稱三國之禮家者焉！

晉武帝，王肅外孫；郊廟典禮皆從肅説。而鄭氏學幾廢！迨元帝渡江，太常荀崧請置鄭《儀禮》博士，即十七篇之鄭氏學也。《儀禮》之名始此；漢以前無之也。

爰從晉、宋，逮於陳氏，傳禮業者，《小戴禮記》尤盛，《周禮》次之；而《儀禮》獨盛《喪服》。其著録《隋書·經籍志》者：晉有給事中袁準撰《喪服經傳注》一卷；廬陵太守孔倫《集注喪服經傳》一卷；陳銓撰《喪服經傳注》一卷；征南將軍杜預撰《喪服要集》二卷；侍中劉逵撰《喪服要集》二卷；大保衛瓘撰《喪服儀》一卷；司空賀循撰《喪服要》六卷、《喪服要記》十卷、《喪服譜》一卷；劉德明撰《喪服要問》六卷；太學博士環濟撰《喪服要略》一卷；徐氏撰《喪服制要》一卷；開府儀同三司蔡謨撰《喪服譜》一卷；散騎常侍葛洪撰《喪服變除》一卷。宋有大中大夫裴松之《集注喪服經傳》二卷，通直郎雷次宗《略注喪服經傳》一卷；丞相諮議參軍蔡超宗《集注喪服經傳》一卷；徵士劉道拔撰《喪服經傳注》一卷；員外郎散騎庾蔚之撰《喪服》三十一卷，賀循《喪服要記注》十卷、《喪服世要》一卷；張耀撰《喪服要問》二卷；崔凱撰《喪服難問》六卷；伊氏撰《喪服雜記》二十卷；孔智撰《喪服釋疑》二十卷；撫軍司馬費沈撰《喪服集議》十卷。齊有東平太守田僧紹《集解喪服經傳》二卷；散騎郎司馬巘撰《喪服經傳義疏》五卷；給事中樓幼瑜撰《喪服經傳義疏》二卷；步兵校尉劉瓛撰《喪服經傳義疏》一卷；徵士沈麟士撰《喪服經傳義疏》一卷；太尉王儉撰《喪服古今集記》三卷、《喪服圖》一卷；光禄大夫王逸撰《喪服世行要記》十卷；袁祈撰《喪服答要難》一卷；王氏撰《喪服記》十卷；嚴氏撰《喪服五要》一卷；卜氏撰《駁喪服經傳》一卷；樊氏撰《喪服疑問》一卷；賀遊撰《喪服圖》一卷；崔逸撰《喪服圖》一卷。梁有步兵校尉五經博士賀瑒撰《喪服義疏》二卷；尚書左丞何佟之撰《喪服經傳義疏》一卷；通直郎裴子野撰《喪服傳》一卷；國子助教皇侃撰《喪服文句義疏》十卷、《喪服問答目》十三卷。陳有國子祭酒謝嶠撰《喪服義》十卷；大將軍袁憲撰《喪服假寧制》三卷、《喪禮五服》七卷；王隆伯撰《論喪服決》一卷。凡二百十九卷，皆明《喪服》者也。

《周禮》則有晉之樂安王師伊說《周官禮注》十二卷，散騎常侍干寶注《周官禮》十二卷，燕王師王懋約《周官寧朔新書》八卷，司空長史陳邵《周官禮異同評》十二卷，散騎常侍虞喜撰集孫琦問、干寶駁《周官駁難》三卷，孫略《周官禮駁難》四卷；梁之桂州刺史崔靈恩《集注周官禮》二十卷，五經博士沈重《周官禮義疏》四十卷。凡百有七卷，視十七篇之《喪服》殺矣！

《禮記》則有晉之燕王師王懋約《禮記寧朔新書》八卷，開府儀同三司蔡謨、安北諮議參軍曹躭、國子助教尹毅、李軌、員外郎范宣《禮記音》各二卷，驍騎將軍徐邈《禮記音》三卷，劉昌宗《禮記音》五卷；宋之奉朝請業遵《禮記注》二十卷；中散大夫徐爰《禮記音》二卷；豫章郡丞雷肅之《禮記義疏》三卷；散騎常侍戴顒《禮記中庸傳》二卷；齊之給事中樓幼瑜《禮記摭遺别記》一卷；梁武帝之撰《禮記大義》十卷，《中庸講疏》一卷；步兵校尉五經博士賀瑒之《禮記新義疏》二十卷；國子助教皇侃之《禮記義疏》九十九卷、《禮記講疏》四十八卷；五經博士沈重之《禮記義疏》四十卷；祕書學士褚暉之《禮記文外大義》二卷；何氏之《禮記義》十卷；庾氏之《禮記略解》十卷；創雋之《禮記評》十一卷。凡二百九十七卷，而姓名失考者尚略不著；於"三禮"之中，尤爲夥頤沈沈者也。

梁桂州刺史崔靈恩撰《三禮義宗》三十卷，徵士陶宏景撰《三禮目録注》一卷，祕書學士褚暉撰《三禮疏》一百卷，斯又囊括大典而觀其會通者。論者徒以爲南朝好清談；士習祖尚玄虚；而孰知殫心禮學，若是之精詳哉！斯所以期功去官，猶遵古禮；除服宴客，輒罣彈章也！

北朝自魏末大儒華陰徐遵明子判門下講鄭玄"三禮"，傳業於渤海李鉉寶鼎、中山馮偉偉節、紀顯敬、吕黄龍、夏懷敬、祖儁、田元鳳。而鉉撰有《三禮義疏》；傳業饒安刁柔子璟，河間邢峙士峻，渤海劉晝、孔昭，長樂熊安生植之，平原張買奴，渤海鮑季詳；獨安生最爲顯學。安生初從房糾受《周禮》；後乃事鉉，遂博通五經，然專以三禮教授；弟子自遠方至者千餘人；乃討論圖緯，捃摭異聞，先儒所未悟者皆發明之；撰《周禮義疏》二十卷、《禮記義疏》三十卷。其後生能通禮經者，多是安生門人；諸生盡通《小戴禮記》，於《周禮》、《儀禮》兼通者十二三；而傳《大戴禮記》而爲之解詁者，僅周太學博士盧辨一家而已！《儀禮》章疏則有二家。信都黄慶，齊之盛德。

李孟悊者，稱隋碩儒焉。

自王肅與鄭玄立異；久而論定；六朝南北學“三禮”，壹宗鄭氏；而爲義疏者，儻以《小戴禮》而論，奚啻數百家！然唐有天下，國子祭酒孔穎達奉詔撰定《禮記正義》六十三卷，序稱：“南學惟見皇侃，北學惟見熊安生，而皇侃爲勝，據以爲本；其有不備，則以熊氏補焉。惟熊則違背本經，多引外義，猶之楚而北行，馬雖疾而去愈遠；又欲釋經文，惟聚難義，猶治絲而棼之，手雖繁而絲益亂也。皇氏雖章句詳正，微稍繁廣；又既遵鄭氏，乃時乖鄭義，此是木落不歸其本，狐死不首其邱。此皆二家之弊，未爲得也！”自以爲後來居上；雖立説務伸鄭《注》，不免附會；然采摭舊文，詞富理博；有因《記》一二語而作疏至數千言者，如《王制》“制三公一命”云云，疏四千餘字；“比年一小聘”云云，疏二千餘字；《月令》、《郊特牲》篇題，疏皆三千餘字；其餘一千餘字者尤多；元元本本，貫通羣經，譬諸依山鑄銅，煑海爲鹽；説禮之家，有鑽研莫盡者焉！然穎達之於《鄭禮》，僅疏《記注》。

高宗之世，太學博士賈公彦據晉陳邵《周官禮異同評》、梁沈重《周官禮義疏》，撰定《周禮注疏》四十二卷，雖頗引緯書，與鄭同譏；然疏不破注，義例則然；而發揮《鄭學》，信稱博而能核者焉！然《周禮疏》者，尚有多門；擇善而從，藉手爲易。而《儀禮》章疏，祇齊黄慶、隋李孟悊二家而已！然賈公彦撰定《儀禮注疏》十七卷，序稱：“慶則舉大略小，經注疏漏，猶登山遠望而近不知。悊則舉小略大，經注稍周，似入室近觀而遠不察。二家之疏，互有修短。今以先儒失路，後宜易塗；故悉鄙情，聊裁此疏。”是創制起例，闡揚鄭指，尤有倍難於《周禮》者焉！夫《三禮》以鄭玄爲宗。而《儀禮》尤以鄭玄爲絶學。注文古奥，得疏乃明；抉發塗徑，首在發凡。有鄭注發凡而公彦疏辨同異者；有鄭注不云“凡”，而與發凡無異，由疏申明爲凡例者。有鄭注不發凡而疏發凡者；有經是變例，鄭注發凡而疏申明之者。有經是變例，注不發凡而疏發凡者；有疏不云“凡”而無異發凡者；注精而簡，疏詳而密，分析常變，究其因由。千餘年來，議禮者奉爲依歸。後來著述，皆此書之支流而已！

初太宗之世，諫議大夫檢校侍中曲城魏徵玄成以《小戴禮記》綜彙不倫，更作《類禮》二十篇，采諸儒訓注，數年而成。太宗美其書，詔曰：“以類相從，别爲篇第，並更注解，文義粲然。”録置内府。迄玄宗時，魏光乘請用魏徵《類禮》列於經。帝命左散騎常侍元行沖與諸儒集義作疏，將立之學；乃引國子博士范行恭、四門助教施敬本采獲刊綴，爲五十篇，上于官。使此書得行，則是唐代之於《禮記》，獨出魏注之《類禮元疏》一本，剏前古之未有！將鄭注之《戴記孔疏》，不得擅美千古矣！於是右丞相張説建言：“戴聖所録，向已千載，與經並立，不可罷。魏孫炎始因舊書，摘類相比，有如抄掇。諸儒共非之！至徵更加整次，乃爲訓注，恐不可用。”帝然之。自是元疏之魏注《類禮》不出，而孔疏之鄭注《戴記》行。顧元行沖終以爲鄭注《戴記》，不如魏注《類禮》；著論自辨，名曰《釋疑》，大指謂“《小戴禮》行於漢末，馬融爲傳，盧植合四十九篇爲之解，世所不傳。鈎黨獄起，康成於竄伏之中，理紛拏之典，雖存探究①，咨謀靡所；具《鄭志》者百有餘科，章句之徒，曾不是省。王肅因之，或多攻詆。而鄭學有孫炎，雖扶鄭義，條例支分，箴石間起，增革百篇。魏氏病羣言之冗脞，采衆説之精簡，刊正芟礱，書畢以聞。太宗嘉賞，録賜儲貳。陛下纂業，宜所循襲，乃制諸儒，甄分舊義。豈悟章句之士，堅持昔言，擯厭不伸，疑於知新，果於仍故！然物極則變，比及百年，當有明哲君子，恨不與吾同世者！”今孫炎《禮記注》三十卷不傳，而證以張説、元行沖之言，則是孫《注》條例支分，已以類比；而魏注《類禮》，特整次孫《注》而刊其冗脞爾！然孔穎達《禮記正義》每篇引鄭玄《目録》云：“此於《别録》屬某某。”如《曲禮》、《王制》、《禮器》、《少儀》、《深衣》屬制度。《檀弓》、《禮運》、《玉藻》、《大傳》、《學記》、《經解》、《哀公問》、《仲尼燕居》、《孔子閒居》、《坊記》、《中庸》、《表記》、《緇衣》、《儒行》、《大學》屬通論。《月令》、《明堂位》屬明堂陰陽。《曾子問》、《喪服小記》、《雜記》、《喪服大記》、《奔喪》、《問喪》、《服問》、《間傳》、《三年問》、《喪服四制》屬喪服。《文王世子》屬世子法。《内則》屬子法。《郊特牲》、《祭法》、《祭義》、《祭統》屬祭祀，《樂記》屬樂。《投壺》、《冠義》、《昏義》、《鄉飲酒義》、《燕義》、《聘義》屬吉事。《别録》者，劉向書也。則是《禮記》之分類，固不始於孫炎、魏徵矣！何張説獨議魏徵哉！然魏徵《類禮》卒以張説之言不行。論者謂《戴記》② 不廢，張

① “究”“原作“空”，據《新唐書》改。

② 《戴記》，原作“載記”，今改正。

説固有存古之功。而《類禮》不行，説亦不無泥古之失焉！迨唐中葉，昌黎韓愈退之，一代文雄；然讀《儀禮》而苦其難，於是掇其大要，奇辭奧旨著於篇，俾學者可觀焉。既，唐氏失祚，降爲五代，周世宗詔國子司業聶崇義參定郊廟祭玉，因取《三禮舊圖》凡六本，重加考訂，成《三禮圖集注》二十卷；題曰“集注”，蓋兼采六圖，不主一家也。宋初上於朝，太祖覽而嘉之，遂詔國學圖於先聖殿北軒之屋壁焉。考禮圖始於漢鄭玄、阮諶，《隋書·經籍志》列鄭玄及後漢侍中阮諶等撰《三禮圖》九卷，是也。其後可考見者：《唐書·藝文志》有夏侯伏朗《三禮圖》十二卷、張鎰《三禮圖》九卷。《崇文總目》有梁正《三禮圖》九卷。《宋史》載吏部尚書張昭等奏云：“《四部書目》内有《三禮圖》十二卷，是開皇中敕禮部修撰，其圖第一、第二題云‘梁氏’；第十後題云‘鄭氏’。今書府有《三禮圖》，亦題梁氏、鄭氏。”四家與鄭、阮《圖》併不傳。意聶崇義所據《三禮舊圖》六本者，蓋鄭玄一，阮諶二，夏侯伏朗三，張鎰四，梁正五，開皇敕撰六也。然勘驗崇義書之宫室、車服等圖，與鄭《注》多相違異。歐陽修《集古録》譏其簋圖與劉原父所得真古簋不同。朱子亦譏其醜怪不經非古制。是宋代諸儒，亦不以所圖爲然。然其書蒐采諸家，具有來歷；當不盡出杜撰也。梁正題阮諶《圖》，譏其不案禮文；而引漢事，與鄭君之文違錯，正不必以違異鄭《注》，獨譏聶崇義此圖矣！

自唐之孔穎達、賈公彦疏章鄭《注》以成《三禮正義》，而禮學久定壹宗！顧宋儒好創新解，故相違異；而始作之俑者，當推臨川王安石介甫。賈公彦以前，説《周禮》者明典制。王安石而後，説《周禮》者闡義理。神宗時，詔置經義局，撰《書》、《詩》、《周禮》三經義，皆本王安石説，惟《書》、《詩》皆出其子雱元澤及諸門弟子手，獨《新經周禮義》二十二卷，出安石自爲；雖訓詁多病穿鑿，然依經詮義，如所解八則之治都鄙，八統之馭萬民，九兩之繫邦國者，皆具有發明。後來儒者或訾安石以周禮壞宋，而於是書終不廢采用也！《新經》既行，誦習者夥；然而闡明其説，著書傳後者：厪見福州陳祥道用之之《禮書》一百五十卷，及王昭禹之《周禮詳解》四十卷二家而已。祥道之書，貫通經傳，論辨精博，縷析條分；間以繪圖；唐代諸儒之論，並世聶崇義之圖，或正其失，或補其闕；惟掊擊鄭《注》，或來訾議。然祥道本王安石之徒。安石説經，既創造新義，務異先儒。然則祥道之排斥舊説，故是師法然爾！何有於鄭《注》哉！至王昭禹未詳何人，而撰《周禮詳解》，訓詁皆用王安石；儻亦安石之徒？然其闡明經義，推究得失，則有不盡同於安石之學，而足訂注疏所未逮者。既長樂楊時中立撰《周禮辨疑》一卷，則攻安石之《周禮新經義》者也。南渡後，臨川俞廷椿壽翁撰《周禮復古編》一卷，大指謂"五官所屬，皆六十，不得有羨"。其羨者皆取以補《冬官》；鑿空臆斷，殊嫌無據。然自是説《周官禮》者遂有冬官不亡之一派；斯可特筆也！

初，神宗相王安石，尊《周官禮》；而《儀禮》罷廢，學者不復誦習。迄南渡，孝宗之世，兩浙轉運判官直祕閣曾逮始刊《儀禮鄭氏注》十七卷，陸德明《釋文》一卷，冠以《目録》一卷，載《大小戴》劉向篇第異同；而永嘉張淳忠甫實爲之校定，撰《儀禮識誤》三卷；其所引據，有周廣順三年及顯德六年刊行之《監本》，有汴京之巾箱本，有杭之細字本，嚴之重刊巾箱本，參以陸德明《釋文》、賈公彦《疏》，覈訂異同，最爲詳審。惟株守《釋文》，往往以習俗相沿之字，轉改六書正體；此實不能無蔽！然是書存，而古經漢注之譌文脱句，藉以考識；舊槧諸本之不傳於今，亦藉以得見崖略；其有功於《儀禮》，誠非淺鮮也！自是《儀禮》之學漸盛！而廬陵李如圭寶之撰《儀禮集釋》三十卷，壹宗鄭《注》，而旁徵博引以爲之釋，出入經傳，多發賈公彦《疏》所未備；而别出《綱目》一卷以明章句之旨；又爲《釋宫》一卷以考宫室之制；而《釋宫》之作，尤爲禮家之所不可缺！何者？蓋古者宫室皆有定制；歷代屢更，漸非其舊；如序、楹、楣、阿、箱、夾、牖、户、當榮、當碑之屬，讀《儀禮》者倘不能備知其處，則於陳設之地，進退之位，俱不能知，甚或以後世之規模，臆測先王之度數。而如圭是書，仿《爾雅·釋宫》，條分臚序，各引經記注疏，參考證明；如據《顧命》東西序、東西夾、東西房之文，證寢廟之制，異於明堂；而不用孔《疏》引鄭《志》成王崩在鎬京，宫室因文武不改作，故制同諸侯之説。又如大夫士東房西室之説，雖仍舊注；而據《聘禮》"賓館於大夫士"，證其亦有右房；據《鄉飲酒》及《少牢饋食》證大夫士亦有左房、東房之稱；與天子諸侯言左對右、言東對西者同。其辨析詳明，深得經意，發先儒之所未發，大率類此！信可爲治《儀禮》者之圭臬也！朱子嘗與如圭校定禮書，而謂"《儀禮》者，禮之根本。《禮記》本秦、漢諸儒解釋《儀禮》之書，須與《儀禮》參通，修作一書”。因撰《儀禮經傳通解》三十七卷，凡《家禮》五卷，《鄉禮》三卷，《學禮》十一卷，《邦國禮》四卷，共二十三卷，爲四十二篇，中闕《書數》一篇；《大射》至《諸侯相朝》八篇，尚未脱稾；其卷二十四至卷三十七，凡十八篇，則仍前草創之本，是爲《王朝禮》，中闕《卜筮》一篇；目録《踐阼》第三十一以後序説並闕；蓋未成之本也。其書以《儀禮》爲主，而取《大小戴禮記》及他書傳所載繫於禮者附入之。惟所載《儀禮》諸篇，咸非舊次，亦頗有所釐析，或者不免割裂古經之譏。然自王安石廢罷《儀禮》，獨存《禮記》，朱子糾其棄經任傳，遺本宗末，於是解記附經，撰成是書；《答應仁仲書》曰："前賢常患《儀禮》難讀。以今觀之，只是經不分章，記不隨經，而注、疏各爲一書，故使讀者不能遽曉；今定此本，盡去諸①弊；恨不得令韓文公見之也!"觀其分章表目，開卷瞭然，儻亦考禮者所不廢乎？惟喪、祭二禮，未及倫次，則以屬其女夫長樂黄幹直卿；幹草創就質；喜曰："君所立喪祭禮規模甚善。"則是朱子之與幹者深也！然幹僅成《喪禮》十五卷；其《祭禮》則未及訂定而卒！福州楊復信齋者，亦朱子門人；而幹之修《祭禮》也，嘗邀復參訂焉；遂據稾本，參以所聞，續成其書，凡十四卷，併幹成《喪禮》爲《續儀禮經傳通解》二十九卷，今自卷十六至卷二十九，皆復所修也。雖續解不出朱子，而端緒相因，規模不異，古禮之梗概節目，亦大略具是矣！初，建德趙彦肅子欽作《特牲、少牢、二禮圖》，質於朱子。朱子曰："更得《冠昏圖》及《堂室制度》並考之，乃佳!"於是楊復原本師意，録十七篇經文，節取舊説，疏通其意，各詳其儀節陳設之方位，繫之於圖，凡二百有五，曰《儀禮圖》。又分《宫廟門》、《冕弁門》、《牲鼎禮器門》，爲圖二十有五，名《儀禮旁通圖》，附於後，其於是經，可謂用心勤摯矣！惟是讀《儀禮》者，必明於古人宫室之制，然後所陳所位，揖讓進退，不失其方；故李如圭《儀禮集釋》、朱子《儀禮經傳通解》，皆特出《釋宫》一篇以總挈大綱，使衆目皆有所麗。而復是書，獨廢此一門，但隨事立圖，或縱或横，既無定向；或左或右，僅列一隅；遂似滿屋散錢；紛無條貫！其見於《宫廟門》者，僅止七圖；而遠近廣狹，亦未分明！然其餘諸圖，尚皆依經繪象，約舉大端；而於議禮考文尚不無裨補！此南宋

① "諸"原作"詣"，兹據馬端臨《文獻通考·經籍考》改正。

諸儒之治《儀禮》者也。

考南宋諸儒之治《禮記》者，莫善於吴郡衛湜正叔，撰《禮記集説》一百五十卷；自序言“日編月削，幾二十餘載”。故采摭羣言，最爲賅博，去取亦最爲精審。其後序云：“他人著書，惟恐不出於已。予之此編，惟恐不出於人。後有達者，毋襲此編所已言，没前人之善也！”則甚矣其用心之厚，可特表而出之者也！自鄭《注》而下，所取凡一百四十家。其他書之涉於《禮記》者，所采録不在此數也。今自鄭《注》、孔《疏》而外，原書無一存者，可謂《禮記》注家之蒐采極博者也！時樂清王與之次點撰《周禮訂義》八十卷，采舊説五十一家，亦稱極博！然唐以前，僅杜子春、鄭興、鄭衆、鄭玄、崔靈恩、賈公彦等六家；其自劉敞以下四十五家，則皆宋人，凡文集語録，無不搜采；蓋以當代諸儒爲主，古義特附存而已。冠以浦城真德秀西山序稱：“鄭、賈諸儒，析名物，辨制度，不爲無功，而聖人微旨，終莫之睹！惟洛之程氏，關中之張氏，獨得聖經精微之藴！永嘉王君，其學本於程、張。”蓋以義理爲本，典制爲末，故所取宋人獨多矣！其注《考工記》，據《古文尚書》周官司空之職，謂《冬官》未嘗亡，則襲俞廷椿之説。惟是四十五家之書，十佚八九；僅藉與之是編以傳；雖貴近賤遠，不及衛湜《禮記集説》之多存古義；而蒐羅宏富，要亦湜之亞矣！此宋儒《禮注》之宏博者也。若乃根據《注疏》，義取簡約；厥有臨邛魏了翁鶴山之《儀禮要義》五十卷，贛州朱申繼顯之《周禮句解》十二卷。了翁之書，爲《九經要義》之一；於每篇各爲條目，而節取《注疏》，録於下方，與《周易尚書要義》略同，蓋其著書本例如是也。夫《儀禮》於諸經爲難讀；而鄭《注》古奥不易通；賈《疏》文繁句複，雖詳贍而傷蕪蔓，端緒不明。今了翁删繁取要，分臚綱目，條理秩然，使品節度數之辨，不復以辭義轇轕爲病，斯足爲初學之津梁也！申之句解，大略逐句詮釋，裁約《注疏》而申以已見；其間有力主《注疏》而曲爲引證者；然亦有與《注疏》異者；至於《注疏》之疑不能決者，則從多聞闕疑之例；誠慎之也！然寧鄉易祓彦章撰《周官總義》三十卷，則直研索經文，斷以已意，與《注疏》不嫌異同；雖持論互有短長，要皆以經釋經，不爲鑿空；而於《職方氏》之地理山川，考證尤詳；斯又詞必已出，不蹈前人者也！

南宋入元而禮家胥出南人，蓋仍宋學也。最著者崇仁吴澄草廬，掇拾逸經以補《儀禮》之遺，撰《儀禮逸經傳》二卷，凡經八篇：曰《投壺禮》，曰《奔喪禮》，取之《禮記》。曰《公冠禮》，曰《諸侯遷廟禮》，曰《諸侯釁廟禮》，取之《大戴禮記》，而以《小戴禮記》相參定。曰《中霤禮》，曰《禘於太廟禮》，曰《王居明堂禮》，取之鄭康成《三禮注》所引《逸禮》。編次先後，皆依行禮之節次，不盡從其原文；蓋仿朱子《儀禮經傳通解》之例。其引《二戴記》，著所出，鄭《注》不著所出。惟《鄭注三禮》曾引之《天子巡狩禮》、《烝嘗禮》、《軍禮》、《朝貢禮》、《逸奔喪禮》，皆未見采；而《中霤禮》、《禘於太廟禮》、《王居明堂禮》之見引鄭《注》，未采澄書者亦不少。至《傳》十篇，則皆取之《二戴記》；曰《冠儀》，曰《昏儀》，曰《士相見儀》，曰《鄉飲酒儀》，曰《鄉射儀》，曰《燕儀》，曰《大射儀》，曰《聘儀》，曰《公食大夫儀》，曰《朝事儀》；其《鄉射儀》、《大射儀》，取《禮記·射義》篇所陳天子、諸侯、卿大夫之射，釐之爲二。其《士相見》、《公食大夫》二儀，則取宋劉敞之所補。然敞擬記而作者，尚有《投壺儀》一篇，亦見敞所著《公是集》，而澄遺焉；則亦不免多所疏漏。然較之祁門汪克寬德輔所撰之《經禮補逸》，則條例精密多矣！克寬之《經禮補逸》九卷，蓋取《儀禮》、《周官》、《大小戴記》、《春秋三傳》以及諸經之文，有涉於禮者，以吉、凶、軍、賓、嘉五禮統之；《吉禮》之目六十有八，《凶禮》之目五十有七，《軍禮》之目二十有五，《賓禮》之目十有三，《嘉禮》之目二十有一，而以《禮經附説》終焉。然克寬究心道學；於禮家度數，非所深求；於著書體例，亦不甚講；如每條必標出典是矣；乃一類之中，條條連綴書之，合爲一篇，文相屬而語不屬，遂致參差無緒；又此書實考典文，非考故事，乃多載《春秋》失禮之事，繫以論説，雜列古制之中；卷頁雖視澄書爲增，而精實則遠遜澄焉！澄之撰《禮記纂言》也，其書三十六卷，每一卷爲一篇；大致以《戴記》經文龐雜，疑多錯簡，故每一篇中，其文皆以類相從；俾上下文意義聯屬貫通，而識其章句於左。其三十六篇次第，亦以類相從。凡《通禮》九篇，《喪禮》十一篇，《祭禮》四篇，《通論》十一篇，各爲標目；如《通禮》首《曲禮》，則以《少儀》、《玉藻》篇附之，皆非《小戴》之舊；蓋劉向《別録》、魏徵《類禮》之嗣響也。他如《大學》、《中庸》，依宋儒別隸《四書》，而《投壺》、《奔喪》歸於《儀禮》；《冠義》等六篇，別輯爲《儀禮傳》，胥以隸於《儀禮逸經傳》之内焉。儻亦張皇補苴，有裨禮經者乎！若乃疏解《三禮》，繼往開來；厥有豫章毛應龍介石之《周官集傳》十六卷，長樂敖繼公君善之《儀禮集説》十七卷，都昌陳澔可大之《禮記集説》十卷；大抵好爲臆談，不本古義；三家之所同蔽！而度長挈短，當以敖繼公《儀禮集説》爲善。其自序稱："鄭康成《注》疵多而醇少；删其不合於經者。意義有未足，則取疏或先儒之説以補之。又未足，則附以一得之見。"又疑《喪服傳》違背經義，非子夏作，皆未免宋儒師心之餘習。然於鄭《注》之中，録其所取，而不攻駁所不取，無吹毛索垢、百計求勝之心。蓋繼公於禮，所得頗深；其不合於舊説者，不過所見不同，各自抒其心得；初非矯激以争名；故與目未睹注疏之面而隨聲佐鬭者有不同也！且鄭《注》簡約，又多古語。賈公彦《疏》尚未能一一申明；繼公獨逐字研求，務暢厥旨，實能有所發揮；則亦不病其異同矣！

毛應龍之《周官集傳》，膠執舊文，疏於考核，不如敖繼公《儀禮》之能疏通證明；然諸家訓釋，引据頗博；而於冕服車旗之度，廟祧昭穆之制，司尊彝之六尊六彝，司几筵之五几五席，方弓義弓之異名，正歲正月之並用，條例引證，頗爲明晰。宋以來諸家散佚之説，尚因是以存崖略；其蒐輯之功，尤不可没也！至陳澔之《禮記集説》，其詳明者，皆襲自鄭《注》；其簡略者，即自以意爲删改；不知禮制當有根據，禮意當有發明；而箋釋字句，循文爲詁，用爲蒙訓則有餘，求以經術斯不足；要視敖繼公之《儀禮》，毛應龍之《周禮》，尤爲卑之無甚高論者矣！

初仁宗制定科舉，雖罷《儀禮》、《周禮》，不以試士，獨用《禮記》；然《禮記》則專用古注疏；蓋其時老師宿儒，猶有存者；知禮不可以空言解也。澔之《集説》，徒託空言；而成書則在仁宗制科舉之後，本不爲議禮者所重；徒以禮文奥赜，誦讀爲難，因其疏解，得知門徑，斯以爲便蒙之讀本耳！詎意明纂元祚，遂定《禮記》用《澔説》。而成祖命行在翰林院學士胡廣等修《五經大全》，其中《禮記》三十卷，壹以《澔説》爲宗，用以取士，遂誦習相沿。而不知用注疏，則《集説》之精華畢出。用《集説》，則昔賢之訓詁半淪。此固澔始願所不及也！夫説《禮記》者，漢、唐莫善於鄭、孔，而鄭《注》簡奥，孔《疏》典贍；皆不似《澔説》之淺顯。宋儒莫詳於衛湜；而卷帙繁富，亦不似《澔説》之簡易。又南宋以來，朱子之學大行；而澔父大猷師餘干饒魯，魯師黄幹；而幹爲朱子之壻；遂藉朱學之旗鼓，獨列學官而成禮家不刊之書焉！自是《禮記》之陳澔《集説》行，而鄭《注》、孔《疏》廢！

"三禮"之在有明，幾爲絶學！《禮記》既古義蕩然！而《儀禮》束閣無人問！獨《周禮》差多習者。然《周禮》一書，得鄭《注》而訓詁明；得賈《疏》而名物制度，考究大備；雖有疏舛，要非宋、元諸儒望文鑿空者所得置辭也！宋儒周、程、張、朱自度徵實之學，必不能出漢、唐上，故雖盛稱《周禮》而皆無箋注之專書；其傳於今者，王安石、王昭禹始推尋於文句之間；而自俞廷椿以後，多騁臆見，竄亂《五官》以補《冬官》之亡；經遂破裂不完！朱申以後，又苟趨簡易，以《叙官》爲無用而删之；經遂有目無綱！沿及明代，彌逐頹波，又空疏不事考據，而推論義理；於是考證之學，漸變爲論辨之學。其可考見者，如山陰季本明德之《讀禮疑圖》六卷，歸安唐樞惟鎮之《周禮因論》一卷，崑山王應電昭明之《周禮傳》十卷、《翼傳》二卷、《圖説》二卷，德清沈瑶林珍之《周禮發明》一卷；大抵議論多而考證少！至廣昌何喬新廷秀之《周禮集注》七卷，進賢舒芬國裳之《周禮定本》四卷，長興陳深子淵之《周禮訓雋》二十卷，長樂柯尚遷之《周禮全經釋原》十四卷，休寧金瑶德温之《周禮述注》六卷，豐城徐即登匡岳之《周禮説》十四卷，京山郝敬仲輿之《周禮完解》十二卷，莆田郭良翰道憲之《周禮古本訂注》六卷，則又承譌襲謬，竄亂古經，而宗宋俞廷椿《冬官》不亡之説者也。鄭《注》、賈《疏》亦幾幾乎從祧矣！獨崑山王志長平仲於神宗之世，撰《周禮注疏删翼》三十卷，壹以鄭《注》、賈《疏》爲主；謂之删者，以其書多刊削鄭《注》、賈《疏》之繁文也；又雜引諸家之説以發明其義，故謂之翼；雖多采宋以後説，不免浮文妨要；而能以注疏爲根柢，尚變而不離其宗者也！又篇第壹遵舊次，不爲竄亂，亦爲力遏横流。在經學荒蕪之日，臨深爲高，可謂研心古義者矣！既，讓清代興；禮學重光！而首開風氣，驅除先路者，厥推濟陽張爾歧稷若、鄞縣萬斯大充宗，皆明之遺獻也！

初，爾歧之父曰廷鸞者，自以家藏宋景德中官本《儀禮疏》，正經注語，皆標起止；而疏文列其下；因以明國子監刊本附益，手自點校，並取朱子與黄幹、楊復所次成《儀禮鄭注句讀》十七卷，附《監本正誤》、《石經正誤》二卷。其書全録《儀禮鄭注》，摘取賈《疏》而略以己意斷之；於字句同異；

考證極詳；所校除監本外，則有唐開成石經本、元吴澄本，及陸德明《音義》、朱子師弟《經傳通解》諸家；其謬誤脱落，衍羨顛倒，經注混淆之處，皆參考得實；又以監本《十三經·儀禮》脱誤尤多，而西安王堯惠刻《石經補字》，亦有舛錯，乃爲一一駁正；而因其文之古奥難通也，故並爲之句讀。蓋《儀禮》一經，自唐韓愈已苦難讀；故習者愈少，傳刻之譌愈甚！爾岐玆編，於學者可謂有功矣！崑山顧炎武亭林於友朋嚴於推許，獨爲人稱爾岐《儀禮鄭注句讀》一書，根本先儒，立言簡當，而惜其不求聞達，無當時之名！作《廣師篇》曰："獨精《三禮》，卓然經師，吾不如張稷若！"推挹甚至，不徒然也！

至斯大以《三禮》名當世，不同爾岐之闇然隱淪，傳者稱"斯大排纂説禮之言，較衛湜爲尤傅；湜無所折衷，而斯大則批郤導窾，言之了了；爲書三百卷"；惜其不見！而别出者四書：曰《周官辨非》一卷，大旨病其官冗而賦重，歷引諸經之相牴牾者，以力攻其僞也。曰《儀禮商》二卷，則取《儀禮》十七篇，篇爲之説者也。曰《學禮質疑》二卷，蓋讀禮有不安者，以志疑也。曰《禮記偶箋》三卷，則與《學禮質疑》相爲表裏者。大抵好出新義，勇於師心；讀者或喜其覃思，而亦嫌其自用！然斯大學本淹通，用思尤鋭，其合處往往發明前人所未發；如《儀禮商》之辨治朝無堂；《學禮質疑》之辨商、周改月改時，周詩周正，兄弟同昭穆，及宗法十餘篇，推闡皆極精確，置其非而存其是，亦未始非一家之學也！然好騁獨見，不盡可依據；轉不如張爾岐恪守鄭注，離經辨志之謹樸矣！

自張爾岐、萬斯大而後，風氣大開，議禮之作日出，略可考見者：《周禮》則有安溪李光坡耜卿之《周禮述注》二十四卷，李鍾倫世得之《周禮訓纂》二十一卷，桐城方苞望溪之《周官集注》十三卷、《周官析疑》三十六卷、《考工記析義》四卷、《周官辨》一卷，吴縣惠士奇天牧之《禮説》十四卷，婺源江永慎修之《周禮疑義舉要》七卷，金壇段玉裁懋堂之《周禮漢讀考》六卷，韋協夢之《周官彙説》三十二卷、附《解義》十二卷，武進莊存與方耕之《周官記》五卷、《周官説》二卷、《周官説補》三卷，德清徐養原新田之《周官故書考》四卷，南城王聘珍貞吾之《周禮學》二卷，南海曾釗冕士之《周禮注疏小箋》四卷，湘潭王闓運壬秋之《周官箋》六卷，瑞安孫詒讓仲容之《周禮正義》八十六卷焉。《儀禮》則有李光坡之《儀禮述注》十七卷，方苞之《儀禮析疑》十七卷，仁和吴廷①華中林之《儀禮章句》十七卷，無錫蔡德晉仁錫之《禮經本義》十七卷，吴江沈彤果堂之《儀禮小疏》一卷，長洲褚寅亮搢升之《儀禮管見》四卷，秀水盛世佐之《儀禮集編》四十卷，江永之《儀禮釋例》一卷，段玉裁之《儀禮漢讀考》一卷，歙縣凌廷堪次仲之《禮經釋例》十三卷，韋協夢之《儀禮集解》四十卷、《儀禮章句》十七卷，武進張惠言皋文之《儀禮圖》六卷、《讀儀禮記》二卷，績溪胡培翬竹村之《儀禮正義》四十卷，涇縣胡承珙墨莊之《儀禮古今文疏義》十七卷，徐養原之《儀禮古今文異同疏證》十七卷，嘉定金曰追璞園之《儀禮經注疏正譌》十七卷，績溪胡匡衷樸齋之《鄭氏儀禮目録校證》一卷，王聘珍之《儀禮學》一卷，湘鄉曾國藩滌生之《讀儀禮録》一卷，遵義鄭珍子尹之《儀禮私箋》六卷，湘潭王闓運壬秋之《禮經箋》十七卷焉。

《禮記》則有滿洲納喇性德容若之《陳氏禮記集説補正》三十八卷，李光坡之《禮記述注》二十八卷，方苞之《禮記析疑》四十六卷，江永之《禮記訓義擇言》八卷，仁和杭世駿大宗之《續衛氏禮記集説》一百卷，江都焦循里堂之《禮記補疏》三卷，陽城張敦仁古餘之《撫本禮記鄭注考異》二卷，德清俞樾蔭甫之《禮記異文箋》、《禮記鄭讀考》各一卷，侯官陳喬樅樸園之《禮記鄭讀考》六卷，湘潭王闓運壬秋之《禮記箋》四十六卷，湘陰郭嵩燾筠仙之《禮記質疑》四十九卷焉。

若乃一事一篇，專攻名家者，《周禮》則有沈彤之《周官禄田考》三卷，嘉定王鳴盛西莊之《周禮軍賦説》四卷，休寧戴震東原之《考工記圖》二卷，儀徵阮元芸臺之《車製圖考》一卷，歙程瑶田易疇之《溝洫疆理小記》、《水地小記》、《考工創物小記》各一卷，鄭珍之《考工輪輿私箋》一卷、《附圖》一卷，定海黄以周元同之《軍禮司馬法》一卷。《儀禮》則有秀水諸錦襄七之《補鄉禮》一卷，荆溪任啓運翼聖之《宫室考》十三卷、《肆獻祼饋食禮》三卷，江永之《釋宫譜增注》一卷，興化任大椿幼植之《弁服釋例》八卷，臨海洪頤煊筠軒之《禮經宫室答問》二卷，程瑶田之《喪服足徵記》十卷，胡匡衷之《儀禮釋宫》九卷，南豐吴嘉賓子序之《喪服會通説》四卷。《禮記》則有錢塘邵泰衢鶴亭之《檀弓疑問》一卷，江永之《深衣考誤》一卷，吴縣

① “廷”原誤作“建”，今改正。

惠棟定宇之《明堂大道録》八卷、《禘説》二卷，任大椿之《深衣釋例》三卷，胡培翬之《燕寢考》三卷，善化皮錫瑞鹿門之《王制箋》一卷，南海康有爲長素之《禮運注》一卷。而兼綜博考，不名一家者；則又有崑山徐乾學健菴之《讀禮通考》一百二十卷，平湖陸隴其稼書之《讀禮志疑》六卷，江永之《禮書綱目》八十五卷，金匱秦蕙田樹峯之《五禮通考》二百六十二卷，歙金榜檠齋之《禮箋》三卷，曲阜孔廣森撝約之《禮學卮言》六卷，江都凌曙曉樓之《禮説》四卷，侯官陳喬樅樸園之《禮堂經説》二卷，臨海金鶚誠齋之《求古録禮説》十五卷、《補遺》一卷，當塗夏炘心伯之《學禮管釋》十八卷，仁和邵懿辰位西之《禮經通論》一卷，黄以周之《禮書通故》一百卷，皮錫瑞之《三禮通論》一卷焉。凡一千六百三十一卷，其不知者蓋闕如也；可謂洋洋乎大觀也哉！間嘗究其得失，明其指歸；有考訂字句，正其譌脱者。有辨章注語，校其音讀者。有離經辨志，明其章句者。有發凡起例，觀其會通者。有删正舊注，訂其闕失者。有駁糾前人，庶乎不刊者。有明發經疑，以俟論定者。有偶疏小箋，自抒所見者。有折衷至當，重造新疏者。有依物取類，繪爲禮圖者。有疏證名物，究明古制者。有心知其意，創通大義者。有網羅衆説，博采前賢者。有旁采古記而補禮經之闕佚者。有囊括大典而考禮制之沿革者。有兼綜《三禮》而明禮學之源委者。略條諸家，以明指歸。則有胡承珙之《儀禮古今文疏義》，徐養原之《周官故書考》、《儀禮古今文異同疏證》，金曰追之《儀禮經注正譌》，張敦仁之《撫本禮記鄭注考異》，俞樾之《禮記異文箋》，斯所謂考訂字句，正其譌脱者也。段玉裁之《周禮漢讀考》、《儀禮漢讀考》，俞樾、陳喬樅之《禮記鄭讀考》，斯所謂辨章注語，校其音讀者也。吴廷華、韋協夢之《儀禮章句》，江永之《禮書綱目》，胡匡衷之《鄭氏儀禮目録校證》，所謂離經辨志，明其章句者也。江永之《儀禮釋例》，凌廷堪之《禮經釋例》，莊存與之《周官記》，任大椿之《弁服釋例》、《深衣釋例》，斯所謂發凡起例，觀其會通者也。李光坡之《周禮述注》、《儀禮述注》、《禮記述注》，李鍾倫之《周禮訓纂》，斯所謂删正舊注，訂其闕失者也。納喇性德之《陳氏禮記集説補正》，惠士奇之《禮説》，沈彤之《周官禄田考》，江永之《禮記訓義擇言》、《深衣考誤》，褚寅亮之《儀禮管見》，鄭珍之《儀禮私箋》，斯所謂駁糾前人，庶乎不刊者也。陸隴其之《讀禮志疑》，方苞之《周官析疑》、

《周官辨》、《儀禮析疑》、《禮記析疑》，邵泰衢之《檀弓疑問》，江永之《周禮疑義舉要》，郭嵩燾之《禮記質疑》，斯所謂明發經疑，以俟論定者也。沈彤之《儀禮小疏》，金榜之《禮箋》，孔廣森之《禮學卮言》，莊存與之《周官説》、《周官説補》，焦循之《禮記補疏》，張惠言之《讀儀禮記》，王聘珍之《周禮學》、《儀禮學》，曾國藩之《讀儀禮録》，曾釗之《周禮注疏小箋》，斯所謂偶疏小箋，自抒所見者也。胡培翬之《儀禮正義》，孫詒讓之《周禮正義①》，斯所謂折衷至當，重造新疏者也。戴震之《考工記圖》，阮元之《車制圖考》，張惠言之《儀禮圖》，鄭珍之《考工輪輿私箋附圖》，斯所謂依物取類，繪爲禮圖者也。任啓運之《宫室考》，江永之《釋宫譜增注》，王鳴盛之《周禮軍賦説》，程瑶田之《溝洫疆理小記》、《水地小記》、《考工創物小記》，洪頤煊之《禮經宫室答問》，胡培翬之《燕寢考》，胡匡衷之《儀禮釋宫》，陳喬樅之《禮堂經説》，金鶚之《求古録禮説》，夏炘之《學禮管釋》，斯所謂疏證名物，究明古制者也。惠棟之《明堂大道録》、《禘説》，程瑶田之《喪服足徵記》，凌曙之《禮説》，吴嘉賓之《喪服會通説》，皮錫瑞之《王制箋》，康有爲之《禮運注》，斯所謂心知其意，創通大義者也。方苞之《周官集注》，蔡德晉之《禮經本義》，杭大宗之《續衛氏禮記集説》，盛世佐之《儀禮集編》，韋協夢之《周官彙説》、《儀禮集解》，斯所謂網羅衆説，博采前賢者也。諸錦之《補饗禮》，任啓運之《肆獻祼饋食禮》，黄以周之《軍禮司馬法》，斯所謂旁蒐故記而補禮經之闕佚者也。徐乾學之《讀禮通考》，秦蕙田之《五禮通考》，黄以周之《禮書通故》，斯所謂囊括大典而考禮制之沿革者也。邵懿辰之《禮經通論》，皮錫瑞之《三禮通論》，斯所謂兼綜"三禮"而明禮學之源委者也。雖議禮考文，厥功無二；然識大識小，賢否判然。而揚榷羣言，較其短長；要以惠士奇之《禮説》，盛世佐之《儀禮集編》，褚寅亮之《儀禮管見》，杭大宗之《續禮記集説》，秦蕙田之《五禮通考》，段玉裁之《二禮漢讀考》，莊存與之《周官記》，凌廷堪之《禮經釋例》，張惠言之《儀禮圖》，胡培翬之《儀禮正義》，邵懿辰之《禮經通論》，十二家開設户牖，爲能不誣來學；斯有可得而論者焉！

按惠士奇之《禮説》，厘限於《周禮》。而言禮學者，固以鄭玄爲宗；然

---

① "義"原作"儀"，今改正。

必悉其名物而後可求其制度；得其制度而後可語其義理。鄭玄之時，去周已遠，其注《周禮》，多比擬漢制以明之；後世去漢年代杳遠，在玄當日之所謂猶今某物某事某官者，多不解爲何語；而當日經師訓詁，輾轉流傳，亦往往形聲並異，不可以今音今字推求。士奇之書，雖不載全經而惟標舉其所考證駁辨者；然古音古字，無不爲之分别疏通；而援引諸史百家之説，或以證明周制，或以參考鄭氏所引之漢制以遞求周制，而闡明制作之意；尤爲有裨禮學，不惑方來！其持論以爲："《禮經》出於屋壁，多古字古音。經之義存乎訓；識字審音，乃知其義；故詁訓不可改也。康成注經，皆從古讀；蓋字有音義相近而譌者，故讀從之；後世不學，遂謂康成好改字，豈其然乎！康成《三禮》，何休《公羊》，多列漢法，以其去古未遠，故借以爲況。賈公彦於鄭《注》，如'飛矛'、'扶蘇'、'薄借綦'之類，皆不能疏；所讀之字，亦不能疏；輒曰從俗讀，甚非"不知蓋闕"之義！夫漢遠於周，而唐又遠於漢，宜其説之不能盡通也！況宋以後乎！周秦諸子，其文雖不雅馴，然可引爲禮經之證；以其近古也。故不讀非聖之書者，非善讀書！"斯誠通儒之談，而非拘文牽義之經生所敢與知者也！盛世佐本末無考，其《儀禮集編》一書，成於乾隆十二年丁卯，雖不如惠氏《禮説》之湛深經術，而裒輯古今説《儀禮》者一百九十七家，斷以己意，無淺學空腹高談輕排鄭、賈之習，於諸家謬誤，辨證極詳；而以宋楊復之《儀禮圖》，本《注疏》作；然時有併《注疏》之意失之者，亦一一是正之，其持論謂"朱子《儀禮經傳通解》，析諸篇之記，分屬經文；蓋編纂之初，不得不權立此例，以便尋省；惜未卒業，而門人繼之，因仍不改，非朱子意"！故是編經自經，記自記，一依鄭玄；其《士冠》、《士相見》、《喪服》等篇經、記、傳寫混淆者，則别定次序於後而不敢移易經文；亦可謂《儀禮》家之謹嚴者矣！時則有褚寅亮，殫精《儀禮》蓋三十年；嘗謂："宋人説經好爲新説，棄古注如土苴。獨《儀禮》爲樸學，空談義理者無從措辭；而朱子、黄幹、楊復諸大儒又崇信之，故鄭氏專門之學，未爲異義所汩！至元吴興敖繼公出，乃詆爲'疵多醇少'，其所撰《集説》，云采先儒，寔騁私臆！學者苦《注疏》之繁重而樂其易曉，往往舍古訓而從之！近儒方苞、沈彤咸稱其善。然推繼公之意，不在解經；而實有意與鄭玄立異，特巧於立言，含而不露，若無意排擊者；是以入其玄中而不悟！至於説有不通，甚且改竄經文，曲就其義；如《鄉飲酒記》

‘若有北面者東上’；敖改東爲西。不知注明言‘統於門’，門在東，則不得以西爲上也。《鄉射記》‘勝者之弟子洗觶升酌，南面坐，奠於豐上，降，袒，執弓，反位’；敖以‘袒，執弓’句爲衍。不知所謂‘勝者之弟子’，即射賓中年少者；以是勝黨，故‘袒執弓’，非衍文也。《燕禮》‘媵觚於賓’，敖改‘觚’爲‘觶’，不知獻以爵者酬以觶。燕禮，宰夫主獻；既不以爵，則酬亦不以觶矣！安可破觚爲觶乎？《大射儀》‘以耦左還上射於左’，敖依《鄉射》改爲‘於右’。不知上射位在北，下射位在南，《鄉射》、《大射》所同。但《鄉射》位在福西，從福向西，則北爲右。《大射》次在福東，從福向東，則北爲左。敖比而同之，昧於東西之别矣！《喪服記》‘公子爲其妻縓冠’，敖改‘縓’爲‘練’。不知練冠之紕，亦緣以縓，故《間傳》云：‘練冠縓緣。’就其質言之曰練冠，就其紕言之曰縓冠；母重，故言其質；妻輕，故言其紕；非有二也。《士虞禮》‘明齊醙酒’，敖以醙酒爲衍文。不知注明言‘有酒無醴’，而據下文‘普薦醙酒’，亦專言酒，不及醴；豈得妄解明齊爲醴，輒删經文乎？《特牲饋食禮》：‘三拜衆賓，衆賓答再拜。’敖改‘再’爲‘一’。不知《鄉飲酒》衆賓答一拜者，大夫爲主人也。《有司徹》之答一拜者，大夫爲祭主也。此士禮，安得以彼相例乎？”凡如所云，皆融貫全經，疏通證明；雖善辨者不能爲敖氏置喙也！因著《儀禮管見》一書，雖不如盛世佐《儀禮集編》之博洽，而於敖氏書繩愆糾違，亦有世佐所不逮者焉！

杭世駿《續禮記集説》，所録自宋、元人迄於清初，别擇固極精審；而蒐采之博，亦不亞盛世佐之於《儀禮集編》；惟其書網羅羣言，而略不折衷以己意，則有與世佐異者！蓋仍衛湜之例。然論禮書之采摭極博，當無有過於秦蕙田《五禮通考》者也！蕙田專攻禮學，及冠之年，與同縣蔡德晉宸錫、吴鼐大年、吴鼎尊彝兄弟爲讀經會；而蕙田寔尸其事。相與論“三禮”自秦、漢諸儒抱殘守缺，注疏雜入讖緯，轇轕紛紜。《宋史》載朱子嘗欲取《儀禮》、《周官》、《二戴記》爲本，編次朝廷公卿大夫士民之禮，盡取漢、晉以下諸儒之説，考訂辨正，以爲當代之典。今觀所著《經傳通解》，繼以黄、楊二氏修述，僅彙纂經傳，而未及考訂漢、晉以來之禮。然漢、晉以來之禮，即孔子所謂百世可知之禮，皆有天下者議禮考文制度之實，而爲當代禮典所由出；特其沿革損益，不能盡合古人者有之；而其不合之處，正宜搜羅詳述，考訂折衷以定其是非。此而不録，則世儒議禮所謂損益可知者，從何處下手；雖欲爲叔孫通之綿蕞而不可得矣！獨崑山徐乾學《讀禮通考》一書，本之經傳而參以歷代典制，規模義例，具得朱子本意。惜其僅及喪葬，而《周官・大宗伯》所列五禮之目，古經散亡，鮮能尋端竟委！迺於《禮經》之文，如郊祀、明堂、宗廟、禘嘗、饗宴、朝會、冠昏、賓祭、宮室、衣服、器用等；先之以經文之互見錯出，足相印證者；繼之以《注疏》諸儒之牴牾訾議者；又益以唐、宋以來專門名家之考論發明者；半月一會，問者難者，答者辨者，迴旋反覆，務期愜諸己，信諸人而後乃筆之箋釋，存之考辨，如是者二十餘年；而裒然漸有成帙矣！然後發凡起例，一依徐氏；而網羅衆説以成一書；凡爲類七十五；以樂律附於吉禮宗廟制度之後；以天文推步句股割圜，立“觀象①授時”一題統之；以古今州國都邑山川地名，立“體國經野”一題統之；並載入《嘉禮》，雖事嫌旁涉，非五禮所應該，不免有炫博之意；然周代六官，統名曰禮；禮之用，精粗條貫，所賅本博；故朱子《儀禮經傳通解》於《學禮》載鍾律詩樂；又欲取許慎《説文解字序説》及《九章算經》爲《書數篇》而未成；則蕙田之以類纂附，尚不爲無據也。顧同縣顧棟高震滄讀其書而譏焉，謂：“援引多而斷制少，典故多而發明少，如禮書總帳簿；讀者漫無別擇；甚無謂也！”蕙田則應之曰：“援引者，斷制之所從出；斷制者，援引之歸宿也。苟不援引，何從斷制！善援引者，正即援引而成斷制；非兩事也。孔子曰：‘禮失而求諸野。’稗官小説，亦取其言之是而助吾之斷制者耳。即不然，亦顯著其謬，明斥其非，不使如隱慝之潛滋，陰流其毒以惑後世而潛害吾之斷制者耳。如此，則援引愈多，典故愈多，而發明斷制亦因以詳備；然後疑處可破，碍障可除；先聖之制作，乃獨伸其是而尊於百世之上！豈漫無別擇而牽引之哉！若使希圖省事，源流本末，罔然不知；即有所謂斷制者，亦必憑私忖度，罅隙百出，動輒罣礙而不足信。孔子曰：‘文獻不足故也，足則吾能徵之矣！’《中庸》曰：‘無徵不信。’徵者，援引也，典故也。”以故考證經史，原原本本，具有經緯。而同削草者吴鼎；與校訂者，桐城方觀承宜田、嘉定錢大昕莘楣、山陽吴玉搢山夫也。可謂體大物博，而集歷代禮制之大成者矣！

然議禮制固綦難；考禮文亦不易！而考禮文之審，其惟段玉裁之《二禮

① “象”原誤作“衆”，兹據《五禮通考》改正。

漢讀考》乎！自序稱："點畫謂之文，文滋謂之字。音讀謂之名，名之分別部居謂之聲類。鄭君注《周禮》，多采杜、衛、賈、馬、二鄭之説，猶有差錯，同事相違，則就其原文字之聲類，考訓詁。蓋訓詁必就其原文，而後不以字妨經；必就其字之聲類，而後不以經妨字也。漢人作注，於字發疑正讀，其例有三：一曰'讀如讀若'，二曰'讀爲讀曰'，三曰'當爲'。'讀如讀若'者，疑其音也；古無反語，故爲比方之詞。'讀爲讀曰'者，易其字也；易之以音相近之字，故爲變化之詞。比方主乎同，音同而義可推也。變化主乎異，字異而義憭然也。比方主乎音，變化主乎義。比方不易字，故下文仍舉經之本字。變化字已易，故下文輒舉所易之字。注經必兼茲二者，故有'讀如'，有'讀爲'。字書不言變化，故有'讀如'無'讀爲'，有言'讀如某'、'讀爲某'而仍本字者；'如'以別音；'爲'以別義。'當爲'者，爲字之誤，聲之誤而改其字也；爲救正之詞。形近而譌，爲字之誤；聲近而譌，爲聲之誤；字誤聲誤而正之，謂之'當爲'。凡言'讀爲'者，不以爲誤。言'當爲'者，斥其誤。三者分而漢注可讀，而經可讀。三者皆以音爲用；六書之形聲、假借、轉注，於是焉在!"是則《周禮》漢讀三例，寔自玉裁發之；其言固不僅爲《禮經》發，而《周禮》寫自古文，《儀禮》稱尤難讀，禮文不先爲考定，禮制且無從置議！因先成《周禮漢讀考》六卷，而"讀如"、"讀爲"、"當爲"之諸例，俱在焉。其《儀禮》則僅成《士冠禮》一卷而已！亦不如《周禮》之完密也！夫《周禮》一書，根據鄭《注》，考其讀例者，莫如段玉裁之《漢讀考》。而融貫經文，明其制度者，當推莊存與之《周官記》；關通羣經，融會參證，於體國經野、分土任民之法，言之尤詳，其書不循文注箋，而提要鉤玄，自成一書；匪經文之輿儓，寔古禮之別記也！至《儀禮》之所以難讀者，朱子云："衹爲重複，倫類若通，則其先後彼此展轉參照，足以互相發明。"誠哉是言！然通倫類，宜起凡例。鄭《注》、賈《疏》，咸重發凡而有未逮！

凌廷堪《禮經釋例》，融貫全經，凡通例四十，飲食之例五十有六，賓客之例十有八，射例二十，變例二十有一，祭例三十，器服之例四十，雜例二十有一；宏綱細目，經緯具在。信足匡鄭、賈所未逮，而爲禮經之功臣！然而不別立宫室之例者，蓋以爲宋李如圭《儀禮釋宫》已詳故也。惟是讀《儀禮》者，必明宫室而後陳設進退知所措。宋楊復《儀禮圖》無宫室，論者以爲未得要領；凌《例》將無同譏？獨張惠言仿楊復取《儀禮》十七篇，篇爲之圖，而首冠以宫室之圖，總挈①綱領，以補楊復之所未有；可謂知所先務也！自凌廷堪撰《禮經釋例》，而後詳略隆衰，《儀禮》之節文明。張惠言制《儀禮圖》，而後陳設進退，《儀禮》之器數明。至胡培翬覃精《儀禮》，謂："鄭《注》而後，賈《疏》獨行，或解經而違經旨，或申注而失注意。"参稽衆説，别造《正義》。自述所造，其例有四：曰"補注"，補鄭玄《注》所未備也。曰"申注"，申鄭玄《注》義也。曰"附注"，近儒所説，雖異玄旨，義可旁通，附而存之，廣異聞，佉專己也。曰"訂注"，鄭玄《注》義，偶有違失，詳爲辨正；别是非，明折衷也。雖乖唐賢"疏不破注"之例；要之無所依違，期於大通，斯足以破經生拘墟之見，而佉曲學專己之私焉！

邵懿辰《禮經通論》，不斷斷於訓詁名物；而考訂源流，辨章經記，卓乎禮學之鈐鍵矣！黄以周兼綜三種，撰《禮書通故》，列五十目，囊括大典；殫見洽聞，與秦蕙田《五禮通考》比隆；其校覈異義，或謂過之！蓋蕙田《通考》按而不斷；而以周則博徵古説而斷以己意者也！然《通考》之作，"即援引以成斷制"；蕙田固明言之矣！寧不能斷制哉！乃或者以此損蕙田而揚以周，斯亦未爲知言也！孫詒讓專攻《周禮》，别造《正義》，大抵以《爾雅》、《説文》正其詁訓，以《禮經》、《大小戴記》證其制度；而博采漢、唐、宋以來，迄於清儒諸家解詁，参互證繹，以發鄭《注》之淵奥，裨賈《疏》之遺闕，蓋鄭《注》極簡奥；而賈《疏》或隱略，又於杜子春、鄭興、鄭衆三人異義，後鄭之所不采者，但有糾駁，略無申證。詒讓謂"唐疏例不破注，固無足怪；然六朝義疏則不盡然。鄭《注》精貫羣經，固不容破；然杜、鄭三君之義，後鄭所讚辨者，本互有是非。乾嘉經儒，考釋此經，間與鄭異；而於古訓古制，宣究詳確，或勝注義。"博稽衆家，輒据匡糾，凡所發正後鄭數十百事。而拘牽後鄭義者，往往又仇王肅。詒讓壹無適莫；郊社、禘祫則從鄭；廟制、昏期則從王；於鄭《注》不爲曲從。亦猶胡培翬《儀禮正義》訂注之例也。至其甄采舊疏，明揭賈義；不如胡培翬《儀禮》之或襲賈釋而没不稱名；其不攘善之用心，尤有培翬所不逮者焉！獨是讓清禮學，冠絶前古。正義《儀禮》，前有胡氏，更疏《周官》，别出詒讓；更光前人，

① "挈"原作"絜"，今改正。

有功禮學！獨《禮記》則無之！不惟《三禮》新疏，缺一不備。昔聞元和江聲艮庭之歿，詔其子以告友人陽湖孫星衍淵如曰："吾父死無他言，疑《周官》、《儀禮》之委曲繁重，不可行於今也。"星衍則應之曰："禮意之會通在《禮記》；不曰'君子行禮不求①變俗'；又曰'禮從宜，使從俗'乎？居喪衣衰麻，不食肉飲酒；而公門則脱齊衰；大夫父友食之，則飲酒食肉；惜不能以此告之矣！"旨哉！然則筦禮學之樞要者，《禮記》也。儻籀禮義，必明《禮記》。惜無人更爲之疏以有光於前人者！

至皮錫瑞《三禮通論》大抵本邵懿辰之《禮學通論》，而博采衆説以爲敷佐，別白今古，論證沿革，俾學者有從入之途，而無多歧之患；斯寔讀禮之指南，治學之入門也。惟是學者並稱《三禮》，罕及《大戴》，然考《大戴》所記；《夏小正》爲夏時；《書・禹貢》惟言地理，兹則言天象，與《堯典》合。《公冠》、《諸侯》、《遷廟》、《釁廟》、《朝事》等篇，足補《儀禮》十七篇之遺。《盛德》、《明堂》之制，爲《考工記》所未備。《投壺》儀節，較《小戴》爲詳。《哀公問》字句，較《小戴》爲確。然則《大戴》不可廢也。顧北周盧辨之注，既未精備；而更數千年，無纘業者，章句混淆，古字更舛。迨清儒休寧戴震東原、餘姚盧文弨抱經相繼校訂，蹊徑漸闢。曲阜孔廣森撝約乃博稽羣書，參會衆説，爲《大戴禮記補注》十三卷、《叙録》一卷；然臆改記文，有識或病！南城王聘珍貞吾重爲《解詁》，凡十三卷，《叙録》一卷。其校記文也，專守古本爲家法；所以懲孔廣森妄据他書徑改記文之失！其爲解詁也，義精語潔，確守漢法，多所發明，無隱滯之義，無虚造之文，實有勝於孔廣森之《補注》者焉！斯亦《禮經》之别子也！謹以殿於篇末。篹《三禮志》第五。

春秋志第六

古之王者，世有史官，君舉必書。左史記言，右史記事，事爲《春秋》，言爲《尚書》。而史之所記，必表年以首事；年有四時，故錯舉以爲所記之名，題曰《春秋》也。

---

① "求"後脱"變"字。

周室既微，孔子明王道，壹爲魯司寇，秉政；諸侯害之，大夫壅之。孔子知言之不用，道之不行也；於是去魯；斥乎齊；逐乎宋、衛；困於陳、蔡之間；已而反魯。魯哀公十四年春，西狩於大野，叔孫氏車子鉏商獲獸，以爲不祥；孔子曰："麟也!"麟者，仁獸也；有王者則至；無王者則不至。有以告者曰："有麏而角者。"孔子曰："孰爲來哉！孰爲來哉!"反袂拭面，涕沾袍。顔淵死。子曰："噫！天喪予!"子路死。子曰："噫！天祝予!"及西狩獲麟，孔子曰："吾道窮矣！弗乎弗乎！君子疾没世而名不稱焉！吾道不行矣！吾何以自見於後世哉！我欲載諸空言，不如見諸行事之深切著明也。"故西觀周室，論史記舊聞，得百二十國寶書；以魯周公之國，禮文備物，史官有法；故托於魯而次《春秋》；據行事，仍人道；因興以立功，敗以成罰；假日月以定曆數；藉朝聘以正禮樂；上記隱，下至哀之獲麟，十二公，據魯親周故宋，運之三代；約其文辭而指博，上明三王之道，下辨人事之紀，别嫌疑；明是非，定猶豫；善善惡惡，賢賢賤不肖；存亡國，繼絶世；補弊起廢；王道之大者也；其事則齊桓、晉文；其文則史。孔子曰："其義則丘竊取之矣！後世知丘者以《春秋》，而罪丘者亦以《春秋》!"王道備，人事浹！

七十子之徒，口受其傳指，爲有所刺譏褒諱挹損大人當世君臣有威權勢力，不可以書見也。魯君子左丘明懼弟子人人異端，各安其意，失其真，故論本事而作傳；明孔子不以空言説經也；或先經以始事，或後經以終義，或依經以辯理，或錯經以合異，具論其語，成《春秋左氏傳》；以授曾申。申傳魏人吴起。起傳其子期。期傳楚人鐸椒，爲楚威王傅，爲王不能盡觀《春秋》，采取成敗，卒四十章，爲《鐸氏微》；又作《鈔撮》八卷，授趙人虞卿。虞卿作《虞氏微傳》二篇，《鈔撮》九卷，授同郡荀卿；則左丘明之六傳弟子也。

自是傳《春秋》者分爲二義：有記載之傳，主於記事；《春秋》之《左氏傳》是也。有訓詁之傳，主於釋經；公羊、穀梁、鄒、夾之傳，是也。鄒氏無師，夾氏有録無書。而公羊、穀梁之傳，皆自卜商。卜商，字子夏，少孔子四十四歲。孔子曰："吾志在《春秋》，行在《孝經》。《春秋》屬之商，《孝經》屬之參也。"

齊人公羊高者，嘗受《春秋》於商，以傳其子平。而平傳子地。地傳子敢。敢傳子壽。至漢景帝時，壽乃與齊人胡母子都著於竹帛，《漢書·藝文志》著録《公羊傳》十一卷者是也。大指明於解經，疏於徵事。文十二年，

“秦伯使遂來聘”《傳》云：“賢繆公也。”此誤以康公爲繆公。而襄二年《傳》云：“齊姜與繆姜，則未知其爲宣夫人歟？成夫人歟？”昭二十年“曹伯廬卒於師”，《傳》云：“未知公子喜時從歟？公子負芻從歟？”則當事人且不知矣！事之荒略何論焉！蓋《公羊傳》之不傳事，與左丘明之傳事不傳義者殊指也。至傳引“子沈子曰”、“子司馬子曰”、“子女子曰”、“子北宮子曰”，又有“高子曰”、“魯子曰”，蓋皆《春秋》傳經之師。而壽及胡母子都博采其義以爲坿益；是傳義亦不盡出公羊子也。

《穀梁傳》者，始於魯人穀梁赤，亦云自子夏，與《公羊傳》同。惟公羊高親受指子夏，而穀梁赤，秦孝公同時人，乃後代傳聞；以授荀卿。荀卿亦傳《左氏》；而授《穀梁傳》於齊人浮邱伯以傳魯申公，亦係口說，未知誰著竹帛；而題《穀梁傳》者，蓋著師傳之始穀梁；《漢書・藝文志》著録《穀梁傳》十一卷者是也。其傳指在解經，與《公羊》同。其傳文每往復詰難以盡其義，亦與《公羊》同。然傳義則有與《公羊》同者，亦有與《公羊》異者；而與《公羊》異者，或並存其意，或直斥其非。莊二年，公子慶父帥師伐於餘丘。《公羊》云：“‘邾婁之邑也。曷爲不繫乎邾婁？’‘國之也。’‘曷爲國之？’‘君存焉爾。’”而《穀梁》則云“公子貴矣！師重矣！而敵人之邑！公子病矣！其一曰：‘君在而重之也。’”，“其一曰‘君在而重’”之説，即兼存《公羊》“曷爲國之”、“君存焉爾”之義也。文十二年，子叔姬卒。《公羊》云：“‘此未適人，何以卒？’‘許嫁矣。’”而《穀梁》則云：“其曰‘子叔姬’，貴也，公之母姊妹也！其一傳曰：‘許嫁以卒之也。’”此所謂“其一傳”，明是《公羊傳》矣。此並存其義者也。宣十五年，初稅畝，冬蝝生。《穀梁》云：“蝝，非災也。其曰‘蝝’，非稅畝之災也。”此《穀梁》非《公羊》之説也。《公羊》以爲宣公稅畝，應是而有天災，《穀梁》以爲不然，故曰“非災也”，“非稅畝之災也”。此直斥其非者也。此《穀梁》義之與《公羊》異者也。與《公羊》同者；隱公不書即位，《公羊》云“成公意”；《穀梁》云“成公志”。鄭伯克段于鄢，皆云“殺之”。如此者不可枚舉矣。蓋《穀梁》晚出，因得監省《公羊》之違畔，而或取，或不取，或非之，或兼存之；與《公羊傳》，義有同有不同也。

《公羊》、《穀梁》皆解正《春秋》，《春秋》所無者，《公》、《穀》未嘗言之。而左氏叙事見本末，則有《春秋》所無，而左氏爲之傳者焉。有《春秋》

所有而左氏不爲傳者焉。故漢博士謂“左氏不傳《春秋》”，而推本《公》、《穀》，以爲真孔子之意也。

然秦火之後，漢初惟《左氏傳》最先出。孝惠之世，北平侯張蒼獻《春秋左氏傳》，蓋受學於荀卿者也。然則漢之獻書，張蒼最先；而漢之得書，首《春秋左氏傳》；以先著竹帛，多古字古言，謂之古學。而《公羊》漢時乃興，傳以今文，謂之今學。

胡母生子都以治《公羊春秋》爲景帝博士；與廣川董仲舒同業；仲舒著書稱其德；年老，歸教於齊。齊之言《春秋》者宗事之！菑川公孫弘年四十餘，乃學春秋雜説，亦頗受胡母生之説焉。而董仲舒少治《春秋》，與胡母生俱爲博士，下帷講誦，弟子傳以久次相授業，或莫見其面；蓋三年不窺園，其精如此！進退容止，非禮不行；學士皆師尊之！

武帝即位，舉賢良文學之士，前後百數。而仲舒以賢良對策；大致案《春秋》之文，求王道之端，以觀天人相與之際，而得之於正。謂：“正次王。王次春。春者，天之所爲也。正者，王之所爲也；其意曰：‘上承天之所爲而下以正其所爲，正王道之端云爾。’謹案春秋謂一元之意。一者，萬物之所從始也；元者，辭之所謂大也；謂一爲元者，視大始而欲正本也。《春秋》深探其本而反自貴者始。故爲人君者，正心以正朝廷，正朝廷以正百官，正百官以正萬民，正萬民以正四方，四方正，遠近莫敢不壹於正。孔子作《春秋》，先正王而繫萬事，見素王之文焉；上揆諸天道，下質諸人情，參之於古，考之於今，故《春秋》之所譏，災害之所加也。《春秋》之所惡，怪異之所施也。書邦家之過，兼災異之變，以此見人之所爲，其美惡之極，乃與天地流通而往來相應；此亦言天之一端也。《春秋》大一統者，天地之常經，古今之通義也。今師異道，人異論，百家殊方，指意不同，是以上亡以持一統；法制數變，下不知所守。諸不在六藝之科，孔子之術者，皆絶其道，勿使並進。邪辟之説滅息，然後統紀可一而法度可明！”

自漢治雜黄老刑名，而武帝更推明孔氏，抑黜百家，立學校之官；其議胥自仲舒發之！公孫弘治《春秋》不如仲舒；而弘希世用事，位至丞相，封平津侯。仲舒以弘爲從諛，而官不過二千石；相江都、膠西兩國，輒事驕王，正身以率下，數上疏諫争，教令國中，所居而治；及去位歸居，終不問家産業，以修學著書爲事。仲舒在家，朝廷如有大議，使使者及廷尉張湯就其家而問之，其對皆以公羊家法；而有《公羊董仲舒治獄》十六篇，著《漢書·藝文志》；《春秋決事》十卷，見《隋書·經籍志》。此仲舒以《公羊》斷獄也。仲舒尤喜以《公羊》明陰陽災異，所著皆明經術之意，及上疏條教，凡百二十三篇；而説春秋事得失，《聞舉》、《玉杯》、《蕃露》、《清明》、《竹林》之屬，復數十篇，十餘萬言；後世結集其篇，曰《春秋繁露》。繁一作蕃，解之者曰："繁露，冕之所垂，有聯貫之象，《春秋》比事屬辭，立名或取諸此也。"其書十七卷，發揮《春秋》之旨，多主《公羊》；而後世《公羊》家所稱"存三統"、"張三世"、"異外内"，三科九旨，一切非常異義可怪之論，罔不導自《春秋繁露》。何謂存三統？曰："《春秋》應天，作新王之事，時正黑統，王魯，尚黑，絀夏，新①周，故宋，以《春秋》當新王。'春秋當新王者奈何？'曰：'王者之法必正號，絀王謂之帝，封其後以小國，使奉祀之。下存二王之後以大國，使服其服，行其禮樂，稱客而朝。故同時稱帝者五，稱王者三，所以昭五端，通三統也。是故周人之王，尚推神農爲九皇。而改號軒轅謂之黄帝，因存帝顓頊、帝嚳、帝堯之帝號，絀虞而號舜曰帝舜，録五帝以小國。下存禹之後於杞，存湯之後於宋以方百里，爵號公，皆使服其服，行其禮樂，稱先王客而朝。《春秋》作新王之事，變周之制，當正黑統；而殷周爲王者之後；絀夏改號，禹謂之帝禹，録其後以小國。'故曰'絀夏，存周，以《春秋》當新王'。"此著於《三代改制質文篇》者也。何謂"張三世"？曰："春秋分十二世以爲三等：有見，有聞，有傳聞。有見三世，有聞四世，有傳聞五世。故哀、定、昭，君子之所見也。襄、成、文、宣，君子之所聞也。僖、閔、莊、桓、隱，君子之所傳聞也。所見六十一年，所聞八十五年，所傳聞九十六年。"此著於《楚莊王篇》者也。何謂"異外内"？曰："内其國而外諸夏，内諸夏而外夷狄。"此著於《王道篇》者也。雖無三科、九旨之目，而後之言三科、九旨者本焉。弟子遂者；蘭陵褚大，東平嬴公，廣川段仲温、吕步舒。大至梁相。步舒丞相長史。惟嬴公守學不失師法；爲昭帝諫大夫；授東海孟卿、魯眭孟。孟，名弘，以字行；少時好俠，鬥雞走馬；長乃變節，從嬴公受《春秋》，以明經爲議郎，至符節令。孝昭元鳳三年正月，泰山有大石自起立，昌邑有枯社木卧

① "親"原作"新"，據《春秋繁露》改正。

復生，上林有柳樹枯僵自起生，有蟲食柳葉成文字，曰“公孫病已立”。孟推《春秋》之意，以爲“石、柳皆陰類，下民之象。泰山者，岱宗之嶽，王者易姓告代之處。今大石自立，僵柳復起，非人力所爲；此當有從匹夫爲天子者。枯社木復生，故廢之家公孫氏當復興者也”。孟意亦不知其所在，即説曰：“先師董仲舒有言：‘雖有繼體守文之君，不害聖人之受命。’漢家堯後，有傳國之運。漢帝宜誰差天下，求索賢人，禪以帝位，而退自封百里如殷、周二王，後以承順天命。”書上，廷尉奏孟“祅言惑衆”，伏誅。後五年，皇曾孫病已興於民間，即位爲孝宣帝，其言迺驗。徵孟子爲郎。孟弟子百餘人，惟東海嚴彭祖、魯顔安樂爲明；質問疑誼，各持所見。孟曰：“《春秋》之意在二子矣!”孟死，彭祖、安樂各顓門教授；由是《公羊春秋》有顔、嚴之學。彭祖，字公子，爲宣帝博士，至太子太傅；著有《春秋公羊傳》十二卷，見《隋書·經籍志》。然廉直不事權貴。或説曰：“君亡左右貴人之助，經誼雖高，不至宰相；願少自抑。”彭祖曰：“凡通經術，固當修行先王之道；何可委曲從俗，苟求富貴乎?”竟以太傅官終。授琅邪王中，爲元帝少府，家世傳業，中授同郡公孫文、東門雲。雲爲荆州刺史。文東平太傅，徒衆尤盛。顔安樂，字公孫，本眭孟姊子，與嚴彭祖並推孟高第弟子；家貧，爲學精力，有《公羊顔氏記》十一篇，見《漢書·藝文志》；官至齊郡太守丞，授淮陽泠豐次君、淄川任公。公爲少府。豐淄川太守。由是顔家有泠、任之學。始琅邪貢禹少翁事嬴公，成於眭孟，至御史大夫。蘭陵疏廣仲翁事孟卿，至太子太傅。而廣授琅邪筦路。路爲御史中丞。禹授潁川堂谿惠。惠授泰山冥都。都爲丞相史。都與路又事顔安樂。故顔氏復有筦、冥之學。路授潁川孫寶子嚴，爲大司農。豐授東海馬宫遊卿、琅邪左咸。宫至太師大司徒，而咸爲郡守九卿，徒衆尤盛。

推而《公羊春秋》之盛，自董仲舒。武帝時，瑕丘江公之言《穀梁春秋》，與董仲舒並。仲舒通五經，能持論，善屬文；而江公之先受《穀梁春秋》及《詩》於魯申公，傳子至孫爲博士，然吶於口；上使與仲舒議，不如仲舒。而丞相公孫弘本爲《公羊》學，比輯其議；於是上因尊《公羊》家；詔太子受《公羊春秋》，由是《公羊》大興!

太子既通，復私問《穀梁》而善之。其後寖微！惟魯榮廣王孫、皓星公二人受焉。廣盡能傳其《詩》、《春秋》，高才捷敏，與《公羊》大師眭孟等論，數困之；故好學者頗復受《穀梁》。沛蔡千秋少君、梁周慶幼君、丁姓子孫皆從廣受。千秋又事皓星公，爲學最篤。宣帝即位，聞衛太子好《穀梁春秋》，以問丞相韋賢，長信少府夏侯勝及侍中樂陵侯史高；皆魯人也；言："穀梁子本魯學。公羊氏乃齊學也。宜興《穀梁》。"時千秋爲郎，召見，與《公羊》家並説。上善《穀梁》説，擢千秋爲諫大夫給事中；後有過，左遷平陵令；復求能爲《穀梁》者，莫及千秋！上愍其學且絶，迺以千秋爲郎中户將，選郎十人從受。汝南尹更始翁君本自事千秋，能説矣！會千秋病死，徵江公孫爲博士。劉向以故諫大夫通達待詔受《穀梁》，欲令助之。江博士復死；迺徵周慶、丁姓待詔保宫，使卒授十人。自元康中始講，至甘露元年，積十餘歲，皆明習；迺召《五經》名儒太子太傅蕭望之等大議殿中，平《公羊》、《穀梁》同異，各以經處是非。時《公羊》博士嚴彭祖、侍郎申輓、伊推、宋顯，《穀梁》議郎尹更始、待詔劉向、周慶、丁姓並論，《公羊》家多不見從，願請内侍郎許廣，使者亦並内《穀梁》家中郎王亥，各五人，議三十餘事。望之等十一人各以經誼對，多從《穀梁》；由是《穀梁》之學大盛！慶、姓皆爲博士。姓至中山太傅，授楚申章昌曼君，爲博士，至長沙太傅，徒衆尤盛。尹更始爲諫大夫、長樂户將，撰《春秋穀梁傳》十五卷，見《隋書·經籍志》；又受《左氏傳》，取其變理合者以爲章句；傳子咸及汝南翟方進、琅邪房鳳。鳳，字子元，哀帝時，累擢光禄大夫，五官中郎將。時光禄勳王龔以外屬内卿，與奉車都尉劉歆共校書，三人皆侍中。歆白《左氏春秋》可立。哀帝納之，以問諸儒。皆謂"左氏不傳《春秋》"，不肯對。歆於是數見丞相孔光，爲言左氏以求助。光卒不肯。惟鳳、龔許歆；遂共移書責讓太常博士。大司空師丹奏歆非毁先帝所立。三人皆出外補吏。而鳳補九江太守，至青州牧。始胡常事江博士。江博士死，迺與鳳俱事尹更始，授梁蕭秉君房，王莽時爲講學大夫，由是《穀梁春秋》有尹、胡、申章、房氏之學。翟方進雖受《穀梁》於尹更始；然好《左氏傳》，其《左氏》則劉歆師也。

左氏之學，自北平侯張蒼。蒼於秦時爲御史，歷秦至漢文帝時爲丞相，傳洛陽賈誼。誼爲《左氏傳訓故》，授趙人貫公，爲河間獻王博士。子長卿爲蕩陰令，授清河張禹長子。禹與蕭望之同時爲御史，數爲望之言《左氏》。望之善之，上書數以稱説。後望之爲太子太傅，薦禹於宣帝，徵待詔；未及問，會疾死；授尹更始。更始傳子咸及翟方進、胡常。常授黎陽賈護季君，哀帝時，待詔爲郎，授蒼梧陳欽子佚，以左氏授王莽，至將軍。而劉歆從尹咸、翟方進受。始歆嗣其父向領校中五經祕書，見古文《春秋左氏傳》，大好之。時丞相翟方進；而尹咸爲丞相史，以能治《左氏》，與歆校經傳。歆略從咸及翟方進受，質問大義。初，《左氏傳》多古字古言，學者傳訓故而已！及歆治《左氏》，以爲："左丘明好惡與聖人同；親見夫子；而公羊、穀梁在七十子後，傳聞之與親見之，其詳略不同。"引傳文以解經，轉相發明，由是章句義理備焉！歆父子俱好古，博見彊志，呻吟《左氏》；下至婢僕，皆能諷誦，由是言《春秋左氏傳》者，本之劉歆。

初，《春秋》惟有《公羊》博士而已。至孝宣世，復立《穀梁》博士。哀帝時，歆既以欲建立《左氏春秋》黜外，會哀帝崩，王莽持政，而歆親近用事，卒立《左氏》！《左氏》自荀卿至尹更始父子、胡常、翟方進輩，皆以名家，而亦兼治《穀梁》；非《公羊》齊學絶不相通者比也！既，世祖中興，立《五經》博士；《春秋》嚴、顔而已；皆《公羊》家也。而《穀梁》、《左氏》不與。終東漢之世，而治《穀梁》有聞者，僅河南侯霸君房、扶風賈逵景伯而已！霸於前漢哀帝時，事九江太守房鳳，治《穀梁》，爲都講。逵名輩差晚，然於五家，《穀梁》爲兼通，而實受其父徽《左氏春秋》爲古學者也。《左氏》雖終不得立學官；然與《公羊》代興。

《公羊》嚴、顔並立，嚴氏爲盛。而治《顔氏》有聞者，終東漢之世，僅河内張玄君夏、豫章唐檀子産而已！然玄兼通數家，特以顔氏爲宗。世祖時，舉明經，補弘農文學，遷陳倉縣丞，清淨無欲，專心經書；方其講問，乃不食終日，及有難者，輒爲張數家之説，令擇從所安。諸儒皆伏其多通！舉孝廉，除爲郎。會《顔氏》博士缺。玄試策第一，拜爲博士。居數月，諸生上言："玄兼説《嚴氏》，不宜專爲《顔氏》博士！"乃罷。則兼説《嚴氏》者也。《嚴氏》學知名者，則有長沙太守汝南郅鄆君章、琅邪太守河内李章第公、少府山陽丁恭子然、太常北海周澤稚都、太常陳留樓望次子、侍中琅邪承宫少子、長水校尉南陽樊儵長魚、左中郎將汝南鍾興次文、太子少傅北海甄宇長文、海西令豫章陳曾秀文、侍中蜀郡張霸伯驍、霸子長陵令楷公超、潁川太守會稽顧奉。其間丁恭最爲老師。諸生自遠方至者著録數千人；太常樓望，侍中承宫，左中郎將鍾興、長水校尉樊儵，皆受業於恭。而儵刪定《公羊嚴氏章句》，世號"樊侯學"；教授門徒前後三千餘人。其尤知名者張霸，以儀删猶多繁辭，迺減定爲二十萬言，更名張氏學。諸生孫林、段著、劉固等慕之，各市宅所居之旁以就學焉。此治《嚴氏春秋》者也。有治《公羊春秋》而不名嚴、顏何家者；則侍中扶風李育元春、博士羊弼、遼東屬國都尉北海公沙穆文乂、諫議大夫任城何休邵公；而何休最著。休爲人質樸訥口，而雅有心思；從羊弼學。覃思不闚門十有七年，撰成《春秋公羊解詁》十一卷；題曰“何休學”。有不解者。或答曰：“休謙辭受學於師，乃宣此義，不出於己也。”大指以爲“傳《春秋》者非一，本據亂而作；其中多非常異義可怪之論，而貫以五始、三科、九旨、七等、六輔、二類之義”。五始者，元年、春、王、正月、公即位也。即位者，一國之始。政莫大於正始。故春秋以元之氣，正天之端；以天之端，正王之政；以王之政，正諸侯之即位；以諸侯之即位，正竟内之治。諸侯不上奉王之政，則不得即位；故先言正月而後言即位。政不由王出，則不得爲政；故先言王而後言正月也。王者不承天以制號令，則無法；故先言春而後言王。天不深正其元，則不能成其化；故先言元而後言春。五者同日並見，相須成體，乃天人之大本，萬物之所繫，不可不察也。三科、九旨者；新周，故宋，以《春秋》當新王，此一科三旨也。所見異辭，所聞異辭，所傳聞異辭，二科六旨也。内其國，外諸侯；内諸侯而外夷狄；是三科九旨也。七等者，州、國、氏、人、名、字、子。州不若國，故言荆不如言楚。國不若氏，故言楚不如言潞氏、甲氏。氏不若人，故言潞氏、甲氏不如言楚人。人不若名，故言楚人不如言介葛盧。名不若氏，故言介葛盧不如言邾婁儀父。字不若子，故言邾婁儀父，不如言楚子、吴子。《春秋》設此七等以進退當時之諸侯。諸侯用夷禮則夷之；進於中國則中國之也。六輔者，公輔天子，卿輔公，大夫輔卿，士輔大夫，京師輔君，諸夏輔京師也。二類者，人事與災異也。此之謂五始、三科、九旨、七等、六輔、二類。而三科、九旨之於七等，表裏爲用；義最閎大。故曰：“於所傳聞之世，見治起於衰亂之中，用心尚麄觕；故内其國而外諸夏，先詳内而後治外。於所聞之世，見治升平，内諸夏而外夷狄。至所見之世，著治太平；夷狄進至於爵，天下遠近小大若一。”蓋攘夷狄者，所聞世之治也，若所見世，著治太平。哀四年，“晉侯執戎曼子赤歸于楚”。十三年，“公會晉侯及吴子於黄池”。夷狄進至於爵，與諸夏同，無外内之異矣！外内無異，則不必攘。遠近小大若一，且不忍攘！《春秋》心同天地，以天下爲一家，中國爲一人，必無因其種族不同而有歧視之意，而升平世不能不外夷狄者，其時世治尚未進於太平，夷狄亦未進於中國，引而内之，恐爲諸夏患；故夫子稱齊桓、管仲之功，有披髮左衽之懼；以其救中國，攘夷狄，而特筆褒予之；爲夷狄之未進於中國也！雖然，特爲升平之世言之耳！匪太平之治也。言豈一端而已；夫各有所當也。撥亂之世，内其國而外諸夏。諸夏非可攘者，而亦必異外内；斯則隘狹之國家主義，而言治之始爾，匪《春秋》之隆治矣！故董仲舒明言“自近者始”，“王化自近及遠”。由其國而諸夏，而夷狄，以漸進於天下，遠近小大若一；其義即本諸董仲舒也。寧惟三科九旨而已。董仲舒《春秋繁露·重政篇》云：“《春秋》變一謂之元。”何休之説隱元年以焉。《繁露·二端篇》云：“以元之深，正天之端；以天之端，正王之政。”何休之明五始以焉。《繁露·玉杯篇》有“先質後文”之語。而何休遂謂“《春秋》變周之文，從殷之質”。如此之類，難以僕數，是則休之《解詁》，胥出董仲舒之指矣！休又以《春秋》駁漢事六百餘條，成《春秋漢議》十三卷，妙得《公羊》本意。初，李育習《公羊春秋》，頗涉獵古學；嘗讀《左氏傳》，雖樂文采，然謂不得聖人深意；以爲前世陳元、范升之徒更相非折，而多引圖讖，不據理體；於是作《難左氏義》四十一事。至是休與其師博士羊弼追述李育意以難二傳，作《春秋公羊墨守》十四卷，《春秋左氏膏肓》十卷，《春秋穀梁廢疾》三卷。然休之解詁《公羊》，亦有用《左氏》、《穀梁》傳者；儻休膏肓《左氏》，廢疾《穀梁》；而義之所長，亦有不能不兼采並存者乎？考漢今古文家相攻擊，始於《左氏》、《公羊》。而今古文家相攻若仇，亦惟《左氏》、《公羊》爲甚！施、孟、梁邱、京《易》之於費氏《易》，歐陽、大小夏侯《尚書》之於古文《尚書》，齊、魯、韓《詩》之於《毛詩》，雖不並立；然未如公羊家之抨難《左氏》也。

東漢之初，《左氏》雖不立博士，然爲當世貴重。執金吾封雍奴侯上谷寇恂子翼，征西大將軍封陽夏侯潁川馮異公孫，皆以名將學《左氏春秋》，然未名家！扶風孔奮君魚少從劉歆受《春秋左氏傳》。歆稱之，謂門人曰：“吾已從君魚受道矣！”世祖即位，拜爲武都太守。奮以弟奇經明當仕，上病去官。奇博通經典，作《春秋左氏删》。而奮晚有子嘉，官至城門校尉，作《左氏説》。然父子兄弟以爲家學；而未大顯於世！河南鄭興少贛，少學《公羊春秋》而好古學；於王莽時，將門人從劉歆講正《左氏》大義。歆美興才，使撰條例、章句、訓詁；而傳業子衆，字仲師，作《春秋難記條例》、《春秋删》。世言《左氏》者多祖興父子；而賈逵自傳其父徽之業，由是《左氏》有鄭、賈之學。賈徽亦從劉歆受《左氏春秋》，作《左氏條例》二十一篇。而蒼梧陳欽習《左氏春秋》，事黎陽賈護，與劉歆同時而別自名家，子元字長孫，少傳父業，爲之訓詁，鋭精覃思，至不與鄉里通；世祖時與鄭興俱爲學者宗！時尚書令韓歆上疏，欲爲《左氏》立博士。博士范升謂"《左氏》學無有本師而多違異。與歆争，具奏《左氏》之失凡十四事。時難者以太史公多引《左氏》。升又上太史公違戾《五經》，謬孔子言；及《左氏春秋》不可録三十一事。元聞之，詣闕上疏曰："《左氏》孤學少與，遂爲異家之所覆冒。臣元竊見博士范升等所議奏《左氏春秋》不可立及太史公違戾凡四十五事。案升等所言，前後相違；皆斷截小文，媟黷微辭；以年數小差，掇爲巨謬，遺脱纖微，指爲大尤。指瑕擿釁，掩其弘美。所謂'小辨破言，小言破道'者也！臣元愚鄙，嘗傳師言，如得以褐衣召見，俯伏庭下；誦孔子之正道，理丘明之宿冤。若辭不合經，事不稽古，退就重誅，雖死之日，生之年也！"書奏，下其議。范升復與元相辯難，凡十餘上，卒未得其要領。異日李育所謂"陳元、范升更相非折，而多引圖讖，不據理體"者也！然而帝卒立《左氏》學，太常選博士四人，元爲第一。帝以元新忿争，乃用其次司隸從事魏郡李封。於是諸儒以《左氏》之立，論議讙譁。自公卿以下，數廷争之。會封病卒。世祖重違衆議，而因不復補！然世儒言《左氏》者不絶，特爲人主所重，扶風賈逵悉傳父業，弱冠能誦《左氏傳》及《五經》本文，尤明《左氏傳》、《國語》，爲之《解詁》五十一篇；永平中，上疏獻之。顯宗重其書，寫藏祕館。肅宗立，降意儒術，特好古文《尚書》、《左氏傳》。詔逵入講北宫白虎觀、南宫雲臺。帝善逵説，使出《左氏傳》大義長於二傳者。逵於是具條，撰成《春秋左氏長義》二十卷，奏之；曰："臣謹擿出《左氏》三十事尤著明者，斯皆君臣之正義，父子之紀綱；其餘同《公羊》者十有七八，或文簡小異，無害大體。至如祭仲、紀季、伍子胥、叔術之屬，《左氏》義深於君父，《公羊》多任於權變；其相殊絶，固已甚遠。而冤抑積久，莫肯分明！臣以永平中上言《左氏》與圖讖合者，先帝不遺芻蕘，省納臣言，寫其傳詁，藏之祕書。建平中，侍中劉歆欲立《左氏》，不先暴論大義而輕移太常，恃其義長，詆挫諸儒。諸儒内懷不服，相與排之；從是攻擊《左氏》，遂爲重讎！至光武皇帝奮獨見之明，興立《左氏》、《穀梁》。會二家先師不曉圖讖，故令中道而廢。凡所以存先王之道者，要在安上理民也。今《左氏》崇君父，卑臣子，彊幹弱枝，勸善戒惡，至明至切，至直至順。且三代異物、損益隨時。故先帝博觀異家，各有所采。《易》有施、孟，復立梁丘。《尚書》歐陽，復有大小夏侯。今三傳之異，亦猶是也。又《五經》家皆無以證圖讖明劉氏爲堯後者，而《左氏》獨有明文。《五經》家皆言顓頊代黄帝，而堯不得爲火德；《左氏》以爲少昊代黄帝，即圖讖所謂帝宣也。如令堯不得爲火，則漢不得爲赤。其所發明，補益實多！”書奏。帝嘉之，賜布五百疋，衣一襲；令逵自選《公羊》嚴、顔諸生高才者二十人，教以《左氏》，與簡紙經傳各一通。然逵之所爲稱引《左氏》義長者，特迂怪可笑，附托圖讖，献媚世主以行其學耳！論者以爲匪其本也！然《左氏》由是行於世！八年，乃詔諸儒各選高才受《左氏》、《穀梁春秋》；皆拜逵所選弟子及門生爲千乘王國郎，朝夕受業黄門署。學者皆欣欣羡慕焉！扶風馬融季長嘗欲訓《左氏春秋》；既見逵及鄭衆所注，乃曰：“賈君精而不博，鄭君博而不精，既精既博，吾何加焉！”但著《三傳異同説》。北海鄭玄康成始事京兆第五元先，通《公羊春秋》；既，因涿郡盧植子幹事馬融，遂明《左氏》；乃發《公羊墨守》，鍼《左氏膏肓》，起《穀梁廢疾》，以致難於何休。又以休有《春秋漢議》，作書二卷駁之；《隋書·經籍志》所著《駁何氏漢議》者是也。休見歎曰：“康成入吾室，操吾矛以伐我乎！”初，中興之後，范升、陳元、李育、賈逵之徒，争論古今學。及玄答何休，義據通深，由是古學遂明；《公羊》微而《左氏》興。玄作《左氏傳注》，未成，以與河南服虔子慎；作《春秋左氏傳解誼》三十一卷，亦以《左傳》駁何休之所駁漢事六十條，成《春秋漢議駮》二卷；又以何休重難《左氏》，撰《春秋左氏膏肓釋痾》十卷、《春秋成長説》九卷、《春秋塞難》三卷，斯亦鍼起何疾，申明左指者也。然《左傳》猶未置博士。會靈帝立太學《石經》。盧植乃上書請置博士，爲立學官；謂“與《春秋》共相表裏”也。陳國潁容子嚴者，博學多通，善《春秋左氏》，師事太尉楊賜。於獻帝初，避亂荆州，聚徒千餘人。劉表以爲武陵太守；不肯起，著《春秋左氏條例》五萬餘言。而同時南陽謝該文儀亦以明《春秋左氏》爲世名儒，門徒數百千人。河東樂詳條《左氏》疑滞七十二事以問，該皆爲通解之，名爲《謝氏釋》，行於世。斯則東京左學之後勁也已！漢祚既衰，鼎分三國。言《春秋》者，魏有司徒東海王朗景興撰《春秋左氏傳》十二卷。而朗子太常肅字子雍，能傳父學，撰《春秋左氏傳》三十卷、《春秋外傳章句》一卷、《注》二十二卷。大司農弘農董遇季直撰《春秋左氏傳章句》三十卷，樂平太守糜信撰《春秋説要》十卷、《春秋穀梁傳注》十二卷、《理何氏漢議》二卷。中散大夫譙郡嵇康撰《春秋左氏傳音》三卷，大長秋韓益撰《春秋三傳論》十卷。而高貴鄉公以帝子窮經撰《春秋左氏傳音》三卷，斯稱儒林之盛事焉，蜀亡傳《春秋》者，吴則有騎都尉會稽虞翻仲翔撰《春秋外傳國語注》二十一卷。尚書僕射丹陽唐固子正撰《春秋穀梁傳注》十三卷、《春秋外傳國語注》二十一卷。中書侍郎雲陽韋昭宏嗣撰《春秋外傳國語注》二十一卷①。《春秋外傳國語》者，傳云自左丘明；既爲《春秋傳》，又稽其逸文，纂其別號，分周、魯、齊、晉、鄭、楚、吴、越八國事，起自周穆王，終於魯悼公，別爲《國語》二十一篇；亦曰《外傳》者，《春秋》以魯爲内，以諸國爲外，外國所傳之事也；其文以方《内傳》，或重出而小異。自鄭衆爲之解詁，而漢、魏儒者並申以注釋，治其章句，此亦《六經》之流，《三傳》之亞也！然鄭衆解詁以下，諸家並亡。獨韋昭之注存！自序稱兼采鄭衆、賈逵、虞翻、唐固。今考所引鄭説、虞説，寥寥數條；惟賈、唐二家，援據駁正爲多；凡所發正六十七事。而三國之言《公羊》者，僅見魏河南尹丞高唐劉寔子真之撰《春秋條例》十一卷②、《春秋公羊達義》三卷焉。晉武帝既禪魏祚；遂并吴國，蓋鎮南大將軍京兆杜預元凱之謀爲多。預博學多通；立功之後，從容無事，乃耽思經籍，爲《春秋左氏經傳集解》，分經之年與傳之年相附，比其義類，特舉劉歆、賈徽父子、許淑、潁容之違以見同異，大指以爲“古今言《左氏春秋》者多矣；獨劉子駿創通大義。賈景伯父子、許淑卿，皆先儒之美者也！末有潁子嚴者，雖淺近，亦復名家。其他可見者十數家，大體轉相祖述；於丘明之傳有所不通，皆没而不説，而更膚引《公羊》、《穀梁》，適足自亂！預今所以爲異，專修丘明之傳以釋經。經之條貫，必出於傳；傳之義例，總歸諸凡”。其發凡以言例者五十，其別四十有九；“皆經國之常制，周公之垂法，史書之舊章；仲尼從而修之，以成一經之通

① 《隋書・經籍志》著録爲“二十二卷”。

② 據《晉書・劉寔傳》所載，爲二十卷。

體；其微顯闡幽，裁成義類者，皆據舊例而發義，指行事以正褒貶，諸稱‘書’、‘不書’、‘先書’、‘故書’、‘不言’、‘不稱’、‘書曰’之類，皆所以起新舊，發大義，謂之變例。然亦有史所不書，即以爲義者；此蓋《春秋》新意；故傳不言凡，曲而暢之也。其《經》無義例，因行事而言，則《傳》直言其歸趣而已，非例也。故發《傳》之體有三，而爲例之情有五：一曰‘微而顯’，文見於此，而起義在彼。稱族尊君命，舍族尊夫人、梁亡、城緣陵之類，是也。二曰‘志而晦’，約言示制，推以知例。參會不地、與謀曰及之類，是也。三曰‘婉而成章’，曲從義訓以示大順。諸所諱辟璧、假許田之類，是也。四曰‘盡而不汙’，直書其事，具文見意。丹楹刻桷、天王求車、齊侯獻捷之類，是也。五曰‘懲惡而勸善’，求名而亡，欲蓋而章。書齊豹盜、三叛人名之類，是也。”推五體以尋經旨，簡二傳而去異端，蓋丘明之志也。又别集諸例及地名、譜第、曆數，相與爲部，凡四十部十五卷，皆顯其異同，從而釋之。名曰《釋例》。又作《盟會圖》、《春秋長曆》，備成一家之學。比老乃成，自云“有《左傳》癖”。然當時論者謂預文義質直，未之重！獨祕書監長安摯虞仲治賞之曰：“左丘明本爲《春秋》作傳；而《左傳》遂自孤行！《釋例》本爲《傳》設；而所發明，何但《左傳》！”蓋左氏初行，學者不得其例，故傅會《公羊》以就其説；亦猶佛典初興，學者多以老、莊皮傅。而預生諸儒後，始專以《左氏》凡例爲揭櫫，不復雜引二傳；此其所以來“左氏忠臣”之稱也！然後賢短預，或頗未同！究厥所以，條爲三事：蓋鄭注《周禮》，先引杜、鄭；韋注《國語》，明徵賈、唐；言必稱先，不敢掠美。預乃空舉劉、賈、許、潁，而《集解》中不著其名；溷昔賢于己説，迹近乾没。其失一也。預《解》不舉所出。劉與許、潁之説盡亡。賈、服二家，尚存厓略。預舉四家而不及服。其失二也。長於星曆地理，而吝於蟲魚鳥獸草木之名；又言地理，好爲肊説，未能揆度遠近，輒以影附今地。其失①三也。且又棄經信傳，曲爲之説，或直謂是經誤。預自云“有《左傳》癖”。若此之類，得不謂之癖歟！預之《集解》，與服虔並立國學；然預書盛行，而服義寖微！上黨續咸孝宗師事預，專《春秋左氏》，又有東平劉兆延世者，與預同時，而治《春秋》不主墨守；以《春秋》一經而三家殊塗，

① “失”原作“説”，今改正。

乃思三家之異，合而通之；《周禮》有調人之官，作《春秋調人》七萬餘言，皆論其首尾，使大義無乖，時有不合者，舉其長義以通之。又爲《春秋左氏解》，名曰《全綜》，《公羊》、《穀梁》解詁，皆納經傳中，朱書以別。而同時濟北氾毓稚春之撰《春秋釋疑》，亦合《三傳》爲之解注。二人書皆不傳，倘預之所謂"膚引《公》、《穀》，適足自亂"者乎？既晉道中替，元帝踐阼江左，詔《春秋左氏傳》杜氏、服氏博士各一人。其《公羊》、《穀梁》省不置。太常荀崧以爲不可，乃上疏曰："丘明書善禮，多膏腴美辭，張本繼末以發明經意，信多奇偉！然公羊高親受子夏，辭義清雋，斷決明審，董仲舒之所善也！穀梁赤師徒相傳，其書文清義約，諸所發明，或是《左氏》、《公羊》所不載，亦足有所訂正，《三傳》雖同曰《春秋》，而發端異趣。此則義則戰爭之場，辭亦劍戟之鋒；於理不可得共博士；宜各置一人。"詔曰："《穀梁》膚淺，不足置博士！它如奏。"會有兵事，而《公羊》亦不卒立！然終東晉之世，言《公羊》者，僅車騎將軍鄢陵庾翼稚恭問，王愆期答之《春秋公羊論》二卷，著《隋書·經籍志》而已！殆絶學矣！言《穀梁》者：則有廣陵太守魯國孔衍舒元之《春秋穀梁傳》十四卷，豫章太守范寧武子之《春秋穀梁傳集解》十二卷、《春秋穀梁傳例》一卷；驍騎將軍姑幕徐邈之《春秋穀梁傳》十二卷、《春秋穀梁傳義》十卷、《答春秋穀梁義》三卷；具著《隋書·經籍志》，罕有見者！獨范寧之《集解》，獲傳於後焉！考寧之《穀梁》，本出家學，其父散騎常侍汪字玄平者，嘗率門生故吏兄弟子姪，研講六籍，次及《三傳》。《左氏》則有服、杜之注，《公羊》則有何、嚴之訓，而釋《穀梁傳》者雖近十家，皆膚淺末學，不經師匠，辭理典據，既無可觀；又引《左氏》、《公羊》以解此傳，文義違反；斯害也已！於是商略名例，敷陳疑滯，博示諸儒同異之說。至寧撰次諸子，各記姓名，故曰《集解》。惟《漢書·藝文志》載"《公羊》、《穀梁》二家《經》十一卷，《穀梁傳》十一卷"。則經傳初亦別編；而寧《集解》乃分傳附經併注之；疑即寧之所合。中"公觀魚於棠"、"葬桓王"、"杞伯來逆叔姬之喪"、"曹伯廬卒於師"、"天王殺其弟佞夫"五事，皆冠以"傳曰"；惟"葬桓王"一事，與《左傳》合，餘皆不知所引何傳。疑寧分傳附經之時，皆冠以"傳曰"，如鄭玄、王弼之《易》有"彖曰"、"象曰"之例。傳義未安，多稱"未詳"；經指不通，直云"不達"；不望文而曲說，不墨守以護傳，多聞闕疑；蓋慎之也！

《晉書》本傳稱“其義精審，爲世所重。既而徐邈復爲之注，世亦稱之”。是邈《注》在《集解》之後。今《集解》中迺多引邈《注》，未詳其故。所著《春秋穀梁傳例》一卷，今佚；然《集解》中時有“傳例曰”，或學者以便研討，而割裂其文，散附《集解》歟？然何休《解詁》，專主《公羊》。杜預《集解》，壹宗《左氏》。雖義有拘閡，必曲爲解說；蓋家法然也。獨范寧兼采《三傳》，不主《穀梁》；開唐啖、趙、陸之先，異漢儒專家之學，蓋經學至此一變。雖譏十家《穀梁》之引《左氏》、《公羊》，違反文義；而指在擇善，多引杜預，此則述左家之義，說穀梁之傳，已以譏人，而未自反者焉！杜預之玄孫曰坦，坦弟驥，於宋朝並爲青州刺史，傳其家業，故齊地多習《左傳杜解》。北朝自魏末河北大儒徐遵明子判門下講服《解》。平原張買奴，河間馬敬德、邢峙，樂城張思伯，渤海劉晝、鮑季詳、鮑長暄並得《服氏》之精。又有衛凱、陳達、潘叔虔雖不出徐氏之門，亦爲通解。又有姚文安、秦道静初亦學《服氏》，後更兼講杜預所注。其江左儒生俱服膺杜氏。大抵南北所爲章句，好尚互有不同。河東崔靈恩徧習《三傳》，撰有《左氏經傳義》及《條例》、《公羊穀梁文句義》凡一百三十卷；而《左傳》先習服《解》；仕魏，爲太常博士，以天監十三年歸梁；而服《解》不爲江東所行；乃改說《杜義》，每文句常申服以難杜，遂著《左氏條義》以明之。時會稽虞僧誕爲國子助教，最精杜學，因作《申杜難服》以答靈恩。世並傳焉。杜《解》既行，而爲義疏者，則有梁國子博士武康沈文阿國衡，隋太學博士景城劉炫光伯暨蘇寬之屬。然沈氏長於義理例，疏於經傳。蘇氏則全不體本文，惟旁攻賈、服。劉炫聰惠辨博，固爲罕儔；然意在矜伐，性好非毀，規杜氏之失凡一百七十餘事；習杜《義》而攻杜氏，或者比之蠹生於木而還食其木，非其理也！然視二家差有可觀；所爲規杜有騁臆失據者，亦有愜心饜理者。既，唐太宗御世。國子祭酒孔穎達奉詔撰《春秋左傳正義》，壹宗杜《解》，而疏則損益劉炫而以沈文阿補其闕漏。惟杜《解》既嫌强《經》就《傳》。而孔《疏》亦過申杜抑劉，於劉之致規於杜者，壹切以爲非是；斯又篤信專門之過！而與共參定者，則有四門博士楊士勛焉。士勛兼明《穀梁》，又爲范寧《春秋穀梁傳集解》作疏；其書不及穎達《杜疏》之賅洽。然諸儒言《左傳》者多，言《公》、《穀》者少，既乏憑藉之資；而孔《疏》成於衆手，此則出於一人，復鮮佐助之力；詳略殊觀，固其宜也！惟范寧

《傳例》全書已佚，散附《集解》；而疏中所引，有稱“范氏略例”者，有稱“范例”者，有稱“范氏别例”者，凡二十餘條；皆在《集解》所附之外；其云别例者，蓋《范氏注》中已有例，而此别出故也。中如《桓元年疏》引《范氏例》云：“春秋上下無王者凡一百有八。……”《莊二十二年夏雨大災疏》引《范例》云：“災十有二；内則書日，外則書時。……”《閔二年夏五月乙酉吉禘於莊公疏》引《范略例》云：“祭祀例有九，皆書月以示譏”……如此之類，皆臚次其事以見義類而已。蓋《春秋》無達例；但屬辭比事，臚列書法之同異，有可以心知其義者，則爲之説，其不可知者，則闕之而不爲曲説；斯可以推見《范例》之矜慎焉！士勛疏述之功，不可没也。《公羊傳》自何休《解詁》以後，罕有爲之疏者；世傳徐彦不知何代？其疏“葬桓王”一條，全襲用楊士勛《穀梁傳疏》，知在士勛之後；而疏文自設問答，文繁語複，或者故襲《公羊》之文體耶？惟《左傳》附《經》，始於杜預。《穀梁》附《經》，疑自范寧。而《公羊傳》附《經》，則不知始自何人？觀何休解詁，但釋《傳》而不釋《經》，與杜、范異例，知漢末猶自别行。後世所傳《漢石經》殘字，《公羊傳》亦無經文；足以互證。今本以《傳》附《經》，或徐彦作疏之時所合併歟？自是《春秋三傳》之疏備！然《春秋》之學，至唐而疏通證明，集漢詁之大成；亦至唐而風氣獨開，導宋學之先路。肅、代之世，有潤州丹陽縣主簿趙郡啖助叔佐者，明《春秋》，撰《統例》，務在考《三傳》得失，彌縫厥漏；故其論多異先儒。如謂：“《左傳》非丘明所作；獨詳周、晉、齊、宋、楚、鄭之事，乃左氏得此數國之史以授門人；義則口傳，未形竹帛。後代學者乃演而通之，編次年月以爲傳記；又雜采各國諸卿家傳及卜書、夢書、占書、縱横小説，故序事雖多，釋經殊少；猶不若《公羊》、《穀梁》之於經爲密。《公羊》、《穀梁》初亦口授。公羊名高，穀梁名赤，未必是寔。《漢書》丘明授魯曾申，申傳吴起，自起六傳至賈誼等説，亦皆附會。”又云：“《春秋》之文簡易。先儒各守一傳，不肯相通，互相彈射，其弊滋甚。”自啖助之説出而風氣漸變。大抵啖助以前，學者皆專門名家，苟有不通，寧言《經》誤：其失也固陋！啖助以後，學者喜援《經》擊《傳》；其或未明，則憑私臆決；其失也穿鑿。助之學，傳於洋州刺史河東趙匡伯循、給事中吴郡陸淳伯沖。淳因助《統例》，僅成六卷；遂與助之子曰異者，裒録遺文，增纂《統例》，請匡損益，成《春秋集傳纂例》十卷；又本褒貶之意，更爲《春秋微旨》三卷，條别《三傳》，折衷啖、趙，以朱墨記其勝否；又摭《三傳》之不入《纂例》者，駁正以啖、趙之説，以明去取之意，成《春秋集傳辨疑》十卷。蓋啖助之學，至淳而發揮旁通也。然淳之闡發師説，亦有變本而加厲者！啖助以爲："《左氏》叙事雖多，解經意殊少；《公》、《穀》傳經密於《左氏》；然《左氏》比餘傳，其功最高，博采諸家，叙事尤備；能令百代之下，頗見本末，因以求意，經文可知。"則亦未甚深非。至淳則直謂"《左氏》淺於《公》、《穀》，誣謬實繁"。啖助以爲："左氏、公羊、穀梁皆孔門後之門人。但公、穀守經，左氏通史，其體異爾！惟《三傳》之義，本皆口傳。《左傳》亦非丘明自作。"至淳則直謂："左氏非丘明。丘明，夫子以前賢人，如史佚遲任之流。焚書之後，學者見《傳》及《國語》，俱題左氏；遂引以爲丘明。然自古豈止一丘明姓左乎？且《左傳》、《國語》，文體不倫，叙事多乖，定非一人所爲也。"此則闡發師説而變本加厲者也。然今世所傳合《三傳》爲一書者，實自淳之《纂例》始。淳本啖助之説，雜采《三傳》，以意去取，合爲此書；變專家爲通學，是《春秋》經學一大變。宋儒治《春秋》者皆此一派。如平陽孫復明復之撰《春秋尊王發微》十二卷；新喻劉敞原父之撰《春秋權衡》十七卷，《春秋傳》十五卷，《春秋意林》二卷，《春秋傳説例》一卷；高郵孫覺莘老之《春秋經解》十三卷；涪陵崔子方彦直之撰《春秋經解》十二卷，《春秋本例》二十卷，《春秋例要》一卷；吴縣葉夢得石林之撰《春秋傳》二十卷，《春秋考》十六卷，《春秋讞》二十二卷；壽州吕本中居仁之撰《春秋集解》三十卷；崇安胡安國康侯之撰《春秋傳》三十卷；鄞縣高閌抑崇之撰《春秋集注》四十卷；瑞安陳傅良君舉之撰《春秋後傳》十二卷；南安吕大圭圭叔之撰《春秋或問》二十卷，附《春秋五論》一卷；眉山家鉉翁則堂之撰《春秋詳説》三十卷；皆焯然名家，著有成書者。其中以孫復爲最先；劉敞爲最優；而胡安國爲最顯。孫復沿啖、陸之餘波，幾於盡廢《三傳》。而劉敞則不盡從《傳》，亦不盡廢《傳》，進退諸説，往往依經立義，不似復之意爲斷制。此亦説貴徵實之一徵也。胡安國之撰《春秋傳》，自草創至於成書，初稾不留一字；其用意亦勤矣！顧其書作於南渡之後，故感激時事，往往借《春秋》以寓意，不必一一悉合於經旨；在宋儒《春秋》之書，名最高而品斯下焉！余考宋儒之説《春秋》者，蓋往往推衍啖、陸之説。葉夢得曰：

"《左氏》傳事不傳義，是以詳於史而事未必實。《公羊》、《穀梁》傳義不傳事，是以詳於經而義未必當。"胡安國曰："事莫備於《左氏》。例莫明於《公羊》。義莫精於《穀梁》。"朱子曰："《左氏》是史學。《公》、《穀》是經學。史學者記得事卻詳，於道理上便差。經學者於義理上有功，然記事多誤。"又曰："左氏曾見國史，考事頗精，只是不知大義，專去小處理會，往往不曾講學。公、穀考事甚疏，然義理卻精；二人乃是經生，傳得許多說話，往往不曾見國史。"吕大圭曰："左氏熟於事。公、穀深於理。蓋左氏曾見國史，而公、穀乃經生也。"此推衍啖助"公、穀守經，左氏通史"之說也。臨川王安石介甫有《左氏解》一卷，證左氏非丘明者十一事；今佚其書，不知十一事者何據？或問程子曰："左氏是丘明否？"曰："傳無丘明字，故不可考。"葉夢得撰《春秋讞》，據《左傳》末載"韓、魏反而喪之"之語，謂"知伯亡時，左氏猶在"，斷以爲戰國時人。莆田鄭樵漁仲《六經奥論》云："左氏終紀韓、魏智伯之事，又舉趙襄子之謚。若以爲丘明，自獲麟至襄子卒已八十年矣；使丘明與孔子同時，不應孔子既没七十有八年之後，丘明猶能著書。此左氏爲六國人，明驗一也。左氏'戰於麻隧，秦師敗績，獲不更女父'。又云：'秦庶長鮑、庶長武帥師及晉師戰於櫟。'秦至孝公時，立賞級之爵，乃有不更、庶長之號。明驗二也。左氏云：'虞不臘矣！'秦至惠王十二年初臘。明驗三也。左氏師承鄒衍之説而稱'帝王子孫'。齊威王時，鄒衍推五德終始之運。明驗四也。左氏言分星，皆準堪輿；按韓、魏分晉之後，而堪輿十二次'始於趙分曰大梁'之語。明驗五也。左氏云：'左師展將以公乘馬而歸。'按三代時，有車戰，無騎兵；惟蘇秦合從六國，始有'車千乘，騎萬匹'之語。明驗六也。左氏序吕相絶秦，聲子説齊，其爲雄辯狙詐，真遊説之士，捭闔之辭。明驗七也。左氏之書，序晉、楚事，如'楚師熸'，'猶拾瀋'等語，則左氏爲楚人。明驗八也。據此八驗，知左氏爲六國時人，非丘明矣。"朱子亦謂"'虞不臘矣'爲秦人之語"，與鄭樵同。此推衍陸淳"左氏非丘明"之説也。惟重證驗，主事實；殆有勝於陸淳之懸想鑿空者焉！然宋自孫復之祖陸淳；人人以臆見説《春秋》；惡舊説之害己也，則舉《三傳》義例而廢之；又惡《左氏》所載證據分明，不能縱横顛倒，惟所欲言也，則併舉《左傳》事蹟而廢之；譬諸治獄務燬案牘之文，滅證佐之口，則是非曲直，乃可惟所斷而莫之争也。獨眉山蘇轍子由撰《春秋集傳》十二卷，大意以世人多師孫復，不復信史；故簡別《公》、《穀》，壹以《左氏》爲本；蓋《二傳》之意測者難信而左氏之徵史者有據也。金華吕祖謙伯恭之學，於《左傳》最深；其發揮《左傳》者，則有《春秋左氏傳説》二十卷、《續説》十二卷、《東萊左氏博議》二十五卷，然據事抒論，意不在通經。福清林栗黄中撰《春秋經傳集解》三十三卷，則尤專主《左氏》而黜《公》、《穀》。惟林栗指《左傳》之"君子曰"爲劉歆所加。而資州李石方丹著《左氏君子例》一卷，則以爲《左傳》有所謂"君子曰"者，蓋皆示後學以褒貶大法云。蒲江魏了翁鶴山節録杜《注》、孔《疏》，每條前爲標題，而系以先後次第，成《春秋左傳要義》三十一卷，其書於疏中日月名氏之曲説，煩重瑣屑者，多刊除不録，而名物、度數之間，則删繁舉要，本末粲然。蓋左氏之書，詳於典制；三代之文章禮樂，猶可以考見其大凡；其遠勝《公》、《穀》，寔在於此；了翁所輯蓋庶乎得其要領者！丹稜程公説克齋則取《春秋》經傳，倣司馬遷書，爲年譜、名譜、曆法、天文、五行、疆理、禮樂、征伐、職官諸書，周、魯、齊、宋、晉、楚以下大小國世本，成《春秋分紀》九十卷，條别件繫，附以序論。清儒顧棟高之《春秋大事表》大略仿焉。斯與魏了翁《春秋左傳要義》俱爲左學之津梁也。是皆刻意於《左氏》之書者；儻以厠於宋儒之間，殆所謂抗心獨往，而不囿於時論者耶！元仁宗延祐二年，定科舉經義經疑取士條格，《春秋》用《三傳》及胡安國《傳》。然祁門汪克寬德輔作《春秋纂疏》三十卷，一以安國爲主。而明成祖命行在翰林院學士胡廣等撰定《春秋大全》七十卷，即用克寬之《胡傳纂疏》爲藍本焉！自是胡《傳》行而《三傳》悉廢。儒者馴乃棄經不讀，惟以安國之傳爲主；明儒所謂經義者，實安國之傳義而已！故有明一代《春秋》之學爲最陋；而其端寔於元發之！此元、明兩代之《春秋》學，所爲卑之無甚高論者也！獨有可特筆者，元之二家：曰慶元程端學積齋，曰休寧趙汸子常；明之二家：曰長洲陸粲子餘，曰太倉傅遜士凱。四人者，主張不同，方法亦不同。程端學作《春秋三傳辨疑》二十卷，其書以攻駁《三傳》爲主；凡端學以爲可疑者，皆摘録經文傳文，而疏辨於下；大抵先存一必欲廢傳之心，而百計以求其瑕纇；求之不得，則以不可信一語概之。蓋不信《三傳》之説，創於啖助、陸淳，逮宋析爲三派：有棄傳而不駁傳者；厥以孫復之《春秋尊王發微》爲最著。有駁《三傳》之義例者；厥以劉敞之《春秋權衡》爲最著。有駁《三傳》之典故者；厥以葉夢得之《春秋讞》爲最著。至於端學，乃兼三派而用之；且併以《左傳》爲僞撰，推波助瀾，罔顧其安！而作《春秋本義》三十卷，則頗能糾正胡安國《傳》之失；而所采自《三傳》而下，凡一百七十六家，中多宋儒孫復以後之説，其書佚者十之九；則可謂集宋學之大成者矣！至其作《春秋或問》十卷，則歷舉諸家，各加抨擊；雖過疑《三傳》，未免乖方；至於宋代諸儒，一切深刻瑣碎之談，附會牽合之論，罔不併舉而摧陷焉！是蒐采宋學之總匯者端學；而廓清宋儒之矯誣者，亦端學也！至趙汸淹貫《三傳》，所撰《春秋集傳》十五卷、《春秋屬辭》十五卷、《春秋左氏傳補注》十卷，皆據傳求經，多由考證得之；不似程端學之好騁臆説。蓋汸之説《春秋》，以《左氏傳》爲主；《注》則宗杜預；《左》有不及者，以《公羊》、《穀梁》二傳通之；杜所不及者，以陳傅良《左傳章旨》通之。其大旨謂："杜偏於《左》。傅良偏於《穀梁》。若用陳之長以補杜之短，用《公》、《穀》之是以救《左傳》之非，則兩者兼得；筆削義例，觸類貫通；傳注得失，辨釋悉當；不獨有補於杜《解》，爲功於《左傳》；即聖人不言之旨，亦灼然可見。"因反復辨討，出入百家，究其得失，即陳傅良《章旨》附於杜《注》之下，成《春秋左氏傳補注》；於杜《注》有未備者，頗采孔穎達之《疏》暢述之；蓋徵實之學，與虛騰高論者終有别也！惟趙汸譏陳傅良《春秋後傳》之貫通《三傳》，謂"《公》、《穀》與《左氏》終是異師"；頗中其失！然漢尹更始之《章句》，晉劉兆之《全綜》，已開貫通《三傳》之先路；奚必獨繩陳傅良以苛論矣！陳傅良之書，獨存《春秋後傳》；《左傳音旨》，世則罕睹！而汸所采録，寧祇補杜《注》之遺闕，抑足存陳書之梗概焉！至無錫邵寶國賢於明武宗時，著《左觿》一卷，頗發杜《注》之違；獨惜其寥寥無多！陸粲乃著《左傳附注》五卷以駁正杜《注》、孔《疏》暨陸德明之《左傳釋文》，旁采諸家，斷以己意，於訓詁家頗爲有裨。而傅遜著《左傳屬事》二十卷，則倣建安袁樞紀事本末之體，變編年爲屬事，事以題分，題以國分；更加考注以訂杜預之誤；又著《左傳注解辨誤》二卷，則會衆説以折衷之；杜《注》之誤，有未經辨議者，亦創以己意爲之釐革；斯則左氏之忠臣，杜《注》之諍友；而明儒之矯然特出者乎！清儒尊推漢學，與明儒異趣。然《公羊》垂絶復續，至晚清迺盛。而《穀梁》孤學，廑有傳者！獨《左氏》不絶於講誦。其無慙左氏之忠臣，杜《注》之諍友，而有光於前哲者；則有崑山顧炎武亭林之撰《左傳杜解補正》三卷；衡陽王夫之而農之撰《春秋稗疏》二卷；吴江朱鶴齡長孺之撰《讀左日鈔》十四卷；泰州陳厚耀泗源之撰《春秋長曆》十卷，《春秋世族譜》一卷；吴縣惠士奇天牧之撰《半農春秋説》十五卷；惠棟定宇之撰《左傳補注》六卷；吴江沈彤冠雲之撰《春秋左氏傳小疏》一卷；甘泉焦循理堂之撰《春秋左傳補疏》五卷；陽湖洪亮吉稚存之撰《春秋左傳詁》二十卷；錢唐梁履繩處素之撰《左通補釋》三十二卷；吴縣沈欽韓文起之撰《春秋左氏傳補注》十二卷；桐城馬宗璉魯陳之撰《春秋左傳補注》一卷；嘉興李貽德次白之撰《春秋左傳賈服注輯述》二十卷；皆能補苴罅漏，張皇幽眇，通賈、服之説，發杜氏之違，於左氏書有所闡明；而焦循、沈彤特斥杜預注左，以成司馬氏之篡弑，語有證佐，最推深識。然就《左氏》而論，猶爲掇拾細故，未究大體；獨無錫顧棟高震滄之撰《春秋大事表》五十卷，錯比全書，創意爲表；天文有《時令表》、《朔閏表》、《長曆拾遺表》、《天文表》、《五行表》；地理有《列國疆域表》、《列國犬牙相錯表》、《列國都邑表》、《列國山川表》、《列國險要表》、《城築表》；國際有《列國爵姓及存滅表》、《齊楚争盟表》、《宋楚争盟表》、《晉楚争盟表》、《吴晉争盟表》、《齊晉争盟表》、《秦晉交兵表》、《晉楚交兵表》、《吴楚交兵表》、《吴越交兵表》、《齊魯交兵表》、《魯邾莒交兵表》、《宋鄭交兵表》、《兵謀表》、《四裔表》、《齊紀鄭許宋曹吞滅表》；内政有《列國官制表》、《刑賞表》、《田賦軍旅表》、《王迹拾遺表》、《魯政下逮表》、《晉中軍表》、《楚令尹表》、《宋執政表》、《鄭執政表》、《亂賊表》；典禮有《吉禮表》、《凶禮表》、《賓禮表》、《軍禮表》、《嘉禮表》；人物有《列國姓氏表》、《卿大夫世系表》、《人物表》、《列女表》；考文有《三傳異同表》、《闕文表》、《左傳引據詩書易三經表》，《杜注正譌表》；凡百三十一篇，類聚區分，以列《春秋》大事，略與宋程公説之作《春秋分紀》同；然條理詳明，考證典核，較公説書寔爲過之！其辨論諸篇，引據博洽，議論精確，多發前人所未發；亦非公説所可及！信千古之絶作也！亦有體大思精，父子祖孫，家世相嬗，而莫殫其業者；則有如儀徵劉文淇孟瞻，生於道光之世，研精古籍，貫串羣經，於《左氏傳》致力尤勤；嘗謂“《左氏》之義，爲杜《注》剥蝕已久；其稍可觀覽者，皆係襲取舊説”。發凡創例，撰《左傳舊注疏證》；先取賈、服、鄭三君之注，疏通證明；凡杜氏所排擊者糾正之；所剿襲者表明之；其沿用韋氏《國語注》者，亦一一疏記；他如許慎《五經異義》所載《左氏》説，皆本《左氏》先師；《説文》所引《左傳》，亦是古文家説；《漢書·五行志》所載劉子駿説，實《左氏》一家之學；又如《經疏》、《史注》及《御覽》等書所引《左傳注》，不載姓名，而與杜《注》異者，亦是賈、服舊説；凡若此者，皆稱爲舊注而加以疏證；其顧、惠注補及洪亮吉、沈彤、焦循等人專釋《左氏》之書，以及錢、戴、段、王諸家詁訓，説有可采，咸與登列，未始下以己意，定其從違，上稽先秦諸子，下考唐以前史書，旁及雜家、筆記、文集，皆取爲證佐，期於實事求是，俾左氏之大義，炳然復明；草創四十年，長編已具，然後依次排比成書；顧未及寫定而卒！其子毓崧伯山繼之；會天下大亂，年五十卒，迄未成書！其子壽曾恭甫又繼之，亦以夭死；厪卒襄公！三世一經，賚志踵歿，滋可哀也！清祚垂衰，樸學亦絶！經生殢厲，斯稱章、劉。劉師培申叔者，劉文淇之曾孫，而壽曾之猶子也；少承先業，以《春秋三傳》，同主詮經，《左傳》爲書，説尤賅備；審其義例，或經無傳著，或經略傳詳；以傳勘經，知筆削所昭，類存微旨。漢儒説《左氏》，據本傳以明經義，凡經字相同，即爲同旨。又引月冠事，明經有繫月不繫月之分，創獲實多，亦較《二傳》爲密！爰闡厥科條，舉同詞同指，同詞異實，褒貶互見，錯文見異，變文爲例，文實殊指，内外異詞，時日月例，成《春秋左傳例略》一書。餘杭章炳麟太炎與師培驩好，亦治左學，以爲《左氏》古義最微，非極引周、秦、西漢先師之説，則其術不崇；非極爲論難辨析，則其義不明；故以淺露分别之詞，申深迂優雅之旨，發疑正讀，成《春秋左傳讀》一書。又據桓譚《新論》，謂劉向以《穀梁》名家，而亦呻吟《左氏》；《説苑》、《新序》、《列女傳》中所舉《左氏》事義六七十條，其間一字偶易，正可見古文《左傳》不同今本；而子政之改易古文，代以訓詁者，亦皆可覩；蓋字與今異者，則可見河間古文；訓與今異者，則本之賈生訓故；抽繹古義，次第其文，成劉子政《左氏説》，以糾《漢書》稱"歆治《左氏》，向不能非間，猶自持《穀梁》義"之違謬。斯可謂輓近左學之後勁者矣！《穀梁》與《左氏》同出魯學；然《穀梁》自昔孤微！清中葉以後稍振。其著書立説，差自名家者，則有海州許桂林同叔之《穀梁釋例》四卷；番禺侯康君謨之《穀梁禮證》二卷；丹徒柳興恩賓叔之《穀梁大義述》七卷；嘉善鍾文烝朝美之《穀梁補注》二十四卷。而柳興恩之治《穀梁》，專從善於經入手；而善經則以述辭比事爲據；事與辭，則以《春秋》日月等名例定之；扶翼孤經，於《穀梁》家爲有條貫云！《公羊》與《左氏》義相反對，與《穀梁》亦非同趣。而曲阜孔廣森撝約撰《春秋公羊通義》十一卷，兼援《左》、《穀》，未明家法；又其三科、九旨，不遵何氏，而別立時日月爲天道科，譏貶絶爲王法科，尊親賢爲人情科；如是則以日月名字爲褒貶，《公羊》與《穀梁》何異；言《公羊》學者不重之！然清儒之言《公羊》者，蓋自廣森開其端。而武進莊存與方耕著《春秋正辭》九卷，宏發《公羊》，刊落訓詁名物之末，而專求所謂微言大義者。其同縣外孫劉逢禄申受繼之，昌衍其緒，以正孔廣森；以爲："無三科、九旨，則無《公羊》。無《公羊》，則無《春秋》。《春秋》因魯史以明王法，改周制而俟後聖，猶六書之假借，説《詩》之斷章取義；故雖以齊襄、楚靈之無道，祭仲、石曼姑、叔術之嫌疑，皆假之以明討賊復仇讓國之義，事實不予而文予。《左氏》詳於事；而《春秋》重義不重事。《左氏》不言例；而《春秋》有例，無達例。惟其不重事，故存十一於千百，所不書多於所書。惟其無達例，故有貴賤不嫌同號，美惡不嫌同辭，以爲待貶絶不待貶絶之分，以寓一見不再見之義。《春秋》立百王之法，豈爲一人一事設哉！故曰：'於所見微其辭。於所聞痛其禍。於所傳聞殺其恩。'此一義也。穀梁氏所不及知也！'於所傳聞世見撥亂致治，於所聞世見治升平。於所見世見太平。'此又一義也，即治《公羊》者亦或未之信也！"於是尋其條貫，正其統紀，爲《公羊春秋何氏釋例》三十篇；凡何氏所謂"非常異義可怪之論"，如"張三世"、"通三統"、"絀周王魯"、"受命改制"諸義，次第歸納而爲之敷暢；以微言大義刺譏褒諱挹損之文辭，洞然推極屬辭比事之道，又成《箋説》《答難》《決獄》等凡十一書；蓋自漢以來之言《公羊》者，莫之逮也！江都凌曙曉樓者，精熟鄭氏禮，能通其要。既，聞劉逢禄論《何氏春秋》；大好之！深念《春秋》之義，存於《公羊》；而《公羊》之學，傳自董子。董子《春秋繁露》原天以尊禮，援比以貫類，旨奥詞賾，莫得其會通；乃博稽旁討，承意儀志，梳其章，櫛其句，爲《注》十七卷；又不慊於徐彦之《公羊疏》，欲改爲之而未暇；成《公羊禮疏》十一卷，《公羊禮説》一卷，《公羊問答》一卷。句容陳立卓人，從曙學，兼習《公羊春秋》、鄭氏《禮》；而於《公羊》用力尤深，鈎稽貫串；自漢儒治《公羊》家言者董仲舒、司馬遷以下逮清儒孔撝約、莊存與、劉逢禄諸家，悉加董討而裁以己意；其禮制則折衷師説而竺宗鄭氏；撰成《春秋公羊傳義疏》七十六卷；而於何氏有引申，無違異；蓋嚴守疏不破注之例也。斯亦何氏之悌弟，而《公羊》之忠臣矣！然世儒之學《左氏》者，必絀《公羊》。學《公羊》者，亦絀《左氏》。劉逢禄論《左氏》書，據《史記》本名《左氏春秋》，若《晏子春秋》、《吕氏春秋》比。自王莽時，國師劉歆增設條例，推衍事迹，强以爲傳《春秋》，冀奪《公羊》博士師法。所當以《春秋》歸之《春秋》，《左氏》歸之《左氏》，而删其書法凡例及論斷之繆於大義，孤章斷句之依附經文者；庶以存《左氏》之本真，俾攻《左》者不得爲口實！成《左氏春秋考證》二卷。自唐以來，難《左》諸家，蓋未有詳考博辨如劉氏此書者也。論者以比《尚書》之太原閻若璩《尚書古文疏證》一書焉！顧近儒章炳麟則訶爲摘發同異，比盜憎主人，蓋嘗駁難其説，累三萬言以弁於《春秋左傳讀》之編首。而南海康有爲長素著《新學僞經考》，則又謂“《春秋左氏傳》暨《周禮》、《逸禮》及《詩》之《毛傳》，凡西漢末劉歆所力争立博士者，皆劉歆僞作以成新莽篡漢之計者也”。“新學”者，謂“新莽之學”。蓋并擯《春秋左氏傳》諸書於漢學之外，殆視劉逢禄之説爲尤甚！而有爲尤敢爲非常異義可怪之論，托改制以言變法，張三世以説進化；著有《春秋董氏學》、《孔子改制考》等書，而定《春秋》爲孔子改制創作之書。謂：“文字不過其符號，如電報之密碼，如樂譜之音符，非口授不能明；又不惟《春秋》而已；凡《六經》皆孔子所作。昔人言孔子删述者誤也。孔子蓋自立一宗旨而憑之以進退古人，去取古籍。孔子改制，恒托於古。堯、舜者，孔子所托也；其人有無不可知，即有亦至尋常。經典中堯、舜之盛德大業，皆孔子理想上所構成也。又不惟孔子而已；周、秦諸子，罔不改制，罔不托古；老子之托黄帝，墨子之托大禹，許行之托神農，是也。”雖然，近儒祖述何休以言《公羊》者，如劉逢禄、陳立之倫，皆言改制；而有爲之説實有不同尋常者：蓋有爲所謂“改制”者，即“政治革命”、“社會進化”之意也；故喜言“通三統”。“三統”者，謂夏、商、周三代不同，當隨時因革也。喜言“張三世”，“三世”，謂據亂世、升平世、太平世，愈改而愈進也。既，以授弟子新會梁啓超任公。師弟于喁，蕲實見諸行事，而有戊戌之政變；功雖不成，衆論歸高。一時士夫之騖變法維新者，益憙言《公羊》矣！然章炳麟專攻《左氏》而無害於言革命。謂“賈逵言‘《左氏》義深君父’，此與《公羊》反對之詞耳！若夫稱國弑君，明其無道；則不得以‘義深君父’爲解。杜預於此，最爲閎通。而近世焦循、沈彤輩，多謂預借此以助司馬昭之弑高貴鄉公；則所謂‘焦明已翔乎寥廓，弋者猶視乎藪澤’也!”善化皮錫瑞鹿門，作《春秋通論》，揚榷三傳，而歸重於《公羊》；據《孟子》“孔子作《春秋》而亂臣賊子懼’之説，謂“《春秋》，大義，在誅討亂賊；而《左氏》‘弑君稱君君無道’之例，揆之《春秋》大義有乖。杜預奸言誣聖，曲暢其説”；持論又殊章氏。則是以志行之不同而判從違；寧必所學之殊耶！纂《春秋志》第六。

小學志第七

上古結繩而治。書契者，蓋作於黄帝之史倉頡，覽鳥獸蹏迒之迹，依類象形，故謂之文；其後形聲相益，即謂之字。文者，物象之本；字者，孳乳而寖多也。故獨體爲文，合體爲字。著於竹帛謂之書；書者，如也。書之體用有六：一曰指事。指事者，視而可識，察而見意；上、下是也。二曰象形。象形者，書成其物，隨體詰屈；日、月是也。三曰形聲。形聲者，以事爲名，取譬相成；江、河是也。四曰會意。會意者，比類合誼，以見指撝；武、信是也。五曰轉注。轉注者，建類一首，同意相受；考、老是也。六曰假借。假借者，本無其字，依聲托事；令、長是也。謂之六書。其中指事、象形二者，皆獨體之文也；形聲、會意二者，則合體之字也。惟會意兩體皆主義；而形聲則一體主義，一體主聲兼義。四者，字之體也。至轉注之建類一首，殆形制之歸納法；而假借之依聲托事，則聲義之演繹法。二者，字之所由孳乳，充類至盡，而廣字之用者也。然則六書之作，權輿於文，孳乳於字。而字之孳乳，蓋形聲相配盡之矣。以形爲經，以聲爲緯，而天下之物盡。以聲爲經，以形爲緯，而天下之義備。物不能逃乎形。義弗能離於聲。形歸類而建部首。聲各義而從某聲。父之詔子，師之詔弟，若先授以部首，使知天下之共名，則明孳乳之字以類分。如知水字，則江、河、湖、海知爲水類；知木字，則桃、杏、梅、李知爲木類。授以某聲，使知天下之音義，則從某聲之字以音比。如娶從取聲，爲取女義；衷從中聲，爲中衣之義。察其形聲相配，而字之名義，罔不瞭然心目間；故識一物而衆物明，通一聲而衆聲會也。然則六書之孳乳，不外形聲相配。而一切文字之體用，要歸六書。古者八歲入小學，故《周官》保氏掌養國子，教之六書；謂指事、象形、形聲、會意、轉注、假借也。漢興，蕭何造律，亦著其法。曰："太史試學童，能諷書九千字以上，乃得爲史。"自是稱書學爲小學也。夫《六經》孔、孟之書以載道；所以明道者辭也；所以成辭者字也；學者當由字以通其辭，由辭以通其道。宋儒譏訓詁之學而輕語言文字，是猶渡江河而棄舟楫也！然則小學者，經學之委也。故以殿於篇。惟漢以後儒者之言小學，有言形制者，有言聲韻者，有盡形聲之用而言訓詁者，而形制爲之基。

我聞在昔，倉頡帝史，肇興文字，鳥迹獸迒，厥名古文。繼以蟲魚，古古相積；五帝三王之世，改易殊體；封於泰山者七十有二代，靡有同焉。及周宣王太史籀著大篆十五篇所稱《史籀篇》者，周時史官教學童書也；與古文或異。至孔子書《六經》，左丘明述《春秋傳》，皆以古文。其後諸侯力政，不統於王；惡禮樂之害己而皆去其籍，言語異聲，文字異形。秦始皇帝初兼天下。丞相李斯乃奏同之，罷不與秦文合者，作《倉頡篇》七章；中車府令趙高作《爰曆篇》六章；太史令胡毋敬作《博學篇》七章，皆取史籀大篆或頗省改；所謂小篆者也。是時始建隸書矣！起於官獄多事，删古立隸，苟趨省易，施之於徒隸，作之自程邈也。漢興，閭里書師，合《倉頡》、《爰曆》、《博學》三篇，斷六十字以爲一章，凡五十五章，并爲《倉頡篇》。武帝時，司馬相如作《凡將篇》，無復字。元帝時，黄門令史游作《急就篇》；成帝時，將作大匠李長作《元尚篇》；皆《倉頡》中正字也。《凡將》則頗有出矣。至平帝元始五年，徵天下通小學者沛人爰禮等以百數，各令記字於未央庭中。黄門侍郎蜀郡揚雄子雲取其有用者以作《訓纂篇》，順續《倉頡》，又易《倉頡》中重復之字，凡八十九章五千三百四十字。惟《倉頡》多古字，俗師失其讀；宣帝時徵齊人能通《倉頡》讀者。河東張敞子高從受之；傳至外孫涼州刺史魏郡杜業子夏之子曰林伯山者，爲作《倉頡訓纂》、《倉頡故》各一篇；具載《漢書·藝文志》。獨史游《急就篇》傳；凡四卷三十四章，其字略以類從而不立門目；解散隸體，以所變章草法書之。至東漢，扶風班固孟堅續揚雄《訓纂》作十三章，無復字。揚雄《訓纂》終於滂、熹二字。和帝時，郎中賈魴又用此二字爲篇目，續成《滂熹篇》而終於彦、均二字；

合《倉頡》、《訓纂》稱曰“三倉”，凡百二十三章，七千三百八十字；六藝羣書所載略備矣！然自史游以下，咸以李斯《倉頡篇》爲本。安帝之世，大尉南閤祭酒汝南許慎叔重以爲漢代暴秦，承用隸體，即大篆亦將廢棄；何論古文！故因當時之體，采通人之言，溯古籀之迹，作《説文解字》；其意蓋《尚書》載堯以來，《史記》托始五帝之義；而以秦漢小篆爲主，則荀卿子“法後王”之義，取其適於時用也；凡十四篇，合《目録》一篇，爲十五篇，分五百四十部，爲文九千三百五十三，重文一千一百六十三，注十三萬三千四百四十一字；其建首也，立一爲耑；聚類羣分，共理相貫，雜而不越；據形系聯，引而申之，以究萬原，畢終于亥；後世之言小學者宗焉。北海鄭玄康成注《三禮》，各引《説文》一事。獻帝時，扶風曹喜仲則、潁川邯鄲淳于叔、京兆韋誕仲將、河東衛覬伯儒，皆以篆法授受。而覬好古文，鳥篆草隸，無所不善。淳善倉雅蟲篆許氏字指。魏初傳古文者，出於邯鄲淳。魏又有清河張揖稚讓作《埤倉》三卷、《古今字詁》三卷、《難字錯誤字》各一卷；掖庭右丞周氏作《雜字解詁》四卷；周成作《解文字》七卷；曹侯彦作《古今字苑》十卷；蜀有太子中庶子郭顯卿作《古今字苑》十卷；具見《隋書・經籍志》。方之許書，古今體用，或得或失。而吴之好《説文》者，稱彭城嚴畯曼才焉。既晉代魏禪，衛覬之孫曰恒巨山者，善草隸書，能世其學；撰《四體書勢》一卷，最爲人傳誦。而東萊㠁令吕忱則表上《字林》六卷以補許慎《説文》書所闕遺；其中有《説文》本無而增補者；有《説文》本有而字各異體者，然于許氏部敘，初無移徙。蕭梁之世，黄門侍郎兼太學博士吴郡顧野王希馮者，於篆隸奇字，無所不通；乃因《説文》造《玉篇》三十卷，其部敘既有所增降損益，其文又增多於《字林》；《唐六典》載書學博士以《石經》、《説文》、《字林》教士。《字林》之學，閲晉、宋、齊、梁、陳，至唐極盛；論者以爲《説文》之亞。今字書傳世者，莫古於《説文》、《玉篇》；而《字林》實承《説文》之緒，開《玉篇》之先者也。北朝魏符節令陳留江式法安亦依許氏《説文》爲本，撰《古今文字》四十卷，大體以許氏書爲主；及《梅傳孔氏尚書》、《五經音注》、《籀篇》、《爾雅》、《三倉》、《凡將》、《方言》、《通俗文》、《祖文宗》，《埤倉》、《廣雅》、《古今字詁》、《三字石經》、《字林》、《韻集》諸賦文字，有六書之誼者，以類編聯；文無複重，統爲一部；其古籀、奇惑、俗隸諸體，咸使班於篆下，各有區别；訓詁假借之誼，隨文而解；可謂有造於許氏者也！至唐肅宗時，處士富春孫强復修顧野王《玉篇》，愈多增其文；世行之《玉篇》本，蓋非野王之舊，而强所修也。然許慎專爲篆學，而野王雜於隸書；用世既久，故篆學愈微。野王雖曰推本許慎，而追逐世好，頗改慎舊。自强以下，固無譏焉！代宗之世，趙郡李陽冰少温獨擅篆學，與秦丞相李斯齊名，時稱中興。蓋唐以《説文》立博士，習之者多；而陽冰尤精也；更刊定《説文》，仍祖許慎；然頗出私意，詆訶於慎。學者恨之！其後譚小學者：宋則有洛陽郭忠恕恕先之《汗簡》、《佩觿》，湖州張有謙中之《復古篇》；元則有永嘉戴侗仲達之《六書故》，兖州楊桓武子之《六書統》，饒州周伯琦伯温之《説文字原》、《六書正譌》；明則有餘姚趙撝謙古則之《六書本義》，衢州葉秉敬敬君之《字孿》；其大旨皆不違於許氏。其間傳述之功，則以南唐二徐爲最。二徐者，蓋廣陵徐鉉鼎臣、徐鍇楚金兄弟。鍇撰《説文繫傳》凡八篇四十卷；首《通釋》三十卷，以許慎《説文解字》十五篇，篇析爲二；凡鍇所發明及徵引經傳者，悉加"臣鍇曰"、"臣鍇案"字以别之；繼以《部叙》二卷，《通論》三卷，《袪妄》、《類聚》、《錯綜》、《疑義》、《系述》各一卷，《袪妄》斥李陽冰臆説，《疑義》舉《説文》偏旁所有而闕其字者，又篆體筆畫相承小異者；《部叙》擬《易·序卦傳》以明《説文》五百四十部先後之次；《類聚》則舉字之相比爲義者，如一二三四之類；《錯綜》則旁推六書之旨，通諸人事以盡其意；終以《系述》則猶《史記》之自叙；名之曰《繫傳》者，蓋尊許氏書若經也。鉉又苦許氏書偏旁奥密，不可意知；因令鍇以《切韻》譜其四聲，取便檢閲；而鉉爲鍇篆之；名曰《説文解字篆韻譜》，凡五卷；小篆皆有音訓；無音訓者，則慎書所附之重文；注史字者籀書；注古字者古文也；所注頗爲簡略，蓋六書之義，已具《繫傳》耳。《繫傳》書成未布而南唐亡；鍇亦卒。鉉入宋爲太子率更，以太宗雍熙三年奉詔與句中立、葛湍、王惟恭等刊定《説文》；其字爲《説文》注義序例所載而諸部不見者，悉爲補録；又有經典相承，時俗要用，而《説文》不載者，亦皆增加；别題之曰新附字；其本有正體而俗書訛變者，則辨於注中；其違戾六書者，則别列卷末；或注義未備，更爲補釋，亦題"臣鉉等案"以别之；音切則一以孫愐《唐韻》爲定；以篇帙繁重，每卷各分上下；後世所行毛晉刊本是也。自是鉉之校理，鍇之繫傳，胥爲後世治許氏學者所宗；謂之大徐、小徐是也。郭忠恕撰《汗簡》四卷，與大小徐同時；其分部分隸諸字，用古文之偏旁，而從《説文》之舊；徵引古文七十一家；時薛尚功等之書未出，故鐘鼎闕焉。然後之談古文者，輾轉援據，大抵從此書相販鬻；則忠恕所編，實爲諸書之根柢，未可忘所自來矣！至據三代鐘鼎彝器以考古文者，蓋自錢唐薛尚功用敏撰《歷代鐘鼎彝器款識》始也。元、明以來，《説文》之學漸微，則語録性理間之也。不墜前型，差强人意者；惟周伯奇、戴侗、葉秉敬諸家耳。餘等自鄶無譏焉。獨清儒武進臧禮堂和貴之著《説文引經考》，烏程嚴可均景文之著《説文天算考》、《説文聲類》，皆有專門獨到之功。陽湖孫星衍淵如考魏三①體石經殘字，校《倉頡篇》，皆以《説文解字》爲根據。而金壇段玉裁懋堂積數十年之力，治《説文解字》，尤爲有功許氏！以徐鉉校本頗有更易，不若鍇爲不失許氏之舊；顧其中尚有爲後人竄改者、漏落者、失其次者，一一考而復之，作長編，名曰《説文解字讀》，悉有佐證，不同肊説，詳稽博辨；既而簡練成注，仍鉉校，分三十卷；大致謂："《説文》五百四十部，次第以形相聯。每部之中，次第以義相屬。每字之下，兼説其古義、古形、古音；訓釋者，古義也；象某形，从某，某聲者，古形也；云某聲，云讀若某者，古音也；三者合而一篆乃完也。其引經傳，有引以説古義者，以轉注、假借分觀之；如《虞書》曰'至於岱宗柴'，《詩》曰'祝祭於鬃'，説字之本義也。如《商書》曰'無有作政'，《周書》曰'布重萛席'，説假借此字之義也。有引以説古形者；如《易》曰'百穀草木麗於地'，説蘼從草麗之意。《易》曰'豐其屋'，説寷從宀豐之意。《易》曰'突如其來如'，説𠫓從倒子之意；是也。有引以説古音者；如薉讀若《詩》'施罟濊濊'，𢍰讀若'予違汝弼'，是也。學者以其説求之，斯《説文》無不可通之處；斯經傳無不可通之處矣！"自以爲撲諸經義，例以許書，以字考經，以經考字，昭然若發蒙也。時元和江艮庭聲者，生平服膺許氏，不爲行楷者數十年，凡尺牘率皆依《説文》書之，爲《説文解字考證》；既見玉裁之注，多自符合，歎服輟稿焉！故其書精實通博，非前之傳《説文》者可及！惟吴縣鈕樹玉非石作《段氏説文注訂》，訂其義例；鄒伯奇有《讀段注説文札記》，糾其牴牾；而段氏之書，終爲治《説文》者所不廢也！樹玉著有

① "三"原誤作"二"，兹改正。

《説文解字校記》三十卷，《説文新附考》七卷。曲阜桂未谷馥謂“訓詁不明，不足以通經”；日取《説文》與諸經之義相疏證，爲《説文辨字義證》五十卷；然徵引羣書，不加斷制；或有類書之譏！安邱王筠貫山著有《説文釋例》二十卷，蓋即許氏書而釋其條例，其目：曰《六書總①説》，曰《指事》，曰《象形》，曰《形聲》，曰《亦聲》，曰《一全一省》，曰《兩借》，曰《以雙聲字爲聲》，曰《一字數音》，曰《形聲之失》，曰《會意》，曰《轉注》，曰《假借》，曰《彰飾》，曰《籀文好重疊》，曰《或體》，曰《俗體》，曰《同部重文》，曰《異部重文》，曰《分別文累增字》，曰《疊文同異》，曰《體同音義異》，曰《互從》，曰《展轉相從》，曰《母從子》，曰《説文與經典互易字》，曰《列文次第》，曰《列文變例》，曰《説解正例》，曰《説解變例》，曰《一曰》，曰《非字者不出於説解》，曰《同意》，曰《闕》，曰《讀若直指》，曰《讀若本義》，曰《讀闕》，曰《讀若引經》，曰《讀若引諺》，曰《聲讀同字》，曰《雙聲疊韻》，曰《捝文》，曰《衍文》，曰《誤字》，曰《補篆》，曰《删篆》，曰《逸篆》，曰《改篆》，曰《觀文》，曰《糾徐》，曰《鈔存》，曰《存疑》；其自《指事》至《列文變例》皆論篆籀；自《説解正例》至《雙聲疊韻》皆論説解；自《捝文》至末，則皆臆説；而《存疑》則訂許氏之誤，兼訂段玉裁注之誤，雖例目失之繁多，論説或有穿鑿，然條舉許氏書所稱引而部分之，便於學者。惟許氏書雖明形體，而於形聲訓詁間亦述及；然以詮明本義爲宗；羣書中文字義訓之不合於《説文》者，多屬通假，段玉裁注乃由通假以推求本字，猶未宣究；至元和朱駿聲豐芑撰《説文通訓定聲》十八卷更暢發之。但駿聲僅求之於同韻；而晦於雙聲相藉，又不明旁轉對轉之條；犄有補苴，猶不免於竱斷。近儒儀徵劉師培申叔撰《古本字考》，餘杭章炳麟太炎撰《小學答問》，乃於許氏書本字藉字流變之迹，甄明益衆！炳麟又讀許氏書叙稱：“倉頡作書，依類象形；其後形聲相益，即謂之字；文者物象之本；字者言孳乳寖多。”以爲：“獨體者，倉頡之文；合體者，後王之字；古文大篆雖殘缺；倉頡之文，固悉在許氏書也。”於是刺取許氏書獨體，命以初文；其諸省變及合體象形、指事，與聲具而形殘，若同體複重者，謂之準初文；都五百十字，集爲四百三十七條，討其類物，比其聲均，

① “總”原作“統”，據《説文釋例》改。

音義相讎，謂之變易；義自音衍，謂之孳乳；比而次之，得五六千名，撰成《文始》九卷；所以明形體聲類之更相扶胥，異於偏觭之議。若夫囟宷同語；冋檿一文；天即爲顛，語本於囟；臣即爲牽，義通於玄；屮出耑壬，同種而禪；丮巨夊互，連理而發；斯蓋先哲之所未諭，炳麟之所獨曉也！自是學者道原窮流，讀劉師培《古本字考》及炳麟《小學答問》，而本字藉字之流變明。次讀炳麟《文始》而文字之流變亦明。小學之條例至炳麟益精切；而小學之境宇亦至炳麟斯恢宏焉。惟自宋儒薛尚功諸人而後，治小學者喜據三代鐘鼎彝器款識以考證古文；乃云“李斯作篆，已多承誤；叔重沿而不治”；至欲改易經記。獨炳麟證爲未然，而著意於《文始叙例》，以爲：“古文自漢時所見，獨孔子壁中書。更王莽赤眉喪亂，至於建武，《史篇》亦十亡三四。《説文》徒以秦篆苴合古籀，非不欲備，勢不可也。然《倉頡》、《爰曆》、《博學》三篇，才三千三百字。《凡將》、《訓纂》繼之，縱不增倍，已軼出秦篆外。蓋古籀及六國時書駸駸復出，而班固尤好古文，作十三章，網羅成周之文及諸山川鼎彝蓋衆。《説文》最字九千，視秦篆三之矣！此則古籀慭遺，其梗概具在《説文》；猶有不備，《禮經》古文，《周官》故書，《三體石經》，隨倉《石鼓》之倫，亦足裨補一二。自宋以降，地藏所發，真僞交糅；數器相應，足以保任不疑；即暫見一二器者，宜在蓋闕；雖攈摭不具，則無傷於故訓也。若乃熒眩奇字，不審詞言之符，譬之瘖聾，蓋何足選。”斯誠矯枉救敝之論。然殷虚甲骨文字出土清季；而考古文者，別得徑塗，珍如球壁焉！蓋殷商文字，昔人惟於三代鐘鼎彝器間見之；然其數頗少；至光緒時，河南安陽縣西北五里之小屯，洹水厓岸爲水齧；有龜甲牛骨出土，上鐫古文字；以其地三周環洹水，蓋《史記·項羽本紀》所稱“洹水南，殷虚上”者。或者遂定爲殷商文字云。有估客攜千餘片至京師，爲福山王懿榮連孫所得。會拳禍作，懿榮被殺；其所藏悉歸丹徒劉鶚鐵雲；而洹水之虚，土人於農隙掘地，歲皆有得，亦歸於鶚；都鶚先後得四千五百餘片焉。然論殷虚甲骨收藏之富，莫如上虞羅振玉叔言，蓋三萬片云。其餘散在諸家者，亦當以萬計。而駐彰德之某國牧師，所藏亦且近萬片。其拓墨影印成書者，有劉鶚之《鐵雲藏龜》十册；羅振玉之《殷虚書契前編》八卷、《後編》二卷、《殷虚書契菁華》一卷、《鐵云藏龜之餘》一卷。後英人哈同氏復購得劉鶚所藏之一部八百片，影印《戩壽堂所藏殷虚文字》一卷；則多出《鐵云藏龜》之外。所刻文字，皆殷王室所卜祭祀、征伐、行幸、田獵之事；故殷先公先王及土地之名，所見甚衆。又其文字之數，比三代鐘鼎彝器尤多且古；故裨益於古文之考證者尤大！惟事類多同，故文字亦有重複。劉鶚所印，未及編類；而羅振玉則分別部居，去其重複，選印稱最精純。此殷虚文字之影印也，其最先考釋者：瑞安孫詒讓仲容即《鐵云藏龜》考其文字，於光緒甲辰成《契文舉例》二卷。雖創獲無多，而殷虚文字之考釋，實自此始。其後羅振玉之《殷商貞卜文字考》、《殷虚書契考釋》、《殷虚書契待問編》，海寧王國維静菴之《戩壽堂所藏殷虚文字考釋》，先後成書。而殷人文字之獲考釋者，且什之五六焉。此實近二十年來治文字學者之一大成功也：故特表而出之。形制明而後言聲韻。

韻書始於魏晉。然生民之初，必先有聲音而後有言語，有語言而後有文字。詩歌之作，應在書契以前；但求其聲之叶，不求其文之工也。《尚書》非有韻之文也。夔之典樂，依永和聲；其聲韻之始乎。皋陶賡歌，明良康喜起熙之詞，皆韻文也。商周《風》、《雅》、《頌》存於今者，蓋三百篇。作詩者雖未必如今人之檢韻以求叶；然今人之考古音者，惟據《詩三百》及經、子有韻之文足以互證。《易·彖辭》如“初筮告，再三瀆”之類，蓋屋沃古通也。《爻辭》如“需於血，出自穴”，皆在屑韻。“長子帥師，弟子輿尸”，皆在支韻。則古今所同也。《文言》“同聲相應，同氣相求，水流濕，火就燥”，求燥同韻；與箕子《麥秀歌》相同。則古今迥異也。《禮記·曲禮》首章：“毋不敬，儼若思；安定辭，安民哉！”思、辭、哉同韻。其餘韻文散見於《禮經》之中者，則不可枚舉矣。《儀禮》士冠禮、士婚禮之醮辭，《周官·考工記》之梓人祭侯辭，栗氏量銘，皆有韻之文也。《春秋左氏傳》之筮辭童謡，輿誦諺語，亦有韻之文也。故近世考古韻者，大抵取羣經有韻之文，折衷於《詩三百》；而後諦煌以上之元音，乃復顯於世。既，風雅寢聲；下降戰國，奇文鬱起，其《離騷》哉！考之屈、宋之作，其音往往與《三百篇》合；而《三百篇》所無者，則又往往與周、秦、漢、魏之歌謡詩賦合；其爲上古之音何疑。而《荀子》第二十六篇曰賦；有《禮賦》、《知賦》、《雲賦》、《蠶賦》、《箴賦》；鼎立於《風》、《騷》之間，儻亦譚先秦古音者之所取資，而爲有韻文之大宗焉。至漢高皇《大風》之歌，漢武帝《秋風》之辭，以及魏武帝横槊賦詩，所用之韻，皆與今韻爲近；非若先秦以上之音，詰屈聱牙也。《文選》録漢魏人詩賦及箴、銘、頌、讚之屬，其有韻之文，多於羣經諸子。而史游《急就》、焦氏《易林》，全書用韻，故考證漢韻，比考證經韻尤易。惜唐人自撰《唐韻》，漢人未嘗自撰漢韻也。鄭玄注《六經》，許慎撰《説文》，但云音某或讀若某而已。自後漢佛法行於中國，得西域胡書，能以十四字貫一切音，謂之婆羅門書。自是字母傳入中國。而樂安孫炎叔然作《爾雅音義》，乃創反語；而聲音之道備。蓋反語生於雙聲。雙聲生於字母。字母以一字貫衆字之音而等韻明。反語以二字定一字之音而切韻出。切，即反也。兩字互相切謂之反，取反覆之義，亦謂之翻；如同泰之反爲大通，桑落之反爲索郎，是也。兩字切一字，磨切而出聲謂之切；德紅之切東，徒紅之切同，是也。亦謂之紐。有正紐，有倒紐，有旁紐，不越一反。反也，切也，紐也，名異而實同。等韻之法，以若干母貫穿天下無窮之字。而切韻則以同母之字出切，以同韻之字定聲也。至魏，此事大行。王肅《周易音》用反語者十餘條見陸德明《經典釋文·叙例》。王弼注《易》，亦有反切兩事。而高貴鄉公不解，反以爲怪異。自兹厥後，音韻鋒出。曹魏左校令李登撰《聲類》十卷，凡萬一千五百二十字。東晉安復令吕静吕忱之弟撰《韻集》六卷，中宫、商、角、徵、羽各一卷。時音有五而聲未四也。南齊汝南周顒彦倫始作《四聲切韻》。梁吴興沈約休文繼之，撰《四聲譜》；以爲："在昔詞人，累千載不悟；而獨得胸襟，自謂入神之作。"而韻譜成矣！初沈約與陳郡謝朓玄暉、琅邪王融元長在齊永明時，以氣類相推；爲文皆用宫商，將平、上、去、入四聲以此制韻，世呼永明體。獨梁武帝不好焉；問周捨周顒之子曰："何謂四聲？"捨應聲曰："天子聖哲。"然帝竟不甚遵用約；而四聲之説自此興也。夫漢人課籀隸，始爲字書，以通文字之學。江左競風騷，始爲韻書，以通聲音之學。然漢儒識文字而不識聲音，既昧造字之本。儻江左之儒，知縱有平、上、去、入四聲爲韻譜，而不知衡有宫、商、角、徵、羽、半商、半徵七音爲字母，亦寧爲曉立韻之源？字母起自西域。後漢婆羅門書雖不傳；而釋藏譯經字母，自晉僧伽婆羅以下可考者尚十二家；然以之翻胡經，而未以制國音。紐字之圖，亦創沈約；見引於唐僧神珙《四聲五音九弄反紐圖序》者可證也。初吴郡顧野王希馮造《玉篇》，中載古切字要法之"因煙"、"人然"、"新鮮"、"錫涎"、"迎妍"、"零連"、"清千"、"賓邊"、"經堅"、"神禪"、"秦前"、"寧年"、"寅延"、"真氈"、"娉偏"、"澄陳"、"平便"、"擎虔"、"輕牽"、"稱燀"、"丁顛"、"興掀"、"汀天"、"精箋"、"民眠"、"聲羶"、"刑賢"、"芬番"、"文樠"、"亭田"凡三十類；蓋即沈約《紐字圖》之所由本，而爲後世言字母者之祖焉。乃宋儒鄭樵譏"江左之儒，識四聲而不識七音"，其然，豈其然乎？獨沈約《紐字》之圖，不傳於後，爲可惜耳！然自秦漢之文，其音已漸戾於古。至東京益甚！而沈約作譜，乃不能上據《雅》、《南》，旁采騷、子，以成不刊之典；而僅按班、張以下諸人之賦；曹、劉以下諸人之詩所用之音，撰爲定本；於是今音行而古音亡，爲音學之一變！隋文帝時，陸法言偕顏之推、蕭該、劉臻等八人，本沈約旨，共相撰集；是謂《切韻》，凡五卷，二百六部，萬二千一百五十八字。唐郭知元、關亮、薛恂、王仁煦、祝尚丘等因陸書遞有增益。玄宗之世，有孫愐者乃以《切韻》爲謬，重爲刊正，別爲《唐韻》。唐僧神珙。或稱神珙，六朝僧。然據《四聲五音九弄反紐圖序》引南陽釋處忠撰《元和韻譜》，此知神珙元和以後人。始定三十字母。後有僧守温者益以六字。今所傳牙音"見"、"溪"、"羣"、"疑"，即顧野王《玉篇》載古切字要法之"經堅"、"輕牽"、"擎虔"、"迎妍"也。舌頭音"端"、"透"、"定"、"泥"，即古切字要法之"丁顛"、"汀天"、"亭田"、"寧年"也。舌上音"知"、"徹"、"澄"、"娘"，即古切字要法之"真氈"、"稱燀"、"澄陳"、"迎妍"也。重脣音"幫"、"滂"、"並"、"明"，即古切字要法之"賓邊"、"娉偏"、"平便"、"民眠"也。輕脣音"非"、"敷"、"奉"、"微"，即古切字要法之"芬蕃"非敷、"文樠"奉微也。齒頭音"精"、"清"、"從"、"心"、"邪"，即古切字要法之"精箋"、"清千"、"秦前"、"新鮮"、"餳涎"也。正齒音"照"、"穿"、"牀"、"審"、"禪"，即古切字要法之"真氈"、"稱燀"、"澄陳"、"聲羶"、"神禪"也。喉音"影"、"曉"、"喻"、"匣"，即古切字要法之"因烟"、"興掀"、"寅延"、"刑賢"也。半舌音"來"，即古切字要法之"零連"。而半齒音"舌"，則"人然"也。設以七音相配，則牙音者角，齒音者商，舌音者徵，喉音者宫，脣音者羽，半舌音者半徵，半齒音者半商。於是三十六母全而國音定也。迨宋真宗以景德四年，詔陳彭年、邵雍等校定《切韻》五卷，凡二萬六千一百九十四字，注十九萬一千六百九十二言；大中祥符四年書成，賜名《大宋重修廣韻》；以《切韻》亦名《廣韻》也。《宋書·藝文志》皆載陸法言《廣韻》五卷，則法言《切韻》亦兼《廣韻》之名，故陳彭年等校定本增題“大宋重修”四字。自是《廣韻》行而《唐韻》亡。然宋初徐鉉奉詔校許慎《説文》，在重修《廣韻》以前；所用翻切，一從《唐韻》；是《唐韻》亡而不亡也。迨清獻縣紀容舒遲叟作《唐韻考》五卷，以爲：“翻切之法，其上字必同母，下字必同部，謂之音和。間有用類隔之法者，亦僅假借其上字，而不假借其下字；因其翻切下一字，參互鈎稽，輾轉相證，猶可得其部分。”乃取《説文》所載，《唐韻》翻切排比，析歸各類；乃知《唐韻》部分與《大宋重修廣韻》同。蓋《唐韻》之作，亦以刊正隋陸法言《切韻》；而法言《切韻》近始出土敦煌千佛洞石室；益以紀氏之《唐韻考》，而隋、唐、宋音韻變遷之迹可考也。至宋仁宗時，太常博士直史館宋祁、太常丞直史館鄭戩等建言：“陳彭年、邵雍所定《廣韻》，多用舊文，繁略失當。”因詔祁、戩與國子監直講賈昌朝、王洙同加修定；刑部郎中知制誥丁度、禮部員外郎知制誥李淑爲之典領；凡成書十卷；中平聲四卷，上、去、入各二卷，共五萬三千五百二十五字，視《重修廣韻》增二萬七千三百三十二字；是字如孳乳寖多，音韻亦寖多矣！蓋即世所傳《集①韻》云。世又傳有夏縣司馬光君實《切韻指掌圖》者，序稱：“仁宗詔丁度、李淑增崇韻學，自許叔重而降，凡數十家，總爲《集韻》。余得旨繼纂其職。書成上之，有詔頒焉。”則是《集韻》成於司馬光之手也。又考之《切韻指掌圖序》：司馬光蓋因纂《集韻》，科別清濁，成《切韻指掌圖》二卷；大指以三十六字母，總三百八十四聲，别爲二十圖。取同音、同母、同韻、同等四者皆同，謂之音和。取脣重、脣輕、舌頭、舌上、齒頭、正齒三音中清濁同者，謂之類隔。是音和統三十六字母，類隔統脣、齒、舌等二十六母也。同歸一母，則爲雙聲。同出一韻，則爲疊韻。同韻而分兩切者，謂之憑切。同音而分兩韻者，謂之憑韻。辨開闔以分輕重，審輕重以訂虚實。言等韻者宗焉。或者以爲《切韻指掌圖》非司馬光作。獨等韻之説，自後漢與佛經俱來。然《隋書》僅有十四音之説，而不明其例。華嚴四十二字母，亦自爲梵音，不隸以中國之字。而神珙之圖，附載《玉篇》；僅粗舉大綱，具體而微。其有成書傳世者，僅光此圖與《四聲等子》爲最古。《四聲等子》，或出遼僧行均，而此圖疑南宋人依托《集韻》，襲《四聲等子》之所作；不必出光手筆也。然

① “集”原作“切”，據文意改。

閩縣孫奕景山作《示兒編》辨不字作逋骨切，一則曰“今以司馬公之切韻考之”，再則曰“自温公之圖出而音始定”。知宋人信圖爲光之作，而據以爲定韻之張本矣。《廣韻》、《集韻》雖爲敕修之書；然仁宗以還，頒學宫而遵行者，蓋不爲《廣韻》、《集韻》而爲《禮部韻略》。特《禮部韻略》有二本：其一曰《附釋文互注禮部韻略》者；仁宗時刑部郎中知制誥丁度奉敕撰也。其一曰《增修互注禮部韻略》者，南宋時衢州免解進士毛晃父子所增修也。宋初程試，用韻漫無章程；故閩士至有以“天道如何，仰之彌高”叶韻者。至仁宗敕撰此書，雖專爲科舉設；而字之去取，既經廷評，又付公論，故較他韻書特謹嚴；然收字頗狹，止九千五百九十字；著爲令式，迄南宋不改。毛晃蒐采典籍，依韻增附，並釐訂音義字畫之誤，凡增訂四千八百三十一字；其子居正續拾所遺，復增一千四百二字；即所謂《增韻》者是也；父子相繼，用力頗勤；但不知古今文字音韻之殊；往往以古音入律詩，借聲爲本讀；或以引漢律，斷唐獄少之，不古不今，殊難依據！徒以便於程試，遵用頗廣；亦利禄之途則然！然而韻書規模未大變也。自金韓道昭據《廣韻》、《集韻》撰《五音集韻》；始以七音四等三十六母顛倒唐、宋之字紐，而韻書一變。金王文郁增併《禮部韻略》成《平水韻略》；南宋劉淵因之，刻《淳祐壬子新刊禮部韻略》；始以上、下平各十五，上、去各三十，入聲十七，合一百七部，合併唐宋之二百六部，而韻書又一變。嘉定錢大昕曰：“後人往往以平水爲劉淵，考元槧《平水韻略》卷首，有河間許古序，乃知《平水韻》王文郁所撰。後題‘正大六年己丑’，則文郁書成於金哀宗時，非宋人也。劉淵刊王文郁《平水韻略》而去其序，故萊公終以劉淵所撰也。”兹從其説。至元昭武熊忠子中撰《古今韻會舉要》三十卷，字紐遵韓道昭法，部分遵王文郁例，兼二家所變而用之，而韻書舊第至是盡變無遺；而其力排歷來韻書之江左吴音，則尤爲後來《洪武正韻》之所本。然而歷來韻書之造作不經，罔有過於《洪武正韻》者也！《洪武正韻》者，蓋明太祖敕翰林侍講學士樂韶鳳、宋濂等纂修；其注釋一以毛晃父子《增韻》爲稟本；書成於洪武八年，而宋濂奉敕爲之序；大旨斥沈約爲吴音，一以中原之韻更正其失，併平、上、去三聲各爲二十二部，入聲爲十部；於是古來相傳之二百六部，併爲七十有六焉。然考《隋書·經籍志》載沈約《四聲》一卷，新舊《唐書》皆不著録，是其書至唐已佚；而唐以來之《唐韻》、《廣韻》、《集韻》諸韻書，皆以陸法言《切韻》爲藍本。濂序乃以陸法言以來之韻，指爲沈約；殊爲失據！而陸法言

《切韻序》則明明載“開皇初，儀同劉臻等八人同詣法言，論及音韻；以今聲調既自有别，諸公取捨亦復不同。吴、楚則時傷輕淺。燕、趙則多傷重濁。秦、隴則去聲爲入。梁、益則平聲似去。江東取韻，與河北復殊；因論南北是非，古今通塞，欲更捃選精切，除削疏緩。蕭、顔多所決定。魏著作謂法言曰：‘向有論難疑處，悉盡我輩數人；定則定矣。’法言即燭下握筆，略記綱紀”。今《廣韻》之首列同定八人，其中：劉臻，沛國相人；顔之推，琅邪臨沂人；盧思道，范陽涿人；蕭該，蘭陵人；辛德源，隴西狄道人；薛道衡，河東汾陰人；而陸法言則臨漳人。其人有南有北，且北人多而南人少；則非惟韻不定於吴人；而序中“江左取韻”諸語，且亦明斥吴音之失；安得復指爲吴音？濂在明初；號爲宿學，寧知誣妄不經若此！蓋明太祖既欲重造韻書以更古人；如不誣古人以罪，則改之無名！濂亦曲學阿世，强爲舞文耳！然終明之世，竟不能行於天下。則是是非之心，終有不可奪者！元、明以來，朝廷頒行學宫之韻書，蓋一以南宋劉淵重刊王文郁《平水韻略》爲藍本。於是宋韻行而唐韻亦亡，爲隋、唐以來音學之又一變！而音韻名家，則專以討論古音爲功；謚《平水韻略》曰今韻，以爲今古音淆，無所用之也。南宋以降，專著一書以辨明古音者，蓋自武夷吴棫才老始也。考棫之著書，有《詩補音》、《楚辭釋音》、《韻補》三種。其《詩補音》、《楚辭釋音》，類能依據本文，互相比較，推求古讀。朱子注《詩》釋《騷》有取焉；書佚不傳。獨傳《韻補》五卷，乃牴牾百端！然後來言古音者，皆從此而推闡加密；篳路之功，不可没也。厥後用吴棫《韻補》之例而蒐采賅備者，則有明新都楊慎升庵之《古音叢目》、《古音獵要》、《古音餘》、《古音附録》四書；雖各爲卷帙，而核其體例，全仿吴棫《韻補》，以今韻分部而分隸以古音之相協者，知本爲一書。顧慎之讀書，雖多於棫而韻學亦疏，故援據秦、漢古書頗繁富，而時時舛漏牴牾，與棫同譏。然慎撰《古音略例》一卷，取《易》、《詩》、《禮記》、《楚詞》、《老》、《莊》、《荀》、《管》諸子有韻之詞，標爲略例。若《易》例“日昃之離”，離音羅，與歌嗟爲韻。“三歲不覿”，覿音徒谷切，與木谷爲韻。“並受其福”，福音偪，與食汲爲韻。“吾與爾靡之”，靡音磨，與和爲韻。《詩》“嘒彼小星，惟參與昴①”，昴音旄；下文“抱衾

① “昴”原誤作“昂”，今改正。下同。

與裯”，裯音調；“寔命不猶”，猶音摇；昴、裯、猶爲韻；咸於古音有據。而慎又謂“吴棫於《詩》‘棘心夭夭，母氏劬勞’；勞必叶音僚。‘我思肥泉，茲之永歎’，歎必叶他涓切。……不思古韻寬緩，如字讀，自可叶；何必勞唇齒，費簡册！”其論亦頗足糾正吴棫之説，而視《古音叢目》四書實爲勝焉。然掇拾成書，有離有合，終不如清儒崑山顧炎武寧人、婺源江永慎修諸人之能本末融貫也。顧炎武作《音學五書》，江永作《古韻標準》，以經證經，推究古音，始獨探本真，廓清妄論。而開除先路，則明連江陳第季立撰《毛詩古音考》四卷，實爲首功；大恉以爲古人之音，原與今異。凡今所稱叶韻，皆即古人之本音；非隨意改讀，輒讀牽就。如“母”必讀“米”，“馬”必讀“姥”，“京”必讀“疆”，“福”必讀“偪”之類；歷考諸篇，悉截然不紊。又《左》、《國》、《易象》、《離騷》、楚詞、秦碑、漢賦以至上古歌謡、箴銘、頌讚，往往多與《詩》合，可以互證。於是排比經文，參以羣籍，定爲本證、旁證二條。本證者，詩自相證，以探古音之源。旁證者，他經所載以及秦、漢以下去風雅未遠者，以竟古音之委；而采《易》獨詳者，以時世近而音聲同也。鈎稽參驗，所列四百四十四字，言必有徵；視宋儒執今韻部分，妄以通古音者，相去蓋萬萬矣！此書卷帙無多；然欲求古韻之津梁，舍是無由也。第既撰《毛詩古音考》，復以《楚詞》去風人未遠，亦古音之遺；乃取屈原、宋玉所著騷賦三十八篇，韻與今殊者二百三十四字，推其本音，與《毛詩古音考》互相發明，成《屈宋古音義》三卷。惟每字列本證；旁證則間附字下，不另爲條，與《毛詩古音考》體例小異，以前書已明故也。自陳第作《毛詩古音考》、《屈宋古音義》，而古音之門徑始明。然創闢榛蕪，猶未及研求邃密；至顧炎武乃探討本原，推尋經傳，作“音學五書”，曰《音論》、《詩本音》、《易音》、《唐韻正》、《古音表》，大指持楊慎“古人韻緩不煩改字”、陳第“古詩無叶韻”之説。《詩本音》但即本經所用之音，互相參考；每詩皆全列經文，而注音句下；與今韻合者注曰廣韻某部；與今韻異者即注曰古音某；大抵密於陳第而疏於江永；故永作《古韻標準》，駁正炎武者頗多；然合者十九，不合者十一。南宋吴棫以來古韻叶讀之謬論，至此始一一廓清，厥功尤鉅！自序謂：“潛心《廣韻》，發悟於中而旁通其説；於是據唐韻以正宋韻之失，據古經以正沈約唐韻之失，而三代以上之音，部分秩如；乃列古今音之變而究其所以不同，爲《音論》

二卷；考正三代以上之音，注《三百五篇》，爲《詩本音》十卷，注《易》爲《易音》三卷；辨沈氏部分之誤，而一一以古音定之；爲《唐韻正》二十卷；綜古音爲十部，爲《古音表》二卷。自是而六經之文乃可讀；其他諸子之書，離合有之，而不甚遠。”誠哉有味言之也！然炎武之治古音，蓋一以《廣韻》爲依據；而《廣韻》者，雖今韻之宗；其以推迹古音，猶從部次。故炎武據《廣韻》二百六部，作《唐韻正》、《古音表》，始分古韻爲十部。東冬鍾江第一，支脂之微齊佳皆灰咍第二，魚虞模侯第三，真諄臻文殷元魂痕桓删山①仙第四，蕭宵肴豪幽第五，歌戈麻第六，陽唐第七，耕清青②第八，蒸登第九，侵覃談鹽添咸銜嚴凡第十。而支韻半屬第二，半屬第六；尤韻半屬第二，半屬第五；麻韻半屬第六，半屬第三；庚韻半屬第七，半屬第八。又入聲四部：質櫛術物迄月没曷末黠鎋屑薛麥錫職德屬第三③部，兼屋昔二韻字；屋濁鐸陌昔屬第二部，兼沃覺藥麥四韻字，沃覺藥屬第五部，兼屋鐸錫三韻字，緝合盍葉帖洽狎業乏④屬第十部。然江永訂其於《三百篇》所用有未合者，作《古韻標準》，分十三部；第一部，東冬鍾江；第二部，支脂之微齊佳皆灰咍，分尤韻字屬焉；第三部，魚虞模，分麻韻字屬焉；第四部，真諄臻文殷魂痕，分先韻字屬焉；第五部，元寒桓删山先仙；第六部，蕭宵肴豪；第七部，歌戈麻，分支韻字屬焉；第八部，陽唐，分庚韻字屬焉；第九部，庚清耕青；第十部，蒸登；第十一部，尤侯幽，分虞蕭肴宵豪韻字屬焉；第十二部，侵，分覃談鹽韻字屬焉；第十三部，覃談鹽添咸嚴銜凡。又入聲八部：第一部，屋沃燭覺；第二部，質術櫛物迄⑤，分屑薛韻字屬焉；第三部，月曷末黠鎋屑薛；第四部，藥鐸，分沃覺陌麥昔錫韻字屬焉；第五部，麥昔錫；第六部，職德，分麥韻字屬焉；第七部，緝，分合葉洽韻字屬焉；第八部，合盍葉帖業洽狎乏。惟以《詩》三百篇爲主，謂之《詩韻》；而以周、秦以下音之近古者附之，謂之《補韻》；視諸家界限較明。其弟子休寧戴震東原受韻學於江氏，而復古之志益鋭，力辨反切始於孫炎，不始神珙；撰《聲韻考》，分爲七類，後作《聲類表》，分九類；一、平聲歌戈麻魚虞模，入聲鐸；二、平聲蒸登之咍，入聲職德；三、平聲東冬鍾江尤侯幽，入聲屋沃燭覺；四、平聲陽唐蕭宵肴豪，入聲藥；五、平聲庚耕清青支佳，入聲陌麥昔錫；

① “山”後脱“先”字。

② “青”原誤作“香”。

③ “三”原誤作“二”。

④ “乏”原誤作“之”，兹改正。

⑤ “迄”後脱“没”字。

六、平聲真臻諄文欣魂痕先脂微齊皆灰，入聲質術櫛物迄没屑；七、平聲元寒桓删山仙，去聲祭泰夬廢，入聲月曷末黠鎋薛；八、平聲侵鹽添，入聲緝；九、平聲覃談咸銜嚴凡，入聲合盍葉帖業洽狎乏。而以喉一類、鼻二三四五類、舌六七類、唇八九類四音分收九類焉。至金壇段玉裁懋堂作《六書音均表》，乃分古韻爲十七部：第一部，之咍；第二部，蕭宵肴豪；第三部，尤幽；第四部，侯；第五部，魚虞模；第六部，蒸登；第七部，侵鹽添①；第八部，覃談咸銜嚴凡；第九部，東冬鍾江；第十部，陽唐；第十一部，庚耕清青；第十二部，真臻先；第十三部，諄文欣魂痕；第十四部，元寒桓删山仙；第十五部，脂微齊皆灰；第十六部，支佳；第十七部，歌戈麻。入聲八部：職德屬第一部，屋沃燭覺屬第三部；藥鐸屬第五部，緝葉帖屬第七部，合盍洽狎業乏屬第八部，質櫛屑屬第十二部，術物迄月末曷没黠鎋薛屬第十五部；陌麥昔錫屬第十六部。别支佳爲一，脂微齊皆灰爲一，之咍爲一；職德者，之之入；術物迄月没曷末黠鎋薛者，脂之入；陌麥昔②錫者，支之入；自唐、虞至陳、隋有韻之文，無不印合；而歌麻近支，文元寒删近脂，尤幽近之；古音今音，皆可得其條貫；自以爲泛濫《毛詩》，理順節解，因其自然，足補顧炎武、江永二家部分之未備也。曲阜孔廣森撝約自以生陳第、顧炎武之後，辨去叶音，識所指歸；而據段玉裁《六書音均表》折衷諸家，疏通證明；即《廣韻》以爲柢，指《毛詩》以爲正；而知聲者，從其偏旁而類之者也。文字雖多，類其偏旁不過數百；苟不知推偏旁以諧衆聲，雖徧引六經諸子之韻語，而字終不能盡也。乃即偏旁之見於詩者而類之，撰《詩聲類》，分十八部：曰元之屬，耕之屬，真之屬，陽之屬，東之屬，冬之屬，侵之屬，蒸之屬，談之屬；是爲陽聲者九。曰歌之屬，支之屬，脂之屬，魚之屬，侯之屬，幽之屬，宵之屬，之之屬，合之屬；是爲陰聲者九。陰陽相配，可以對轉。自謂"獨抱遺經，研求豁悟，分陰分陽，九部之大綱；轉陽轉陰，五方之殊音；旁引博證，於嚮之不可得韻者，皆一以貫之，無牽强疑滯"也。大抵清儒治音，竺志於古，而前修未密，後出轉精，發明對轉，孔氏尤殊勝也。若其整次五音，必本字母，舊云雙聲。而清之學者，多精音韻，雙聲罕究；雖以顧炎武之好學不倦，而稽古有餘，審音或滯。江永復過信字母，奉若科律。段、孔以降，含隱不言。獨嘉定錢大昕莘楣差次

① "添"原誤作"帖"，今改正。

② "昔"原誤作"旨"，今改正。

古今，乃知舌上古歸舌頭，輕脣古讀重脣。扶服之爲匍匐，伏犧之爲庖犧，佛之如弼，繁之如鞶，敷之如布……古讀輕脣如重脣之證也。中之如得，竺之爲篤，陳之如田，姪之讀徒結切……古音舌上歸舌頭之證也。然後宫商有準，八風從律。斯則清儒之治古音者，定韻莫察乎孔廣森，審母莫辨乎錢大昕；而有開必先，舍顧炎武莫屬；雖有損益，百世可知也！近儒餘杭章炳麟太炎又以爲孔廣森知陰陽聲相配之可以對轉，而不知陰陽聲同列之亦可旁轉；錢大昕知古音之舌上歸舌頭，輕脣歸重脣，而不知古音舌上娘母，半齒日母之並歸舌頭泥母；於是作《成均圖》以推究孔氏未發之指；作《古音娘日二紐歸泥説》、《古雙聲説》以究明錢氏未盡之藴；具見《國故論衡》。亦可謂潛心古音，獨闡新義者也。聲韻明而後言訓詁。

時有古今，猶地有東西南北；相隔遠，則言語不通矣。地遠，則有翻譯。時遠，則有訓詁。有翻譯，則能使胡越如比鄰。有訓詁，則能使古今爲旦暮。詁者，古今之異言。訓者，謂字有意義也。訓詁之書，莫古《爾雅》。《大戴禮》、《孔子三朝記》稱孔子教魯哀公學《爾雅》，則《爾雅》之來遠矣！然不云《爾雅》爲誰作。據魏清河張揖稚讓進《廣雅表》，稱周公著《爾雅》一篇。今俗所傳三卷，或言仲尼所增，或言子夏所益，或言叔孫通所補，或言沛郡梁文所考，皆解家所説，疑莫能明也。謂之《爾雅》者，爾，近；雅，正也；正者，虞、夏、商、周建都之地之正言也。近正者，各國近於王都之正言也。語言因地域而殊，文字又隨語言而異。學者舉今語以釋古語，引方言以證雅言，猶之殊語之互相翻譯。班固謂“古文讀應《爾雅》，故解古今語而可知”。“子所雅言，詩書執禮。”雅言者，誦詩讀書，從周之正言，不爲魯之方言。而執禮者，詔相禮儀，亦依雅言稱説，而不爲俚俗也。《小雅》、《大雅》者，皆周詩之正言也。《大戴禮·小辨篇》“《爾雅》以觀於古，足以辨言”。故曰：“《爾雅》者，所以總絶代之離詞，辨同實而殊號”者也。凡《釋詁》、《釋言》、《釋訓》、《釋親》、《釋宫》、《釋器》、《釋樂》、《釋天》、《釋地》、《釋丘》、《釋山》、《釋水》、《釋草》、《釋木》、《釋蟲》、《釋魚》、《釋鳥》、《釋獸》、《釋畜》十九篇。漢初，《經》始萌芽，《爾雅》嘗立博士，故蜀郡揚雄子雲《方言》以爲孔子門徒解釋六藝；會稽王充仲任《論衡》亦以爲五經之訓故；然釋五經者不及十之三四。今觀其文，有取《山海經》者；有取《穆天子傳》者；有取《管子》者；有取《尸子》者；有取《莊子》、

《列子》者；有取《國語》者；有取《楚辭》者；大抵采周、秦諸子傳記之名義訓詁以辨異同而廣見聞；寧祇爲解經作哉！以隸經部，實爲不倫也；是蓋古代訓詁學之權輿。漢人解經，《書》有《大小夏侯解故》，《詩》有《魯故》、《齊后氏故》、《齊孫氏故》、《韓故》、《毛詩故訓傳》，杜林有《蒼頡故》，具載《漢書·藝文志》；今其書皆不傳。惟揚雄之《方言》十三卷，北海劉熙成國之《釋名》八卷，厥爲後來言訓詁者所宗焉。然余考《漢書·藝文志》及《揚雄傳》備載雄之著書，不及《方言》一字；而許慎《說文解字》引雄說，皆不見於《方言》：其義訓用《方言》者，又不言揚雄；至漢末應劭撰《風俗通義序》，始稱雄作，疑依托也。然據方語以釋雅言，正與《爾雅·釋詁》"釋古今異言，通方俗殊語"之例相合。至劉熙《釋名》從音求義；以同聲相諧，推論稱名辨物之意；而去古未遠，可以推見古音古器物之遺；誠九流之津涉，六藝之鈐鍵，學覽者之潭奧，摛翰者之華苑也。魏明帝時，博士張揖繼兩漢經師之後，參考往籍，徧記所聞，凡萬七千三百二十六字，撰《廣雅》七卷；分別部居，依乎《爾雅》，凡所不載，悉著於篇；其自《易》、《書》、《詩》、《三禮》、《三傳》經師之訓，《論語》、《孟子》、《鴻烈》、《法言》之注，《楚辭》、漢賦之解，讖諱之記，《倉頡》、《訓纂》、《滂喜》、《方言》、《說文》之說，靡所不采；然後周、秦、兩漢古義之傳於後者，可據以證得失；而其散逸不傳者，亦藉以闚端緒；曰《廣雅》者，云廣《爾雅》所未及也；斯蓋并《爾雅》、《方言》、《釋①名》三書驂駕而驅矣！後之言訓詁者，胥崇爲不祧之祖焉。漢、魏之世，注《爾雅》者十餘家；可考見者，《犍爲文學注》二卷、劉歆《注》三卷、樊光《注》六卷、李巡《注》三卷、孫炎《注》三卷，五家而已。顧晉著作郎河東郭璞景純者，獨以諸家紛謬，多未詳備；乃綴集異聞，薈萃舊說，考方國之語，采謠俗之志，錯綜樊、孫，博關羣言；事有隱滯，援据徵之；如"遂幠大東"稱《詩》，"釗我周王"稱《逸書②》，所見尚多古本；蓋去漢未遠也；注多可據，後人雖迭爲補正，然宏綱大指，終不出其範疇也。自是璞《注》行而諸家悉廢。其後宋翰林侍講學士濟陰邢昺叔明於真宗時，奉敕爲璞《注》作疏，多掇拾《毛詩正義》掩爲已說；惟其引

① "釋名"原作"說名"，今改正。
② "書"原作"詩"，玆據《爾雅注疏》改正。

證尸子《廣澤篇》、《仁意篇》，則非今人所及睹；至犍爲文學樊光、李巡之注，見唐吴縣陸元朗德明《經典釋文》者，雖多所遺漏；然疏家之體，惟明本注；注所未及，例不旁搜；此不得以咎昺也！宋儒之治《爾雅》者不尠：神宗時有山陰陸佃農師者，亦注《爾雅》；書不傳！今傳者，所撰《埤雅》二十卷，中《釋魚》三卷，《釋獸》三卷，《釋鳥》四卷，《釋蟲》二卷，《釋馬》一卷，《釋木》二卷，《釋草》四卷，《釋天》二卷；其釋諸物，大抵略於形狀者詳於名義；尋究偏旁，比附形聲，務求其得名之所以然；又推而通貫諸經，曲證旁稽，假物理以明其義；其所援引，多今未見之書；其推闡名理，亦往往精鑿。佃先以神宗召對，言及物性，因進《説魚》、《説木》二篇，初名物性門類；後注《爾雅》，更撰此書，易名《埤雅》，言爲《爾雅》之輔也。迨宋之南渡，高宗時，有莆田鄭樵漁仲者撰《爾雅注》三卷，爲世所重。蓋南宋諸儒，大抵崇義理而疏考證；獨樵以博洽傲睨一時；及其既也，乃肆作聰明，詆諆毛、鄭，其《詩辨妄》一書，開數百年杜撰説經之捷徑；爲通儒之所深非！惟作是書，乃通其所可通，闕其所不可通；駁正舊文諸條，皆極精確，於説《爾雅》家爲善本！孝宗時，有歙縣羅願存齋者，撰《爾雅翼》三十二卷；中分草、木、鳥、獸、蟲、魚六類，大致與陸佃《埤雅》相類；而引据精博，體例謹嚴，則遠在其上。其音釋，則元洪焱祖作也。焱祖，字潛夫，亦歙縣人。斯並於《爾雅》郭《注》、邢《疏》之外，剏獲新解，别自名家者也！元、明之儒，於訓詁學實疏；故罕以訓詁成一家言者！獨明宗室朱謀㙔鬱儀者，號博極羣書，刺取古書文句典奥者，撰《駢雅》七卷，依《爾雅》體例，分章訓釋，自釋詁釋訓以至蟲魚鳥獸，凡二十篇；務求博洽，少泛濫矣！然奇文辟字，搜輯良多；擷其膏腴，於詞章要不爲無補也！嘗見貌爲漢、魏文者，取《駢雅》置案頭，署其簽曰《代字術》，作文畢，則檢古字代入之，一舉筆而文不懈入古矣！此實文家之詞書，寧曰《爾雅》之支裔哉！其説以爲聯二爲一，駢異爲同，故名曰《駢雅》云。迨清興，樸學既章，古訓是式。言精研《爾雅》；厥有餘姚邵晉涵二雲之《爾雅正義》二十卷，休寧戴震東原之《爾雅文字考》十卷，嘉定錢坫①獻之之《爾雅古義》二卷、《爾雅釋地四篇注》一卷，棲霞郝懿行恂九之《爾雅義疏》十九

① “坫”原作“玷”，今改正。

卷，歸安嚴元昭九能之《爾雅匡名》十九卷，仁和翟灝晴江之《爾雅補郭》二卷，臨桂龍啓瑞翰臣之《爾雅經注集證》三卷，鹽城陳玉樹惕庵之《爾雅釋例》五卷；斯並補苴前哲，明發滯義，闡郭《注》之未備，糾邢《疏》之違牾。而循文順理，張其幽眇，郝《疏》最優！發凡起例，觀其會通，陳《釋》尤勝！若其究宣《方言》：有戴震之《方言疏證》十三卷，乃依揚雄書而爲之疏通證明者也。震又作《轉語》二十章，其自述曰："人之語言萬變，而聲氣之微，有自然之節限。是故六書依聲托事，假借相禪，其用至博，操之至約。五方之言及小兒學語未清者，展轉譌溷，必各如其位。昔人既作《爾雅》、《方言》、《釋名》，余以爲猶闕一卷書，刱爲是篇，用補其闕。疑於義者，以聲求之。疑於聲者，以義正之。"斯則曉音韻轉變之有①紀，而通方言之指歸者矣！善哉！非耳順者孰能與於此乎！《轉語》書佚不傳。仁和杭世駿大宗乃采《十三經注疏》、《説文》、《釋名》諸書，以補揚雄《方言》之遺，成《續方言》二卷。前後類次，一依《爾雅》；蒐羅古義，亦裨訓詁；然撮録字書，不麗今語。而不知考方言者，在求其難通之語，筆札常文所不能悉，因以察其聲音條貫，上稽《爾雅》、《方言》、《説文》諸書，敫然如析符之復合；斯爲貴也！嘉定錢大昕辛楣知古今方音不相遠；及其作《恒言録》，沾沾獨取史傳爲徵，亡由闚見聲音文字之本柢！而翟灝之爲《通俗篇》，雖略及訓詁，亦多本唐、宋以後傳記雜書，於古訓藐然亡麗；閒撮一二，亦溷不由析也。獨近儒餘杭章炳麟太炎能徵漢、魏之訓詁，而通以戴君之《轉語》，略籀今語，得其鰓理；撰《新方言》十一卷，凡《釋詞》、《釋言》、《釋親屬》、《釋形體》、《釋宫》、《釋器》、《釋天》、《釋地》、《釋植物》、《釋動物》而殿以《音表》，得十一篇；方俗異語，摭拾略備；以今音證古音，參伍考驗，經之對轉迆轉，緯之正紐旁紐，以窮聲轉之原；蓋有誦讀占畢之聲，既用《唐韻》；俗語猶不違古音者；有通語既用今音；一鄉一州猶不違《唐韻》者；有數字同從一聲；《唐韻》已來一字轉變，餘字則猶在本部，而俗語或從之俱變者；雖日不暇給，慮有遺剩；刱始之業，規模已閎；所謂知化窮冥無得而稱者也！其他治《釋名》之學者，則有吴縣江聲艮庭之譔《釋名疏證》、《續釋名》焉。治《廣雅》之學者，則有高郵王念孫懷祖之譔《廣

---

① "有"原作"友"，今改正。

雅疏證》焉。惟《廣雅疏證》二十三卷，其第十卷爲念孫子引之伯申所補，父子相嬗以成一家之言，尤爲殫精竭慮！念孫謂“訓詁之旨，本於聲音。故有聲同字異，聲近義同，雖或類聚羣分，實亦同調共貫”。因暢斯旨，撰《廣雅疏證》一書，不限形體，就古音以求古義，引伸觸類，擴充於《爾雅》、《説文》之外，無所不達；然聲音文字部分之嚴，則一絲不亂；其或張揖誤采，博考以證其失；先儒誤説，參酌而寤其非。蓋念孫藉張揖之書以抒獨得，實多揖所不及知者！念孫既持“詁訓本於聲音”之論；以詔其子引之曰：“字之聲同聲近者，經傳往往假借。學者以聲求義，破其假借之字而論本字，則渙然冰釋。如因假借之字而强爲之解，則結籲爲病矣！故《毛公詩傳》多易假借之字而訓以本字，已開改讀之先。至康成箋《詩》注《禮》，屢云‘某讀爲某’，而假借之例大明。後人或病康成破字者，不知古字之多假借也。”又曰：“説經者，期得經意而已。前人傳注，不皆合於經，則擇其合者從之；其皆不合，則以己意逆經意，而參之他經，證以成訓；雖别爲之説，亦無不可。必專守一家，則爲何劭公之墨守而已。”故其治經也，諸説並列，則求其是；字有假借，則改其讀；蓋熟於漢學門户，而不囿於漢學之藩籬也。引之推廣庭訓，遂成《經義述聞》十五卷，《經傳釋詞》十卷，精博無比。而《經傳釋詞》之作，則尤往古經師之所未曾有！蓋經傳中實字易訓，虛詞難釋。《顔氏家訓》雖有《音辭篇》，於古訓罕有發明。獨《爾雅》、《説文》二書，解説古聖賢經傳之詞氣，最爲近古。然《説文》惟解“亏”、“曰”諸特造之字，而不解“而”、“雖”等假借之字。《爾雅》所釋未全，讀者多誤，毛、鄭不免，何況其餘！念孫貫通經訓，尤明詞氣；而引之克世其學，於前人之誤解者，獨能旁引曲喻以得本恉所在；使人頤解心折，歎爲確不可易，而又百思不能到；使古聖賢復生見之，亦必曰：“吾言固如是，沿誤數千年，而今乃得明矣！”此誠不可不開之奥窔！儀徵阮元芸臺讀其書謂“恨不能起毛、鄭、孔諸儒而共證此快論”者也。阮元早歲與邵晉涵、王念孫友，逮聞前訓，徵引羣書，撰《經籍纂詁》百六十卷，集古今詁訓之大成。錢大昕序其書曰：“有文字而後有訓詁。有訓詁而後有義理。詁訓者，義理所由出，非别有義理出於詁訓之外者也。”旨哉言乎！纂《小學志》第七。

（中華書局，1936年4月初版）

校訂後記

無錫錢基博先生學貫四部，湛深經學，生平主張“五經不必全讀，而四書不可不讀”。他治經學的方法，可以用“以經詁經，窮原竟委，平議古今，折衷漢宋”四句話來概括，因此從不汲汲於門户之見，並能結合教學實踐，留下了大量經學方面的佳作。可是，隔代之後，如何來全面認識這樣一位國學大師的經學成就，學術資料的缺乏和零散，恐怕是個首要問題，旁人自不必多説了，連我也有幾次欲罷又止的經歷。

本集迺《錢基博集》“經學”部分，全一册，輯入了錢先生所撰經學論文十篇，和經學專著六部《禮記約纂》、《春秋約纂》、《四書解題及其讀法》、《周易解題及其讀法》、《喪禮今讀記》、《經學通志》，約計五十餘萬字。

其中，《周易解題及其讀法》、《經學通志》兩書，在一九四九年後均有影印本問世。令人喫驚的是：《經學通志》一書，近十年之間竟然出了三個簡體重排本，可見學界對此書的重視程度。吴忠匡先生指出：“鑒於唐人陸德明《經典釋文》叙次經學源流，記載每多疏舛，于魏晉以下缺焉不詳；清儒江藩紹述其意，作《經師經義目録》，膠於門户，以清儒承漢學，而置唐、宋於不論不議；學術流變之迹，因以不明。心所未安，於是博稽深覽，出入百家，著《經學通志》一書，通《易》、《書》、《詩》、《禮》、《春秋》、《小學》諸志，以闡述經學古今之流變而考論其得失，翔實精審，實爲研治中國經學的要籍。”而《禮記約纂》、《春秋約纂》兩書，由於當年印數太少，加之出版至今已逾九十年，少有人知，迹近湮没，十年來雖經我多方蒐求，難得其全；去秋幸得張京華兄慷慨寄贈《禮記約纂》一書，使成完璧。這次自然是首次全文披露。

錢先生不僅重視對《五經》的研究，對《四書》的現實價值也深有解會，拿他自己的話來説，即《四書》可以“發國性之自覺，而導人生於正軌”。先生嘗言：“僕服務學校教育，二十年於兹；誤人子弟，負疚良多！而有一事差以自慰，並以告慰於國人父老者，即時以四書爲諸生誦説，是也。自五四運動以迄今日，青年之思潮，幾經劇變；而僕所服務之學校，自小學以至大學，亦幾改易；然僕未嘗間一歲廢四書不講；校中無此課程，僕則發心爲諸生課外授之，而諸生之聽吾講者，必先課以圈點，考其勤惰，而後爲之講解；積誠所至，相説以解，諸生亦未嘗以爲不入耳之談，而有味乎其言之！”由此可見，其於“四書學”用力之深，所得非淺，故《四書解題及其讀法》一書的重印，洵足以津梁後學而嘉惠士林。

本書的資料蒐集工作涉及諸多圖書館和私人藏書家，并得到了學界師友的大力支持和鼓勵，恕我在此不能一一列舉和感謝。其中，無錫江南大學的劉桂秋先生，無錫圖書館的孟明峰兄、朱剛兄，以及大連圖書館的范旭侖先生和本校的張京華教授，對我的支持最大，也最讓我難忘；還有湖南圖書館的陳笑瑩女士和南京大學的沈衛威教授等，古道熱腸，都曾給予我切實的幫助；謹向上述各位致以誠摯謝意！《錢基博集》的編輯和出版，無疑是一項浩大的文獻整理工程。由于時間緊，著作數量大，加上本人學養有限，本册的編校錯誤在所難免，懇請讀者批評指正。

傅宏星

二〇一一年三月

識於湖南科技學院